Eric van Santen, Jasmin Mamier,
Liane Pluto, Mike Seckinger,
Gabriela Zink

Kinder- und Jugendhilfe in Bewegung – Aktion oder Reaktion?

Eine empirische Analyse

Verlag Deutsches Jugendinstitut, München 2003

Das Deutsche Jugendinstitut e.V. (DJI) ist ein zentrales sozialwissenschaftliches Forschungsinstitut auf Bundesebene mit den Abteilungen „Kinder und Kinderbetreuung", „Jugend und Jugendhilfe", „Familie und Familienpolitik", „Geschlechterforschung und Frauenpolitik" und „Social Monitoring" sowie dem Forschungsschwerpunkt „Übergänge in Arbeit". Es führt sowohl eigene Forschungsvorhaben als auch Auftragsforschungsprojekte durch. Die Finanzierung erfolgt überwiegend aus Mitteln des Bundesministeriums für Familie, Senioren, Frauen und Jugend und im Rahmen von Projektförderung aus Mitteln des Bundesministeriums für Bildung und Forschung. Weitere Zuwendungen erhält das DJI von den Bundesländern und Institutionen der Wissenschaftsförderung.

„Jugendhilfe und sozialer Wandel – Leistungen und Strukturen" wird als Projekt vom Bundesministerium für Familie, Senioren, Frauen und Jugend gefördert.

Die Deutsche Bibliothek – CIP-Einheitsaufnahme
Ein Titeldatensatz für diese Publikation ist bei
Der Deutschen Bibliothek erhältlich

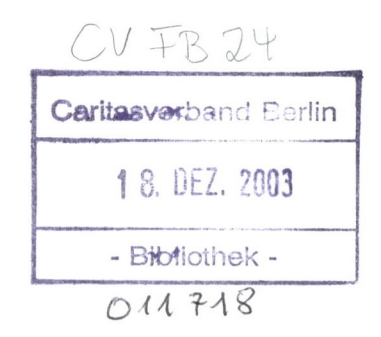

Alleinauslieferung: Leske + Budrich, Opladen

© 2003 DJI Verlag Deutsches Jugendinstitut, München
Umschlagentwurf: Konzept 139, München
Gesamtherstellung: grafik + druck GmbH, München
ISBN 3-87966-406-4

Dank

Die Realisierung unseres Projekts sowie die Erstellung dieses Buches ist von vielen Seiten unterstützt und gefördert worden.

Herzlich bedanken wir uns bei allen Leiterinnen und Leitern sowie Mitarbeiterinnen und Mitarbeitern der teilnehmenden Jugendämter und freien Träger, ohne deren Geduld und Engagement unsere Studie nicht möglich gewesen wäre.

Unser Dank gebührt auch den zuständigen Referenten im Bundesministerium für Familie, Senioren, Frauen und Jugend sowie im Deutschen Städtetag, im Deutschen Landkreistag und im Deutschen Städte- und Gemeindebund für die hilfreiche Unterstützung unserer Untersuchung.

Schließlich richtet sich unser Dank an alle Mitarbeiterinnen und Mitarbeiter des Deutschen Jugendinstituts, die uns bei den entsprechenden Arbeiten kollegial und produktiv unterstützt haben, insbesondere Annemarie Eisfeld und Dr. Christian Lüders.

Wir bedanken uns zudem bei Jutta Müller-Stackebrandt und Prof. Dr. Michael Winkler für die Begutachtung des Manuskriptes.

München, Dezember 2002   Die AutorInnen

Inhalt

1	**Fragestellungen**	13
1.1	Zentrale Diskurse der Kinder- und Jugendhilfe *Verwaltungsmodernisierung – Finanzkrise und die Auswirkungen – Entwicklung bei freien und privatgewerblichen Trägern – Ost-West-Unterschiede – Sozialraumorientierung – Demografische Entwicklung – Spezielle Zielgruppen in der Kinder- und Jugendhilfe*	16
1.2	Überblick zu den Kapiteln	26
2	**Methodische Anlage und Datenquellen**	28
2.1	Gegenstand der Untersuchung *Jugendhilfe als Untersuchungsgegenstand – Grundgesamtheit*	28
2.2	Methodische Anlage	33
2.3	Jugendamtserhebung	34
2.4	Erhebungen bei freien Trägern der Kinder- und Jugendhilfe *Jugendverbandsbefragung – Jugendringbefragung – Befragung von Geschäftsstellen freier Träger*	39
2.5	Erhebung bei Einrichtungen der erzieherischen Hilfen	48
2.6	Betrachtung im Zeitvergleich	49
3	**Personalsituation in der Jugendhilfe**	51
3.1	Personalausstattung in der Verwaltung von Jugendämtern *Stellenentwicklung – Stellenabbau – Stellenzuwachs – Personalfluktuation – Befristete Stellen – Unbesetzte Stellen und Teilzeitbeschäftigte – Honorarkräfte*	53
3.2	Personalsituation bei kommunalen Einrichtungen und Einrichtungen in freier Trägerschaft *Stellenentwicklung – Befristete Stellen*	65

3.3 Personalsituation im Arbeitsfeld Jugendarbeit 69
Personalsituation bei Jugendverbänden und Jugendringen – Befristet Beschäftigte bei Jugendverbänden und Jugendringen – Befristet Beschäftigte in kommunalen Einrichtungen der Jugendarbeit – Befristet Beschäftigte bei Projekten und Angeboten auf der Basis der Datenbank ProMix

3.4 Demografische Angaben zu und Berufsabschlüsse 78
von JugendamtsleiterInnen

3.5 Fazit 81

4 Fortbildung 83

4.1 Fortbildung in Jugendämtern 84
Themen – Finanzierung

4.2 Fortbildung im Arbeitsfeld der Jugendarbeit 95
Themen der Fortbildung bei Jugendverbänden und Jugendringen – Finanzierung der Fortbildung bei Jugendverbänden und Jugendringen

4.3 Fortbildung bei Einrichtungen im Bereich Hilfen zur 101
Erziehung
Themen – Finanzierung

4.4 Vergleich der unterschiedlichen Erhebungen 104
Durchführung von Fortbildungen – Einschätzungen

4.5 Exkurs: Supervision 108

4.6 Fazit 111

5 Finanzen 113
Finanzen – Ein empirisch schwieriges Thema

5.1 Allgemeine Finanzentwicklung bei Jugendämtern 116
Allgemeine Finanzentwicklung dokumentiert in der amtlichen Kinder- und Jugendhilfestatistik

5.2 Veränderungen in Teilhaushalten 120
Qualitative Einschätzung – Quantitative Veränderungen

5.3 Ein Systemwechsel und seine Folgen 125
Umsetzung der Entgeltregelung

5.4 Budgetierung – ein Thema nicht nur für öffentliche 130
Haushalte

5.5	Förderung freier Träger durch Jugendämter *Trägerpluralität – Entscheidungsinstanzen*	134
5.6	Finanzsituation freier Träger *Jugendringe – Jugendverbände*	138
5.7	Fazit	142
6	Angebote und Leistungen der Kinder- und Jugendhilfe und deren Inanspruchnahme	144
6.1	Kindertagesbetreuung *Einrichtungsprofile der Kindertagesbetreuung – Betreuungsplätze für Null- bis Dreijährige – Kindergartenplätze – Hortplätze – Tagespflege – Bedarfseinschätzungen – Ganztagsschulen – Tagesbetreuung von behinderten Kindern – Zusammenfassung und Trends*	146
6.2	Institutionelle Beratung *Angebote – Inanspruchnahme – Merkmale der AdressatInnen – Zusammenfassung*	169
6.3	Ambulante und teilstationäre Hilfen zur Erziehung	183
6.3.1	Erziehungsbeistandschaft und Betreuungshilfe *Angebote – Inanspruchnahme – Merkmale der AdressatInnen*	186
6.3.2	Soziale Gruppenarbeit *Inanspruchnahme und Merkmale der AdressatInnen*	192
6.3.3	Sozialpädagogische Familienhilfe *Angebote – Inanspruchnahme – Merkmale der AdressatInnen*	196
6.3.4	Tagesgruppe *Angebote – Inanspruchnahme – Merkmale der AdressatInnen*	203
6.3.5	Intensive Sozialpädagogische Einzelbetreuung *Angebote – Inanspruchnahme – Merkmale der AdressatInnen*	208
6.3.6	Kurzzeittherapeutische Maßnahmen für Familien	212
6.3.7	Familienbildungsstätten	213
6.3.8	Familien- und Mütterzentren	214
6.4	Stationäre erzieherische Hilfen	215
6.4.1	Vollzeitpflege *Angebote – Inanspruchnahme – Merkmale der AdressatInnen*	217
6.4.2	Bereitschaftspflege und Kurzzeitpflege	226

6.4.3	Institutionelle Formen der Fremdunterbringung *Angebote – Inanspruchnahme – Merkmale der AdressatInnen*	227
6.4.4	Situation vor Beginn der Hilfe und Gründe für eine Beendigung der Hilfen außerhalb der Familie	238
6.4.5	Mutter- und Vater-Kind-Einrichtungen	242
6.4.6	Mädchen- und Frauenhäuser	243
6.4.7	Vorläufige Maßnahmen zum Schutz von Kindern und Jugendlichen *Angebote – Inanspruchnahme – Merkmale der AdressatInnen*	244
6.4.8	Mitfinanzierte Einrichtungen außerhalb des eigenen Jugendamtsbezirkes	252
6.4.9	Verhältnis der verschiedenen erzieherischen Hilfen untereinander	253
6.5	Flexible Hilfen zur Erziehung *Verbreitung – Rechtliche Verortung – Finanzierungsarten – Kennzeichen flexibler Hilfen aus der Sicht von Jugendämtern und freien Trägern – Fazit*	256
6.6	Mitwirkung in Verfahren nach dem Jugendgerichtsgesetz *Jugendgerichtshilfe – Bewährungshilfe – Soziale Trainingskurse – Täter-Opfer-Ausgleich – Arbeitsweisungen und -auflagen – Betreuungsweisungen*	268
6.7	Jugendsozialarbeit *Mobile Jugendarbeit – Schulsozialarbeit – Jugendberufshilfe*	277
6.8	Jugendarbeit *Angebote – Maßnahmen – Einrichtungen – Schwierigkeiten bei der Erfassung von Maßnahmen und Einrichtungen – Trägerstruktur der Jugendzentren – Jugendringe als Träger von Angeboten – Inanspruchnahme von Angeboten der Jugendarbeit – Mitgliedschaften in Vereinen und Verbänden – Besuch von Jugendzentren – Fazit*	284
6.9	Hilfen bei (drohender) seelischer Behinderung sowie Hilfe zur Erfüllung der Schulpflicht *Hilfen bei (drohender) seelischer Behinderung – Angebote zur Erfüllung der Schulpflicht*	306

6.10 Angebote für ausländische Kinder und Jugendliche   313
und Aussiedlerkinder und -jugendliche
*Ausländische Kinder und Jugendliche in den Hilfen zur
Erziehung – Spezielle Angebote für Kinder und
Jugendliche mit Migrationshintergrund – Jugendhilfeplanung
für Kinder und Jugendliche mit Migrationshintergrund
– Fazit*

6.11 Entwicklungsbedarf aus der Perspektive der Jugend-   327
ämter
*Wünschenswerter Ausbau bestehender Angebote –
Gewünschte neue Angebotsformen in den Regionen –
Entwicklungstendenzen*

7 Verständnis und Umsetzung des Hilfeplanverfahrens   332

7.1 Das Hilfeplanverfahren aus der Perspektive der   334
Jugendämter
Federführung – Amtsinterne Kooperationen

7.2 Zusammenarbeit zwischen Jugendämtern und   343
Einrichtungen bei Hilfeplänen
*Beteiligung von Einrichtungen – Fortschreibung und
Festlegung der Maßnahmendauer – Einflussmöglichkeiten
von Kindern und Jugendlichen bei der
Fortschreibung – Einschätzungen zum Hilfeplanverfahren*

7.3 Fazit   355

8 Kooperation   358

8.1 Kooperationspartner   359
Kooperation mit Ämtern im Zeitvergleich

8.2 Kooperationsformen   365
Arbeitsgemeinschaften

8.3 Qualität der Zusammenarbeit   371

8.4 Jugendamt und politische Steuerung   374

8.5 Fazit   376

9	**Der Kinder- und Jugendhilfeausschuss**	**378**
9.1	Zusammensetzung und Tagungshäufigkeit *Unterausschüsse und Tagungshäufigkeit – Stimmberechtigte Mitglieder – Beratende Mitglieder – Qualifizierung der Mitglieder*	379
9.2	Bewertungen und Einschätzungen zum Kinder- und Jugendhilfeausschuss *Öffentliche Wahrnehmung – Bewertung aus verschiedenen Perspektiven*	385
9.3	Fazit	390
10	**Jugendhilfeplanung**	**392**
10.1	Verbreitung der Jugendhilfeplanung *Teilpläne – Jugendhilfeplanung im Arbeitsfeld Jugendarbeit – Jugendhilfeplanung im Arbeitsfeld Hilfen zur Erziehung*	394
10.2	Organisation der Jugendhilfeplanung *Planungsverantwortung und Gesamtplanung – Planungsorganisation und Ressourcen*	401
10.3	Konzepte in der Jugendhilfeplanung *Sozialraumorientierte Planung – Ausgewählte Zielgruppen – Mädchen und ausländische Kinder und Jugendliche – Strukturelle Elemente – Beteiligungsformen – Beteiligung von Kindern und Jugendlichen – Beteiligung von Organisationen und Institutionen*	405
10.4	Schwierigkeiten bei der Planerstellung	424
10.5	Fazit	425
11	**Soziale Problemlagen**	**427**
11.1	Problemlagen aus der Sicht der JugendamtsleiterInnen *Bewertung als gravierendes Problem – Andere Einstufung der Probleme*	429
11.2	Reaktionen der Jugendämter *Kinder- und Jugendschutz als Reaktion auf Problemwahrnehmungen – Systematisierung von Reaktionsformen*	441

11.3 Vergleich der Einschätzungen von Jugendämtern 448
und Jugendringen
*Allgemeiner Vergleich – Unterschiede vor Ort –
Differenzen zwischen Stadt-/Kreisjugendringen und
Ortsjugendringen – Ost-West-Vergleich*

11.4 Fazit 457

12 Demografische Entwicklung – quantitative und 460
qualitative fachliche Herausforderungen

12.1 Demografische Vorausberechnungen 461

12.2 Fachliche Herausforderungen 463
*Kohortengerechtigkeit – Migrationserfahrung –
Fachkräftebedarf – Veränderte Bedingungen des
Aufwachsens – Pluralität und Lebensweltorientierung*

13 Und die Jugendhilfe bewegt sich doch – eine Bilanz 472
*Regionale Differenzen – Ethnie als fachliche Heraus-
forderung – Gendermainstreaming als Querschnitts-
aufgabe – Partizipation in der Kinder- und Jugendhilfe
– Das Verhältnis von ambulanten zu stationären Hilfen
– Daten und deren Nutzen in der Kinder- und
Jugendhilfe – Herausforderungen in der Fort- und
Weiterbildung – Wettbewerb in der Kinder- und
Jugendhilfe*

14 Literaturverzeichnis 489

15 Glossar 508

16 Abkürzungsverzeichnis 511

1 Fragestellungen

Der vorliegende Bericht beschreibt und analysiert den aktuellen Stand der Kinder- und Jugendhilfe in der Bundesrepublik Deutschland. Vor dem Hintergrund fachlicher Diskussionen werden erkennbare Entwicklungen aufgegriffen und eingeordnet. Mit diesem Bericht wird zum dritten Mal innerhalb von zehn Jahren ein umfassender Überblick (nach Gawlik/Krafft/Seckinger 1995; Seckinger/Weigel/van Santen/Markert 1998) vorgelegt, der zu einer empirischen Untermauerung jugendpolitischer Entscheidungen auf Bundes-, Landes- und kommunaler Ebene beitragen soll. Darüber hinaus enthalten die Darstellungen eine Vielzahl von Anregungen für die fachlich-inhaltliche Weiterentwicklung vor Ort, indem Herausforderungen und Problemstellungen, die sich zurzeit ergeben, dargelegt werden.

Die Diskussionen über und in der Kinder- und Jugendhilfe in den letzten Jahren waren einerseits geprägt durch extern und intern an die Kinder- und Jugendhilfe herangetragene Erwartungen und Entwicklungen, die zueinander häufig in einem Spannungsverhältnis stehen. Extern wurden von der Kinder- und Jugendhilfe eine mehr oder weniger stromlinienförmige Veränderung der Verwaltungsstrukturen parallel zu der Entwicklung in anderen Bereichen öffentlicher Verwaltung erwartet und dabei die aufgabenbedingte Sonderstellung des Jugendamtes infrage gestellt (vgl. Antrag zum Zuständigkeitslockerungsgesetz, Bundesratsdrucksache 831/97). Abläufe innerhalb der öffentlichen und freien Kinder- und Jugendhilfe sollen optimiert und an den allgemeinen Ansprüchen moderner öffentlicher Dienstleistungsproduktion ausgerichtet werden. Damit verbunden waren sowohl Hoffnungen in Bezug auf eine größere Bürgerfreundlichkeit als auch auf Einsparungen von Haushaltsmitteln. Betrachtet man die inzwischen aus verschiedenen Bereichen öffentlicher Verwaltung vorliegenden Befunde zu Effekten und Umsetzung von Verwaltungsmodernisierung, so wird deutlich, dass mit den Veränderungen in einem großen Maße Bestrebungen verbunden waren, Ausgaben auch auf Kosten der Qualität und Aufgabenzuschnitte zu senken (Klages 1997; Mamier/Seckinger/Pluto/van Santen/Zink 2002; Seckinger 2002).

Eine weitere externe Entwicklung, die nicht ohne Auswirkungen auf die Kinder- und Jugendhilfe bleibt, ist in der demografischen Entwicklung zu sehen. Der seit Jahren beobachtbare Rückgang der Anzahl von Kindern und damit auch Jugendlichen wird unweigerlich sowohl auf der Seite der vorzuhaltenden Angebote als auch bei der Anzahl von neu ausgebildeten Fachkräften zu Veränderungen führen (vgl. hierzu auch BMFSFJ 2002). Bereits heute gibt es in einzelnen Teilbereichen der Kinder- und Jugendhilfe und in einzelnen Regionen Schwierigkeiten, den Fachkräftebedarf angemessen zu decken. So wird es beispielsweise in Ballungsräumen wie München, Stuttgart oder Frankfurt am Main immer schwieriger, ausreichendes und gut qualifiziertes Personal für die Kindertagesbetreuung zu finden. Eine weitere mit der demografischen Entwicklung verbundene Herausforderung besteht in dem relativ und absolut gesehen wachsenden Anteil von Kindern und Jugendlichen mit Migrationshintergrund, deren spezifische Lebenslage zunehmend in den Angeboten und Planungen der Kinder- und Jugendhilfe angemessen berücksichtigt werden muss.

Inhärente Veränderungen im Feld der Kinder- und Jugendhilfe wurden ebenfalls sichtbar. Neue Angebotsformen, z.B. flexible Hilfen sowie intensive und zeitlich eng befristete Unterstützungsangebote für Kinder, Jugendliche und Familien (FAM, FIM, AiB) wurden entwickelt. Methoden und Konzepte zur verbesserten Umsetzung von Paradigmen der Kinder- und Jugendhilfe wie Kooperation und Partizipation wurden erprobt. Konzepte zur Implementierung einer verstärkten Sozialraumorientierung wurden entwickelt und getestet. Subsidiarität, Pluralität der Anbieter sowie Wunsch- und Wahlrecht wurden sowohl unter fachlichen Gesichtspunkten (Zersplitterung der Hilfen) als auch unter dem Aspekt einer Neudefinition von öffentlicher und privater Zuständigkeit sowie im Hinblick auf Fragen der Kostenreduktion neu diskutiert.

Der vorliegende Bericht entstand im Rahmen des Forschungsprojektes „Jugendhilfe und sozialer Wandel – Leistungen und Strukturen", das mit finanzieller Unterstützung des Bundesministeriums für Familie, Senioren, Frauen und Jugend am Deutschen Jugendinstitut durchgeführt wird. Im Bericht werden Strukturen, Angebote und Handlungsfähigkeit der Kinder- und Jugendhilfe arbeitsfeld- und trägerübergreifend sowie überregional vor dem Hintergrund der skizzierten Diskussionen auf der Basis empirischer Daten beschrieben und bewertet. Die Ziele des Projektes werfen in Anbetracht der vielfältigen regionalen Unterschiede in der Ausgestaltung der Kinder- und Jugendhilfe eine ganze Reihe von konzeptionellen und methodischen Fragen auf. Kann man die zum Zeitpunkt der Erhebung bestehenden 616 Jugendamtsbezirke tatsächlich miteinander vergleichen? Wie sind die beobachtbaren Veränderungen in der Kinder- und Jugendhilfe vor dem Hintergrund der regionalen Bevölkerungsentwicklung zu werten? Welchen Einfluss haben die 16 Landesausführungsgesetze auf die fachliche Weiterentwicklung vor Ort? Wie gelingt es, das komplexe Zusammenspiel von öffentlichen und freien Trägern, von Infrastrukturangeboten für alle Kinder, Jugendlichen und ihre Sorgeberechtigten sowie die notwendigen Hilfestellungen für den Schutz von Kindern und Jugendlichen empirisch angemessen abzubilden, ohne sich in unendlich vielen Details regionaler, arbeitsfeld- und trägerspezifischer Besonderheiten zu verlieren? Der Preis, der dafür zu bezahlen ist, besteht in erster Linie darin, die Anlage des Projektes (vgl. Kap. 2) sehr komplex ist und dass es aus der Perspektive der Leserin bzw. des Lesers immer wieder zu überraschenden Trendaussagen kommen wird, die scheinbar den eigenen Erfahrungen vor Ort widersprechen. Dieser Widerspruch wird nicht aufzulösen sein, aber die immer wieder durchgeführten regionalen Differenzierungen und die empirisch bestätigten Hinweise auf Ungleichzeitigkeiten in der Entwicklung regionaler Jugendhilfeszenen tragen dazu bei, die Bedeutung bundesweiter Trends für einzelne Regionen besser einschätzen zu können. Darüber hinaus verlieren bundesweite Trends aufgrund der zum Teil erheblichen regionalen Disparitäten auch nicht an Aussagekraft hinsichtlich fachlicher Herausforderungen, denen sich die Kinder- und Jugendhilfe stellen muss, sowie hinsichtlich der Erfolge, die erreicht wurden.

Dieser Bericht führt eine Form der modernen Sozialberichterstattung über die Angebotsseite eines sozialstaatlichen Handlungsfeldes, nämlich der Kinder- und Jugendhilfe, weiter und ermöglicht damit nicht nur eine aktuelle Bestandsaufnahme, sondern auch einen längsschnittlichen Vergleich über den Zeitraum von zehn Jahren. Der Anspruch, eine kontinuierliche Beobachtung zur Leistungs- und Wandlungsfähigkeit der Kinder- und Jugendhilfe zu etablieren, ist damit fast eingelöst. Das Projekt leistet somit einen wichtigen Beitrag zu einer kontinuierlichen Sozialberichterstattung, deren Bedeutung auch im Elften Kinder- und Jugendbericht (BMFSFJ 2002: 100) betont wurde. Diese Art von Sozialberichterstattung kann auch in der kommunalen Jugendhilfeplanung von Nutzen sein, da sie einen Rahmen bietet, die Entwicklungen in der jeweiligen Region einordnen zu können.

Die im Verlauf des Buches dargestellten Ergebnisse und deren fachliche Einordnung erfolgt zum einen auf der Basis der im Achten Kinder- und Jugendbericht beschriebenen Paradigmen (Prävention, Dezentralisierung/Regionalisierung, Alltagsorientierung, Partizipation, Integration und Lebensweltorientierung), die einen zentralen Stellenwert bei der Ausgestaltung der Kinder- und Jugendhilfe haben, und zum anderen auf der Folie aktueller, die Kinder- und

Jugendhilfe bestimmender Diskussionen. Hierzu gehören a) die Auswirkungen der Diskussion um Neue Steuerung, die umfassend im Expertisenband zum Elften Kinder- und Jugendbericht dargestellt sind (Mamier/Seckinger/Pluto/van Santen/Zink 2002), b) die Diskussion über die kommunale Finanzausstattung, c) über aktuelle Entwicklungen bei freien und privat-gewerblichen Trägern, d) über die unterschiedlichen Entwicklungen in Ost- und Westdeutschland, e) über die intensive Diskussion um eine stärkere Sozialraumorientierung der Kinder- und Jugendhilfe, f) über die demografische Entwicklung sowie g) die Beachtung von verschiedenen Zielgruppen wie Kinder und Jugendliche mit Migrationshintergrund oder Mädchen und junge Frauen. Diese Diskussionen werden im Anschluss überblicksartig beschrieben. Die sieben Aspekte liefern Rahmungen, in denen die Kinder- und Jugendhilfe agiert, und haben Einfluss auf die Vielfalt und Komplexität der Kinder- und Jugendhilfe. Diese Aspekte bzw. fachlichen Perspektiven spiegeln nicht die Struktur des Aufbaus dieses Berichtes wider, sondern bilden vielmehr den Hintergrund, vor dem die Ergebnisse dargestellt, interpretiert sowie diskutiert werden.

1.1 Zentrale Diskurse der Kinder- und Jugendhilfe

Verwaltungsmodernisierung

Institutionen sind keine starren Gebilde, sondern unterliegen beständigen Veränderungsprozessen. Dies gilt auch für die öffentliche Kinder- und Jugendhilfe und ihre Verwaltung. Bereits in den 1970er-Jahren sorgte eine bundesweite Reformwelle für Veränderungen in den Jugendämtern. Bezogen auf den Jugendhilfebereich konnte die Untersuchung von Kreft/Lukas u. a. (1990) Ende der 1980er-Jahre zeigen, dass zwei von drei Jugendämtern mit Veränderungsprozessen ihrer Organisation befasst waren. Seit der Mitte der 1990er-Jahre haben Verwaltungsreformen wieder an Intensität gewonnen und vor allem eine große öffentliche Aufmerksamkeit erfahren. Neben der Finanzkrise der Kommunen werden Modernisierungsrückstände gegenüber dem (europäischen) Ausland sowie die Forderung nach mehr Effektivität des Mitteleinsatzes als Gründe für die starken Veränderungsbestrebungen angeführt. Momentan – so hat es den Anschein – ist es in den Kommunen etwas ruhiger geworden. Man kann davon ausgehen, dass die Kommunen Teile des Umgestaltungsprozesses beendet haben oder sich inmitten der Umsetzung der geplanten Umstrukturierungen befinden. Letzteres ist eher zu erwarten, da nicht nur unsere eigene Erhebung zeigen konnte, sondern auch die Erfahrungen der Spitzenverbände und Berichte einzelner Kommunen darauf deuten, dass die Veränderungsprozesse in der Regel sehr viel länger dauern, als es ursprünglich gedacht und geplant war.

Die zentralen Inhalte der Neuen Steuerung können mit den Schlagworten „mehr Wettbewerbs- und Kundenorientierung, Steuerung über die Leistungen sowie dezentrale Führungs- und Organisationsstrukturen" zusammengefasst werden. Für die Kinder- und Jugendhilfe stellen sich im Rahmen dieser Veränderungsprozesse der Verwaltungsorganisation und des Verwaltungshandelns zwei entscheidende Fragen: Bleibt die Einheitlichkeit in der Aufgabenwahrnehmung in der Kinder- und Jugendhilfe in einer nach außen identifizierbaren Organisationseinheit erhalten und welchen Einfluss hat die Einführung betriebswirtschaftlicher Strukturen auf die Erfüllung der Aufgaben der Kinder- und Jugendhilfe?

In Bezug auf die Frage der einheitlichen Aufgabenwahrnehmung konnte in den letzten Jahren der Eindruck entstehen, die Strukturen der Jugendhilfeverwaltung würden komplett auf den Kopf gestellt. Da war beispielsweise von Zusammenlegungen mit anderen Ämtern, Ausgründungen zur Erledigung von Aufgaben der Jugendhilfe in kommunalen Betrieben und von Namensveränderungen zu hören. Das Gefühl für das tatsächliche Ausmaß an Veränderungen konnte darüber leicht verloren gehen und einzelne öffentlichkeitswirksame Beispiele verstärkten den Eindruck, dass zweigliedrige Jugendämter, wie man sie kannte, nun der Vergangenheit angehören.

Diese Situation war Anlass für eine empirische Untersuchung bei allen, zum damaligen Zeitpunkt existierenden 616 Jugendämtern der Bundesrepublik mit dem Ziel, die Verortung von Jugendhilfeaufgaben in der Kommunalverwaltung zu dokumentieren. Im Zentrum stand die Frage, ob Jugendhilfeaufgaben auch nach Beginn der Aktivitäten im Rahmen der Verwaltungsmodernisierung überwiegend in real existierenden Jugendämtern gebündelt sind oder nicht. Gleichzeitig wurden einige Aspekte zur Umstrukturierung der Jugendämter erfasst. Diese Untersuchung wurde im Rahmen der Forschungsarbeiten des Projektes „Jugendhilfe und sozialer Wandel" durchgeführt. Die Ergebnisse sind im ersten Expertisenband zum Elften Kinder- und Jugendbericht dargestellt (Mamier/Seckinger/Pluto/van Santen/Zink 2002).

Hinsichtlich der befürchteten Zersplitterung von Jugendhilfeaufgaben in den kommunalen Verwaltungen konnte die Studie im Ergebnis eindeutig zeigen, dass es bei der Mehrzahl der Jugendämter keine Auflösungstendenzen gibt. Historisch gesehen kann man eher eine Konzentration von Jugendhilfeaufgaben in einer Einheit beobachten. Auch die Umsetzung von Konzepten der Verwaltungsmodernisierung ändert hieran nichts.

Verwaltungsmodernisierung führt nicht zu gravierenden Veränderungen, die die Verortung von Jugendhilfeaufgaben betreffen. Aber was sind dann die wesentlichen Veränderungen, die im Zuge der Verwaltungsmodernisierung vorgenommen werden? Als wichtigstes Ergebnis zeigt sich, dass die meisten Veränderungen die innere Organisation der Jugendhilfeverwaltung betreffen. Neuzuschnitt von Abteilungen, Abflachen der Hierarchie und Zusammenführen bisher getrennter Jugendhilfebereiche sind die am häufigsten genannten Veränderungen.

Inwiefern sich die stark auf Effektivität und Effizienz des Kosten-Leistungs-Verhältnisses ausgerichteten Entwicklungen auf einzelne Bereiche der Kinder- und Jugendhilfe auswirken, steht im Fokus dieses Berichtes. So können Aussagen zur Budgetierung von Leistungsbereichen getroffen werden, für die ein individueller Rechtsanspruch besteht. Es wird die Entwicklung der jeweiligen Haushalte unter der Frage, ob Konzepte der Verwaltungsmodernisierung darauf Einfluss haben, nachvollzogen. Ebenfalls werden die Kooperationsbeziehungen zwischen freien und öffentlichen Trägern auf Veränderungen hin analysiert.

Finanzkrise und die Auswirkungen

Die öffentlichen Haushalte auf allen Ebenen stehen unter einem großen Konsolidierungsdruck. Es vergeht quasi kein Tag, ohne dass in den Medien die Frage der Verschuldung von Bund, Ländern und Kommunen thematisiert wird. Vor diesem Hintergrund wird die Entwicklung der Ausgaben für die Kinder- und Jugendhilfe bewertet. Sie sind nach wie vor durch einen kontinuierlichen Anstieg gekennzeichnet. Damit ist jedoch noch nichts über die Angemessenheit und Notwendigkeit der Ausgaben ausgesagt. Aus dem Blickwinkel der Kämmerei wirkt diese Entwicklung allerdings bedrohlich, und dies umso mehr als das Bundesfinanzministerium allein aufgrund einer veränderten Gesetzeslage mit einem Rückgang der kommunalen Steuereinnahmen für das Jahr 2000 um 1,1 Mrd. DM, für das Jahr 2001 um 6,1 Mrd. DM und für das Jahr 2002 um 4 Mrd. DM rechnet (vgl. http://www.bundesfinanzministerium.de/Anlage 9419/DatensammlungzurSteuerpolitik.pdf). Es verwundert also nicht, dass gerade die Kinder- und Jugendhilfe unter einen besonderen Legitimationsdruck hinsichtlich der durch sie verursachten Ausgaben gerät.

In diesem Klima der öffentlichen Diskussion, die zudem von Themen wie Umbau des Sozialstaates, Kopplung von sozialer Unterstützung an Leistung und Entsolidarisierungstendenzen geprägt ist, hat es ein Arbeitsfeld, das jährlich Ausgabensteigerungen verursacht, schwer, die Debatte über notwendige Weiterentwicklungen auf einer inhaltlich-fachlichen Ebene zu halten. Durch die bei einzelnen Kommunen im Rahmen von Beschlüssen zur Haushaltskonsolidierung festgelegte Deckelung der Gesamtausgaben für die Kinder- und Jugendhilfe entsteht ein Spannungsverhältnis zwischen dem notwendigen Ausbau einzelner Arbeitsfelder und der Einhaltung von Fachstandards versus finanzieller Restriktionen. So ist die Diskussion um die Verlagerung von Kompetenzen überörtlicher Träger auf die örtlichen Träger der Kinder- und Jugendhilfe nicht zuletzt durch die Hoffnung motiviert gewesen, damit innerhalb der Kommune mehr Möglichkeiten zu haben, bisherige Standards, seien es bauliche Vorschriften für Einrichtungen der Kindertagesbetreuung oder auch Betreuungsschlüssel und ähnliche Festlegungen unterschreiten zu können. Eine andere Strategie, Haushaltsziele zu verwirklichen, ist es, die letzte Entscheidung auch bei Einzelfallhilfen nicht in der fachlichen Autonomie des Jugendamtes zu belassen, sondern durch den obersten Verwaltungsbeamten (BürgermeisterIn oder LandrätIn) zu treffen zu lassen. Dies ist eine Variante, finanzpolitische Erwägungen mindestens mit gleichem Gewicht in die Entscheidung eingehen zu lassen wie fachliche Bewertungen eines Falles. Damit wird in der Praxis das auf den Kopf gestellt, was die Kommission des Elften Kinder- und Jugendberichts in der Formel „Die Ausgaben folgen den Aufgaben" zum Ausdruck gebracht hat. In der vorliegenden Studie wird auch untersucht, inwieweit finanzpolitische Diskussionen konkrete Auswirkungen auf die Kinder- und Jugendhilfe haben. Die Finanzentwicklungen innerhalb des Feldes werden detailliert dargestellt (vgl. Kap. 5), Auswirkungen der Umsetzung von Entgeltvereinbarungen aufgezeigt und anhand der Angebotsentwicklung wird der Frage nachgegangen, an welchen Stellen Einschnitte sichtbar werden und fachliche Standards gefährdet sind bzw. nach wie vor nicht eingehalten werden.

Entwicklung bei freien und privat-gewerblichen Trägern

Der Bericht über die vorherige Erhebungsphase (Seckinger/van Santen/Weigel/Markert 1998) kam unter anderem zu dem bemerkenswerten Ergebnis, dass sich die in Nachwendezeiten in Ostdeutschland entstandene Szenerie in der Kinder- und Jugendhilfe mit zum

Teil sehr kleinen, keinem Wohlfahrtsverband angehörenden Trägern über die Jahre hinweg stabilisieren konnte, ohne dass allzu viele dieser Organisationen wegen wirtschaftlicher Probleme aufgeben mussten. Diese Zusammensetzung der örtlich aktiven Träger ist nicht nur in Ostdeutschland beobachtbar. Im Westen der Republik gewinnen von Wohlfahrtsverbänden unabhängige Träger ein immer größeres Gewicht. Dies wurde auch interpretiert als Anfang vom Ende des Neokorporatismus in der Kinder- und Jugendhilfe. Wie bereits an verschiedenen Stellen angemerkt (vgl. z. B. van Santen/ Seckinger 1999), hat diese Entwicklung auch problematische Seiten. Wie werden beispielsweise regionale Träger, die keinem Dachverband angehören, überregional vertreten? Ist eine Zunahme privatgewerblicher Träger in der Kinder- und Jugendhilfe auch vor dem Hintergrund der Diskussionen über europäisches Wettbewerbsrecht und den Besonderheiten des deutschen Sozialstaates tatsächlich wünschenswert? Wie müssen sich Kooperationsbeziehungen und Netzwerke auf lokaler und überörtlicher Ebene ändern, wenn sich die Trägerlandschaft pluralisiert? Sind in einer Zeit, in der Kooperation und Jugendhilfeplanung vielfach missbraucht wird, um Angebotsüberschneidungen zu vermeiden, mehrere Träger für ein Angebot noch zeitgemäß? Antworten auf all diese Fragen lassen sich im Rahmen einer so breit angelegten Studie wie der vorliegenden natürlich nicht abschließend geben, zumal ein Teil dieser Fragen politisch und nicht empirisch beantwortet werden muss. Gezeigt wird jedoch, wie sich die beschriebene Entwicklung fortgesetzt hat und wie dieses aus fachlicher Perspektive zu bewerten ist.

Ost-West-Unterschiede

Bei der Auswertung der in der Projektarbeit erhobenen Daten und der Analyse der amtlichen Statistiken stellte sich immer wieder die Frage, ob ein Vergleich zwischen Ost und West nach zehn Jahren Wiedervereinigung tatsächlich noch die richtige Auswertungsstrategie darstellt. Gibt es inzwischen nicht andere bzw. anders bedingte Unterschiede in der regionalen Ausgestaltung der Kinder- und Jugendhilfe, die als Unterscheidungskriterium von Bedeutung sind? Schließlich sind regionale Differenzen aufgrund der kommunalen Verantwortung für die Kinder- und Jugendhilfe schon immer ein Kennzeichen des Feldes gewesen. Die Ergebnisse der letzten Erhebung haben gezeigt (vgl. Seckinger/Weigel/van Santen/Markert 1998), dass zumindest bis zur Mitte der 1990er-Jahre noch unter diversen Gesichtspunkten erhebliche Unterschiede zu verzeichnen waren.

Damals war die öffentliche Fachdiskussion – mit Ausnahme der quantitativen Versorgung in der Kindertagesbetreuung – von einer „Defizitperspektive" geprägt: So wurde zum Beispiel angezweifelt, dass in Ostdeutschland dasselbe Niveau sowohl in der fachlichen Ausgestaltung und in der Angebotspalette als auch in der Trägerpluralität wie im Westen erreicht würde. Anhand unserer Ergebnisse der letzten Erhebung konnten wir damals zeigen, dass es neben einigen problematischen Aspekten, wie z. B. die hohe Abhängigkeit von Arbeitsmarktförderungsmitteln (z. B. ABM, SAM) oder die deutlich höheren Inanspruchnahmequoten bei den stationären erzieherischen Hilfen eine Vielzahl von Bereichen gibt, in denen die östlichen den westlichen Ländern einiges voraus hatten (Jugendarbeit, Schulsozialarbeit, Trägerpluralität, Kooperationsverhalten, Bedeutung des Kinder- und Jugendhilfeausschusses) und sich die westlichen Bundesländer eher am Beispiel der östlichen Bundesländer orientieren könnten. Letztendlich ist es eine empirische Frage, inwiefern diese Unterschiede nach wie vor vorhanden sind, größer werden oder vielleicht auch verschwinden. Deshalb nimmt diese Analyseperspektive auch im vorliegenden Bericht eine herausragende Stellung ein. Es wird erkennbar werden, ob sich die Ost-West-Differenz auch in Bereichen zeigt, deren Entwicklung erst nach der Wende richtig eingesetzt hat, wie etwa die Verbreitung und Handhabung von flexiblen Hilfen sowie deren Abgrenzung zu anderen Hilfen oder die Gestaltung und Bedeutung des Hilfeplanverfahrens in den Jugendämtern.

Auch außerhalb der Kinder- und Jugendhilfe gibt es deutliche Differenzen in den Lebensbedingungen zwischen Ost- und Westdeutschland, so ist beispielsweise die Arbeitslosenquote in Ostdeutschland deutlich höher, das durchschnittliche Einkommen ist geringer, die kommerziellen Freizeitangebote sind weniger ausgebaut, die Umweltbelastung wird im Osten höher eingeschätzt und Wohnungsversorgung sowie Wohnraumausstattung liegen im Osten unter dem westlichen Niveau (vgl. auch BMFSFJ 2002: 143). Diese Fakten rechtfertigen ebenfalls eine getrennte Analyse für Ost und West.

Trotz allem gibt es Themen, bei denen Unterschiede zwischen Ost und West nichts zur Erklärung regionaler Differenzen beitragen. Viel ausschlaggebender sind bei solchen Themen (z. B. Inanspruchnahme von Leistungen) die Unterschiede zwischen kreisfreien Städten und Landkreisen, weshalb auch diese Differenzierung in der Analyse der Daten immer wieder angewendet wird.[1]

---

[1] Eine weitere regionale Differenzierungsmöglichkeit wäre die zwischen wohlhabenden und weniger wohlhabenden Regionen, da man davon ausgehen kann, dass für

Sozialraumorientierung

Sozialraumorientierung ist zu einem wichtigen Leitprinzip für die Kinder- und Jugendhilfe geworden. Zahlreiche Veröffentlichungen der letzten Jahre haben sich mit der Bedeutung von Sozialraumorientierung für die Praxis der Kinder- und Jugendhilfe auseinander gesetzt (z. B. Hinte/Litges/Springer 1999; Früchtel/Lude/Scheffer/Weißenstein 2001; Lang/Mack/Reutlinger/Wächter 2001; Sozialpädagogisches Institut im SOS-Kinderdorf 2001; Jordan 1998; Koch/Lenz 1999). Durch die Sozialraumorientierung wird ein in pädagogischen Zusammenhängen häufig dominierender individuumszentrierter oder auch kleingruppenzentrierter Blick zugunsten eines stärker auch an den sozialen, kulturellen und materiellen Kontextbedingungen orientierten Ansatzes erweitert. Hierdurch entstehen zusätzliche Optionen für sozialarbeiterisches Handeln, die an unterschiedlichen Konzepten emanzipatorischer Pädagogik, der Lebensweltorientierung oder der Gemeindepsychologie (vgl. Lenz/Stark 2002; Keupp 1997; BMJFFG 1990) anknüpfen.

Die Debatte über eine verstärkte Sozialraumorientierung scheint im Wesentlichen durch zwei Stränge geprägt zu sein. In der einen Argumentationslinie wird die Notwendigkeit betont, sozialarbeiterische Hilfe nicht individuumszentriert, nicht fallzentriert zu leisten, sondern die jeweiligen Lebensbedingungen mit zu berücksichtigen und durch Veränderungen im Sozialraum zur Problemlösung und zur Vermeidung von Problemen beizutragen. Damit werden, wenn auch in etwas modifizierter Form, die Diskussionen, die in den Kontexten der Gemeinwesenarbeit und der Lebensweltorientierung bereits geführt wurden, fortgesetzt. Der andere Strang hingegen betont die Potenziale, die in der Aktivierung von Ressourcen in Sozialräumen entstehen können und entspricht somit auch den Konzepten, die einen Umbau des Sozialstaates hin zu mehr Selbstverantwortung der Bürger einfordern – nicht zuletzt in der Hoffnung damit die Ausgaben des Wohlfahrtsstaates eindämmen zu können. Ein unreflektierter Umgang mit dem Begriff Sozialraum läuft somit

---

die Qualität und die Ausgestaltung der regionalen Kinder und Jugendhilfe eine Unterscheidung hinsichtlich des Wohlstandsniveaus einer Kommune erheblichen Einfluss hat. Allerdings besteht die Schwierigkeit, hierfür zuverlässige Indikatoren zu bilden. An wenigen Stellen im Bericht werden in diesem Zusammenhang als grobe Annäherungen die Schulden der Kommunen verwendet, wohlwissend, dass dieser Indikator nicht für alle Jugendamtsbezirke einen richtigen Hinweis auf das Wohlstandsniveau oder die Spielräume der Kommunalverwaltung darstellt.

auch Gefahr, die sozialpolitische Dimension der Kinder- und Jugendhilfe (vgl. Wolff 2002) aus dem Auge zu verlieren.

In beiden Argumentationssträngen gibt es keine einheitliche Definition oder Vorstellung davon, was unter Sozialräumen zu verstehen ist. An einem Pol der Definitionen werden Sozialräume als Regionen definiert, die sich an mehr oder weniger willkürlich festgelegten Grenzen (Stadtteile, Gemeinden, Zuständigkeitsbereiche etc.) orientieren. Am anderen Pol stehen Definitionen, die sich an dem Konzept von Bourdieu, der die dem Raum subjektiv zugewiesene Bedeutung als ausschlaggebend für die Definition von Sozialräumen sieht (vgl. zum Überblick Mack 2001), orientieren. Aus diesen unterschiedlichen Sozialraumkonzepten ergeben sich dann auch jeweils andere Folgewirkungen für die Kinder- und Jugendhilfe. Sozialräume, die entlang vorhandener Grenzen definiert werden, führen eher zu Überlegungen, wie man Infrastrukturangebote gleichmäßig, d. h. in jeden Sozialraum hinein verteilen kann. Sozialraumkonzepte, die stärker an der Lebenswelt der einzelnen AdressatInnen anknüpfen, stehen eher vor Fragen wie: Sind Jugendzentren in der Nähe von Schulen oder in Wohnortnähe besser platziert? Braucht es einen Ausbau von Kindertagesbetreuungsplätzen im Wohnviertel der Kinder oder in der Nähe der Arbeitsplätze der Eltern?

Mehr oder weniger unabhängig von solchen konzeptionellen Differenzen innerhalb der Modelle zur Sozialraumorientierung zeigen sich Konsequenzen für die Kinder- und Jugendhilfe, die wir hier nur andeuten können:

So beeinflusst die Sozialraumorientierung die Gestaltung öffentlicher Verwaltung und die Organisation sozialer Dienste. Behörden werden zu einer stärker ämterübergreifenden Arbeit aufgefordert und werden in ihren Strukturen dezentraler.

In einzelnen Jugendamtsbezirken werden auch neue Finanzierungskonzepte ausprobiert, die den Sozialraum als Bezugsgröße haben. Diese so genannten Sozialraumbudgets erschweren einerseits größerflächige (über den einzelnen Sozialraum hinausgehende) und damit vielleicht auch bedarfsorientiertere Ausgleiche der Haushaltsmittel, andererseits ermöglichen sie eine flexible bedarfsgerechte Verwendung der Mittel innerhalb des Sozialraums. Pointiert könnte man also festhalten, dass durch Budgetierung eine gewisse Flexibilisierung des Einsatzes von Haushaltsmitteln erreicht wird, die durch die räumliche Beschränkung wieder stark eingegrenzt wird. Mit Sozialraumbudgets werden zum Teil auch Entscheidungen, die auf politischer Ebene getroffen werden müssten, zum Beispiel darüber, ob für den Ausbau bestimmter Angebote insgesamt mehr Geld bereitgestellt werden soll, in die Verwaltung hinein verlagert. Schließlich kann diese im Rahmen ihres Budgets Prioritätensetzungen vornehmen.

Eine Sozialraumorientierung stellt die Jugendhilfeplanung vor weitere Herausforderungen. Sozialraumorientierung verlangt Daten und Informationen, die sich auf deutlich kleinere räumliche Einheiten (z. B. Straßenzüge) beziehen, als dies bisher üblich war. Dies führt zu mehr Aufwand für die Jugendhilfeplanung und erfordert deutlich mehr als eine reine Bestandsaufnahme der Angebote. In diesem Bericht wird der Frage nachgegangen, inwiefern sich die Diskussion über Sozialraumorientierung in der Praxis der Jugendhilfeplanung niederschlägt. Aktivierung von Ressourcen im Sozialraum und eine stärkere fallübergreifende Orientierung in der Sozialarbeit müsste sich auch in einer verstärkten Kooperation und Vernetzung der verschiedenen Akteure im Sozialraum niederschlagen. Die Bearbeitung entsprechender Fragestellungen in diesem Bericht gibt dazu Hinweise.

Demografische Entwicklung

Die Bevölkerungsentwicklung ist eine entscheidende Bezugsgröße für die Kinder- und Jugendhilfe, da sie erheblichen Einfluss darauf hat, wie umfangreich die Gruppe der AdressatInnen ist, mit der es die Kinder- und Jugendhilfe zu tun hat. Bislang hat dieser Aspekt jedoch in der Fachdiskussion der Kinder- und Jugendhilfe nur unzureichend Beachtung gefunden. Insbesondere in Ostdeutschland hat der dramatische Geburteneinbruch nach der politischen Wende erhebliche Auswirkungen auf die Struktur der Kinder- und Jugendhilfe, aber auch in Westdeutschland ist ein Rückgang der Anzahl neugeborener Kinder zu beobachten. Am ehesten wurde die Bevölkerungsentwicklung in den vergangenen Jahren im Rahmen der Bedarfsplanung für Kindertagesstätten beachtet und für die jugendamtsbezogene Bedarfsvorausschätzung herangezogen, da hier die Auswirkungen unmittelbar greifen. In den anderen Arbeitsfeldern spielt die Auseinandersetzung mit der demografischen Entwicklung bislang eine kleine Rolle.

Der anhaltende Rückgang der absoluten Anzahl an Neugeborenen ist auch für die nächsten Jahre absehbar. Vor Ort ist ein hoher Druck vorhanden, die Ressourcen und Stellen entsprechend einzusetzen. Nicht selten wird mit dem zu verzeichnenden Rückgang der Zahl der Kinder und Jugendlichen die Erwartung verbunden, dadurch auch in den kommenden Jahren die Ausgaben und Kosten der kommunalen Kinder- und Jugendhilfe senken zu können. Doch dies setzt einerseits einen gleichmäßigen Rückgang der Zahl der Kinder und Jugendlichen in allen Altersklassen voraus und andererseits eine gleich starke Inanspruchnahme der Hilfeformen und Angebote der Kinder- und Jugendhilfe. Die Komplexität und die Ungleichzeitigkeit der Entwicklungen bei einer Altersspanne, die die Altersgruppe der 0- bis 27-Jährigen einbezieht, bleiben dabei unberücksichtigt, da sich gegenläufige Entwicklungen überlagern und in einem allgemeinen Trend aufgehen können. So wird zum Beispiel die Anzahl der Jugendlichen in der Altersgruppe der über 18-Jährigen bis 2010 noch wachsen, obwohl insgesamt die Anzahl der Kinder und Jugendlichen unter 27 Jahren zurückgehen wird.

Bürger hat sich eingehend mit dieser Situation befasst und konnte für Baden-Württemberg zeigen, dass im Bereich der Hilfen zur Erziehung die Vorausschätzung der Fallentwicklung für die nächsten 20 Jahre je nach Altersgruppe sehr unterschiedlich verlaufen wird und die Vorhersage des Bedarfs in den Hilfen zur Erziehung zu den jeweiligen Hilfeformen und der Inanspruchnahme für die verschiedenen Altersklassen in Beziehung zu setzen ist (vgl. Bürger 2001b). So ist zu erwarten, dass Hilfen wie Erziehungsbeistand und Betreuungshelfer, die sich an ältere AdressatInnen richten, in den nächsten Jahren eher noch zunehmen werden, während sich – setzt man Konzepttreue voraus – in der Sozialpädagogischen Familienhilfe ein Rückgang der Kinderzahlen relativ bald bemerkbar machen wird (Bürger 2001b: 16f.).

Eine ganz andere Frage aber, die sich aus fachlicher Sicht auf die möglichen Auswirkungen der demografischen Entwicklung stellt, ist, ob mit der sinkenden Anzahl an Kindern und Jugendlichen in gleichem Maße die zur Verfügung stehenden Ressourcen sinken müssen bzw. auch sinken können. Ein Rückgang der Fallzahlen könnte auch gute Voraussetzungen dafür bieten, seit langem angemahnte, aber bisher wenig bearbeitete Aufgaben wie den Beginn ernsthafter Personalentwicklungsprozesse und die Verbesserung mancher Arbeitsbedingungen anzupacken und damit die Fachlichkeit des Feldes zu stärken. Gedacht wird hier zum Beispiel an die dringend erforderliche Intensivierung von Fortbildungen (vgl. Kap. 4) oder auch an Ressourcen und Zeit für Vernetzungstätigkeit. Die fachlichen Herausforderungen, die sich aus dem demografischen Wandel ergeben, werden in einem gesonderten Kapitel (Kap. 12) thematisiert.

Spezielle Zielgruppen in der Kinder- und Jugendhilfe

In den folgenden Kapiteln wird an unterschiedlichen Stellen auf einzelne Zielgruppen der Kinder und Jugendhilfe – konkret Kinder und Jugendliche mit Migrationshintergrund und Mädchen – eingegangen. Wandlungsprozesse in der Kinder- und Jugendhilfe sind anhand unterschiedlicher Kriterien beschreibbar, die zudem zu verschiedenen Zeitpunkten eine divergierende Aufmerksamkeit erhalten. Der elfte Kinder- und Jugendbericht verweist unter anderem auch auf die demografische Entwicklung bzw. das Alter sowie auf Migrationserfahrung und Geschlechterzugehörigkeit als zentrale Merkmale hinsichtlich der Beschreibung der Lebenslagen. Im Kinder- und Jugendhilfegesetz ist in § 9 (3) ausdrücklich die Berücksichtigung der unterschiedlichen Lebenslagen von Mädchen und Jungen angesprochen und es wird der Abbau von geschlechtsspezifischen Benachteiligungen als Aufgabe festgeschrieben. Hinsichtlich der Kinder und Jugendlichen mit Migrationserfahrungen steigen für die Kinder- und Jugendhilfe die Herausforderungen, sich mit den Bedürfnissen dieser Gruppe auseinander zu setzen, da sie zumindest in Ballungsräumen einen erheblichen Bevölkerungsanteil einnimmt und die Schwierigkeiten im Zusammenleben von Menschen mit unterschiedlicher Herkunft auch von der Kinder- und Jugendhilfe nicht ignoriert werden können.

Diese beiden Gruppen werden jedoch in der Ergebnisdarstellung nicht deshalb explizit herausgegriffen, weil man davon ausgeht, dass diese Kinder und Jugendlichen ausschließlich durch das jeweilige Merkmal determiniert und ihre Lebenslagen aufgrund der Zuordnung zu diesem Merkmal jeweils vergleichbar wäre. Ausländische Kinder und Jugendliche sowie Mädchen sind natürlich auch über andere Merkmale zu beschreiben und mit großer Sicherheit sind für eine Reihe von Fragen die Merkmale Migrationshintergrund und Geschlechtszugehörigkeit nicht von entscheidender Bedeutung. Dennoch gibt es, so kann man den Fachdiskussionen und den wenigen vorhanden empirischen Daten entnehmen, in der Kinder- und Jugendhilfe in bestimmten Arbeitsfeldern Zugangsbarrieren für diese beiden Gruppen, die ein gesondertes Aufgreifen an verschiedenen Stellen des Berichtes rechtfertigen (vgl. z. B. Kap. 6.10 oder Kap. 10).

1.2 Überblick zu den Kapiteln

Die geschilderten sieben Aspekte bilden die Folie, auf der die nachfolgenden Ergebnisse dargestellt werden. Sie enthalten die für die

Kinder- und Jugendhilfe aktuellen Diskussionslinien und bilden neben den Aspekten, die hier nicht näher erläutert wurden (z.B. Paradigmen des Achten Kinder- und Jugendberichtes), die Basis für die fachliche Auseinandersetzung und Einordnung der Ergebnisse. Dabei wird es nicht darum gehen, für die geschilderten Aspekte in jedem Kapitel Detailanalysen vorzunehmen, was allein für jeden dieser Bereiche eigenständige Untersuchungen rechtfertigen würde. Ziel ist es vielmehr, die dargestellten Folien für die fachliche Einbettung der einzelnen Befunde heranzuziehen.

In den folgenden zwölf Kapiteln werden anhand der vorliegenden empirischen Daten und vor dem Hintergrund der eben beschriebenen internen und externen Entwicklungen und Herausforderungen arbeitsfeld- und trägerübergreifend sowie überregional Trends, Strukturen und die Leistungsfähigkeit der Kinder- und Jugendhilfe beschrieben. Im Einzelnen findet sich in Kapitel 2 eine Beschreibung des empirischen Vorgehens und der methodischen Anlage, in Kapitel 3 gibt es quantitative wie qualitative Aussagen zur Personalausstattung und in Kapitel 4 werden die Fort- und Weiterbildungsaktivitäten analysiert. In Kapitel 5 werden die Entwicklungen der Finanzen beschrieben und einer kritischen Würdigung unterzogen. Das Kapitel 6 ist in elf Unterkapitel gegliedert, die sich mit den unterschiedlichen Angeboten der Kinder- und Jugendhilfe einschließlich flexibler Hilfen und der Frage, wie Kinder und Jugendliche mit Migrationshintergrund in der Kinder- und Jugendhilfe Beachtung finden, auseinander setzen. Im Kapitel 7 werden Aspekte der Hilfeplanung nach § 36 KJHG behandelt. Kapitel 8 widmet sich der Kooperation zwischen öffentlichen und freien Trägern sowie der Gestaltung der Kooperationsbeziehungen zwischen öffentlichem Träger und Ämtern sowie Organisationen innerhalb der Kommune. Die Kapitel 9 und 10 wenden sich dem Kinder- und Jugendhilfeausschuss und der Jugendhilfeplanung zu und Kapitel 11 beschreibt die Einschätzung der Jugendamtsleitungen zu sozialen Problemlagen im Jugendamtsbezirk. Kapitel 12 schließlich widmet sich den Auswirkungen der demografischen Entwicklung auf die Kinder- und Jugendhilfe. Im letzten Kapitel wird versucht, aus der Vielzahl der Einzelbefunde eine Bilanz zu ziehen und bislang nicht bearbeitete beziehungsweise sich abzeichnende Herausforderungen an die Kinder- und Jugendhilfe zu benennen.

2 Methodische Anlage und Datenquellen

2.1 Gegenstand der Untersuchung

Gegenstand der Gesamtuntersuchung ist die örtliche Kinder- und Jugendhilfe in Deutschland. Die Subsidiaritätsregelungen verlangen eine Gestaltung der Kinder- und Jugendhilfe gemeinsam durch öffentliche und freie Träger. Demzufolge reicht es für eine Analyse der regionalen Kinder- und Jugendhilfe nicht aus, ausschließlich Jugendämter heranzuziehen. Wohlfahrtsverbände, Vereine, Initiativen, privat-gewerbliche Träger, Jugendverbände und Jugendringe bilden das Spektrum der vor Ort präsenten Akteure, die in den unterschiedlichen Arbeitsfeldern der Kinder- und Jugendhilfe tätig sind. Folglich wurden im Rahmen dieser Untersuchung sowohl öffentliche als auch freie Träger der Kinder- und Jugendhilfe sowie privat-gewerbliche Träger befragt: Nur die Zusammenschau der wichtigsten Kinder- und Jugendhilfeakteure ermöglicht eine umfassende Beschreibung des gesamten Feldes Kinder- und Jugendhilfe. Obwohl an vielen Stellen auf Ergebnisse der Erhebungen bei den freien Trägern sowie Einrichtungen der erzieherischen Hilfen Bezug genommen wird, stehen die örtlichen öffentlichen Träger im Mittelpunkt dieses Berichtes. Deshalb wird in diesem Kapitel auch ausführlicher auf die Erhebung bei öffentlichen Trägern als auf die bei anderen eingegangen. Im Prinzip sind sich alle standardisierten Erhebungen in ihrer Anlage sehr ähnlich, weshalb bei der Darstellung der methodischen Besonderheiten der einzelnen Teilstudien nach und nach auf immer weniger Details eingegangen wird, um Wiederholungen zu vermeiden.

Jugendhilfe als Untersuchungsgegenstand

Die föderale Struktur der Bundesrepublik Deutschland und das Recht zur kommunalen Selbstorganisation führt hinsichtlich der Erledigung unterschiedlicher Aufgaben zu einer großen Vielfalt von Organisationsformen. Selbst für Aufgaben, für die es bundesgesetzliche Organisationsvorgaben wie im KJHG (§§ 69, 70) gibt, trifft dies zu. Diese Organisationsvielfalt tangiert Aspekte des Feldzugangs, weil sie die Frage aufwirft, welche Organisation bzw. Organisationen überhaupt aufseiten der öffentlichen Kinder- und Jugendhilfe befragt werden muss bzw. müssen, um empirische Daten über die Gestaltung der Aufgabenwahrnehmung auf kommunaler Ebene zu generieren. Die Organisationsvielfalt bei Jugendämtern[2] reicht von der Ausgliederung einzelner Aufgabenbereiche wie beispielsweise in Form eines eigenständigen Allgemeinen Sozialen Dienstes (ASD) oder der Zuständigkeit für Kindertagesstätten beim Kultusministerium bzw. bei dem örtlichen Schulaufwandsträger bis hin zu einer völligen Auflösung einer Organisationseinheit, die die Aufgaben des KJHG integriert und zusammenfassend wahrnimmt. Andererseits gibt es in einigen Kommunen die Tendenz, verschiedene Bereiche, die Aufgaben des KJHG erfüllen, in einer Organisationseinheit zusammenzufassen. Ein typisches Beispiel ist hier die Zusammenlegung von Sozialamt und Jugendamt. Unter Umständen muss man also für eine Erhebung zur Situation der Kinder- und Jugendhilfe in einem Jugendamtsbezirk (die Analyseeinheit) auf mehrere Auskunftsstellen zurückgreifen (mehrere Erhebungseinheiten mit jeweils eigenem Fragebogen), weil die Aufgaben auf mehrere Organisationseinheiten mit klar voneinander abgegrenzten Zuständigkeiten verteilt sind und es keine Stelle gibt, von der erwartet werden kann, dass sie im Sinne einer Gesamtverantwortung für diesen Bereich die Koordination der Aufgaben übernimmt.[3]

Die Untersuchung von Mamier/Seckinger/Pluto/van Santen/Zink (2002) zur organisatorischen Einbettung von Jugendhilfeaufgaben in der Kommunalverwaltung hat in diesem Zusammenhang gezeigt, dass die Befürchtung hinsichtlich des Verschwindens eines eindeutigen Untersuchungsgegenstandes (Jugendämter) keine empirische Grundlage besitzt. Auch wenn mancherorts eine andere statt der nach wie vor vorherrschenden Bezeichnung „Jugendamt" verwendet wird, kommen die Autoren zu dem Schluss, dass eine Zersplitterung von Jugendhilfeaufgaben auf kommunaler Ebene nicht festzustellen ist. Historisch gesehen kann sogar eine Konzentration von Jugendhilfeaufgaben in einer Einheit festgestellt werden. Auch die Erfahrungen aus der Feldphase der Untersuchung, über die hier berichtet wird, können zeigen, dass die Art und Weise der Beantwortung oder die (Un-)Vollständigkeit der Antworten nicht mit der Organisationsform des Jugendamtes in Zusammenhang gebracht werden kann.

---

[2] Diese Terminologie wird hier und im Weiteren benutzt, um die Organisationseinheit(en) der örtlichen Träger der öffentlichen Kinder- und Jugendhilfe zu bezeichnen, die Aufgaben nach dem KJHG wahrnehmen.

[3] In jeder Kommunalverwaltung gibt es natürlich mit dem/der Bürgermeister/-in oder Landrat/-rätin eine Stelle, die die Gesamtverantwortung trägt, aber es dürfte auch klar sein, dass diese Person die Koordinations- und Leitungsfunktion nicht übernehmen kann.

Tab. 2.1 zeigt, wie sich die Zahl der Jugendamtsbezirke auf die Gebietskörperschaften verteilt. Die einzelnen Jugendamtstypen (Kreisjugendämter, Jugendämter kreisfreier Städte und regionalisierte Jugendämter) lassen einige Unterschiede hinsichtlich der Anzahl von EinwohnerInnen, für die diese Jugendämter zuständig sind und der Fläche, die ein Jugendamtsbezirk umfasst, erkennen. Letzteres ist insbesondere in Bezug auf die Erreichbarkeit von Jugendhilfeangeboten für die AdressatInnen eine entscheidende Frage. Die Anzahl der EinwohnerInnen innerhalb eines Jugendamtsbezirks hat nicht nur Auswirkungen auf die Quantität eines Angebotes, das im Jugendamtsbezirk zur Verfügung gestellt wird, sondern zum Beispiel auch auf die Möglichkeiten zur Bildung von Sozialräumen (vgl. Pluto/van Santen 2001). Ein Jugendamtsbezirk mit lediglich 20.000 EinwohnerInnen wird für die Bildung von Sozialräumen, die Auswirkung auf die räumliche Organisation des Jugendamtes hat, kaum die nötigen personellen Ressourcen aufbringen können. Die sehr unterschiedliche Anzahl von EinwohnerInnen in einem Jugendamtsbezirk ist zudem bei der Betrachtung der Personalausstattung (vgl. Kap. 3) oder auch dem Finanzvolumen, das einem Jugendamt zur Verfügung steht (vgl. Kap. 5), von Bedeutung.

Gemessen an der Bevölkerung ergeben sich zwischen den einzelnen Jugendamtsbezirken folgende Unterschiede: Der kleinste Jugendamtsbezirk ist für knapp 20.000 und der bevölkerungsreichste Jugendamtsbezirk für über 1,1 Millionen Menschen zuständig (vgl. Tab. 2.1).

Der Jugendamtstyp allein (Jugendamt kreisfreier Stadt, Kreisjugendamt, regionalisiertes Jugendamt, Bezirksjugendamt) lässt noch keine generalisierbaren Rückschlüsse auf die etwaige Größe des Jugendamtsbezirkes zu. So ist z.B. die Einwohnerzahl im jeweils kleinsten Jugendamt einer kreisfreien Stadt und eines Kreises nahezu identisch; die durchschnittliche Anzahl der Einwohner in regionalisierten Jugendämtern ist weitaus geringer als bei den anderen Typen. Gleichzeitig umfasst der bevölkerungsstärkste regionalisierte Jugendamtsbezirk in etwa so viele Einwohner wie Kreisjugendamtsbezirke im Durchschnitt. Im Median ist die Anzahl der EinwohnerInnen in Landkreisjugendamtsbezirken höher als in Jugendamtsbezirken kreisfreier Städte.

Die Fläche eines Jugendamtsbezirkes variiert zwischen 498 ha und 305.808 ha. Jugendamtsbezirke in kreisfreien Städten, Stadtbezirken und in kreisangehörigen Gemeinden sind gemessen an der Fläche ähnlich groß, während die Fläche, für die Kreisjugendämter zuständig sind, im Durchschnitt etwa um das 10fache größer ist.

Grundgesamtheit

Ein wesentliches Kennzeichen der Kinder- und Jugendhilfe in der Bundesrepublik ist, dass die Verantwortlichkeit für Aufgaben nach dem Kinder- und Jugendhilfegesetz im Zuständigkeitsbereich der Kommunen beziehungsweise bei den Jugendämtern liegt. Die kommunale Ebene der Kreise, kreisfreien Städte und kreisangehörigen Gemeinden mir ihren Jugendbehörden ist der Ausgangspunkt, an dem unsere Erhebung und Analyse ansetzt. Allerdings ist es nicht ganz einfach, die Grundgesamtheit zu bestimmen, da die Einrichtungszählung der Kinder- und Jugendhilfestatistik keine exakten Anhaltspunkte liefert[4] und sich zudem die Grundgesamtheit immer wieder ändert. Das heißt, die Zahl der Jugendämter ist nicht konstant. Gebietsreformen oder die Gründung von Jugendämtern in kreisangehörigen Gemeinden (hier als „regionalisierte Jugendämter" bezeichnet), so wie dies in acht von 13 Flächenländern möglich ist (vgl. Seckinger/van Santen/Pluto 2000) können zu einer Veränderung der Anzahl der Jugendamtsbezirke führen. Die größte Anzahl regionalisierter Jugendämter befindet sich in Nordrhein-Westfalen. Zum 31. Dezember 2001 betrug die Gesamtzahl der Jugendamtsbezirke 605 (vgl. Tab. 2.1). Seit Anfang 2002 stieg in Nordrhein-Westfalen die Anzahl der Jugendämter durch mehrere Neugründungen bereits weiter an und in der Region Hannover (Niedersachsen) wurden bereits wieder zwei neue Jugendämter geöffnet.

Tab. 2.1: Fläche und Bevölkerung in den Jugendamtsbezirken (Stand 31.12.2001)

	kfr. Stadt	KJA	RJA	BzJA
Anzahl	115	321	150	19
Bevölkerung				
Durchschnitt	187.971	147.406	53.361	267.530
Median	117.606	130.838	46.574	267.000
Minimum	35.752	34.844	19.749	113.046
Maximum	1.188.897	522.544	149.108	401.047
Fläche in ha				
Durchschnitt	12.910	102.106	8.512	5.091
Median	10.677	89.259	7.607	4.493
Minimum	3.560	10.646	2.050	498
Maximum	40.515	305.808	30.294	16.842

Kfr. Stadt = Jugendamt kreisfreier Stadt, KJA = Kreisjugendamt, RJA = regionalisiertes Jugendamt, BzJA = Bezirksjugendamt (Berlin und Hamburg); Quelle: Gemeindeverzeichnis GV100; Deutsches Jugendinstitut

---

[4] So werden beispielsweise in Hamburg in der amtlichen Statistik 41 Jugendämter ausgewiesen, obwohl es dort lediglich sieben Jugendämter gibt.

Grafik 2.1: Untersuchungsdesign der Erhebungsphasen

	Phase I	Phase II	Phase III
Öffentliche Jugendhilfe	Standardisierte Fragebogenerhebung 1. bei allen **Jugendämtern** in Ostdeutschland 2. bei ausgewählten **Jugendämtern** in Westdeutschland	Standardisierte Fragebogenerhebung bei ausgewählten **Jugendämtern** in der Bundesrepublik	Fragebogenerhebung 1. Fortführung der Stichprobe aus Phase I & II 2. Vollerhebung zu Fragen der organisatorischen Einbettung von Jugendhilfeaufgaben
		Qualitative Studie *Kooperationsbeziehungen* *in der Jugendhilfe*	*Qualitative Studie* *Strukturen, Verfahren und* *Partizipationsmöglichkeiten*
Freie Jugendhilfe	Standardisierte Fragebogenerhebung bei freien Trägern der Jugendhilfe sowie **Kinder- und Jugendheimen** in Ostdeutschland	Standardisierte Fragebogenerhebung bei **freien Trägern** der Jugendhilfe in der Bundesrepublik (Kreisebene von WV, JV, JR sowie regionale Träger)	Fragebogenerhebung bei ausgewählten – **Einrichtungen freier Träger** – **regionale Geschäftsstellen freier Träger** – **Jugendverbänden** Vollerhebung bei **Jugendringen**
Adressaten	Repräsentative **Jugendbefragung** in Ostdeutschland		Befragung von Adressaten im Rahmen der qualitativen Studie
	1990 — 1995	— 1998	— 2002

2.2 Methodische Anlage

Wie bereits in der Einleitung beschrieben, werden hier Ergebnisse vorgestellt, die aus drei Erhebungswellen stammen, die gesamte Bundesrepublik betreffen, freie wie öffentliche Träger einbeziehen und verschiedene Handlungsfelder der Kinder- und Jugendhilfe tangieren. Ziel ist es, empirische Daten zu Situation und Entwicklungen der Kinder- und Jugendhilfe zur Verfügung zu stellen. Auf der Basis von Befragungen öffentlicher und freier Träger können verschiedene Bereiche der Kinder- und Jugendhilfe systematisch erfasst und miteinander ergänzend oder kontrastierend in Beziehung gesetzt werden: konkrete Angebote der Jugendhilfe ebenso wie die Ausstattung mit Personal und finanziellen Ressourcen, Aspekte der Verwaltungsmodernisierung und der Jugendhilfeplanung sowie Fragen der Kooperation. Außerdem sind – bezugnehmend auf vorangegangene Erhebungsphasen – Entwicklungsverläufe im Bereich der Kinder- und Jugendhilfe darstellbar. Der Vorteil solcher Daten, wie sie hier vorgestellt werden, besteht vor allem darin, dass sie einen Eindruck über die Gesamtsituation in der Bundesrepublik vermitteln und allgemeine Trends aufspüren können und gleichzeitig regionale Disparitäten, unterschiedliche Trends in einzelnen Regionen aufzeigen. Zugleich muss man sich bewusst sein, dass mit dieser Form der Datengenerierung viele Detailfragen der einzelnen Arbeitsfelder nicht beantwortet werden können und weitere Studien nötig sind.

Die beschriebenen Zielsetzungen erfordern die Anwendung differenzierter Erhebungsinstrumente. Grafik 2.1 zeigt das Untersuchungsdesign der bisherigen Erhebungsphasen.

Die bereits im Rahmen der ersten beiden Projektphasen entwickelten Fragebogenkonzeptionen wurden aufgegriffen und an einigen Stellen vor dem Erfahrungshintergrund der vorangegangenen Projektphasen im Sinne einer Reliabilitäts- und Validitätserhöhung verändert. Die in diesem Zusammenhang vorgenommenen Modifikationen und Ergänzungen wurden wie bereits die Instrumentenentwicklung in den vorangegangenen Phasen mit PraxisvertreterInnen der Kinder- und Jugendhilfe sowie VertreterInnen des Städtetages und des Landkreistages sowie KollegInnen aus der Wissenschaft abgestimmt (vgl. hierzu ausführlich auch Gawlik/Krafft/Seckinger 1995: 21 ff.). Die so veränderten Erhebungsinstrumente wurden in Voruntersuchungen getestet.

Grafik 2.2 zeigt eine Übersicht über die Erhebungen, die Basis für die hier vorgelegten Ergebnisse und die vorangegangenen Ergebnisdarstellungen sind. Alle Ergebnisse beziehen sich auf das jeweilige Jahr der Erhebung. Abweichungen gibt es in der Darstellung lediglich dann, wenn im Fragebogen explizit nach einem anderen Zeitpunkt gefragt wurde, zum Beispiel die Personalstellen im Jugendamt zum Stichtag 31.12.1999.

Grafik 2.2: Übersicht über zugrunde liegende Erhebungen

I. Phase
- Erhebung bei ostdeutschen Jugendämtern 1992
- Vollerhebung bei ostdeutschen Jugendämtern 1992
- Erhebung bei westdeutschen Jugendämtern 1993
- Repräsentative Jugendbefragung in Ostdeutschland 1993
- Erhebung bei ostdeutschen Wohlfahrtsverbänden 1993
- Erhebung bei ostdeutschen Jugendverbänden 1993
- Erhebung bei ostdeutschen Vereinen und Initiativen 1993
- Erhebung bei ostdeutschen Kinderheimen 1993

II. Phase
- Erhebung bei Jugendämtern 1996
- Erhebung bei Wohlfahrtsverbänden 1996
- Erhebung bei Jugendverbänden 1996
- Erhebung bei Vereinen und Initiativen 1996
- Erhebung bei Jugendringen 1996

III. Phase
- Vollerhebung bei Jugendämtern 2000
- Erhebung bei Jugendämtern 2000
- Vollerhebung bei Jugendringen 2001
- Erhebung bei Jugendverbänden 2001
- Erhebung bei Geschäftsstellen freier Träger der Kinder- und Jugendhilfe 2001
- Erhebung bei Einrichtungen im Bereich der erzieherischen Hilfen in der Kinder- und Jugendhilfe 2001

darüber hinaus Sekundäranalyse von Daten aus:
- der Regionaldatenbank, DJI
- der amtlichen Kinder- und Jugendhilfestatistik
- der Pro-Mix-Datenbank
- dem Jugendsurvey, DJI
- Shell-Studien

2.3 Jugendamtserhebung

Die öffentlichen Träger der Jugendhilfe wurden in einem analog zu dem in den vorherigen Projektphasen verwendeten Quotenverfahren ausgewählt[5]. Das heißt, bezugnehmend auf eine Absprache mit dem

---

[5] In der ersten Projektphase 1992/1993 wurde ein zweistufiges Verfahren angewendet. In einem ersten Schritt wurden anhand eines Kurzfragebogens zentrale Daten bei allen 215 zum damaligen Zeitpunkt in den neuen Bundesländern (außerhalb

Deutschen Städtetag und dem Deutschen Landkreistag wurden – mit Ausnahme der Stadtstaaten Berlin und Bremen – jeweils die Jugendämter der größten und der kleinsten kreisfreien Stadt in die Stichprobe aufgenommen. Des Weiteren wurden in Westdeutschland die Jugendämter der zwei größten sowie der drei kleinsten Landkreise sowie in den neuen Bundesländern, aufgrund der zum Zeitpunkt der ersten Erhebung durchschnittlich kleineren Einwohnerzahl der Landkreise, die Jugendämter der drei größten und der beiden kleinsten Landkreise befragt. Im Saarland wurde jeweils nur der kleinste und größte Jugendamtsbezirk ausgewählt. Die erneute Befragung derselben Jugendämter erlaubt es, Entwicklungen unter Berücksichtigung von spezifischen Bedingungskonstellationen einzelner Jugendamtsbezirke nachzuvollziehen. Außerdem wurden in den alten Bundesländern vier und in den neuen zwei Großstädte in die Befragung mit einbezogen. Neu in die Stichprobe aufgenommen wurden 13 Jugendämter kreisangehöriger Gemeinden (regionalisierte Jugendämter), da dieser Jugendamtstyp, der insbesondere in Nordrhein-Westfalen sehr häufig anzutreffen ist, insgesamt einen Anteil von 24,4 Prozent an allen Jugendämtern hat (vgl. Seckinger/van Santen/Pluto 2000). Die Bruttostichprobe aus Kreis- und Stadtjugendämtern sowie Jugendämtern kreisangehöriger Gemeinden enthielt damit insgesamt 111 Jugendämter. Dies entspricht zum Erhebungszeitpunkt 18 % der Gesamtzahl der Jugendämter in der Bundesrepublik Deutschland.

Die Erhebung bei den Jugendämtern erfolgte postalisch. Neben finanziellen Vorteilen trägt diese Form der Datenerhebung dem zum Teil erheblichen Rechercheaufwand seitens der Befragten am ehesten Rechnung. Der Fragebogen richtet sich an die JugendamtsleiterIn als diejenige, die den Gesamtüberblick über das Amt hat und in ihrer Funktion als Leitung die Entwicklung eines Amtes lenkt. Bei Fragen, die eine bewertende Einschätzung vom Befragten erwarten, kann davon ausgegangen werden, dass die Einschätzung der Leitung die Perspektive des Amtes repräsentiert und handlungsleitend für die MitarbeiterInnen ist.

Inhaltlicher Gegenstand der Untersuchung ist neben der Frage nach strukturellen Bedingungen der Jugendhilfe wie Finanzentwicklung und Personalausstattung auch der Umgang mit gesetzlichen Vorgaben, z.B. im Rahmen der Sicherstellung von Kindertagesbe-

---

Ostberlins) bestehenden Jugendämtern erhoben. Die Rücklaufquote lag bei 88,4 %. In einem zweiten Schritt wurden in den neuen Bundesländern 35 und in den alten Bundesländern 49 Jugendämter für eine detaillierte Befragung ausgewählt (Rücklaufquote: West 94 %, Ost 100 %).

treuung oder der Beteiligung von Betroffenen im Hilfeplanverfahren. Hinzu kommen noch eine Reihe an fachlichen Standards, denen sich die Jugendämter verpflichtet sehen. Mit Blick auf das Antwortverhalten stellt sich bei einer Institutionenbefragung wie der hier vorliegenden die Frage, inwieweit die befragten Personen dazu tendieren, ihre Antworten formal an den gesetzlichen Bestimmungen und aktuellen, fachlichen Diskussionen auszurichten oder die tatsächliche Situation im Jugendamtsbezirk zu beschreiben. Nach der Erfahrung mit drei Erhebungswellen sprechen zwei Argumente dafür, dass die Jugendämter in der Regel eine realistische Einschätzung der Situation im Jugendamtsbezirk abgeben: Zum einen führt die kommunale Verankerung der Jugendhilfe zu einer großen Heterogenität der Ausgestaltung von Jugendhilfeaufgaben vor Ort. Entsprechend variieren von Jugendamtsbezirk zu Jugendamtsbezirk auch die jeweils zu bearbeitenden Themen, für die man aus fachlichen und/oder politischen Gründen einen besonderen Schwerpunkt setzt. Die besondere Aufmerksamkeit der JugendamtsleiterInnen liegt somit auf ausgewählten Bereichen des Aufgabenspektrums, während anderen eine weniger hohe Bedeutung zukommt. Auf die Gesamtzahl der Jugendämter gesehen nimmt aufgrund der heterogenen Ausgestaltung der Jugendhilfeaufgaben kein Themenbereich eine zentrale Position ein. Zum anderen gibt es bezogen auf die Jugendhilfe ein so breites Themenspektrum zu bewältigender Aufgaben, dass es nahezu unmöglich ist, alle Bereiche gleichzeitig mit der entsprechenden Energie zu bearbeiten. Auch deshalb ist es nahe liegend, dass Tendenzen, lediglich mit Verweis auf die gesetzlichen Rahmenbedingungen zu antworten, nicht sehr stark ausgeprägt sind.

Durchgeführt wurde die Befragung der öffentlichen Träger der Jugendhilfe zwischen März 2000 und Dezember 2000. Dieser lange Zeitraum muss vor dem Hintergrund der besonderen Bedingungen einer Institutionenbefragung dieses Umfangs und dieser Komplexität gesehen werden (vgl. Mamier/Pluto/van Santen/Seckinger/Zink 2002) und kann daher nicht als unüblich lang andauernd betrachtet werden. Die Rücklaufquote der Jugendämter stellt mit 67 % eine zufrieden stellende Quote bei postalischen Befragungen im Rahmen empirischer Sozialforschung dar (vgl. z. B. Reuband 1999). Der Auswertung der Befragung öffentlicher Träger der Jugendhilfe liegen insgesamt die Antworten von 42 Kreis-, 24 Stadtjugendämtern sowie neun Jugendämtern kreisangehöriger Gemeinden zugrunde.

Entsprechende Überprüfungen, die wir im Folgenden kurz darstellen werden, zeigen, dass diese Form der Stichprobenziehung die regionale Pluralität der jugendhilfespezifischen Kontexte in der

Stichprobe adäquat widerspiegelt. Die Repräsentativität einer Stichprobe lässt sich durch einen Vergleich von Merkmalen der Stichprobe mit Merkmalen der Grundgesamtheit der Jugendämter überprüfen. Hierzu greifen wir auf zwei verschiedene Datenquellen zurück, die Informationen zu Merkmalen der Jugendämter enthalten und von denen man annehmen kann, dass sie diese adäquat beschreiben: (1) Eine Vollerhebung bei Jugendämtern der Bundesrepublik Deutschland, die im Rahmen der Erstellung des 11. Kinder- und Jugendberichtes durchgeführt wurde (vgl. Mamier/Seckinger/Pluto/van Santen/Zink 2002)[6] sowie (2) die amtliche Statistik der Kinder- und Jugendhilfe.

Im Folgenden wird zuerst überprüft, inwiefern die Stichprobe der Jugendämter hinsichtlich bekannter Verteilungsmerkmale aus der Vollerhebung zur organisatorischen Einbettung von Jugendhilfeaufgaben in der Kommunalverwaltung ein adäquates Abbild der Jugendämter in Deutschland darstellt (vgl. Tab. 2.2). Hierzu wurde der Frage nachgegangen, inwiefern die Teilmenge der Jugendämter in der Stichprobe sich von der Gesamtmenge der Jugendämter unterscheidet. Dazu wurde für verschiedene Merkmale der Jugendämter ein χ^2-Anpassungstest mit a < 0,05 durchgeführt und die Anpassungsgüte gemäß Lienert (1962) in die folgenden vier Güteklassen eingestuft: gut, mäßig, schwach, keine (Erläuterung zur Anwendbarkeit und Durchführung bei Clauß/Finze/Partzsch 1995: 202/204). Die Spalten zwei und drei der Tabelle 2.2 geben die Verteilung ausgewählter Merkmale in der Stichprobe und der Vollerhebung wieder. Bereits ein Vergleich dieser zwei Spalten führt zu der Vermutung, dass die Unterschiede zwischen Stichprobe und Vollerhebung vernachlässigbar sind und keine Einschränkung hinsichtlich der Aussagekraft erforderlich ist, die eine Gewichtung der Daten notwendig werden lässt. Die fünfte Spalte bestätigt diesen Eindruck.

---

[6] Eine Vollerhebung stellt streng genommen erst dann ein sicheres Abbild der Grundgesamtheit dar, wenn eine Rücklaufquote von 100 % erreicht wird. Die erreichte Rücklaufquote von 83 % kommt vergleichsweise nah an diesen Wert heran. Darüber hinaus haben entsprechende Überprüfungen der Repräsentativität dieser Vollerhebung gezeigt, dass die Annahme eines unverzerrten Rücklaufes und damit eine hohe Repräsentativität gerechtfertigt ist (vgl. Mamier/Seckinger/Pluto/van Santen & Zink 2002).

Tab. 2.2: Vergleich zwischen Vollerhebung und Stichprobe bezüglich ausgewählter Merkmale

	Stichprobe	Vollerhebung	x^2-Wert	Lienert'sche Anpassungsgüte
KJHG-Aufgaben, die nicht nur im Jugendamt wahrgenommen werden.	28 %	24 %	0,56	gut
Umorganisation von Jugendamt	58 %	62 %	0,43	gut
Zuständigkeit ASD[2]			0,72	gut
Allzuständigkeit des ASD (KJHG, BSHG und Gesundheitsfürsorge)	32 %	29 %		
nur KJHG-Aufgaben	37 %	41 %		
ASD, getrennt für Aufgaben nach KJHG, BSHG und Gesundheitsfürsorge	26 %	25 %		
Sonstige	5 %	5 %		
Nicht-KJHG-Aufgaben, die im Jugendamt wahrgenommen werden.	66 %	60 %	1,11	mäßig
Dezentralisierung	64 %	54 %	3,02	schwach
Außenstellen[1]	67 %	65 %	0,02	gut
Budgetierung			0,98	gut
vollständig	23 %	26 %		
teilweise	18 %	21 %		
nicht	59 %	53 %		
Jugendhilfeplanung[2]			0,25	gut
innerhalb des Jugendamtes	77 %	78 %		
beim Bürgermeister	1 %	1 %		
zentrale Sozialplanungsstelle	4 %	3 %		
keine Jugendhilfeplanung	8 %	7 %		
Sonstige	9 %	10 %		

[1] Teilgruppe der Jugendämter mit Dezentralisierung
[2] Es liegt ein Verstoß gegen eine Voraussetzung zur Anwendung des Tests vor, da für weniger als 80 % der Kategorie n > = 5 gilt.

Tab. 2.3: Weitere Verteilungsmerkmale in Vollerhebung und Stichprobe (gerundet)

	Grundgesamtheit	Stichprobe
Stadtjugendamt	23 %	32 %
Kreisjugendamt	52 %	55 %
RJA[1]	24 %	13 %

[1] regionalisiertes Jugendamt = Jugendamt bei einer kreisangehörigen Gemeinde

In Tab. 2.3 sind die einzelnen Anteile von Jugendämtern in der Grundgesamtheit und der Stichprobe je nach Gebietskörperschaft dargestellt. Auch hier wird die eben getroffene Einschätzung bestärkt, obwohl in ihr Variablen enthalten sind, bei denen durch die

Quotierung der Stichprobenauswahl eine stärkere Abweichung zu erwarten gewesen wäre.

Da die absolute Anzahl der Fragebögen von regionalisierten Jugendämtern zu gering ist, um durchgängig eine eigene Auswertekategorie darzustellen, und gezeigt werden konnte (Seckinger/van Santen/Pluto 2000), dass regionalisierte Jugendämter in vielen Belangen denen kreisfreier Städte relativ nahe sind, ist der nahezu identische Wert für Kreisjugendämter (52 % zu 55 %) wichtig für die Beurteilung der Anpassungsgüte.

Die amtliche Statistik der Kinder- und Jugendhilfe stellt eine Vollerhebung zu einer Vielzahl von Merkmalen der Kinder- und Jugendhilfe dar[7]. Im neunten Kapitel des KJHG sind hierfür die rechtlichen Grundlagen festgelegt. Gemessen an bekannten Verteilungen wie z.B. der Gesamtwachstumsrate der kommunalen Jugendhilfehaushalte oder der Trägerstruktur einzelner Angebote der Kinder- und Jugendhilfe, wie sie in der amtlichen Statistik der Kinder- und Jugendhilfe ausgewiesen werden, kann davon ausgegangen werden, dass unsere Stichprobe ein repräsentatives Abbild der Grundgesamtheit der Jugendämter ist, da zwischen unserer Jugendamtsstichprobe und der amtlichen Statistik ein sehr hoher Grad der Übereinstimmung existiert.

Die Ergebnisse der verschiedenen Überprüfungsstrategien bezüglich der Repräsentativität der Stichprobe der Jugendämter weisen insgesamt daraufhin, dass die Stichprobe keine großen Verzerrungen aufweist und ein gutes Abbild der Grundgesamtheit darstellt, welches bei Anwendung von entsprechenden Signifikanzprüfungen als Grundlage für Aussagen über die aktuelle Situation und die Entwicklungen in der Grundgesamtheit benutzt werden kann.

2.4 Erhebungen bei freien Trägern der Kinder- und Jugendhilfe

Parallel zur Untersuchung öffentlicher Träger wurden vier verschiedene, standardisierte, postalische Befragungen von freien und privat-

---

[7] Wie bei jeder Statistik, kann man auch bei der amtlichen Kinder- und Jugendhilfestatistik nicht uneingeschränkt davon ausgehen, dass sie die Wirklichkeit der Kinder- und Jugendhilfe, über die sie Auskunft gibt, in allen Bereichen punktgenau abbildet. Eine weitgehende Übereinstimmung mit dieser Statistik kann jedoch als starkes Indiz dafür gewertet werden, dass beide voneinander unabhängig durchgeführten Erhebungen einen hohen Realitätsgehalt aufweisen, obwohl theoretisch gesehen beide die Wirklichkeit nur unzureichend abbilden können.

gewerblichen Trägern der Kinder- und Jugendhilfe, die auf Kreisebene tätig sind, durchgeführt. Dahinter steht die Absicht, einen Gesamtüberblick über die kommunale Jugendhilfepraxis erstellen zu können. Für die Befragung wurden in erster Linie diejenigen Träger und Einrichtungen ausgewählt, die in demselben Kreis tätig sind, wie die von uns befragten Jugendämter. Erst wenn die Adressrecherche keinen Erfolg zeigte oder die Anzahl der Adressen nicht ausreichte, wurden freie Träger aus anderen Kreisen eines Bundeslandes hinzugenommen.

Die letzte Erhebungswelle bei freien Trägern der Kinder- und Jugendhilfe hat gezeigt, dass die bis dahin angewendete Vorgehensweise bei der Befragung freier Träger (jeweils gesonderte Fragebögen für Wohlfahrtsverbände, Vereine und Initiativen, Jugendverbände sowie Jugendringe) nicht in allen Fällen zum Ziel führte, da insbesondere freie Träger des Typus Vereine und Wohlfahrtsverbände oftmals in mehreren Arbeitsfeldern der Jugendhilfe oder auch außerhalb der Jugendhilfe im sozialen Bereich tätig sind. Dies erschwert eine Strukturbeschreibung innerhalb einzelner Aufgabenfelder der Kinder- und Jugendhilfe und eine Identifikation spezifischer Problemlagen. Deshalb wurde in dieser Erhebungswelle das Vorgehen bei der Befragung freier Träger modifiziert. Die Vierteilung des Erhebungsinstruments gemäß der unterschiedlichen Trägertypen (vgl. Grafik 2.2) wurde verändert. Nicht mehr Wohlfahrtsverbände sowie Vereine und Initiativen sind die AdressatInnen eines jeweils speziellen Fragebogens. Stattdessen wurde die Kreisebene der Träger mit einem deutlich verkleinerten Fragebogen bezüglich ihrer Funktion für die Einrichtungen und Projekte ihrer Organisation (Lobbyarbeit, Verwaltungsarbeit, Mittelbeschaffung etc.) befragt. Stärker pädagogisch-inhaltlich orientierte Fragen wurden dagegen in eine gesonderte Erhebung integriert, die Einrichtungen speziell für den Bereich der (teil-)stationären Hilfen befragt. Eine Zuordnung zu einzelnen Trägertypen findet nachträglich anhand der im Fragebogen enthaltenen trägerdifferenzierenden Fragen statt. Dieses Vorgehen ermöglicht es einerseits, weiterhin einen Überblick über die Angebotsstruktur freier Träger auf Kreisebene zu erhalten, und andererseits anhand valider Daten für bestimmte Handlungsfelder sowie Praxis und Politik direkt verwertbare Ergebnisse zu generieren. Ein weiterer Vorteil der Veränderung des Designs der freien Trägerbefragung ist in der dadurch besser möglichen Integration von neuen Trägerformen (gGmbH, Jugendhilfebetriebe, privatgewerbliche etc.) sowie der einfacheren Integration von Trägern im Bereich der Religionsgemeinschaften, die unabhängig von den Wohlfahrtsverbänden operieren, zu sehen.

Die Trägertypen Jugendverbände und Jugendringe wurden weiterhin mit einem gesonderten Fragenbogen befragt, da diese Gruppen leicht und eindeutig zu identifizieren sind, jeweils über spezifische Aufgabenprofile verfügen und lediglich in Ausnahmefällen in anderen Arbeitsfeldern als der Jugendarbeit tätig sind (vgl. Statistisches Bundesamt 2001a; vgl. Kap. 6.7).
Obwohl bei den vorherigen Trägererhebungen trotz der relativ geringen Rücklaufquoten keine Anzeichen von systematischen Verzerrungen vorhanden waren, wurde eine Erhöhung der Rücklaufquoten angestrebt. Um dieses Ziel zu erreichen, wurde das Vorgehen in der Feldphase geändert. Diese Veränderungen lassen sich unter den folgenden Punkten zusammenfassen:

- Höhere Spezifität der Befragung
 Mit den verschiedenen Befragungen erfasst man ein sehr weites Feld sozialer Dienste, die hinsichtlich sowohl der einzelnen Bundesländer und Kommunen als auch der einzelnen Trägerorganisationen sehr heterogen strukturiert sind. Die Pluralität und Komplexität des Feldes kann mit einer breit angelegten Befragung nicht in allen Dimensionen vollständig erfasst werden. Die Schwierigkeit dabei ist, ein Erhebungsinstrument zu entwickeln, das möglichst eine Vergleichbarkeit der verschiedenen befragten Institutionen herstellt und gleichzeitig auf spezifische Merkmale der einzelnen Institutionen zugeschnitten ist. Eine höhere Spezifität im Sinne einer stärkeren Zielgruppenorientierung soll durch die Beschränkung auf Themen, die trotz aller vorfindbaren Differenzierungen für möglichst viele der befragten Institutionen von Bedeutung sind bzw. Teil ihrer Praxis darstellen, erreicht werden. Diese Beschränkung soll dazu führen, dass geringere Teile der Fragebögen von den befragten Institutionen als nicht zutreffend oder aus der spezifischen Sicht der Befragten als wirklichkeitsfern qualifiziert werden.
 Zusätzlich wurde wie bereits in der vorangegangenen Erhebungswelle in einem Begleitschreiben darauf hingewiesen, dass die Träger bzw. Einrichtungen regions- und trägerspezifische Gegebenheiten möglichst exakt den vorhandenen Kategorien zuordnen sollen.

- Geringerer Umfang der Fragebögen
 Je geringer der Umfang eines Fragebogens ist, desto weniger Aufwand bedeutet dies für Institutionen, sich an einer Untersuchung zu beteiligen. Durch eine Reduzierung des Umfanges der

Fragebögen wurde versucht, bei einem größeren Anteil von Institutionen unterhalb der „Schmerzgrenze" zu bleiben.

- Erinnerungsschreiben
  Zwei Wochen nach Ablauf der angegebenen Frist für die Beantwortung der Fragebögen, die etwa vier Wochen betrug, wurden die Träger und Einrichtungen erneut angeschrieben und um ihre Teilnahme an der Erhebung gebeten. In dem Schreiben wurde auch ein neuer Termin zur Beantwortung der Fragebögen genannt und das Angebot unterbreitet, einen neuen Fragebogen zuzusenden, falls der zuerst versendete Fragebogen nicht mehr vorhanden sein sollte. Diese Prozedur wurde noch einmal zwei Wochen nach Überschreiten des im ersten Erinnerungsschreiben genannten Rücksendetermins wiederholt. Die Erfahrungen dieser Erinnerungsaktion bestätigen zum einen die bereits mehrfach erwähnten Spezifika einer Institutionenbefragung und zum anderen den Nutzen dieser Aktion. So waren nicht nur viele Träger und Einrichtungen erst nach den Erinnerungsschreiben dazu bereit teilzunehmen, sondern es wurde auch oftmals erst nach der erneuten Kontaktaufnahme deutlich, dass Träger nicht (mehr) im Bereich der Kinder- und Jugendhilfe tätig waren, was eine Möglichkeit zur Bereinigung der Bruttostichprobe darstellte[8]. Wie Tab. 2.4 zeigt, betrug der Anteil an fehlgeleiteten Fragebögen ca. 10%. In anderen Organisationen erfüllten die Erinnerungsschreiben ihren Zweck, weil die Fragebögen zwischenzeitlich verloren gegangen waren oder die Erinnerungsschreiben nun an andere als die zuerst angeschriebenen Personen gerieten und diese Interesse zeigten, an der Befragung teilzunehmen. Zudem konnte die Ernsthaftigkeit des Anliegens noch einmal deutlich gemacht werden.

- Rückporto
  Dem Anschreiben mit dem Fragebogen wurde schließlich ein Freiumschlag (Gebühr bezahlt Empfänger) beigelegt, welcher die Schwelle zur Teilnahme weiter herabsenken sollte und den Befragten, denen das Deutsche Jugendinstitut unbekannt war, signalisierte, dass die Erhebung kein Privatvergnügen einzelner Forscher darstellt, sondern in einem größeren Forschungszusammenhang verortet ist.

---

[8] Dies gilt auch für die Fälle, in denen uns die Post erst beim Erinnerungsschreiben mitteilte, dass die Sendung wegen falscher Adresse oder Umzug nicht (mehr) zustellbar ist.

Tab. 2.4: Rücklauf der verschiedenen Erhebungen

Erhebung	Ver-schickt	Bereinigtes Brutto	Fehlgeleitet in %	Rücklauf	Rücklauf in %
Träger	808	730	10 %	281	38 %
HZE[2]-Einrichtungen	1178	1073	9 %	363	34 %
Jugendringe insgesamt	773	759	2 %	334	44 %
davon Jugendringe mit JA[1]	474	463	2 %	255	55 %
davon Ortsjugendringe	299	296	1 %	79	27 %
Jugendverbände	1110	990	11 %	335	34 %

[1] JA: Jugendamt
[2] HZE: Hilfe zur Erziehung

Das Ziel, das mit den Veränderungen erreicht werden sollte, konnte erreicht werden. Bei allen Erhebungen wurde die Rücklaufquote deutlich verbessert. Da alle Veränderungen des Vorgehens zeitgleich durchgeführt wurden, kann die Bedeutung des Einflusses der einzelnen Modifizierungen nicht nachvollzogen werden. Im Folgenden wird die Vorgehensweise bei den einzelnen Trägerbefragungen kurz erläutert.

Jugendverbandsbefragung

Der Analyse des Trägertypus „Jugendverbände" liegt eine Stichprobenerhebung zugrunde. Aus der Grundgesamtheit der auf Kreisebene aktiven Gliederungen der Jugendverbände wurden zunächst jene ausgewählt, die in den Jugendamtsbezirken der Jugendämter unserer Bruttostichprobe aktiv sind. Dies hat den Vorteil, dass die Daten der Jugendverbandsbefragung unmittelbar mit denen der Jugendamtsbefragung auf regionaler Ebene in Beziehung gesetzt werden können. Eine solche Verknüpfung erlaubt es einerseits, methodisch abgesicherte Aussagen über die unterschiedliche Bewertung der regionalen Jugendhilfeszenen durch öffentliche und freie Träger treffen zu können, und andererseits vergrößert dieses Design die Vollständigkeit der Daten über regionale Jugendhilfekontexte. Die konkrete Adressenauswahl resultierte zum einen aus Recherchetätigkeiten in den von uns untersuchten Jugendamtsbezirken, die von den Jugendämtern unterstützt wurden. Zum anderen wurde auf Adressenbestände der Landesjugendringe, von Jugendringen auf Kreisebene und der Ebene kreisfreier Städte, auf die Landesebene von Jugendverbänden und auf die ProMix-Datenbank[9] zurückgegriffen. Waren in einem Jugendamtsbezirk mehr Adressen von Jugendverbänden als der unsererseits festgelegten maximalen Anzahl von 15 zu befragenden Jugendverbänden pro Jugendamtsbezirk vorhanden, wurde mittels Zufallszahlen eine Stichprobe aus den vorliegenden Adressen gezogen.

Ebenso wie die Erhebung bei den öffentlichen Trägern der Jugendhilfe erfolgte die Befragung der Jugendverbände auf postalischem Weg. Insgesamt wurde der Fragebogen aus der letzten Projektphase wenig verändert, lediglich etwas gekürzt. Schwierigkeiten, die sich in der Feldphase der vorherigen Erhebungswelle aufgetan hatten, wurden damals bereits dokumentiert und bei der Neufassung des Jugendverbandsfragebogens berücksichtigt. Zusätzlich wurde ein Pretest durchgeführt. Die Feldphase dieser Befragung lief von Dezember 2000 bis Juni 2001. Die Länge der Feldphase erklärt sich aus denselben Sachverhalten wie bei den Jugendämtern. Zusätzlich wurde aus Gründen der internen Arbeitsoptimierung die Befragung in einzelnen Bundesländern zeitversetzt durchgeführt.

Die Auswertung der Jugendverbandserhebung basiert bei einer Rücklaufquote von 34 % auf den Antworten von 335 Jugendverbänden. In Anbetracht der Tatsache, dass wir bei dem Umfang der Bruttostichprobe aus Ressourcengründen keine telefonischen Nachfragen vornehmen konnten, bewegt sich die erzielte Rücklaufquote in einer zufrieden stellenden Größenordnung. Insbesondere Jugendverbände weisen Merkmale auf, die eine Datengenerierung erschweren. Die in weiten Teilen auf ehrenamtlichen Strukturen basierenden Organisationen der Jugendverbände sind durch eine hohe Personalfluktuation gekennzeichnet. Adressenbestände sind daher schnell nicht mehr aktuell. So wurden bei 11 % der Bruttostichprobe die Fragebögen als unzustellbar zurückgeleitet. Der Gesamtanteil fehlgeleiteter Post liegt sicherlich noch etwas höher, da davon ausgegangen werden kann, dass ein Teil der ehemaligen Ansprechpart-

---

[9] Primäres Ziel der ProMix-Datenbank ist es, der Öffentlichkeit ein Auskunfts- und Adressenwerk zu Angeboten der freien und öffentlichen Jugendhilfe bereitzustellen. Damit sollen Informationsdefizite abgebaut und die Vernetzung und Kooperation von Projekten und Initiativen gefördert werden. Das Spektrum der dokumentierten Angebote umfasst die offene Kinder- und Jugendarbeit, die Jugendverbandsarbeit und die Jugendsozialarbeit. Die Gesamtzahl der erfassten Maßnahmen, Projekte und Einrichtungen beträgt im Jahr 2000 ca. 16.300. Obwohl kein Anspruch auf Vollständigkeit besteht, kann aufgrund der insgesamt sehr hohen Zahl der erfassten Angebote davon ausgegangen werden, dass ein Großteil aller Angebote enthalten ist.

nerInnen die Post nicht zu den neuen AnsprechpartnerInnen weitergeleitet hat.

An einzelnen Befunden lässt sich im Vergleich mit anderen, breiter angelegten Erhebungen aufzeigen, dass unsere Erhebung ein gutes Abbild freier Träger in der Bundesrepublik ergibt. So stimmt beispielsweise der Anteil befristet Beschäftigter in der Jugendarbeit recht gut mit dem entsprechenden Anteil befristet Beschäftigter überein, der sich aus den Daten der ProMix-Datenbank ergibt.

Verzerrungen gibt es in der Erhebung mit Sicherheit in die Richtung, dass Jugendverbände mit hauptamtlichem Personal etwas überrepräsentiert sind. Es ist davon auszugehen, dass Jugendverbände mit hauptamtlichem Personal mehr Ressourcen haben, einen Fragebogen auszufüllen. Dieser Unschärfe muss man sich bei der Betrachtung der unterschiedlichen Ergebnisse bewusst sein, damit es nicht zu Fehlinterpretationen kommt.

Jugendringbefragung

Die Befragung bei den Jugendringen wurde in Form einer standardisierten postalischen Vollerhebung durchgeführt, d.h., alle vorhandenen Jugendringe in der Bundesrepublik wurden in die Erhebung einbezogen. In den Bundesländern Niedersachsen und Baden-Württemberg gibt es neben den Kreis- und Stadtjugendringen in einer nicht unerheblichen Größenordnung auch Ortsjugendringe. Die Ortsjugendringe wurden soweit bekannt in allen Bundesländern in die Erhebung einbezogen.

Im Vergleich zu der vorangegangenen Stichprobenerhebung bei Jugendringen weist das Instrument diesmal eine höhere Spezifität auf. Insbesondere werden mehr Fragen zu den speziellen Aufgaben von Jugendringen und ihrer Funktion für die Jugendverbände gestellt.

Für die Durchführung der Befragung wurden die Landesjugendringe um ihre Unterstützung gebeten. Diese beinhaltete zum einen Hilfe bei der Adressenrecherche, zum anderen Unterstützung der Erhebung in Form eines Begleitschreibens. In dem Begleitschreiben empfehlen sie den Jugendringen ihres Bundeslandes, an der Erhebung teilzunehmen, und bringen zum Ausdruck, dass sie die Erhebung für unterstützungswürdig erachten.

In zwei Bundesländern wurde in Zusammenarbeit mit den jeweiligen Landesjugendringen dem Fragebogen ein zusätzliches Blatt beigelegt, auf dem spezifische, den Landesjugendring interessierende Fragen aus der Perspektive des jeweiligen Bundeslandes formuliert wurden. Es wurde beschlossen, diese Fragen nicht in unseren Fragebogen aufzunehmen, da sie die Spezifität des Fragebogens verringert und insgesamt zu einem deutlich größeren Umfang geführt hätten, was wiederum bei anderen Landesjugendringen nicht auf Entgegenkommen gestoßen wäre. Die Entwürfe des Erhebungsinstruments wurden mehreren Pretests unterzogen und anschließend modifiziert.

Die Feldphase wurde im August 2000 begonnen und im Januar 2001 abgeschlossen. Die Erhebungen wurden für verschiedene Bundesländer zeitversetzt durchgeführt, um den Ressourceneinsatz zu optimieren und die verschiedenen Urlaubsperioden der Bundesländer berücksichtigen zu können, da sie zu einem erheblichen Anteil für den Arbeitsanfall der Jugendringe bestimmend sind. Es macht wenig Sinn, Fragebögen mitten in den Sommerferien zu verschicken, wenn Ferienfreizeiten organisiert werden und die Arbeitsbelastung höher ist als in der übrigen Zeit.

Tab 2.5: Rücklauf der Fragebögen von Jugendringen nach Bundesländern

Jugendamt	Jugendringe auf der Ebene von Jugendämtern			Ortsjugendringe			Insgesamt		
	N	Rücklauf	%	N	Rücklauf	%	N	Rücklauf	%
Baden-Württemberg	45	30	66,7%	69	24	34,8%	114	54	47,4%
Bayern	96	66	68,8%				96	66	68,8%
Berlin	9	0	0,0%				9	0	0,0%
Brandenburg	12	5	41,7%				12	5	41,7%
Bremen	2	0	0,0%				2	0	0,0%
Hamburg	1	0	0,0%				1	0	0,0%
Hessen	28	11	39,3%	23	7	30,4%	51	18	35,3%
Mecklenburg-Vorpommern	13	6	46,2%	5	1	20,0%	17	7	41,2%
Niedersachsen	57	27	47,4%	169	35	20,7%	226	62	27,4%
Nordrhein-Westfalen	108	45	41,7%	21	8	38,1%	129	53	41,1%
Rheinland-Pfalz	28	19	67,9%	11	3	27,3%	39	22	56,4%
Saarland	1	1	100,0%				1	1	100,0%
Sachsen	24	15	62,5%				24	15	62,5%
Sachsen-Anhalt	17	10	58,8%				17	10	58,8%
Schleswig-Holstein	15	7	46,7%				15	7	46,7%
Thüringen	18	13	72,2%	1	1	100,0%	19	14	73,7%
Insgesamt*	474	255	53,8%	299	79	26,4%	773	334	43,9%

* Es handelt sich dabei um die unbereinigte Bruttostichprobe.

Insgesamt wurden 759 Fragebogen versendet. Die eingegangenen 334 beantworteten Bögen entsprechen einem Rücklauf von 55 Prozent bei allen Jugendringen auf Kreisebene und der Ebene kreisfreier Städte und 27 Prozent bei den Ortsjugendringen (vgl. Tab. 2.5). Die unterschiedlichen Rücklaufquoten spiegeln mit hoher Wahrscheinlichkeit auch das differierende Ausmaß der vorhandenen Professionalisierung der Jugendringe wider: Jugendringe auf Kreisebene oder auf der Ebene kreisfreier Städte können deutlich häufiger auf hauptamtliche Strukturen aufbauen als Ortsjugendringe, deren Organisation viel stärker von ehrenamtlichen Strukturen geprägt ist.

Im Vergleich zu den Jugendverbänden zeigt sich bei den Jugendringen auch ein wesentlich geringerer Anteil fehlgeleiteter Post. Dies ist ein Indiz dafür, dass die Jugendringe inzwischen einen hohen Grad der Institutionalisierung erreicht haben beziehungsweise ihre Adressenverzeichnisse von professionalisierten Organisationen mit Dienstleistungsfunktion für ihre Mitglieder (nämlich den Landesjugendringen) geführt werden. Ähnlich wie bei den Jugendverbänden dürften auch bei den Jugendringen jene Jugendringe etwas überrepräsentiert sein, bei denen hauptamtliches Personal beschäftigt ist. Dies kommt auch in Tab. 2.5 bei den doch sehr unterschiedlichen Rücklaufquoten zwischen Jugendringen auf der Ebene von Jugendämtern und Ortsjugendringen zum Ausdruck. Die Nichtteilnahme der Jugendringe aus den Stadtstaaten wurde von diesen mit dem Sonderstatus der Stadtstaaten begründet. Dieser würde dazu führen, dass Jugendringe in den Stadtstaaten nicht mit Jugendringen aus Flächenländern zu vergleichen seien.

Befragung von Geschäftsstellen freier Träger

Bei der Jugendring- und Jugendverbandsbefragung ist die jeweils angeschriebene Adressatengruppe mit der letzten Projektphase identisch. Für die Befragung der Geschäftsstellen hat sich das Design etwas verändert. Wie bereits erwähnt, hat sich die Befragung nicht mehr an der Trägerform (Wohlfahrtsverbände sowie Initiativen und Vereine) orientiert, sondern an den Aufgabenbereichen (Geschäftsstelle) ausgerichtet.

Die Geschäftsstellen der Träger wurden mit einem verkürzten Erhebungsbogen in die Untersuchung einbezogen. Detailliert wurde nach dem Angebot, das der jeweilige Träger unterbreitet, gefragt. Auf diese Gruppe der Befragten spezifisch zugeschnitten wurde ein Fragenkomplex entwickelt, der die Unterstützungsleistungen der Träger für die Einrichtungen erfasst.

Für den Bereich der Finanzsituation einer Einrichtung bot es sich an, die diesbezüglichen Fragen nicht in den Fragebogen zu integrieren, sondern diese auf Extrablättern beizulegen, die jeweils für das zuletzt abgeschlossene institutionell/pauschal geförderte Angebot bzw. für entgeltfinanzierte Angebote ausgefüllt werden sollten. Haben die Träger eine der Finanzierungsformen nicht, dann entfiel das Ausfüllen dieses Blattes und der Umfang des Fragebogens reduzierte sich merklich.

Zudem wurden Fragen zur Finanzsituation und den Finanzierungsinstrumenten wie z. B. Entgeltvereinbarungen im Wesentlichen nur an die Träger gerichtet und weniger an die Einrichtungen, da wir nach unseren Recherchen davon ausgingen, dass die finanzielle Abwicklung in den meisten Fällen von den Trägern für die Einrichtungen erledigt wird. Gleichwohl gibt es Einrichtungen, die ihre finanziellen Geschicke selbstständig in der Hand haben und die uns im Zweifel besser hätten Auskunft geben können. Und weiterhin gibt es Einrichtungen, bei denen Träger und Einrichtung identisch sind, da der Träger lediglich aus einer Einrichtung besteht. Bei der Masse der Fälle jedoch erweist sich die Trennung der Befragten in Träger und Einrichtungen als sinnvoll und angemessen.

Die Adressen für die Träger, die von uns angeschrieben wurden, stammen aus Heimverzeichnissen der einzelnen Bundesländer und sofern diese nicht vorlagen oder uns nicht zugänglich waren von den Jugendämtern, die wir baten, eine Adressenliste der Träger in ihrem Kreis zusammenzustellen. In erster Linie wurden die Träger ausgewählt, die in den Jugendamtsbezirken aktiv sind, in denen wir auch die Jugendämter befragt haben. Sofern in der Auswertung die Angaben der freien Träger nicht direkt mit den Angaben der jeweiligen Jugendämter verglichen werden, wurden auch freie Träger, die außerhalb der von uns untersuchten Jugendamtsbezirke tätig sind, in die Analyse miteinbezogen.

Der Fragebogen wurde im Vorfeld mehreren Pretests unterzogen und entsprechend modifiziert. Die Feldphase dauerte von Februar 2001 bis Juli 2001 und es wurden dieselben Maßnahmen zur Erhöhung des Rücklaufes vorgenommen wie bei Jugendverbänden und Jugendringen. Die Rücklaufquote beträgt 38 %, was für eine Befragung dieser Form eine zufrieden stellende Quote darstellt.

2.5 Erhebung bei Einrichtungen der erzieherischen Hilfen

Die Befragung der Einrichtungen wird hier in einem gesonderten Abschnitt erwähnt, da sie nicht zur systematischen Unterteilung in freie und öffentliche Träger passt. In dieser Erhebung wurden sowohl (teil-)stationäre Einrichtungen im Bereich der Hilfen zur Erziehung von freien als auch öffentlichen Trägern einbezogen. Die Trägerzuordnung erfolgt nachträglich im Datensatz anhand der Angaben der befragten Einrichtungen. Damit bezieht sich die Befragung nur noch auf einen Teil des Angebotsspektrums – die Hilfen zur Erziehung –, aber die Spezifität konnte dadurch erhöht werden, indem auch Fragen zur pädagogischen Ausrichtung des Angebotes aufgenommen wurden. Zu diesem Bereich gibt es bislang wenig trägerübergreifende Daten. Aus den Rückmeldungen einzelner Einrichtungen lässt sich zudem schlussfolgern, dass die Motivation, sich an der Befragung zu beteiligen, durch diesen Fragenkomplex ansteigt, da er näher am pädagogischen Alltag der Einrichtungen liegt.

Die Adressenrecherche erfolgte äquivalent zu der bei den Geschäftsstellen. Mehrfach wurden Pretests in unterschiedlichen Entwicklungsstadien des Instrumentes vorgenommen. Die Feldphase der postalischen Befragung nahm insgesamt einen Zeitraum von sechs Monaten ein und dauerte von April 2001 bis September 2001. Der Rücklauf beträgt befriedigende 34%.

2.6 Betrachtung im Zeitvergleich

Eine der Besonderheiten der vorliegenden Studie besteht darin, dass sie Teil einer Dauerbeobachtung der Kinder- und Jugendhilfe ist. Die Ergebnisse der jetzigen Befragung können mit denen der vorangegangenen Erhebungen in zum Teil gleichen Regionen und zum Teil bei den gleichen Trägern in Beziehung gesetzt werden. Ein Vergleich regionaler Entwicklungen wird somit möglich und auch die Dynamik einzelner Veränderungen in den Jugendamtsbezirken wird erst erkennbar, wenn sie über Jahre hinweg beschrieben werden kann.

Der Zeitvergleich zwischen den verschiedenen Erhebungszeitpunkten ist auf zwei Arten durchführbar. Zum einen ist es anhand der verschiedenen Erhebungen zu unterschiedlichen Zeitpunkten (vgl. Grafik 2.2) möglich, einen Quervergleich zu gleichen Fragestellungen durchzuführen. Aufgrund der Zusammensetzung der Stichproben bei freien Trägern und der in der jetzigen Phase durchgeführten Designveränderung bietet sich für diese Gruppe der Quervergleich an. Zum anderen ist es möglich, bei Jugendämtern und auch bei einigen Jugendverbänden und Jugendringen eine Panelanalyse durchzuführen. Das heißt, die Antworten, die ein und dieselbe Institution zu verschiedenen Zeitpunkten gegeben hat, werden miteinander verglichen. Hierdurch wird es noch besser möglich, die fachlichen Auswirkungen bestimmter Trends, etwa des Wachsens der regionale Disparitäten, zu verdeutlichen. So mag beispielsweise eine einmalige Finanzlücke in einem Handlungsfeld verschmerzbar sein, aber steht über mehrere Jahre hinweg im selben Handlungsfeld zu wenig Geld zur Verfügung, dann ist das ein deutlicher Hinweis darauf, dass das Jugendamt hier seinen Auftrag nicht angemessen erfüllen kann. Dieser Sachverhalt, wie er ausführlicher in Kapitel 5 beschrieben ist, wird aber erst durch einen Panelvergleich erkennbar. So wird die Information über den Anteil der Jugendämter, die finanzielle Kürzungen in einzelnen Aufgabenbereichen hinnehmen mussten, im Panelvergleich qualifiziert durch die Aussagemöglichkeit, ob es immer dieselben Jugendämter sind, deren Etat gekürzt wurde (vgl. Tab. 5.3).

Wie bei allen Panelstudien besteht eine Schwierigkeit auch bei Institutionenbefragungen darin, das Panel zu erhalten. Einzelne Institutionen antworten nicht mehr, andere haben aufgehört zu existieren oder sind nicht mehr im gleichen Arbeitsfeld tätig. Deshalb werden im Rahmen des Projektes „Jugendhilfe und sozialer Wandel" die Stichproben regelmäßig wieder aufgefüllt. Dies führt zwar langfristig zu einem Verlust des Panels, zumindest über den gesamten Untersuchungszeitraum betrachtet, eröffnet dafür aber wieder die Möglichkeit nach der nächsten Erhebung wieder mehr Einzelfälle miteinander vergleichen zu können. Die neu in die Stichprobe aufgenommenen Institutionen werden dann nämlich Teil des Panels.

3 Personalsituation in der Kinder- und Jugendhilfe

Das Personal ist eine wichtige Ressource und ein entscheidender Faktor für die Qualität der Kinder- und Jugendhilfe. Als zentrales Strukturmerkmal neben der Organisation und der Finanzierung hat sie wesentlichen Einfluss auf die Ausgestaltung der Kinder- und Jugendhilfe. Zwei Entwicklungslinien sind in den letzten Jahrzehnten für die Kinder- und Jugendhilfe beschreibbar: Sie hat einen deutlichen Ausbau zu verzeichnen, der sich sowohl auf die Gesamtzahl der Beschäftigten bezieht – dies betrifft allerdings nicht die ostdeutschen Bundesländer, die einen erheblichen Teil ihres Personals abbauen mussten – als auch auf das Qualifikationsniveau, das eine deutliche Anhebung erfahren hat (vgl. Rauschenbach/Schilling 1997).

Aus der Perspektive des Jugendamtes und freier Träger sind unterschiedliche Aspekte mit der Personalentwicklung verbunden. Zum einen steht man z.B. als Fachbehörde Jugendamt vor der Anforderung, das Personal gemäß fachlicher Überlegungen und entsprechend den Bedürfnissen einer (dienstleistungsorientierten) Verwaltung einzusetzen sowie die kommunalen Planungen und Prioritäten zu berücksichtigen. Zum anderen sieht sich das Jugendamt häufig der Anforderung gegenüber, den Bestandsschutz im eigenen Amt zu gewährleisten und kann Personalentscheidungen nicht immer nach den Kriterien treffen, die politisch oder fachlich für prioritär gehalten werden. Insbesondere ostdeutsche Kommunen hatten in den 90er Jahren die Situation, dass sie aufgrund rückgehender Kinderzahlen einen Überhang an Fachpersonal in der Kindertagesbetreuung hatten und in anderen Arbeitsfeldern der Kinder- und Jugendhilfe noch Fachkräfte fehlten. Bis heute ist die Anforderung, die Gesamtpersonalzahl in den ostdeutschen Kommunen insgesamt zu reduzierenden, vor allem an der anhaltenden Verlagerung von Aufgaben an freie Träger zu erkennen. Doch auch bei den freien Trägern bleibt die Schwierigkeit bestehen, Personalressourcen den Anforderungen gemäß einsetzen zu können.

Der Personalhaushalt der Kinder- und Jugendhilfe erhält nicht selten eine besondere Aufmerksamkeit unter dem Blickwinkel der Umorganisationen der Kommunen im Zuge von Verwaltungsmodernisierung und Maßnahmen zur Haushaltskonsolidierung. Je angespannter die Finanzsituation in einem Jugendamtsbezirk ist, desto schwieriger gestaltet sich die Personalplanung und Beschäftigungssituation vor Ort. Kinder- und Jugendhilfe wird aufgrund der Höhe der Gesamtausgaben, insbesondere der Personalkosten, kritisch beäugt. Vielerorts haben sich die Jugendämter mit zusätzlichen Anforderungen auseinander zu setzen, wofür bislang insgesamt noch keine befriedigenden Lösungen gefunden wurden. Das gilt z. B. für die Arbeitsbereiche der Jugendhilfe, die immer noch in erheblichem Maß über Arbeitsbeschäftigungsmaßnahmen finanziert werden und eigentlich eine langfristige Absicherung in unbefristeten Beschäftigungsverhältnissen finden müssten. Eine Herausforderung ist dabei an vielen Stellen zudem das Qualifikationsniveau der ABM-Kräfte, das nicht immer dem erforderlichen und wünschenswerten Niveau entspricht.

Dieses Kapitel widmet sich der Personalausstattung in der Verwaltung von Jugendämtern, in kommunalen Jugendhilfeeinrichtungen und bei freien Trägern. Ziel ist es, mithilfe der Daten Erkenntnisse über die personelle Ausstattung der regionalen Kinder- und Jugendhilfe zu gewinnen und mögliche Veränderungen anhand der drei Erhebungen zu dokumentieren.

Um Aussagen über die Personalsituation treffen zu können, muss man sich die unterschiedlichen Ausgangslagen, die man in den einzelnen Jugendämtern vorfindet, bewusst machen. Ein wesentlicher Aspekt dabei sind die differierenden Größenverhältnisse. Betrachtet man die absolute Anzahl der Stellen in der Verwaltung pro Jugendamtsbezirk, ergibt sich eine erhebliche Spannweite. Das gemessen am Personal kleinste Jugendamt hat sieben, das größte 1.428 Stellen. Die große Spannweite entsteht vor allem durch die unterschiedlichen Einwohnerzahlen, für die ein Jugendamt zuständig ist. Der kleinste Jugendamtsbezirk in der Grundgesamtheit umfasst gerade mal 20.000 Einwohner und der größte über 1,1 Millionen (vgl. Kap. 2). Schon allein daran wird deutlich, dass sehr große Unterschiede hinsichtlich des Personalbedarfs zwischen den einzelnen Jugendämtern existieren.

Andere Faktoren, die bei der Interpretation von Ergebnissen zur Personalsituation Beachtung finden sollten, sind die heterogenen Organisationsstrukturen. Obwohl entgegen anders lautender Befürchtungen Jugendämter weiterhin als identifizierbare, abgrenzbare Einheit in der Kommunalverwaltung existieren (vgl. Mamier/Seckinger/Pluto/van Santen/Zink 2002), sind sie von Kommune zu Kommune zum einen an verschiedenen Stellen der Kommunalverwaltung verortet, was Folgen hinsichtlich der zu bearbeitenden Aufgaben und der Zuordnung von Personalressourcen haben kann. Andererseits haben sie je nach Bundesland, regionaler Geschichte und Gebietskörperschaft unterschiedliche Aufgaben zu bewältigen. Letzteres bezieht sich vor allem auf den Bereich Kindertagesstätten und z. B. auf Aufgaben nach dem Bundesausbildungsförderungsgesetz (BAFöG). Hinzu kommt noch das unterschiedliche Ausmaß der Verlagerung von Aufgaben an freie Träger, das von Jugendamtsbezirk zu Jugendamtsbezirk variiert.

Innerhalb des Jugendamtes ist für die Betrachtung der Personalsituation insbesondere der ASD von Interesse: Zum einen hinsichtlich seiner Verortung in der Kommunalverwaltung und zum anderen in Bezug auf seinen Aufgabenzuschnitt. Je nachdem, ob der allgemeine soziale Dienst für Jugendhilfe, Sozialhilfe und Gesundheitsfürsorge zuständig ist oder getrennte soziale Dienste existieren, variieren die Angaben über die Personalausstattung in der Verwaltung des Jugendamtes. Auch macht es einen Unterschied bezüglich der Personalangaben, ob der ASD als eigenständiges Amt existiert oder dem Jugendamt beziehungsweise einem anderen Amt als Abteilung zugeordnet ist. Aus der Vollerhebung bei allen Jugendämtern ist bekannt, dass 7 % der Jugendämter einen ASD haben, der nicht dem Jugendamt zugeordnet ist (vgl. Mamier/Seckinger/Pluto/van Santen/Zink 2002).

Aussagen über die Personalsituation trifft man demnach vor dem Hintergrund einer heterogenen Jugendhilfelandschaft. Faktoren, die die Personalstärke beeinflussen und die Aussagekraft absoluter Personalgrößen z. B. mittels Durchschnittswerten beschränken, lassen sich – so kann man zusammenfassen – im Grad der Eigenständigkeit des ASD, in der gesetzlichen Verantwortung für bestimmte Aufgaben, im Grad des Auslagerns von Verwaltungsaufgaben, in der Rolle freier Träger im jeweiligen Jugendamtsbezirk sowie in variierenden Organisationsstrukturen und -vorgaben erkennen.

Die Ergebnisdarstellung zur Personalsituation folgt einer Dreiteilung. Im ersten Teil geht es ausschließlich um das Personal in der Verwaltung von Jugendämtern. Der zweite Teil widmet sich dem Personal in kommunalen Einrichtungen und bei freien Trägern und im dritten Abschnitt wird die Beschäftigungssituation des Arbeitsfeldes Jugendarbeit analysiert.

3.1 Personalausstattung in der Verwaltung von Jugendämtern

Für die Analyse der Personalausstattung von Jugendämtern kann auf drei Erhebungswellen zurückgegriffen werden. Um einen allgemeinen Überblick über die Personalausstattung und deren Veränderungen zu bekommen, wird in einem ersten Schritt die Entwicklung des Personals in den letzten Jahren anhand von vier Größenklassen des Personals dargestellt. In einem zweiten Schritt wird die Entwicklung des Personals auf der Basis der jeweiligen Bevölkerungszahlen im Jugendamtsbezirk betrachtet.

Tab. 3.1: Entwicklung der MitarbeiterInnenzahl*

MitarbeiterInnenzahl	1992/93	1995	1999
Bis 10	9 %	3 %	2 %
11–20	16 %	16 %	15 %
21–40	40 %	36 %	41 %
41–60	35 %	46 %	42 %

* Ohne Großstadtjugendämter über 500.000 Einwohnern
Quellen: Jugendamtserhebung 1992/93, Jugendamtserhebung 1996, Jugendamtserhebung 2000

Tabelle 3.1 stellt die Entwicklung der MitarbeiterInnenzahl von 1992 bis 1999 dar. Es zeigt sich, dass es gegenüber 1995 insbesondere bei den Jugendämtern mit bis zu 20 MitarbeiterInnen keine wesentlichen Verschiebungen gegeben hat. Die Anzahl der Jugendämter, die weniger als zehn MitarbeiterInnen haben, liegt bundesweit bei 2 %. Der Anteil der Jugendämter mit einer MitarbeiterInnenzahl von über 40 ist seit 1995 etwas gesunken im Unterschied zur Gruppe der Jugendämter, die 20 bis 40 MitarbeiterInnen beschäftigen.

Tab. 3.2: Entwicklung der MitarbeiterInnenzahl in ostdeutschen Jugendämtern*

	1992/93		1995		1999	
MitarbeiterInnenzahl	Stadt	Land	Stadt	Land	Stadt	Land
Bis 10	11 %	20 %	0 %	0 %	0 %	0 %
11–20	0 %	24 %	0 %	11 %	0 %	6 %
21–40	33 %	48 %	44 %	44 %	44 %	44 %
Über 40	56 %	8 %	56 %	44 %	56 %	50 %

* Ohne Großstadtjugendämter über 500.000 Einwohnern
Quellen: Jugendamtserhebung 1992/93, Jugendamtserhebung 1996, Jugendamtserhebung 2000

An Tabelle 3.2 ist an den Größenklassen für Ostdeutschland ablesbar, dass sich die Situation im Jahr 1999 in etwa so darstellt wie bereits im Jahr 1995. Dies resultiert vor allem daraus, dass die Veränderungen im zuvor betrachteten Zeitraum (von 1992/93 zu 1995) zu einem großen Teil auf die Kreisgebietsreform in den ostdeutschen Bundesländern zurückgingen, die jedoch etwa in der Mitte der neunziger Jahre bis auf einige wenige Fälle ihren Abschluss fand. Deshalb sind die Unterschiede zwischen den beiden Zeitpunkten 1995 und 1999 nicht sehr ausgeprägt. In den ostdeutschen Landkreisen gibt es im Jahr 1999 einen etwas geringeren Anteil an Jugendämtern, die 10 bis 20 MitarbeiterInnen beschäftigen. Als mögliche Gründe kommen hier ein Zuwachs an Aufgaben und die Erhöhung des Personals infrage.

Jugendämter, die eine Verwaltungsmodernisierung in ihrer Organisation durchführen, sind vor allem Jugendämter mit über 40 MitarbeiterInnen. Die Vollerhebung bei allen Jugendämtern hat hier bereits gezeigt, dass es vor allem größere kreisfreie Städte oder Landkreise sind, die eine Verwaltungsmodernisierung in ihrem Jugendamt begonnen haben (vgl. Mamier/Seckinger/Pluto/van Santen/ Zink 2002).

Bezogen auf die Einwohnerzahl der Kommunen ergibt sich folgendes Bild (vgl. Tab. 3.3): Zieht man zunächst den Median für einen Vergleich (in der Spalte „Insgesamt") zu den beiden Erhebungszeitpunkten heran, zeigt sich in der Gesamttendenz, dass die Personalsituation der Jugendämter eine leicht positive Tendenz aufweist. Das heißt, im Jahr 1999 kommen auf eine MitarbeiterIn im Jugendamt weniger Kinder und Jugendliche unter 27 Jahren als im Jahr 1995. Festzustellen ist überdies, dass es einen Trend zu mittleren Werten gibt und somit die Situation zwischen den Gebietskörperschaften und Ost und West etwas ähnlicher wird: Das Maximum ist außer bei den ostdeutschen Kreisen im Zeitraum von 1995 bis 1999 gesunken und der Variationskoeffizient[10] fällt deutlich niedriger aus. Das heißt, das Verhältnis von Personen im Jugendamt und zu betreuenden Kindern beziehungsweise Jugendlichen gleicht sich zwischen den einzelnen Jugendamtsbezirken an. Diese Tendenz zeigt sich auch daran, dass zwei Minimumwerte höher als in der letzten Erhebung sind. Dies bedeutet jedoch für die Situation im Jugendamt eine Verschlechterung, da nun mehr Kinder und Jugendliche rein rechnerisch auf eine Fachkraft kommen. Diese Entwicklung betrifft nur die Stadtjugendämter, die insgesamt ein rechnerisch gesehen

---

[10] Der Variationskoeffizient berechnet sich aus der Division der Standardabweichung durch den Mittelwert und wird insbesondere bei einem Vergleich von Verteilungen mit sehr unterschiedlichen Mittelwerten angewendet.

besseres Verhältnis von Fachkraft zu Kindern und Jugendlichen haben.

Tab. 3.3: Anzahl der 0- bis 27-Jährigen pro Stelle im Jugendamt im Vergleich von 1995 zu 1999

	Ost				West				Insgesamt	
	Stadt		Kreis		Stadt		Kreis			
	1995	1999	1995	1999	1995	1999	1995	1999	1995	1999
Median	397	468	927	907	652	634	1474	1148	988	876
Minimum	171	297	651	574	117	211	773	697	117	211
Maximum	1315	597	1195	2052	7673	4843	5991	2225	7673	4843
Variationskoeffizient	0,6	0,24	0,2	0,42	1,5	1,14	0,6	0,33	0,9	0,75

Lesebeispiel: Im Jahr 1995 ist in einem ostdeutschen Stadtjugendamt im Median eine MitarbeiterIn des Jugendamtes für 397 0–27-Jährige zuständig.
Quellen: Jugendamtserhebung 1996, Jugendamtserhebung 2000

Betrachtet man die Werte im Einzelnen für die Gebietskörperschaften und für Ost- und Westdeutschland, präsentiert sich die Situation uneinheitlich. Im Median hat sich seit 1995 die Personalausstattung der Jugendämter ostdeutscher Städte etwas ungünstiger entwickelt. Das heißt, eine Person im Jugendamt ist im Jahr 1999 für mehr Kinder und Jugendliche zuständig als im Jahr 1995. In den ostdeutschen Landkreisen kann man eine leichte Verbesserung der Situation erkennen. Trotz allem haben Jugendämter vor allem kreisfreier Städte in Ostdeutschland wie bereits 1995 mehr Personal bezogen auf die Bevölkerung als Jugendämter westdeutscher kreisfreier Städte. An den Daten für die ostdeutschen Kreise macht sich in der Tendenz vermutlich der in Ostdeutschland zu beobachtende Bevölkerungsrückgang bemerkbar, der aufgrund sinkender Geburtenzahlen zu einer Verbesserung des Verhältnisses von Personal und Bevölkerung führen müsste. Für die ostdeutschen Städte kann diese Entwicklung jedoch nicht abgebildet werden, was einerseits auf einen Abbau des Personals im Jugendamt, der über eine Anpassung an den Rückgang der Einwohnerzahlen bei den unter 27-Jährigen hinausgeht, und andererseits auf inzwischen steigende Geburtenzahlen zurückzuführen sein könnte.

In westdeutschen Kreisen ist gemessen am Median die stärkste Entwicklung hin zu einer besseren Personalausstattung der Jugendämter zu beobachten. Der Median für die westdeutschen Städte 1995 und 1999 zeigt ebenfalls eine leicht positive Tendenz.

Bei der Betrachtung der Ergebnisse in Tabelle 3.3 fallen gemessen am Minimum und am Maximum zum Teil erhebliche Unterschiede zwischen den beiden Erhebungszeitpunkten auf. Ein Teil dieser Ergebnisse könnte in den Umstrukturierungsbemühungen der Jugendämter eine Erklärung finden. Würden tatsächlich – wie der öffentliche Eindruck manchmal nahe legt – in vielen Regionen Einheiten des Jugendamtes mit anderen zusammengelegt, z.B. mit dem Sozialamt oder aber Jugendhilfeaufgaben in andere Bereiche der Kommunalverwaltung verlagert, dann könnte dies eine Ursache für ein im Vergleich zum Jahr 1995 verändertes Personalverhältnis gemessen an der altersentsprechenden Bevölkerung sein. Die bisherigen Erkenntnisse und Erfahrungen über die Modernisierungsprozesse sprechen jedoch nicht für gravierende Veränderungen, die sich auf das Verhältnis von Personalstellen und die Anzahl von Kindern und Jugendlichen im Jugendamtsbezirk auswirken. Nichtsdestotrotz scheinen die Umstrukturierungen insgesamt eine gewisse Unsicherheit darüber entstehen zu lassen, welche Personalstellen nun noch originär zum Jugendamt zu rechnen sind und welche nicht. Für die einen bedeutet das in der Konsequenz, dass nun alle Stellen des Sozialamtes hinzugezählt werden, da Jugend- und Sozialamt fusioniert haben. Andere Jugendämter hingegen rechnen nur noch das Personal einer übergeordneten Steuerungseinheit zum Jugendamt, während die dezentralen Einheiten aus dem Blick verschwinden. Die Umstrukturierung von Verwaltungen und die Einführung betriebswirtschaftlicher Abrechnungsformen, bei denen z.B. auch die Serviceleistungen mit dem entsprechenden Anteil im Jugendamt verrechnet werden, verkompliziert daher die Frage, welche Stellen der Verwaltung zuzurechnen sind.

Analysiert man zusätzlich zu den Daten, die das Verhältnis von Personal zu Bevölkerung angeben, die Durchschnittswerte der GesamtmitarbeiterInnenzahl zu den beiden Erhebungszeitpunkten, so zeigt sich, dass sich die durchschnittliche Anzahl des Personals in den Jugendämtern von 1995 bis 1999 etwas erhöht hat. Dies ist vor allem in westdeutschen Jugendämtern beobachtbar und bestätigt somit den zuvor ermittelten Befund. Sowohl bei einem Querschnittsvergleich zwischen den beiden Erhebungen als auch bei einem Panelvergleich ist die Entwicklung zu einer etwas besseren Personalausstattung erkennbar. Die durchschnittliche Erhöhung des Personals beträgt knapp zwei Stellen, im Median eine Stelle.

Stellenentwicklung

Hinter den Veränderungen in der Personalsituation, die zu zwei Zeitpunkten mit einem Abstand von mehreren Jahren beschrieben wurden, stecken unterschiedliche, zum Teil gegensätzliche Entwicklungen, die sich exemplarisch für das Jahr 1999 darstellen lassen. Die Jugendämter wurden gefragt, wie viele Stellen im Jugendamt jeweils abgebaut und aufgebaut wurden. Fast bei der Hälfte der Jugendämter (45%) hat sich im Jahr 1999 die Stellenanzahl verändert. Betrachtet man die Differenz zwischen Stellenabbau und Stellenaufbau ausschließlich bei den Jugendämtern, die Veränderungen vornehmen, dann kommt es allein im Jahr 1999 im Durchschnitt zum Ausbau um 1,5 Stellen und im Median um eine Stelle. Diesem Durchschnittswert liegt eine Verteilung, wie sie Tab. 3.4 darstellt, zugrunde. Bei 6% der Jugendämter, die Stellenveränderungen vornehmen, gleichen sich ausgebaute und abgebaute Stellen aus und im Ergebnis bleibt die Stellenanzahl gleich. Das heißt, in einem Bereich des Jugendamtes wurden Stellen abgebaut und in einem anderen Bereich kamen Stellen hinzu.

Tab. 3.4: *Art der Stellenentwicklung bei Jugendämtern mit Veränderungen des Personals im Jahr 1999*

In der Summe ...	Ost	West	Stadt	Land	insgesamt
Abbau	41%	19%	40%	22%	30%
Ausgeglichen	12%	0%	13%	0%	6%
Zuwachs	47%	81%	47%	78%	64%

100% = Jugendämter mit Veränderungen im Stellenplan

Zwei Drittel der Jugendämter mit einem veränderten Stellenplan verzeichnen in der Summe einen Ausbau an Personalstellen, wenngleich es möglich ist, dass in einzelnen Bereichen des Jugendamtes trotzdem Personalstellen abgebaut werden. Ein Vergleich zwischen Westdeutschland und Ostdeutschland zeigt, dass der Anteil der Jugendämter mit einem Ausbau an Stellen in Westdeutschland erheblich höher ist, was dem insgesamt ermittelten Trend entspricht. Dazu passt auch, dass bei Kreisjugendämtern der Anteil derer, die Stellen hinzubekommen, höher ist als bei den Stadtjugendämtern.

Stellenabbau

Die Ergebnisse der Tab. 3.4 beziehen sich nur auf die Jugendämter, die tatsächlich eine Stellenveränderung verzeichnen. Bezogen auf alle Jugendämter ergeben sich getrennt für die Entwicklung zum Stellenaufbau und Stellenabbau folgende Tendenzen: 19% aller Jugendämter geben im Jahr 1999 einen Abbau von Stellen in der Verwaltung des Jugendamtes an. Der Unterschied zwischen Ostdeutschland und Westdeutschland ist signifikant. Im Osten sind es 42 %, im Westen nur 8 % Jugendämter, die 1999 Stellen abbauen. Im Durchschnitt betrifft dieser Abbau 5 % der Stellen des einzelnen Jugendamtes, im Median 3 %.

Die Gründe für den Abbau sind unterschiedlich. Eine Kürzung von Mitteln, ein Wegfall von Aufgaben, die Umorganisation von Aufgaben sowie eine Verlagerung von Aufgaben an freie Träger wird jeweils von etwa einem Viertel der Jugendämter als Grund benannt (Mehrfachantworten). Letzteres geben ausschließlich Jugendämter in Ostdeutschland insbesondere in Verbindung mit dem Grund der Mittelkürzung an. Ein Blick auf die Angebotsstruktur und die Trägerentwicklung der letzten Jahre macht den Unterschied zwischen ostdeutschen und westdeutschen Jugendämtern plausibel. Für viele Angebote der Jugendhilfe zeigt sich mittlerweile, dass in ostdeutschen Jugendamtsbezirken mehr Leistungen von freien Trägern als von öffentlichen Trägern erbracht werden. Dies gilt sowohl im Vergleich zu westdeutschen Jugendämtern als auch zur Situation im Jahr 1995. Aufgrund der Ausgangslage Anfang der neunziger Jahre in Ostdeutschland, wo es nur sehr wenige Einrichtungen in freier Trägerschaft gab, bestand eine der ersten Aufgaben darin, möglichst viele Einrichtungen aus öffentlicher in freie Trägerschaft zu überführen. Dafür kamen und kommen, denn der Prozess hält weiter an, zum einen Wohlfahrtsverbände, die sich nach der Wende mit unterschiedlicher Ausgangslage in allen ostdeutschen Bundesländern gegründet hatten, infrage. Zum anderen entstanden eine Vielzahl kleiner, unabhängiger Träger, die Einrichtungen übernahmen. Damit setzte sich eine Entwicklung fort, die auch in den westdeutschen Bundesländern zu beobachten ist, hier aufgrund der etablierten Wohlfahrtsverbandstrukturen jedoch nicht so deutlich sichtbar wird (vgl. Olk 1995; van Santen/Seckinger 2001). Mit der anhaltenden Verlagerung von Angeboten an freie Träger in Ostdeutschland ist zudem der Wunsch verbunden, auf diesem Weg die Anzahl der Beschäftigten in der öffentlichen Verwaltung zu reduzieren, um die Position in den bundesweiten Vergleichsstatistiken verbessern zu können, die eine hohe Personalausstattung ostdeutscher Kommunalverwaltungen ausweisen.

Einen Wegfall von Stellen aufgrund von Umorganisationen im Jugendamt benennen ebenfalls nur ostdeutsche Jugendämter. Die Begründung, dass Aufgaben entfallen, wird nur von westdeutschen Jugendämtern angegeben. Ein Grund für diesen Unterschied könnte in der unterschiedlichen sprachlichen Beschreibung liegen: An einigen Stellen in der Erhebung zeigten sich Unterschiede zwischen ostdeutschen und westdeutschen Jugendämtern dahingehend, dass ostdeutsche Jugendämter sich stärker auf ihre Rolle als Fachbehörde berufen und deshalb eher nicht von einem Wegfall von Aufgaben reden, da man letztlich als Behörde verantwortlich bleibt. Man würde eher von einer Verlagerung von Aufgaben sprechen.

Stellenzuwachs

Einen Zuwachs von Stellen in der Verwaltung des Jugendamtes nennen 34% aller befragten Jugendämter für 1999. Das sind fast doppelt so viele Jugendämter, wie jene, die einen Abbau beschreiben. Im Osten ist der Anteil mit 44% höher als im Westen mit 28%. Der jeweils höhere Wert für Abbau und für Aufbau im Osten spricht für eine größere Veränderungsdynamik im Osten, die ihre Ursachen in der anhaltenden Verlagerung von Aufgaben an freie Träger und dem insgesamt unsicheren Arbeitsmarkt mit einer hohen Anzahl von ABM-Stellen hat.

Im Durchschnitt steigt die Gesamtstellenzahl um 9%, im Median nur um 4%. Der große Unterschied zwischen Durchschnitt und Median kommt durch die wenigen Jugendämter zustande, in denen sehr viele Honorarkräfte in ein Angestelltenverhältnis übernommen wurden (vgl. Problem der Scheinselbstständigkeit, Abschnitt Honorarkräfte) beziehungsweise eine hohe Anzahl von ABM-Stellen geschaffen wurde.

Personalfluktuation

Abgesehen von der Entwicklung der Stellen, die im Jugendamt vorhanden sind, liegen auch einige Daten zur Personalfluktuation im Jugendamt für das Jahr 1999 vor. Sowohl bei den Jugendämtern, in denen Personen neu eingestellt wurden, als auch bei denen, wo Personen ausgeschieden sind, beläuft sich der durchschnittliche Anteil am Gesamtpersonal von ausgeschiedenen und neu eingestellten Personen jeweils auf 4%.

Befristete Stellen

In den letzten Jahren bestand eine wichtige Herausforderung der Jugendhilfe in Ostdeutschland weiterhin darin, möglichst viele ABM-Stellen in reguläre unbefristete Beschäftigungsverhältnisse zu überführen, um eine Verstetigung der Fachlichkeit in einzelnen Arbeitsbereichen der Jugendhilfe zu erreichen. Bis 1995 – so zeigt auch die Tab. 3.5 – hatte sich der Anteil der Jugendämter in Ostdeutschland, die über ABM-Stellen verfügen, fast halbieren können. Es ist zwar auch seit 1995 noch ein Rückgang zu beobachten, aber nicht mehr so deutlich wie in den Jahren zuvor. Der Anteil der ostdeutschen Jugendämter mit Beschäftigten auf der Basis von ABM liegt noch immer bei 37%.

Betrachtet man den Anteil, den ABM-Stellen bezogen auf die GesamtmitarbeiterInnenzahl eines Jugendamtes einnehmen, zeigt die Entwicklung eine Reduzierung von befristeten Stellen. Betrug 1995 in Ostdeutschland der Anteil an ABM-Kräften noch durchschnittlich 7% von allen Beschäftigten in der Verwaltung eines Jugendamtes, so sind es 1999 nur noch 4%. In Westdeutschland hat sich der Anteil dagegen erhöht und liegt 1999 bei 7%, allerdings bei einer insgesamt sehr viel geringeren Anzahl von Jugendämtern, die überhaupt ABM-Stellen haben (13%). Zieht man den Median als Vergleichsmaßstab heran, hat sich der Anteil von ABM-Beschäftigten im Jugendamt zwischen Ost- und Westdeutschland inzwischen angeglichen.

Tab. 3.5: Personalausstattung in Ost- und West-Jugendämtern – MitarbeiterInnen auf ABM-Basis

	1992/93		1995		1999	
	Ost	West	Ost	West	Ost	West
Anteil Jugendämter mit ABM-Stellen	82%	14%	43%	21%	37%	13%
Durchschnittlicher Anteil von ABM im Jugendamt	17%	8%	7%	4%	4%	7%
Median, ABM im Jugendamt	15%	4%	5%	3%	4%	4%

Quellen: Jugendamtserhebung 1992/93, Jugendamtserhebung 1996, Jugendamtserhebung 2000

Schließlich bestätigen auch die Daten zur Stellenentwicklung die zurückgehende Bedeutung von ABM für die Sicherstellung der Aufgaben des Jugendamtes. Während 1995 noch 14% der Jugendämter einen Stellenzuwachs durch ABM angegeben haben, verzeichnen 1999 nur noch 4% der Jugendämter einen Stellenzuwachs aufgrund von ABM (10% im Osten). Der Anteil von Jugendämtern mit wegfallenden ABM-Stellen ist auf lediglich 1% aller befragten Jugendämter zu beziffern.

Neben ABM-Stellen gibt es in den Jugendämtern auch andere befristete Stellen wie z.B. Vertretungen während der Elternzeit,

Stellen anderer Beschäftigungsprogramme usw. Bei diesen Befristungen unterscheiden sich Jugendämter in Ostdeutschland nicht von denen in Westdeutschland. Etwa ein Fünftel der Jugendämter weist andere befristete Stellen (22 % im Westen, 19 % im Osten) auf. Im Westen beträgt der Anteil im Durchschnitt 6 % der Stellen (Median 4 %) und im Osten 3 %, der Median liegt hier auch bei 3 %.

Unbesetzte Stellen und Teilzeitbeschäftigte

Neben der Befristung von Stellen z.B. durch ABM sind weitere Indikatoren für die Einschätzung der Beschäftigungssituation in der Jugendhilfe von Bedeutung. Die Arbeitszeit und unbesetzte Stellen sind zwei solcher Aspekte, die an dieser Stelle herangezogen werden.

Unbesetzte Stellen können zum Beispiel ein Indiz für Einsparungsbemühungen im Jugendamt sein. 43 % aller befragten Jugendämter haben im Jahr 1999 unbesetzte Stellen und durchschnittlich sind 1,5 Stellen nicht besetzt. Damit gibt es 1999 mehr Jugendämter mit unbesetzten Stellen als 1995, aber der Anteil der unbesetzten Stellen an den Gesamtstellen bei jenen, die unbesetzte Stellen im Jugendamt verzeichnen, ist 1999 niedriger als 1995 und liegt in ostdeutschen wie auch in westdeutschen Jugendämtern 1999 bei 3 %. Im Median sind das bei denen, die unbesetzte Stellen haben, 2 % der Stellen. In Jugendämtern, die ihre Verwaltung modernisieren, gibt es signifikant häufiger unbesetzte Stellen, aber keinen Zusammenhang mit der Anzahl und der Höhe des Anteils der unbesetzten Stellen am Stellenplan. Teilzeitbeschäftigung hat im Vergleich zur Erhebung von 1995 eine größere Verbreitung in den Verwaltungen der Jugendämter gefunden. Tab. 3.6 zeigt die Entwicklung für die Verwaltung der Jugendämter. Der Anteil von Teilzeitbeschäftigten hat sich von 15 % auf 24 % erhöht. In Ostdeutschland ist ein etwas stärkerer Anstieg zu beobachten. Während noch 1995 nur 3 % der Beschäftigten im Jugendamt keine Vollzeitstelle hatten, sind es heute 13 %. Die hier ermittelten Ergebnisse korrespondieren mit den Daten der Kinder- und Jugendhilfestatistik für 1994 und 1998 (vgl. Rauschenbach/Schilling 2001: 155).

Tab. 3.6: Teilzeitkräfte und unbesetzte Stellen im Jugendamt

	1995			1999		
	Ost	West	Insgesamt	Ost	West	Insgesamt
Teilzeitkräfteanteil	3 %	22 %	15 %	13 %	29 %	24 %
Jugendämter mit unbesetzten Stellen	46 %	31 %	36 %	37 %	46 %	43 %
Anteil unbesetzter Stellen an allen Stellen im Jugendamt	5 %	7 %	6 %	3 %	3 %	3 %

Quellen: Jugendamtserhebung 1996, Jugendamtserhebung 2000

Im Jugendamt ist der Trend zu mehr Teilzeitbeschäftigung im Vergleich zu einzelnen Arbeitsfeldern der Jugendhilfe wie Jugendarbeit und Kindertagesbetreuung weniger ausgeprägt. Insbesondere im Bereich der Kindertagesbetreuung und vor allem im Osten ist die Entwicklung zu vermehrter Teilzeitbeschäftigung gravierend. In ostdeutschen Einrichtungen arbeiten 70 % der Beschäftigten in Teilzeit, vielfach um einen weiteren Personalabbau verhindern zu können (vgl. Rauschenbach/Schilling 2001: 155).

Honorarkräfte

Etwa die Hälfte der Jugendämter beschäftigt im Jugendamt Honorarkräfte. In Westdeutschland ist deren Anteil am gesamten Personal in der Jugendhilfeverwaltung höher als in den ostdeutschen Bundesländern. Eine Erklärung dafür könnte im Bereich der Supervision liegen, die in westdeutschen Jugendämtern tendenziell etwas häufiger vorhanden ist. SupervisorInnen arbeiten meist im Rahmen von Honorarverträgen. Überdies stellt sich die Frage, inwieweit Honorarkräfte herangezogen werden, um Aufgaben zu bearbeiten, die im Normalfall von regulären MitarbeiterInnen des Jugendamtes wahrgenommen werden. Dies muss vor dem Hintergrund ansteigender Teilzeitbeschäftigungsverhältnisse und befristeter Arbeitsverträge in Zukunft bei der Betrachtung der Personalsituation stärker beachtet werden.

Im Durchschnitt betragen die Ausgaben für Honorarkräfte 151.000 DM und im Median 80.000 DM. Dies entspricht in etwa den Kosten, die der Arbeitgeber für eine BAT IV-V Stelle ausgeben würde.

Im Jahr 1998 sorgte ein Urteil des Bundesarbeitsgerichtes für Unruhe in einigen Jugendämtern. In diesem Urteil wurde in Bezug auf FamilienhelferInnen, die als freie MitarbeiterInnen angestellt sind, nach § 31 KJHG entschieden, dass diese regelmäßig ArbeitnehmerInnen sind. Die wesentliche Begründung dafür ist nach Ansicht des Gerichtes in der Weisungsabhängigkeit der FamilienhelferInnen zu sehen, die der Fachaufsicht des zuständigen Sozialarbeiters unterliegen. Damit sind sie in die Arbeitsorganisation des Arbeitgebers eingegliedert und müssen sich in der Art und Weise der Ausführung ihrer Tätigkeit nach den Vorgaben richten (vgl. dazu Kunkel 2000, Stadelmann/Marquard 2000). Auch wenn diese Argumentation aus anderer Perspektive nicht unbedingt geteilt wird, hat das Urteil in einigen Jugendämtern zu Umstrukturierungen geführt. Insgesamt geben für das Jahr 1999 10% der Jugendämter an, dass sich aus dem Urteil Konsequenzen ergeben haben. Sie haben Honorarkräfte in ein Angestelltenverhältnis übernommen, die Anzahl der übernommenen MitarbeiterInnen schwankt zwischen einem/einer und 28. Bezogen auf die GesamtmitarbeiterInnenzahl der Jugendämter, die Honorarkräfte übernehmen, beträgt der Anteil an den GesamtmitarbeiterInnen im Median etwa 20%, was erhebliche Veränderungen für die Personalsituation bedeutet.

Bezogen auf die Personalausstattung und die Befristungsverhältnisse hat sich die öffentliche Jugendhilfe (Verwaltung) in den neuen Bundesländern dem Bild der westlichen Jugendämter angeglichen, das durch eine hohe Stabilität der Personalstruktur gekennzeichnet ist. Trotzdem bleibt das Problem der Befristung von Arbeitsverhältnissen für die ostdeutsche Jugendhilfe weiterhin bestehen, da sich die Beschäftigungssituation in den einzelnen Arbeitsfeldern bei freien Trägern und öffentlich getragenen Einrichtungen deutlich unsicherer darstellt. Herausforderungen für die Kinder- und Jugendhilfe ergeben sich nicht nur durch die Befristung der Arbeitsverhältnisse und die Suche nach Lösungen für die längerfristige Absicherung, sondern auch durch die Frage nach dem angemessenen Einsatz von Fachkräften in unterschiedlichen Bereichen der Kinder- und Jugendhilfe. So ist bereits abzusehen, dass neben der Kindertagesbetreuung in weiteren Arbeitsfeldern der Jugendhilfe die Auswirkungen des Geburtenrückganges zu spüren sein werden; die Lösung für die personellen Fragen, die sich dann stellen, kann nicht allein durch einen Transfer von einem Arbeitsfeld in das andere erfolgen, weil man den Bestandsschutz für die eigenen MitarbeiterInnen gewährleisten muss. Hier gilt es, sich längerfristig auf die allgemeinen Entwicklungen einzustellen und Maßnahmen der Personalentwicklung zu ergreifen, die sowohl den Umfang des benötigten Personals als auch die Qualifikationen berücksichtigen.

3.2 Personalsituation bei kommunalen Einrichtungen und Einrichtungen in freier Trägerschaft

Die folgenden Ergebnisse basieren zum einen auf der Jugendamtsbefragung und speziell den Daten zu Einrichtungen in öffentlicher Trägerschaft und zum anderen auf den Daten der Befragung bei Einrichtungen (teil-)stationärer Erziehungshilfen in freier Trägerschaft. 93 % der Jugendämter haben Einrichtungen in öffentlicher Trägerschaft. Damit sind alle Einrichtungen des öffentlichen Trägers gemeint, die er unterhält, wie z. B. Kindertagesstätten, Einrichtungen der Hilfen zur Erziehung, Beratungsstellen und Jugendzentren. Eine Aufschlüsselung der Ergebnisse der Befragung nach verschiedenen Arbeitsfeldern kann nur eingeschränkt vorgenommen werden, da dies bei den Jugendämtern nicht umfassend arbeitsfeldspezifisch abgefragt wurde.

Dennoch ermöglichen die Daten in den Abschnitten 3.2 und 3.3 folgende Differenzierungen: Im Abschnitt 3.3 wird aufgrund der erheblichen Abhängigkeit von Beschäftigungsprogrammen eine gesonderte Betrachtung der Personalsituation der Jugendarbeit auf der Basis der Erhebung bei Jugendringen, Jugendverbänden und kommunalen Einrichtungen der Jugendarbeit vorgenommen. Gleichzeitig ist der Bereich der Jugendarbeit in den in Abschnitt 3.2 betrachteten Gesamtstellen der kommunalen Einrichtungen enthalten. Will man zumindest einen Eindruck zur Größenordnung von Stellen der Jugendarbeit an allen kommunalen Stellen erhalten, so lässt sich sagen, dass der Anteil der Stellen für Jugendarbeit an allen Stellen in den kommunalen Einrichtungen durchschnittlich 20 % und im Median 12 % beträgt.

Die Stellensituation der gesamten kommunalen Einrichtungen wird zum einen einschließlich der Kindertagesbetreuung – um die Vergleichbarkeit zur letzten Erhebung zu gewährleisten – und zum anderen ohne Kindertagesbetreuung analysiert, um einen Eindruck über die Personalsituation ohne diesen Bereich zu bekommen. Eine spezifische Betrachtung ausschließlich für die Kindertagesbetreuung ist auf der Basis dieser Erhebung nicht angebracht, da nur ein Teil der befragten Jugendämter selbst für die Kindertagesbetreuung zuständig ist. In den anderen Jugendamtsbezirken liegt die Verantwortung bei den einzelnen kreisangehörigen Kommunen.

Aussagen zur Stellenentwicklung im Längsschnittvergleich sind nur für die kommunalen Einrichtungen möglich, da sich im Bereich der freien Träger das Design der Studie etwas verändert hat (vgl. Kap. 2). Die Beschreibung der Situation hinsichtlich befristeter Arbeitsverhältnisse wird im Vergleich von kommunalen Einrichtungen und Einrichtungen in freier Trägerschaft vorgenommen.

Stellenentwicklung

Angesichts der Angebotsentwicklung und der Tendenz in ostdeutschen Jugendämtern, Angebote in öffentlicher Trägerschaft auf freie Träger zu verlagern, kann man erwarten, dass es eine Verschiebung des Personals bei Einrichtungen in öffentlicher Trägerschaft hin zu freien oder privat-gewerblichen Trägern gibt. Diese Tendenz ist auch an der Jugendhilfestatistik ablesbar. Die Zahl der Einrichtungen beim öffentlichen Träger in ostdeutschen Bundesländern sank von 19.616 im Jahr 1990/1991 auf 9397 im Jahr 1998 (vgl. BMFSFJ 2002: 66).

Tab. 3.7: Personal in Einrichtungen der öffentlichen Träger 1995 und 1999

MitarbeiterInnen	1995	1999
bis 10	11 %	17 %
10 bis 50	33 %	26 %
50 bis 100	0 %	17 %
100 bis 500	33 %	21 %
über 500	22 %	19 %

Quellen: Jugendamtserhebung 1996, Jugendamtserhebung 2000

Eine Verringerung des Personals in Einrichtungen des öffentlichen Trägers zeigt sich für den Vergleich zwischen dem Jahr 1995 und 1999 an Tab. 3.7. Der Anteil der Jugendämter, die bis zu zehn MitarbeiterInnen in Einrichtungen beschäftigen, ist von 11 % auf 17 % gestiegen und der Anteil der Jugendämter, die mehr als 100 Beschäftigte in kommunalen Einrichtungen haben, ist von 55 % auf 40 % gesunken.

Fragt man konkret nach der Anzahl der hinzugekommenen oder weggefallenen Stellen pro Einrichtung in kommunaler Trägerschaft, verringerte sich das Personal in etwas mehr als jedem sechsten Jugendamtsbezirk im Jahr 1999. Betroffen sind hiervon die Arbeitsfelder Heimerziehung, Jugendarbeit und Kindertagesbetreuung. Der Hauptgrund für den Stellenabbau ist eine Verlagerung von Aufgaben an freie Träger in Ostdeutschland. Entsprechend werden in den ostdeutschen Bundesländern auch bei kommunalen Einrichtungen sehr viel mehr Stellen abgebaut als in den westdeutschen. Damit eng verbunden und von einigen in Kombination genannt sind die

Gründe Mittelkürzung und Umorganisation. Einzelne Jugendämter geben die Kürzung von ABM-Stellen als Ursache an.

Ein ähnlich großer Teil Jugendämter, wie der, der einen Stellenabbau in allen kommunalen Einrichtungen nennt, gibt für das Jahr 1999 einen Stellenzuwachs an (17 %). Dies bezieht sich zum größten Teil auf ABM-Kräfte und anders befristet angestellte MitarbeiterInnen vor allem im Bereich Jugendarbeit.

Zieht man zum Vergleich die Entwicklung bei Einrichtungen für den Bereich der stationären Erziehungshilfen in freier Trägerschaft heran, geben 31 % der befragten Einrichtungen einen Stellenzuwachs und 11 % einen Abbau an Stellen an. Der Zuwachs ist demnach höher als der Abbau. Zwischen Ost und West, ergeben sich keine wesentlichen Unterschiede. Sowohl Abbau als auch Ausbau betreffen im Durchschnitt etwa 15 % der Stellen der gesamten Einrichtung.

Befristete Stellen

Zunächst zu den kommunalen Einrichtungen: Der Unterschied zwischen ostdeutschen und westdeutschen Jugendämtern hinsichtlich der Abhängigkeit von ABM-Stellen wird an der Anzahl der Jugendamtsbezirke deutlich, in denen Einrichtungen ABM-Kräfte beschäftigen. In knapp zwei Dritteln der ostdeutschen Jugendamtsbezirke sind in Einrichtungen in öffentlicher Trägerschaft ABM-Stellen vorhanden, in westdeutschen Jugendamtsbezirken sind nur ein Fünftel der Einrichtungen in öffentlicher Trägerschaft auf ABM angewiesen.

Zudem ist nicht nur für die Verwaltung der Jugendämter, sondern auch für Einrichtungen in Ostdeutschland ein höherer Anteil befristet Beschäftigter an den Gesamtstellen zu konstatieren, obwohl sich auch hier im Vergleich zu den Vorjahren die Situation deutlich gebessert hat: Bei allen Einrichtungen in öffentlicher Trägerschaft, einschließlich der Kindertagesstätten, beträgt der Anteil der ABM-Kräfte im Durchschnitt 4 % im Osten und im Westen 1 %, während dieser Anteil Mitte der 90er Jahre noch 18 % bzw. 5 % betragen hat. Sieht man sich im Vergleich dazu die Ergebnisse für kommunale Einrichtungen ohne die Kindertagesstätten an, dann ist der Anteil von befristet Beschäftigten deutlich höher (vgl. Tab. 3.8). Die Differenz ist auf den geringen Anteil von ABM-Beschäftigten unter dem Kindertagesstättenpersonal sowie auf deren hohen Anteil in der Jugendarbeit zurückzuführen und erklärt sich vor allem durch die unterschiedliche Ausgangslage zu Beginn der neunziger Jahre. Mussten im Kindertagesstättenbereich aufgrund sinkender Kinderzahlen

Stellen abgebaut werden, erfuhren die vorhandenen Strukturen in der Jugendarbeit eine grundlegende Phase organisatorischer Erneuerung, die mit einem Zuwachs von befristeten Arbeitsplätzen verknüpft war. Die bestehenden Angebote und Strukturen der Jugendarbeit brachen zusammen beziehungsweise wurden in weiten Teilen nicht weitergeführt. Diese Situation konnte in der Kürze der Zeit nicht durch neue Angebote vollständig aufgefangen werden und bedurfte der massiven Unterstützung von Mitteln aus der Arbeitsmarktförderung (vgl. BMFSFJ 1994).

Tab. 3.8: Durchschnittliche Anteile von befristeten Beschäftigungsverhältnissen bei Einrichtungen in öffentlicher und freier Trägerschaft in Ost- und Westdeutschland

Beschäftigungsverhältnis	Einrichtungen des öffentl. Trägers einschl. Kitas		Einrichtungen des öffentl. Trägers ohne Kitas		Einrichtungen der (teil-)stat. Erziehungshilfen bei freien Trägern	
	Ost	West	Ost	West	Ost	West
1. von der Arbeitsverwaltung geförderte Stellen	4%	1%	13%	2%	5%	2%
2. sonstige befristete Stellen	<1%	5%	2%	5%	3%	5%
3. Beschäftigte nach § 19 BSHG	/	/	/	/	2%	<1%
– befristete Stellen gesamt	4%	6%	15%	7%	10%	7%
– unbefristete Stellen	96%	94%	85%	93%	90%	92%

Quellen: Jugendamtserhebung 2000, Stichprobe bei Einrichtungen der (teil-)stationären Erziehungshilfe 2001

Hinweise darauf, wie sich die Befristungssituation im Bereich der Einrichtungen (teil-)stationärer Erziehungshilfen bei freien Trägern darstellt, sind der Tab. 3.8 ebenfalls zu entnehmen. 5% der Stellen im Osten sind von der Arbeitsverwaltung geförderte Stellen, im Westen dagegen nur 2%. Für sonstige befristete Stellen ist das Verhältnis jedoch umgekehrt. In westdeutschen Einrichtungen der (teil-)stationären Erziehungshilfe gibt es mehr sonstige befristete Stellen als im Osten. Dies kann eine Absicherung der Träger vor konjunkturellen Schwankungen beziehungsweise eine Reaktion der Träger zur Vermeidung unternehmerischen Risikos darstellen. Möglicherweise ist aber auch der Anteil von MitarbeiterInnen in Elternzeit höher.

Bei den Einrichtungen in freier Trägerschaft wurde auch erhoben, wie viele Beschäftigte nach § 19 BSHG angestellt sind. Mit diesem Instrument „sollen für Hilfesuchende, insbesondere junge Menschen, die keine Arbeit finden, Arbeitsgelegenheiten geschaffen werden" (§ 19 BSHG). Wie an Tab. 3.8 ablesbar, gibt es in 2 % der ostdeutschen Einrichtungen und weniger als 1 % der westdeutschen Einrichtungen in freier Trägerschaft Beschäftigte auf dieser Finanzierungsgrundlage.

Nicht in der Tab. 3.8 enthalten ist die Information, wie viele Einrichtungen ausschließlich mit befristeten sowie ausschließlich mit unbefristeten MitarbeiterInnen arbeiten. Nur sehr wenige Einrichtungen der (teil-)stationären Erziehungshilfen sind ausschließlich auf befristet Beschäftigte angewiesen (4 % in Ost und 1 % in West). Diese Beschäftigung ausschließlich mit befristeten MitarbeiterInnen beruht aber in keiner Einrichtung auf ABM-Stellen. Wie zu erwarten, ist in Westdeutschland der Anteil der Einrichtungen, die nur unbefristete MitarbeiterInnen und keine befristeten Angestellten haben, höher als in Ostdeutschland (73 % West und 67 % Ost).

In der Zusammenschau der Ergebnisse zur Personalsituation in den Einrichtungen erkennt man eine weiter bestehende Unsicherheit in den Beschäftigungsverhältnissen in Ostdeutschland insbesondere beim Vergleich mit dem Personal in der Jugendhilfeverwaltung. So ist sowohl die Anzahl der Jugendamtsbezirke, deren Einrichtungen auf ABM-Stellen angewiesen ist, als auch der Anteil an ABM-Stellen an allen Stellen in den Einrichtungen höher als in der Jugendhilfeverwaltung. Der Aufbau stabiler Personalstrukturen ist demnach insbesondere in den Einrichtungen der Jugendhilfe noch nicht abgeschlossen.

3.3 Personalsituation im Arbeitsfeld Jugendarbeit

Für die Jugendarbeit lassen sich auf der Basis der verschiedenen vom DJI durchgeführten Erhebungen und unter Rückgriff auf die ProMix-Datenbank (vgl. Kap. 2) differenziertere Aussagen zur Personalsituation als für andere Arbeitsfelder treffen. Insbesondere zur Befristung von Beschäftigungsverhältnissen sowohl in der Längsschnittperspektive als auch im Vergleich der einzelnen Träger und für die ostdeutschen Bundesländer kann eine genauere Analyse erfolgen. Zunächst werden die Ergebnisse für die Jugendverbände, Jugendringe und kommunalen Einrichtungen der Jugendarbeit dargestellt. Es folgt dann eine Betrachtung unter Rückgriff auf die ProMix-Datenbank.

Personalsituation bei Jugendverbänden und Jugendringen

Jugendverbände und Jugendringe sind bundesweit bezogen auf ihr hauptamtliches Personal sehr heterogen. Tab. 3.9 gibt einen Überblick über die Anteile von Jugendringen und Jugendverbänden, die über Hauptamtliche verfügen. Wie bereits in Kapitel 2 ausgeführt ist davon auszugehen, dass Jugendringe und vor allem Jugendverbände ohne hauptamtliches Personal in unserer Stichprobe etwas unterrepräsentiert sind. Gleichwohl lassen sich unter dieser Voraussetzung Aussagen im Vergleich zur Situation von 1995 und im Verhältnis von Jugendringen zu Jugendverbänden wie auch zu kommunalen Einrichtungen der Jugendarbeit treffen.

So ist festzuhalten, dass der Anteil von Jugendringen mit Hauptamtlichen höher als der entsprechende Anteil bei den Jugendverbänden ist. Der Anteil von Jugendringen mit hauptamtlichem Personal ist im Vergleich zur 1995 durchgeführten Erhebung sowohl in Ostdeutschland als auch in Westdeutschland etwa gleich geblieben. Ortsjugendringe, die es vorrangig in Niedersachsen und Baden-Württemberg gibt, sind diejenige Gruppe, die selten auf hauptamtliches Personal zurückgreifen können. 21 % der Ortsjugendringe geben in der Erhebung an, hauptamtliches Personal zu haben. Wie der Abschnitt zu den befristet Beschäftigten in der Jugendarbeit zeigen wird, sind die hauptamtlich Beschäftigten nicht mit unbefristet Beschäftigten gleichzusetzen.

Tab. 3.9: Anteil der Jugendringe und Jugendverbände mit hauptamtlichem Personal

	Ost	West	Insgesamt
Jugendringe einschließlich Ortsjugendringe	90 %	45 %	51 %
Jugendringe ohne Ortsjugendringe	92 %	53 %	61 %
Ortsjugendringe	50 %	21 %	21 %
Jugendverbände	61 %	44 %	50 %

Quellen: Vollerhebung bei Jugendringen 2001; Erhebung bei Jugendverbänden 2001

Der höhere Anteil hauptamtlichen Personals im Osten resultiert vor allem aus der spezifischen Anfangssituation der Jugendarbeit in Ostdeutschland, wo sehr viele Angebote zunächst einmal mit hauptamtlichem Personal aufgebaut werden sollten. Man kann diesen Strukturunterschied z.B. heute noch an der unterschiedlichen durchschnittlichen Anzahl ehrenamtlicher MitarbeiterInnen festmachen. Ein Blick auf die Ergebnisse über die ehrenamtlich Tätigen in Jugendringen und Jugendverbänden ergibt für westdeutsche Bundesländer höhere Durchschnittswerte, das heißt, dort arbeiten mehr ehrenamtliche MitarbeiterInnen.

Insgesamt haben im Jahr 1999 14 % der Jugendringe einen Personalzuwachs und 4 % einen Abbau zu verzeichnen. Als Grund für den Abbau wird am häufigsten die Kürzung von Arbeitsförderungsmitteln und allgemeine Mittelkürzungen angegeben. Zieht man zur Kontrolle die Durchschnittswerte des Gesamtpersonals heran, so spiegeln diese eine leichte Erhöhung des Personals wider. Sowohl in westdeutschen als auch in ostdeutschen Jugendringen hat sich durchschnittlich das hauptamtliche Personal bei einer gleich bleibenden Anzahl von Jugendringen, die Hauptamtliche beschäftigen, etwas erhöht.

Befristet Beschäftigte bei Jugendverbänden und Jugendringen

Das Arbeitsfeld mit dem höchsten Anteil an unsicheren Arbeitsplätzen in der Jugendhilfe ist die Jugendarbeit. Egal ob die Stellen in kommunaler Trägerschaft oder bei Jugendringen und Jugendverbänden angesiedelt sind, der Anteil an ABM und anders befristeten Stellen ist hier am höchsten. Insbesondere im Osten ist die Beschäftigungssituation noch in erheblichem Maß von Arbeitsmarktmitteln abhängig und bedarf der Konsolidierung.

Tabelle 3.10 verschafft einen Überblick über die Personalsituation getrennt für Jugendringe und Jugendverbände, im Zeitvergleich für 1995 und 1999, differenziert nach Ostdeutschland und Westdeutschland sowie nach einzelnen Befristungsarten und bezieht sich nur auf die Jugendringe und Jugendverbände, die über hauptamtliches Personal verfügen. Behält man im Blick, dass es in den ostdeutschen Jugendämtern einen größeren Anteil von Jugendringen und Jugendverbänden mit Hauptamtlichen gibt, stellt sich die Situation wie folgt dar:

Gegenüber 1995 hat sich der Anteil der ostdeutschen Jugendringe, die nun auch unbefristet Beschäftigte haben, erhöht (von 14 % auf 35 %). Bei den Jugendverbänden haben sich in dieser Hinsicht sowohl in den ostdeutschen als auch in den westdeutschen Bundesländern keine Veränderungen ergeben.

Tab. 3.10: Durchschnittliche Anteile von Beschäftigungsverhältnissen der hauptamtlichen MitarbeiterInnen bei Jugendverbänden und Jugendringen in Ost- und Westdeutschland

	1995				1999			
	Jugendverbände		Jugendringe		Jugendverbände		Jugendringe	
	Ost	West	Ost	West	Ost	West	Ost	West
1. von der Arbeitsverwaltung geförderte Mittel	44%	10%	85%	26%	45%	8%	46%	9%
	(30%)	(4%)	(73%)	(15%)	(23%)	(3%)	(13%)	(5%)
teilen sich auf in: ...	13%	3%	11%	14%	26%	7%	25%	7%
ABM-Stellen	(5%)	(0%)	(7%)	(8%)	(19%)	(3%)	(4%)	(2%)
SGB-III-Stellen	31%	7%	74%	12%	19%	1%	21%	2%
(vor 1998 AFG)	(25%)	(4%)	(60%)	(8%)	(9%)	(0%)	(7%)	(2%)
2. sonstige befristete Stellen	8%	4%	1%	3%	10%	7%	19%	3%
	(3%)	(2%)	(0%)	(0%)	(4%)	(4%)	(11%)	(0%)
– befristete Stellen gesamt	53%	13%	86%	29%	55%	15%	65%	12%
	(35%)	(6%)	(73%)	(15%)	(35%)	(8%)	(39%)	(5%)
– unbefristete Stellen	48%	87%	14%	71%	45%	85%	35%	88%
	(33%)	(71%)	(7%)	(39%)	(33%)	(75%)	(13%)	(68%)

Quellen: Vollerhebung bei Jugendringen 2001, Erhebung bei Jugendverbänden 2001, Erhebung bei Jugendringen 1996, Erhebung bei Jugendverbänden 1996. In Klammern steht der Teil der Träger, dessen hauptamtliches Personal zu 100% aus den jeweiligen Gruppen der Beschäftigten besteht; nur Jugendverbände und Jugendringe, die über hauptamtliches Personal verfügen.

Bei der Befristung über SGB III (vor 1.1.1998 Arbeitsförderungsgesetz (AFG)) kann erwartungsgemäß (Befristung auf vier Jahre) im Vergleich zu 1995 ein Rückgang beobachtet werden, dafür ist der Anteil an ABM-Stellen höher geworden. Diese Entwicklung ist sowohl für Jugendringe als auch für Jugendverbände sichtbar. Eine weitere Veränderung ist bei den sonstigen befristeten Stellen erkennbar. Dieser Anteil beträgt in den ostdeutschen Bundesländern im Jahr 1999 knapp ein Fünftel, während er 1995 lediglich 1% betrug. Diese Erhöhung geht zu einem erheblichen Teil sicherlich darauf zurück, dass die SAM-Stellen hier zugeordnet wurden. Als weiterer möglicher Grund für diesen Anstieg kommt die Übernahme der ausgelaufenen SGB-III-Stellen durch den Träger infrage, denn z.B. auch der Anteil der unbefristeten Stellen ist angestiegen. Ein Teil der übernommenen Stellen scheint jedoch eine neue, anders als mit Arbeitsmarktförderung begründete Befristung erhalten zu haben.

In der westdeutschen Jugendarbeit insgesamt geht die Verringerung des Anteils von ABM-Kräften mit der Erhöhung des Anteils unbefristet Beschäftigter einher. Gibt es auch hier bei den Jugendverbänden keine solche Verbesserung der Situation, so ist der Anteil befristeter Stellen bei den Jugendringen von 29 % auf 12 % gesunken.

Tab. 3.10 gibt mit den in Klammern stehenden Zahlen Auskunft über das Personal, das zu 100 % aus den jeweiligen Gruppen der Beschäftigten besteht. Für 39 % der Jugendringe und 35 % der Jugendverbände in Ostdeutschland gibt es keine dauerhafte Absicherung ihres Personalbestandes; die MitarbeiterInnen sind ausschließlich befristet beschäftigt. Den größten Teil machen ABM und sonstige Befristungen aus. Gegenüber 1995 bedeutet dieser Stand zumindest für die Situation der Jugendringe jedoch eine deutliche Verbesserung (73 % zu 35 %).

Im Westen müssen 1999 nur 5 % der Jugendringe und 8 % der Jugendverbände auf ausschließlich befristete Kräfte zurückgreifen, sofern sie hauptamtliches Personal haben.

Umgekehrt können die westdeutschen Jugendringe und Jugendverbände ihre Arbeit zu zwei Dritteln bzw. drei Vierteln mit ausschließlich unbefristeten Stellen bestreiten. In den letzten Jahren hat sich dabei für westdeutsche Jugendringe eine deutliche Absicherung ihrer Tätigkeit ergeben. Im Jahr 1995 hatten nur 39 % der Jugendringe ausschließlich unbefristet angestellte MitarbeiterInnen. Im Osten hat sich im selben Zeitraum der durchschnittliche Anteil von Jugendringen mit ausschließlich unbefristeten Stellen von 7 % auf 13 % erhöht.

Ein weiterer Unterschied zwischen ostdeutschen und westdeutschen Jugendringen ergibt sich nach der Häufigkeit von Teilzeitarbeitsverhältnissen. In westdeutschen Jugendringen beträgt der durchschnittliche Anteil von Teilzeitbeschäftigten etwas über die Hälfte, während er bei ostdeutschen Jugendringen nur ein Viertel ausmacht.

Befristet Beschäftigte in kommunalen Einrichtungen der Jugendarbeit

In kommunalen Einrichtungen der Jugendarbeit (z. B. Jugendtreffs, Jugendzentren, Jugendräumen) in Ostdeutschland wird durchschnittlich fast ein Drittel des Personals (31 %) aus Mitteln der Bundesanstalt für Arbeit (mit-)finanziert, während es bei Jugendringen und Jugendverbänden über die Hälfte des Personals betrifft. Zum Vergleich: In den alten Ländern beträgt der entsprechende Anteil bei kommunalen Einrichtungen der Jugendarbeit 8 %. In den letzten Jahren hat sich keine Veränderung der Situation ergeben. Sowohl in westdeutschen als auch in ostdeutschen Einrichtungen der

Jugendarbeit in öffentlicher Trägerschaft ist der durchschnittliche Anteil an ABM-Kräften etwa gleich geblieben, und auch der Anteil der Einrichtungen, die ABM-Kräfte haben, ist gleich geblieben. Allerdings ist zu bedenken, dass die öffentlichen Träger in den neuen Bundesländern deutlich öfter Träger von Einrichtungen der Jugendarbeit sind als in den alten Bundesländern.

Im Vergleich zwischen Landkreisen und Städten kann man in ostdeutschen Landkreisen wie bereits in der Mitte der neunziger Jahre einen etwas höheren Anteil an befristet Beschäftigten ermitteln. In westdeutschen Regionen gibt es hier keinen wesentlichen Unterschied.

Befristet Beschäftigte bei Projekten und Angeboten auf der Basis der Datenbank ProMix

Bereits im Bericht von 1998 (Seckinger/Weigel/van Santen/Markert 1998) wurde zusätzlich zu den selbst durchgeführten Erhebungen auf die ProMix-Datenbank der Stiftung Demokratische Jugend zurückgegriffen. ProMix ist als Informationsdatenbank für alle, die an Jugendarbeit in den neuen Bundesländern und Berlin interessiert sind, gedacht und hat sich seit Mitte der 90er Jahre zu einer Informationsbörse mit über 16.000 Einträgen entwickelt. Bundeslandbezogen werden die Einträge in unterschiedlichen Abständen aktualisiert und in einer Gesamtdatenbank zusammengefasst. In erster Linie handelt es sich um die Beschreibung von Angeboten und Zielgruppen. Neben diesen Informationen und z. B. der Trägerzugehörigkeit gibt es aber auch einige Informationen zum Stellenumfang des bei einem Teil der Projekte und Initiativen vorhandenen hauptamtlichen Personals und zu der Befristung von Stellen. Damit liegt wohl die umfassendste Datenbank zur Personalsituation in der ostdeutschen Jugendarbeit vor.

Möchte man mittels dieser Datenbank Aussagen zur Beschäftigungssituation in der Jugendarbeit treffen, muss man sich zum einen bewusst sein, dass diese Datenbank nicht für den von uns genutzten Auswertungszweck erhoben wurde und die Personalsituation nicht im Zentrum der Aufmerksamkeit steht. Zum anderen entstammen die Einträge in der Datenbank nicht einer identischen, enger umgrenzbaren Zeitspanne, sondern werden – zudem in den Bundesländern unterschiedlich – laufend aktualisiert, sodass die Einträge letztlich aus mehreren Jahren stammen. Das kann bedeuten, dass Projekte sich seit dem verzeichneten Aufnahmedatum nicht verändert haben; es kann aber auch bedeuten, dass die Projekte ihre internen Veränderungen noch nicht bekannt gegeben haben. Insbesondere in Thüringen entstammen die Daten in der Mehrzahl der Fälle noch aus dem Jahr 1996 und nur etwa ein Viertel aus dem Jahr 1998 (Aktualisierung stand für 2002 an). Für Mecklenburg-Vorpommern liegen z. B. keine älteren Daten als aus dem Jahr 1999 vor, da sich Mecklenburg-Vorpommern erst seit 1999 an der Datenbank beteiligt.

Der Analyse liegen 1083 Projekte aus dem Zeitraum von 1995 bis 2000 zugrunde. Der größere Teil der zur Auswertung herangezogenen Projekte ist in den Jahren 1999 oder 2000 aktualisiert worden. Es wurden nur jene Einrichtungen und Projekte freier Träger ausgewählt (vgl. öffentliche Träger am Ende des Abschnittes), die über hauptamtliches Personal verfügen, deren Angaben zur Personalstruktur intern konsistent waren und die Angebote nach §§ 11, 12 oder 13 machen[11].

In den Projekten, die über hauptamtliches Personal verfügen, sind durchschnittlich knapp zwei Drittel der MitarbeiterInnen befristet beschäftigt (vgl. Tab. 3.11). Informationen zur Art der Befristung sind in der Datenbank leider nicht enthalten. Aber da die Ergebnisse unserer eigenen Erhebung bei freien Trägern der Jugendarbeit einen hohen Anteil der von der Bundesanstalt für Arbeit geförderten Stellen ergeben, gibt es keinen Anlass, das nicht auch für die einzelnen Angebote und Projekte anzunehmen. 39 % der Projekte sind ausschließlich auf befristet angestelltes Personal verwiesen und lediglich bei 20 % sind die Stellen ausschließlich unbefristete Stellen. Im Vergleich zu unserer eigenen Erhebung, die jedoch nur einen Ausschnitt der Jugendarbeit (Jugendringe und Jugendverbände) erfasst, ergibt sich in der ProMix-Datenbank ein etwas höherer Durchschnitt an befristet beschäftigten MitarbeiterInnen.

Bezogen auf den durchschnittlichen Anteil an Befristungen zeigen sich zwischen den Bundesländern deutliche Unterschiede. In Sachsen ist der durchschnittliche Anteil der ungesicherten Arbeitsplätze am geringsten. In Thüringen ist er am höchsten, was aber sicherlich in erheblichem Maß auf die geringere Aktualität der Daten zurückzuführen ist.

---

[11] Berlin wurde in der Darstellung nicht berücksichtigt, da die Zuordnung zu Ost- und Westberlin nur mit erheblichem Aufwand zu bewerkstelligen ist.

Tab. 3.11: Kennzahlen zu befristet Beschäftigten bei freien Trägern in den neuen Bundesländern im Bereich Jugendarbeit, Stand 2000

Bundesland	Durchschnittlicher Anteil der befristeten Stellen an allen Stellen in den Projekten	Anteil der Projekte, die zu 100% von befristet beschäftigten Personen durchgeführt werden	Anteil der Projekte, die zu 100% von unbefristet beschäftigten Personen durchgeführt werden
Brandenburg	64%	45%	19%
Sachsen	51%	29%	32%
Sachsen-Anhalt	56%	24%	22%
Thüringen	81%	69%	10%
Mecklenburg-Vorpommern	62%	11%	4%
KJHG-Paragrafen			
KJHG §11	63%	40%	20%
KJHG §12	65%	40%	16%
KJHG §13	54%	30%	27%
Gesamt	62%	39%	20%

* Quelle: ProMix-Datenbank der Stiftung Demokratischer Jugend; eigene Berechnungen

Wiederum in Thüringen ist der Anteil der Projekte, die zu 100% von Befristungen abhängen, am höchsten und umgekehrt bei den Projekten, die ausschließlich mit unbefristeten Stellen ausgestattet sind, mit am niedrigsten. Sachsen hat hier mit 32% den höchsten Anteil.

Interessant sind die Ergebnisse in Mecklenburg-Vorpommern. Die Projekte, die zu unterschiedlich großen Teilen sowohl mit befristeten als auch mit unbefristeten Stellen ausgestattet sind, gibt es am häufigsten in Mecklenburg-Vorpommern. Schaut man sich die Verteilung genauer an, wird ersichtlich, dass in Mecklenburg-Vorpommern die größte Gruppe der Projekte (56%) einen Anteil von 30% bis 70% an befristeten Stellen hat, somit eine Mischung aus beidem für die meisten Projekte die Regel ist. Auch in Sachsen-Anhalt lässt sich der größte Anteil an Projekten in dieser Gruppe ermitteln. Jedoch betrifft es hier nur 32%. In den anderen Bundesländern sind die meisten Projekte entweder vollständig abgesichert oder vollständig von der Arbeitsförderung abhängig. In Mecklenburg-Vorpommern fällt zudem auf, dass die durchschnittliche Anzahl der MitarbeiterInnen pro befragtem Projekt vergleichsweise hoch ausfällt. Vor diesem Hintergrund bieten sich zwei mögliche Erklärungen an. Zum einen könnte es sein, dass die Ergebnisse unterschiedliche Strategien in der Verstetigung der Personalsituation aufzeigen und damit die unterschiedlichen regionalen Gegebenheiten der Bundesländer (Mecklenburg-Vorpommern mit überwiegend ländlicher Struktur) widerspiegeln sowie eine angemessene Form, auf die Rahmenbedingungen zu reagieren, darstellen. Zum anderen könnte sich hinter den Ergebnissen in Mecklenburg-Vorpommern auch ein Erfassungsproblem verstecken, was die inhaltliche Begründung nicht rechtfertigen würde.

Eine Differenzierung nach den im KJHG zur Jugendarbeit aufgeschlüsselten Bereichen ergibt keine wesentlichen Unterschiede. Im Vergleich zur Jugendarbeit (§ 11) und Jugendverbandsarbeit (§ 12) ist der durchschnittliche Anteil der befristeten Stellen bei der Jugendsozialarbeit (§ 13) etwas geringer. Entsprechend lässt sich auch für diesen Bereich (§ 13) der höchste Anteil an vollständig abgesicherten Projekten (27 %) und der geringste Anteil von Projekten mit ausschließlich befristeten Arbeitskräften ermitteln. In den beiden anderen Bereichen weisen je 40 % der Projekte ausschließlich MitarbeiterInnen in befristeten Arbeitsverhältnissen auf.

Bei aller Vorsicht, die einem Vergleich mit der letzten Auswertung der ProMix-Daten (zum Zeitpunkt Ende des Jahre 1995, vgl. Seckinger/Weigel/van Santen/Markert 1998) aufgrund der schon genannten Unsicherheiten entgegengebracht werden muss, kann man insgesamt doch sagen, dass sich die Personalsituation etwas entspannt hat. Sowohl der durchschnittliche Anteil der befristet Beschäftigten ist etwas gesunken als auch die Anzahl der Projekte, die vollständig von befristet beschäftigten Personen durchgeführt werden. Diese Entwicklung verläuft parallel zu derjenigen, die anhand der von uns erhobenen Daten (vgl. weiter oben) zu konstatieren ist.

Die Einträge der ProMix-Datenbank können nicht nur nach Angeboten von freien Trägern, sondern auch nach Angeboten der öffentlichen Träger differenziert werden. Die Situation dieser Angebote stellt sich wie bereits auch zum letzten Zeitpunkt der letzten Erhebung hinsichtlich der Befristungsverhältnisse etwas positiver als bei den freien Trägern dar. Der durchschnittliche Anteil befristet Beschäftigter beträgt bei den von öffentlichen Trägern angebotenen Projekten nur 46 % (bei freien Trägern 62 %) und hat sich damit im Vergleich zu 1995 etwas verringert (51 %). Im Jahr 2000 sind 28 % der Projekte bei öffentlichen Trägern vollständig von Arbeitsmarktmitteln abhängig (39 % bei freien Trägern). Damit ist im Vergleich zur letzten Erhebung ein Rückgang dieser Projekte um 9 Prozentpunkte zu verzeichnen.

3.4 Demografische Angaben zu und Berufsabschlüsse von JugendamtsleiterInnen

Erst im Zuge der neuerlichen Konzentration auf die Organisationsstrukturen der Verwaltungen und die Potenziale für Veränderung geraten auch die Leitungs- und Führungskräfte der Jugendämter stärker in den Blick. Dabei sind natürlich vor allem die Ausbildungen der Leitungspersonen von Interesse, aber auch, ob Generationsunterschiede beispielsweise zwischen Ostdeutschland und Westdeutschland bestehen und wie sich die Altersentwicklung der Leitungspersonen in den beiden Teilen Deutschlands gestaltet. Wie bereits in den vorangegangenen Erhebungen werden die Ergebnisse zur Geschlechterverteilung bei den Jugendamtsleitungen dargestellt, um einen Eindruck zu erhalten, ob sich für die Jugendhilfe ein Trend ausmachen lässt, wenn es um die Besetzung der Leitungsstellen mit Frauen geht. Tab. 3.12 zeigt die Geschlechterverteilung bei den Jugendamtsleitungen getrennt für Ostdeutschland und Westdeutschland.

Tab. 3.12: Geschlecht der Jugendamtsleitung

JugendamtsleiterIn	1992		1995		2000		insgesamt
	Ost	West	Ost	West	Ost	West	
Weiblich	54%	19%	43%	16%	54%	17%	30%
Männlich	46%	81%	57%	84%	46%	83%	70%

Quellen: Jugendamtserhebung 1992/93, Jugendamtserhebung 1996, Jugendamtserhebung 2000

Während sich in westdeutschen Jugendämtern das Verhältnis von männlichen zu weiblichen Leitungspositionen seit 1995 nicht geändert hat und der Frauenanteil weniger als ein Fünftel beträgt, verschob sich das Geschlechterverhältnis bei den Jugendamtsleitungen in Ostdeutschland zugunsten der Jugendamtsleiterinnen. Ostdeutsche Jugendämter werden wie bereits zu Beginn der neunziger Jahre (1992/1993) etwas häufiger von Frauen als von Männern geleitet. Zudem stehen Frauen signifikant häufiger Kreisjugendämtern als Jugendämtern in kreisfreien Städten vor.

Schaut man sich die Altersstruktur der JugendamtsleiterInnen an, kann wie bereits für den Zeitraum von 1992/1993 bis 1995 eine Erhöhung des Anteils der Jugendämter beobachtet werden, deren LeiterInnen über 50 Jahre alt sind. Insgesamt ist über die Hälfte der Jugendamtsleiter und Jugendamtsleiterinnen über 50 Jahre alt.

In ostdeutschen Jugendämtern sind zwar die LeiterInnen jünger – die größte Gruppe ist zwischen 40 und 50 Jahre alt –, aber auch hier sind Verschiebungen erkennbar. Die Gruppe der unter 40-Jährigen JugendamtsleiterInnen beträgt nur noch 12%. Die Ergebnisse können als ein Hinweis darauf gelesen werden, dass in den letzten Jahren in den meisten Jugendämtern keine Neubesetzung der Jugendamtsleiterposition vorgenommen wurde.

Tab. 3.13: Alter der Jugendamtsleitung

JugendamtsleiterIn	1992 Ost	1992 West	1995 Ost	1995 West	2000 Ost	2000 West	Insgesamt
unter 39 Jahre	3%	< 1%	< 1%	< 1%	< 1%	< 1%	< 1%
30–39 Jahre	41%	16%	25%	6%	12%	< 1%	4%
40–49 Jahre	41%	36%	50%	41%	62%	32%	43%
über 50 Jahre	15%	48%	25%	53%	27%	68%	53%

Quellen: Jugendamtserhebung 1992/93, Jugendamtserhebung 1996, Jugendamtserhebung 2000

Die gesetzlichen Regelungen zur Besetzung von Leitungspositionen der öffentlichen Jugendhilfe geben keine eindeutige Linie über das allgemeine Fachkräftegebot hinaus vor, sodass den Kommunen selbst die Priorität für die Ausbildung ihrer Leitungskräfte im Jugendamt überlassen bleibt. Vor dem Hintergrund der Entwicklung einer ausgeprägten Dienstleistungsorientierung in den sozialen Diensten und der Tatsache, dass die freie und öffentliche Jugendhilfe aufgefordert ist, die Basis, auf der sie ihre Arbeit erbringt, transparent und unter dem Blickwinkel ihrer Effizienz und Wirtschaftlichkeit darzustellen, rücken auch die Führungs- und Leitungspositionen der sozialen Dienste als explizit Verantwortliche ins Zentrum der Aufmerksamkeit (vgl. Flösser/Otto 2001). Immer wieder ist zu hören, dass bei der Besetzung von Stellen sich die eine Perspektive – und damit sind betriebswirtschaftliche oder verwaltungsorientierte Logiken gemeint – oder aber die andere – die Fachperspektive – durchgesetzt hätte. Gesucht werden nicht selten Leitungskräfte, die beide Seiten in einer Person repräsentieren und innerhalb der Gesamtverwaltung besser vermittelbar erscheinen.

Die Angaben zur Qualifikation der JugendamtsleiterInnen sind zwar mit den Angaben von 1995 nur bedingt direkt vergleichbar, da die Abfrage im Fragebogen etwas vereinfacht wurde. Gleichwohl kann es als verlässliches Ergebnis angesehen werden, wenn die Daten hier keine Hinweise auf gravierende Veränderungen geben, was noch einmal unterstreicht, dass Leitungspositionen in den letzten Jahren kaum neu besetzt wurden.

Tab. 3.14: Ausbildung der JugendamtsleiterInnen im Jahr 2000

	Ost	West	Stadt	Land	Insgesamt
Pädagogik/Sozialpädagogik/ Erziehungswissenschaft	23 %	40 %	27 %	40 %	34 %
Verwaltungsausbildung/ Verwaltungswissenschaft	15 %	38 %	30 %	30 %	30 %
Verwaltungsausbildung & pädagogische Ausbildung	42 %	9 %	18 %	23 %	21 %
Sonstige Ausbildung	12 %	9 %	15 %	5 %	10 %
Psychologisch/Soziologische Ausbildung	8 %	4 %	9 %	3 %	6 %

Quellen: Jugendamtserhebung 1992/93, Jugendamtserhebung 1996, Jugendamtserhebung 2000

Über die Hälfte der JugendamtsleiterInnen hat wie bereits im Jahr 1995 eine pädagogisch-erziehungswissenschaftliche Qualifikation (einschließlich Doppelqualifikation). Zum Vergleich: Die Jugendhilfestatistik von 1998 verzeichnet einen Anteil von 60 % sozialpädagogisch ausgebildeten Fachkräften in Leitungsfunktion (vgl. Rauschenbach/Schilling 2001: 29). Hierzu zählen jedoch nicht nur die JugendamtsleiterInnen.

Insbesondere in ostdeutschen Jugendämtern gibt es einen erheblichen Teil von JugendamtsleiterInnen, die eine Doppelqualifikation bestehend aus pädagogischer und verwaltungsbezogener Ausbildung vorweisen können. Dies ist vor allem darauf zurückzuführen, dass die MitarbeiterInnen in ostdeutschen Jugendämtern eine Verwaltungsqualifikation absolvieren mussten, um in der kommunalen Verwaltung weiterhin eine Beschäftigung zu erhalten. In westdeutschen Jugendämtern ist demnach der Anteil der Personen in der Funktion der Jugendamtsleitung mit einer reinen sozialpädagogischen Ausbildung höher als in Ostdeutschland.

Der Anteil der JugendamtsleiterInnen mit reiner Verwaltungsausbildung ist in westdeutschen Jugendämtern immer noch wesentlich höher als in ostdeutschen, was zumindest historisch gesehen plausibel ist, da es in der Zeit der DDR keine reine Verwaltungsausbildung gab. In den letzten Jahren ist der Anteil der Personen mit reiner Verwaltungsausbildung in ostdeutschen Jugendämtern jedoch angestiegen und in westdeutschen Jugendämtern etwas zurückgegangen, was vermuten lässt, dass sich das Bild in den beiden Teilen Deutschlands langsam angleichen wird.

3.5 Fazit

Für die Strukturqualität des Jugendamtes hat die Personalsituation einen hohen Stellenwert. In der Zusammenschau der Ergebnisse für die Bereiche der Verwaltung von Jugendämtern, Einrichtungen in öffentlicher und freier Trägerschaft und den speziellen Bereich der Jugendarbeit zeigt sich ein Bild der Personalsituation, das von Ungleichzeitigkeiten geprägt ist. Zwar ist insgesamt mit Blick auf den Durchschnitt des Gesamtpersonals eine leichte Erhöhung des Personals in den Jugendämtern, die sich z. B. gemessen am zahlenmäßigen Verhältnis von allen unter 27-Jährigen innerhalb eines Jugendamtsbezirkes und den Fachkräften im Jugendamt sowie bei einer genaueren Betrachtung der Abbau- und Aufbausituation im Jahr 1999 widerspiegelt. Zwischen Ostdeutschland und Westdeutschland und den verschiedenen Gebietskörperschaften ergeben sich jedoch deutliche Unterschiede in der Personalsituation. Insbesondere in westdeutschen Kreisen zeigt sich sowohl im Verhältnis zur Bevölkerung als auch bei der Bilanz von Aufbau zu Abbau im Jahr 1999 eine durchschnittliche Erhöhung des Personals in der Verwaltung der Jugendämter. Und bei der Betrachtung des Stellenaufbaus und Stellenabbaus zeigt sich in Ostdeutschland eine große Dynamik.

Veränderungen der Personalsituation in der Jugendhilfe sind nicht nur an der Entwicklung des gesamten Stellenumfanges, sondern z. B. auch derjenigen von Teilzeitstellen zu beobachten. Teilzeitstellen haben im Vergleich zur Situation 1995 eine quantitative Ausweitung erfahren. Damit reagieren die Träger und Jugendämter zum einen sicher auch auf Bedürfnisse ihrer MitarbeiterInnen, Arbeitszeiten flexibler gestalten und beispielsweise Familie und Beruf besser vereinbaren zu können. Gleichzeitig muss man weiter verfolgen, inwieweit mit diesem Mittel eine Reduzierung des Personals in der Jugendhilfe erreicht werden soll oder mit dieser Entwicklung eine Dequalifizierung einhergeht.

Ein entscheidendes Problem der Jugendhilfe in den ostdeutschen Bundesländern bleibt die Befristung von Arbeitsverhältnissen über Arbeitsbeschäftigungsmaßnahmen. Zwar ist insgesamt der Anteil von ABM-Stellen an den Gesamtstellen gegenüber dem Jahr 1995 etwas niedriger geworden, vor allem in der öffentlichen Verwaltung und bei Einrichtungen in öffentlicher Trägerschaft. Aber sowohl in der Verwaltung der Jugendämter als auch in Einrichtungen in Ostdeutschland ist der Anteil derer, die ABM-Stellen haben, erheblich höher als in Westdeutschland.

Am stärksten von Arbeitsmarktmitteln abhängig ist weiterhin die Jugendarbeit im Osten. Zwar haben sich auch hier die durchschnittlichen Anteile von befristet Beschäftigten bei Jugendringen etwas verringert, aber für Jugendverbände stellt sich die Situation relativ unverändert dar. Insgesamt ist die Situation in Ostdeutschland trotz des hohen Anteils von befristet Beschäftigten deutlich besser als im Westen, weil häufiger hauptamtliches Personal zur Verfügung steht.

Die Ergebnisse zu den demografischen Angaben der JugendamtsleiterInnen und ihren Berufsabschlüssen lassen sich auf zwei kurze Formeln bringen: Typisch für den Osten ist, dass die Leitung des Jugendamtes eine zwischen 40 und 50 Jahre alte Frau mit einer Doppelqualifikation innehat, während im Westen das Jugendamt typischerweise von einem Mann geleitet wird, der eine pädagogisch-sozialwissenschaftliche Ausbildung oder einen Abschluss im Bereich der Verwaltung hat und über 50 Jahre alt ist.

4 Fortbildung

Geht man davon aus, dass die Bedeutung von Fort- und Weiterbildung heute als notwendiger Bestandteil der beruflichen, sozialen und persönlichen Entwicklung Erwachsener allgemein anerkannt ist und innerhalb von Unternehmen im Rahmen von Personalentwicklung umgesetzt wird, kann die Frage aufgeworfen werden, inwieweit sich diese Überlegungen auch auf dem Gebiet der sozialen Arbeit bzw. der Kinder- und Jugendhilfe durchgesetzt haben. Obwohl die Begriffe Fortbildung und Weiterbildung teilweise synonym verwendet werden, beschreiben sie definitionsgemäß nicht dasselbe: Während der Begriff Weiterbildung sehr viel weiter gefasst ist und all das umfasst, was Erwachsene tun und lernen, also gleichermaßen öffentliche, private, betriebliche, berufliche, politische und allgemeinbildende Lehr- und Lernveranstaltungen, wird der Begriff Fortbildung eher in Anlehnung an das Berufsbildungsgesetz (§ 1 Abs. 3 BBiG) als berufliche Fortbildung definiert: „Die berufliche Fortbildung soll es ermöglichen, die beruflichen Kenntnisse und Fertigkeiten zu erhalten, zu erweitern, der technischen Entwicklung anzupassen oder beruflich aufzusteigen" (Peter 2002: 125). Das folgende Kapitel behandelt die beruflichen Kenntnisse und Fertigkeiten des Jugendhilfe-Personals, weshalb hier von Fortbildung die Rede sein wird.

Fortbildung soll einerseits durch Förderung von Wissen um Fakten und Regelungen, also fachspezifischen Informationen, zu einer Verbesserung und Reflexion der Berufspraxis führen. Zu den Fortbildungsthemen zählen auch zu aktuellen Entwicklungen und Veränderungen in der Praxis der Jugendhilfe wie beispielsweise die Beteiligung von AdressatInnen oder die Erarbeitung von Jugendhilfeplänen. Sicherheit im Umgang mit den fachlichen Erfordernissen ist eine notwendige Voraussetzung, um im Alltag souverän handeln zu können.

Andererseits kann durch die Stärkung der persönlichen Kompetenzen die Kommunikation und Kooperation mit anderen Personen und Institutionen erhöht werden. Insbesondere bei Berufen im Bereich der sozialen Arbeit kommt den kommunikativen Fähigkeiten der MitarbeiterInnen eine besondere Rolle zu. Sei es bei der Arbeit im Jugendamt oder bei freien Trägern: Der direkte Kontakt mit den AdressatInnen unterschiedlichen Alters und unterschiedlicher Herkunft erfordert Einfühlsamkeit und die Fähigkeit, auf jeden Einzelnen zuzugehen. Es ist wichtig, diese Fähigkeiten stets aufs Neue zu schulen.

Zudem können beraterische und therapeutische Kompetenzen, pädagogische Handlungsweisen und nicht zuletzt individuelle Entwicklungspotenziale durch die Teilnahme an Fortbildungsveranstaltungen verbessert werden. Es können neue Impulse durch den Austausch von Erfahrungen gewonnen werden. Insofern fördert Fortbildung Fachlichkeit und dient als Instrument der Qualitätssicherung in der Kinder- und Jugendhilfe.

Auch der Gesetzgeber hat die Wichtigkeit und Notwendigkeit von Fortbildungen für Mitarbeiter und Mitarbeiterinnen im Bereich der Kinder- und Jugendhilfe erkannt. Das KJHG sieht in § 72,1 vor, dass bei den Trägern der öffentlichen Jugendhilfe nur Fachkräfte arbeiten, die eine der Aufgabe entsprechende Ausbildung durchlaufen haben. In diesem Paragrafen ist auch festgeschrieben, dass die öffentlichen Träger der Jugendhilfe die „Fortbildung und Praxisberatung der Mitarbeiter des Jugendamts und des Landesjugendamts sicherzustellen" haben. Auch anerkannte freie Träger der Jugendhilfe sollen gefördert werden. Diese Förderung soll „auch Mittel für die Fortbildung der haupt-, neben- und ehrenamtlichen Mitarbeiter sowie im Bereich der Jugendarbeit Mittel für die Errichtung und Unterhaltung von Jugendfreizeit- und Jugendbildungsstätten einschließen" (§ 74,6 KJHG).

Im Folgenden wird dargestellt, inwieweit diesen Forderungen in der Realität entsprochen wird. Dabei wird zuerst auf die Situation in den Jugendämtern eingegangen, anschließend wird aufgezeigt, welchen Stellenwert Fortbildungen bei Jugendringen und Jugendverbänden haben und wie sich die Situation bei Einrichtungen im Bereich Hilfen zur Erziehung darstellt. Es schließen sich Einschätzungen der öffentlichen und freien Träger zu Fortbildungen an (u. a. Zufriedenheit, Bereitschaft zur Teilnahme, finanzielle Aspekte). Ein Exkurs zum Thema Supervision bildet den Abschluss dieses Kapitels.

4.1 Fortbildung in Jugendämtern

Von allen MitarbeiterInnen der befragten Jugendämter nahmen durchschnittlich 68 % und im Median 55 % im Jahr 1999 an Fortbildungen teil (anteilig an der GesamtmitarbeiterInnenzahl, d.h. MitarbeiterInnen in der Verwaltung und öffentlichen Einrichtungen). Die Unterschiede zwischen West und Ost haben sich gegenüber 1995, als deutlich mehr Fortbildungen im Osten zu verzeichnen waren, angenähert. Durchschnittlich nahmen im Osten 79 % und im Westen 60 % der MitarbeiterInnen an Fortbildungen teil. Was Fortbildungen angeht, werden häufig MitarbeiterInnen, die in Einrichtungen des Jugendamtes beschäftigt sind, ebenfalls hinzugezählt, was eine Reihe von Extremwerten zur Folge hat. Im Median heben sich die Unterschiede zwischen Ost und West fast vollständig auf (im Osten 56 %, im Westen 54 %).

Die Anpassungs- und Qualifizierungsmaßnahmen in Ostdeutschland nach der Wende (für MitarbeiterInnen, die nur in Teilbereichen ihres späteren Einsatzgebietes ausgebildet waren) wurden 1995 zu den Fortbildungsmaßnahmen hinzugezählt und spielen heute keine Rolle mehr. Dies hat sicherlich zur Angleichung der Situation in Ost und West beigetragen. Bei den Angaben zur Anzahl der MitarbeterInnen, die an Fortbildungen teilgenommen haben, kann nicht ausgeschlossen werden, dass einzelne Personen mehrfach gezählt wurden, wenn sie an mehreren Fortbildungen teilgenommen haben.[12]

Themen

In der vorliegenden Untersuchung wurden die JugendamtsleiterInnen danach gefragt, ob ihrer Einschätzung nach Bedarf an Fortbildungen in ihrem Jugendamtsbezirk besteht. Es wurden ihnen 13 thematische Arbeitsbereiche vorgegeben, in denen Fortbildungen theoretisch möglich wären. Um die Brücke zwischen Wunsch und Wirklichkeit schlagen zu können, wurden sie auch gefragt, ob in diesen Bereichen für das Jahr 2000 Fortbildungsmaßnahmen eingeplant sind bzw. zum Zeitpunkt der Erhebung bereits durchgeführt waren.

Wie in Tabelle 4.1 ersichtlich, sind Hilfen zur Erziehung, Jugendhilfeplanung, EDV und Jugendarbeit die Bereiche, in denen sowohl der größte Bedarf an Fortbildungen gesehen wird als auch die meisten Fortbildungsmaßnahmen für das Jahr 2000 eingeplant sind. Von den erzieherischen Hilfen sind viele MitarbeiterInnen des Jugendamts betroffen, die finanziellen Aufwendungen in diesem Bereich sind in den letzten Jahren auch gestiegen (vgl. Kap. 6.3 und 6.4).

---

[12] Die Frage lautete: „Wie viele MitarbeiterInnen des Jugendamts haben im Jahr 1999 an Fortbildungsmaßnahmen teilgenommen?". Erfahrungsgemäß wird bei der Beantwortung dieser Frage teilweise die Anzahl der TeilnehmerInnen an den einzelnen Fortbildungen addiert, sodass einzelne MitarbeiterInnen mehrfach gezählt werden.

Jugendhilfeplanung ist ebenfalls ein Thema, zu dem von den Jugendämtern zunehmend Fortbildungen unternommen werden, was sich mit den Beobachtungen aus Kap. 10 hinsichtlich einer zunehmenden Qualifizierung der Jugendhilfeplanung deckt. Der Einsatz bzw. die Einführung von EDV-Systemen führt offensichtlich ebenfalls zu einem hohen Fortbildungsbedarf.

Tab. 4.1: Bedarf und Angebot bei Jugendämtern in Ost und West

Bereiche	Ost Bedarf	Ost geplant	West Bedarf	West geplant	insgesamt Bedarf	insgesamt geplant
Hilfen zur Erziehung	85 %	93 %	77 %	77 %	80 %	83 %
Jugendhilfeplanung	85 %	82 %	67 %	50 %	73 %	61 %*
EDV	59 %	52 %	71 %	73 %	67 %	65 %
Jugendarbeit	78 %	74 %	52 %	56 %	61 %	63 %*
Verwaltung/ Verwaltungsreformen	48 %	48 %	63 %	52 %	57 %	51 %
Kindertagesbetreuung	82 %	82 %	40 %	40 %	55 %*	55 %*
Kooperation und Vernetzung	63 %	44 %	50 %	44 %	55 %	44 %
Beteiligung von Kindern und Jugendlichen	56 %	37 %	48 %	29 %	51 %	32 %
Jugendkriminalität	56 %	48 %	44 %	29 %	48 %	36 %
Jugendberufshilfe	56 %	48 %	33 %	23 %	41 %	32 %*
Datenschutz	41 %	22 %	25 %	10 %	31 %	15 %
Interkulturelle Arbeit	11 %	7 %	33 %	23 %	25 %*	17 %
Gleichstellung	15 %	7 %	10 %	4 %	12 %	5 %
Sonstiges	15 %	15 %	17 %	10 %	16 %	12 %

* Differenz der Anteile zwischen Ost- und Westdeutschland ist signifikant
Lesebeispiel: 85 % der Jugendämter in den östlichen Bundesländern geben an, im Bereich Hilfen zur Erziehung einen Bedarf an Fortbildungsmaßnahmen für die MitarbeiterInnen des Jugendamts zu haben. 93 % der Jugendämter in den östlichen Bundesländern geben an, in diesem Bereich Fortbildungsmaßnahmen für 2000 eingeplant zu haben. Sowohl der Bedarf als auch die Planung ist somit im Osten im Bereich Hilfen zur Erziehung höher als im Westen.

In der Regel besteht ein größerer Bedarf an Fortbildungsmaßnahmen als konkrete Planungen in einzelnen Bereichen vorliegen. Besonders groß sind die Unterschiede zwischen Bedarf und Planung in Ost und West bei den Themen Beteiligung von Kindern und Jugendlichen und Datenschutz. Was die Beteiligung von Kindern und Jugendlichen angeht, zeigt sich hier, dass diese Diskussion auf der programmatischen Ebene präsent ist, aber vielerorts noch keine Prioritätensetzung für das Praxishandeln nach sich gezogen hat (vgl. Zink/Pluto 2002). Da keine Angaben darüber vorliegen, wie hoch der Bedarf nach Informationen über den Datenschutz zu früheren Zeiten war, kann an dieser Stelle nur spekuliert werden, dass das am 23. Mai 2001 in Kraft getretene neue Bundesdatenschutzgesetz Auswirkungen auf die hier gemachten Aussagen hat, indem die damit zusammenhängende Diskussion zu einem erhöhten Informationsbedarf führt.

Es fällt außerdem auf, dass im Osten in Sachen Fortbildung von MitarbeiterInnen in der Regel mehr Bedarf gesehen und auch mehr geplant wird. Dort werden im Durchschnitt mehr MitarbeiterInnen fortgebildet (79 % zu 60 % im Westen), auch wenn dieser Effekt bei einer Betrachtung des Medians als statistische Maßzahl nahezu verschwindet (56 % zu 54 %). Es ist möglich, dass dieser Unterschied etwas mit der Vielseitigkeit einzelner Fortbildungsangebote zu tun hat. Möglicherweise werden in den östlichen Bundesländern mehrere Themen innerhalb einer Fortbildungsveranstaltung diskutiert. Denkbar ist auch, dass die Angebotspalette der Fortbildungen größer ist und MitarbeiterInnen sich einige Fortbildungen aussuchen können. Möglich, doch mit unseren Daten nicht überprüfbar, ist auch die Annahme, dass in den östlichen Bundesländern zukünftig mehr Anstrengungen hinsichtlich Fortbildungen unternommen werden als in den westlichen. Das Bild einer verstärkten Veränderungsdynamik in den östlichen Bundesländern würde jedoch auch in das Bild passen, das an anderen Stellen dieses Buches in Bezug auf die östlichen Bundesländer gezeichnet wird (beispielsweise eine Verlagerung auf freie Träger, Angebotsausbau, flexible Hilfen).

Die Unterschiede im Bedarf zwischen westlichen und östlichen Bundesländern zeigen sich am deutlichsten in der Kindertagesbetreuung. Während trotz des Abbaus von Personal im Kita-Bereich in den östlichen Bundesländern 82 % der Jugendämter im Osten hier einen Bedarf anmelden, sind es im Westen halb so viele. Möglicherweise hängt dies mit dem Altersstrukturproblem in den östlichen Bundesländern (1998 fielen 62 % der Beschäftigten in die Altersspanne der 40 bis 60-Jährigen; vgl. Beher 2001: 70) und der unterschiedlichen Ausbildung von MitarbeiterInnen in den östlichen und westlichen Bundesländern in dieser Altersgruppe zusammen. Diese Unterschiede zwischen Ost und West bleiben auch bei den eingeplanten Fortbildungsmaßnahmen bestehen. Auch bei der Jugendberufshilfe und der Jugendarbeit zeigt sich ein Unterschied zwischen West und Ost. In diesen Bereichen wird der Bedarf in den östlichen Bundesländern sehr viel höher als in den westlichen gesehen. Dieser Effekt kann zustande kommen, weil die Jugendberufshilfe aufgrund der Arbeitsmarktsituation im Osten auf ständig neue Herausforderungen reagieren muss.

Im Westen werden im Bereich EDV und im Osten für die Jugendhilfeplanung sehr viel häufiger Fortbildungen eingeplant (analog zu den Bedarfsangaben). Die Qualifizierungen im Bereich EDV sind möglicherweise im Westen höher, weil die Jugendämter in den östlichen Bundesländern nach der Wende im Zuge einer Vereinheitlichung der Arbeitsweisen in Ost und West auch mit neuer Software und neuen PCs ausgestattet wurden und in dieser Hinsicht geschult wurden. Im Westen fand die Ausstattung mit PCs teilweise schon früher statt, sodass denkbar ist, dass die Systeme inzwischen wieder erneuerungsbedürftig sind. Die Durchführung von Jugendhilfeplanungen in den Jugendämtern hat über die letzten Jahre sowohl in Ost als auch in West zugenommen und sich inzwischen weitgehend durchgesetzt. Lediglich 5 % der Jugendämter geben an, keine Jugendhilfeplanung durchzuführen – diese befinden sich alle im Westen. Werden einzelne Themenbereiche untersucht, die potenziell in der Jugendhilfeplanung vorkommen können (beispielsweise Kindertagesstätten, Jugendarbeit, Hilfen zur Erziehung, Beratungsstellen, Jugendgerichtshilfe), so zeigt sich, dass der Anteil der Jugendämter, die in der Jugendhilfeplanung Aussagen zu den entsprechenden Bereichen machen, in den ostdeutschen Bundesländern in der Regel höher liegt (vgl. Kap. 10). Die generell etwas größere Aktivität der ostdeutschen Jugendämter im Bereich der Jugendhilfeplanung lässt es plausibel erscheinen, dass dort auch der Bedarf nach Fortbildungen größer ist.

Hinsichtlich Fortbildungen zu Kooperation und Vernetzung bestehen in den östlichen Bundesländern ebenfalls besonders große Unterschiede zwischen Wunsch und Wirklichkeit. Wie in dem Kapitel zu Kooperationszusammenhängen (vgl. Kap. 8) ersichtlich, gibt es Ost-West-Unterschiede hinsichtlich der Bedeutung einzelner Kooperationspartner, aber auch, wie häufig beispielsweise Arbeitsgemeinschaften in unterschiedlichen Arbeitszusammenhängen tätig sind. In den östlichen Bundesländern gibt es sehr viel mehr Kooperationsformen; dies mag ein Grund sein für den in den östlichen Bundesländern häufiger geäußerten Bedarf. Möglicherweise wird auch das Kooperationsgebot ernster genommen. Bei den Angaben zu den Planungen in diesem Bereich gibt es jedoch keinen Unterschied zwischen West und Ost.

Ausnahmen zu der Beobachtung, dass im Osten in Sachen Fortbildung von MitarbeiterInnen in der Regel mehr Bedarf gesehen wird und auch mehr geplant wird, sind die Bereiche Verwaltung/Verwaltungsreform, interkulturelle Arbeit und, wie bereits angedeutet, EDV. Hier wird im Westen sowohl ein größerer Bedarf gesehen als auch mehr in diesem Bereich getan. Was Reformen innerhalb der

Verwaltung betrifft, so können diese Angaben darauf zurückgeführt werden, dass in den östlichen Bundesländern diese Bestrebungen eine geringere Bedeutung haben (vgl. Mamier/Seckinger/Pluto/van Santen/Zink 2002) und deshalb möglicherweise weniger Bedarf in dieser Richtung besteht.

„Interkulturelle Öffnung der sozialen Dienste und öffentlicher Verwaltungseinrichtungen sind in Deutschland mittlerweile viel diskutierte Ziele. Im Zusammenhang damit werden auch interkulturelle Fortbildungen angeboten, die jedoch oft nur zögerlich – wenn überhaupt – in Anspruch genommen werden" (Tuschinsky 2001: 114). Diese Beobachtung bestätigt sich auch in den Daten, die im Rahmen des Projekts erhoben wurden. Neben dem Thema Gleichstellung handelt es sich bei interkultureller Arbeit um den Bereich, in dem am seltensten Fortbildungen anvisiert werden. Der Begriff interkulturelle Arbeit versteht den Prozess der Einwanderung – vor dem Hintergrund, dass die Bundesrepublik längst ein Einwanderungsland ist – über die Einseitigkeit von Integrationsangeboten an die MigrantInnen hinausgehend als wechselseitigen Lernprozess, in dem (auch und gerade) die aufnehmende Mehrheit sich ändern muss (vgl. Gaitanides 1999: 7f. nach Diederich o. J.: 5f.). In den östlichen Bundesländern wird verglichen mit den westlichen sehr viel seltener angegeben, dass Bedarf im Bereich der interkulturellen Jugendarbeit existiert. Zwar kann davon ausgegangen werden, dass entsprechende Probleme durchaus als wichtig erachtet werden, doch andere Dinge haben Priorität. Die Zahl der ausländischen Jugendlichen im Osten ist vergleichsweise gering und es existieren auch weniger Angebote in dieser Richtung (vgl. Kap. 6.10, Kap. 11). Die Tatsache, auch angesichts der Spannungen und der fremdenfeindlichen Übergriffe, die vergleichsweise häufig in den östlichen Bundesländern Schlagzeilen machen, dass lediglich 7 % der Jugendämter im Osten Fortbildungen im Bereich der interkulturellen Arbeit planen, ist aus unserer Sicht insgesamt kritisch zu betrachten. Allerdings gilt dies auch für den Westen: Obwohl dort relativ viele ausländische Jugendliche wohnen, wird lediglich von 23 % der Jugendämter angegeben, dass sie Fortbildungen im Bereich der interkulturellen Jugendarbeit planen. Die Fähigkeit, sich in die Denk- und Lebensweisen der AdressatInnen aus anderen Kulturen hineinzuversetzen und diese zu respektieren, sollte zum Standard für Jugendhilfepersonal werden, die mit dieser Klientel arbeiten. Es wäre zu überlegen, ob nicht öfter Fortbildungen hierzu in Anspruch genommen werden sollten, zumal der Anteil der AdressatInnen nichtdeutscher Herkunft in Zukunft noch zunehmen dürfte. Die Unabhängige Kommission „Zuwanderung" weist auf die Herausforderungen hin, die die multikulturelle Realität bereits in den Kindergärten und Vorschulen an die ErzieherInnen stellt und empfiehlt, ErzieherInnen und LehrerInnen verstärkt im Fach interkulturelle Pädagogik aus- und weiterzubilden (vgl. Unabhängige Kommission „Zuwanderung" 2001: 214/217).

Mit Ausnahme der Bereiche Hilfen zur Erziehung und Jugendarbeit ist es mehrheitlich so, dass die Jugendämter einen größeren Bedarf an Fortbildungen haben, als sie umsetzen können. Setzt man die Anzahl, wie häufig insgesamt ein Bedarf angemeldet wird, mit der Zahl der eingeplanten Fortbildungen in Beziehung, so zeigt sich, dass bei 16 % der Jugendämter ein Fortbildungsbedarf nicht durch entsprechende Fortbildungen gedeckt werden kann. Die durchschnittliche Anzahl der befragten Bereiche, für die ein Bedarf nach Fortbildungen im Jugendamt angegeben wird, beträgt sechs, die durchschnittliche Anzahl der Bereiche, bei denen Fortbildungen eingeplant sind, fünf.

Bemerkenswert ist, dass in den Bereichen Hilfen zur Erziehung und Jugendarbeit mehr JugendamtsleiterInnen angeben, Fortbildungen zu planen, als dass sie angeben, sie hätten einen Bedarf an Fortbildungen. Dieser Aspekt ist interessant, denn im Klartext bedeutet dies, dass eine Qualifizierung stattfindet, wo sie nicht als notwendig erachtet wird. Sowohl Hilfen zur Erziehung als auch Jugendarbeit sind relativ „große" Bereiche mit hohem Personal- und Finanzanteil, in denen es eine lange Auseinandersetzung um die Qualifizierung der Beschäftigten gibt. Sind Fortbildungen möglicherweise Teil der Qualitätsstandards in diesen Bereichen? Denkbar ist auch, dass in diesen beiden Bereichen, die zu den fortbildungsintensivsten gehören, Fortbildungen auch für Personal der Jugendarbeit oder der erzieherischen Hilfen angeboten werden, die nicht zu den JugendamtsmitarbeiterInnen zählen. Das hieße, dass hier ein Bedarf an Fortbildungen existiert, nicht jedoch für die eigenen MitarbeiterInnen.

Die Effekte auf der individuellen Jugendamtsebene werden bei einer Betrachtung aller Jugendämter ausgeglichen. Es ergibt sich das Bild, das in Tabelle 4.1 wiedergegeben ist. Erwähnenswert ist an dieser Stelle, dass bei einer Betrachtung der einzelnen Jugendämter im Bereich Jugendarbeit immerhin 11 % aller Jugendämter und bei den Hilfen zur Erziehung 9 % der Jugendämter angeben, sie hätten keinen Bedarf an Fortbildung, planen jedoch eine Fortbildung. Was aus der Tabelle ebenfalls nicht ersichtlich ist: Bei 9 % aller Jugendämter trifft dies auch für den Bereich EDV zu, bei immerhin 8 % aller Jugendämter in den Bereichen Kooperation und Vernetzung sowie Jugendhilfeplanung. Damit wird deutlich, dass der Anteil der Jugendämter, in denen Fortbildungen geplant werden, obwohl kein

Bedarf dafür gesehen wird, bei einem Blick auf Tab. 4.1 deutlich unterschätzt wird. Über alle Jugendämter hinweg betrachtet, nivellieren sich die beschriebenen Effekte.

Bei 11 % der Jugendämter gibt es eine Häufung der Bereiche, bei denen ohne Bedarf eine Fortbildung geplant wird (vier bis neun Bereiche, durchschnittlich sechs). Aber insgesamt ist der Anteil der Jugendämter, die einen erkannten Bedarf nicht befriedigen können, größer. Möglicherweise existieren bei diesen identifizierbaren Jugendämtern feste Planungen und es findet nicht eine unmittelbare Reaktion auf einen Bedarf statt. Dies verweist generell auf Abstimmungsprobleme in den Jugendämtern. Die Planung erfolgt teilweise am Bedarf vorbei. Es kann also festgehalten werden, dass es nur eingeschränkt eine bedarfsgerechte Planung von Fortbildungen gibt. Dieses Ergebnis überrascht vor dem Hintergrund der im Vergleich zu Industrie und Handwerk geringen zur Verfügung stehenden Fortbildungsmittel nicht (vgl. iwd 2002).

Auffällig ist, dass jene Jugendämter, die eine Verwaltungsmodernisierung durchführen, tendenziell häufiger in den Bereichen Beteiligung von Kindern und Jugendlichen, Jugendhilfeplanung und interkulturelle Jugendarbeit, die in der Fachdiskussion momentan einen relativ hohen Stellenwert haben, und in eher verwaltungsbezogenen Bereichen wie EDV und Datenschutz Fortbildungen planen. Die Auseinandersetzung mit den Aspekten der Verwaltungsmodernisierung scheint mit einer größeren Bereitschaft der Diskussion von aktuellen Themen, die darüber hinausgehen, einherzugehen.

Einige wenige Jugendämter haben auch sonstige Bereiche genannt, in denen sie Fortbildungsbedarf sehen. Sie lassen sich in formale bzw. organisationsbezogene Aspekte und konkrete sozialpädagogische bzw. sozialarbeiterische Aspekte unterscheiden. Es ist auffällig, dass rechtliche Fragen nicht häufiger genannt wurden, nicht nur hinsichtlich der Einhaltung der Vorgaben und Durchführungsverordnungen der Aufsichtsbehörden und der gesetzlichen Grundlagen des KJHG und der gesamten Sozialgesetze, sondern gerade auch mit Blick auf die Kindschaftsrechtsreform (zur Bedeutung eines wissenschaftlichen Rechtswissens für die Sozialpädagogik vgl. Herriger/Kähler 2001: 10/12).

Finanzierung

Der Vergleich mit früheren Erhebungen zeigt, dass es sich bei Fortbildungen um ein Thema handelt, das bisher zum Teil vernachlässigt wurde. Trotz der Debatten um leere Kassen in den Kommunalhaushalten scheint sich die Erkenntnis um die Wichtigkeit von Fortbildung und einer guten Qualifikation der MitarbeiterInnen für die Qualität der Arbeit in den Jugendämtern weitgehend durchgesetzt zu haben. Dies zeigt sich unter anderem in der Existenz eines Fortbildungsetats.

Tab. 4.2: Entwicklung des Anteils von Jugendämtern mit eigenem Fortbildungsetat

Erhebungsjahr	1992	1995	1999
% Jugendämter mit eigenem Fortbildungsetat	40 %	53 %	73 %

Deshalb wird im Folgenden untersucht, ob es einen Fortbildungsetat in den jeweiligen Jugendämtern gibt. Bei den bisherigen Erhebungen im Rahmen dieses Projektes bei Jugendämtern hat sich gezeigt, dass in den neunziger Jahren der Anteil an Jugendämtern, die einen eigenen Etat für Fortbildungsmittel haben, stetig angestiegen ist. Dieser Trend hat sich fortgesetzt: 1992 hatten 40 %, 1995 53 % und 1999 schließlich 73 % der Jugendämter einen eigenen Haushalt für Fort- und Weiterbildung ihres Personals. Weitere 16 % der befragten Jugendämter hatten die Möglichkeit, auf kommunale Mittel außerhalb des Etats des Jugendamts zurückzugreifen. Damit hat sich die Situation insgesamt gegenüber den Vorjahren zumindest auf der formalen Ebene deutlich verbessert.

Eigene Haushalte für Fortbildung gibt es häufiger in westlichen Jugendämtern sowie in solchen, die eine Verwaltungsmodernisierung durchführen (vgl. Tab. 4.3), allerdings ist dieser Unterschied nicht signifikant. Dies hängt wahrscheinlich mit einer dezentraleren Mittelverwaltung zusammen, die bei verwaltungsmodernisierenden Jugendämtern angestrebt wird, um den notwendigen Spielraum für die Organisation der Leistungserbringung, den Einsatz der MitarbeiterInnen und die Verwendung der finanziellen Mittel sicherzustellen (vgl. KGSt-Bericht 8/1994: 8). Die Tatsache, dass es eine eigene Haushaltsstelle für Fortbildungen gibt, reicht für sich genommen noch nicht aus, um etwas über den Stellenwert von Fortbildungen im Jugendamt aussagen zu können. Mindestens ebenso wichtig ist die Höhe der für Fortbildung zur Verfügung stehenden Mittel. Für das Haushaltsjahr 1999 standen den Jugendämtern im Durchschnitt etwa 41.000 DM und im Jahr 2000 knapp 9.000 DM mehr, also durchschnittlich 49.000 DM zur Verfügung. Der Median lag 1999 bei 15.000 DM und 2000 bei 19.500 DM. Es konnte im Durchschnitt somit eine Steigerung der Haushaltsansätze (1999 auf 2000) um 24 % und im Median um 6 % erzielt werden. Damit liegt der durchschnittliche Anteil der Fortbildungsmittel am Personaletat bei 0,6 % (vgl. Tab. 4.3). Regional gab es große Unterschiede zwischen den einzelnen Jugendämtern. So nahm der Fortbildungsetat von 1999 auf 2000 bei 20 % der Jugendämter ab, bei 26 % blieb er gleich und bei 54 % erhöhte er sich.

Tab. 4.3: Gibt es einen eigenen Haushaltstitel für Fort- und Weiterbildungen?

	Ost	West	Verwaltungsmodernisierer	Keine Verwaltungsmodernisierer	Stadt inkl. RJA*	Landkreis	Insgesamt
Ja	65 %	80 %	90 %	66 %	82 %	68 %	73 %
Nein	35 %	18 %	10 %	32 %	18 %	29 %	27 %
Geld aus Etats außerhalb des Jugendamtes	0 %	2 %	0 %	2 %	0 %	3 %	16 %

* RJA: Jugendämter kreisangehöriger Gemeinden

Rechnet man den Fortbildungsetat auf die Höhe der möglichen Ausgaben pro MitarbeiterIn um, so erhält man eine Maßzahl, die auch einen Vergleich zwischen Jugendämtern mit viel und solchen mit wenig Personal zulässt. Im Durchschnitt betrug der Mittelwert für 1999 773 DM pro MitarbeiterIn und im Median standen 296 DM zur Verfügung. Die große Differenz zwischen Mittelwert und Median lässt bereits auf große Unterschiede zwischen den einzelnen Jugendämtern schließen. Die weitere Analyse zeigt dann auch, dass in westdeutschen Jugendämtern durchschnittlich 3,2-mal so viel Geld für die Fortbildung von MitarbeiterInnen im Haushalt vorgesehen ist wie in ostdeutschen (1.050 DM zu 329 DM). Die Unterschiede zwischen Stadtjugendämtern und Kreisjugendämtern sind ähnlich ausgeprägt (durchschnittlich 1.126 DM zu 409 DM). Bei Jugendämtern, die eine Verwaltungsmodernisierung durchführen, stehen deutlich weniger Fortbildungsmittel pro MitarbeiterIn zur Verfügung (480 DM zu 923 DM). Anscheinend wird im Zuge von Verwaltungsmodernisierungen die Notwendigkeit von Fortbildungen erkannt und auch in Form eigener Haushaltstitel strukturell verankert, doch zeigt sich auch hier die Tendenz, dass verwaltungsmodernisierende Jugendämter eher finanziellen Kürzungen ausgesetzt sind (vgl. Kap. 5). Immerhin 43 % der Jugendämter haben ihren

Fortbildungsetat überzogen bzw. zusätzliche Mittel für Fortbildungen akquiriert. Allerdings haben 16 % der Jugendämter ihren Etat nicht ausgeschöpft. Neben der Frage, wie viel Geld dem Jugendamt für Fortbildungen zur Verfügung steht, wurden die JugendamtsleiterInnen auch danach gefragt, wie hoch der Gesamtaufwand für Fortbildungen der JugendamtsmitarbeiterInnen im Jahr 1999 tatsächlich gewesen ist, inklusive Mittel aus anderen kommunalen Haushalten. Der tatsächlich ausgegebene Betrag pro MitarbeiterIn ist etwas höher als der Betrag, der dem Jugendamt pro MitarbeiterIn zur Verfügung steht. Die tatsächlichen Ausgaben pro MitarbeiterIn betrugen 1999 980 DM im Durchschnitt und 416 DM im Median. Die oben beschriebenen Unterschiede zwischen Ost und West, zwischen Stadt und Landkreisen sowie zwischen solchen Jugendämtern, die eine Verwaltungsmodernisierung durchführen, und anderen bleiben also auch bei den realen Ausgaben erhalten. Ein Vergleich zeigt, dass diese Zahlen weit unter jenen in der deutschen Wirtschaft liegen. Durchschnittlich wurden laut der Weiterbildungserhebung der Wirtschaft 1998 2207 DM je Mitarbeiter, also mehr als doppelt so viel, ausgegeben. Allerdings streute das Ausmaß nach Wirtschaftszweigen beträchtlich: Wurden in der Bauwirtschaft 879 DM pro Mitarbeiter ausgegeben, sind es im Dienstleistungsgewerbe 3350 DM (vgl. iwd 2002).

Tab. 4.4: Prozentualer Anteil der Fortbildungsmittel am Personaletat

Durchschnittlicher Prozentanteil	Ost	West	Stadt	Landkreis	Insgesamt
1995	0,5 %	0,4 %	0,2 %	0,5 %	0,4 %
1999	0,4 %	0,7 %	0,5 %	0,6 %	0,6 %

Um einschätzen zu können, ob die Jugendämter nun viel oder wenig Geld für die Fortbildung und den Erhalt der Qualifikation der Mitarbeiter ausgeben, eignet sich eine weitere Maßzahl: der Anteil der Ausgaben für Fortbildung am gesamten Personaletat. Tab. 4.4 zeigt interessante Veränderungen auf. So sank in Ostdeutschland der Anteil von Ausgaben für Fortbildung am Personaletat, wohingegen er in Westdeutschland anstieg. Dies korrespondiert in gewisser Weise mit Zahlen des Bundesministeriums für Bildung und Forschung, die insgesamt eine Abnahme der Fortbildungsaktivitäten in Ostdeutschland dokumentieren (vgl. iwd 2002: 2). Dieses Ergebnis könnte sowohl auf die überwiegend abgeschlossenen Zusatzqualifikationen zurückzuführen sein als auch auf erhöhte Personalausgaben, die dadurch entstehen, dass Sondermittel (ABM-Stellen) wegfallen. Auch darf nicht vergessen werden, dass in ostdeutschen Jugendämtern sowohl etwas häufiger als in westdeutschen eine Selbstbeteiligung an den Kosten gefordert und auch der durchschnittliche Anteil der Selbstbeteiligung höher ist. Im Westen beträgt er 17 % der Kosten für die Fortbildung und im Osten 27 %. An der Tab. 4.4 wird ebenfalls ersichtlich, dass die 1995 noch vorfindbaren Unterschiede zwischen Stadtjugendämtern und Kreisjugendämtern nicht mehr gegeben sind. Insgesamt liegt der Anteil der Fortbildungsausgaben an den Personalausgaben noch immer niedriger, als er 1989 von der EREV für die Einrichtungen der Jugendhilfe gefordert wurde (1 % der Personalausgaben vgl. EREV 1989).

Trotz deutlicher Fortschritte in der finanziellen Absicherung von Fortbildungsaktivitäten ist somit nach wie vor eine unzureichende Ausstattung mit Mitteln für Fortbildungen zu konstatieren. Die Daten zeigen, dass diese Situation zusätzlich durch die Zweckentfremdung von Fortbildungsetats in einigen Jugendämtern für die Bezahlung von Supervision oder anderer Dinge, die auch erhoben wurden und die keine Fortbildung darstellen, verstärkt wird.

4.2 Fortbildung im Arbeitsfeld der Jugendarbeit

Wie einleitend erwähnt sollen auch anerkannte freie Träger der Jugendhilfe im Rahmen von Fortbildungen gefördert werden (§ 74,6 KJHG). Daten hierzu liegen für Jugendringe und Jugendverbände vor. Von den Jugendverbänden geben 92 % an, im vorangegangenen Jahr Fortbildungen durchgeführt zu haben. Unter den Jugendringen machen 60 % Angaben dazu, wie viele MitarbeiterInnen an internen und externen Fortbildungsmaßnahmen teilgenommen haben. Der Anteil der MitarbeiterInnen, die an Fortbildungen teilgenommen haben, beträgt bei den Jugendringen durchschnittlich 56 %, im Median 25 %.[13] Die MitarbeiterInnen in den westlichen Bundesländern haben sich durchschnittlich häufiger fortgebildet (58 %) als die MitarbeiterInnen im Osten (48 %), allerdings bestehen im Median keine großen Unterschiede zwischen Ost und West (West: Median 24 %; Ost: Median 26 %). Zu den Jugendverbänden können wir hierzu leider keine Aussage treffen.

---

[13] Der Unterschied zwischen Mittelwert und Median lässt auf große Unterschiede zwischen den Jugendringen schließen.

Jugendringe verstehen sich selbst als Interessenvertreter der Kinder und Jugendlichen. Damit unterscheidet sich ihr Selbstverständnis von dem der Jugendverbände, die ein Zusammenschluss ihrer Mitgliedsverbände sind, mit dem Ziel der Unterstützung und Förderung der Kinder- und Jugendarbeit. Aus diesem Grund wurden bei der Erhebung des Fortbildungsbedarfs den Jugendringen und Jugendverbänden unterschiedliche Fortbildungsthemen zur Auswahl gestellt.

Themen der Fortbildung bei Jugendverbänden und Jugendringen

Bei den Jugendringen ist die deutliche Diskrepanz zwischen Bedarf und Planung/Durchführung von Fortbildungen auffällig. In der Regel geben weniger als 50 % der Jugendringe, die einen Bedarf anmelden, an, Fortbildungen durchzuführen oder zu planen. Besonders auffällig ist dieser Unterschied bei der Frage der Gewinnung neuer Ehrenamtlicher. Während 58 % der Jugendringe angeben, hier Fortbildungen zu benötigen (häufiger als alle anderen Nennungen), werden in diesem Bereich neben Sozialsponsoring und interkultureller Jugendarbeit am seltensten Fortbildungen geplant oder durchgeführt (8 %). Warum es zu dieser großen Diskrepanz kommt, muss an dieser Stelle offen bleiben. Möglicherweise ist das Angebot an Fortbildungen in diesem Bereich bisher unzureichend.

Auch der Fortbildung für ehrenamtliche Funktionäre wird eine große Bedeutung zugemessen. Sie wird von 25 % der Jugendringe genannt. Abgesehen von den bisher erwähnten Fortbildungsthemen fällt auf, dass bei strukturell-organisatorischen Fragen wie Organisationsentwicklung, rechtlichen Fragen, Kinder- und Jugendhilfeausschuss und Jugendhilfeplanung oder Finanzierungswissen der Fortbildungsbedarf sehr viel höher ist als bei eher konkreten Themen wie interkulturelle und geschlechtsspezifische Arbeit und Methoden der Sozialarbeit. Dass sich nahezu die Hälfte der Jugendringe auch Qualitätssicherung und -entwicklung als Fortbildungsthemen wünschen, zeigt, dass sich die fachpolitischen Diskussionen der letzten Jahre auch an der „Basis" durchsetzen.

Zu keinem der genannten Themen werden von mehr als 30 % der Jugendringe Fortbildungen geplant oder durchgeführt. Zieht man zudem noch in Betracht, dass bei lediglich 60 % der Jugendringe MitarbeiterInnen an Fortbildungsmaßnahmen teilgenommen haben, dann wird deutlich, dass Jugendringe vergleichsweise weniger intensiv als Fortbildungsanbieter fungieren.

Tab. 4.5: Fortbildungsbedarf und durchgeführte bzw. geplante Fortbildungsmaßnahmen bei Jugendringen (Mehrfachnennungen)

Bereiche	Jugendringe Bedarf	Jugendringe Planung/Durchführung
Gewinnung neuer Ehrenamtlicher	58 %	8 %
Fortbildung für ehrenamtliche Funktionäre	52 %	25 %
Öffentlichkeitsarbeit	50 %	14 %
EDV/Internet-Schulung	49 %	29 %
Sozialsponsoring	49 %	6 %
Organisationsentwicklung/Vorstand	47 %	16 %
Qualitätssicherung, Qualitätsentwicklung	46 %	13 %
Rechtliche Fragen/Jugendhilfeausschuss	46 %	17 %
Förderungsfragen/Finanzierungswissen	44 %	17 %
Partizipation/Beteiligung von Kindern und Jugendlichen	43 %	15 %
Jugendhilfeplanung	41 %	13 %
Kooperation und Vernetzung	40 %	11 %
Interkulturelle (Jugend-)Arbeit	26 %	6 %
Geschlechtsspezifische Arbeit	25 %	10 %
Methoden der Sozialarbeit	23 %	12 %
Sonstiges	4 %	4 %

Quelle: Jugendringbefragung 2001, DJI

Wie zu Beginn des Kapitels angesprochen ist im KJHG auch explizit vorgesehen, dass die in der freien Jugendhilfe tätigen Ehrenamtlichen bei ihrer Tätigkeit angeleitet, beraten und unterstützt werden sollen. Von den MitarbeiterInnen der Jugendringe, die 1999 an internen und externen Fortbildungsmaßnahmen teilgenommen haben, waren 66 % (Median) Ehrenamtliche. Nach Peter hat der kollegiale Erfahrungsaustausch für die Freiwilligen und Ehrenamtlichen vielfältige Entlastungsfunktionen und obwohl keine primäre Koppelung zwischen Fortbildungen und beruflichen Veränderungswünschen und Aufstiegsorientierung vorliegt, sieht Peter einen hohen Bedarf nach (methodisch-technischer) Qualifizierung. Zudem handelt es sich nach seiner Einschätzung hierbei um eine Möglichkeit für Träger, Anerkennung auszudrücken (vgl. Peter 2002: 131 f.). Trotz dieser Aspekte lässt sich anhand der Daten bei den Jugendverbänden (bei denen das Verhältnis der Ehrenamtlichen am Personal zu den Hauptamtlichen 9:1 beträgt) zeigen, dass mit Ausnahme von Gruppenleiterschulungen, die eher bei Ehrenamtlichen durchgeführt werden und für die diese Schulung quasi eine Art Legitimation ihres Ehrenamtes darstellt, Hauptamtliche in den verschiedenen Bereichen durchgängig häufiger fortgebildet werden.

Zu den Aufgaben der Jugendverbände zählt z.T. explizit die „Entwicklung von Projekten in der Kinder und Jugendarbeit, die thematisch auf die Aus und die Weiterbildung von ehrenamtlichen Mitarbeiterinnen und Mitarbeitern in der Kinder und Jugendarbeit und den Interessen von Kindern, Jugendlichen und jungen Erwachsenen ausgerichtet sind" (vgl. Jugendverband Neumünster).

Tab. 4.6: Durchgeführte Fortbildungsmaßnahmen bei Jugendverbänden (Mehrfachnennungen)

Bereiche	Jugendverbände 2000 – Durchführung	
	Ehrenamtliche	Hauptamtliche
Gruppenleiterschulung	86 %	35 %
Förderungsfragen/Finanzierungswissen	41 %	56 %
Andere pädagogische Konzepte	40 %	54 %
Gewinnung neuer Ehrenamtlicher	29 %	34 %
Interkulturelle Jugendarbeit	24 %	28 %
Geschlechtsspezifische Arbeit	20 %	29 %
Kooperation und Vernetzung	15 %	23 %
Sonstiges*	36 %	38 %

Quelle: Jugendverbandsbefragung 2001, DJI
* Unter „Sonstiges" fallen Fortbildungen zu den unterschiedlichsten fachlichen Themen, z.B. Sport, erste Hilfe, Religion, Politik, Recht, aber auch Kommunikation, Konfliktberatung oder Qualitätsmanagement. Bei diesen Nennungen ist keine Unterscheidung nach Hauptamtlichen und Ehrenamtlichen möglich.

Tabelle 4.6 zeigt für Ehrenamtliche und Hauptamtliche, in welchen Bereichen besonders häufig Fortbildungen stattfinden. 86 % der Jugendverbände geben an, GruppenleiterInnenschulungen für Ehrenamtliche durchzuführen. Um ähnliche Standards zu haben, wird bundesweit die so genannte JuleiCa (Jugendleiter/in-Card) propagiert, deren Einführung die Länder im November 1998 zugestimmt haben. Die Karte soll dazu dienen, das Interesse an Jugendleitertätigkeiten zu stärken und soll die in der Jugendpolitik Verantwortlichen dazu anregen, ehrenamtliche Jugendleiterinnen und Jugendleiter zu unterstützen. Die Jugendlichen können die Karte, die für Ehrenamtliche in der Jugendarbeit bestimmt ist, bei den (Landes-) Jugendringen und den Jugendämtern erhalten. 35 % der Jugendverbände geben an, Gruppenleiterschulungen auch für Hauptamtliche durchzuführen. Dieser Wert erscheint relativ hoch. Möglicherweise handelt es sich hierbei neben Fortbildungen zur Arbeit mit Kindern und Jugendlichen auch um Fortbildungen zum Ausbilder. Alle übrigen Fortbildungsangebote werden häufiger von Hauptamtlichen in Anspruch genommen. Förderungsfragen bzw. Finanzierungswissen und andere pädagogische Konzepte sind Themen, die besonders häufig Gegenstand von Fortbildungen bei Jugendverbänden sind. In dem bereits angesprochenen Bereich der interkulturellen Jugendarbeit werden immerhin von einem Viertel der Jugendverbände Fortbildungen durchgeführt. Obwohl die Integration von MigrantInnen in die Jugendverbände noch in den Anfängen steckt, werden in den letzten Jahren vermehrt in diesem Bereich Fachtagungen und Fortbildungen organisiert (vgl. Gaitanides 1999: 202).

Bezieht man die Jugendämter ein, so zeigt ein Vergleich derjenigen Fragen, die bei den Jugendämtern, den Jugendringen und den Jugendverbänden identisch sind, dass der Anteil der Jugendämter, die in bestimmten Bereichen einen Bedarf an Fortbildungen sehen oder in diesen Bereichen Fortbildungsmaßnahmen planen oder durchführen, höher als bei Jugendringen und Jugendverbänden ist. Auch unter den befragten Jugendringen und Jugendverbänden gibt es Unterschiede: Jugendverbände führen häufiger Fortbildungsmaßnahmen durch als Jugendringe. Interkulturelle Arbeit sowie Kooperation und Vernetzung sind z. B. Aspekte, die in allen Erhebungen vorgegeben waren. Bei beiden zeigt sich, dass Fortbildungen deutlich häufiger von Jugendämtern und Jugendverbänden durchgeführt werden als von Jugendringen. „So haben zum Beispiel einige Wohlfahrts- und Jugendverbände sowohl bundeszentrale Fortbildungseinrichtungen und -werke mit einem entsprechenden Angebot als auch regionale Einrichtungen und Werke, meistens bei den jeweiligen organisatorischen Gliederungen der Verbände angesiedelt" (Peter 2002: 143f.). Möglich ist, dass die Fortbildung der MitarbeiterInnen der Jugendringe über den Verband und nicht über die Jugendringe erfolgt.

Finanzierung der Fortbildung bei Jugendverbänden und Jugendringen

Die Möglichkeiten der Finanzierung von Fortbildungsmaßnahmen unterscheiden sich bei Jugendringen und Jugendverbänden etwas. Es geben jeweils drei Viertel eigene Haushaltsmittel als Finanzierungsquelle an, in 30 % bis 40 % der befragten Jugendringe und Jugendverbände werden Zuschüsse des Jugendamtes und des Landesjugendamtes gewährt. Bei beiden werden auch Zuschüsse des Kreis-, Landes- oder Bundesjugendrings gewährt, besonders häufig für die Ehrenamtlichen in den Jugendverbänden (44 %). Für die MitarbeiterInnen der Jugendringe stehen teilweise auch finanzielle Mittel der Kommune oder des Landkreises bereit. Während bei etwas mehr als die Hälfte der Jugendverbände MitarbeiterInnen die Fortbildungen auch selbst finanzieren, kommt dies bei den Jugendringen nur halb so oft vor.

Tab. 4.7: Finanzierung der Fortbildungen von ehren- bzw. hauptamtlichen MitarbeiterInnen bei Jugendringen und Jugendverbänden (Mehrfachnennungen)

Finanzierungsmöglichkeiten	Jugendringe Ehrenamtliche	Jugendringe Hauptamtliche	Jugendverbände Ehrenamtliche	Jugendverbände Hauptamtliche
Aus eigenen Haushaltsmitteln	77%	76%	71%	76%
(Zusätzliche) Zuschüsse des Jugendamtes	43%	36%	/	/
Zuschüsse des Landesjugendamtes	15%	12%	/	/
Zuschüsse des (Landes-)Jugendamtes	/	/	43%	32%
MitarbeiterInnen finanzieren die Fortbildungen selbst (anteilig oder komplett)	28%	26%	51%	54%
Zuschüsse des Kreis- (bei Jugendverbänden), Landes- oder Bundesjugendrings	20%	13%	44%	21%
Zuschüsse der Kommune, des Landkreises (nicht Jugendamt)	16%	13%	2%*	/
Zuschüsse von der Landes-, Diözesan- und/oder Bundesebene der eigenen Organisation	/	/	4%*	/
Kirchliche Mittel	/	/	4%*	/
Zuschüsse des Arbeitsamtes	<1%	3%	<1%	3%
Zuschüsse aus dem Kinder- und Jugendplan des Bundes	2%	1%	/	/
Andere Verbände	1%*	/	/	/
Sonstiges	3%	2%	7%	12%

* Antwortkategorie aus „Sonstiges" generiert
Quelle: Jugendring- und Jugendverbandsbefragung 2001, DJI

In Institutionen, in denen es proportional gesehen viele Ehrenamtliche gibt, werden sie auch eher fortgebildet. Jugendringe zeichnen sich durch einen relativ hohen Anteil ehrenamtlicher MitarbeiterInnen aus. Durchschnittlich waren 87% (Median 94%) der MitarbeiterInnen, die 1999 an internen und externen Fortbildungsmaßnahmen teilgenommen haben, Ehrenamtliche. Bei den Jugendverbänden ist das Bild weniger einheitlich. Hauptamtliche werden mit Ausnahme von Gruppenleiterschulungen häufiger fortgebildet. Eigene Haushaltsmittel zur Finanzierung von Fortbildungen werden häufiger bei Hauptamtlichen eingesetzt, eine Fremdfinanzierung hingegen bei Ehrenamtlichen. Die Mehrfachnennungen in Tab. 4.7 deuten darauf hin, dass häufig verschiedene Finanzierungsformen Anwendung finden, was zu einer Vergrößerung der Komplexität bei der Finanzierung führt. Im Median werden sowohl bei Jugendringen als auch bei Jugendverbänden (bei Ehren- und Hauptamtlichen) zwei Finanzierungsformen angewendet. Betrachtet man die Durchschnittswerte, so zeigt sich, dass für Ehrenamtliche geringfügig mehr Finanzierungsformen angewendet werden als für Hauptamtliche (bei Jugendringen: 2,1:1,8 Finanzierungsformen; bei Jugendverbänden 2,2:2).

Insbesondere bei den Jugendringen ist also noch viel Potenzial für Fortbildungen vorhanden. Zwei Fünftel der befragten Jugendringe haben 1999 keine Fortbildungen durchgeführt. Bei fast allen abgefragten Themen geben weniger als ein Fünftel der Jugendringe an, Fortbildungen durchzuführen (Ausnahmen sind EDV/Internet-Schulung und Fortbildung für ehrenamtliche Funktionäre).

Die dargestellten Ergebnisse zeigen außerdem, dass eine ausgeprägtere Orientierung am Bedarf notwendig ist. In vielen Bereichen wird zwar ein hoher Bedarf gesehen, die Durchführung bzw. Planung von Veranstaltungen findet hingegen kaum statt. Einzelne Themen wie beispielsweise Jugendhilfeplanung oder Kooperation kommen eindeutig zu kurz.

4.3 Fortbildung bei Einrichtungen im Bereich Hilfen zur Erziehung

Das Projekt untersuchte Fortbildungen auch bei Einrichtungen im Bereich Hilfen zur Erziehung. 95 % der Einrichtungen geben an, im vorangegangenen Jahr Fortbildungen durchgeführt zu haben. Es nahmen durchschnittlich 68 % (Median 57 %) der EinrichtungsmitarbeiterInnen an Fortbildungen teil. Im Durchschnitt zeigt sich kein großer Unterschied zwischen der Fortbildung der MitarbeiterInnen in den östlichen und westlichen Bundesländern (Ost: 71 %, West: 67 %), betrachtet man den Median als statistische Maßzahl allerdings schon (Ost: 70 %, West: 51 %). Die Einrichtungen führen vergleichsweise seltener Fortbildungen durch als die Jugendämter.

Themen

Wie bei den Jugendringen und Jugendverbänden im Bereich der Jugendarbeit zeigt sich auch hier eine große Diskrepanz zwischen dem geäußerten Bedarf und der Planung/Durchführung von Fortbildungen in den Einrichtungen. Auch hier wäre eine stärkere Ausrichtung der Fortbildungsangebote an dem vorhandenen Bedarf notwendig. Was den Fortbildungsbedarf und die -durchführung angeht, werden in dem Bereich Drogen sowohl der Bedarf (Ost: 57%, West: 43%) als auch die Durchführung (Ost: 39%, West: 27%) in den ostdeutschen Bundesländern häufiger genannt. Ebenso verhält es sich bei den flexiblen Hilfen. Auch hier ist sowohl was den Bedarf angeht (Ost: 36%, West: 22%) als auch was die Durchführung angeht (Ost: 27%, West:10%), der Osten stärker vertreten.

Tab. 4.8: Fortbildungsbedarf und durchgeführte bzw. geplante Fortbildungsmaßnahmen bei Einrichtungen im Bereich Hilfen zur Erziehung (Mehrfachnennungen)

Bereiche	Einrichtungen Bedarf	Planung/ Durchführung
Qualitätssicherung, -entwicklung	62%	50%
Elternarbeit/Familienarbeit	58%	36%
Drogen	47%	30%
Methoden der Sozialarbeit (z.B. Casemanagement, Falldiagnostik etc.)	45%	30%
Gewalt in Einrichtungen	44%	32%
Gewalt in Familien/Missbrauch	41%	25%
Teamarbeit	36%	28%
Partizipation/Beteiligung von Kindern und Jugendlichen	33%	12%
Freizeitpädagogik/Erlebnispädagogik	31%	23%
Geschlechtsspezifische Arbeit	26%	19%
Flexible Hilfen	25%	14%
Verwaltung/Verwaltungsreform (z.B. Datenschutz, EDV, Finanzierungswissen, rechtliche Fragen, Sozialsponsoring)	25%	19%
Sozialmanagement	23%	14%
Kooperation und Vernetzung	21%	14%
Sozialraumbezug	15%	10%
Interkulturelle Arbeit	12%	5%
Sonstiges	12%	15%

Quelle: Einrichtungsbefragung 2001, DJI

Im Westen wird hingegen ein signifikant größerer Bedarf in den Bereichen Freizeitpädagogik/Erlebnispädagogik (Ost: 21%, West: 34%) und interkulturelle Arbeit (Ost: 3%, West: 15%) genannt. Letzteres Ergebnis muss vor dem Hintergrund einer größeren Anzahl von Kindern und Jugendlichen ausländischer Herkunft in den westdeutschen Bundesländern gesehen werden. Es ist jedoch auch bei den Einrichtungen auffällig, dass der interkulturellen Arbeit insgesamt wenig Bedeutung zugemessen wird.

Es fällt auf, dass die Hälfte aller Einrichtungen, die von uns befragt wurden, angeben, Fortbildungen im Bereich Qualitätssicherung und -entwicklung zu planen und durchzuführen. Gründe hierfür liegen sicherlich in den Änderungen des KJHG bezüglich der §§ 78 a–f. Schlagworte wie Qualitätsentwicklung, Qualitätssicherung und Qualitätsmanagement werden seit geraumer Zeit in der Fachöffentlichkeit diskutiert. Dabei ist Qualität ein relativer Begriff mit vielen Unschärfen. Ohne die Kenntnis der Rahmenbedingungen und die Entwicklung einheitlicher Standards bleibt er für Vergleiche untauglich. Diese Kenntnisse müssen von außerhalb in die Einrichtungen implementiert werden.

Einen relativ großen Stellenwert bei den Fortbildungsangeboten der Einrichtungen nehmen auch Elternarbeit bzw. Familienarbeit ein. Diese Tendenz ist sicherlich auch im Zusammenhang mit dem Bedeutungszuwachs des systemischen Ansatzes (beispielsweise der sozialpädagogischen Familienhilfe) in den letzten Jahren zu sehen. Die Erkenntnis, auch das soziale Umfeld bei individuellen Hilfen in die Arbeit einzubeziehen, setzt sich nach und nach durch.

Finanzierung

Tab. 4.9 gibt einen Überblick darüber, welche Finanzierungsquellen für Fortbildungen bei Einrichtungen der erzieherischen Hilfen zur Verfügung stehen. Die Einrichtungen sind eher auf finanzielle Mittel ihres eigenen Haushalts oder auf die Selbstbeteiligung ihrer MitarbeiterInnen angewiesen, um Fortbildungen zu finanzieren. Wie aus Tab. 4.9 ersichtlich, werden häufig auch mehrere Formen zur Finanzierung der Fortbildungen in den Einrichtungen herangezogen. 91% der Einrichtungen geben als Finanzierungsmöglichkeiten (neben anderen) eigene Haushaltsmittel an, in 47% der Einrichtungen finanzieren die MitarbeiterInnen selbst die Fortbildungen zu Teilen oder ganz. Dass neun von zehn Einrichtungen „aus eigenen Haushaltsmitteln" angeben, hängt damit zusammen, dass der Aufwand für Fortbildungen in den Entgeltvereinbarungen enthalten ist. Diese schließen die Leistungsangebote und die betriebsnotwendigen Investitionen, wozu auch Fortbildungen gezählt werden, mit ein.

Tab. 4.9: Finanzierung der Fortbildungen für MitarbeiterInnen in Einrichtungen (Mehrfachnennungen)

Finanzierungsformen	Einrichtungen
Aus eigenen Haushaltsmitteln	91%
MitarbeiterInnen finanzieren die Fortbildungen selbst (anteilig oder komplett)	47%
(Zusätzliche) Zuschüsse des Jugendamtes	12%
Zuschüsse des Landesjugendamtes	11%
Zuschüsse von der Landes-, Diözesan- und/oder Bundesebene der eigenen Organisation	5%
Durch Zuschüsse von der Kreisebene der eigenen Organisation	2%
Zuschüsse des Arbeitsamtes	1%
Zuschüsse der Kommune, des Landkreises (nicht JA)	1%
Sonstiges	4%

Quelle: Einrichtungsbefragung 2001, DJI

4.4 Vergleich der unterschiedlichen Erhebungen

Durchführung von Fortbildungen

Die bisher ausgeführten Erhebungen sind zur Verdeutlichung des Ausmaßes, in dem Fortbildungen stattfinden, in der folgenden Tab. 4.10 aufgeführt. Dabei fällt auf, dass angesichts der raschen Veränderungen in der heutigen Zeit und dem Paradigma des „lebenslangen Lernens" bei allen hier untersuchten Institutionen der Jugendhilfe eine Zunahme an Fortbildungen für MitarbeiterInnen wünschenswert wäre. Insbesondere bei den Jugendringen ist noch viel Potenzial für eine Ausweitung der Fortbildungsaktivitäten vorhanden.

Tab. 4.10: Durchschnittlicher Anteil der Institutionen, die Fortbildungen durchführen und durchschnittlicher Anteil (und Median) der MitarbeiterInnen pro Institution

	Jugendämter	Jugendringe	Jugendverbände	Einrichtungen
% Institutionen, die FB durchgeführt haben (Durchschnitt)	100 %	60 %	92 %	95 %
% MitarbeiterInnen pro Institution Durchschnitt (Median)	68 % (55 %)	56 % (25 %)	k.A.	68 % (57 %)

k.A.: keine Angabe
Quellen: Jugendamts-, Jugendring-, Jugendverbands- und Einrichtungsbefragung, DJI 2000, 2001

Einschätzungen

Um die Sicht auf Fortbildungen aus unterschiedlichen Perspektiven der Jugendhilfe einzufangen, wird im Folgenden die Einschätzung von Jugendämtern, Jugendringen und Einrichtungen vergleichend dargestellt.

Tab. 4.11: Zustimmung zu verschiedenen Aussagen – Ein Vergleich zwischen Jugendämtern, Jugendringen und Einrichtungen

Statement – trifft zu	Jugendämter	Jugendringe	Einrichtungen
Die Fortbildung(en) ist/sind bisher weitgehend zufriedenstellend verlaufen	97 %	89 %	94 %
Es besteht ein größerer Bedarf an finanziellen Mitteln für Fortbildungen	65 %	66 %	74 %
Eine langfristige berufsbegleitende Fortbildung wäre wichtig	63 %	/	67 %
Fortbildungen für zeitlich befristete MitarbeiterInnen rechnen sich nicht	35 %	23 %	34 %
Im Rahmen der Arbeitszeit müssten bessere Freistellungsmöglichkeiten gegeben sein	11 %	/	48 %
Eine größere Bereitschaft der MitarbeiterInnen zur Fortbildung wäre wünschenswert	10 %	37 %	40 %
Die Fortbildung von Vollzeitbeschäftigten hat Vorrang vor der Fortbildung für Teilzeitbeschäftigte	7 %	/	22 %
Die Fortbildungsangebote entsprechen nicht dem Fortbildungsbedarf	/	26 %	15 %

Quellen: Jugendamts-, Jugendring- und Einrichtungsbefragung 2001, DJI

Zwei Drittel der befragten Jugendämter geben an, dass sie einen größeren Bedarf an finanziellen Mitteln für Fortbildungen haben. Seit der letzten Befragung 1995 ist dieser Anteil um zehn Prozentpunkte gesunken. Dies geht einher mit der Beobachtung, dass sich das Verhältnis der Fortbildungsmittel zum Personal verbessert hat (vgl. Kap. 4.1 Finanzierung von Fortbildungen bei Jugendämtern). Bei den Jugendringen, bei denen deutlich weniger Fortbildungen durchgeführt werden, verweisen ebenso viele Befragte auf finanzielle Engpässe. Bei den Einrichtungen liegt der Prozentsatz derer, die angeben, es bestehe ein größerer Bedarf an finanziellen Mitteln, mit 74 % etwas höher. Hier müssen die MitarbeiterInnen vergleichsweise am häufigsten die Fortbildungen selbst anteilig oder komplett finanzieren (47 %). Zusammenfassend lässt sich sagen, dass bei allen befragten Trägern und Einrichtungen im Bereich der Fortbildungen (noch immer) finanzielle Engpässe bestehen und mindestens zwei Drittel der Befragten wünschen sich einen größeren finanziellen Spielraum für Fortbildungen. Als ein Indikator hierfür kann auch die Beobachtung herangezogen werden, dass in der Regel mehr Bedarf nach Fortbildungen gesehen wird, als durchgeführt werden können.

Nahezu alle befragten Jugendämter (97 %) geben an, dass sie dort, wo Fortbildungen stattgefunden haben, mit dem Verlauf der Fortbildungen zufrieden sind. Auch bei den Jugendringen (89 %) und den Einrichtungen (94 %) ist ein sehr hoher Grad an Zufriedenheit feststellbar. Allerdings geben auch knapp jeder vierte Jugendring und gut jede sechste Einrichtung an, die Fortbildungsangebote entsprächen nicht dem Fortbildungsbedarf (dies kann sowohl in dem Sinn interpretiert werden, dass bestimmte Angebote nicht vorhanden sind, aber auch eine Bewertung nach der Teilnahme an Fortbildungen darstellen – und somit eine Unzufriedenheit mit der Durchführung vorhandener Fortbildungsangebote ausdrücken). Dass nicht alle Bedarfe gedeckt werden, liegt also nicht allein an finanziellen Restriktionen, sondern auch an einem unzureichenden Angebot.

Die Jugendhilfeinstitutionen wurden auch nach einer Beurteilung der Mitarbeitermotivation zu Fortbildungen gefragt. Aufseiten der MitarbeiterInnen der Jugendämter ist in den letzten Jahren die Bereitschaft an Fortbildungen teilzunehmen gestiegen. Jedes zehnte Jugendamt wünscht sich noch immer eine größere Bereitschaft der MitarbeiterInnen für Fortbildungen. Bei den Jugendringen und den Einrichtungen sieht die Situation ein wenig anders aus: Dort wünschen sich zwei Fünftel der Befragten mehr Engagement vonseiten der MitarbeiterInnen (insbesondere im Westen). Finanzielle Aspekte spielen hierbei jedoch keine Rolle. Aufgrund unserer Daten kann kein signifikanter Zusammenhang zwischen einer finanziellen Selbstbeteiligung an Fortbildungen und der Aussage, dass eine größere Bereitschaft aufseiten der MitarbeiterInnen wünschenswert wäre, festgestellt werden.

In jedem zehnten Jugendamt wird der Aussage zugestimmt, dass im Rahmen der Arbeitszeit bessere Freistellungsmöglichkeiten für Fortbildungen gegeben sein müssten. Das heißt also, dass in dieser Hinsicht strukturelle Hemmnisse wahrgenommen werden. Es sind vor allem Jugendämter in den westlichen Bundesländern, die dies angeben (West: 15 %, Ost: 4 %). Von den befragten Einrichtungen der erzieherischen Hilfen gibt nahezu die Hälfte an, dass sie sich bessere Freistellungsmöglichkeiten wünschen. Dieser doch bedeutsame Ost-West-Unterschied provoziert die Frage nach den Bedingungen für Fortbildungen. Sind sie bei Jugendringen, Jugendverbänden und bei Einrichtungen sehr viel schlechter als bei Jugendämtern? Denkbar wäre, dass Fortbildungen beispielsweise in Einrichtungen schwerer zu realisieren sind, da dort eine permanente Betreuung der Kinder und Jugendlichen gewährleistet sein muss. Hier ist eine wechselseite Vertretung notwendig, während in Jugendämtern in dieser Hinsicht flexibler gehandelt werden kann. Zukünftig wird auch von Interesse sein, welche Rolle Fortbildungen beispielsweise bei Qualitätsentwicklungsvereinbarungen spielen.

Obwohl 63 % der Jugendämter eine langfristige berufsbegleitende Fortbildung wichtig finden, werden je nachdem, ob eine Vollzeit- oder Teilzeitbeschäftigung vorliegt, Unterschiede in der Einschätzung gemacht. 7 % der Jugendämter sagen, dass die Fortbildung von Vollzeitbeschäftigten Vorrang vor der Fortbildung für Teilzeitbeschäftigte hat. Angesichts eines steigenden Anteils von Teilzeitbeschäftigten im Jugendamt (vgl. Kap. 3) könnte diese Einschätzung längerfristig Probleme bereiten. Es ist also notwendig, innerhalb der Jugendämter ein Bewusstsein für diese Tendenz zu schaffen. Bei den Einrichtungen geben sogar ein Fünftel an, dass die Fortbildung von Teilzeitbeschäftigten gegenüber jener bei Vollzeitbeschäftigten nachrangig ist. Hier ist auch der Anteil an Teilzeitkräften mit 32 % höher als bei den Jugendämtern (24 %).

Auch ein gutes Drittel der Jugendämter und der Einrichtungen gibt an, dass sich Fortbildungen für zeitlich befristete MitarbeiterInnen nicht rechnen. Dies heißt nicht, dass Fortbildungen für diese MitarbeiterInnen nicht für gut befunden werden; vielmehr ist dieses Statement im Sinne einer nicht optimalen Nutzung knapper Ressourcen zu verstehen. Dabei besteht kein (signifikanter) Unterschied zwischen den Angaben der Jugendämter in den östlichen und westlichen Bundesländern. Von den Jugendringen wird dieser Aussage seltener zugestimmt. Bei den östlichen Jugendringen sind es ebenfalls ein Drittel, die dies angeben, in den westlichen Bundesländern allerdings „nur" ein Fünftel. Wie bereits im Kapitel zur Personalsituation gezeigt werden konnte, sind die Beschäftigungsverhältnisse insbesondere bei den Jugendringen in den östlichen Bundesländern noch im erheblichen Maß von Arbeitsmarktförderungsmitteln geprägt, was diesen Ost-West-Unterschied erklären könnte. Möglicherweise schwingt hier die leidvolle Erfahrung mit dem Personal auf ABM-Stellen in den ostdeutschen Bundesländern mit, die nach einer bestimmten Dauer den Arbeitsplatz wieder wechseln.

Einhergehend mit dem Befund, dass Jugendämter, die eine Verwaltungsmodernisierung durchführen, finanziell schlechter gestellt sind (vgl. Kap. 5), geben sie auch häufiger an, dass ein größerer Bedarf an finanziellen Mitteln für Fortbildungen besteht. Sie vertreten zudem eher die Auffassung, dass Fortbildungen für zeitlich befristete MitarbeiterInnen sich für das Jugendamt nicht rechnen. Gleichzeitig finden sie eine langfristige berufsbegleitende Fortbildung wichtiger als die Jugendämter, die keine Verwaltungsmodernisierung durchführen. Die strukturellen Erfordernisse werden also erkannt, die finanziellen Engpässe engen den Handlungsspielraum jedoch erheblich ein. Es wird der Eindruck erweckt, dass die Durchführung von Fortbildungen hier stärker eine organisationspolitische und wirtschaftliche Entscheidung darstellen, denn bei beschränkten finanziellen Mitteln ist eine Prioritätensetzung vonnöten.

4.5 Exkurs: Supervision

Für Berufe in sozialen und pädagogischen Handlungsfeldern ist neben Fort- oder Weiterbildung auch Supervision zentral. Hierbei handelt es sich um einen beruflichen Beratungsprozess, bei dem im Gegensatz zu Fortbildungen die Arbeitsbeziehungen im Vordergrund stehen. Die Bedeutung von Supervision als Beitrag zur Qualifizierung und Qualitätssicherung ist inzwischen weithin unbestritten (vgl. Berker 1998: 312). Es ist eine anerkannte Methode zur systematischen Reflexion beruflichen Handelns, die es erlaubt, sich selbst und die anderen im jeweiligen Arbeitsfeld distanziert zu betrachten und Verbindungen und Abhängigkeiten offen zu legen und zu bearbeiten. Berufliche Situationen werden begleitet und durch Beratung werden Kompetenzen und Fähigkeiten erweitert. Anhand dieser Methode kann die Wirksamkeit des beruflichen Handelns überprüft und die Verarbeitung von psychischen Belastungen und

Konfliktsituationen unterstützt werden mit dem Ziel, fachliche und persönliche Kompetenzen zu stärken, um Arbeitsbeziehungen befriedigend zu gestalten.

Strukturell sind die Beziehungsgeflechte in der Kinder- und Jugendhilfe stark differenziert. Zwischen vielen verschiedenen Akteuren, von Kindern und Jugendlichen über Eltern und andere Angehörige, dem Team, den dahinter stehenden Organisationen bzw. Trägern wird interagiert und kommuniziert. Dies stellt hohe Anforderungen an die Fachlichkeit und Professionalität der in der Kinder- und Jugendhilfe Tätigen. Supervision stellt dabei eine Möglichkeit dar, die Beteiligten bei ihrer Arbeit zu unterstützen und damit zu einer Qualifizierung der Arbeit und Professionalisierung innerhalb der Kinder- und Jugendhilfe beizutragen.

Tab. 4.12: Supervision als Pflicht bei Jugendämtern

Bereiche	Supervision ist Pflicht
ASD	33 %
Beratung	26 %
Hilfen zur Erziehung	24 %
Jugendgerichtshilfe	23 %
Streetwork, Jugendarbeit	14 %

In diesem Abschnitt wird dargestellt, wie stark Supervision in der Jugendhilfe verbreitet ist und unter welchen Rahmenbedingungen sie stattfindet. Hierzu liegen Daten aus der Jugendamtsbefragung und der Einrichtungsbefragung vor. In neun von zehn Jugendämtern und bei genauso vielen Einrichtungen der erzieherischen Hilfen haben die MitarbeiterInnen die Möglichkeit, an Supervision teilzunehmen (auf 14 % der MitarbeiterInnen in Einrichtungen trifft dabei die Einschränkung „in begründeten Fällen" zu). MitarbeiterInnen in den westlichen Bundesländern haben tendenziell häufiger die Möglichkeit, an Supervision teilzunehmen. Während bei Jugendämtern immer externe SupervisorInnen einbezogen werden, ist dies bei den Einrichtungen weniger häufig, nämlich bei 77 % der Fall. 18 % der Einrichtungen geben an, dass „manchmal" externe SupervisorInnen einbezogen werden, 6 %, dass dies „nie" geschieht.

Tab. 4.13: Regelung zu Supervisionsstunden bei Jugendämtern

Bereiche	Keine Regelung Anzahl Stunden
Streetwork, Jugendarbeit	49 %
Beratung	48 %
Hilfen zur Erziehung	47 %
ASD	46 %
Jugendgerichtshilfe	43 %

Die Teilnahme an Supervisionsveranstaltungen kann obligatorisch vorgegeben sein. Für verschiedene Arbeitsbereiche (Beratung, Hilfen zur Erziehung, Streetwork/Jugendarbeit, ASD, Jugendgerichtshilfe) geben dies zwischen 14 % und 33 % der Jugendämter an. Bei den Einrichtungen ist der Anteil derer, bei denen Supervision für die (sozial-)pädagogischen MitarbeiterInnen Pflicht ist, mit 66 % sehr viel höher. Dieser Unterschied zwischen Jugendämtern und Einrichtungen lässt sich teilweise durch ihre unterschiedlichen Aufgaben und Arbeitsfelder erklären. Es zeigt sich aber auch, dass Supervision zwar in der Diskussion angekommen ist, dass sie jedoch sowohl bei Jugendämtern als auch bei Einrichtungen noch kein selbstverständliches Mittel zur Qualitätssicherungsdiskussion darstellt. In 50 % bis 60 % der Jugendämter und auch der Einrichtungen gibt es eine Regelung zur Anzahl der Supervisionsstunden, je nach Aufgabenbereich variiert diese Zahl geringfügig. In den Einrichtungen werden in der Regel zwei Stunden (Median) pro MitarbeiterIn/und Monat für Supervision aufgewendet, in den Jugendämtern je nach Aufgabenbereich etwas mehr: zwischen zwei und drei Stunden. Auffällig ist, dass in den östlichen Bundesländern im Median mehr Zeit für Supervision im Bereich Beratung veranschlagt wird und weniger Supervisionszeit für Streetwork und Jugendarbeit. Es kann davon ausgegangen werden, dass die angegebenen 3,5 Supervisionsstunden (Median) im Westen für Streetwork/Jugendarbeit sich eher auf den Bereich Streetwork und weniger auf Jugendarbeit bezieht, da dort mit vergleichsweise schwierigeren Kindern und Jugendlichen gearbeitet wird.

Tab. 4.14: Anzahl Supervisionsstunden pro Monat/MitarbeiterIn (Median) bei Jugendämtern nach Bereichen

Bereiche	Regelung zu Supervisionsstunden ist vorhanden		
	Ost	West	Insgesamt
Beratung	4	2,5	3
Streetwork, Jugendarbeit	2	3,5	3
Jugendgerichtshilfe	2,8	2	2,3
Hilfen zur Erziehung	2	2,8	2
ASD	2	2	2

Insgesamt kann festgestellt werden, dass Supervision als Instrument zur Sicherung der Arbeitsbeziehungen im Osten stärker verankert ist. Dort ist Supervision häufiger eine Pflicht und es gibt häufiger Regelungen für die Anzahl der Supervisionsstunden.

4.6 Fazit

In der ostdeutschen Kinder- und Jugendhilfe gibt es im Vergleich zu Westdeutschland mehr Aktivitäten zu Fortbildungen. Dies zeigt sich sowohl bei Jugendringen und Jugendverbänden als auch bei Einrichtungen der erzieherischen Hilfen. Bei den Jugendämtern zeigen sich keine Ost-West-Differenzen hinsichtlich der Zahl von MitarbeiterInnen, die an Fortbildungen teilgenommen haben, doch werden auch im Osten in der Regel mehr Fortbildungen geplant und durchgeführt.

Die öffentlichen Träger, aber auch die Einrichtungen der erzieherischen Hilfen und die Akteure im Arbeitsfeld der Jugendarbeit sind mit dem Verlauf der durchgeführten Fortbildungen grundsätzlich zufrieden. Nach wie vor besteht bei allen hierzu befragten Institutionen großer Bedarf, ihre MitarbeiterInnen fortzubilden. Dies wird auch vom Gesetzgeber anerkannt und unter fachlichen Gesichtspunkten eingefordert.

Im Vergleich geben die öffentlichen Träger häufiger an, einen Bedarf an Fortbildungen zu haben, sie führen auch häufiger Fortbildungen durch als Jugendringe, Jugendverbände oder Einrichtungen der erzieherischen Hilfen. Auch in den Einrichtungen und bei den Jugendverbänden und Jugendringen lässt sich zeigen, dass sehr viel mehr Fortbildungen gewünscht werden, als tatsächlich realisiert werden können. Finanzielle Gründe spielen hierbei eine Rolle – bei den Jugendämtern haben sich nach eigener Einschätzung die finanziellen Bedingungen in Sachen Fortbildung seit der letzten Erhebung allerdings etwas verbessert. Verglichen mit den Ausgaben für Fortbildungen bei Wirtschaftsunternehmen sind die ausgegebenen Summen jedoch relativ klein (vgl. iwd 2002). In Zeiten knapper Kassen ist der Bereich der Fortbildungen (insbesondere in der sozialen Arbeit) besonders gefährdet, von Kürzungen betroffen zu sein: Der Erfolg der Handlungen lässt sich in diesem Bereich nicht unmittelbar messen. Die Ergebnisse der unterschiedlichen Erhebungen zeigen auch, dass die Themen der Fortbildungsangebote und strukturelle Voraussetzungen wie Freistellungsregelungen im Rahmen der Arbeitszeit Gründe für eine unzureichende Bedarfsbefriedigung sind. Auch in Zukunft sollte es deshalb ein Ziel sein, die Fortbildungen stärker an den Bedarfen auszurichten.

Fortbildungen können nur erfolgreich sein, wenn die bestehenden Qualitäten bei den MitarbeiterInnen, bei dem Personal- und Organisationsmanagement der Einrichtungen und Organisationen wahrgenommen und gewürdigt werden (vgl. Herwig-Lempp 1998: 102). Zentral ist jedoch auch die Qualität der Fortbildung. Es existieren eine Fülle von Anbietern, öffentliche und private, örtliche und überörtlich organisierte, gemeinnützige und gewinnorientierte, Institutionen und freiberuflich tätige Personen als Einzelanbieter. Viele Träger gehen dazu über, eigene Qualitätssicherungs- und -entwicklungssysteme zu publizieren oder sich in Qualitätsverbünden zusammenzuschließen (vgl. Peter 2002: 141f.; Vock 1998). Der Erfolg der Fortbildungen misst sich letztendlich daran, ob an den zentralen Kompetenzen der MitarbeiterInnen in den Institutionen angesetzt wird und sich die vereinbarten Ziele und Erwartungen als Veränderungen in der Praxis niederschlagen.

5 Finanzen

Die öffentlichen Ausgaben für soziale Aufgaben stehen in der politischen Diskussion. Sie würden einen wesentlichen Beitrag zur Verschuldung der öffentlichen Hand leisten und ins Unermessliche wachsen. Die Argumentationslinien derer, die diese Ausgaben beschränken möchten, lassen sich wie folgt skizzieren. Das Wünschbare und das wirklich notwendige Angebot an sozialstaatlicher Unterstützungsleistung seien strikt zu unterscheiden und nur noch das Notwendige zu bezahlen. Dies habe nicht nur zum Zwecke der Sanierung der Staatsfinanzen zu erfolgen, sondern dies wird auch – in konservativ geprägter Verkürzung der Diskussion um kommunitaristische Modelle – auf fachlich-philosophischer Ebene begründet. Schließlich würde ein zu gut funktionierender Sozialstaat die Eigeninitiative der Einzelnen ersticken.

Am Beispiel der Kindertagesbetreuung ist der Stellenwert, den finanzielle Ressourcen in der Praxis haben, gut zu beobachten. So wurde von den kommunalen Spitzenverbänden der Rechtsanspruch auf einen Kindergartenplatz aus finanziellen Gründen über längere Zeit hinweg infrage gestellt. Inzwischen wird in etlichen Kommunen das vorhandene Angebot als ausreichend definiert, obwohl zum Teil nicht einmal drei von vier Kindern rein rechnerisch die Möglichkeit haben, einen Kindergartenplatz zu erhalten. Hier stehen ganz offensichtlich keine fachlichen Fragen im Vordergrund der Bedarfsplanung. Es gibt aber auch Gemeinden, die seit Jahren keine Elternbeiträge mehr für Kindergärten erheben.

Ein anderes Beispiel dafür, wie sehr das Geld die fachliche Auseinandersetzung und Weiterentwicklung bestimmt, ist die Nachmittagsbetreuung von Schulkindern. Es findet zurzeit kein bedarfsgerechter Ausbau statt, da sich Bundesländer und kommunale Spitzenverbände nicht über eine Zuordnung dieser Aufgabe zum Bildungssystem oder zur Jugendhilfe einigen können. Hinter diesem Zuordnungsstreit stehen in erster Linie finanzielle Gründe. Fachliche Überlegungen zu der Notwendigkeit und Sinnhaftigkeit einer Nachmittagsbetreuung von Kindern auch außerhalb von Horten verlieren vor diesem Hintergrund an Bedeutung.

Ein weiterer Arbeitsbereich der Kinder- und Jugendhilfe, in dem sehr deutlich wurde, wie sehr die Auseinandersetzungen über das Geld die Fachdiskussion bestimmen, ist der Bereich der Hilfen zur Erziehung. Angefangen von der gesetzlichen Regelung zur Deckelung von Pflegesätzen für die Jahre 1996, 1997 und 1998 (vgl. Späth

1998; Burghoff 1999) bis hin zur Einführung prospektiver Entgelte werden fachliche Entwicklungen zumindest in der Diskussion dem Finanzierungssystem untergeordnet. Zum Teil entsteht der Eindruck, dass Bedarfsfestlegungen sich ausschließlich an den Haushaltsansätzen für die einzelnen Hilfebereiche orientieren und nicht an den Bedürfnissen der Menschen.

Auf der Grundlage der aktuellen Diskussionen über die Folgen der Einführung von Entgelten lassen sich unterschiedliche Entwicklungen zusammenfassen: Einerseits wird von Tendenzen der Entfachlichung berichtet; qualifiziertes Personal werde zu teuer, da die Entgelte zum Beispiel aufgrund einer Erhöhung der Belegungsquoten oder einem Absenken der kalkulatorischen Fehltage zu knapp berechnet werden. Andererseits würden Qualitätsentwicklungsvereinbarungen die Professionalisierung des Feldes noch verstärken und ein angemessenes Berichtswesen endlich eingeführt werden. Entgeltvereinbarungen sollten zu einer Kostenminderung durch eine Steigerung der Wettbewerbsorientierung beitragen, führen aber in einigen Regionen zu Ausgabensteigerungen, weil nach Jahren der Deckelung Nachholbedarf besteht und aufgrund einer Orientierung an einer Kosten-Leistungs-Rechnung bisher verdeckte Subventionen durch die Träger (z.B. kostenfreie Nutzung von Gebäuden) in Rechnung gestellt werden.

Welche dieser Aussagen lassen sich empirisch bestätigen? Wofür wird das Geld in der Kinder- und Jugendhilfe von den Jugendämtern ausgegeben und ist eine Ausgabensteigerung in bestimmten Bereichen der Jugendhilfe nicht notwendige Folge veränderter gesellschaftlicher Bedingungen? Dies sind die Fragen, die wir anhand des vorliegenden Datenmaterials beantworten wollen. Dazu ist zuallererst ein Überblick über die Finanzentwicklung sowohl bei den befragten Jugendämtern als auch der Ausgaben für die Jugendhilfe insgesamt notwendig.

Finanzen – Ein empirisch schwieriges Thema

Finanzdaten zu erheben, unabhängig davon ob es sich um öffentliche Haushalte oder die Etats freier Träger handelt, ist mit einer Vielzahl besonderer Herausforderungen behaftet. So gelten für Finanzdaten bei den Befragten nach wie vor besondere Diskretionswünsche. Dies ist ein Grund für die verhältnismäßig hohe Anzahl von fehlenden Werten bei den Fragen nach Haushaltssummen. Ein anderer liegt sicherlich in den sehr unterschiedlichen Haushaltssystematiken begründet. So ist es einigen Jugendämtern offensichtlich nicht möglich, ihre Gesamtausgaben vollständig in Sach- und Personalkosten aufzusplitten, andere wiederum können für einzelne Handlungsfelder keine Unterscheidung der Ausgaben für freie Träger und öffentliche Träger treffen. Haushaltsstrukturen sind trotz der gesetzlichen Regelungen zur Transparenz öffentlicher Haushalte vielfach (auch für Insider) nicht leicht zu durchschauen und das kameralistische Prinzip erschwert zumindest teilweise eine exakte Zurechnung von Kosten zu einzelnen Aufgaben[14]. In einigen Kommunen werden beispielsweise Fortbildungsausgaben nicht getrennt für die einzelnen Ämter der Kommunalverwaltung dokumentiert. Ein anderes Beispiel stellen die Sachkosten dar, die sich auf den Gebäudeunterhalt beziehen. Sie werden bei einem Teil der Kommunen den Einzeletats, bei einem anderen Teil einem allgemeinen Haushaltsposten für Liegenschaften zugerechnet. Je nach Größe und Anzahl gemeindlicher Gebäude und öffentlich getragener Einrichtungen gehen diese Ausgaben in den Bereich von mehreren Millionen Mark. Bei der Interpretation von Finanzdaten sind auch die großen Unterschiede in der Zuständigkeit für einzelne Jugendhilfeaufgaben und deren länder- und kommunalspezifischen Finanzierungsregelungen zu berücksichtigen. Erwähnt seien hier beispielhaft die Zuständigkeit kreisangehöriger Gemeinden für die örtliche Jugendarbeit in Bayern (vgl. Art. 17 BayKJHG) oder die großen Unterschiede in den Finanzierungsrichtlinien zur Kindertagesbetreuung, wie sie den jeweiligen Kindertagesstättengesetzen zu entnehmen sind (Überblick in Deutsches Jugendinstitut 2002). Diese Unterschiede zwischen den Bundesländern werden durch Experimente mit neuen Finanzierungsmethoden noch vergrößert (Kita-Card in Hamburg (kritisch hierzu von der Beek 2001) oder den Überlegungen in Bayern (vgl. www.iska-nuernberg.de/kita-bayern). Stellt man all diese Faktoren in Rechnung, so wird deutlich, dass ein Vergleich absoluter Haushaltszahlen nicht geeignet ist, die Struktur und Leistungsfähigkeit der kommunalen Jugendhilfe angemessen zu beschreiben. Ein weiterer Grund, warum aus einem Vergleich der absoluten Beträge keine Erkenntnisse gewonnen werden können, ist auch in den großen Unterschieden hinsichtlich der Anzahl der Einwohner zu sehen, für die das Jugendamt zuständig ist (in unserer Erhebung von unter 30.000 bis zu über 1 Mio. Einwohner). Um trotz dieser vielfältigen Einschränkungen Aussagen zur Finanzentwicklung in der Jugendhilfe treffen zu können, werden wir uns auf

---

14 Diese sind auch durch Doppik oder kaufmännische Rechnungslegung nicht immer eindeutig zuzuordnen (vgl. z. B. Janning 1999: 133).

einen Vergleich der Veränderungen im Lauf der Zeit konzentrieren und verschiedene Datenquellen zueinander in Beziehung setzen. Es ist nämlich davon auszugehen und auch empirisch belegbar, dass selbst in Zeiten der Verwaltungsmodernisierung die internen Verschiebungen in den Jugendämtern und Kommunalverwaltungen nicht so groß sind, dass ein Vergleich mit der Finanzsituation von 1995 nicht möglich wäre. Ausnahmen bilden hier die Regionen, in denen es zu einer Neuordnung der Jugendamtsbezirke kam, wie z.B. Berlin oder die Region Hannover.

5.1 Allgemeine Finanzentwicklung bei Jugendämtern

In der aktuellen Befragung wurde, ähnlich wie in den vorausgegangenen Erhebungen des Projektes Jugendhilfe und sozialer Wandel (Gawlik/Krafft/Seckinger 1995; Seckinger/Weigel/van Santen/Markert 1998) der Gesamtetat des Jugendamtes, der Personaletat, der Sachmitteletat sowie die Ausgaben in ausgewählten Handlungsfeldern erhoben. Die in Tabelle 5.1 dargestellten Zahlen dienen einer ersten Orientierung über die Größenordnung der einzelnen Jugendamtsetats. Sie bewegen sich im Jahr 1999 zwischen 1,4 Mio. DM und 470 Mio. DM. Damit ist der höchste Etat eines Jugendamtes in unserer Stichprobe im Vergleich zum niedrigsten Etat um den Faktor 335 höher. Die Entwicklung von Mittelwert und Median im Vergleich der Jahre 1998, 1999 und 2000 zeigt einen kontinuierlichen Anstieg der Etats bei den kommunalen Jugendämtern in den letzten drei Jahren (vgl. auch Tab. 5.2). Dieser Anstieg ist zu Teilen durch die Inflationsrate sowie tarifvertragliche Ausgabensteigerungen bestimmt. Inwiefern die Einführung von Entgelten zu überproportionalen Ausgabensteigerungen im Bereich der Hilfen zur Erziehung geführt hat, wird noch zu prüfen sein.

Tab. 5.1: Angaben zur Gesamthöhe der Haushalte der befragten Jugendämter

	1998 (in DM)	1999 (in DM)	2000 (in DM)
Mittelwert	52.484.194	53.849.529	56.718.889
Median	12.828.320	13.553.785	15.810.320
Minimum	1.373.020	1.408.180	1.406.800
Maximum	455.000.000	470.000.000	490.000.000
Anzahl der Antworten	60	62	60

Tab. 5.2: Prozentuale Veränderung des Durchschnitts und des Medians der Gesamthöhe der Haushalte der befragten Jugendämter

	Veränderung in % (1998 auf 1999)	Veränderung in % (1999 auf 2000)
Mittelwert	3,85	5,40
Median	7,31	16,47

Die Personalausgaben sind mit durchschnittlich 3,8 % von 1998 auf 1999 und 2,6 % von 1999 auf 2000 weniger schnell gewachsen als die Sachmittel, für die von 1998 auf 1999 eine Steigerung von durchschnittlich 4,9 % und von 1999 auf 2000 von 7,8 % zu verzeichnen ist. Im Median sind die Steigerungen niedriger, was bereits auf die disparaten Entwicklungen in den einzelnen Jugendamtsbezirken hinweist. Es zeigt sich auch, dass jeweils ungefähr ein Viertel der Jugendämter eine Verringerung ihres Personaletats von 1998 auf 1999 und von 1999 auf 2000 zu verzeichnen haben. Es gibt jedoch keine statistischen Zusammenhänge zwischen den Veränderungen des Personaletats und der Entwicklung der Stellenzahl im Jugendamt. Die Veränderungen des Personaletats stehen ebenfalls in keinem statistischen Zusammenhang mit der Entwicklung des Personals in kommunalen Jugendhilfeeinrichtungen oder des Gesamtpersonalbestandes. So gibt es mehr Jugendämter, die bei einer Abnahme des Personalhaushaltes Stellen ausgebaut als gestrichen haben. Dieses Ergebnis ist überraschend, zumal die Analysen bei Jugendämtern und freien Trägern darauf hinweisen, dass im Vergleich zu früheren Jahren weniger Stellen über Arbeitsmarktmittel finanziert werden. Eine mögliche Erklärung für dieses paradoxe Ergebnis, mehr Stellen bei geringeren Personalausgaben, könnte in einer Verjüngung der Belegschaft zu finden sein. Eine andere Erklärung könnte in einer teilweisen Finanzierung des Personals aus anderen Haushaltsstellen liegen, also in einer Abnahme der Kostentransparenz trotz neuer Steuerung. Zu denken ist hierbei beispielsweise an Fachkräfte, die sowohl Aufgaben des Jugendamtes wie des Sozialamtes erfüllen.

Bei den Sachmittelhaushalten verhält es sich ähnlich: Von 1998 auf 1999 gab es bei 19 % der Jugendämter Einsparungen bei den Sachkosten und von 1999 auf 2000 bei 17 %. Die Einsparungen belaufen sich auf Werte zwischen 0,3 % und 35 % der Ausgaben. Diese Zahlen sind in der Tendenz ähnlich wie bei der vorangegangenen Untersuchung für die Jahre 1994 bis 1996. Der Anteil von Jugendämtern, deren Sachmittelhaushalt im Vergleich der Jahre 1994 und 1995 zurückging, lag bei 22 % und im Vergleich der Jahre 1995 auf 1996 bei 30 %. Wertet man diese Daten bezogen auf das einzelne Jugendamt im Längsschnitt aus, so zeigt sich, dass es kein Jugendamt gibt, das bei allen fünf möglichen Vergleichen[15] eine Kürzung hinnehmen musste. 2% der Jugendämter konnten fünfmal und 18% viermal eine Steigerung erzielen (vgl. Tab. 5.3). Dieser Vergleich zeigt ähnlich wie die Entwicklung der Teilhaushalte (vgl. weiter unten), dass sich die kommunale Jugendhilfe sehr unterschiedlich entwickelt. Es gibt auch innerhalb einzelner Jugendämter keine lineare Entwicklung. Es kommt somit zu „doppelten Disparitäten", d.h. sowohl zu großen Unterschieden zwischen den einzelnen Jugendamtsbezirken als auch innerhalb einzelner Jugendamtsbezirke im Vergleich der einzelnen Jahre. Ostdeutsche Jugendämter sind kontinuierlicher von Kürzungen im Sachmitteletat betroffen als westdeutsche. Die Jugendämter, die eine Verwaltungsmodernisierung durchführen, haben im Beobachtungszeitraum ebenfalls häufiger eine Kürzung des Sachmitteletats zu verzeichnen. Über Bedarfsgerechtigkeit lässt sich anhand dieser Zahlen jedoch nichts sagen.

Tab. 5.3: Längerfristige Entwicklung des Sachmitteletats bei Jugendämtern (1994, 1995, 1996, 1998, 1999, 2000 also max. fünf Vergleiche möglich)

	Ost	West	Keine VM*	VM	Insgesamt
3-mal gekürzt	20%	13%	6%	22%	13%
2-mal gekürzt	15%	19%	16%	15%	15%
1-mal gekürzt	0%	35%	43%	37%	41%
Keine Kürzung	15%	32%	34%	26%	31%
Keine Steigerung	0%	0%	0%	0%	0%
1-mal gesteigert	20%	23%	31%	22%	26%
2-mal gesteigert	40%	29%	22%	52%	36%
3-mal gesteigert	15%	26%	22%	15%	18%
4-mal gesteigert	25%	19%	22%	11%	18%
5-mal gesteigert	0%	3%	3%	0%	2%

* Verwaltungsmodernisierung; Quellen: Jugendamtsbefragung 1996 und 2000, DJI

Allgemeine Finanzentwicklung dokumentiert in der amtlichen Kinder- und Jugendhilfestatistik

In der amtlichen Kinder- und Jugendhilfestatistik werden die Ausgaben für die Kinder- und Jugendhilfe jährlich ausgewiesen. Dabei wird unterschieden zwischen den Ausgaben der Jugendämter, den

---

[15] Aufgrund der Angaben in den Erhebungsbögen können die Jahre 1994, 1995, 1996, 1998, 1999, 2000 miteinander verglichen werden.

Landesjugendämtern, kreisangehörigen Gemeinden, den obersten Landesjugendbehörden sowie der obersten Bundesjugendbehörde. Die Gesamtausgaben der öffentlichen Hand für die Jugendhilfe, wie sie in der amtlichen Kinder- und Jugendhilfestatistik ausgewiesen sind, beliefen sich im Jahr 1994 auf knapp 32,8 Mrd. DM, woran die Jugendämter mit 17, 7 Mrd. DM einen Anteil von 54,0 % hatten. Die anderen Ausgaben verteilten sich auf die Landesjugendämter (15,2 %), kreisangehörigen Gemeinden (27,1 %), die obersten Landesjugendbehörden (3,1 %) und die oberste Bundesbehörde (0,6 %) (vgl. Statistisches Bundesamt 1996c). Im Jahr 1999 wurden von der öffentlichen Hand insgesamt 35,4 Mrd. DM ausgegeben. Wiederum floss das meiste Geld über die kommunalen Jugendämter (21,1 Mrd. DM; dies entspricht einem Prozentanteil von 59,6 %). Ein Vergleich dieser Zahlen von 1994 bis 1999 zeigt sowohl eine Ausgabensteigerung wie eine leichte Verlagerung der Ausgaben auf die kommunale Ebene. Belief sich 1994 der Anteil der Jugendämter und der kreisangehörigen Gemeinden am Gesamtvolumen auf 81,1 %, so beträgt er 1999 82,8 %. Bei dem 1999 erreichten Gesamtvolumen von 35,4 Mrd. DM entspricht ein Prozentpunkt einem Betrag von DM 354 Mio. Eine Differenzierung zwischen den beiden in der Jugendhilfestatistik unterschiedenen kommunalen Kostenträgern (Jugendämter und kreisangehörige Gemeinden) zeigt wiederum, dass diese leichte Verschiebung Ausdruck einer starken Erhöhung der Ausgaben auf Seiten der Jugendämter ist. Ihre Ausgaben sind in der Summe von 1995 auf 1999 um 3,4 Mrd. DM gestiegen. Damit schultern die Jugendämter die gesamte Ausgabensteigerung und kompensieren Minderausgaben von kreisangehörigen Gemeinden, Land und Bund. Diese Verlagerung der Ausgaben auf die Jugendämter ist im Kontext der per Gesetz definierten Gesamtverantwortung für die Jugendhilfe beim örtlichen Jugendhilfeträger – und das ist fast immer das Jugendamt – eine notwendige Konsequenz. Diese Verlagerung trägt auch zur Kostenklarheit in der Jugendhilfe bei. Gleichzeitig wird an dieser Entwicklung auch deutlich, dass erstens die Ausgabensteigerungen der Jugendämter nicht vollständig zu neuen Mitteln in der Jugendhilfe führen, sondern auch dazu beitragen, den Rückgang von Finanzmitteln von anderer Seite auszugleichen. Dies gilt auch für Fördermittel, die in der Jugendhilfestatistik nicht erfasst sind, wie Mittel der Arbeitsförderung. Und zweitens lässt sich anhand dieser Entwicklung leichter verstehen, warum gerade auch das Jugendamt in den Blick der Kämmerer geraten ist.

Tab 5.4: Ausgaben für die Jugendhilfe getrennt nach Trägergruppen Gesamthöhe der Haushalte in 1000 DM für die Jahre 1994 und 1999

	Jugendämter	LJA	kr. Gemeinden ohne eigenes Jugendamt	OLJB	OBJB	Insgesamt
1994	17.664.359	5.032.965	8.908.952	980.380	219.046	32.805.702
1999	21.067.090	4.913.724	8.166.804	1.027.949	181.166	35.356.734
Prozentanteile						
1994	54,0%	15,2%	27,1%	3,1%	0,6%	100,0%
1999	59,6%	13,8%	23,2%	2,8%	0,5%	99,9%

LJA: Landesjugendämter; kr.: kreisangehörige; OLJB: Oberste Landesjugendbehörden; OBJB: Oberste Bundesjugendbehörde
Quellen: Amtliche Kinder- und Jugendhilfestatistik Teil IV; eigene Berechnungen

Vergleicht man nun die Steigerungsrate der Jugendamtsetats von 1998 auf 1999 anhand der Daten der Jugendamtsbefragung und der amtlichen Jugendhilfestatistik, so zeigt sich eine große Parallelität: Gemäß den Daten der Jugendhilfestatistik gibt es eine durchschnittliche Ausgabensteigerung auf der Ebene kreisfreier Städte und Landkreise um 3,68 % und gemäß den Daten der Jugendamtsbefragung durch das DJI eine durchschnittliche Steigerung um 4,11 %. Allerdings fehlen in der Jugendhilfestatistik die Daten aus Bayern für das Jahr 1999. Wählt man aus der amtlichen Statistik nur diejenigen Jugendämter in Landkreisen und kreisfreien Städten aus, die auch in der Stichprobe enthalten sind, vergrößert sich die Übereinstimmung, denn bei diesen Jugendämtern beträgt die durchschnittliche Steigerungsrate 4,32 %. Allerdings werden, auch das zeigt der direkte Vergleich der Angaben in der Kinder- und Jugendhilfestatistik mit denen in unserem Fragebogen, offensichtlich unterschiedliche Berechnungen von Seiten der Jugendämter zu den Gesamtausgaben angestellt. Denn im Durchschnitt gibt es eine Diskrepanz von DM 13 Mio. und im Median von DM 4,6 Mio. hinsichtlich der absoluten Ausgabenhöhe. Bei drei Vierteln der Jugendämter ist der angegebene Betrag in der amtlichen Statistik höher als im Fragebogen.

5.2 Veränderungen in Teilhaushalten

Bei den in den zwei vorhergehenden Abschnitten dargestellten Steigerungsraten der Ausgaben der Jugendämter stellt sich die Frage, ob die Ausgabensteigerung in allen Handlungsfeldern gleichmäßig erfolgte. Um dies herauszufinden, wurden die Jugendamtsleitungen sowohl nach einer qualitativen Einschätzung gefragt als auch gebeten, die Einzeletats für die Bereiche Jugendarbeit, Jugendsozialarbeit, Tagesbetreuung für Kinder sowie Hilfen zur Erziehung anzugeben.

Qualitative Einschätzung

Nach den Einschätzungen von 55 % der Jugendamtsleitungen ist 1999 der Etat im Bereich Hilfen zur Erziehung am höchsten gestiegen. Am zweithäufigsten werden die Ausgaben für die Kindertagesbetreuung von 16 % der Jugendamtsleitungen genannt. Die dritthäufigste Nennung bezieht sich auf die wirtschaftliche Jugendhilfe und Jugendarbeit mit jeweils 5 %. Auch im Jahr 2000 hat sich dies nicht wesentlich verändert, so werden die „höchsten Ausgabensteigerungen" in den Arbeitsbereichen Hilfen zur Erziehung (48 %), Kindertagesbetreuung (8 %) und Jugendarbeit (7 %) angeführt. Die qualitativen Einschätzungen korrespondieren insofern mit den uns vorliegenden Zahlen aus der gleichen Jugendamtsbefragung, als nur in ganz wenigen Fällen ein Rückgang des Etats für einen Aufgabenbereich mit der Aussage, genau hier sei die „höchste Steigerung" vorgenommen worden, zusammentrifft. Die auf den ersten Blick zum Teil widersprüchlich anmutenden Ergebnisse, dass Jugendamtsleiter die „höchste Steigerung" in einem Haushaltsbereich sehen, der gemessen an den absoluten Zahlen weniger stark als andere Teilbereiche gewachsen ist, sind auch Ausdruck einer veränderten Bedarfslage. Der Etat steigt und gleichzeitig sinkt der Bedarf etwas, sodass die Steigerungsrate überproportional erscheint. Das gleiche Phänomen gibt es auch in die andere Richtung, dass nämlich trotz eines Zuwachses an finanziellen Mitteln für einen bestimmten Arbeitsbereich, diese von Jugendamtsleitungen als die Arbeitsbereiche beschrieben werden, in denen die „stärksten Kürzungen" stattfinden. Der Grund hierfür ist in dem schneller wachsenden Bedarf zu sehen, aufgrund dessen ungenügende Haushaltszuwächse wie Kürzungen wirken.

Zwischen Ost- und Westdeutschland gibt es einen bemerkenswerten Unterschied: Für die Jahre 1999 und 2000 ist der Anteil von ostdeutschen Jugendämtern, die angeben, die „höchste Ausgabensteigerung" im Bereich der Jugendarbeit zu haben, deutlich höher. Dieses Ergebnis ist ein weiteres Indiz dafür, dass die seit vielen Jahren absehbare Verlagerung der Kosten von überörtlichen Trägern und von Arbeitsämtern auf den örtlichen Träger vollzogen wird. Dies hat zur Folge, dass die Ausgaben für den örtlichen Träger steigen, dies aber nicht zu einem Ausbau des Angebots führt. Wobei allerdings anzumerken ist, dass nach den Daten der amtlichen Kinder- und Jugendhilfestatistik sich die Ausgaben der ostdeutschen Landesjugendämter von 1998 auf 1999 für Jugendarbeit von DM 20,4 Mio. auf DM 39,9 Mio. fast verdoppelt haben. Eine Telefonrecherche bei ostdeutschen Landesjugendämtern hat ergeben, dass selbst die Landesjugendämter über diese in der amtlichen Kinder- und Jugendhilfestatistik ausgewiesene Steigerung überrascht sind und diese Zahlen nicht nachvollziehen können.

Vergleicht man die Einschätzungen der Jugendamtsleitungen mit den in unserem Fragebogen abgefragten Haushaltszahlen für die einzelnen Handlungsfelder, so zeigt sich, dass der Ost-West-Unterschied bei den Ausgaben zur Jugendarbeit an den Haushaltszahlen nicht unmittelbar nachvollziehbar ist (vgl. Tab. 5.5). Schließlich sind die realen Haushaltsteigerungen im Osten minimal. Eine mögliche Erklärung könnte in der Unschärfe der Abgrenzungen zwischen den Haushalten für Jugendarbeit und denen für Jugendsozialarbeit liegen.

Neben der Frage, in welchem Bereich die „höchste Steigerungsrate" zu verzeichnen war, wurden die Jugendämter auch danach gefragt, für welche Aufgaben ihnen „am meisten Geld gefehlt" hat. 1999 waren dies Hilfe zur Erziehung, (25 % der Jugendämter), Jugendarbeit (15 %) und Prävention (7 %). 7 % der Jugendämter verweisen auf die Rechtslage: Alles was bezahlt werden müsste, würde auch bezahlt werden. Im Jahr 2000 verschiebt sich die Reihenfolge etwas, denn nun wird Jugendarbeit am häufigsten genannt (17 %), Hilfen zur Erziehung am zweithäufigsten (15 %) an dritter Stelle stehen wieder Präventionsansätze (8 %). Es gibt auch bei dieser Frage erkennbare Ost-West-Unterschiede: So ist der Anteil von Jugendämtern in Ostdeutschland, denen Geld im Bereich Hilfen zur Erziehung im Jahr 1999 fehlt, deutlich größer, auch wenn in Westdeutschland ebenfalls kein anderes Aufgabengebiet so häufig genannt wird. Für das Jahr 2000 wird dieser Unterschied wesentlich geringer, jedoch fehlt in Ostdeutschland jetzt häufiger Geld für Jugendarbeit. Die veränderten Einschätzungen im Bereich Hilfen zur Erziehung korrespondieren mit den im Osten deutlich stärkeren Steigerungen im Etat Hilfen zur Erziehung (vgl. Tab. 5.5).

Die Antworten auf die Frage, wo es 1999 und 2000 die „stärksten Einschränkungen" bei den Ausgaben gab, entsprechen in der Tendenz den Antworten auf die Frage, in welchem Arbeitsfeld „am meisten Geld gefehlt" hat. Für 1999 haben wieder 16 % der Jugendämter den Arbeitsbereich Hilfen zur Erziehung angegeben, 9 % Jugendarbeit und 7 % die Ausgaben der Verwaltung. Für 2000 ändert sich die Situation, sodass Jugendarbeit jetzt am häufigsten genannt wird (13 %). Hilfen zur Erziehung werden von 8 % der Jugendämter herausgehoben. Darüber hinaus gab es kein Arbeitsfeld, das von mehr als 3 % der Jugendämter genannt wurde. Offensichtlich hat zwischen 1999 und 2000 eine Anpassung der Haushalte stattgefunden.

Betrachtet man die qualitativen Aussagen „höchste Steigerung" und „stärkste Kürzung", dann wird deutlich, dass bei 71 % der Jugendämter der Haushalt für Hilfen zur Erziehung in Bezug zu den anderen Teilhaushalten der Kinder- und Jugendhilfe einer Entwicklung hin zu Extremen unterliegt. Dies kann ein Hinweis auf sich unterschiedlich stark und schnell ändernde Lebenssituationen in den verschiedenen Jugendamtsbezirken sein, kann aber auch durch die je nach kommunaler Politik differierende Umsetzung der §§ 78 a–g KJHG bedingt sein. Beide Entwicklungen wären aus einer überregionalen Fachperspektive nicht begrüßenswert.

Quantitative Veränderungen

Bevor die Verschiebungen innerhalb der einzelnen Teilhaushalte beleuchtet werden, ist es notwendig, auch um ein Gefühl für die Wertigkeit der einzelnen Teilhaushalte zu entwickeln, das Verhältnis dieser zueinander zu klären. Im Durchschnitt entsprechen die Ausgaben aller befragten Jugendämter im Bereich der Kindertagesbetreuung 52 % der Gesamtausgaben dieser vier Bereiche, die Ausgaben für Hilfen zur Erziehung entsprechen 35 %, die für Jugendarbeit 9 % und die für Jugendsozialarbeit 4 %.

Tab. 5.5: Prozentuale Veränderung (Median) der Teilhaushalte von 1999 auf 2000

	Ost	West	Verwaltungsmodernisierung	Keine Verwaltungsmodernisierung	Insgesamt
Hilfen zur Erziehung	2,5 %	2,1 %	1,5 %	3,6 %	2,1 %
Kindertagesbetreuung	1,9 %	6,6 %	2,7 %	6,6 %	3,7 %
Jugendsozialarbeit	15,3 %	0,0 %	5,9 %	2,6 %	4,3 %
Jugendarbeit	0,5 %	7,6 %	0,3 %	6,9 %	4,6 %

Tab. 5.5 gibt Auskunft darüber, wie sich im Median die Einzeletats für die unterschiedenen Arbeitsfelder von 1999 auf 2000 entwickelt haben. Bemerkenswert sind die großen Unterschiede zwischen Ost und West sowie zwischen den Jugendämtern, die eine Verwaltungsmodernisierung durchführen und denjenigen, die dies nicht tun. Bei

verwaltungsmodernisierenden Jugendämtern wachsen die einzelnen Haushalte langsamer. Die großen Unterschiede im Etat für die Kindertagesbetreuung entsprechen auch den unterschiedlichen Versorgungsquoten. In Ostdeutschland gibt es für das Jahr 1999 noch ein geringes Überangebot an Kindergartenplätzen, wohingegen im Westen der Rechtsanspruch nach wie vor nicht in allen Regionen einlösbar ist. Entsprechend muss, um einer Realisierung des Rechtsanspruches näher zu kommen, der Etat für Kindertagesbetreuung im Westen auch stärker ansteigen. Der geringere Haushaltszuwachs in den Jugendämtern, die eine Verwaltungsmodernisierung durchführen, steht für den Bereich Kindertagesbetreuung auch einer geringeren Versorgungsquote gegenüber. Man könnte also zu dem Schluss kommen, dass Verwaltungsmodernisierung zu Einsparungen um den Preis einer Relativierung von Rechtsansprüchen führt.

Ein Vergleich zwischen den Veränderungen der Jahre 1994 auf 1995 und 1999 auf 2000 zeigt einige bemerkenswerte Entwicklungen in den vier Arbeitsfeldern. Die Ungleichzeitigkeit in den Entwicklungen hat sich eher verstärkt: Sowohl der Anteil der Jugendämter, bei denen der Etat in einzelnen Handlungsfeldern zurückgegangen ist, als auch der Anteil an Jugendämtern, bei denen der Etat in einzelnen Handlungsfeldern gestiegen ist, ist größer geworden (vgl. Tab. 5.6).

Tab. 5.6: Haushaltsentwicklung von 1994 auf 1995 und 1999 auf 2000

	Ost		West		Insgesamt	
	auf 1995	auf 2000	auf 1995	auf 2000	auf 1995	auf 2000
Etat Jugendarbeit						
Abnehmend	13 %	39 %	33 %	24 %	28 %	29 %
Gleich bleibend	–	–	13 %	6 %	9 %	7 %
Zunehmend	87 %	61 %	54 %	70 %	63 %	64 %
Etat Jugendsozialarbeit						
Abnehmend	–	18 %	19 %	35 %	14 %	28 %
Gleich bleibend	13 %	–	43 %	22 %	35 %	13 %
Zunehmend	87 %	82 %	38 %	43 %	52 %	59 %
Etat Kindertagesbetreuung						
Abnehmend	59 %	41 %	14 %	15 %	16 %	24 %
Gleich bleibend	–	–	–	6 %	–	4 %
Zunehmend	41 %	59 %	86 %	79 %	83 %	72 %
Etat Hilfen zur Erziehung						
Abnehmend	19 %	25 %	15 %	27 %	29 %	26 %
Gleich bleibend	–	–	–	7 %	–	4 %
Zunehmend	81 %	75 %	85 %	67 %	71 %	70 %

100 % entsprechen befragten Jugendämtern
Quellen: Jugendamtsbefragung 1995, 2000, DJI

5.3 Ein Systemwechsel und seine Folgen

Mit der Einführung der §§ 78 a ff. in das KJHG zum 1. Januar 1999 wurde ein Systemwechsel vollzogen. Anstelle eines auf der Basis nachgewiesener Kosten berechneten Pflegesatzes wurde ein prospektiv festgelegtes Leistungsentgelt eingeführt. Der mit dem Pflegesatz verbundene Anspruch, die tatsächlichen Kosten abzudecken, führte dazu, dass regelmäßig aufwendige und rückwirkende Nachberechnungen der Pflegesätze durchgeführt werden mussten (vgl. Burghoff 1999) und meistens Nachzahlungen auf die Jugendämter zukamen. Bei Entgelten handelt es sich dagegen um prospektive Vereinbarungen, die eine nachträgliche Anpassung an die tatsächlich angefallenen Kosten nicht zulassen. Somit wird es zumindest theoretisch möglich, dass Einrichtungen durch gut kalkulierte Entgelte Gewinne erwirtschaften und durch falsch kalkulierte Entgelte Verluste erleiden können. Dies war aus haushaltsrechtlichen Gründen beim Selbstkostendeckungsprinzip nicht oder nur bedingt möglich.

Umsetzung der Entgeltregelung

Kröger kommt in seiner Umfrage vom Frühjahr 1999 noch zu dem Ergebnis, dass erst in vier Bundesländern Rahmenverträge bestehen und damit die Voraussetzungen für eine Umsetzung der §§ 78 a ff. KJHG geschaffen wurden (Kröger 1999). Diese Situation hat sich inzwischen grundlegend geändert. In allen Bundesländern wurden Rahmenverträge geschlossen und bereits in der zweiten Hälfte des Jahres 2000 werden bei 92 % der Jugendämter Hilfen zur Erziehung über Entgeltvereinbarungen finanziell abgewickelt (vgl. Tab. 5.7). Der Anteil der Jugendämter, die tatsächlich selbst Entgeltvereinbarungen abgeschlossen haben, beträgt 76 %. Diese Differenz von 16 Prozentpunkten lässt sich zumindest teilweise durch länderspezifische Sonderregelungen erklären, die vorsehen, dass Entgelte auf überörtlicher Ebene ausgehandelt werden (vgl. Kröger 1999: 46 ff.). Die kürzeste Laufzeit einer Entgeltvereinbarung beträgt bei 82 % der Jugendamtsbezirke zwölf Monate. Die längste angegebene Laufzeit beträgt 24 Monate (6 %).

Andere Formen, wie sie in Tab. 5.7 ausgewiesen sind, beinhalten unter anderem 4 % der Jugendämter, die explizit auf Pflegesätze verweisen. Weitere 5 % nennen Honorarverträge für die Erbringung ambulanter Hilfen zur Erziehung. Die anderen Angaben sind nicht eindeutig zuzuordnen, da es sich sowohl bei Abrechnungen, die sich auf den Einzelfall beziehen, und Fachleistungsstunden als auch bei

Verträgen mit freien Trägern um jeweils unterschiedliche Finanzierungsformen der in Tab. 5.7 angeführten Systematik handeln kann.

Tab. 5.7: Finanzierungsprinzip bei Hilfen zur Erziehung (Mehrfachnennungen)

	Ost		West		Insgesamt	
	%	n	%	n	%	n
Entgeltvereinbarung	96,0	26	89,0	42	92,0	68
Projektfinanzierung	59,0	16	26,0	12	38,0	28
Andere Formen	44,0	12	17,0	8	27,0	20
Komplementärfinanzierung	29,0	8	9,0	4	16,0	12
Budgetierung	3,0	1	15,0	7	11,0	8

Wie komplex inzwischen die Finanzierung von Hilfen zur Erziehung geworden ist, sieht man auch daran, dass jedes fünfte Jugendamt angibt, drei oder mehr unterschiedliche Finanzierungsprinzipien im Bereich der Hilfen zur Erziehung anzuwenden. 43 % der Jugendämter kommen mit einer Form aus und 36 % mit zwei. Die beiden letztgenannten Zahlen sind erstaunlich hoch, da unterschiedliche Hilfeformen unter Hilfen zur Erziehung zusammengefasst werden und ein Teil dieser Hilfeformen, zum Beispiel Erziehungsberatung, nicht einzelfallbezogen und somit auch nicht über Entgelte abgerechnet wird. In dieser Frage gibt es einen eindeutigen Ost-West-Unterschied: Von ostdeutschen Jugendämtern werden signifikant häufiger mehr Finanzierungsformen angewendet, wobei dieser Unterschied hauptsächlich durch die Finanzierungspraktiken in Thüringen entsteht.

Wechselt man die Perspektive und nimmt zur Kenntnis, wie Entgelte aus der Sicht freier und privat-gewerblicher Träger wirken[16], so stellt man erstaunt fest, dass nach wie vor bei einer Vielzahl von Trägern Unsicherheiten über den eigentlichen Charakter von Entgelten bestehen. So geben beispielsweise nur 61 % der befragten Träger an, prospektive Entgelte vereinbart zu haben, so wie es das Gesetz vorsieht. Die restlichen 39 % richten sich dann wohl nach wie vor nach dem Selbstkostendeckungsprinzip. Dies widerspricht aber der Grundidee der Entgeltregelung. Eine Erklärung für dieses Ergebnis könnte sein, dass die Entgeltregelungen zwar nach dem Gesetz prospektiv, de facto jedoch sehr stark am Selbstkostendeckungsprinzip angelegt sind. Es gibt Rahmenvereinbarungen, in de-

---

[16] Zur methodischen Anlage der Trägerbefragung siehe Kapitel 2

nen festgelegt ist, dass jede Veränderung, die die Kosten der Hilfe verringert, sofort dem Kostenträger gemeldet werden muss und zu einer Verringerung des Entgeltsatzes führt. Entgelte scheinen in diesen Fällen wohl eher als ein Instrument der Deckelung und einseitigen Risikoverlagerung benutzt zu werden und weniger als ein Instrument der Aushandlung zwischen gleichberechtigten Vertragspartnern.

Die Regelungen der §§ 78 a ff. sollen nicht nur zu einer besseren Kalkulierbarkeit der Kosten, zu einer Dämpfung des Kostenanstiegs und einer Verbesserung der Effizienz der eingesetzten Mittel führen (Deutscher Bundestag 1998), sondern auch eine kontinuierliche Qualitätsverbesserung der Angebote der stationären und teilstationären Erziehungshilfe herbeiführen (§ 78 b (1) 3 KJHG). Um diesen Anspruch einlösen zu können, ist eigentlich ein zeitgleicher Abschluss von Qualitätsentwicklungsvereinbarungen und Leistungs- und Entgeltvereinbarungen notwendig. In der Fachdiskussion ist inzwischen jedoch der Eindruck entstanden, dass Qualitätsentwicklungsvereinbarungen in der Praxis nicht den Stellenwert erhalten, den man erhofft hat. Zum Teil scheint es, als seien sie ein lästiges Anhängsel von ohnehin sehr komplizierten Verhandlungen über Leistungen und Entgelte. Lässt sich dieser Eindruck empirisch bestätigen? Auffällig ist, dass nur 74 % der Jugendämter, die Entgeltvereinbarungen abgeschlossen haben, bereits Qualitätsentwicklungsvereinbarungen getroffen haben oder dabei sind, solche abzuschließen. Auch aus der Perspektive der Einrichtungen der stationären und teilstationären Jugendhilfe haben Qualitätsentwicklungsvereinbarungen nur einen geringen Stellenwert. Die vom Projekt ebenfalls durchgeführte Befragung von 363 Einrichtungen[17] zeigt, dass nur 9 % der befragten Einrichtungen die Frage nach den Maßnahmen, die zur Qualitätssicherung ergriffen werden, mit einem Verweis auf die Leistungs- und Qualitätsentwicklungsvereinbarungen beantwortet. Offensichtlich werden diese von Einrichtungen häufig nicht als wirksam für die Verbesserung der eigenen Arbeit angesehen. Dies wird verständlicher, wenn man die Inhalte der Qualitätsentwicklungsvereinbarungen analysiert. Dazu haben wir die von den Jugendämtern angegebenen Stichwörter zur Erläuterung der jeweiligen Konzepte zur Qualitätsverbesserung ausgewertet. Überwiegend beziehen sich die Angaben auf eher allgemeine Aspekte von Qualität sozialer Arbeit wie Qualifizierung, Unterscheidung in Struktur-,

---

[17] Die Befragung wurde in denselben Jugendamtsbezirken durchgeführt, wie die Stichprobenerhebung bei Jugendämtern, vgl. Kapitel 2.

Prozess- und Ergebnisqualität oder auch der Verweis auf die Einführung von QM-Systemen. Diese deuten stärker auf den Qualitätsdiskurs als auf konkrete Beiträge zur Verbesserung der Praxis. Dass dieses Ergebnis keinen Effekt der Art der Abfrage darstellt[18], wird zum Beispiel daran deutlich, dass 22 % Partizipation als Stichwort für Qualitätsvereinbarungen angegeben haben.

Die hier vorliegenden Daten zu Entgelt-, Leistungs- und Qualitätsentwicklungsvereinbarungen geben wenig Grund zu der Annahme, dass das Ziel der kontinuierlichen Qualitätsverbesserung durch die Umstellung auf ein neues Finanzierungssystem gelungen ist. Auch die Einschätzung der Jugendamtsleitungen zu den Effekten der §§ 78 a–g KJHG auf die regionale Jugendhilfeszene bestätigen diese skeptische Haltung (vgl. Tab. 5.8). Nicht einmal die Hälfte der Jugendamtsleitungen stimmen der Aussage zu, dass mit der Einfügung der §§ 78 a–g KJHG ein Instrument zur Sicherung der Fachlichkeit geschaffen wurde. Auffällig ist der große Unterschied zwischen den Jugendämtern, in denen eine Verwaltungsmodernisierung durchgeführt wird und den anderen Jugendämtern. Diejenigen, die sich mit einer Reform ihrer Verwaltungsstrukturen befassen, sind skeptischer hinsichtlich der positiven fachlichen Effekte der neuen Regelungen. Der mit den neuen Regelungen verbundene Aufwand wird von einem Drittel der Jugendamtsleitungen als zu hoch eingeschätzt. Ebenfalls ein Drittel widerspricht jedoch der Aussage, dass die Neuregelungen in der Praxis wenig geändert haben. Verwaltungsmodernisierung im Jugendamt scheint das Innovationspotenzial zu verstärken, allerdings nicht in Richtung Fachlichkeit, wie aus der Antwort auf das erste Statement zu entnehmen ist. Vier von zehn Jugendämtern sehen durch die Umsetzung der Regelungen der §§ 78 a–g KJHG eine Verbesserung des Preis-Leistungs-Verhältnisses. Auch hier stimmen verwaltungsmodernisierende Jugendämter deutlich häufiger zu. Jugendamtsleitungen in Ostdeutschland vertreten zu einem doppelt so hohen Anteil die Überzeugung, dass der mit den §§ 78 a–g KJHG verbundene Aufwand zu hoch sei. Insgesamt deuten die Ergebnisse darauf hin, dass die durch die Gesetzesänderung herbeigeführten Effekte sich noch nicht im gewünschten Ausmaß auf eine Steigerung der Fachlichkeit richten.

---

[18] Ein Befragungseffekt könnte darin liegen, dass sich die Ausfüller einer imaginierten Sprachnorm der Qualitätsdiskussion anpassen und deshalb hier nur abstrakte Konzeptbegriffe niederschreiben.

Tab. 5.8: Einschätzung zu den Veränderungen durch §§ 78 a ff. KJHG

		Keine VM*	VM*	West	Ost	Insgesamt
§§ 78 a ff. – Instrument um Fachlichkeit zu sichern	stimmt voll und ganz	43%	33%	40%	46%	42%
	teils / teils	55%	60%	58%	50%	55%
	stimmt gar nicht	3%	4%	3%	4%	3%
§§ 78 a ff. – Aufwand zu hoch	stimmt voll und ganz	28%	33%	22%	44%	30%
	teils / teils	63%	44%	64%	40%	55%
	stimmt gar nicht	10%	22%	14%	16%	15%
§§ 78 a ff. – ändert in der Praxis wenig	stimmt voll und ganz	15%	19%	16%	16%	16%
	teils / teils	58%	41%	61%	32%	51%
	stimmt gar nicht	28%	41%	23%	52%	33%
§§ 78 a ff. – verbessert Preis-Leistungs-Verhältnis	stimmt voll und ganz	31%	48%	40%	35%	38%
	teils / teils	54%	48%	4%	65%	50%
	stimmt gar nicht	15%	4%	20%	0%	12%

* VM: Verwaltungsmodernisierung

Der Gesetzgeber hat für die Lösung von Konflikten bei der Anwendung von Entgelt-, Leistungs- und Qualitätsentwicklungsvereinbarungen die Einrichtung einer Schiedsstelle vorgeschrieben. Die geringe Anzahl von Jugendämtern, die nach eigenen Angaben eine Schiedsstelle angerufen hat, es sind dies 5% der Jugendämter, ist ein Hinweis darauf, dass die Konflikte zwischen Einrichtungen und Jugendamt zumindest nicht auf dem formalen Weg (öffentlich) ausgetragen werden.

Das mit der Neuordnung der Entgeltfinanzierung von den Bundesländern und von kommunaler Seite angestrebte Ziel, die Kostenentwicklung zu dämpfen und mehr Wettbewerb über eine größere Kostentransparenz herzustellen, impliziert auch eine stärkere Ausdifferenzierung der Entgelte entlang den individuellen Bedürfnissen der Kinder und Jugendlichen. Folglich müsste der einrichtungsbezogene Pflegesatz, in dem die Kosten für besondere heilpädagogische oder therapeutische Angebote auf alle Kinder und Jugendliche umgelegt wurden, durch individuelle, fallbezogene Entgelte, die genau die jeweiligen Ausgaben berücksichtigen, abgelöst werden. Dieses System erzeugt einerseits – zumindest in der Theorie – mehr Klarheit über die im Einzelfall entstehenden Kosten, führt aber andererseits zu einer Erhöhung des Verwaltungsaufwandes und zum Teil auch zu fachlich unerwünschten Nebeneffekten. Ein Beispiel hierfür ist die lange Bewilligungsdauer für zusätzliche Maßnahmen. So gibt es immer wieder Berichte aus der Praxis, dass ein zusätzliches therapeutisches Angebot auch bei dringendem Bedarf erst nach mehreren Monaten bewilligt wird und dann das Kind bzw.

die oder der Jugendliche bereits nicht mehr in der Einrichtung ist, da keine adäquate Hilfe geboten werden konnte. Vor dem Hintergrund dieser Entwicklungen wurden die Jugendämter befragt, inwiefern sie in ihrem Zuständigkeitsbereich mit Entgelten arbeiten, die sich an dem pauschalen Pflegesatzsystem anlehnen bzw. wie stark sie von einem Splitting der Entgelte in Grundversorgung und individuelle Sonderleistungen Gebrauch machen. Die Ergebnisse zeigen dreierlei: Erstens ist der Anteil von Jugendamtsbezirken, in denen es zumindest auch einrichtungsbezogene einheitliche Entgelte gibt, mit 77 % überraschend hoch. Zweitens gibt es bei fast der Hälfte (48 %) der Jugendamtsbezirke sowohl einrichtungsbezogene wie fallspezifische Entgeltvereinbarungen. Drittens ist der Anteil von Jugendämtern, die angeben, mit fallbezogenen Entgelten zu arbeiten, mit 66 % relativ niedrig. Es lassen sich statistisch keine Unterschiede zwischen Ost und West, zwischen kreisfreien Städten und Landkreisen oder zwischen Verwaltungsmodernisierung oder nicht erkennen. Es lässt sich statistisch auch kein Zusammenhang zwischen der Entwicklung der kommunalen Verschuldung zwischen 1995 und 1998, wie sie in der amtlichen Finanzstatistik ausgewiesen ist, und der Entscheidung für das eine oder andere Finanzierungsmodell finden.

Die §§ 78 a–g KJHG beziehen sich explizit auf die im KJHG genannten Bereiche, können aber auch auf andere Hilfeformen angewendet werden. Die Jugendämter sollten deshalb in der Erhebung auch angeben, ob sie Entgeltvereinbarungen für weitere als die im KJHG genannten Arbeitsfelder abgeschlossen haben. 41 % der Jugendämter bejahen diese Frage. In erster Linie bezieht sich diese ausgeweitete Anwendung der Regelungen auf ambulante Hilfen zur Erziehung und bei zwei Jugendämtern auch auf Angebote der Jugendarbeit. Die Vollerhebung bei Jugendringen zeigt, dass in Westdeutschland knapp 5 % der Jugendringe öffentliche Gelder auch im Rahmen von Entgeltvereinbarungen erhalten. Diese Vereinbarungen werden in der Regel für eine Laufzeit von einem Jahr abgeschlossen.

5.4 Budgetierung – ein Thema nicht nur für öffentliche Haushalte

Wie in der Vollerhebung zur organisatorischen Einbettung von Jugendhilfeaufgaben in der Kommunalverwaltung gezeigt werden konnte (vgl. Mamier/Seckinger/Pluto/van Santen/Zink 2002), haben inzwischen Budgetierungskonzepte Einzug in die Verwaltungspraxis gehalten, ohne sich jedoch richtig durchsetzen zu können. So geben 47 % der Jugendämter in der Vollerhebung an, ihre Haushalte seien vollständig oder teilweise budgetiert. Allerdings wird Budgetierung oft sehr weit gefasst. Legt man eine eher enge Definition zugrunde, so zeigt sich, dass nur noch 8 % der Jugendämter budgetiert sind. Offensichtlich kann man in der öffentlichen Verwaltung bei Budgets einen ähnlichen Effekt wie in der Industrie bei Gruppenarbeit, die in vielen Branchen als notwendige Voraussetzung für eine wettbewerbsfähige Produktion gesehen wird, beobachten: Obwohl es innerorganisatorische Prozesse gibt, die eine radikale Veränderung bisheriger Strukturprinzipien behindern, unterlaufen und zum Teil wieder rückgängig machen, ist die normative Bedeutung und die Überzeugungskraft dieser Konzepte so groß, dass alle die modern sein wollen, sich damit identifizieren. Würde man im folgenden Zitat Gruppenarbeit durch Budgetierung ersetzen, hätte man eine zutreffende Beschreibung für Kommunalverwaltungen. „Gruppenarbeit stellt ... ein Konzept moderner Arbeitsorganisation dar, das mit Rationalität assoziiert wird und Modernität symbolisiert; es ist zu einer Institution der Umwelt geworden, der Organisationen in der Gestaltung ihrer Strukturen zu entsprechen haben." (Minssen 2001: 195). Mithilfe der Stichprobenerhebung kann nun herausgefunden werden, ob Budgetierung als Finanzierungsprinzip, unabhängig von seiner Qualität und Tiefe, auch bei der Leistungsvergabe an freie Träger Anwendung findet. Wie in Tab. 5.9 dargestellt gibt es in den vier ausgewählten Aufgabenbereichen einen Anteil von 8 % bis 24 % der Jugendämter, die freien Trägern budgetiert Mittel überlassen. Die großen Unterschiede zwischen den einzelnen Aufgabengebieten überraschen nicht, da für die Jugendarbeit bereits seit Jahrzehnten die Vorteile der Anwendung von Budgets oder auch Modellen der Fondfinanzierung diskutiert werden (vgl. z.B. BMJFFG 1990; Felber 1992). Im Bereich der Kindertagesbetreuung, für deren Finanzierung es detaillierte landesrechtliche Regelungen gibt, ist mit einer starken Verbreitung von Budgetierungskonzepten zum jetzigen Zeitpunkt nicht zu rechnen gewesen. Gegenüber der Erhebung von 1995 zeigt sich für alle Aufgabenbereiche eine Zunahme der Anwendungen von Budgetierungskonzepten. Gaben damals beispielsweise 19 % der Jugendämter an, im Bereich der Jugendarbeit freie Träger zu budgetieren, so sind es im Jahr 2000 bereits 24 %. Ähnlich wie bei der damaligen Erhebung lassen sich auch jetzt keine signifikanten Zusammenhänge zwischen der Durchführung einer Verwaltungsmodernisierung im Jugendamt und der Anwendung von Budgetierung bei der Finanzierung freier Träger zeigen. Allerdings gibt es im Zeitvergleich einen eindeutigeren Trend in die Richtung, dass dort, wo eine Verwaltungsmodernisierung durchgeführt wird, eher auch bei der Leistungsübertragung an freie Träger budgetiert wird. Dieser Trend wird insofern bestätigt, als bei den Jugendämtern, deren eigener Haushalt ganz oder teilweise budgetiert ist, signifikant häufiger auch die Finanzmittel für freie Träger budgetiert sind (53 % zu 14 % bei denen, die kein Budget haben).

Tab. 5.9: Anwendung von Budgetierung bei der Förderung freier Träger in Ost und West

Arbeitsbereich	Ost	West	Insgesamt
Jugendarbeit	11 %	32 %	24 %
Jugendsozialarbeit	7 %	12 %	10 %
Kindertagesbetreuung	0 %	13 %	8 %
Hilfen zur Erziehung	4 %	15 %	11 %

Auffällig sind die großen Unterschiede zwischen Ost- und Westdeutschland, die in allen vier Aufgabenbereichen bestehen. Dieser Unterschied wird für den Bereich der Jugendarbeit durch die Vollerhebung bei Jugendringen bestätigt. In Westdeutschland geben 42 % der Jugendringe an, Geld von der öffentlichen Hand im Rahmen von Budgets zu erhalten, wohingegen in Ostdeutschland dieser Anteil nur 10 % beträgt. Dieser Unterschied entspricht der Praxis der Jugendämter (vgl. Tab. 5.9).

Fast keines der Jugendämter budgetiert in allen Aufgabenbereichen freie Träger, nur 3 % der Jugendämter haben dies angegeben. Der Anteil der Jugendämter, bei dem mindestens in einem Aufgabenbereich ein oder mehrere freie Träger budgetiert werden, ist zehnmal so hoch (30 %). Damit wird auch deutlich, dass Jugendämter, die selbst einen zumindest teilweise budgetierten Etat haben, nicht durchgängig nach dem gleichen Prinzip auch bei freien Trägern verfahren.

Tab. 5.10: Anwendung von Budgetierung auf einen, einige oder alle freien Träger in einem Arbeitsfeld

Aufgabenbereich	Einer	Einige	Alle
Jugendarbeit	33 %	33 %	33 %
Jugendsozialarbeit	0 %	29 %	71 %
Kindertagesbetreuung	0 %	0 %	100 %
Hilfen zur Erziehung	14 %	14 %	71 %

100% entsprechen allen Jugendämtern, die in einem Arbeitsfeld budgetieren

Im Hinblick auf eine Gleichbehandlung von freien Trägern durch den öffentlichen Kostenträger drängt sich die Frage auf, ob, wenn es überhaupt eine Budgetierung gibt, alle freien Träger innerhalb eines der vier ausgewählten Aufgabenbereiche budgetiert werden oder ob dies nur mit einzelnen getestet wird. Wie bereits ausgeführt gibt es in allen Aufgabenbereichen ein Nebeneinander von verschiedenen Finanzierungsprinzipien; dies gilt auch dann, wenn das Jugendamt budgetiert ist. Interessant ist der große Unterschied zwischen einzelnen Aufgabenbereichen. Bezogen auf das Aufgabengebiet Jugendarbeit gibt es gleich viele Jugendamtsbezirke, in denen ausschließlich ein freier Träger budgetiert wird, wie solche, in denen alle budgetiert werden. Im Feld der Kindertagesbetreuung ist es dagegen anders, entweder es werden alle oder aber kein freier Träger budgetiert. Trotzdem finden auch in den Regionen, in denen alle freien Träger im Bereich der Kindertagesbetreuung budgetiert werden, noch andere Finanzierungsprinzipien, überwiegend eine projektbezogene Finanzierung, Anwendung. Dies bedeutet nichts anderes, als dass in diesen Regionen unabhängig von den landesrechtlichen Zuschussregelungen, die in dem einen Bundesland kindbezogen, in dem anderen gruppen- bzw. einrichtungsbezogen sind und sich hinsichtlich investiver und laufender Ausgaben ebenfalls unterscheiden, vom Jugendamt – so die Angaben aus den Jugendämtern – mehrere Finanzierungswege parallel beschritten werden. Dies zu managen, ist sicher eine qualifikatorische Herausforderung für die Leitungspersonen in Kindertagesstätten, die häufig über eine pädagogische, aber keine kaufmännische Grundausbildung verfügen (Wehrmann, Abel 2000: 16/17).

Fasst man die hier dargestellten Befunde zur Verbreitung von Budgetierung in der Kinder- und Jugendhilfe zusammen, so entsteht der Eindruck, dass Budgetierung bei der Vergabe von Finanzmitteln stetig und in allen Bereichen der Kinder- und Jugendhilfe beliebter wird. Allerdings spricht einiges dafür, dass gerade in „Übergangszeiten" und nicht zuletzt auch aufgrund der uneinheitlichen Konzepte, die mit Budgetierung verbunden werden, ein Ziel der Budgetierung, nämlich eine Vereinfachung der Verfahrensabläufe, nicht automatisch eintritt.

5.5 Förderung freier Träger durch Jugendämter

Trägerpluralität

Die Pluralität der Angebote zu erhalten oder, wo dies notwendig ist, aufzubauen und damit auch die Voraussetzungen für eine Umsetzung des Wunsch- und Wahlrechtes zu schaffen, ist eine wichtige fachliche Herausforderung für die regionale Jugendhilfe. Dies gilt in Zeiten, die von einer permanenten Kritik an den scheinbar zu hohen Sozialausgaben geprägt sind, umso mehr. Eine Möglichkeit, im Rahmen des Projektes „Jugendhilfe und sozialer Wandel" empirisch gesicherte Aussagen zur Pluralität zu machen, findet sich im Kapitel über die Angebote der Kinder- und Jugendhilfe (vgl. Kap. 6). Eine weitere Möglichkeit besteht darin, zu erheben, wie viele Träger pro Aufgabenbereich in den einzelnen Jugendamtsbezirken gefördert werden. Neben der rein quantitativen Größe der Anzahl von geförderten Trägern drückt sich ein plurales Angebot auch in unterschiedlichen Trägerformen aus. Es wurde deshalb wie bei der vorhergehenden Untersuchung auch eine nach Trägertypen differenzierte Abfrage der Anzahl geförderter Träger durchgeführt. In Tab. 5.11 ist das Ergebnis im Vergleich zu den Daten des Jahres 1995 dargestellt. Auffällig ist, dass ausgenommen bei der Kindertagesbetreuung die Trägerpluralität in Ostdeutschland nach wie vor höher ist als in Westdeutschland. Dies kann als ein Indiz für die Überlebensfähigkeit der Träger in Ostdeutschland gewertet werden. Lange Zeit war zu befürchten, dass mit abnehmenden Sondermitteln aus Bundeskassen die Existenz etlicher in Ostdeutschland neu gegründeter Träger gefährdet ist. Offensichtlich konnten diese Gefährdungen produktiv genutzt werden. Sowohl in Ost- wie in Westdeutschland gibt es in der Jugendarbeit eine auffällige Verschiebung bei den geförderten Trägern. Waren 1995 noch Jugendverbände in der Mehrzahl, so ist ihr Anteil in Ost wie West deutlich zurückgegangen und im Gegenzug ist der Anteil von Initiativen und Vereinen zum Teil drastisch angestiegen. Vier mögliche, sich zum Teil widersprechende Interpretationen drängen sich hier auf: Erstens könnte diese Verschiebung auf eine sinkende Bedeutung traditioneller Jugendverbände hindeuten und würde somit auch empirisch der häufig diskutierten These einer Abwendung der Jugend von traditionellen Gesellungsformen entsprechen. Zweitens ließe sich eine Abnahme der Anzahl der geförderten Jugendverbände auch auf eine verringerte Anzahl von Anträgen zurückführen. Dies würde dann noch nichts über die Bedeutung von Jugendverbänden für die Jugendarbeit vor Ort aussagen. Vielleicht können sie ja gerade wegen ihrer hohen Bedeutung und den damit verbundenen Möglichkeiten andere Geldquellen zu erschließen, auf eine Förderung durch das Jugendamt verzichten. Drittens haben inzwischen 52 % der Jugendringe (dieses Ergebnis stammt aus der Vollerhebung bei Jugendringen) die Aufgabe öffentliche Gelder an ihre Mitgliedsverbände zu verteilen, folglich werden diese dann auch vom Jugendamt nicht mehr direkt gefördert. Viertens wäre es denkbar, dass sie durch die teilweise vorhandene Ausweitung der Aktivitäten von Jugendverbänden, z. B. als Träger von Einrichtungen, Projekten der Jugendsozialarbeit und sogar als Träger von Kindertagesstätten, bei den Förderanträgen nicht mehr in der Kategorie Jugendverbände erscheinen.

Auffällig ist ebenfalls die in Ost- und Westdeutschland gestiegene durchschnittliche Anzahl von geförderten Trägern im Bereich der Kindertagesbetreuung. In Westdeutschland weisen diese Zahlen auf einen Ausbau des Angebotes hin, in Ostdeutschland sind sie auch Ausdruck der fortschreitenden Verlagerung von Einrichtungen der Kindertagesbetreuung auf freie Träger.

Ein weiterer bemerkenswerter Befund ist, dass im Durchschnitt die Pluralität in kreisfreien Städten nach wie vor größer ist als in Landkreisen. Dies ist insofern bemerkenswert, als in der Jugendarbeit und in der Kindertagesbetreuung Träger oftmals gemeindebezogen und nicht auf den gesamten Landkreis bezogen arbeiten. Es müssten also in Landkreisen, die aus einer Vielzahl kreisangehöriger Gemeinden bestehen, auch eine Vielzahl unterschiedlicher Träger zu finden sein. Da diese Träger jedoch zum Teil direkt von den kreisangehörigen Kommunen gefördert werden, sind sie in den Statistiken der Landkreisjugendämter nicht vermerkt.

Die niedrige Anzahl von geförderten Trägern im Bereich der Hilfen zur Erziehung ist durch die dort zur Anwendung kommende Entgeltregelung zu erklären. Entgelte stellen keine Förderung, sondern die Bezahlung für eine konkrete Leistung dar. Infolgedessen ist bei dieser Abfrage eine geringe Anzahl von Trägern zu erwarten gewesen. Bemerkenswert ist vor dem Hintergrund der seit Jahren geführten Diskussion über die Rolle privat-gewerblicher Träger in der Jugendhilfe, dass ihr Anteil an allen geförderten Trägern im Rahmen der Hilfen zur Erziehung 9 % beträgt. Dies entspricht ungefähr dem Anteil privat-gewerblicher Träger in der amtlichen Kinder- und Jugendhilfestatistik (Einrichtungsstatistik). Dies überrascht. In der amtlichen Statistik werden nämlich nicht nur die Träger erfasst, die gefördert werden, sondern auch die, die Entgelte erhalten. Vergleicht man die Tätigkeitsfelder privat-gewerblicher Träger mit denen freier Träger (vgl. Kap. 6), dann wird deutlich, dass privat-gewerbliche Träger überwiegend in den Bereichen tätig sind,

Tab. 5.11: Durchschnittliche Anzahl der finanziell geförderten freien Träger pro Jugendamtsbezirk in den Jahren 1995 und 2000

	Wohlfahrts-verbände		Jugend-verbände		Initiativen/ SHG		Andere		Insgesamt	
	1995	2000	1995	2000	1995	2000	1995	2000	1995	2000
Ost										
Jugendarbeit	6	4	23	5	11	37	18	14	58	60
Jugendsozialarbeit	2	2	4	1	1	11	2	3	9	17
Kindertages-betreuung	6	3	0	0	1	8	11	13	18	25
Hilfen zur Erziehung	4	4	0	0	1	6	4	3	9	13
West										
Jugendarbeit	2	2	17	13	3	10	6	7	29	32
Jugendsozialarbeit	0	2	0	1	0	2	0	1	1	5
Kindertages-betreuung	3	3	0	0	6	14	5	12	13	30
Hilfen zur Erziehung	2	2	0	0	0	1	5	1	8	3
Stadtjugendämter										
Jugendarbeit	2	2	19	16	8	25	10	8	39	52
Jugendsozialarbeit	1	2	5	1	1	10	1	2	8	16
Kindertages-betreuung	6	3	0	0	10	25	5	13	22	42
	3	3	0	0	1	5	10	3	14	11
Landkreisjugend-ämter										
Jugendarbeit	4	3	20	7	5	22	12	11	41	43
Jugendsozialarbeit	1	1	0	0	1	6	1	2	3	10
Kindertages-betreuung	3	3	0	0	1	3	9	14	14	20
Hilfen zur Erziehung	3	3	0	0	0	3	3	1	6	7
Insgesamt										
Jugendarbeit	3	2	19	10	6	21	11	9	39	44
Jugendsozialarbeit	1	2	2	1	1	7	1	2	4	11
Kindertages-betreuung	4	3	0	0	4	12	7	12	15	27
Hilfen zur Erziehung	3	3	0	0	0	3	5	2	8	8

Quellen: Jugendamtsbefragungen 1995 & 2000
SHG: Selbsthilfegruppe

in denen über Entgelte abgerechnet wird. Wohingegen freie Träger und Einrichtungen öffentlicher Träger auch Leistungen im Bereich der Hilfen zur Erziehung anbieten wie z.B. Erziehungsberatung, die durch Zuwendungen finanziert werden. Dies bedeutet, dass wenn man nach der Anzahl geförderter Träger im Bereich der Hilfen zur Erziehung fragt, die Rolle der privat-gewerblichen Träger unterschätzt wird und folglich der Anteil privat-gewerblicher Träger an den Trägern bei den Hilfen zur Erziehung in der amtlichen Statistik höher sein müsste als bei uns. Dass dem nicht so ist, verweist auf ein Erfassungsproblem der amtlichen Statistik.

Entscheidungsinstanzen

Die Antwort auf diese Frage, wer über die Vergabe von Mitteln entscheidet, ist eigentlich ganz einfach – letztendlich entscheidet das Kommunalparlament über die Verwendung von Mitteln. Diese formale Antwort spiegelt die Realität aber oftmals nur unzureichend wider. Gerade im Bereich der Förderung von Jugendverbänden oder kleineren Trägern der Jugendarbeit werden die Entscheidungen über Zuschüsse im Rahmen der Tätigkeiten der laufenden Verwaltung, zum Teil auch entlang der vom Kinder- und Jugendhilfeausschuss beschlossenen Förderrichtlinien, getroffen. Ebenfalls zu vermuten ist, dass die Verwaltungsmodernisierung und die stärkere Verbreitung von Budgetierungskonzepten zu einer Verlagerung konkreter Förderentscheidungen von der politischen Ebene oder der Amtsleitung in die einzelnen Fachabteilungen hineinführt. Darüber hinaus gibt es Regionen, in denen Jugendringe pauschal Geld erhalten, um Jugendarbeit zu fördern. Nach den Ergebnissen der Jugendringbefragung verteilen 52 % der Jugendringe Gelder der öffentlichen Hand an Mitgliedsverbände. Tab. 5.12 gibt Auskunft darüber, wie sehr sich die einzelnen Jugendämter hinsichtlich der Entscheidungsinstanzen unterscheiden. Erstaunlich ist, dass nicht bei allen Jugendämtern der Kinder- und Jugendhilfeausschuss angegeben ist. Tagt der Kinder- und Jugendhilfeausschuss nur ein- bis zweimal im Jahr, so ist er auch seltener in die Entscheidung über die Vergabe von Fördermitteln involviert. Bemerkenswert ist der große Unterschied zwischen ost- und westdeutschen Jugendämtern hinsichtlich der Bedeutung der Fachabteilungen bei der Vergabe von Finanzmitteln. Im Westen sind knapp die Hälfte der Fachabteilungen an der Entscheidung über eine Vergabe von Fördermitteln an freie Träger beteiligt, im Osten hingegen sind es 70 %. Parallel hierzu spiegelt sich die hohe Bedeutung der Fachabteilungen auch bei den Entscheidungen im Hilfeplanverfahren wider (vgl. Tab. 7.3, Kap. 7). Entgegen der Erwartung, dass bei den Jugendämtern, bei denen Teile des Haushaltes bzw. der gesamte Haushalt budgetiert ist, Fachabteilungen eine erhöhte Ressourcenkompetenz haben, zeigt sich in der Empirie, dass gerade in diesen Jugendämtern eine Zusammenführung von Fach- und Ressourcenverantwortung, zumindest soweit es sich um die Entscheidung einer Förderung freier Träger handelt, nicht erkennbar ist. Vielmehr scheint das Gegenteil der Fall zu sein. Dieser Unterschied ist signifikant.

Tab. 5.12: Wo werden Anträge über Fördermittel im Jugendamt entschieden? (Mehrfachnennungen sind möglich)

Anträge werden entschieden ...	Ost	West	Keine Budgets im Jugendamt	Budgets im Jugendamt	Insgesamt
... im Jugendhilfeausschuss	96%	89%	91%	97%	92%
... in der Fachabteilung	70%	45%	65%	41%	54%
... von der JA-LeiterIn	37%	40%	42%	38%	39%
... von Sonstigen	11%	23%	19%	17%	19%
... in Ausschüsen ohne Jugendhilfeausschuss	7%	23%	21%	14%	18%
... vom Kämmerer	4%	6%	5%	7%	5%
... in spezieller Abteilung	7%	2%	2%	7%	4%

5.6 Finanzsituation freier Träger

Ohne bereits in diesem Bericht ausführlich die Finanzierung freier Träger in der Jugendhilfe darstellen und diskutieren zu können, wird neben den Einschätzungen zu Entgelten (s.o.) im Folgenden die Bedeutung unterschiedlicher Finanzquellen aus der Perspektive zuerst der Jugendringe und dann der Jugendverbände dargestellt.

Jugendringe

Jugendringe unterscheiden sich – ähnlich wie Jugendämter – von Gebietskörperschaft zu Gebietskörperschaft erheblich. In der einen Region sind Jugendringe als lose Arbeitsgemeinschaften organisiert, die die Interessen der Jugendverbände politisch vertreten sollen, in anderen Regionen sind Jugendringe eingetragene Vereine und in wieder anderen Körperschaften des öffentlichen Rechts. Zum Teil sind die Jugendringe auch die größten örtlichen Anbieter von Jugendarbeit, sowohl was den Personalbestand als auch was die Finanzen betrifft. 2,3 % der Jugendringe verfügen über keinen eigenen Haushalt, der größte Haushalt hingegen beläuft sich auf DM 35,5 Mio. Im Median haben die Jugendringe DM 45.000 und im Durchschnitt DM 418.000 zur Verfügung. Der Etat ostdeutscher Jugendringe ist durchschnittlich kleiner (DM 325.000) als der westdeutscher (DM 431.000). Dieses Ergebnis korrespondiert mit der durchschnittlich höheren Personalausstattung im Westen (vgl. Kap. 3). Vergleicht man jedoch den Median, so liegt dieser in Ostdeutschland höher (DM 128.000 in Ost und DM 35.000 in West). Der geringere Unterschied zwischen Durchschnitt und Median in Ostdeutschland verweist auf eine geringere Streuung.

Ortsjugendringe verfügen im Durchschnitt (DM 103.000) über ein Fünftel der durchschnittlichen Haushaltssumme von Kreis- bzw. Stadtjugendringen (DM 511.000). Nimmt man den Median als Maßzahl, vergrößert sich der Abstand noch etwas (Ortsjugendringe DM 12.000 zu Kreis- bzw. Stadtjugendringen DM 80.000). Diese Zahlen spiegeln die großen Unterschiede zwischen den Jugendringen wider, lassen aber keinen Rückschluss darüber zu, ob das Geld, das ein Jugendring erhält im Bundesvergleich viel oder wenig ist. Eine solche Bewertung kann nur im Zusammenhang mit den konkreten Aufgaben des einzelnen Jugendrings und den örtlichen Gegebenheiten vorgenommen werden.

Tab. 5.13: Bedeutung unterschiedlicher Finanzquellen für Jugendringe

	1. Rang	2. Rang	3. Rang	4. Rang	Sonst. Ränge	Keine Quelle
Jugendamt	40%	10%	5%	2%	1%	42%
Kommune	33%	7%	4%	3%	3%	50%
Eigenanteil	6%	27%	16%	8%	3%	40%
Land	1%	16%	12%	5%	2%	63%
Bundesanstalt für Arbeit	6%	7%	3%	2%	6%	77%
Sonstige	2%	2%	2%	1%	1%	94%
Bund	0%	2%	2%	2%	3%	92%
Bezirk	0%	0%	2%	2%	0%	96%
Wohlfahrtsverbände	0%	<1%	0%	<1%	0%	99%
Europäischer Sozialfond	0%	0%	<1%	<1%	0%	99%

Quelle: Jugendringbefragung 2001, DJI

Wie der Tab. 5.13 zu entnehmen ist, sind Jugendamt und Kommune die wichtigsten Geldgeber für Jugendringe. Im Fragebogen wurde getrennt nach Geldern vom Jugendamt und Geldern aus anderen kommunalen Haushalten bzw. den kreisangehörigen Gemeinden gefragt, weshalb hier zwei unterschiedliche kommunale Geldquellen aufgelistet sind. Diese Trennung ist aus mehreren Gründen notwendig: Zum einen muss, wie bereits angedeutet, zwischen Kreisjugendamt und Kommune unterschieden werden; zum zweiten geben 6% der Jugendämter in der Vollerhebung an, dass für Jugendarbeit auch andere kommunale Einheiten zuständig seien wie Sportamt, Kulturamt, Schulamt und Abteilung für Städtepartnerschaft (vgl. Mamier/ Seckinger/Pluto/van Santen/Zink 2002), und drittens erhalten 45 % der Ortsjugendringe vom Jugendamt kein Geld, dafür jedoch von der Kommune, in der sie sich befinden.

Entsprechend den Regelungen des KJHG sowie der jeweiligen Länderausführungsgesetze sind die zwei wichtigsten Finanziers die zuständigen Jugendämter sowie die Kommunen. Die selbst zu erwirtschaftenden Mittel (Eigenanteil), sei es beispielsweise durch Spenden und Sponsoren, Bußgelder, Erlösen aus dem Verleih von Geräten bzw. dem Verkauf von Getränken oder Teilnehmerbeiträgen, stehen an drittwichtigster Stelle der Einnahmen. Ein bedeutsamer Unterschied zwischen Jugendringen in West- und Ostdeutschland besteht darin, dass in Ostdeutschland nur ein Drittel keine Finanzmittel von der Bundesanstalt für Arbeit erhält, ein weiteres Drittel die Mittel der Bundesanstalt als wichtigste Geldquelle einstuft und für jeden fünften Jugendring sie die zweitwichtigste Geldquelle darstellt.

In Westdeutschland hingegen erhalten 86 % der Jugendringe kein Geld vom Arbeitsamt und nur für ein knappes Prozent sind die Mittel der Arbeitsförderung die wichtigste Geldquelle. Damit spiegelt sich in der Rangfolge der Geldquellen auch der im Abschnitt Personal dargestellte Unterschied bei der Beschäftigung von befristet eingestelltem Personal zwischen Ost und West wider. Nichtsdestotrotz dürften einige Jugendringe das Arbeitsamt als Geldquelle vergessen haben, da Lohnkostenzuschüsse keine Zuschüsse an die Jugendringe, sondern an die Beschäftigten sind. Um dies auszugleichen, haben wir alle Jugendringe, die MitarbeiterInnen gemäß den Regelungen der Arbeitsmarktförderung beschäftigen und die die Bundesanstalt für Arbeit nicht als Geldquelle angegeben haben, nachträglich als Empfänger von Mitteln der Bundesanstalt für Arbeit kodiert. Allerdings wird hierdurch der Rang als Finanzquelle unterschätzt, da wir nicht entscheiden konnten, wie wichtig diese Finanzquelle ist. Weitere Unterschiede zwischen Ost und West beziehen sich auf den Erhalt von Landesmitteln, von Bundesmitteln, die Bedeutung des örtlichen Jugendamtes sowie der Kommune (vgl. Tab. 5.14).

Tab. 5.14: Geldquellen von Jugendringen

	Ost %	West %	Insgesamt %
Eigenmittel	72	59	61
Jugendamt	98	52	58
Kommune	37	52	50
Land	67	32	37
Bundesanstalt für Arbeit	69	14	22
Bund	2	10	8
Sonstiges	7	6	6
Bezirk	0	5	5
Europäischer Sozialfond	5	0	1
Wohlfahrtsverband	0	1	1

Quelle: Jugendringbefragung 2001, DJI

Ähnlich wie die Jugendämter haben wir auch Jugendringe nach einer Einschätzung ihrer Haushaltsentwicklung gefragt. Hierin unterscheiden sich Jugendringe in Ost und West ebenfalls: Ostdeutsche Jugendringe gehen von Kürzungen aus, während westdeutsche Jugendringe eher mit einem Haushaltszuwachs rechnen. Dieser Unterschied ist signifikant. Diese differierende Einschätzung zukünftiger Haushaltsentwicklung erklärt sich zum größten Teil dadurch, dass die Empfänger von Mitteln der Bundesanstalt für Arbeit mit Kürzungen rechnen. Die Jugendringe, die sich überwiegend aus Mitteln der Jugendämter finanzieren, erwarten in ihrer Mehrzahl eine finanzielle Stabilität, und diejenigen, die sich auf Mittel aus Kommunen (nicht Jugendamt) beziehen, erwarten eine Haushaltssteigerung. Zwischen Ortsjugendringen und Kreis- bzw. Stadtjugendringen gibt es keinen Unterschied hinsichtlich der Erwartungen zur Haushaltsentwicklung.

Jugendverbände

Ein Anteil von 12,5 % der Jugendverbände hat weniger als DM 1.000 pro Jahr zur Verfügung. Der größte Haushalt eines befragten Jugendverbandes beläuft sich auf die stolze Summe von DM 1,5 Mio. Diese Haushaltshöhe erklärt sich dadurch, dass dieser Jugendverband auch Träger einer Kindertageseinrichtung ist. Im Median verfügen Jugendverbände über DM 5.000 pro Jahr und im Durchschnitt über DM 40.039. Die Differenz zwischen Median und Durchschnitt verdeutlicht ebenso wie der Vergleich zwischen Minimum und Maximum die großen Unterschiede in den Haushalten der einzelnen Jugendverbände. Tab. 5.14 zeigt im Vergleich zu Tab. 5.15

die unterschiedlich große Bedeutung, die die verschiedenen Geldquellen für Jugendringe und Jugendverbände haben. Für über ein Drittel der Jugendverbände sind Eigenmittel, sprich Spenden, Sponsorengelder, Teilnehmer- und Mitgliedsbeiträge die wichtigsten Geldquellen. Die Unterschiede in der Relevanz der einzelnen Finanzquellen ist auch Ergebnis des unterschiedlichen Finanzbedarfs von Jugendringen und Jugendverbänden, der sich aus den differierenden Aufgaben ergibt. Obwohl Finanzmittel aus dem Jugendamt die zweitwichtigste Quelle für Jugendverbände sind, erhalten 58 % der Jugendverbände keine Fördermittel von dort. Die Jugendverbände wurden auch gebeten, konkret die Unterstützungsleistung der Jugendämter für ihre Arbeit zu benennen; dabei zeigt sich, dass es am häufigsten einen Sachkostenzuschuss gibt, an nächster Stelle stehen fachliche Beratung und politische Unterstützung. Mehr ostdeutsche als westdeutsche Jugendverbände werden von Jugendämtern unterstützt.

Tab. 5.15: Bedeutung unterschiedlicher Finanzquellen für Jugendverbände

	1. Rang	2. Rang	3. Rang	4. Rang	Sonst. Ränge	Keine Quelle
Eigenanteil	36 %	21 %	13 %	8 %	5 %	16 %
Jugendamt	17 %	14 %	9 %	1 %	1 %	58 %
Land	10 %	11 %	8 %	6 %	1 %	64 %
Kommune	5 %	13 %	10 %	4 %	3 %	64 %
Jugendring	6 %	9 %	7 %	3 %	3 %	72 %
Kirche	6 %	4 %	4 %	3 %	2 %	81 %
Bundesanstalt f. Arbeit	8 %	5 %	1 %	1 %	1 %	84 %
Landesjugendring	2 %	5 %	4 %	3 %	2 %	84 %
Diözese/Dekanat	5 %	1 %	4 %	1 %	1 %	88 %
Sonstige	3 %	4 %	3 %	1 %	0 %	90 %
Bund	1 %	2 %	2 %	0 %	2 %	92 %
Bezirk	0 %	1 %	0 %	0 %	0 %	98 %
Europäischer Sozialfond	0 %	0 %	1 %	0 %	0 %	98 %

Quelle: Jugendverbandsbefragung 2001, DJI

5.7 Fazit

Die Erhebungen belegen sehr deutlich, dass in den Jugendhilfeetats trotz der schwiergien kommunalen Haushaltslage noch viel positive Dynamik enthalten ist. Sie gehören wahrscheinlich zu den wenigen kommunalen Haushaltsbereichen, die über Jahre hinweg überdurchschnittliche Zuwächse zu verzeichnen haben. Dies ist aber nicht, und das zeigen die Daten ebenfalls, auf mangelnde Rechenkünste von SozialpädagogInnen und MitarbeiterInnen der öffentlichen Verwaltung zurückzuführen, sondern nach wie vor Ausdruck der noch nicht abgeschlossenen Verlagerung von Ausgaben auf die kommunale Ebene sowie der laufenden und in manchen Bereichen auch verschleppten Modernisierung der Kinder- und Jugendhilfe. Wenn nach wie vor der Rechtsanspruch auf einen Kindergartenplatz rein rechnerisch noch nicht in allen Jugendamtsbezirken einlösbar ist, verwundert es nicht, dass die Ausgaben für die Kindertagesbetreuung nach wie vor überproportional steigen. Dies wird erst aufhören, wenn der Rechtsanspruch tatsächlich einlösbar ist und auch die Betreuungsmöglichkeiten für Kinder unter drei Jahren und Schulkinder bedarfsgerecht ausgebaut sind. Ebenso sind die Steigerungen im Bereich der Hilfen zur Erziehung vor dem Hintergrund der im Kapitel Angebote dargestellten Entwicklung der Angebotsstruktur als sinnvolle Investition für die Zukunft zu sehen.

Die Umsetzung neuer Organisations- und Steuerungskonzepte, die einen Beitrag zur Effizienzsteigerung öffentlicher Verwaltung leisten sollen, erfolgt eher inkonsequent. Einzelne Elemente werden je nach Interessenlage herausgenommen und dabei das Gesamtschema zerstört. So wird es beispielsweise schwierig werden, positive Effekte aus Budgetierungen zu ziehen, wenn sie eigentlich nichts anderes als Deckelungen darstellen. Ähnliches lässt sich über Entgelte sagen. Allein die Tatsache dass vier von zehn Trägern unsicher über die grundsätzliche Prospektivität von Entgelten sind, zeigt, wie schwierig es ist, eine neue Kultur, die weniger auf Kontrolle und Hierarchie beruht, zu entwickeln. Hierin unterscheidet sich die öffentliche Verwaltung jedoch nicht von der Privatwirtschaft (vgl. Minssen 2001; Kühl 2001). In Ostdeutschland werden Jugendämter, legt man die Daten und Ergebnisse zum Thema Finanzen zugrunde, ihrer zentralen Stellung als Moderatoren, Manager und Anreger von Jugendhilfeleistungen eher gerecht als im Westen: Sie fördern mehr Träger und sind häufiger wichtigste Geldquelle.

6 Angebote und Leistungen der Kinder- und Jugendhilfe und deren Inanspruchnahme

Im Mittelpunkt dieses Kapitels steht zum einen die Beschreibung der Infrastruktur der Hilfe- und Unterstützungsangebote, die die Jugendämter ihren AdressatInnen konkret zur Verfügung stellen, und zum anderen die Inanspruchnahme dieser Angebote und Leistungen vonseiten der AdressatInnen. Die Inanspruchnahme gibt nur bedingt Auskunft über die vorhandenen Hilfe- und Unterstützungsbedürfnisse und das Ausmaß der Befriedigung der Bedürfnisse in den Jugendamtsbezirken, da die (fach-)politischen Kriterien der Anerkennung von Bedürfnislagen diesen Zahlen nicht zu entnehmen sind. Das heißt, nicht jedem Bedürfnis wird ein Angebot vonseiten der Kinder- und Jugendhilfe als Antwort auf dieses Bedürfnis gegenüberstehen, sondern die Definition der Handlungsnotwendigkeit vonseiten der Kinder- und Jugendhilfe unterliegt einem interessengeleiteten Entscheidungsprozess. Es ist zudem zu erwarten, dass die Kriterien von Jugendamtsbezirk zu Jugendamtsbezirk unterschiedlich sind, wie das Beispiel zur Einschätzung der Bedarfsdeckung im Bereich der Kindertagesbetreuung (Kap. 6.1) verdeutlichen wird.

Im § 2 des KJHG sind die Aufgaben der Kinder- und Jugendhilfe definiert. Unterschieden wird hier zwischen Leistungen und anderen Aufgaben zugunsten junger Menschen und Familien. Die Leistungen bilden den Schwerpunkt der Pflichten der Kinder- und Jugendhilfe. Sie umfassen Angebote der Jugendarbeit, Jugendsozialarbeit, des erzieherischen Kinder- und Jugendschutzes, Angebote zur Förderung der Erziehung in der Familie, Angebote zur Förderung von Kindern in Tageseinrichtungen und in Tagespflege, den Bereich der Hilfen zur Erziehung und ergänzende Leistungen, Hilfe für seelisch behinderte Kinder und Jugendliche und ergänzende Leistungen sowie Hilfen für junge Volljährige. Die anderen Aufgaben sind solche (§ 3 (3) KJHG), bei denen die Jugendämter selbst tätig werden bzw. werden müssen unabhängig davon, ob dies den Vorstellungen der Kinder, Jugendlichen, Personensorgeberechtigten oder den Trägen der öffentlichen Jugendhilfe entspricht (vgl. Münder/Greese/Jordan/Kreft/Lakies/Lauer/Proksch/Schäfer 1993: 112). Hierzu zählen z.B. die Erteilung, der Widerruf und die Zurücknahme einer Pflegeerlaubnis oder die Mitwirkung in Verfahren nach dem Jugendgerichtsgesetz.

Die Angebote, die sich aus der Leistungsverpflichtung der Jugendämter ergeben und deren Inanspruchnahme, bilden den Schwerpunkt der Darstellung in diesem Kapitel. Das KJHG ist aber mehr als ein

Leistungs- und Aufgabenkatalog der Kinder- und Jugendhilfe. Es erhebt die Pluralität an Trägern unterschiedlicher Wertorientierungen, die Vielfalt von Methoden und Arbeitsformen (KJHG § 3 (1)), die Übertragung von Aufgaben auf anerkannte freie Trägern (KJHG § 4 (2)), das Wunsch- und Wahlrecht der AdressatInnen (KJHG § 5) sowie die Beteiligung der AdressatInnen (KJHG § 8) zu den wichtigen Leitprinzipien der Kinder- und Jugendhilfe. Die Grundmaximen Pluralität, Subsidiarität und Partizipation, die diesen Gesetzesbestimmungen zugrunde liegen, implizieren aus normativer Sicht eine Angebotsstruktur der Kinder- und Jugendhilfe, die von mehreren, möglichst freien Trägern bereitgestellt wird. Die folgenden Analysen liefern Hinweise, inwiefern sich diese Prinzipien in der Angebotsstruktur der Kinder- und Jugendhilfe niederschlagen. Neben der Information, ob ein bestimmtes Angebot vor Ort vorhanden ist, wurde zusätzlich abgefragt, ob das Angebot von einem oder mehreren Trägern bereitgestellt wird. Zwar ermöglicht dieses Vorgehen keine genaue quantitative Bestimmung der Anzahl der Anbieter einer speziellen Leistung, aber doch Hinweise über die vorhandene Vielfalt.

Wenn ein Angebot innerhalb eines Jugendamtsbezirks nicht vorhanden ist, muss dies nicht notwendigerweise bedeuten, dass dieses Angebot kein Bestandteil des Angebotsspektrums eines Jugendamtes ist, weil von Jugendämtern auch Einrichtungen und Dienste in Anspruch genommen werden können, die außerhalb des eigenen Jugendamtsbezirkes lokalisiert sind. Die Daten zur örtlichen Verfügbarkeit von Angeboten bieten deshalb eher Anhaltspunkte für die Realisierungschancen eines weiteren Paradigmas der Kinder- und Jugendhilfe, nämlich der Lebensweltorientierung (vgl. BMJFFG 1990: 85ff.), als dass sie Ausdruck einer realen Mangelsituation sind. Eine möglichst lebensweltnahe Angebotsstruktur erhöht die Erreichbarkeit, hat bessere Chancen, sich in den vorhandenen lokalen und regionalen Strukturen einzubetten und Bestandteil des Erfahrungsraumes der AdressatInnen zu sein. Damit sind Aspekte angesprochen, die die Leitidee der Lebensweltorientierung für die Praxis operationalisieren.

Die Beschreibung der Angebotsstruktur erfolgt zum einen auf der Basis der Jugendamtsbefragung, zum anderen anhand von Daten einer Bestandserhebung von Einrichtungen in der Kinder- und Jugendhilfe zum 31. Dezember 1998, die im Zuge der amtlichen Jugendhilfestatistik erhoben wurden. Auch die Informationen zur Inanspruchnahme von Jugendhilfeleistungen entstammen der amtlichen Statistik.

Die Darstellung der Ergebnisse folgt einer Unterteilung in verschiedene Arbeitsfelder der Kinder- und Jugendhilfe. Innerhalb dieser Arbeitsfelder werden Angebote und Inanspruchnahme – zumindest sofern hierzu Informationen vorliegen – gegenübergestellt.

6.1 Kindertagesbetreuung

Die Dynamik in der Entwicklung der Kindertagesbetreuung ist zumindest in Westdeutschland in den letzten Jahren sehr stark von dem Bemühen geprägt, den Rechtsanspruch auf einen Kindergartenplatz zu erfüllen. In Ostdeutschland wurde die Dynamik durch den Rückgang der Geburtenquote – und damit auch der Anzahl der Kinder – unmittelbar nach der Wende bestimmt. Obwohl sich die Geburtenquote in den alten Ländern in den vergangenen 15 Jahren nicht wesentlich geändert hat (vgl. z. B. Bien 2001), wird sich in naher Zukunft eine deutliche Reduktion der Anzahl der Kinder und damit der Nachfrage gerade im Bereich der Kindertagesbetreuung bemerkbar machen. Es steht nämlich eine Phase an, in der die Anzahl der Frauen im geburtsfähigen Alter gravierend sinken wird (vgl. Statistisches Bundesamt 2000). Im Resultat wird es vielerorts bereits innerhalb der nächsten zehn Jahre deutlich weniger Kinder geben (bis zu einem Drittel weniger), was zumindest für den Bereich der Kindergartenplätze zu einer Entwicklungsdynamik führen wird bzw. muss (vgl. z. B. die Expertise von Schilling 2000 zu diesem Thema).

Die Entwicklung der Erwerbstätigkeit von Frauen mit Kindern stellt neben der Entwicklung der Kinderzahl einen weiteren bedarfsbeeinflussenden Faktor dar. Es zeichnet sich (erneut) eine Parallelität der Interessen des Arbeitsmarktes und der Frauen ab. Auf dem Arbeitsmarkt wird sich in naher Zukunft, durch den Rückgang der Bevölkerung im erwerbsfähigen Alter, die Nachfrage von Arbeitskräften wesentlich stärker dem Angebot annähern, als dies momentan noch der Fall ist. Eine Zunahme der weiblichen Erwerbstätigkeit liegt daher im Interesse des Arbeitsmarktes. Dies fügt sich zu den Interessen der Frauen, deren Erwerbsorientierung in den letzten Jahren deutlich zugenommen hat (vgl. Zahn 1999). Die Kindertagesbetreuung wird weiter an Bedeutung gewinnen. Die institutionelle Kindertagesbetreuung unterstützt in diesem Zusammenhang die Familien – also nicht nur die Frauen –, Erwerbstätigkeit und Elternpflichten zu vereinbaren und somit langfristig auch die Erfordernisse des Arbeitsmarktes.

Infolge der demografischen Entwicklung und der zunehmenden Erwerbstätigkeit von Frauen werden im Bereich der Kindertagesbetreuung folgende Themen an Virulenz gewinnen:

- Die Bedarfsplanung in der Kindertagesbetreuung
- Die Frage der Überleitung von Ressourcen in die Krippen- oder Hortbetreuung: Werden die Jugendämter diese Gelegenheit nutzen, die Versorgungssituation in diesen beiden Bereichen auszuweiten oder werden die frei werdenden Mittel zur Haushaltskonsolidierung genutzt?
- Altersgemischte Angebote und die damit verbundenen konzeptionellen und sachlichen Herausforderungen
- Die quantitativen und qualitativen Herausforderungen für die Personalentwicklung im Bereich der Kindertagesbetreuung.

Innerhalb der Kindertagesbetreuung lassen sich drei, altersabhängige Formen der Betreuung unterscheiden. Die Krippe für die Null- bis Dreijährigen, der Kindergarten für die Kinder von drei bis zum Schuleintritt sowie der Hort für die Sechs- bis Zehnjährigen bzw. 6- bis 14-Jährigen. Wobei zu beachten ist, dass die Altersgrenze lediglich für die Gruppe der Krippenkinder relativ klar angegeben werden kann. Das Schuleintrittsalter, das für die Altersobergrenze der Kindergartenkinder bestimmend ist, variiert abhängig vom Entwicklungsstand des Kindes und dem Alter der Kinder zum jeweiligen Altersstichtag, der für den Schuleintritt bestimmend ist[20]. Was für die Altersobergrenze der Kindergartenkinder gilt, trifft logischerweise auch für die Altersuntergrenze der Gruppe der Hortkinder zu. Die Altersobergrenze für Hortkinder ist umstritten. Manche sehen die Grenze bei zehn Jahren, andere bei 14 Jahren. Das Angebot der Tagespflege dagegen ist altersübergreifend, es wird sowohl von den Sorgeberechtigten von Kindern im Krippen-, Kindergarten- sowie Hortalter genutzt. Am häufigsten wird die Tagespflege jedoch von den Sorgeberechtigten mit Kindern der Altersgruppe der Null- bis Dreijährigen in Anspruch genommen (vgl. Tietze/Roßbach/Roitsch 1993)[21].

Aufgrund der nicht eindeutigen Altersgrenzen bei den verschiedenen Formen der Kindertagesbetreuung sowie des altersübergrei-

---

[20] In Baden-Württemberg wird momentan in der Grundschule mit einem flexiblen Schuleintritt experimentiert, d.h., Kinder können auch zu einem späteren Zeitpunkt als zu Schuljahresanfang die Schule beginnen (vgl. z.B. Engemann 2001).

[21] Tietze/Roßbach/Roitsch (1993) ermittelten folgendes Verhältnis der Altersgruppen in Tagespflege: 50,5 % unter Dreijährige, 31 % Drei- bis Sechsjährige, 13,2 % Sechs- bis Zehnjährige sowie 5,3 % 10- bis 16-Jährige. Krauß und Zauter kommen in ihrer Untersuchung zur Kindertagespflege in Hamburg (Freie und Hansestadt Hamburg 1993) zu einer anderen Altersverteilung: 32 % unter drei Jahre, 34 % drei bis sechs Jahre sowie 34 % sechs Jahre und älter.

fenden Angebots der Tagespflege gibt es keine in ihrer Größe eindeutig bestimmbare Altersgruppe auf die das jeweilige Angebot bezogen werden kann. Dies erschwert eine Bestimmung von Versorgungsquoten, die genau die Relation von Angebot und (potenzieller) Nachfrag zum Ausdruck bringen soll. Die sich im Verlauf der Jahre stark verändernde Geburtenrate und räumliche Mobilität, wie sie in den neuen Bundesländern zu beobachten ist, führen zudem zu kurzen „Halbwertszeiten" von Versorgungsquoten. Das heißt, die Zahlen sind nur bedingt in der Lage, die aktuelle Situation zu beschreiben, weil diese durch eine große Dynamik gekennzeichnet ist. Trotz dieser Einschränkungen werden die absoluten Platzzahlen der verschiedenen Formen der Kinderbetreuung durch einen Bezug auf die altersentsprechenden Bevölkerungsgruppen standardisiert. Dies ermöglicht zumindest annähernd eine Gegenüberstellung verschiedener Versorgungsquoten und die Beschreibung der wichtigsten Entwicklungstrends in der Kindertagesbetreuung.

Wir wollen jedoch auf eine weitere Einschränkung der Aussagekraft von Versorgungsquoten aufmerksam machen. Üblicherweise wird bei der Berechnung von Versorgungsquoten die durchschnittliche Nutzungsdauer von Kindertagesbetreuungsplätzen nicht berücksichtigt. Diese variiert aber regional sehr stark, wie wir noch sehen werden. Die Versorgungsquote für sich genommen ist daher nur ein grober Indikator für die Bedarfsangemessenheit der vorhandenen Infrastruktur. Die Bedarfsangemessenheit ließe sich nur durch einen Bezug von benötigter Betreuungsdauer über alle Kinder hinweg vonseiten der Sorgeberechtigten zu der angebotenen Betreuungsdauer (also nicht der Plätze) angemessen ermitteln. Das heißt, letztendlich entscheidend ist das Verhältnis der benötigten zu der angebotenen Betreuungszeit.

Die Daten zur Betreuungssituation von Kindern beziehen sich zum einen auf zwei Stichtage (Schulbeginn 1998 und 1999), die in der aktuellen Erhebungswelle des Projektes ermittelt wurden, sowie auf Informationen aus früheren eigenen Erhebungen und der Jugendhilfestatistik.

Einrichtungsprofile der Kindertagesbetreuung

Der erhebliche Unterschied in der Versorgungssituation hinsichtlich der Kindertagesbetreuung zwischen den alten und neuen Ländern spiegelt sich sehr deutlich in der inneren Struktur der Einrichtungen der Kindertagesbetreuung, so wie sie sich in der amtlichen Kinder- und Jugendhilfestatistik darstellt, wider (vgl. Tab. 6.1.1, S. 150).

Während die Kinderbetreuungseinrichtungen im Osten oftmals mehrere alterseinheitliche Gruppen (Krippe, Kindergarten, Hort) oder altersgemischte Gruppen haben[22], gibt es im Westen vor allem Einrichtungen, die ausschließlich Gruppen für eine Alterskategorie aufweisen, insbesondere Kindergärten. Es bieten sich folgende Erklärungen für diese deutlichen Differenzen im Profil der Kindertagesbetreuung an: Diese Struktur ist Ausdruck eines größeren Selbstverständnisses einer Tagesbetreuung für Kinder aller Altersgruppen. Die Zusammenführung der Betreuung verschiedener Altersgruppen ermöglicht es den Jugendämtern auch dann die Betreuung einzelner Altergruppen aufrechtzuerhalten, wenn die Kinderzahl in einer Altersgruppe die erforderliche Mindestgröße einer Gruppe unterschreitet. Diese These wird durch einen Vergleich der Einrichtungsstruktur zum Zeitpunkt der vorletzten Erhebung der amtlichen Statistik zu Einrichtungen und tätigen Personen der Kinder- und Jugendhilfe aus dem Jahr 1994 unterstützt. Zu diesem Zeitpunkt haben noch 19,5 % der Einrichtungen der Kindertagesbetreuung ausschließlich Gruppen für Kinder im Kindergartenalter bereit gestellt. Dieser Anteil ist deutlich, und zwar auf 6 %, zurückgegangen, was vermuten lässt, dass ein Großteil dieser Kindergärten sich für andere Zielgruppen geöffnet hat. Dies kann das Ergebnis einer Umschichtung (das Krippenangebot wird z. B. wegen mangelnder Nachfrage verringert, während das Angebot für Kindergartenkinder wegen steigender Nachfrage erweitert wird), oder auch Erweiterung des Gesamtangebots der Einrichtungen sein. Die großen regionalen Unterschiede bezüglich der Entwicklung der Kinderzahl innerhalb der neuen Länder sowie die zum Teil zurückgegangenen Versorgungsquoten lassen vermuten, dass die geringe Anzahl von Einrichtungen, die ausschließlich Gruppen für eine Alterskategorie anbieten, in vielen Jugendamtsbezirken das Ergebnis einer Umschichtung darstellt, während in einigen Jugendamtsbezirken auch eine Erweiterung des Angebots eine Rolle spielt. Insgesamt betrachtet, spiegelt die Einrichtungsstruktur in Ostdeutschland den im Vergleich zu Westdeutschland deutlich höheren Stellenwert der Kindertagesbetreuung als Unterstützungsleistung für die Sorgeberechtigten wider. In Westdeutschland herrscht im Unterschied zu

---

[22] Die Tatsache, dass die Hortplätze, die in einigen östlichen Bundesländern der Zuständigkeit der Schulbehörden unterliegen, in dieser Statistik nicht enthalten sind, führt zu einer Überschätzung der Anteile der Einrichtungen, die altersgemischte Gruppen oder mehrere altershomogene Gruppen für verschiedene Zielgruppen nebeneinander haben. Das Gleiche gilt natürlich auch für die Perspektive der Platzangebotsstruktur.

Ostdeutschland eine Versäulung von Angeboten vor, die in erster Linie auf die Erfüllung des Rechtsanspruches auf einen Kindergartenplatz ausgerichtet ist, auch wenn in § 24 KJHG festlegt ist, dass das gesamte Kinderbetreuungsangebot bedarfsgerecht ausgebaut werden soll.

Die Einrichtungsstruktur, wie sie eben dargestellt wurde und die Platzangebotsstruktur (vgl. hierzu Schilling 2001), die sich ebenfalls nach der in den Tab. 6.1.1 aufgeführten Dimensionen untergliedern lässt, unterscheiden sich untereinander nur unwesentlich.

Der Anteil der Vollzeitplätze an allen Plätzen stellt ein wichtiges Strukturmerkmal des Angebotes dar. Es soll hier nicht unerwähnt bleiben, dass dieser Anteil einen guten Indikator für das Vorhandensein von Gelegenheitsstrukturen darstellt, die die Lebensplanung und Lebensführungsoptionen, insbesondere der Frauen speziell in Bezug auf eine Erwerbstätigkeit wesentlich mitbestimmen (vgl. Keddi/Pfeil/Strehmel/Wittmann 1999). Hier zeigt sich nach wie vor ein eindeutiger Unterschied zwischen Ost- und Westdeutschland. In den neuen Ländern beträgt der Anteil der Ganztagesplätze 98 %, während bislang in den alten Ländern bei leicht steigender Tendenz lediglich ein Niveau von 18,8 % erreicht wurde (vgl. Schilling 2001: 54).

Tab. 6.1.1: Struktur der Einrichtungsarten in der Kindertagesbetreuung, 1998

Einrichtungsart	Ost	West
Tageseinrichtungen für nur eine Altersgruppe	24 %	84 %
davon Kinderkrippen	5 %	2 %
davon Kindergärten	27 %	91 %
davon Horte	68 %	7 %
Tageseinrichtungen mit verschiedenen alterseinheitlichen Gruppen	26 %	5 %
davon Krippen und Horte	0 %	1 %
davon Kita und Horte	8 %	66 %
davon Krippen, Kita und Horte	47 %	18 %
Tageseinrichtungen mit altersgemischten Gruppen	31 %	6 %
davon Kinder bis zum Schuleintritt	72 %	46 %
davon für Kinder ab 3 Jahren	3 %	33 %
davon für Kinder aller Altersklassen	23 %	13 %
davon in unterschiedl. Alterszusammensetzung	2 %	8 %
Tageseinrichtungen mit altersgemischten und alterseinheitlichen Gruppen	19 %	5 %
	100 %	100 %

Quellen: Amtliche Kinder- und Jugendhilfestatistik; eigene Berechnungen

Die vorhandene Einrichtungsstruktur, die Angebotsstruktur von Halbtages- und Ganztagesbetreuungen sowie flexible Öffnungszeiten haben Auswirkungen auf das pädagogische Konzept und die sozialisatorische Wirkung der Kindertagesbetreuung. Auch die Alltagsorganisation der Sorgeberechtigten und die Effekte der Kindertagesbetreuung auf soziale Netzwerke werden durch diese Strukturen beeinflusst. Beide Aspekte werden in der Fachdiskussion bisher zu wenig beachtet. Eine Ausnahme bildet hier die Arbeit, die im Rahmen des Projektes „Orte für Kinder" (vgl. DJI 1995) erstellt wurde. Wir möchten hier nur stichwortartig drei der wichtigsten Folgen benennen. Einrichtungen mit Angeboten für verschiedene Zielgruppen, entweder altersgemischt oder auch mit einem Nebeneinander von altershomogenen Gruppen, ermöglichen als Erstes (1) Betreuungskontinuität, zumindest in institutioneller Hinsicht. Das heißt, bei steigendem Alter muss nicht zwangsläufig die Einrichtung gewechselt werden, wenn man sich weiterhin für eine institutionelle Betreuung entscheidet. Dies impliziert zweitens (2), bessere Möglichkeiten zur Verfestigung von Peerbeziehungen, die in den Kinderbetreuungseinrichtungen entstanden sind. Drittens (3) bietet das nebeneinander von altershomogenen oder altersheterogenen Gruppen für die Kinder bessere Rahmenbedingungen für Kontakte zu Kindern in anderen Altersgruppen.

Eine Entwicklung hin zu altersgemischten Gruppen impliziert auch wachsende Qualifikationsanforderungen an das Personal in diesen Einrichtungen, da die Fachkräfte nicht nur mit einer, sondern mit verschiedenen Altersgruppen konfrontiert werden (vgl. Beher 2001: 66ff. allgemein zur bestehenden Qualifikationsstruktur des Personals in den Einrichtungen der Kindertagesbetreuung). Kinder verschiedenen Alters haben unterschiedliche Entwicklungs- und Sorgebedürfnisse, die vom Personal erstens als solche erkannt werden müssen und zweitens angemessene Unterstützungs- und Sorgeleistungen erfordern, mit denen das Personal vertraut sein muss. Das benötigte Qualifikationsprofil dürfte sich, wenn es durch entsprechende Ausbildungen abgesichert wird, auch in steigenden Personalkosten von altersgemischten Gruppen bemerkbar machen.

Betreuungsplätze für Null- bis Dreijährige

Die Tab. 6.1.2 enthält eine Reihe von Kennzahlen, die die Angebotsstruktur von Krippen beschreiben. Die Angaben sind wie in den übrigen Tabellen zur Kindestagesbetreuung nach Ost- und Westdeutschland differenziert, da sich sowohl die Trägerstruktur als auch die Versorgungslage bis dato erheblich voneinander unterscheidet.

Tab. 6.1.2: Kennzahlen zur Kindertagesbetreuung in Krippen 1999

	Ost	West
Durchschnittlicher Anteil der Plätze pro Jugendamtsbezirk nach Trägern		
Öffentliche Träger	57 %	42 %
Freie Träger	42 %	58 %
Betriebe	< 1 %	< 1 %
Privat-gewerbliche Träger	< 1 %	< 1 %
Anteil der Jugendamtsbezirke mit Plätzen in ...		
öffentlicher Trägerschaft	96 %	75 %
freier Trägerschaft	96 %	92 %
Betriebsträgerschaft	21 %	13 %
privat-gewerblicher Trägerschaft	13 %	4 %
Anteil der Jugendamtsbezirke mit abnehmender bzw. ansteigender Platzzahl		
Abnahme	17 %	5 %
Zunahme	78 %	19 %
Versorgungsquote		
Versorgungsquote 1994*	41,3 %	2,1 %
Versorgungsquote 1998*	36,3 %	2,8 %

* Berechnet auf Basis der Angaben der amtlichen Kinder- und Jugendhilfestatistik

Nach wie vor existiert in den neuen Bundesländern ein deutlich höheres Versorgungsniveau an Krippenplätzen (36,3 %) als in den alten Ländern (2,8 %)[23]. Die Versorgungsquote im Westen ist seit der letzten Erhebung der Jugendhilfestatistik im Jahr 1994 (2,1 %) leicht angestiegen, während die Quote in den Ostländern – bei steigender Platzzahl – im Vergleich zu 1994 (41,3 %) zurückgegangen ist. Dies bedeutet, dass zumindest für diesen Zeitraum die Zunahme der Geburten in Ostdeutschland deutlich höher ausgefallen ist als der Wiederaufbau von Krippenplätzen. Dass die Ostjugendämter versuchen, den durch den Anstieg der Geburten bedingten, steigenden Bedarf an Plätzen zu decken, zeigt sich in den Bemühungen, zusätzliche Krippenplätze zur Verfügung zu stellen: 78 % der Jugendämter in Ostdeutschland haben 1999 die Platzzahl gegenüber dem Vorjahr erhöht. Bei lediglich 17 % der Jugendämter in Ostdeutschland hat sich die Anzahl der Krippenplätze verringert. In den meisten dieser

---

[23] Vgl. Beher 2001 für eine Differenzierung der Versorgungsquoten nach Bundesländern.

Fälle hat dies auch zu einer Senkung der Versorgungsquote geführt, da der Rückgang der Anzahl der Krippenplätze nicht mit einem Rückgang der Anzahl der Null- bis Dreijährigen einhergegangen ist.

Ganz anders stellt sich die Situation in Westdeutschland dar. Trotz des deutlich geringeren Versorgungsniveaus werden lediglich bei 19% der Jugendämter die Kapazitäten in den Krippen ausgebaut. Bei gut drei Vierteln der Jugendämter stagniert die Zahl der verfügbaren Krippenplätze.

Für Gesamtdeutschland zeigen sich keine Unterschiede zwischen dem Versorgungsniveau auf dem Land und in den Städten. Differenziert man aber innerhalb dieser Unterscheidung nach Ost- und Westdeutschland zeigen sich zwei entgegengesetzte Entwicklungen: In Ostdeutschland ist das Versorgungsniveau in den Landkreisen im Durchschnitt höher als in den Städten (eine Ausnahme bilden die hoch verdichteten Agglomerationsräume), während sich dies in Westdeutschland genau umgekehrt und zudem noch wesentlich stärker ausgeprägt darstellt.

Nicht nur das Versorgungsniveau unterscheidet sich deutlich bei einem Vergleich von alten und neuen Ländern, sondern auch die Trägerstruktur, obwohl es hier in den vergangenen Jahren zu einer Annäherung kam. Während der durchschnittliche Anteil der Plätze in öffentlicher Trägerschaft in den Jugendamtsbezirken im Westen seit vielen Jahren annähend stabil bei etwa 40% liegt (1999: 42%), sinkt dieser Anteil in Ostdeutschland seit 1991 kontinuierlich und hat inzwischen ein Niveau von 57% erreicht. Bemerkbar macht sich dieser Unterschied auch im Anteil der Jugendamtsbezirke, in denen der öffentliche Anbieter selbst als Anbieter von Krippenbetreuungsplätzen fungiert. In Ostdeutschland tun dies nahezu alle öffentlichen Träger (96%) und in Westdeutschland immerhin noch drei Viertel (75%).

Obwohl in beiden Teilen Deutschlands der Anteil der Plätze in freier Trägerschaft unterschiedlich hoch ist, werden in fast allen Jugendamtsbezirken Krippenplätze von freien Trägern angeboten (96% West zu 92% Ost). Die Daten der Jugendhilfestatistik zeigen in diesem Zusammenhang, dass Einrichtungen und Plätze getragen von Elterninitiativen insbesondere im Westen eine nicht zu vernachlässigende Größe darstellen (9% der Einrichtungen bzw. 4% der Plätze im Westen sowie 2,1% der Einrichtungen bzw. 1,4% der Plätze im Osten; in beiden Fällen mit steigender Tendenz (vgl. Beher 2001)).

Der durchschnittliche Anteil von Plätzen für Null- bis Dreijährige in Betrieben pro Jugendamtsbezirk ist zwar sehr gering, dennoch sind im Osten in 21% und im Westen in 13% der Jugendamtsbezirke Betreuungsplätze für Null- bis Dreijährige in Betrieben vorhanden. Der höhere Anteil im Osten lässt sich wahrscheinlich auf die vor der Wende vorhandene Struktur der Kindertagesbetreuung zurückführen, die sich noch bis heute bemerkbar macht. So hat zum Beispiel Thüringen im Kindergartengesetz festgelegt, dass betriebliche Tageseinrichtungen für Kinder in freie oder kommunale Trägerschaft zu überführen sind.

Es kann nicht ausgeschlossen werden, dass in mehr Jugendamtsbezirken als in der Tab. 6.1.2 ausgewiesen, Krippen in betrieblicher Trägerschaft vorhanden sind, da die Jugendämter bei ihren Angaben eventuell nur öffentlich geförderte Einrichtungen berücksichtigen. Betriebliche Kinderbetreuungseinrichtungen erhalten aber nicht in allen Bundesländern öffentliche Förderungen (vgl. Hagemann 1999 für eine Übersicht über die Bestimmungen, die für Kinderbetreuungseinrichtungen in betrieblicher Trägerschaft gelten). Insgesamt betrachtet gibt es nur wenige Plätze in Betriebseinrichtungen. Krippen in privat-gewerblicher Trägerschaft haben quantitativ betrachtet eine ähnlich geringe Bedeutung wie Krippenplätze in betrieblicher Trägerschaft. Für beide zeigt sich gleichermaßen unterschiedliche Präsenz und unterschiedliches Gewicht, wenn man eine Differenzierung nach Stadt- und Landkreisjugendämtern durchführt. Während in Ostdeutschland Betriebskrippenplätze und Plätze in privatgewerblicher Trägerschaft fast ausschließlich in den Landkreisen bereitgestellt werden, bieten diese Träger in Westdeutschland solche Plätze fast nur in den Städten an. In beiden Fällen ist davon auszugehen, dass dies in Zusammenhang mit der vorhandenen Diskrepanz zwischen Angebot und Nachfrage steht. Insbesondere privatgewerbliche Träger werden am ehesten dort aktiv, wo die Nachfrage das Angebot übersteigt.

Kindergartenplätze

Eine Zusammenschau der Versorgungsquoten und der Indikatoren zu Platzab- oder -aufbau bei Kindergärten offenbart große regionale Disparitäten. So wird trotz einer Gesamtversorgungsquote von 111 % in den neuen Ländern in über der Hälfte (57 %) der Jugendamtsbezirke das Angebot an Kindergartenplätzen ausgebaut (vgl. Tab. 6.1.3). Das heißt, es gibt Regionen, die deutlich zu viele Kindergartenplätze haben und Regionen, die über zu wenig Plätze verfügen.[24] Hier machen sich zum einen der Wiederanstieg der Geburten in Ostdeutschland seit 1994, zum anderen auch die erheblichen Wanderungsbewegungen innerhalb der und aus den neuen Bundesländern bemerkbar. Wie bei den Krippenplätzen gibt es in ostdeutschen Jugendamtsbezirken auch bei den Kindergartenplätzen ein deutlich stärkeres Engagement als in westdeutschen Jugendamtsbezirken, um ausreichend Plätze zur Verfügung zu stellen. Obwohl nämlich die Versorgungsquote im Westen deutlich niedriger liegt (86,8 %) ist der Anteil der Jugendamtsbezirke, in denen Plätze ausgebaut werden, geringer (43 %) als im Osten.

Tab. 6.1.3: Kennzahlen zur Kindertagesbetreuung in Kindergärten 1999

	Ost	West
Durchschnittlicher Anteil der Plätze pro Jugendamtsbezirk nach Trägern		
Öffentliche Träger	55 %	30 %
Freie Träger	45 %	70 %
Betriebe	< 1 %	< 1 %
Privat-gewerbliche Träger	< 1 %	< 1 %
Anteil der Jugendamtsbezirke mit Plätzen in ...		
öffentlicher Trägerschaft	96 %	95 %
freier Trägerschaft	100 %	100 %
Betriebsträgerschaft	13 %	5 %
privat-gewerblicher Trägerschaft	17 %	13 %
Anteil der Jugendamtsbezirke mit abnehmender bzw. zunehmender Platzzahl		
Abnahme	40 %	41 %
Zunahme	57 %	43 %
Versorgungsquote		
Versorgungsquote 1994*	96,2 %	71,7 %
Versorgungsquote 1998*	111,8 %	86,8 %

* Berechnet auf Basis der Angaben der amtlichen Kinder- und Jugendhilfestatistik

---

[24] Dies gilt selbstverständlich auch für die einzelnen Jugendamtsbezirke. Eine Versorgungsquote von 100 % kann innerhalb eines Jugendamtsbezirks durchaus mit einer Über- oder Unterversorgung in bestimmten Stadtbezirken oder Gemeinden eines Landkreises einhergehen. Die Praxis zeigt, dass dies nicht nur eine theoretische Möglichkeit darstellt. Die Versorgungsquote ist in der Praxis dann auch lediglich ein Grobindikator für die Versorgungslage.

Während sich die durchschnittlichen Anteile der Kindergartenplätze in öffentlicher Trägerschaft pro Jugendamtsbezirk im Westen nunmehr seit 1991 mit ca. 30 % etwa auf demselben Niveau bewegen (1999: 30 %), hält die Abnahme dieses Anteils im Osten von 99 % im Jahr 1991 auf 55 % im Jahr 1999 weiter an, wie unsere Erhebungen zeigen. Es ist davon auszugehen, dass sich mit dem Ausbau von Kindergartenplätzen, dieser Anteil in Zukunft weiter verringern wird.

In Ost- wie in Westdeutschland ist in Städten der Anteil der Plätze in freier Trägerschaft höher als in Landkreisen.

In allen Jugendamtsbezirken gibt es freie Träger, die Kindergartenplätze anbieten. Auch der öffentliche Träger tritt in nahezu allen Jugendamtsbezirken als Anbieter von Kindergartenplätzen auf (ca. 95 %). Betriebskindergartenplätze sind in den Jugendamtsbezirken weniger häufig anzutreffen als Krippenplätze. Hier macht sich die unterschiedliche Versorgungsdichte für die verschiedenen Altersgruppen deutlich bemerkbar: Dort wo freie und öffentliche Träger nicht in der Lage sind, die Nachfrage zu decken, steigt die Bedeutung anderer Träger oder Angebotsformen, auch wenn sie bislang quantitativ immer noch einen nur geringen Beitrag leisten.

Hortplätze

In der DDR lag die Zuständigkeit für die Hortbetreuung im Schulbereich. In allen neuen Bundesländern wurde die Hortbetreuung in die Kindertagesstätten-Gesetze aufgenommen. Einige Länder haben aber gleichzeitig die Hortbetreuung in der Schulgesetzgebung belassen (z. B. Thüringen). Insgesamt liegt der Anteil der Hortplätze in den neuen Bundesländern, in denen Horte der Schulverwaltung zugeordnet sind, bei etwa 40 % (vgl. Pelzer 1999: 26f.). Allerdings kann es in Zukunft infolge der Diskussion um die „Ganztagsschule" und „verlässliche Grundschule", die den Sorgeberechtigten für eine bestimmte Zeitspanne eine Betreuung über die eigentliche Schulzeit hinaus garantieren soll, zu Zuständigkeitsüberschneidungen zwischen Schule und Jugendhilfe kommen. Insbesondere die Frage, wer die Kosten der erweiterten oder zu erweiternden Betreuung trägt, wird kontrovers zwischen den verschiedenen Ebenen diskutiert. In Bayern etwa vertreten die Kommunen die Auffassung, dass die Schule und damit das Land für die zusätzlichen Kosten durch erweiterte Betreuungsleistungen aufkommen muss, während das Land hierin eine Aufgabe der Jugendhilfe sieht, weil es sich um eine freiwillige und keine obligatorische Betreuungsleistung handle (vgl. z. B. Bayerischer Städtetag 2000: 6).

Tab. 6.1.4: Kennzahlen zur Kindertagesbetreuung in Horten 1999

	Ost	West
Durchschnittlicher Anteil der Plätze pro Jugendamtsbezirk nach Trägern		
Öffentliche Träger	72 %	42 %
Freie Träger	27 %	56 %
Betriebe	< 1 %	< 1 %
privat-gewerbliche Träger	< 1 %	< 1 %
Anteil der Jugendamtsbezirke mit Plätzen in …		
öffentlicher Trägerschaft	100 %	68 %
freier Trägerschaft	91 %	84 %
Betriebsträgerschaft	0 %	3 %
privat-gewerblicher Trägerschaft	8 %	0 %
Anteil der Jugendamtsbezirke mit abnehmenden bzw. ansteigender Platzzahl		
Abnahme	78 %	2 %
Zunahme	17 %	32 %
Versorgungsquote (Sechs- bis Zehnjährige)		
Versorgungsquote 1994*	34,1 %	5,1 %
Versorgungsquote 1998*	47,7 %	5,9 %

* Berechnet auf Basis der Angaben der amtlichen Kinder- und Jugendhilfestatistik, d.h. ohne die Plätze in den Schulhorten

Im Bereich der Kinderbetreuung weisen Horte die größte Vielfalt an Betreuungsformen auf. Diese Diversität der Angebote ist auch ein Ausdruck davon, dass die außerschulische institutionelle Betreuung für Kinder im Schulalter noch unterentwickelt ist und auf verschiedene Art und Weise versucht wird, das Betreuungsangebot zu erweitern. Während in den neuen Bundesländern aus der Tradition heraus, Horte oftmals noch direkt mit den Schulen verbunden sind, ist das Angebot im Westen durch eine Vielfalt wie Hortplätze im Kindergarten, Hortgruppen in Jugendfreizeitheimen, Schulkinderhäuser, Netze für Kinder, Betreuungsangebote für Kinder an Schulen, pädagogische Mittagstische, Hausaufgabenhilfe oder offene Kindergruppen gekennzeichnet (vgl. Pelzer 1999: 30).[25] Es ist allerdings fraglich, ob die Jugendämter diese Angebote unter dem Stichwort Hort zusammenfassen und inwiefern sie diese Formen in ihrer Planung der Betreuungsplätze für die entsprechende Altersgruppe miteinbeziehen (können).

---

[25] Peucker (2001) liefert eine Übersicht bezüglich der außerunterrichtlichen Betreuung von Kindern und Jugendlichen an der Schule für SchülerInnen der Sekundarstufe I.

Wie bei den anderen Formen institutionalisierter Kindertagesbetreuung ist in Ostdeutschland auch bei Hortplätzen ein deutlich höheres Niveau der Versorgung als in Westdeutschland (47,7 %[26] zu 5,9 %) zu verzeichnen (vgl. Tab. 6.1.4). Allerdings zeigt sich eine andere Entwicklungsdynamik. Die Geburtskohorten der vier Nachwendejahre, in denen die Zahl der Geburten dramatisch zurückgingen, bilden zum jetzigen Zeitpunkt ziemlich genau die Hauptzielgruppe dieses Betreuungsangebotes. Es verwundert deshalb nicht, dass in 78 % der Jugendamtsbezirke in Ostdeutschland ein Rückgang der Hortplätze festzustellen ist, während lediglich in 17 % der Jugendamtsbezirke die Anzahl der Hortplätze zunimmt. Im Westen wird dagegen in etwa einem Drittel der Jugendamtsbezirke die Anzahl der Plätze angehoben.

Wie bei den Kindergartenplätzen verändert sich der durchschnittliche Anteil der Hortplätze in öffentlicher Trägerschaft in den alten Bundesländern über die Zeit betrachtet nur wenig. Er liegt im Jahr 1999 bei 42 %. Auch in Ostdeutschland hat sich dieser Anteil mit 72 % in den letzten Jahren nicht verändert. Die Trägerstruktur der Hortplätze wird sich aller Voraussicht nach erst dann deutlich ändern, wenn in den nächsten Jahren die Nachfrage wieder ansteigt. Die Bedeutung von privat-gewerblichen Trägern und Betriebsträgerschaft ist minimal. Es ist deshalb davon auszugehen, dass für die Zielgruppe der Kinder im Hortalter der Betreuungsnotstand vonseiten der AdressatInnen als geringer eingeschätzt wird, bzw. es für diese Altergruppen einfacher ist, im privat-familiären Bereich alternative Betreuungsformen zu organisieren.

In allen ostdeutschen Jugendamtsbezirken fungiert der öffentliche Träger als Anbieter von Hortplätzen. In den alten Ländern ist dies zu einem deutlich geringeren Prozentsatz der Fall (68 %). Eine ähnliche Differenz, wenn auch weniger stark ausgeprägt, wird bei der Betrachtung der Anteile der Jugendamtsbezirke, in denen freie Träger Hortplätze anbieten (91 % vs. 84 %), sichtbar. Letztendlich spiegeln alle diese Zahlen das deutlich höhere Versorgungsniveau in den neuen Ländern wider.

---

[26] Bei der Berechnung dieser Versorgungsquote wurden die Plätze in den Schulhorten nicht berücksichtigt. Die Berücksichtigung der Hortplätze in der Zuständigkeit der Schulverwaltung führt zu einer insgesamt höheren Versorgungsquote.

Tagespflege

Tagespflege von Kindern ist inzwischen zu einem festen Bestandteil der Kindertagesbetreuung geworden. Die Zunahme sowohl der Anzahl an Tagesmüttern als auch an Kindern in Tagespflege in den letzten Jahren, zeigt die gestiegene Akzeptanz für diese Betreuungsform (vgl. Seckinger/van Santen 2000; Schumann 1998a, 1998b). Allerdings muss diese Entwicklung auch vor dem Hintergrund der Mangelsituation im Bereich der institutionellen Betreuung, insbesondere der Krippen, gesehen werden.

Ein nicht unerheblicher Teil der Tagespflegeverhältnisse wird rein privat organisiert. Die Anzahl der Kinder in Tagespflege sowie der Tagesmütter, die öffentlich unterstützt werden und deshalb auch beim Jugendamt registriert sind, machen den kleineren Teil aller Tagesmütter und Kinder in Tagespflege aus. Es ist davon auszugehen, dass auf eine dem Jugendamt bekannte Pflegestelle mindestens vier weitere kommen. Insgesamt wird die Anzahl der Tagespflegeverhältnisse in Deutschland auf etwa 295.000 geschätzt (vgl. Seckinger/van Santen 2002)[27].

1999 wurden innerhalb der Jugendamtsstichprobe von 5.232 Tagesmüttern 6.948 Kinder betreut. Diese Daten ermöglichen nun zusammen mit der zusätzlich vorliegenden Information aus Hamburg und Berlin[28] eine Hochrechnung auf die bei den kommunalen Jugendämtern registrierten Kinder in Tagespflege bzw. Tagesmütter und -väter. Nach dieser Hochrechnung der Daten der Jugendämter ist davon auszugehen, dass 54.125 Kinder im Jahr 1999 im Rahmen von Tagespflege betreut wurden. Zu bedenken ist der bereits erwähnte hohe Anteil an Tagespflege, der jenseits der öffentlichen Kinder- und Jugendhilfe organisiert wird sowie Unsicherheiten in der Datenlage, da Tagespflegeverhältnisse nicht für die amtliche Statistik erfasst werden. In vielen Fällen wird neben der Tagespflege zusätzlich eine institutionelle Betreuungsform in Anspruch genommen (vgl. Deutsches Jugendinstitut 2002). Im Vergleich zum Jahr 1998 ergibt sich damit eine Abnahme der Anzahl von Kindern in

---

[27] Seckinger/van Santen (2002) stellen zudem Ergebnisse zu länderspezifischen Betreuungsquoten der dem Jugendamt bekannten Betreuungsverhältnisse, Zusammenhänge mit der Inanspruchnahme institutioneller Betreuungsangebote sowie anderen außerinstitutionellen Betreuungsformen dar.

[28] Berlin und Hamburg sind in der Stichprobe nicht enthalten, aber weil die Tagespflege vergleichsweise gut ausgebaut ist, werden deren Zahlen zur Tagespflege bei der Schätzung der Gesamtzahl der registrierten Plätze in Tagespflege mit berücksichtigt.

Tagesbetreuung, denn 1998 wurden ca. 56.130 Kinder in Tagespflege betreut. Für das Jahr 1998 gibt es eine gewisse Unsicherheit, da uns für 1998 aus Hamburg keine Zahlen vorliegen und wir deshalb als Annäherung den Wert von 2000 genommen haben. Diese Abnahme der Anzahl von Kindern in Tagespflege im Jahr 1999 ist in den letzten zehn Jahren einmalig, da im Jahr 2000 sowohl die inzwischen vorliegenden Daten als auch die Ausgabenstatistik der Kinder- und Jugendhilfe wieder einen Anstieg verzeichnen (vgl. Statistisches Bundesamt 2001c). Ein Teil des Rückgangs erklärt sich eventuell aus der damals begonnenen Diskussion über die gesicherte Grundschule. Diese Diskussion führte Eltern vielleicht dazu, erst einmal abzuwarten, ob diese Form der Betreuung ihren Ansprüchen und Erfordernissen genügen würde. Eine genauere Analyse der Daten zeigt auch, dass der Rückgang der Anzahl von Kindern in Tagespflege kein bundesweit einheitlicher Trend ist. Diese Verringerung ist ein Effekt einer von Jugendamtsbezirk zu Jugendamtsbezirk sehr unterschiedlichen Entwicklung. In knapp einem Drittel der Jugendamtsbezirke kommt es zu einer Abnahme der Kinder in Tagespflege gegenüber 1998. Durchschnittlich über alle Jugendamtsbezirke hat sich jedoch die Anzahl der Kinder in Tagespflege – soweit dies den Jugendämtern bekannt ist – um 11 % und im Median um 7 % gesteigert.

Verglichen mit dem Jahr 1995 hat sich die Anzahl, der dem Jugendamt bekannten Tagespflegeverhältnisse, von ca. 37.000 auf über 54.000 im Jahr 1999 erhöht. Dies entspricht einer Steigerungsrate von 46 % bei einer gleichzeitigen Abnahme der absoluten Anzahl von Kindern unter sechs Jahren um 5,1 %.

Bei der Anzahl von Tagesmüttern hat es eine ganz ähnliche Entwicklung gegeben. Sie ist in den Jahren von 1995 bis 1999 kontinuierlich angestiegen. Im Jahr 1999 waren, nimmt man wieder die Ergebnisse der Jugendamtsstudie zur Grundlage und unterstellt, dass in Berlin und Hamburg Tagesmütter im Durchschnitt nicht mehr und nicht weniger Kinder betreuen als im Bundesgebiet insgesamt, 45.540 Tagesmütter bei den Jugendämtern registriert. Dies bedeutet, dass es bundesweit im Durchschnitt 5,5 Tagesmütter auf 10.000 Einwohner gibt. Im Unterschied zu der Entwicklung bei den Kindern in Tagespflege, ist die Anzahl der beim Jugendamt registrierten Tagesmütter 1999 nicht zurückgegangen, sondern weiter gestiegen. Dies verweist darauf, dass die Jugendämter über kurzfristige Bedarfsschwankungen hinaus, Tagespflege inzwischen als wichtiges Infrastrukturangebot sehen, das entsprechend vorgehalten werden muss. Ein weiterer Grund für diesen Anstieg könnte auch darin liegen, dass bei einem enger werdenden Arbeitsmarkt eine

Betätigung als Tagesmutter an Attraktivität gewinnt und es deshalb bei den Jugendämtern ein gewisses Überangebot an potenziellen Tagespflegeplätzen gibt.

Betrachtet man die Entwicklung im Einzelnen, so lassen sich folgende Besonderheiten herausarbeiten: In Westdeutschland gibt es nach wie vor signifikant mehr Tagesmütter und auch mehr Kinder in Tagespflege als in Ostdeutschland. Dies hängt sehr wahrscheinlich mit dem deutlich besser ausgebauten Angebot an Krippenplätzen in Ostdeutschland zusammen. Korrelationsstatistische Berechnungen zeigen in diesem Zusammenhang eindeutig, dass eine höhere Versorgungsquote von Krippenplätzen mit einem niedrigeren Versorgungsniveau der Tagespflege einhergeht ($p < 0{,}05$). Dies ist ein Indiz dafür, dass die Tagespflege in Ermangelung institutioneller Betreuungsformen vorhandene Bedürfnisse nach Kindertagesbetreuung erfüllt.

Zwischen den jeweiligen Jugendamtsbezirken – sowohl innerhalb Ostdeutschlands als auch innerhalb Westdeutschlands – gibt es zum Teil gegenläufige Entwicklungen. Bei einem kleinen Anteil der Jugendamtsbezirke (fast ein Drittel) nimmt das Angebot und die Nutzung von Tagespflege ab. Ein systematischer Zusammenhang mit Merkmalen der Jugendämter lässt sich hierbei nicht erkennen.

In ostdeutschen Jugendamtsbezirken gibt es nach wie vor bei Tagesmüttern und Kindern in Tagespflege eine höhere Steigerungsrate als in westdeutschen Jugendamtsbezirken. Hierbei ist allerdings zu berücksichtigen, dass das Ausgangsniveau in Ostdeutschland relativ niedrig liegt und daher bereits geringe Veränderungen der Versorgungsquote zu einer hohen Steigerungsrate führen.

Das Versorgungsniveau der Tagespflege variiert auch nach Regionstyp. Wir unterscheiden in „hochverdichtete Agglomerationsräume", „verstädterte Räume" sowie „ländliche Räume". In den ländlichen Räumen ist das Versorgungsniveau höher als in den anderen Regionstypen. Zweierlei bemerkenswerte Erscheinungen lassen sich hierbei feststellen. Zum einen gibt es keine deutlichen Unterschiede zwischen Ost und West bei den ländlichen Räumen, obwohl sich das Versorgungsniveau der Tagespflege insgesamt zwischen Ost und West sehr deutlich unterscheidet. Zum anderen ist das Verhältnis von Tagesmüttern zu betreuten Kindern in den ländlichen Räumen deutlich höher als in den anderen Regionstypen. Das heißt, in ländlichen Räumen betreut eine einzelne Tagesmutter mehr Kinder als in den anderen Regionstypen. Die Tagespflege übernimmt in den ländlichen Räumen offenbar die Funktion, die Probleme der Bereitstellung von flächendeckenden Angeboten in gering besiedelten Kreisen zu mildern.

Zusammenfassend kann also festgestellt werden, dass es nach wie vor große regionale Unterschiede im Angebot und in der Nutzung öffentlich registrierter und damit wahrscheinlich auch geförderter Tagespflege gibt. Sowohl im kurzfristigen (1998 und 1999) als auch im mittelfristigen Vergleich (1995 und 1999) lässt sich trotz regional sehr unterschiedlicher Entwicklungen sowohl in West- als auch in Ostdeutschland, ein kontinuierlicher Ausbau dieser Form der Kindertagesbetreuung konstatieren.

Bedarfseinschätzungen

Die Tab. 6.1.5 zeigt, wie die befragten Jugendämter die Bedarfsdeckung für die verschiedenen Altersgruppen einschätzen und gibt Hinweise darauf, inwiefern Handlungsnotwendigkeiten in der Kindertagesbetreuung gesehen werden. Vor dem Hintergrund der sehr großen Unterschiede in den Versorgungsquoten ist es nicht weiter verwunderlich, dass die Einschätzungen weit auseinander gehen. Erstaunlich ist vielmehr, dass auch bei geringen Versorgungsquoten einige Jugendämter von einer Bedarfsdeckung ausgehen. Eine entsprechende Analyse zeigt in diesem Zusammenhang den erheblichen politischen Ermessensspielraum der Transformation von Bedürfnislagen in Bedarfseinschätzungen. Hier werden deutlich differierende Prioritätensetzungen bei den einzelnen Jugendämtern erkennbar. Manche Jugendämter sehen bei rechnerisch niedrigen Versorgungsquoten bereits den Bedarf gedeckt, während andere Jugendämter bei deutlich höheren Versorgungsquoten zu der Einschätzung kommen, dass der Bedarf nicht gedeckt werden kann. So liegt die geringste rechnerische Versorgungsquote bei denen, die den Bedarf zumindest gedeckt sehen, im Bereich der Krippen bei 0,03 %, des Kindergartens bei 61 % sowie der Horte bei 0,3 %. Die Betrachtung der rechnerisch höchsten Versorgungsquoten bei den Jugendämtern, die den Bedarf nicht als gedeckt ansehen, zeigt auch hier deutliche Unterschiede im Anspruchsniveau der Jugendämter. Diese Versorgungsquoten variieren zwischen 27 % im Bereich der Krippen, 110 % im Bereich der Kindergärten und 76 % im Bereich der Horte.

Auffallend bei den Bedarfseinschätzungen ist zum einen, dass es wenig Unterschiede zwischen den städtischen und den Landkreisjugendämtern gibt. Die erste bemerkenswerte Differenz, die sich hier ergibt, bezieht sich auf die Einschätzung der Bedarfsdeckung der Krippen in Ostdeutschland. Keines der ostdeutschen Stadtjugendämter beschreibt die Bedarfsdeckung im Bereich der Krippen als defizitär. In den Landkreisen dagegen gibt etwa ein Drittel der

Tab. 6.1.5: Bedarfsdeckung bei der Tagesbetreuung aus Sicht der Jugendämter*

Bedarfsdeckung bei …	Ost		West	
	Stadt	Land	Stadt	Land
Krippen				
Zu wenig	0 %	31 %	74 %	74 %
Ja	90 %	62 %	26 %	26 %
Zu viel	10 %	8 %	0 %	0 %
Kindertagesstätten				
Zu wenig	0 %	7 %	27 %	0 %
Ja	90 %	79 %	64 %	88 %
Zu viel	10 %	14 %	9 %	13 %
Hort				
Zu wenig	0 %	7 %	83 %	71 %
Ja	90 %	71 %	17 %	29 %
Zu viel	10 %	21 %	0 %	0 %

* Die genaue Frageformulierung lautet: „Wird mit dem vorhandenen Angebot an Plätzen für Kinder der Bedarf gedeckt?"

Jugendämter an, zu wenig Krippenplätze zur Verfügung stellen zu können.

Die zweite beachtenswerte Differenz zwischen städtischen und Landkreisjugendämtern zeigt sich im Westen. Hier sind es insbesondere die städtischen Jugendämter, die in größerem Ausmaß ein Defizit in der Bedarfsdeckung bei Kindergarten- und Hortplätzen feststellen.

Ganztagsschulen

Die Diskussion um öffentliche Betreuungsangebote für Kinder hat sich in den letzten Jahren verstärkt auch auf das Bildungssystem ausgeweitet. Diskutiert wird, ob die Schule nicht zunehmend Betreuungsangebote außerhalb der Unterrichtszeiten bereitstellen soll, um so eine verlässliche, institutionelle Versorgung der Kinder zu sichern und damit die Sorgeberechtigten in der Organisation des Alltags und der Erwerbsarbeit zu entlasten. Modelle wie die volle Halbtagsschule oder die verlässliche Grundschule gehen in diese Richtung. In Rheinland-Pfalz wurde die Einführung von Ganztagsschulen als Regelmodell beschlossen und in den meisten europäischen Ländern sind Ganztagsschulen bereits Regel und nicht Ausnahme.

In unserer Erhebung haben wir erneut eine Bestandsaufnahme der Verbreitung von Ganztagsschulen in den Jugendamtsbezirken vorgenommen.[29] Miterhoben wurden auch Alternativschulen mit Ganztagsbetrieb (z. B. Waldorfschulen). Schulen, bei denen die Hortbetreuung Bestandteil der Schule ist, wurden nicht mitgezählt.

In etwa der Hälfte der Jugendamtsbezirke sind Ganztagsschulen vorhanden. Damit hat sich dieser Anteil gegenüber 1996 nicht substanziell verändert. Nach wie vor gibt es auch Unterschiede zwischen den befragten Städten und Landkreisen: In den Städten gibt es häufiger Ganztagsschulen als in den Landkreisen (61 % vs. 38 %).

Die quantitative Relation des Betreuungsangebots in Horten und Ganztagsschulen zeigt die nicht unerhebliche Bedeutung der Ganztagsschulen für die Tagesbetreuung von Kindern im Schulalter. Insbesondere in Nordrhein-Westfalen gibt es im Vergleich zu den anderen Bundesländern einen hohen Anteil von Jugendamtsbezirken, in denen mehr Plätze in Ganztagsschulen als in Horten vorhanden sind.

Bemerkenswert ist, dass ein Drittel der Jugendämter, in deren Bezirk sich eine oder mehrere Ganztagsschulen befinden, keine Information darüber hat, wie viele Plätze in dieser Schule eigentlich zur Verfügung stehen. Es fehlen also notwendige Planungsinformationen für den Hortbereich. Dieses Informationsdefizit könnte darin begründet sein, dass die Ganztagsschulplätze in eine andere Zuständigkeit fallen und daher der Zugang zu diesen Plätzen von der Jugendhilfe nicht beeinflusst werden kann; aus der Sicht der Jugendämter scheinen sie deshalb für die Bedarfsplanung von eingeschränkter Bedeutung zu sein.

Die Entwicklung der Ganztagsschulen in naher Zukunft stellt die Jugendhilfeplanung vor eine grundsätzliche Herausforderung, da sie eine unbekannte Größe darstellt. Unter Umständen werden Hortplätze ausgebaut, obwohl vielleicht die Schulen in Zukunft einen Teil der Betreuungszeit abdecken. Aus der Perspektive der Jugendhilfeplanung ergibt sich daher ein erhöhter Abstimmungsbedarf mit den Schulbehörden.

---

[29] In Deutschland existieren nach Angaben des Sekretariats der ständigen Konferenz der Kultusminister der Länder insgesamt 2015 allgemein bildende Schulen in Ganztagsform. Die meisten davon befinden sich in Nordrhein-Westfalen und Baden-Württemberg (vgl. Peucker 2001).

Tagesbetreuung von behinderten Kindern

Momentan werden neue Finanzierungsmodelle in der Kindertagesbetreuung diskutiert (vgl. z.B. Kreyenfeld/Spieß/Wagner 2001; von der Beek 2001). Die diskutierten Modelle haben gemeinsam, dass nicht die Einrichtungen finanziert werden sollen, sondern einzelne Personen. Den Sorgeberechtigten der Kinder würden dann finanzielle Mittel oder Gutscheine zur Verfügung gestellt, die für den Erwerb eines Kinderbetreuungsplatzes eingesetzt werden können. Wenn die diskutierten Förderungsmodelle (z.B. Kita-Card; markt- und qualitätsorientierte Steuerung (MQS-Modell) (vgl. Kraus/Beck/Fuchs 1999)) sich durchsetzen würden, könnte dies (wieder) zu einer erheblichen Verschiebung in der Struktur der Kinderbetreuungsformen für behinderte Kinder führen.

Es ist fraglich, ob die in den letzten Jahren eindeutig feststellbare Tendenz, weg von den Sondereinrichtungen, hin zur Betreuung in Regel- und integrativen Einrichtungen, fortgesetzt werden kann. Denn die oben erwähnten Modelle könnten eine eigene Dynamik, insbesondere für behinderte Kinder, erneut hin zu spezialisierten Einrichtungen generieren. Eine solche Entwicklung würde die seit den 1970er-Jahren existierende Bestrebung zur Integration von behinderten Kindern in die „normale" Kindertagesbetreuung unter Umständen konterkarieren.

Das Modell der nachfrageorientierten Steuerung will, zumindest in der von der bayerischen Staatsregierung und dem IFP entwickelten Version, dem besonderen Betreuungsbedarf von behinderten Kindern oder Kindern ausländischer Herkunft (z.B. zusätzliche Sprachförderung) insofern Rechnung tragen, als dieser auch in der Bereitstellung von Mitteln berücksichtigt wird. Für die Einrichtungen bedeutet dies letztendlich, dass sie nicht ohne Risiko Kapazitäten, z.B. im Bereich der therapeutischen oder auch Sprachförderung, zur Verfügung stellen können, da unsicher ist, ob sich denn betroffene Sorgeberechtigte auch tatsächlich für ihre Einrichtung entscheiden. Die Einrichtungen brauchen jedoch eine bestimmte Mindestzahl an Kindern mit spezifischem Betreuungsbedarf, um dafür Fachpersonal und heilpädagogische und therapeutische Möglichkeiten zur Verfügung stellen zu können. Die fachlichen Bedenken, die diesbezüglich schon jetzt gegenüber der Integration von behinderten Kindern in Regeleinrichtungen vorgetragen wurden (vgl. BMJFFG 1990: 103), würden durch eine solche Entwicklung an Relevanz gewinnen. Amerikanische Studien, in denen die Praxis der nachfrageorientierten Steuerung untersucht wurde, bestätigen die Gefahr der Benachteiligung von Personengruppen mit anderen, von der großen Mehrheit abweichenden Betreuungsbedürfnissen (vgl. Henly/Lyons 2000). In einigen Regionen und Bundesländern wird dennoch eine Versorgung durch Regelkindergärten bevorzugt, da dies die einzige Möglichkeit darstellt, wohnortnahe Angebote flächendeckend realisieren zu können. In diesen Regionen gibt es auch spezifische Konzepte, die eine fachliche Unterstützung und den entsprechend höheren Betreuungsaufwand sichern sollen. Allerdings ist eine Differenz zwischen Konzeptpapieren und realen Arbeitsbedingungen zu beobachten, die nicht zugunsten der Arbeitsbedingungen ausfällt.

Wie bereits angedeutet ist bislang auch weiterhin ein deutlicher Trend der Betreuung von behinderten Kindern weg von Sondereinrichtungen feststellbar. Dies gilt sowohl für die neuen als auch für die alten Bundesländer. Dieser Trend spiegelt sich zum einen an den Anteilen von Jugendamtsbezirken, die Sondereinrichtungen für behinderte Kinder in ihrem Jugendamtsbezirk haben (vgl Tab. 6.1.6), zum anderen an der Verteilung der betreuten behinderten Kinder über die drei Formen der Kindertagesbetreuung, die sich bislang für behinderte Kinder entwickelt haben, wider, nämlich: Sondereinrichtungen, integrative Einrichtungen sowie Regeleinrichtungen (vgl. Tab. 6.1.7, S. 168).

Wie in den Vergleichsjahren zuvor unterscheidet sich die Struktur der Einrichtungen in den Jugendamtsbezirken erheblich zwischen Ost- und Westdeutschland. In den neuen Ländern gibt es in 96% der Jugendamtsbezirke mindestens eine Integrationseinrichtung. Weniger häufig sind Sondereinrichtungen vorhanden oder Regeleinrichtungen, in denen auch behinderte Kinder betreut werden (35% bzw. 50%) (vgl. Tab. 6.1.6). Dagegen sind in den alten Bundesländern die Anteile der Jugendamtsbezirke, in denen die unterschiedenen Einrichtungstypen vorhanden sind, etwa gleich hoch (jeweils ca. 65%).

In Ost- wie in Westdeutschland zeichnet sich zwischen Städten und Landkreisen eine etwas andere Struktur ab. Der Anteil an kreisfreien Städten, in denen behinderte Kinder in Regeleinrichtungen betreut werden, ist niedriger als der entsprechende Anteil in Landkreisen (53% vs. 69%). Dies könnte ein Indiz dafür sein, dass die Integration von behinderten Kindern in Regeleinrichtungen bei den Jugendämtern aus fachlicher Perspektive nicht die erste Wahl darstellt, sondern als eine Art Notlösung bei einem Mangel an orts- bzw. lebensweltnahen vorhandenen integrativen Einrichtungen gewählt wird.

Die Sondereinrichtungen im Osten haben eine deutlich geringere durchschnittliche Gruppengröße als im Westen (6,7 vs. 8,9 Kinder pro Gruppe). Die durchschnittliche Größe der Einrichtungen gemessen an der Anzahl der Gruppen unterscheidet sich dagegen kaum. Sie liegt insgesamt bei etwa 3,9 Gruppen pro Sondereinrichtung.

Tab. 6.1.6: Anteil der Jugendamtsbezirke, in denen bestimmte Formen von Tageseinrichtungen für behinderte Kinder vorhanden sind; nach Ost- und Westdeutschland für die Jahre 1992, 1995 und 2000

	Ost			West		
	1992	1995	2000	1992	1995	2000
Sondereinrichtungen	68%	'57%	35%	91%	'75%	65%*
Integrationseinrichtungen	55%	'90%	96%	51%	'69%*	63%*
Regeleinrichtungen	74%	'48%	50%	82%	'65%	69%

* p < 0,05; Signifikanztest bezieht sich auf den Unterschied zwischen Ost- und Westdeutschland zu den jeweiligen Erhebungszeitpunkten.

Auch bei der Anzahl der Plätze für behinderte Kinder in integrativen Einrichtungen sind große Unterschiede festzustellen. Im Osten liegt diese Zahl bei 15 und im Westen bei neun Plätzen. Entweder sind integrative Einrichtungen im Osten deutlich größer oder das Verhältnis von behinderten und nicht behinderten Kindern unterscheidet sich erheblich. Die bislang vorliegenden Zahlen der amtlichen Kinder- und Jugendhilfestatistik weisen eher darauf hin, dass der an erster Stelle genannte Zusammenhang vorliegt.

Die Verteilung behinderter Kinder über die verschiedenen Einrichtungsformen steht in einem engen Zusammenhang mit der Struktur der Kinderbetreuungseinrichtungen in den einzelnen Jugendamtsbezirken. Es sind also auch hier deutliche Unterschiede zwischen Ost und West feststellbar. 78% der behinderten Kinder in Ostdeutschland, mit einem Platz in einer Kinderbetreuungseinrichtung, haben diesen in einer integrativen Einrichtung. Die anderen 22% dieser Kinder verteilen sich gleichmäßig über die beiden übrigen Betreuungsformen (vgl. Tab. 6.1.7). In Westdeutschland dagegen verteilen sich die behinderten Kinder im Schnitt etwa gleich über die drei unterschiedlichen Betreuungsformen für behinderte Kinder.

Tab. 6.1.7: Verteilung der behinderten Kinder über die verschiedenen Formen der Tagesbetreuung, 1999

	Ost			West		
	1992	1995	2000	1992	1995	2000
Sondereinrichtungen	44 %	25 %	11 %	56 %	50 %*	39 %*
Integrationseinrichtungen	28 %	58 %	78 %	19 %	35 %*	29 %*
Regeleinrichtungen	28 %	17 %	11 %	25 %	15 %	33 %*

* p < 0,05; Signifikanztest bezieht sich auf den Unterschied zwischen Ost- und Westdeutschland zu den jeweiligen Erhebungszeitpunkten.

Für behinderte Kinder lassen sich keine Versorgungsquoten ausrechnen, da keine allgemeine Definition für Behinderung und somit auch keine eindeutige Bezugsgröße existiert. Auch die Zahl der behinderten Kinder, die privat betreut werden, ist unbekannt.

In den Jugendamtsbezirken, in denen behinderte Kinder (auch) in Regeleinrichtungen betreut werden, beträgt der Anteil dieser Kinder an allen Plätzen etwa 1 %. Der Gesamtanteil der betreuten behinderten Kinder liegt bezogen auf alle betreuten Kinder, d.h. unabhängig davon in welcher Art von Einrichtung sie betreut werden bei 2,6 % im Median und durchschnittlich bei 3,6 %. Geht man nun davon aus, dass der Anteil behinderter Kinder regional (Kreise) nicht sehr stark variiert, wofür es zumindest auch einige empirische Indizien gibt (vgl. Schoetzau/Irl/van Santen/Grosche/Müller 1997), dann verweist die empirische Streuung des Anteils behinderter Kinder an allen Kindern (Die Standardabweichung beträgt 3,4) darauf, dass Behinderung von Kindern in den Jugendamtsbezirken sehr unterschiedlich definiert wird. Das heißt, in dem einen Jugendamtsbezirk werden wesentlich mehr Kinder als behindert eingestuft als in einem anderen.

Zusammenfassung und Trends

Die Veränderung der Lebensbedingungen (Stichwort: „der flexible Mensch" vgl. Senett 1998) erfordert von den Einzelnen eine erhöhte Flexibilität in der Gestaltung des Alltags. Institutionalisierte Formen der Kindertagesbetreuung sollen es den Sorgeberechtigten ermöglichen, ihren Alltag so einzurichten, dass sie die Anforderungen, die sich aus ihrer Lebenssituation ergeben, bewältigen können. Zum einen ergeben sich diese Anforderungen aus dem Wunsch nach Vereinbarkeit von Familie und Beruf, zum anderen auch aufgrund des gesellschaftlichen Druckes, z.B. auf allein Erziehende, die Sozialsysteme durch Aufnahme einer Erwerbsarbeit zu entlasten. Wenn die institutionelle Kindertagesbetreuung in der Lage sein will, die Sorgeberechtigten in ihrer Lebensführung zu unterstützen, muss auch die Betreuung durch Flexibilität gekennzeichnet sein. Das heißt, die institutionelle Kindertagesbetreuung muss den veränderten Lebensbedingungen Rechnung tragen, damit ein adäquates Passungsverhältnis zwischen Angebot und Nachfrage institutioneller Betreuungsformen realisiert werden kann. Die Vielfalt der Betreuungsformen, die in der Praxis zu beobachten ist, stellt kein Indiz für eine solche Flexibilität oder gar für eine Bedarfsdeckung dar, sondern spiegelt bislang vielmehr die Anstrengungen wider, die vorhandenen Lücken in der Kindertagesbetreuung, die sich insbesondere in den alten Bundesländern zeigen, mit verschiedenen Mitteln zu füllen.

Die diskutierte Möglichkeit einer Subjekt- (Sorgeberechtigten) statt Objektförderung (Einrichtungen der Kindertagesbetreuung) zur Finanzierung der Kindertagesbetreuung birgt in seiner Reinform, d.h. ohne kompensierende Maßnahmen, die Gefahr in sich, dass sich die Einrichtungen auf die Klientel ausrichten, die mit dem geringsten Aufwand bedient werden kann. In dieser Variante der Steuerung der Kindertagesbetreuung über die Nachfrage könnte die institutionelle Kindertagesbetreuung ihren Charakter eines Grundversorgungsangebotes einbüßen und gerade den Personengruppen, die wegen ihrer Lebensbedingungen am dringendsten Unterstützung brauchen, den Zugang zu institutionellen Betreuungsformen erschweren.

Die Frage der Planung des Angebotes institutioneller Kindertagesbetreuung hat also nicht nur eine quantitative Dimension bezogen auf das zahlenmäßige Verhältnis von Plätzen und Kindern. Das heißt, die Planung kann nicht allein auf der demografischen Entwicklung und den zu beobachtenden Wanderungsbewegungen basieren, sondern muss auch eine qualitative Dimension berücksichtigen. Hier stellen sich mit Nachdruck Fragen nach erforderlichen Öffnungszeiten, der Integration der Betreuung im Gemeinwesen, der Erschließung zusätzlicher Unterstützungspotenziale sowie nach dem Beitrag zur gesellschaftlichen Integration von Migrantenkindern.

6.2 Institutionelle Beratung

Beratungsleistungen sind im KJHG an verschiedenen Stellen verankert. In § 11 (3) KJHG wird Jugendberatung als einer der Schwerpunkte der Jugendarbeit beschrieben. Die Jugendberatung soll

Jugendlichen insbesondere Informationen für die in ihren Altersgruppen typischen Problem- (Ablösungsprozesse, berufliche Orientierung, Beziehungsprobleme) und Gefahrenkonstellationen (z.B. legale und illegale Drogen) bereitstellen sowie Hilfe anbieten. Nach § 8 KJHG können Kinder und Jugendliche „ohne Kenntnis der Personenberechtigten beraten werden, wenn die Beratung aufgrund einer Not- und Konfliktlage erforderlich ist und solange durch die Mitteilung an den Personensorgeberechtigten der Beratungszweck vereitelt würde". Hinter der hier beschriebenen Situation steht ein Konflikt zwischen Elternrecht und Kindesrecht, bei dem das Jugendamt seine Wächteramtsfunktion wahrnehmen soll und die Elternrechte zum Wohl des Kindes insofern zurückstellt, als die Sorgeberechtigten nicht über die Beratung und Beratungsinhalte informiert werden. In der Praxis haben sich bereits verschiedene Formen der (telefonischen) Beratung (z.B. Sorgentelefon) etabliert, die es für Kinder und Jugendliche vereinfachen, ohne Wissen der Sorgeberechtigten Hilfe zu suchen, etwa bei Konflikten mit den Sorgeberechtigten oder auch im Rahmen anderer Problemkonstellationen, die das Wohlbefinden der Kinder und Jugendlichen negativ beeinflussen.

Nach § 16 (3) KJHG soll den Sorgeberechtigten und jungen Menschen Beratung in allgemeinen Fragen der Erziehung und Entwicklung junger Menschen angeboten werden, damit die Sorgeberechtigten ihre Erziehungsverantwortung besser wahrnehmen können. Diese Vorschrift bildet die Grundlage für präventive, fallübergreifende Aktivitäten von Trägern hinsichtlich allgemeiner Fragen der Erziehung, etwa in Arbeitskreisen oder in Kinderbetreuungseinrichtungen und richtet sich nicht an einzelne Personen wie die anderen im KJHG verankerten Formen der Beratung.

Mütter und Väter haben nach § 17 KJHG „Anspruch auf Beratung in Fragen der Partnerschaft, wenn sie für ein Kind oder einen Jugendlichen zu sorgen haben oder tatsächlich sorgen. Die Beratung soll helfen, 1. ein partnerschaftliches Zusammenleben in der Familie aufzubauen, 2. Konflikte in der Familie zu bewältigen, 3. im Falle der Trennung oder Scheidung, die Bedingungen für eine dem Wohl des Kindes oder des Jugendlichen förderliche Wahrnehmung der Elternverantwortung zu schaffen". Bei dieser Art von Beratung steht die Stärkung der Konflikt- und Problemlösungsfähigkeit der Eltern im Vordergrund. § 18 KJHG regelt die Beratung und Unterstützung bei der Ausübung der Personensorge im Falle einer erfolgten Trennung der Eltern. Diese Beratung kann sich auf Hilfe in Erziehungsfragen beziehen, auf das Geltendmachen von Unterhaltsansprüchen oder auf die Ausübung und Gestaltung des Umgangsrechts.

Die Erziehungsberatung nach § 28 KJHG wird zu den so genannten Hilfen zur Erziehung gezählt, die dazu dienen, Sorgeberechtigte in ihrer Erziehungsverantwortung zum Wohle der Kinder und Jugendlichen zu unterstützen. „Erziehungsberatungsstellen und andere Beratungsdienste und -einrichtungen sollen Kinder, Jugendliche, Eltern und andere Erziehungsberechtigte bei der Klärung und Bewältigung individueller und familienbezogener Probleme und der zugrunde liegenden Faktoren, bei der Lösung von Erziehungsfragen sowie bei Trennung und Scheidung unterstützen. Dabei sollen Fachkräfte verschiedener Fachrichtungen zusammenwirken, die mit unterschiedlichen methodischen Ansätzen vertraut sind". Der Bezug zu Erziehungsfragen bei Trennung und Scheidung in diesem Paragrafen wie auch (ex- wie implizit) in den §§ 17 und 18 KJHG verdeutlicht die Schwierigkeiten der Praxis, die Rechtsgrundlagen der Beratung auseinander zu halten. Insgesamt enthält der § 28 KJHG die am weitesten gefasste und anspruchsvollste Aufgabenbeschreibung für Beratungen. Die beschriebenen Anlässe zur Erziehungsberatung sind breit gefächert und auch die den Problemen zugrunde liegenden Faktoren sollen in die Arbeit mit einbezogen werden.

Die verschiedenen Beratungsformen, auch die mit einem konkreten Rechtsanspruch wie die nach § 28 KJHG, werden kostenlos zur Verfügung gestellt. Unter anderem soll damit die Hemmschwelle, diese Art von Leistung in Anspruch zu nehmen, möglichst gering gehalten werden.

Angebote

Die Beschreibung der Beratungsangebote erfolgt im Folgenden anhand zweier verschiedener Datenquellen. Zuerst werden die Daten der amtlichen Kinder- und Jugendhilfestatistik dargestellt und anschließend die unserer eigenen Erhebung.

Die Tab. 6.2.1 beschreibt für das Jahr 1998 Kennzahlen zu Verbreitung und Trägerstruktur von Beratungseinrichtungen in den alten und neuen Ländern, differenziert nach vier verschiedenen Beratungsthemen. Ein Vergleich mit den Zahlen der Bestandsaufnahme der amtlichen Kinder- und Jugendhilfestatistik vom Jahr 1994 ist nicht unmittelbar möglich, da sich die Statistik weiter ausdifferenziert hat. Gab es 1994 lediglich zwei Kategorien von Beratungsstellen, hat sich deren Zahl inzwischen auf vier Kategorien verdoppelt. Der Vergleich der Gesamtzahl der Beratungseinrichtungen zwischen den zwei Erhebungszeitpunkten zeigt eine Zunahme der Anzahl der Einrichtungen von 25,1 % im Osten und 3,5 % im Westen.

Tab. 6.2.1: Beratungseinrichtungen nach Ost- und Westdeutschland, 1998*

Beratungsform	Ost Verbreitung**	Ost Anteil ÖT	West Verbreitung**	West Anteil ÖT
Erziehungs- und Familienberatungsstelle	6,7	14 %	4,8	28 %
Ehe- und Lebensberatungsstelle	0,6	0 %	1,2	2 %
Jugendberatungsstelle gemäß § 11 KJHG	2,6	12 %	1,1	24 %
Drogen- und Suchtberatungsstelle	1,4	5 %	1,9	12 %
insgesamt (Ost: 505; West: 1783)	11,3	11 %	9,1	20 %

* Quelle: Statistik der Kinder- und Jugendhilfe, Teil III; eigene Berechnungen
** Anzahl der Beratungsstellen pro 100.000 0- bis 27-Jährige, ÖT: öffentlicher Träger

Die Zahlen in Tab. 6.2.1 sind standardisiert und zeigen, wie viele Beratungseinrichtungen im Durchschnitt für 100.000 0- bis 27-Jährige vorhanden sind. Die Versorgung mit Beratungseinrichtungen hat in den neuen Ländern inzwischen einen höheren Grad (11,3) erreicht als in den alten Ländern (9,1). Lediglich in den beiden Beratungsbereichen Ehe- und Lebensberatung sowie Drogen- und Suchtberatung, die insgesamt eine eher geringe quantitative Bedeutung haben, gibt es im Osten etwas weniger Einrichtungen. Diese Differenz lässt sich jedoch in beiden Fällen auf historische Gegebenheiten zurückführen. Ehe- und Lebensberatungsstellen werden traditionell eher von christlichen Verbänden getragen (vgl. Statistisches Bundesamt 2001a), die in den neuen Bundesländern eine vergleichsweise geringere Bedeutung haben. Der historisch bedingte andere Umgang mit Subkulturen, insbesondere der höhere Konformitätsdruck sowie spezifische Formen der Verdrängung von z.B. Suchtproblemen aus der Öffentlichkeit, führt dazu, dass es in einem geringeren Umfang zu institutionalisierten Reaktionen, etwa in Form von Suchtberatungsangeboten, kommt, obwohl die Prävalenz von Suchtverhalten in Ostdeutschland nur unwesentlich geringer ist als im Westen (Bundesministerium des Innern, Bundesministerium der Justiz 2001: 4).

Die Tabelle 6.2.1 legt einen deutlichen Unterschied in der Trägerstruktur offen. Beratungsstellen werden traditionell öfter von freien Trägern getragen, und dies ist in Ostdeutschland inzwischen noch ausgeprägter als in Westdeutschland (89 % vs. 80 %). Sehr erstaunlich ist in diesem Zusammenhang, dass der Anteil der bei freien Trägern erfolgten institutionellen Beratungen nach § 28 KJHG (Erziehungsberatung) lediglich bei etwa 55 % liegt, obwohl der Anteil der Erziehungs- und Familienberatungsstellen in freier Trägerschaft wesentlich höher ist (Ost 86%; West 72%).[30] Dies kann darauf zurückzuführen sein, dass die amtliche Leistungsstatistik der institutionellen Beratung eigentlich nur Fälle nach § 28 KJHG (Erziehungsberatung) erfassen soll, während in der amtlichen Einrichtungsstatistik auch Einrichtungen zu den Erziehungsberatungsstellen gerechnet werden können, die Leistungen nach § 16 KJHG (Allgemeine Förderung der Erziehung in der Familie), § 17 KJHG (Beratung in Fragen der Partnerschaft) sowie § 18 KJHG (Beratung und Unterstützung bei der Ausübung der Personensorge) erbringen (vgl. kritisch hierzu Menne 1997: 252 ff.). Auch der im Durchschnitt größere Personalumfang der Beratungsstellen in öffentlicher Trägerschaft (7,8 Stellen pro Einrichtung vs. 5,7 Stellen bei den Einrichtungen der freien Träger (vgl. Statistisches Bundesamt 2001a) könnte einen Teil der konstatierten Diskrepanz erklären. Zudem kann es sein, dass freie Träger sich konsequenter an den Erhebungen der Einrichtungs- als an der Fall- bzw. Leistungsstatistik beteiligen.

Im Lauf der Zeit hat sich ein breites Spektrum an spezialisierten Beratungsangeboten herausgebildet, das über das hinausgeht, was in der amtlichen Kinder- und Jugendhilfestatistik erfasst wird. Deshalb haben wir bei unseren Erhebungen konkret nach dem Vorhandensein von Beratungsangeboten für acht verschiedene Problemlagen bzw. Zielgruppen in den einzelnen Jugendamtsbezirken gefragt[31]. Darüber hinaus wurde erhoben, wie sich die Trägerstruktur des jeweiligen Angebots darstellt und welche Veränderungen sich hier in den letzten fünf Jahren abgezeichnet haben. Die Tab. 6.2.2 (S. 175) enthält die diesbezüglichen Ergebnisse.

Ein Blick auf diese Tabelle offenbart zwei Sachverhalte: Die verschiedenen Beratungsangebote haben inzwischen in nahezu allen Jugendamtsbezirken eine hohe Verbreitung gefunden. Der Vergleich

---

[30] Im Zeitverlauf (1991–1999) zeigt sich ein sehr schwach ausgeprägter steigender Verlauf des Anteils der Beratungen in Beratungsstellen, die sich in freier Trägerschaft befinden.

[31] Obwohl die Fragestellung auf das Vorhandensein spezieller Beratungsangebote innerhalb des jeweiligen Jugendamtsbezirks abzielte, kann davon ausgegangen werden, dass zum Teil verschiedene Beratungsangebote von einer Stelle angeboten werden, die nicht speziell dafür qualifiziert ist. Des Weiteren ist davon auszugehen, dass ein Teil der Jugendämter auch solche Beratungsstellen angegeben hat, die sie zusammen mit anderen Jugendämtern finanzieren, sich aber nicht notwendigerweise innerhalb ihres eigenen Bezirks befinden. Der Erhebungskontext hat sich jedoch im Vergleich zu den vorhergehenden Befragungen nicht geändert, sodass davon ausgegangen werden kann, dass die beobachteten Veränderungen die reale Situation gut widerspiegeln.

der Angebotsstruktur der Jahre 1992 und 1996 zeigte noch eine deutliche Zunahme der Beratungsangebote zwischen den beiden Zeitpunkten (vgl. Seckinger/Weigel/van Santen/Markert 1998: 91), während die Expansion des Beratungsangebotes bis zum Jahr 2000 im Vergleich dazu geringer ausgefallen ist. Dies ist wie gesagt vor dem Hintergrund des erreichten hohen Angebotsniveaus zu sehen, das einer Fortsetzung der Verbreitungsdynamik natürliche Grenzen setzt (Deckeneffekt). Relevante Unterschiede im Angebot zwischen Ost- und Westdeutschland sind nicht erkennbar, zum Teil jedoch zwischen Städten und Landkreisen. Diese Unterschiede werden im Folgenden aufgegriffen.

Im Einzelnen zeigt sich, dass Beratungsangebote für die Zielgruppe der ausländischen Jugendlichen sowie Möglichkeiten zur telefonischen Beratung am wenigsten verbreitet sind, jedoch sind beide Angebote bereits in drei Vierteln der Jugendamtsbezirke vorhanden. Vor dem Hintergrund des wachsenden Anteils ausländischer Jugendlicher überrascht es, dass bei den Beratungsangeboten für ausländische Jugendliche keine Zunahme zu verzeichnen ist.

Beratungsangebote für misshandelte und sexuell missbrauchte Kinder sowie Möglichkeiten zur telefonischen Beratung von Kindern und Jugendlichen sind in Landkreisen deutlich seltener anzutreffen als in Städten. Auch für die anderen Beratungsangebote kann in der Tendenz festgestellt werden, dass diese in Landkreisen weniger oft vorhanden sind. Eine Ausnahme bilden hier die Beratungsangebote, die im weiteren Sinne an der Schnittstelle zur Gesundheitsvorsorge liegen: Drogen- und Suchtberatung, AIDS-Beratung und Schwangerschaftsberatung. Diese drei Formen finden sich häufiger in Landkreisen. Dies könnte eventuell auf eine andere Aufgabenverteilung zwischen Gesundheitsämtern und Jugendämtern in den verschiedenen Gebietskörperschaften zurückzuführen sein.

Es lässt sich bei allen Beratungsangeboten eine weitere Zunahme des Anteils der Jugendamtsbezirke, in denen ausschließlich freie Träger als Anbieter von Beratungsleistungen fungieren, verzeichnen. Die stärkste Zunahme findet sich bei Beratungsangeboten für misshandelte und sexuell missbrauchte Kinder sowie bei der Drogen- und Suchtberatung. Überraschenderweise steigt fast durchgängig auch der Anteil der Jugendamtsbezirke, in denen ausschließlich der öffentliche Träger derartige Beratungsangebote zur Verfügung stellt. Offensichtlich liegt dieser Entwicklung eine unterschiedliche Politik der Jugendämter zugrunde. Ein Teil konzentriert ihre Beratungsangebote beim öffentlichen Träger, während andere sich aus der Beratung zurückziehen und diese Aufgaben durch freie Träger abdecken lassen. Die AIDS-Beratung befindet sich am häufigsten in öffentlicher Trägerschaft (51%). Dies erklärt sich dadurch, dass viele AIDS-Beratungsstellen von den Gesundheitsämtern organisiert werden.

Tab. 6.2.2: Entwicklung des Angebots und der Trägerstruktur in verschiedenen Beratungsbereichen*

	Ausschließlich öffentl. Träger		Teils öffentliche, teils freie Träger		Ausschließlich freie Träger		Vorhanden	
Erziehungs-, Ehe-, Familienberatung	0%	(–1%)	49%	(–9%)	51%	(+10%)	99%	(+1%)
Drogen- und Suchtberatung	9%	(+5%)	27%	(–25%)	64%	(+20%)	93%	(+3%)
Beratung für misshandelte und sexuell missbrauchte Kinder und Jugendliche	12%	(+5%)	32%	(–33%)	57%	(+29%)	92%	(–4%)
Schwangerschaftsberatung	7%	(–2%)	36%	(–15%)	57%	(+17%)	92%	(–3%)
Jugendberatung	23%	(+13%)	42%	(–27%)	35%	(+14%)	87%	(+5%)
AIDS-Beratung	51%	(+15%)	21%	(–28%)	28%	(+14%)	81%	(+3%)
Beratung für ausländische Jugendliche	19%	(+15%)	33%	(–25%)	47%	(+10%)	76%	(–6%)
Telefonische Beratung**	12%		14%		73%		76%	

* In Klammern: Veränderungen gegenüber 1996 in Prozentpunkten. Die Richtung der Veränderung wird durch das Vorzeichen bestimmt, d.h., ein negatives Vorzeichen deutet auf eine Abnahme des Anteils hin.
** Diese Form der Beratung wurde in der Erhebung 1996 noch nicht berücksichtigt.

Die Trägerstruktur in Landkreisen unterscheidet sich erheblich, aber unsystematisch, d.h. ohne durchgängiges Muster über alle Beratungsangebote hinweg, von der in Städten. Im Grunde ähneln sich nur die Trägerstrukturen der Beratung für misshandelte und sexuell missbrauchte Kinder, bei allen anderen Beratungsangeboten sind große Unterschiede vorhanden. Diese sind zum einen darauf zurückzuführen, dass für manche Angebote – insbesondere in den Landkreisen – keine Pluralität von Angeboten vorhanden ist. Zum anderen kann vermutet werden, dass ein Zusammenhang mit der vorhandenen Zahl von (potenziellen) AdressatInnen in den Jugendamtsbezirken existiert. Wenn eine kritische Mindestgröße unterschritten wird oder die zurückzulegenden Entfernungen groß sind, kann der öffentliche Träger sich dazu gezwungen sehen, selbst als Anbieter aufzutreten, weil für freie Träger keine „Bestandsgarantie" gegeben werden kann, da die zu erwartende Nachfrage zu gering ist, um ein spezialisiertes Angebot zu etablieren. Letzteres betrifft am deutlichsten die Beratungsangebote der AIDS-Beratung sowie die Beratung für ausländische Jugendliche.

Tab. 6.2.3: Anteil der Jugendamtsbezirke, in denen mehrere Anbieter von Beratungsleistungen vorhanden sind

Beratungsbereiche	Anteil der Jugendamtsbezirke
AIDS-Beratung	31 %
Telefonische Beratung für Jugendliche	35 %
Beratung für misshandelte und sexuell missbrauchte Kinder und Jugendliche	49 %
Beratung für ausländische Jugendliche	51 %
Drogen- und Suchtberatung	53 %
Jugendberatung	66 %
Schwangerschaftsberatung	70 %
Erziehungs-, Ehe-, Familienberatung	79 %

Es wurde bereits angedeutet, dass nicht in allen Jugendamtsbezirken eine Pluralität von Angeboten realisiert werden kann. Die Tab. 6.2.3 gibt einen Überblick über die Anteile der Jugendamtsbezirke, in denen den AdressatInnen der Jugendhilfe durch das Vorhandensein verschiedener Anbieter von Beratungsleistungen eine Wahlmöglichkeit eröffnet wird. Am häufigsten bestehen Wahlmöglichkeiten im Bereich der Erziehungs-, Ehe- und Familienberatungsstellen (79 %). Bei allen anderen Beratungsangeboten ist dies seltener der Fall. Am seltensten sind mehrere Angebote der AIDS-Beratung (31 %) und der telefonischen Beratung für Kinder und Jugendliche vorhanden (35 %), wobei Letztere auch eine Beratungsform darstellt, bei der es besonders wichtig erscheint, ein für die AdressatInnen eindeutiges Profil der Erreichbarkeit zu schaffen, indem es nur eine und nicht mehrere Rufnummern gibt, unter der telefonische Beratung angeboten wird. Eine Konkurrenz von Anbietern in diesem Bereich könnte die Erreichbarkeit eher erschweren als erleichtern, da sie die Orientierung in akuten Problemsituationen verkomplizieren könnte.

Bis auf eine Ausnahme sind für alle Beratungsbereiche in den neuen Bundesländern häufiger mehrere Angebote vorhanden als in den alten Bundesländern. Beratungsangebote für ausländische Jugendliche stellen hier die Ausnahme dar, was auch nicht verwunderlich ist, wenn man bedenkt, dass nach wie vor der Anteil ausländischer Jugendlicher in den neuen Ländern sehr deutlich unter dem der alten Länder liegt. Obwohl die Unterschiede in der Angebotspluralität bei den einzelnen Bereichen die üblichen Signifikanzgrenzen nicht überschreiten, ergibt sich in der Gesamtbetrachtung doch ein eindeutiges Muster.

Wenn spezifische Beratungsmöglichkeiten in den einzelnen Bereichen vorhanden sind, gibt es bezüglich der Wahlmöglichkeiten kaum Unterschiede zwischen Landkreisen und Städten. Besonders deutliche Unterschiede zeigen sich hier lediglich bei der Beratung für ausländische Jugendliche, für die in den Städten signifikant häufiger mehrere Beratungsangebote existieren. Auch hier gilt allerdings zu bedenken, dass der Anteil der ausländischen Jugendlichen im ländlichen Raum im Vergleich zu dem in Städten auf einem wesentlich niedrigeren Niveau liegt. Für die Beratungsthemen, die eine Nähe zum Gesundheitssystem aufweisen (AIDS-Beratung; Drogen- und Suchtberatung; Schwangerschaftsberatung), sind in den Landkreisen nicht nur öfter überhaupt Angebote vorhanden, sondern es sind auch häufiger – wenn auch in keinem der Fälle signifikant – mehrere Beratungsmöglichkeiten und damit Wahlmöglichkeiten zwischen verschiedenen Anbietern von Beratungsleistungen zu beobachten als in den Städten. Diese Wahlmöglichkeit kann jedoch wiederum begrenzt werden durch eine eingeschränkte Erreichbarkeit, was bei großflächigen Landkreisen durchaus eine Rolle spielen kann. Darüber hinaus besteht im Prinzip für alle AdressatInnen eine Wahlmöglichkeit, da sie aufgrund des kostenlosen und prinzipiell nicht an Voraussetzungen gebundenen Zugangs auch Beratungsangebote in anderen Jugendamtsbezirken wahrnehmen können.

Inanspruchnahme

Die Inanspruchnahme von institutionellen Beratungen, zu der ausschließlich Beratungen auf der Grundlage des § 28 KJHG (Erziehungsberatung) gezählt werden, ist in den letzten Jahren, parallel zu den Beratungsangeboten, kontinuierlich angestiegen, wie Abb. 6.2.1, die anhand der Daten der amtlichen Kinder- und Jugendhilfestatistik erstellt wurde, zeigt.[32] Insbesondere in Ostdeutschland ist ein mar-

---

[32] Die in der Abbildung aufgezeigten Inanspruchnahmequoten sind altersstandardisiert, d.h. sie berücksichtigen mittels einer zugrunde gelegten Standardbevölkerung die unterschiedliche Altersstruktur der Gruppe der Kinder und Jugendlichen in Ost- und Westdeutschland. Hier wurde als Standardbevölkerung die Bevölke-

kanter Anstieg der Inanspruchnahme von institutionellen Beratungen zu verzeichnen, wobei allerdings berücksichtigt werden muss, dass vor allem am Anfang der 1990er-Jahre ein nicht unerheblicher Teil des Anstieges auf die Einführungsschwierigkeiten der Kinder- und Jugendhilfestatistik zurückzuführen sein dürfte. Ab Mitte der 1990er-Jahre entwickelte sich die Inanspruchnahme von Beratungsleistungen in Ost und West etwa gleich. Im Jahr 1999 war im Osten die Nachfrage nach institutionellen Beratungsleistungen geringfügig höher als im Westen.

Abb. 6.2.1: Entwicklung der Nachfrage nach institutioneller Beratung

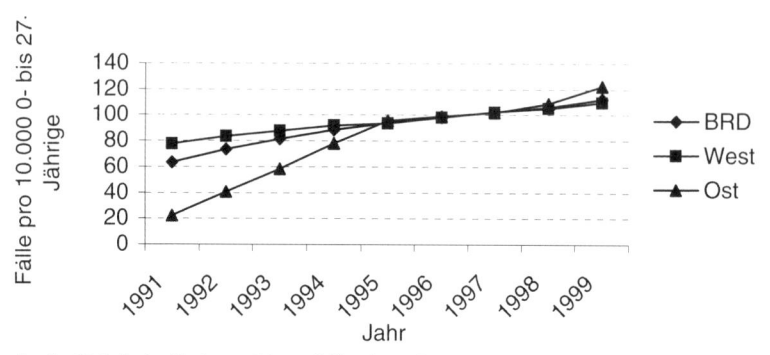

Quelle: Statistik der Kinder- und Jugendhilfe; eigene Berechnungen

Merkmale der AdressatInnen

Die Tab. 6.2.4 und 6.2.5 enthalten einige soziodemografische Merkmale des Personenkreises, der die institutionelle Beratung in Anspruch nimmt, bzw. eine Reihe von Angaben, die Hinweise auf die Art der Problemlagen und des Verlaufs der Beratung liefern. Beide Tabellen sind untergliedert nach Geschlecht.

Der Personenkreis, der insgesamt Leistungen der Kinder- und Jugendhilfe in Anspruch nimmt, weist eine spezifische soziale Struktur auf, die zwischen den Leistungen nur wenig variiert. So ist z.B. der Anteil der Mädchen und jungen Frauen in der Regel verhältnismäßig geringer als ihr Bevölkerungsanteil. Dies gilt auch für den Anteil der Nichtdeutschen (vgl. hierzu auch Kapitel 6.9).

---

rung der Bundesrepublik Deutschland im Jahr 1997 zugrunde gelegt (vgl. van Santen 2000 für eine ausführliche Darstellung der Notwendigkeit, Vorgehensweise und Effekte einer Altersstandardisierung).

Tab. 6.2.4: Merkmale der Personen, die Beratungsleistungen in Anspruch nehmen, 1999

Merkmale	Männlich	Weiblich	Insgesamt
Staatsangehörigkeit			
Anteil Deutsch	93 %	94 %	94 %
Altersgruppen (... bis unter ...)			
Unter 3	4 %	4 %	4 %
3– 6	14 %	13 %	14 %
6– 9	25 %	19 %	22 %
9–12	23 %	18 %	21 %
12–15	16 %	17 %	17 %
15–18	11 %	16 %	13 %
18–21	4 %	6 %	5 %
21–24	1 %	3 %	2 %
24–27	1 %	3 %	2 %
Gesamt	58 %	42 %	266.952
Geschwisterzahl			
Keine Geschwister	22 %	23 %	22 %
1 Geschwister	48 %	46 %	47 %
2 Geschwister	20 %	20 %	20 %
3 und mehr Geschwister	10 %	10 %	10 %

Quellen: Statistik der Kinder- und Jugendhilfe, Teil I, 1 Institutionelle Beratung, Arbeitsunterlage; eigene Berechnungen

Der Anteil der Adressatinnen an allen Kindern und Jugendlichen, die institutionelle Beratung in Anspruch nehmen, liegt bei 43 %. Seit 1991, als der Anteil noch 41 % betrug, hat sich also lediglich eine geringfügige Steigerung ergeben. 94 % der Klientel in der institutionellen Beratung besitzen die deutsche Staatsangehörigkeit. Die Zeitreihe dieses Anteils weist nur sehr geringfügige und wahrscheinlich zufällige Schwankungen auf.

Die Altersverteilung bei den Kindern und Jugendlichen, die Erziehungsberatung in Anspruch nehmen, zeigt deutliche geschlechtsspezifische Unterschiede: Die Mädchen sind tendenziell etwas älter als die Jungen. Diese Differenz wird auch bei der Wohnsituation ersichtlich. Die Adressatinnen wohnen seltener bei den Eltern (47 %) als die AdressatInnen (57 %) und nehmen deutlich häufiger selbst Kontakt mit der Beratungsstelle auf (13 % vs. 5 %). Auch die Problemkonstellationen, die Anlass zu Beratung sind, unterscheiden sich erheblich. Während bei den Mädchen und jungen Frauen Schwierigkeiten im Vordergrund stehen, die unmittelbar mit einer problematischen Familien- oder Beziehungsdynamik zu tun haben (Beziehungsprobleme, Trennung, Scheidung der Eltern, sonstige Probleme in und mit der Familie), sind es bei den männlichen Klienten in größerem Ausmaß Anlässe, die als Reaktionen oder

Symptome (Entwicklungsauffälligkeiten, Schulausbildungsprobleme) eben dieser problembehafteten Situationen gewertet werden können. Bei den Jungen werden also von den BeraterInnen öfter auf die Klienten selbst bezogenen Anlässe gesehen, während bei den Mädchen die Anlässe zur Beratung stärker in dem Beziehungsgeflecht, in das die Mädchen eingebunden sind, lokalisiert werden.

Tab. 6.2.5: *Merkmale der Beratungssituation, 1999*

Merkmale	Männlich	Weiblich	Insgesamt
Dauer			
Durchschnittliche Dauer in Monaten	6	6	6
Wohnsituation			
Eltern	5 %	17 %	6 %
Elternteil mit Stiefelternteil oder Partner	45 %	153 %	58 %
Allein erziehender Elternteil	6 %	19 %	52 %
Großeltern/Verwandte	4 %	13 %	0 %
Pflegefamilien	5 %	14 %	0 %
Heim	74 %	237 %	1 %
Wohngemeinschaft	0 %	0 %	0 %
Eigene Wohnung	17 %	65 %	0 %
Ohne feste Unterkunft	31 %	92 %	0 %
Kontaktaufnahme durch ...			
den jungen Menschen selbst	5 %	9 %	0 %
Eltern gemeinsam	17 %	50 %	0 %
Mutter	1 %	3 %	0 %
Vater	17 %	47 %	0 %
soziale Dienste	106 %	343 %	0 %
Sonstige	0 %	0 %	0 %
Anlaß der Beratung*			
Entwicklungsauffälligkeiten	4 %	14 %	0 %
Beziehungsprobleme	50 %	163 %	0 %
Schulausbildungsprobleme	0 %	0 %	0 %
Straftat des Jugendlichen/jungen Volljährigen	0 %	1 %	0 %
Suchtprobleme	0 %	0 %	1 %
Anzeichen für Kindesmisshandlung	36 %	32 %	34 %
Anzeichen für sexuellen Missbrauch	9 %	10 %	9 %
Trennung/Scheidung der Eltern	18 %	19 %	18 %
Wohnungsprobleme	1 %	1 %	1 %
Sonstige Probleme in und mit der Familie	1 %	1 %	1 %
Beendigungsgrund			
Beratung wurde einvernehmlich beendet	2 %	5 %	3 %
Der letzte Beratungskontakt liegt mehr als sechs Monate zurück	1 %	0 %	0 %
Weiterverweisung	0 %	1 %	0 %

Quellen: Statistik der Kinder- und Jugendhilfe, Teil I, 1 Institutionelle Beratung, Arbeitsunterlage; eigene Berechnungen
* Anteile beziehen sich hier auf die Gesamtzahl der Nennungen und nicht der Personen

Karte 6.2.1: Erziehungsberatung 1999

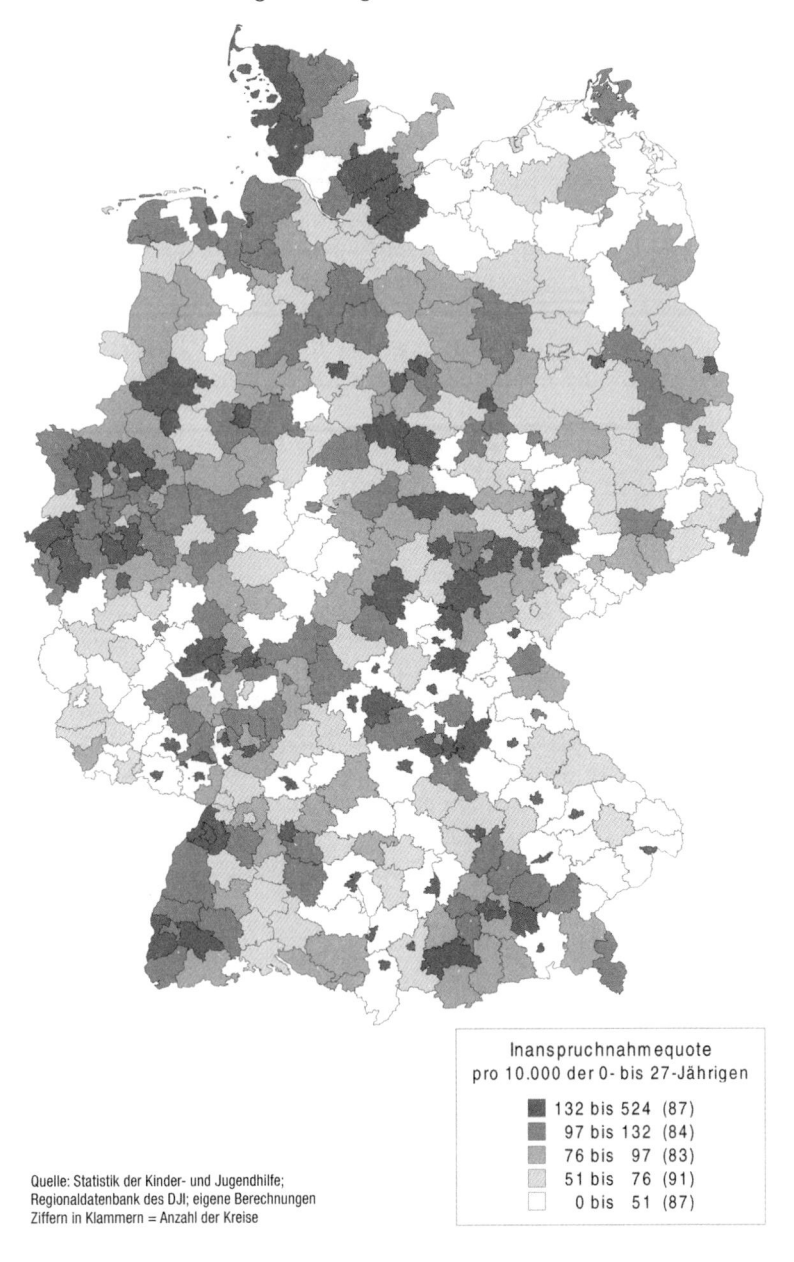

Quelle: Statistik der Kinder- und Jugendhilfe;
Regionaldatenbank des DJI; eigene Berechnungen
Ziffern in Klammern = Anzahl der Kreise

Inanspruchnahmequote
pro 10.000 der 0- bis 27-Jährigen

- 132 bis 524 (87)
- 97 bis 132 (84)
- 76 bis 97 (83)
- 51 bis 76 (91)
- 0 bis 51 (87)

Bei den Beendigungsgründen der institutionellen Beratung dagegen gibt es keine geschlechtsspezifischen Unterschiede. Immerhin 17 % der Beratungen werden nicht geplant beendet. Es ist zu vermuten, dass diese Zahl eine Untergrenze darstellt und die tatsächliche Zahl höher liegt, da diesem Datum in gewisser Weise für die Beratungsstellen auch eine legitimierende Bedeutung zukommt. Die Beendigungsgründe geben leider keine Hinweise auf den Erfolg der Beratung, da einem einvernehmlichen Ende einer Beratung (74 %) sowohl ein Erfolg zugrunde liegen kann als auch die gemeinsame Einsicht, dass die Beratung nicht die geeignete Form der Hilfe darstellt.

Die Karte 6.2.1 enthält für die Kreise der Bundesrepublik Deutschland[33] die Zuordnung zu vier Klassen der Inanspruchnahme der Erziehungsberatung und offenbart diesbezüglich sehr große regionale Disparitäten. Die Spannbreite der Inanspruchnahmequoten spricht hier für sich: Die Quoten variieren von 0 bis 524 Beratungsfällen pro 10.000 0- bis 27-Jährige. Da man davon ausgehen kann, dass gerade die Extremwerte unter Umständen das Ergebnis von Erhebungsfehlern sind, haben wir die 10er- und 90er-Perzentile[34] berechnet, und zwar getrennt für kreisfreie Städte und Landkreise, da zwischen beiden Kreistypen deutliche Unterschiede ersichtlich sind. In den kreisfreien Städten liegen diese 10er- und 90er-Perzentile bei 61 und 256 Fällen pro 10.000 0- bis 27-Jährige, während sie für die Landkreise 37 respektive 129 betragen. Auch der Vergleich der Mittelwerte (81 vs. 150) macht deutlich, dass die Inanspruchnahmequoten in den Städten etwa doppelt so hoch sind wie in den Landkreisen. Dies gilt sowohl für Ost- als auch für Westdeutschland, obwohl die Stadt-Land-Unterschiede in Westdeutschland stärker ausgeprägt sind.[35]

---

[33] Angemerkt sei, dass es sich hier um die Kreise der Bundesrepublik Deutschland handelt und nicht immer um Jugendamtsbezirke. Beide sind jedoch in der Regel identisch, obwohl es insbesondere in Nordrhein-Westfalen eine große Anzahl (ca. 150) von Jugendämtern kreisangehöriger Gemeinden gibt (vgl. Seckinger/van Santen/Pluto 2000). Die Werte der Kreise mit Jugendämtern kreisangehöriger Gemeinden ergeben sich aus der Addition der Werte der einzelnen Jugendämter innerhalb des Kreises.

[34] Das 10er-Perzentil ist der Wert, der von 10 % der Kreise unterschritten und von 90 % der Kreise überschritten wird. Das 90er-Perzentil ist der Wert, der von 10 % aller Kreise überschritten und von 90 % der Kreise unterschritten wird.

[35] Die regionale Zuordnung der Fälle der Beratung nach § 28 KJHG, wie sie in der Kinder- und Jugendhilfestatistik vorgenommen wird, erfolgt auf der Basis des Standortes der Beratungsstelle. Von daher kann man streng genommen die vorhandenen regionalen Disparitäten nicht mit absoluter Sicherheit mit einer unterschiedlichen Inanspruchnahme in den Kreisen gleichsetzen. Zumindest theoretisch

Zusammenfassung

In der Gesamtbetrachtung werden folgende Entwicklungen im Bereich Erziehungsberatung deutlich: Es gibt eine sehr hohe Verbreitung von spezialisierten Beratungsangeboten. Bis auf wenige Ausnahmen gibt es inzwischen in fast allen Jugendamtsbezirken ein Beratungsangebot, sodass ein Ausbau nur noch in sehr geringem Umfang bzw. nur innerhalb der Jugendamtsbezirke und nur noch im Rahmen einer Pluralisierung oder der Erreichung größerer regionaler Nähe der Angebote möglich ist. Es gibt jedoch objektive Grenzen für die Realisierung einer Angebotspluralität.

Die Trägerstruktur der Beratungsdienste verändert sich weiterhin. Der Anteil der Jugendamtsbezirke, in denen ausschließlich freie Träger aktiv sind, wächst weiter an. Die regionale Differenzierung zeigt, dass sich zwar das Beratungsangebot und dessen Trägerstruktur in Ost- und Westdeutschland weitgehend angeglichen hat, aber die Trägerstruktur in den Städten und Landkreisen sich noch deutlich unterscheidet.

Die Inanspruchnahme von Beratungen steigt langsam, aber kontinuierlich an und ihre Höhe weist erhebliche regionale Disparitäten auf. Sowohl bei der Häufigkeit der Inanspruchnahme, der Altersverteilung der Beratenen, der Wohnsituation während der Beratung sowie bei den Anlässen, die zur institutionellen Beratung führen, existieren deutliche geschlechtsspezifische Unterschiede.

6.3 Ambulante und teilstationäre Hilfen zur Erziehung

Die Kinder- und Jugendhilfe hat im Laufe ihrer Geschichte eine breite Palette ambulanter und (teil-)stationärer Hilfen entwickelt. In den vergangenen Jahren haben sich insbesondere die kurzzeittherapeutischen Maßnahmen für Familien und die so genannten flexiblen Hilfen als eine eigenständige Hilfeform herausgebildet. Die flexiblen Hilfen haben zwar inzwischen eine weite Verbreitung gefunden. Oftmals ist allerdings unklar, was sich konzeptionell hinter dieser Hilfeform in der Praxis verbirgt, weshalb wir uns diesen Hilfeformen gesondert und ausführlicher widmen werden (vgl. 6.5). Ein weiteres aktuelles

---

ist es z. B. möglich, dass Personen aus einem Landkreis sich in einer kreisfreien Stadt beraten lassen oder umgekehrt. Allerdings gibt es mancherorts auch Absprachen zwischen den Beratungsstellen, dass sie Personen, die nicht aus ihrem Einzugsgebiet stammen, an die Beratungsstelle in ihrer Herkunftsregion verweisen, wenn es denn dort eine Beratungsstelle gibt.

Thema, das die Fachdiskussion der erzieherischen Hilfen prägt, ist die vermutete, erhoffte, gewünschte oder auch vermeintlich „präventive" Wirkung ambulanter und teilstationärer erzieherischer Hilfen bezüglich der Vermeidung von stationären Hilfen. Diesen Punkt werden wir am Ende des Abschnittes 6.4 noch einmal kurz aufgreifen. Zuerst werden für einzelne Angebote der ambulanten und teilstationären Hilfen Entwicklung der Angebotsstruktur und der Inanspruchnahme sowie soziodemografische Merkmale des jeweiligen Adressatenkreises dargestellt. In Abschnitt 6.4 werden diese Aspekte für die stationären erzieherischen Hilfen dargestellt.

Tab. 6.3.1: Entwicklung der Trägerzugehörigkeit einzelner ambulanter oder teilstationärer Hilfen zur Erziehung in den Jugendamtsbezirken, 2000*

	Ausschließlich öffentl. Träger		Teils öffentl./teils freie Träger		Ausschließlich freie Träger		Vorhanden	
Erziehungsbeistandschaften/ Betreuungshilfe	30 %	(−15 %)	23 %	(±0 %)	47 %	(+15 %)	96 %	(+19 %)
Sozialpädagogische Familienhilfe	25 %	(−8 %)	27 %	(+7 %)	49 %	(+2 %)	96 %	(+2 %)
Tagesgruppen	5 %	(0 %)	10 %	(−4 %)	86 %	(+6 %)	88 %	(+18 %)
Sozialpädagogische Einzelbetreuung	19 %	(−2 %)	15 %	(−2 %)	66 %	(+5 %)	73 %	(+20 %)
Kurzzeittherapeutische Maßnahmen für Familien (z.B. FAM, FIM, FSP)	0 %		10 %		90 %		28 %	
Familienbildungsstätten	10 %		0 %		90 %		43 %	
Familien- und Mütterzentren	9 %		5 %		86 %		31 %	

* In Klammern Veränderungen gegenüber 1995/1996 in Prozentpunkten. Die Richtung der Veränderung wird durch das Vorzeichen bestimmt, d.h., ein negatives Vorzeichen deutet auf ein Abnehmen hin.

Die Tabelle 6.3.1 gibt zum einen einen Überblick zu Verbreitung einzelner ambulanter oder teilstationärer Hilfeformen in den Jugendamtsbezirken und zum anderen enthält sie Informationen über die vorhandene Trägerstruktur der Hilfen.

Sofern ein Vergleich mit früheren Erhebungszeitpunkten möglich ist, zeigt sich nach wie vor eine weitere Differenzierung von ambulanten und teilstationären Hilfeformen in den Jugendamtsbezirken: Alle betrachteten Hilfeformen haben im Vergleich zum Jahr 1996 eine weitere Verbreitung gefunden. Auch die Entwicklung der Trägerstruktur bei den verschiedenen Hilfeformen weist einen eindeutigen Trend auf: Die Hilfen werden zu einem geringeren Ausmaß ausschließlich von öffentlichen Trägern bereitgestellt. Dagegen steigt bei allen Hilfeformen der Anteil der Jugendamtsbezirke, in denen ausschließlich freie Träger als Anbieter von Leistungen fungieren. Im Jahr 1996 gab es bei einzelnen Hilfeformen noch deutliche Unterschiede zwischen Ost- und Westdeutschland sowie zwischen Städten und Landkreisen. Diese Unterschiede sind auffallend geringer geworden und haben keine statistische Relevanz mehr.

In der Erhebungswelle im Jahr 2000 wurde auch untersucht, inwiefern privat-gewerbliche Träger als Anbieter von Leistungen der Kinder- und Jugendhilfe eine Rolle spielen. Je nach Angebotsform treten in 3 % bis 13 % der Jugendamtsbezirke, in denen die hier betrachteten Angebote vorhanden sind, (auch) privat-gewerbliche Träger als Anbieter von Leistungen auf. Der höchste Wert (13 %) ist bei Tagesgruppen (§ 32 KJHG) zu beobachten. Dies verwundert nicht, weil dieses Angebot eine über Entgeltvereinbarungen finanzierte Leistung ist, von der prinzipiell kein Anbieter ausgeschlossen werden kann. Überraschend ist vielmehr, dass es bei allen hier betrachteten Angeboten, wenn auch in einem unterschiedlichen Ausmaß und insgesamt eher selten, auch privat-gewerbliche Anbieter gibt. Allerdings ist eine gewisse Vorsicht geboten, da nicht klar ist, was Jugendämter jeweils unter privat-gewerblichen Trägern verstehen. Theoretisch könnten auch bereits Privatpersonen, die auf Honorarbasis arbeiten, als solche betrachtet werden. Insofern ist es nicht immer einfach, eine eindeutige Trennung zwischen Privatpersonen und privat-gewerblichen Anbietern vorzunehmen. Allerdings würde auch eine Entwicklung weg von Trägerorganisationen hin zu Privatpersonen einen Strukturwandel der Trägerlandschaft markieren, sie würde sich „atomisieren" (vgl. zu möglichen Folgen van Santen/Seckinger 2003).

Im Folgenden werden wir etwas näher auf die in der Tab. 6.3.1 enthaltenen einzelnen Hilfeformen eingehen und – sofern vorhanden – auch Daten der amtlichen Kinder- und Jugendhilfestatistik hinzuziehen.

6.3.1 Erziehungsbeistandschaft und Betreuungshilfe

Der Erziehungsbeistand und der Betreuungshelfer sollen Kinder und Jugendliche bei der Bewältigung von Entwicklungsproblemen unterstützen und dabei möglichst das soziale Umfeld einbeziehen. Kinder und Jugendliche sollen in ihrer Selbstständigkeit gefördert werden, ohne den Bezug zur Familie zu verlieren (§ 30 KJHG).

Die Erziehungsbeistandschaft ist aus Sicht der Jugendhilfe eine freiwillige Form der Erziehungshilfe. Den Jugendlichen könnte die Zusammenarbeit mit einem Erziehungsbeistand jedoch auch von Jugendrichtern als Erziehungsmaßregel nach § 12 JGG auferlegt werden. Die Erziehungsbeistandschaft gerät damit in ein Spannungsverhältnis zwischen Hilfe und Kontrolle.[36] Aus Jugendhilfesicht stehen nämlich die Unterstützungsleistungen für die AdressatInnen im Vordergrund, während aus der Perspektive des Strafrechts die Erziehungsbeistandschaft als Sanktion angewendet wird. In verschärfter Form gilt dies auch für die Betreuungsweisung, die dem Jugendlichen nach § 10 JGG auferlegt werden kann. Im Unterschied zu der Erziehungsbeistandschaft als Erziehungsmaßregel nach § 12 JGG kann bei einem Verstoß der Auflage einer Betreuungsweisung nach § 10 JGG dieser mit Jugendarrest geahndet werden. Der Betreuungshelfer, der nach einer Betreuungsweisung eines Jugendrichters bestellt werden soll, ist also noch stärker in dem Spannungsfeld der Aufgaben des Strafrechts und der Jugendhilfe gefangen als der Erziehungsbeistand. Die Verquickung von sozialpädagogischen und strafrechtlichen Gesichtspunkten wird scharf kritisiert. Wiesner/Mörsberger/Oberloskamp/Struck (2000: 397) kommen zu dem Schluss: „Der Versuch für delinquente und nicht delinquente Jugendliche gemeinsame pädagogische Angebote zu schaffen, muss als gescheitert betrachtet werden."

Angebote

In 96 % der Jugendamtsbezirke gehört die Erziehungsbeistandschaft zur Angebotspalette der ambulanten erzieherischen Hilfen. Gegenüber dem letzten Erhebungszeitpunkt hat diese Hilfeform eine wei-

---

[36] Zwar wird angenommen (vgl. Wiesner/Mörsberger/Oberloskamp/Struck 2000: 394), dass Jugendrichter selten eine Erziehungsbeistandschaft als Erziehungsmaßregel auferlegen, aber eindeutige aktuelle empirische Belege gibt es hierfür nicht.

tere Verbreitung gefunden (eine Zunahme von 19 Prozentpunkten). Auch die Trägerstruktur entwickelt sich im Sinne des Subsidiaritätsprinzips. Der Anteil von Jugendamtsbezirken, in denen ausschließlich öffentliche Träger diese Hilfeform anbieten, geht zurück.

In 61% der Jugendamtsbezirke besteht für die Erziehungsbeistandschaften und Betreuungshilfe eine Angebotspluralität. Das heißt, es gibt mindestens zwei verschiedene Anbieter von Erziehungsbeistandschaften bzw. Betreuungshilfe. Die strukturellen Mindestbedingungen für die Einlösung des Wunsch- und Wahlrechts verbessern sich somit.

Etwa ein Drittel der Jugendämter setzt (auch) Honorarkräfte als Erziehungsbeistände ein. Auf eine Personalstelle kommen im Durchschnitt ca. zehn Fälle, wobei die durchschnittliche Fallzahl in Ostdeutschland signifikant geringer als in Westdeutschland ist. Dies könnte auf ein unterschiedliches konzeptionelles Verständnis von Erziehungsbeistandschaft hindeuten.

Inanspruchnahme

Abb. 6.3.1 zeigt die Entwicklung der Nachfrage nach Erziehungsbeiständen und Betreuungshelfern auf der Basis der Zahl der beendeten Hilfen am jeweiligen Jahresende so, wie sie in der Kinder- und Jugendhilfestatistik ausgewiesen sind. Beide Hilfeformen haben einen kräftigen und nahezu parallelen Anstieg erfahren, obwohl die Inanspruchnahmequote sich, zumindest relativ zu den anderen erzieherischen Hilfeformen, auch im Jahr 1999 immer noch auf einem niedrigen Niveau bewegt. Im Vergleich zum Jahr 1991 hat sich die Inanspruchnahme fast verdreifacht. Der Ausbau dieser und anderer Hilfeformen findet für verschiedene Altersgruppen in einem unterschiedlich starken Ausmaß statt. Die stärkste Zunahme ist bei den Sechs- bis Zwölfjährigen zu verzeichnen (vgl. hierzu Bürger 2000).

Die tatsächliche Inanspruchnahme von Betreuungshelfern dürfte etwas höher sein als aus der Abbildung ersichtlich wird, da die Betreuungshelfer nicht immer von der Jugendhilfe finanziert, sondern die Kosten auch von den Justizbehörden übernommen werden. Unklar ist, inwiefern die von der Justiz finanzierten Leistungen in die Kinder- und Jugendhilfestatistik einfließen. Es ist aber anzunehmen, dass die Zahl der Inanspruchnahme von Betreuungshelfern unterschätzt wird.

Die Inanspruchnahme von Erziehungsbeistandschaft, hier berechnet auf der Basis der Fälle der Kinder- und Jugendhilfestatistik am

Ende des Jahres 1999[37], liegt in den Jugendamtsbezirken im Osten etwa 25 % (ca. vier zu fünf Fälle pro 10.000 0-bis 27-Jährige) und die von Betreuungshelfern etwa 75 % (ca 1,5 zu 2,5 Fälle pro 10.000 0- bis 27-Jährigen) höher als im Westen. Auch die Unterschiede der Inanspruchnahme von Erziehungsbeistandschaften, Betreuungshelfern zwischen Städten und Landkreisen bewegen sich in dieser Größenordnung, wobei jeweils das Niveau der Inanspruchnahme in den Städten über dem der Landkreise liegt.

Abb. 6.3.1: Entwicklung der Nachfrage nach Betreuung einzelner junger Menschen

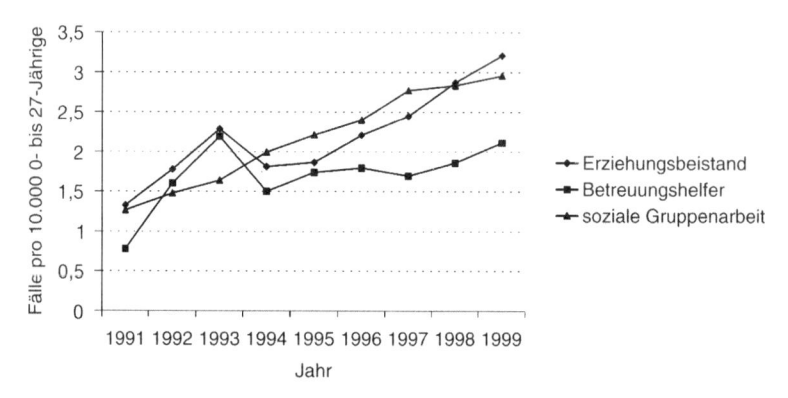

[Liniendiagramm: Fälle pro 10.000 0- bis 27-Jährige, 1991–1999; Linien für Erziehungsbeistand, Betreuungshelfer, soziale Gruppenarbeit]

Quelle: Statistik der Kinder- und Jugendhilfe, Arbeitsunterlage Teil I, 2, diverse Jahrgänge, junge Menschen mit beendeter Hilfe; eigene Berechnungen

Die Karten 6.3.1 und 6.3.2 (S. 189 und 190) geben einen Eindruck von der sehr unterschiedlichen regionalen Verteilung der Inanspruchnahmequoten der Erziehungsbeistandschaften sowie der Betreuungshilfe jeweils zum Jahresende des Jahres 1999. Auch wenn man die Extremwerte außer Acht lässt und die 10er- und 90er-Perzentile betrachtet, zeigen sich noch erhebliche Differenzen. Bei der Inanspruchnahme der Erziehungsbeistandschaft streuen die Werte in den Städten

---

[37] Die unterschiedliche Höhe der Inanspruchnahmequoten ein und derselben Hilfeform (in der Karte 6.3.1 und in diesem Absatz) sind auf die unterschiedlichen Bezugsgrößen zurückzuführen. Während die Daten der Karte 6.3.1 auf Basis aller abgeschlossenen Fälle innerhalb eines Jahres berechnet wurden, beruhen die Ergebnisse dieses Abschnittes auf Berechnungen mit der Anzahl der Fälle am Jahresende. Da die Hilfeformen eine unterschiedliche Dauer aufweisen (Erziehungsbeistandschaften dauern länger als Betreuungshilfe, vgl. Tab. 6.3.2), kommt es zu Unterschieden in den Inanspruchnahmequoten.

Karte 6.3.1: Erziehungsbeistand 1999

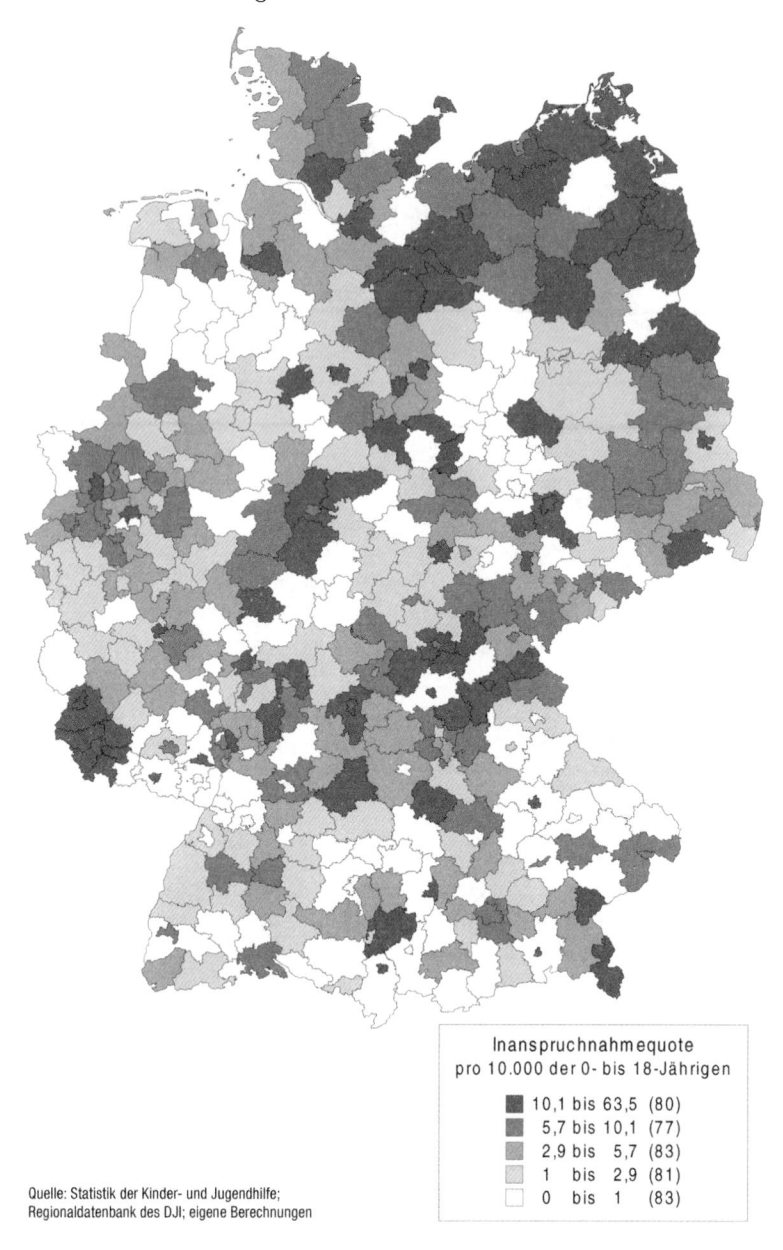

Quelle: Statistik der Kinder- und Jugendhilfe;
Regionaldatenbank des DJI; eigene Berechnungen

Inanspruchnahmequote
pro 10.000 der 0- bis 18-Jährigen

- 10,1 bis 63,5 (80)
- 5,7 bis 10,1 (77)
- 2,9 bis 5,7 (83)
- 1 bis 2,9 (81)
- 0 bis 1 (83)

Karte 6.3.2: Betreuungshilfe 1999

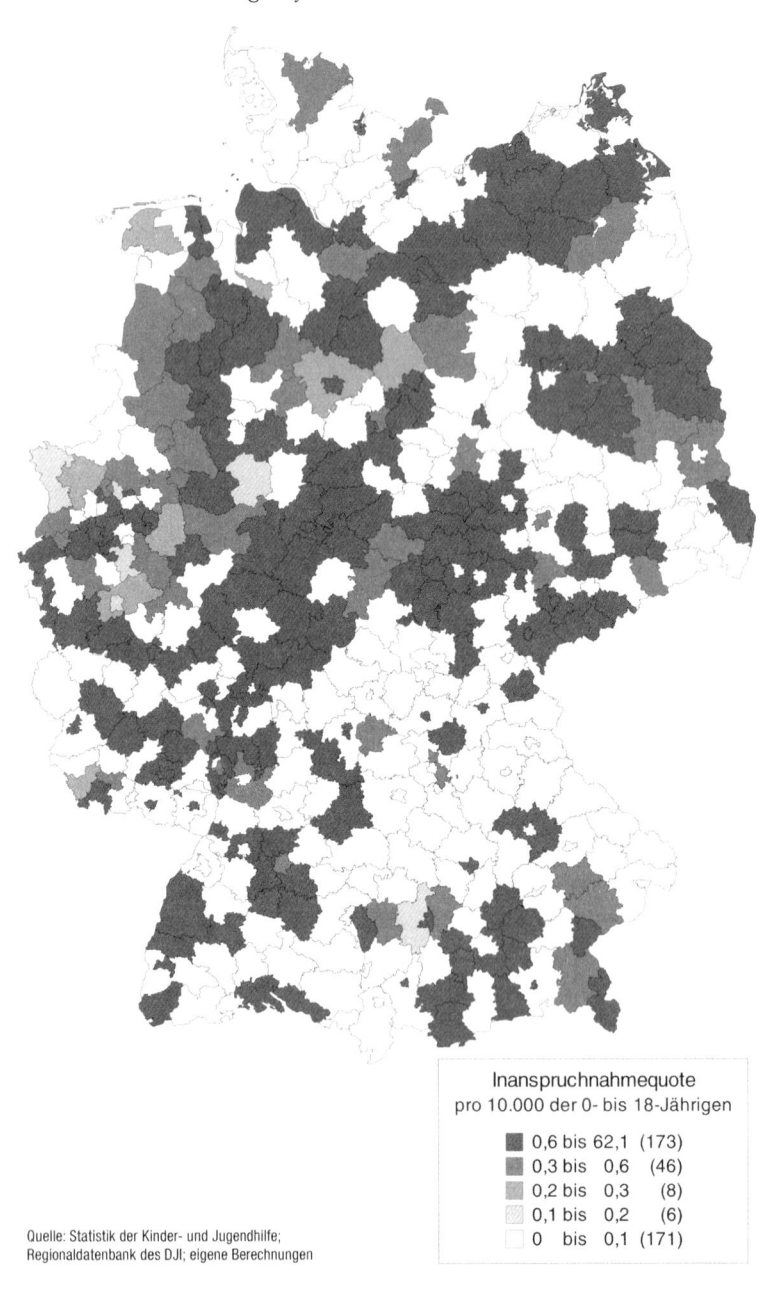

Inanspruchnahmequote
pro 10.000 der 0- bis 18-Jährigen

■ 0,6 bis 62,1 (173)
■ 0,3 bis 0,6 (46)
▨ 0,2 bis 0,3 (8)
▨ 0,1 bis 0,2 (6)
□ 0 bis 0,1 (171)

Quelle: Statistik der Kinder- und Jugendhilfe;
Regionaldatenbank des DJI; eigene Berechnungen

zwischen 2 und 24 und in den Landkreisen zwischen 1 und 15 Kindern bzw. Jugendlichen pro 10.000 der 0- bis 18-Jährigen[38]. Die Werte der Perzentile der Inanspruchnahme der Betreuungshilfe weisen ebenfalls eine große Streubreite auf. Sie schwanken in den Städten zwischen 1 und 10 und in den Landkreisen zwischen 1 und 4 pro 10.000 der 0- bis 18-Jährigen.

Merkmale der AdressatInnen

Die Tab. 6.3.2 enthält einige Grunddaten zu den Kindern und Jugendlichen, die Erziehungsbeistandschaft oder Betreuungshilfe in Anspruch nehmen. Erstaunlich ist, dass nicht nur die AdressatInnen der Betreuungshilfe überwiegend männlichen Geschlechts sind (75 %), sondern auch die der Erziehungsbeistandschaft (72 %). Während nämlich die Betreuungshilfe überwiegend straffälligen Jugendlichen mit bestimmten Deliktarten „auferlegt" wird, die wiederum in der großen Mehrzahl männlichen Geschlechts sind, stellt die Erziehungsbeistandschaft ein Angebot in der sozialpädagogischen Tradition der Jugendhilfe dar. Dennoch zeigt sich auch hier eine deutliche geschlechtsspezifische Inanspruchnahme. Probleme mit Töchtern in Familien werden offenbar eher im „Privaten" gelöst, während bei Problemen mit Söhnen auch außerhalb der Familie Unterstützung gesucht wird. Hinzu kommt, dass das Problemverhalten der Jungen stärker als das der Mädchen nach außen gerichtet ist, das heißt sich auch außerhalb des Familienkreises bemerkbar macht. Dies führt dazu, dass öffentliche Institutionen wie z.B. das Jugendamt, eher von der Notwendigkeit einer Hilfe überzeugt sind oder werden können.

Die AdressatInnen der Erziehungsbeistandschaft sind deutlich jünger als die der Betreuungshilfe. Da die Strafmündigkeitsgrenze bei 14 Jahren liegt und also erst ab diesem Alter Betreuungshilfe auferlegt werden kann, ist dies nicht weiter verwunderlich. Im Vergleich zu den anderen erzieherischen Hilfen ist sowohl der Anteil der männlichen AdressatInnen als auch der AdressatInnen mit einer anderen als der deutschen Staatsangehörigkeit bei der Betreuungshilfe sehr hoch. Dies spiegelt ebenfalls die Struktur des von den Jugendrichtern verurteilten Personenkreises wider (vgl. 6.9).

---

[38] Bei den verschiedenen Tabellen, Grafiken und Karten werden – selbst wenn es sich um die gleiche Hilfeform handelt – nicht immer dieselben Altersgruppen als Bezugsgröße verwendet, weil die Daten aus unterschiedlichen Informationsquellen stammen und nicht alle einen inhaltlich sinnvollen Altersbezug ermöglichen.

Im Zeitverlauf zeigt sich für die Hilfeformen Erziehungsbeistandschaft und Betreuungshilfe eine deutliche Zunahme des Anteils der von freien Trägern geleisteten Hilfen. Besonders in den neuen Bundesländern ist eine sehr augenfällige Entwicklung zu verzeichnen. Hier liegt der Anteil der von freien Trägern geleisteten Hilfen inzwischen sehr deutlich über dem der öffentlichen Träger (63 % zu 30 % freier Träger im Westen).

Tab. 6.3.2: Kennzahlen zu den Fällen mit Erziehungsbeistand, Betreuungshilfe, die 1999 beendet wurden

Merkmale	Erziehungsbeistand	Betreuungshilfe
Geschlecht		
Männlich	72 %	75 %
Weiblich	28 %	25 %
Alter		
Unter 6	2 %	/
6 bis unter 12	13 %	/
12 bis unter 15	17 %	/
unter 15	32 %	14 %
15 bis unter 18	37 %	35 %
18 bis unter 21	26 %	41 %
21 und älter	5 %	10 %
Anzahl insgesamt (absolut)	20.148	5.165
Aufenthaltsort		
In der Familie	78 %	67 %
Außerhalb der Familie	22 %	33 %
Staatsangehörigkeit		
Deutsch	92 %	84 %
Nichtdeutsch	8 %	16 %
Kindschaftsstatus		
Ehelich	84 %	85 %
Nichtehelich	16 %	15 %
Träger		
Öffentlicher Träger	56 %	59 %
Freier Träger	44 %	41 %
Dauer der Hilfe in Monaten		
Dauer	15,6	9,8

Quellen: Statistik der Kinder- und Jugendhilfe, Teil I, 2 Betreuung einzelner junger Menschen 1999; eigene Berechnungen; bei der Betreuungshilfe gibt es keine Altersdifferenzierung unterhalb des 15. Lebensjahres.

6.3.2 Soziale Gruppenarbeit

Nach dem KJHG § 29 soll „die Teilnahme an sozialer Gruppenarbeit (...) älteren Kindern und Jugendlichen bei der Überwindung von Entwicklungsschwierigkeiten und Verhaltensproblemen helfen. Soziale Gruppenarbeit soll auf der Grundlage eines gruppenpädagogischen Konzepts die Entwicklung älterer Kinder und Jugendlicher durch soziales Lernen in der Gruppe fördern." Die soziale Gruppenarbeit ist eine ambulante, auf Kinder und Jugendliche gerichtete Hilfeform, obwohl manchmal auch die Eltern einbezogen werden (vgl. Wegehaupt-Schlund 2001: 534). Nach Wegehaupt-Schlund „sind in der Praxis die Konzepte der sozialen Gruppenarbeit inzwischen so vielfältig und auf heterogene Zielgruppen ausgerichtet, dass kein einheitliches, klar strukturiertes Bild der derzeitigen Praxis wiedergegeben werden kann" (2001: 537). So gibt es eine breite Palette von Ansätzen, von offener Jugendarbeit über erlebnispädagogische Maßnahmen bis hin zu abgewandelten Formen der Schulsozialarbeit.

Soziale Gruppenarbeit nach dem KJHG und soziale Trainingskurse nach dem JGG werden fast immer in einem Atemzug genannt. Während jedoch die Teilnahme an einem sozialen Trainingskurs aufgrund einer richterlichen Weisung anlässlich einer Straftat von Jugendlichen erfolgt (vgl. auch Kap. 6.5), basiert die soziale Gruppenarbeit auf Freiwilligkeit und richtet sich explizit auf den vorhandenen pädagogischen Bedarf, dessen Intensität und Dauer der Hilfe nicht genau von vornherein bestimmt werden kann.

Inanspruchnahme und Merkmale der AdressatInnen

Der Abb 6.3.1, S. 188 kann entnommen werden, dass die Inanspruchnahme seit 1991 kontinuierlich zugenommen hat. Informationen zum Adressatenkreis der sozialen Gruppenarbeit sind in der Tab. 6.3.3 enthalten. Der Anteil männlicher Adressaten ist mit 81% am höchsten im Vergleich zu allen anderen ambulanten und stationären Erziehungshilfen. Auch der Anteil der ausländischen Kinder und Jugendlichen (20%) liegt außer bei der Inobhutnahme nirgendwo höher. Beide Ergebnisse wie auch die durchschnittliche Dauer von 7,2 Monaten können als Indiz dafür verstanden werden, dass soziale Gruppenarbeit in vielen Fällen wohl doch eher als „justiznahe" Hilfeform Verwendung findet. Die von nahezu allen Autoren geforderte Abgrenzung zu den sozialen Trainingskursen wird also nur bedingt praktiziert. Der Vergleich der Altersverteilungen der beiden „justiznahen" Hilfeformen Betreuungshilfe und soziale Gruppenarbeit zeigt, dass die soziale Gruppenarbeit deutlich häufiger den jüngeren, die Betreuungshilfe vor allem den älteren Altersgruppen auferlegt wird. Diese Altersunterschiede erklären auch die vorhandenen markanten Unterschiede bezüglich des (Nicht-)Wohnens in der Familie zwischen diesen beiden Hilfeformen (vgl. Tab. 6.3.2 und 6.3.3): Die Jüngeren wohnen mit höherer Wahrscheinlichkeit noch bei den Eltern, als dies die Älteren tun. Der Anteil der von freien Trägern geleisteten Hilfen der sozialen Gruppenarbeit beträgt 53 % und ist in den letzten Jahren deutlich angestiegen.

Tab. 6.3.3: Kennzahlen zu den Fällen der sozialen Gruppenarbeit, die 1999 beendet wurden

Merkmale	Soziale Gruppenarbeit
Geschlecht	
Männlich	81 %
Weiblich	19 %
Alter	
Unter 15	30 %
15 bis unter 18	40 %
18 bis unter 21	25 %
21 und älter	5 %
Anzahl insgesamt (absolut)	7.173
Aufenthaltsort	
In der Familie	82 %
Außerhalb der Familie	18 %
Staatsangehörigkeit	
Deutsch	80 %
Nichtdeutsch	20 %
Kindschaftsstatus	
Ehelich	88 %
Nichtehelich	12 %
Träger	
Öffentlicher Träger	47 %
Freier Träger	53 %
Dauer der Hilfe in Monaten	
Dauer	7,2

Quelle: Statistik der Kinder- und Jugendhilfe, Teil I, 2 Betreuung einzelner junger Menschen 1999; eigene Berechnungen

Die Karte 6.3.3 zeigt die regionale Streuung der Inanspruchnahme der sozialen Gruppenarbeit. Die amtliche Kinder- und Jugendhilfestatistik zeigt, dass es in fast der Hälfte der Kreise keine Kinder und Jugendlichen in der Hilfeform sozialer Gruppenarbeit gibt. In den Jugendamtsbezirken, in denen diese Hilfeform in Anspruch genommen wird, bestehen wiederum große regionale Unterschiede bezüglich der Inanspruchnahme. Zwischen Ost- und Westdeutschland gibt es keine nennenswerten Unterschiede hinsichtlich der Inanspruch-

Karte 6.3.3: Soziale Gruppenarbeit 1999

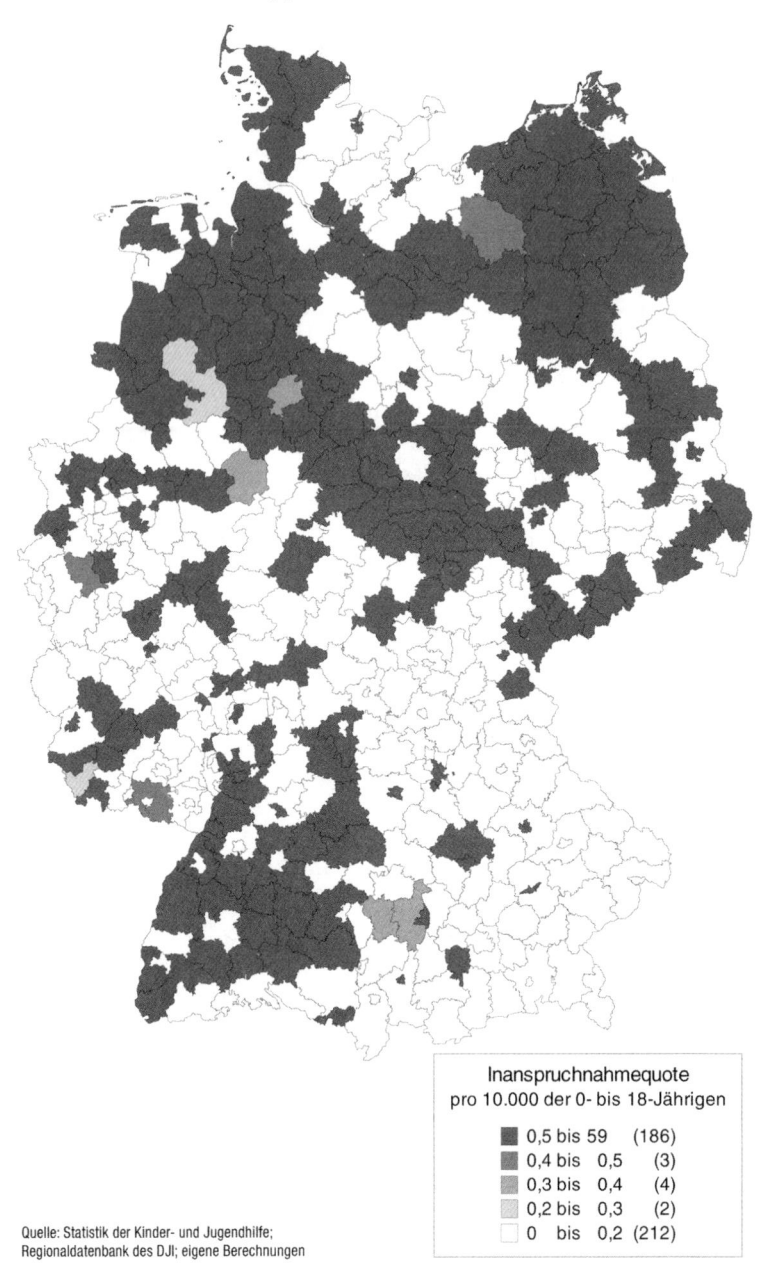

Quelle: Statistik der Kinder- und Jugendhilfe;
Regionaldatenbank des DJI; eigene Berechnungen

Inanspruchnahmequote
pro 10.000 der 0- bis 18-Jährigen

- 0,5 bis 59 (186)
- 0,4 bis 0,5 (3)
- 0,3 bis 0,4 (4)
- 0,2 bis 0,3 (2)
- 0 bis 0,2 (212)

nahme, aber die Werte in den kreisfreien Städten und Landkreisen streuen unterschiedlich stark und auf einem unterschiedlichen Niveau. Während in den Landkreisen das 10er-Perzentil der Inanspruchnahme der sozialen Gruppenarbeit pro 10.000 der 0- bis 18-Jährigen bei 1 und das 90er-Perzentil bei 10 liegt, sind die entsprechenden Werte in den kreisfreien Städten deutlich höher, nämlich bei 1 und 17.

6.3.3 Sozialpädagogische Familienhilfe

Der Name Sozialpädagogische Familienhilfe (SPFH) ist Programm: Das Angebot richtet sich an die gesamte Familie und nicht nur an einzelne Familienmitglieder. Durch intensive Betreuung und Begleitung der Familie soll diese in ihren Erziehungsaufgaben, bei der Lösung von Konflikten und Krisen sowie im Kontakt mit Ämtern und Institutionen unterstützt und Hilfe zur Selbsthilfe gegeben werden (§ 31 KJHG). Sie hat eine überwiegende Geh-Struktur, d. h., die Fachkräfte suchen die Familien in ihren Wohnungen auf und setzen auf inner- und außerfamiliäre Ressourcenaktivierung und bewegt sich im Spannungsfeld zwischen Hilfe und Kontrolle (vgl. Helming 2001: 541). SPFH dauert im Durchschnitt ca. 16 Monate (vgl. Tab. 6.3.4, S. 201).

Angebote

Die SPFH ist neben Erziehungsbeistandschaften und Betreuungshilfe die am weitesten verbreitete Form der ambulanten Hilfe zur Erziehung. In nahezu allen Jugendamtsbezirken (96 %) gehört die Sozialpädagogische Familienhilfe zum Spektrum der vorhandenen Hilfen. Dabei zeigt sich ein Rückgang des Anteils der Jugendamtsbezirke, in denen es ausschließlich Angebote des öffentlichen Trägers gibt. Die Trägerstruktur der SPFH im Osten ist durch eine signifikant höhere Pluralität im Vergleich zum Westen gekennzeichnet. In den neuen Bundesländern gibt es in 79 % der Jugendamtsbezirke mehrere SPFH-Anbieter, wohingegen dieser Anteil in den alten Ländern bei 48 % liegt.

Die Abb. 6.3.2 zeigt, dass die Trägerstruktur der SPFH in den letzten Jahren einen sehr starken Trend weg von Leistungen der öffentlichen Träger hin zu freien Trägern erfahren hat: Der Anteil der in öffentlicher Trägerschaft durchgeführten Hilfen sinkt kontinuierlich und damit steigt der Anteil der Hilfen der freien Träger.

Insbesondere in Ostdeutschland hat sich die Trägerlandschaft stark verändert und scheint immer noch nicht an Dynamik verloren zu haben. Inzwischen liegt hier der Anteil der SPFH in öffentlicher Trägerschaft bei 24 % gegenüber 62 % im Westen.

Abb. 6.3.2: Anteil der durch den öffentlichen Träger (ÖT) im Rahmen von SPFH beratenen Familien

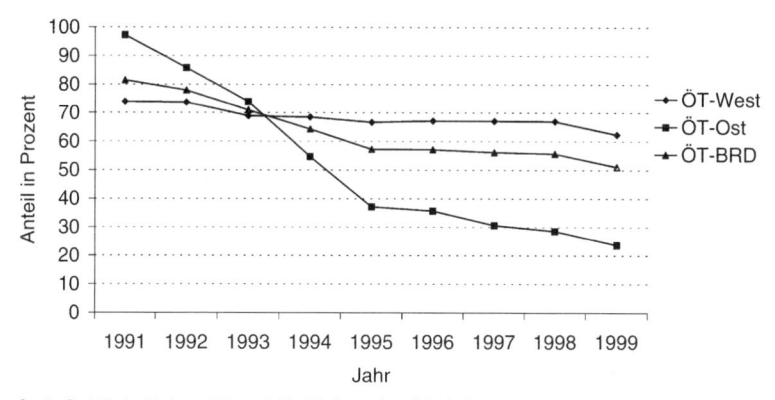

Quelle: Statistik der Kinder- und Jugendhilfe, Arbeitsunterlage Teil I, 3 diverser Jahrgänge, Familien am 31. Dezember; eigene Berechnungen

Eine SPFH-Fachkraft betreut im Durchschnitt ca. elf Familien. Allerdings zeigt sich bei der Fallzahl pro Fachkraft eine sehr deutliche Streuung zwischen den Jugendämtern. Der Median liegt lediglich bei sechs Fällen, was darauf verweist, dass in einigen Jugendämtern von den Fachkräften sehr hohe Fallzahlen zu bewältigen sind. Die großen Unterschiede in der Fallbelastung der Fachkräfte lassen sich nur durch große Differenzen in den jeweiligen SPFH-Konzepten erklären. Gerade die SPFH gehört jedoch zu den Hilfeformen, für die es eindeutige Standards gibt (vgl. Helming/Schattner/Blüml 1998). Vor diesem Hintergrund kann es sich eigentlich nicht immer um SPFH handeln, wenn SPFH angegeben wird.

Inanspruchnahme

Die Abb. 6.3.3 zeigt die Entwicklung der Inanspruchnahme der SPFH getrennt für zwei Gruppen sowie für alle zusammen. Die Fallzahlen sind jeweils bezogen auf die entsprechende Anzahl von Familien, d. h. beispielsweise, dass die Anzahl der allein Erziehenden mit SPFH in Beziehung zu der Gesamtanzahl der allein Erziehenden gesetzt wurde. Es wird ersichtlich, dass die Inanspruchnahme bei allein erziehenden Eltern höher ist und die Quote schneller wächst als bei den Familien mit zwei Elternteilen. Dies ist ein Trend, der sich sowohl in Ost- wie in Westdeutschland sehr deutlich abzeichnet. Das Niveau der Inanspruchnahme der Familien, in denen nur ein Elternteil lebt, liegt etwa achtmal höher als die Inanspruchnahme der Familien, in der beide Elternteile zusammenleben. Dies bestätigt die Vermutung, dass SPFH häufig als eine Form der Unterstützung für allein Erziehende eingesetzt wird.

Abb. 6.3.3: Inanspruchnahme Sozialpädagogische Familienhilfe (SPFH)

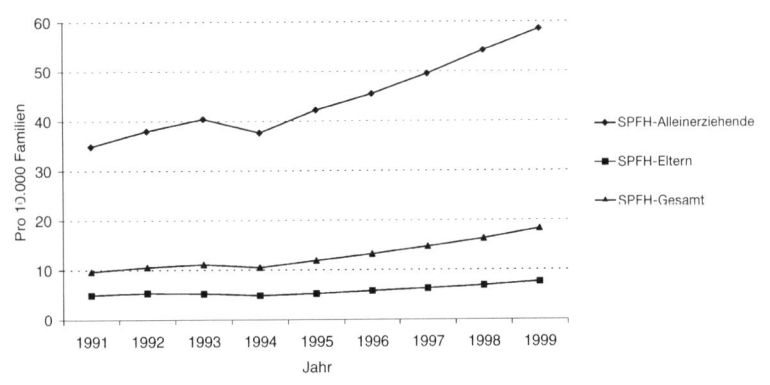

[Diagramm: Liniendiagramm mit drei Kurven (SPFH-Alleinerziehende, SPFH-Eltern, SPFH-Gesamt), y-Achse: Pro 10.000 Familien, x-Achse: Jahr 1991–1999]

Quelle: Statistik der Kinder- und Jugendhilfe, Arbeitsunterlage Teil I, 3 diverser Jahrgänge, Familien am 31. Dezember; Daten des Mikrozensus; eigene Berechnungen

Die Karte 6.3.4 offenbart sehr deutliche regionale Disparitäten der Inanspruchnahme von SPFH. Deutlich erkennbar ist das starke Ost-West-Gefälle. Insbesondere im Nordosten Deutschlands ist SPFH weit verbreitet. Auffällig ist zudem, dass die Inanspruchnahme in Bayern abgesehen von den kreisfreien Städten vergleichsweise niedrig ist.

In den kreisfreien Städten ist die Inanspruchnahme signifikant höher als in den Landkreisen. In den Landkreisen mit sehr niedriger Bevölkerungsdichte und den kreisfreien Städten mit geringer Einwohnerzahl liegt die Inanspruchnahme überraschenderweise signifikant über der in den Landkreisen mit höherer Bevölkerungsdichte. Man kann vermuten, dass SPFH in diesen gering verstädterten Kreisen auch für Problemkonstellationen eingesetzt wird, wofür in anderen Regionen jeweils spezialisierte Angebote existieren. SPFH

Karte 6.3.4: Sozialpädagogische Familienhilfe 1999

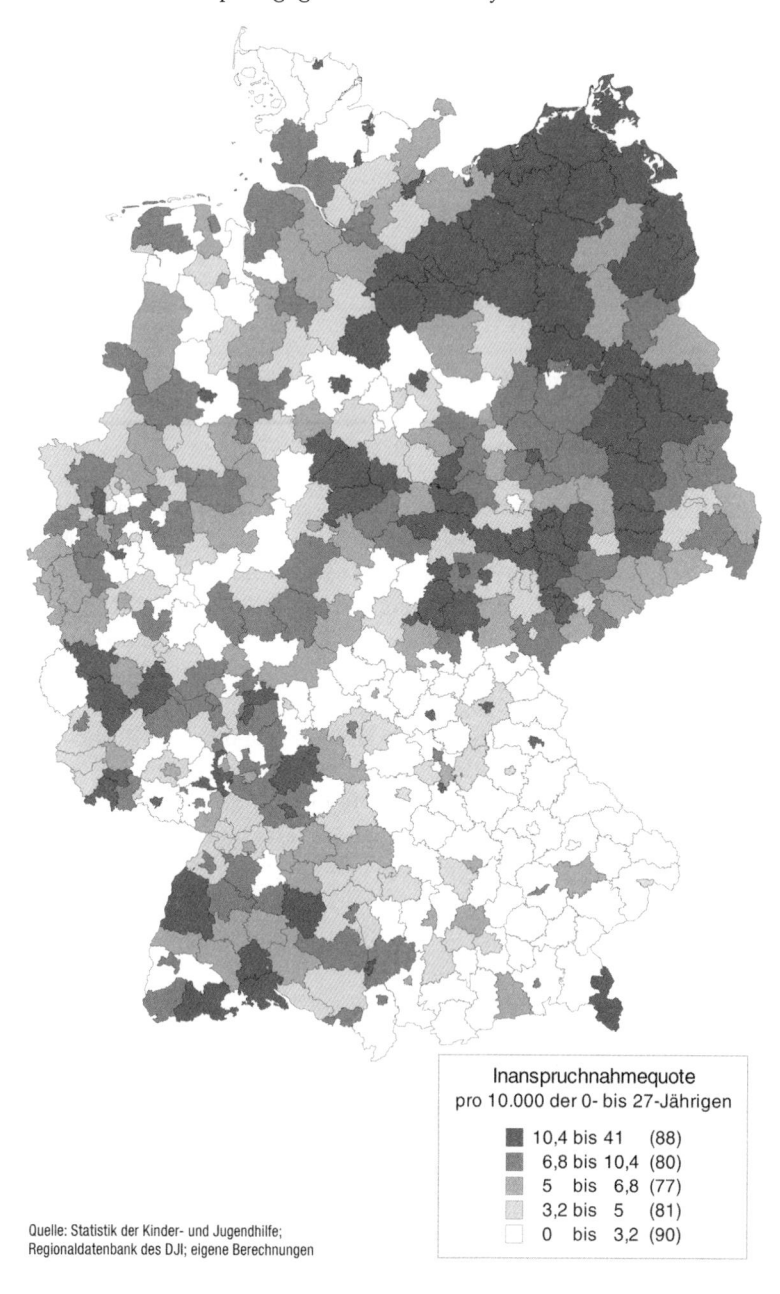

Quelle: Statistik der Kinder- und Jugendhilfe;
Regionaldatenbank des DJI; eigene Berechnungen

Inanspruchnahmequote
pro 10.000 der 0- bis 27-Jährigen

■ 10,4 bis 41 (88)
■ 6,8 bis 10,4 (80)
▨ 5 bis 6,8 (77)
▢ 3,2 bis 5 (81)
□ 0 bis 3,2 (90)

besitzt offenbar in einigen Regionen den Status einer Allzwecklösung, geeignet für nahezu jede problematische Lebenslage. Eine andere Begründung für die höhere Inanspruchnahme in dieser Regionen könnte sein, dass dies Ausdruck einer Etablierung einer Geh-Struktur vonseiten der Jugendämter darstellt.

Die 10er- und 90er-Perzentile der Verteilung der Inanspruchnahme in den Städten und Landkreisen differieren, wie auch bei den anderen Hilfen, stark. In den Städten liegen sie bei drei respektive 19 Fällen von SPFH pro 10.000 der unter 27-Jährigen[39], wohingegen in den Landkreisen die Werte bei 2 bzw. 14 liegen.

Merkmale der AdressatInnen

Vor allem kinderreiche Familien nehmen überproportional häufig SPFH in Anspruch (vgl. Tab. 6.3.4). Das heißt z.B., dass in 41 % der Familien, die durch SPFH unterstützt werden, drei oder mehr Kinder leben, der Anteil der Familien mit drei oder mehr Kindern an allen Familien mit Kindern beträgt hingegen nur 12,3 %. Obwohl in Deutschland allein Erziehende im Durchschnitt weniger Kinder als Ehepaare haben (vgl. Statistisches Bundesamt 2001d), ist dieser Unterschied bei den Familien, die SPFH in Anspruch nehmen, nicht besonders ausgeprägt (vgl. Tab. 6.3.4). Die drei in der Tabelle unterschiedenen Familientypen mit SPFH unterscheiden sich hinsichtlich der Anzahl der ständig in der Familie lebenden Kinder und Jugendlichen nicht so stark voneinander, wie man aufgrund der Verteilung in der Grundgesamtheit erwarten würde. Das heißt, die Anzahl der Kinder stellt für alle Familienkonstellationen ein besonderes „Risiko" dar: Je höher die Kinderzahl, desto höher ist auch die Inanspruchnahmequote. Dies bedeutet allerdings nicht, dass die Familienkonstellation keine Bedeutung hat. Familien mit zwei Elternteilen sowie mit vier und mehr Kindern[40] wiesen 1999 68 SPFH-Fälle pro 10.000 Familien auf, beim Familientyp „allein erziehend" lag die entsprechende Zahl bei 592 SPFH-Fälle pro 10.000

---

[39] Die Berechnung der regionalen Verteilung der Inanspruchnahme von SPFH konnte hier nicht auf die Anzahl der Familien in den Kreisen bezogen werden (was „richtiger" wäre), weil hierzu auf Kreisebene keine Daten vorliegen. Die hier verwendeten Zahlen stellen daher lediglich eine Annäherung dar.

[40] Diese Gruppe wurde gewählt, weil es die Gruppe mit der höchsten Kinderzahl ist, für die Vergleichswerte aus der Gesamtbevölkerung auf der Basis der Mikrozensuserhebungen vorliegen.

Tab. 6.3.4: Kennzahlen zur sozialpädagogischen Familienhilfe (SPFH), Bestand am 31.12.1999

Merkmale	Eltern	Elternteil mit Stiefelternteil/ Partner	Allein Erziehender Elternteil	Insgesamt
Inanspruchnahme SPFH				
Anteil von insgesamt	33%	15%	52%	17.043
Hilfe veranlasst durch ...				
Entwicklungsauffälligkeiten	45%	39%	34%	39%
Erziehungsschwierigkeiten	65%	67%	67%	66%
Beziehungsprobleme	34%	37%	29%	32%
Vernachlässigung des Kindes/ Jugendlichen	15%	16%	13%	15%
Anzeichen für Kindesmisshandlung	4%	3%	2%	3%
Anzeichen für sexuellen Missbrauch	3%	3%	3%	3%
Schul-/Ausbildungsprobleme	24%	26%	22%	24%
Straftat des Jugendlichen	1%	1%	1%	1%
Suchtprobleme	10%	9%	9%	10%
Trennung/Scheidung der Eltern	4%	15%	26%	17%
Inhaftierung eines Elternteils	1%	2%	2%	1%
Wohnungsprobleme	12%	10%	11%	11%
Überschuldung	15%	12%	10%	12%
Arbeitslosigkeit	7%	5%	4%	5%
Krankheit/Behinderung eines Elternteils	12%	7%	11%	11%
Zahl der ständig in der Familie lebenden Kinder/Jugendlichen				
1	22%	24%	31%	27%
2	30%	31%	34%	32%
3	22%	24%	21%	22%
4	14%	13%	9%	11%
5	7%	6%	4%	5%
6 und mehr	5%	4%	2%	3%
Staatsangehörigkeit				
Deutsch	n.v.	n.v.	n.v.	89%
Nichtdeutsch	n.v.	n.v.	n.v.	8%
Deutsch/nichtdeutsch	n.v.	n.v.	n.v.	2%
Hilfe wurde angeregt durch ...				
Eltern/Elternteil	23%	25%	26%	25%
Jugendamt/ASD	57%	58%	59%	58%
andere öffentliche Stellen	13%	11%	9%	11%
Dienste freier Träger	5%	3%	4%	4%
Sonstige	3%	3%	3%	3%
Dauer in Monate				
Dauer der 1999 beendeten Hilfen	17	16	16	16

Quellen: Statistik der Kinder- und Jugendhilfe, Teil I, 3 Sozialpädagogische Familienhilfe 1999, Arbeitsunterlage; eigene Berechnungen; n.v. = es liegen keine Dokumentationen vor

Familien[41]. Dies bedeutet also, dass fast sechs Prozent aller allein Erziehenden mit vier oder mehr Kindern Sozialpädagogische Familienhilfe in Anspruch nehmen, wohingegen der Anteil bei den vollständigen Familien mit vier oder mehr Kindern unter einem Prozent liegt. Sowohl für die kinderreichen Familien allgemein als auch speziell für die Familienkonstellation der allein Erziehenden gilt es zu bedenken, dass diese Tatsachen nicht nur einen Hilfebedarf auslösen, sondern beide Familientypen einem besonderen Armutsrisiko ausgesetzt sind (vgl. Deutscher Bundestag 2001b: 137 ff.; Beisenherz 2002), das einer unzureichenden Unterstützung gegenübersteht. So zeigt z. B. der erste Armuts- und Reichtumsbericht der Bundesregierung, dass jede/r vierte allein Erziehende Sozialhilfe in Anspruch nehmen muss, um die laufenden Kosten zum Lebensunterhalt decken zu können und dieser Anteil mit der Kinderzahl ansteigt (Deutscher Bundestag 2001b: 135).

Die amtliche Statistik der Kinder- und Jugendhilfe erfasst auch die Anlässe der Inanspruchnahme. Pro Familie können bis zu drei Anlässe für die Hilfe angegeben werden. Dass es sich bei Familien, die SPFH bekommen, häufig um so genannte Multiproblemfamilien handelt, zeigt sich an der Tatsache, dass die Fachkräfte tatsächlich in den meisten Fällen drei Anlässe angeben. Erziehungsschwierigkeiten werden am häufigsten genannt. Bei zwei Dritteln der Fälle werden sie als ein Anlass für die Inanspruchnahme von SPFH angegeben. Als zweithäufigster Grund veranlassen Entwicklungsauffälligkeiten (39 %) den Beginn einer SPFH. Während Erziehungsschwierigkeiten bei allen drei Familientypen etwa gleich häufig genannt werden, zeigen sich bei den anderen Anlässen zum Teil deutliche Unterschiede. Diese signalisieren, dass es zwischen Familien- und Problemkonstellationen einen unmittelbaren Zusammenhang gibt. Allerdings kann es auch sein, dass hier normative Vorstellungen der Fachkräfte über die spezifischen Problemlösungskompetenzen oder Problemzusammenhänge einzelner Familienkonstellationen zum Ausdruck kommen.

Insgesamt fällt auf, dass Anlässe, die auf schwierige ökonomische Lebenslagen (Wohnungsprobleme, Arbeitslosigkeit, Überschuldung) verweisen, relativ selten genannt werden und dies, obwohl gerade sozialpädagogische Familienhilfe als Unterstützungsleistung für arme Familien angesehen wird (vgl. Helming 2001: 545). Hier

---

[41] Einschließlich allein Erziehender, die Lebenspartner in einer nichtehelichen Lebensgemeinschaft sind. 1999 gab es 31.000 Familien mit vier oder mehr Kindern mit allein erziehendem Elternteil (vgl. Statistisches Bundesamt 2001d: 64).

kommt die Fokussierung auf die aus der Perspektive der SozialpädagogInnen als bearbeitbar angesehenen Problemlagen zum Ausdruck. Die Behebung von Unterversorgungslagen von Familien gehört nicht dazu. Damit werden aber wichtige Faktoren, die zu einem Hilfebedarf führen, außer Acht gelassen. Die Untersuchung von Blüml/Helming/Schattner (1994) bei Familien mit SPFH bestätigt dies insofern, als sie feststellten, dass fast zwei Drittel der Familien verschuldet waren, die Hälfte der Familien ihre Wohnung als zu klein oder zu teuer beschrieben und bei einem Drittel der Familien mindestens eines der erwachsenen Familienmitglieder – in der Regel Männer – Suchtprobleme hatte.

Der Anstoß, eine SPFH zu beginnen, kam bei einem Viertel der Familien von diesen selbst, bei 58 % durch das Jugendamt bzw. den ASD und bei 11 % durch andere öffentliche Stellen. Dabei dürfte es sich überwiegend um das Sozialamt bzw. die Schuldnerberatung handeln. Bemerkenswert niedrig erscheint der Anteil der Hilfen, die durch Dienste freier Träger veranlasst wurden (4 %).[42] Offenbar existiert keine Kultur der Hilfeinitiierung durch freie Träger bzw. der Überleitung in andere, möglicherweise geeignetere Hilfeformen und dies, obwohl immerhin drei Viertel der Familien mit SPFH vorher bereits eine andere Form der professionellen Hilfen erhalten haben (vgl. Blüml/Helming/Schattner 1994).

6.3.4 Tagesgruppe

In einer Tagesgruppe – manchmal werden unter dieser Bezeichnung auch heilpädagogische Tagesstätten oder Tagesheimgruppen subsumiert (vgl. Späth 2001: 573) – soll die Entwicklung eines Kindes oder eines Jugendlichen durch soziales Lernen in der Gruppe, Begleitung der schulischen Förderung und Elternarbeit unterstützt und dadurch ein Verbleib in der Familie gesichert werden (§ 32 KJHG). Diese Hilfeform findet ihre Anwendung in der Regel in Einrichtungen (92 % der Hilfen in einer Tagesgruppe), kann aber auch in geeigneten Formen der Familienpflege geleistet werden (8 %) (§ 32 KJHG, Satz 2). Der Verbleib in der Familie impliziert, dass die

---

[42] Der Inhalt der Frage „Wer hat die Hilfe angeregt" des Erfassungsbogens der Kinder- und Jugendhilfestatistik bezieht sich darauf, wer als Erstes Kontakt aufgenommen hat. Da bei dieser Statistik öffentliche und freie Träger auskunftspflichtig sind, wenn sie eine Familie sozialpädagogisch betreuen, kann es passieren, dass ein freier Träger die Hilfe erbringt, der Erstkontakt aber über das Jugendamt gelaufen ist und der Erstkontakt beim freien Träger nicht bekannt ist.

Eltern in die Arbeit eingebunden werden müssen. Insofern ist die Tagesgruppe eine Form der erzieherischen Hilfen, in der die Elternarbeit ein konzeptioneller Bestandteil ist, was auch durch ihre explizite Nennung im Gesetzestext unterstrichen wurde. Die Hilfeform Tagesgruppe wurde mit der Einführung des KJHG gesetzlich verankert. Ihre Anfänge liegen jedoch am Ende der sechziger, Anfang der siebziger Jahre (vgl. Späth 2001). Die oben erwähnten zusätzlichen Bezeichnungen für die Tagesgruppe verweisen auf zwei Entwicklungsstränge, nämlich aus der Heimerziehung heraus (Tagesheimgruppe) und der Entwicklung spezialisierter Tageseinrichtungen für Kinder (heilpädagogische Tagesstätte). In gewisser Weise spiegelt sich hierin auch die Funktion der Tagesgruppe wider: Heimerziehung zu vermeiden, aber auch Zwischenstation der Kinder und Jugendlichen auf dem Weg zurück in die Familie zu sein.

Für die weitere Entwicklung der Hilfeform Tagesgruppe zeichnet Späth folgende drei Perspektiven auf. Erstens werden Tagesgruppen ihre Arbeit stärker mit anderen Betreuungssettings vernetzen, um flexiblere Übergänge zu ermöglichen. Dies erlaubt es, den pädagogisch therapeutischen Bedarfslagen der Kinder und Jugendlichen besser Rechnung zu tragen. Zweitens werden Tagesgruppen sich zu Jugendhilfezentren entwickeln, in denen für einen regional begrenzten Einzugsbereich weitere ambulante erzieherische Hilfen sowie offene oder mobile Jugendarbeit miteinander verschmolzen werden. Diese können dann gemeinsam ein flexibles Jugendhilfeangebot darstellen. Drittens wird das Angebot an Tagesgruppen mancherorts zugunsten integrativer Angebote (etwa integrative Schulhorte) zurückgehen, in denen die Grenzen zwischen Erziehungshilfe und Kindertagesbetreuung verschwimmen werden und eine weniger intensive Form der Betreuung an Bedeutung gewinnen wird (Späth 2001: 595 f.).

Angebote

Tagesgruppen gibt es in 88 % der Jugendamtsbezirke und damit deutlich häufiger als im Jahr 1996 (70 %). In den meisten Jugendamtsbezirken (86 %) finden sich ausschließlich Angebote von einem oder mehreren freien Trägern. In 60 % der Jugendamtsbezirke gibt es mehrere Anbieter von Tagesgruppen. In Ostdeutschland gibt es dabei signifikant häufiger mehrere Anbieter als im Westen.

Im Durchschnitt betreut eine Fachkraft ca. vier Kinder oder Jugendliche in einer Tagesgruppe.

Tab. 6.3.5: Teilstationäre Einrichtungen der Hilfen zur Erziehung nach Ost- und Westdeutschland, 1998*

Einrichtung	Ost		West		Insgesamt
	Verbreitung**	Anteil ÖT	Verbreitung**	Anteil ÖT	Verbreitung**
Tagesgruppe gemäß § 32	6,1	11%	3,1	8%	3,6
Eltern- und Familienbildungsstätten	0,9	5%	1,6	16%	1,5

* Quellen: Statistik der Kinder- und Jugendhilfe, Teil III; eigene Berechnungen
** Anzahl der Einrichtungen pro 100.000 0- bis 27-Jährige

Tab. 6.3.5 zeigt anhand der Daten der amtlichen Statistik das Versorgungsniveau mit Tagesgruppeneinrichtungen sowie den Anteil der Einrichtungen in öffentlicher Trägerschaft. In den neuen Bundesländern gibt es inzwischen deutlich mehr Tagesgruppenangebote als in Westdeutschland. Die auf die Altersgruppe der 0- bis 27-Jährigen standardisierte Anzahl der Einrichtungen ist in den neuen Ländern doppelt so hoch wie in Westdeutschland. In Ostdeutschland hat sich der Verbreitungsgrad gegenüber 1994 um über 100% vergrößert (1994: 2,5), während im Westen in diesem Zeitraum eine Steigerung um etwa 10% zu verzeichnen ist (1994: 2,8). Der Anteil der Tagesgruppen in öffentlicher Trägerschaft unterscheidet sich zwischen Ost- und Westdeutschland kaum. Die durchschnittliche Platzzahl pro Einrichtung lag 1998 bei 14,7 Plätzen.

Inanspruchnahme

Sowohl in den alten als auch in den neuen Bundesländern gibt es einen deutlichen Anstieg der Inanspruchnahme von Tagesgruppen, wie die Abb. 6.3.4 deutlich erkennen lässt (parallel zum Ausbau des Angebots). Die Entwicklung der Inanspruchnahme in den neuen Ländern weist eine starke Dynamik auf und liegt seit dem Jahr 1998 über dem Niveau der alten Länder.

In kreisfreien Städten liegt das Niveau der Inanspruchnahme von Tagesgruppen signifikant über dem in Landkreisen. Dies spiegelt sich auch in den Werten der 10er- und 90er-Perzentile der Verteilung der Inanspruchnahmequoten der begonnenen Hilfen wider. Sowohl in kreisfreien Städten als auch in Landkreisen beträgt der Wert des 10er-Perzentils zwei Fälle pro 10.000 der 0- bis 18-Jährigen. Die 90er-Perzentile liegen dagegen weit auseinander. In kreisfreien Städten ist dieser Wert etwa doppelt so hoch (17) wie in den Landkreisen

(9). Die durchschnittliche Dauer der Hilfe in einer Tagesgruppe beträgt etwa zwei Jahre. Die Karte 6.3.5 (S. 207) zeigt wieder das inzwischen vertraute Bild einer großen regionalen Disparität der Inanspruchnahme innerhalb Deutschlands.

Abb. 6.3.4: Entwicklung der Neuzugänge Tagespflege und intensive sozialpädagogische Einzelbetreuung

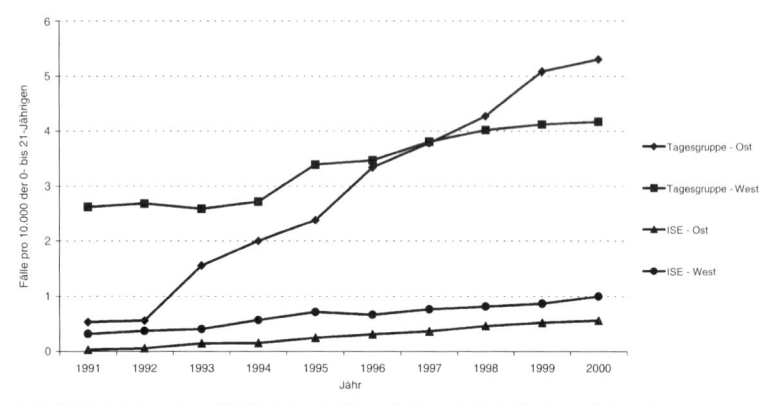

Quelle: Statistik der Kinder- und Jugendhilfe Teil I, 4, Beginn der Hilfen zur Erziehung außerhalb des Elternhauses, Arbeitsunterlage; eigene Berechnungen

Merkmale der AdressatInnen

Die meisten Kinder und Jugendlichen in Tagesgruppen sind männlichen Geschlechts (73 %). Ähnlich wie bei dem großen geschlechtsspezifischen Unterschied bei der Inanspruchnahme von Erziehungsbeistandschaften kommt vermutlich auch hier zum Tragen, dass Jungen auf Probleme stärker mit nach außen gerichtetem Problemverhalten reagieren, während bei Mädchen dieses Verhalten eher nach innen gerichtet ist (z.B. Autoaggression) und für die soziale Umwelt nicht so schnell ein Problem darstellt. Die weiblichen AdressatInnen kommen tendenziell in einem etwas jüngeren Alter in eine Tagesgruppe und sind deutlich häufiger unehelich geboren als die männlichen AdressatInnen (vgl. Tab. 6.3.6). Während die unehelichen Kinder überproportional häufig Hilfe in Form einer Tagesgruppe in Anspruch nehmen, sind die Kinder und Jugendlichen ohne deutsche Staatsangehörigkeit unterproportional vertreten.

Karte 6.3.5: Erziehung in einer Tagesgruppe, begonnene Hilfen 1999

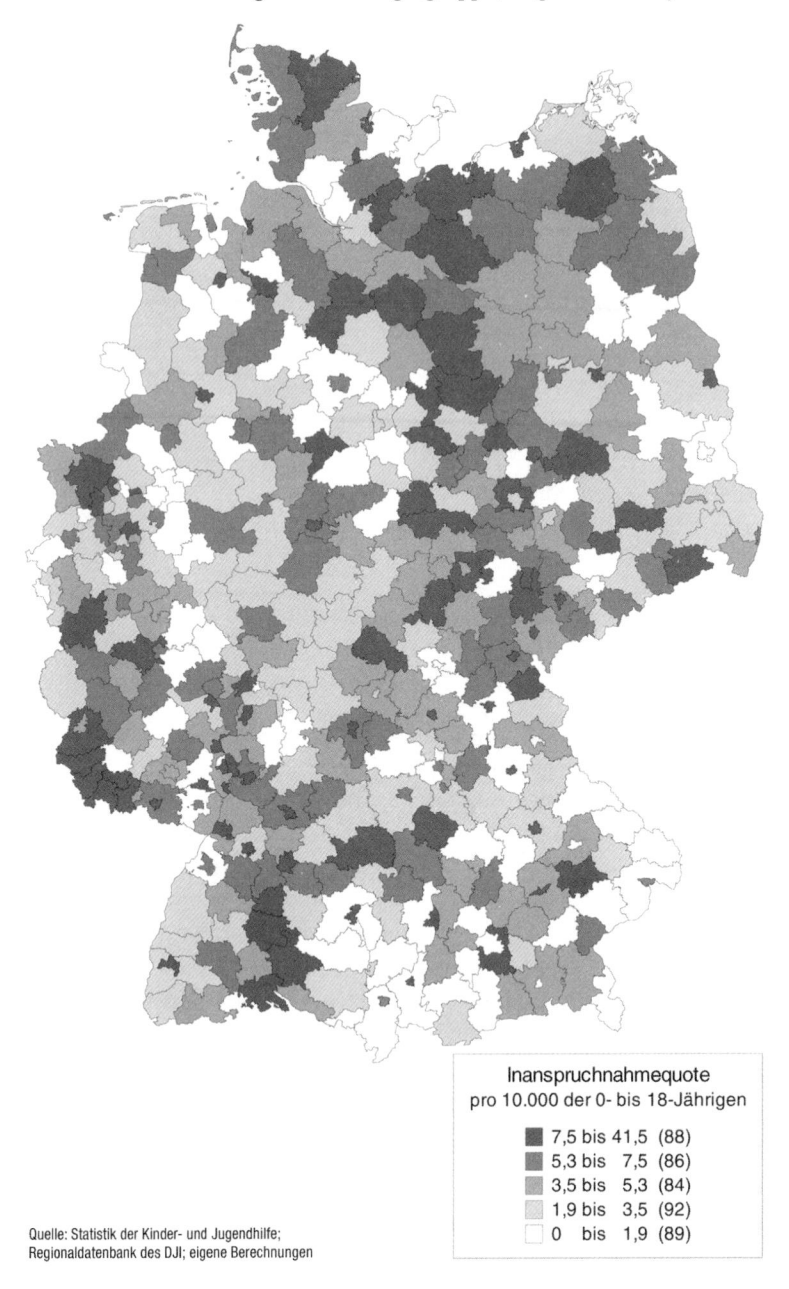

Inanspruchnahmequote
pro 10.000 der 0- bis 18-Jährigen

- ■ 7,5 bis 41,5 (88)
- ■ 5,3 bis 7,5 (86)
- ■ 3,5 bis 5,3 (84)
- ▫ 1,9 bis 3,5 (92)
- □ 0 bis 1,9 (89)

Quelle: Statistik der Kinder- und Jugendhilfe;
Regionaldatenbank des DJI; eigene Berechnungen

Tab. 6.3.6: Merkmale der Kinder und Jugendlichen bei Beginn der Hilfe in einer Tagesgruppe, 1999

	Männlich	Weiblich	Insgesamt
Inanspruchnahme			
Anteil von insgesamt	73%	27%	7.695
Alter von ... bis unter ... Jahren			
Unter 1	1%	2%	1%
1–3	2%	5%	3%
3–6	4%	5%	4%
6–9	27%	30%	28%
9–12	43%	38%	41%
12–15	21%	18%	20%
15–18	3%	3%	3%
18–21	0%	0%	0%
21 und älter	0%	0%	0%
Kindschaftsverhältnis			
Ehelich	75%	70%	74%
Nichtehelich	25%	30%	26%
Staatsangehörigkeit			
Deutsch	92%	92%	92%
Nichtdeutsch	8%	8%	8%

Quellen: Statistik der Kinder- und Jugendhilfe Teil I, 4.1 Beginn der Hilfe zur Erziehung außerhalb des Elternhauses, Arbeitsunterlage; eigene Berechnungen

Es ist unklar, worauf der überproportionale Anteil der unehelich geborenen Kinder genau zurückzuführen ist. Zur Erklärung bieten sich zwei Argumentationsstränge, die sich gegenseitig nicht ausschließen, an. Zum einen könnte ein Zusammenhang mit der spezifischen Lebenssituation der unehelich Geborenen bestehen, in der es eher zu einem Hilfebedarf kommt, zum anderen können hierin auch Definitionsprozesse und besondere Verhaltensnormen vonseiten der Fachkräfte zum Ausdruck kommen. So kann z.B. eher davon ausgegangen werden, dass man mit bestimmten Problemen in einer spezifischen Familienkonstellation nicht fertig werden kann und deshalb ein erhöhter Hilfebedarf existiert. Insgesamt betrachtet erscheint es lohnenswert, den mit beobachtbaren Unterschieden verbundenen Fragen näher nachzugehen.

6.3.5 Intensive Sozialpädagogische Einzelbetreuung

Intensive Sozialpädagogische Einzelbetreuung (ISE) dient dazu, Jugendlichen, die einer intensiven Unterstützung zur sozialen Integration und zu einer eigenverantwortlichen Lebensführung bedürfen, zu helfen. Dabei soll den individuellen Bedürfnissen der einzelnen Jugendlichen Rechnung getragen werden (§ 35 KJHG). Die Hilfe richtet sich überwiegend an Jugendliche mit massiven Schwierigkeiten in verschiedenen Lebensbereichen sowie an Jugendliche, die nicht mehr bei ihrer Familie leben und mit anderen Hilfeangeboten nicht mehr erreicht werden. ISE erstreckt sich in der Regel über einen längeren Zeitraum.

Angebote

Die Hilfe ISE gehört inzwischen in fast drei Vierteln der Jugendamtsbezirke zu den vorhandenen Hilfeformen. Gegenüber 1996 hat sich damit dieser Anteil um 20 Prozentpunkte erhöht (vgl. Tab. 6.3.7, S. 212). Die Trägerstruktur in kreisfreien Städten und Landkreisen unterscheidet sich signifikant voneinander: In kreisfreien Städten fungiert der öffentliche Träger deutlich seltener als einziger Anbieter und es treten häufiger sowohl öffentliche als auch freie Träger als Anbieter von ISE auf. Die in kreisfreien Städten im Vergleich zu den Landkreisen erkennbar größere Trägerpluralität steht im Zusammenhang mit der deutlich höheren Inanspruchnahme von ISE in kreisfreien Städten (vgl. Abschnitt Inanspruchnahme ISE). Insgesamt sind in 60 % der Jugendamtsbezirke mindestens zwei verschiedene Träger mit dem Angebot ISE aktiv.

Eine ISE-Fachkraft betreut im Durchschnitt ca. drei Jugendliche. Hierbei zeigt sich ein deutlicher, allerdings statistisch nichtsignifikanter Unterschied zwischen Ost- und Westdeutschland. In den alten Bundesländern (4,5 Fälle pro Fachkraft) ist der Personalschlüssel mehr als doppelt so hoch wie in den neuen Bundesländern (2,1).

Inanspruchnahme

Das Niveau der Inanspruchname liegt im Osten etwas unterhalb Westdeutschlands (vgl. Abb. 6.3.4, S. 206). Eine entsprechende Analyse zeigt, dass dieser Unterschied auf die geringere Anzahl städtischer Räume in Ostdeutschland zurückzuführen ist. Denn in diesen ist die Inanspruchnahme der begonnenen Hilfen von ISE etwa doppelt so hoch wie in ländlichen Regionen. So liegt der Mittelwert der Inanspruchnahme in den Städten bei 1,5 Fällen pro 10.000 der 0- bis 18-Jährigen und in den Landkreisen bei 0,8. Auch die 10er- und 90er-Perzentile der Verteilung der Inanspruchnahme von ISE unterstreichen diesen Unterschied. In den Städten liegen die Werte der Perzentile bei 0,3 und drei Fällen pro 10.000 der 0- bis 18-Jährigen und in den Landkreisen bei 0,2 und zwei Fällen.

Ein Vergleich der Fallzahlen zwischen der amtlichen Kinder- und Jugendhilfestatistik und unserer Erhebung zeigt, dass die Inanspruchnahme der ISE in der eigenen Erhebung etwa doppelt so hoch ist wie in der amtlichen Statistik. Es kann angenommen werden, dass in der amtlichen Statistik der Kinder- und Jugendhilfe die ISE-Fälle deutlich untererfasst sind, zumal bei den Fallzahlen der anderen Hilfearten eine relativ hohe Übereinstimmung zu verzeichnen ist.

Die Karte 6.3.6 zeigt die regionale Verteilung der Inanspruchnahme von ISE.

Merkmale der AdressatInnen

Anders als bei den anderen erzieherischen Hilfeformen gibt es bei ISE keine geschlechtsspezifischen Unterschiede in der Inanspruchnahme (vgl. Tab. 6.3.7). Deutlich erkennbar ist, dass dieses Hilfeangebot sich hauptsächlich an Jugendliche wendet. Erst die Altersgruppe der 12- bis 15-Jährigen hat einen nennenswerten Anteil an allen ISE-Fällen. Das Alter der AdressatInnen ist bei Beginn der Hilfe tendenziell etwas höher als bei den AdressatInnen. Ein bemerkenswerter geschlechtsspezifischer Unterschied zeigt sich hinsichtlich der Staatsangehörigkeit der AdressatInnen. Der Anteil der nichtdeutschen Adressatinnen (13 %) liegt vier Prozentpunkte über dem entsprechenden Anteil bei den AdressatInnen (9 %). Dies könnte darauf hindeuten, dass ISE in einigen Jugendämtern als besonders geeignete Form erscheint, Ablösungs- und Verselbstständigungsprozesse von Mädchen und jungen Frauen ausländischer Herkunft zu unterstützen.

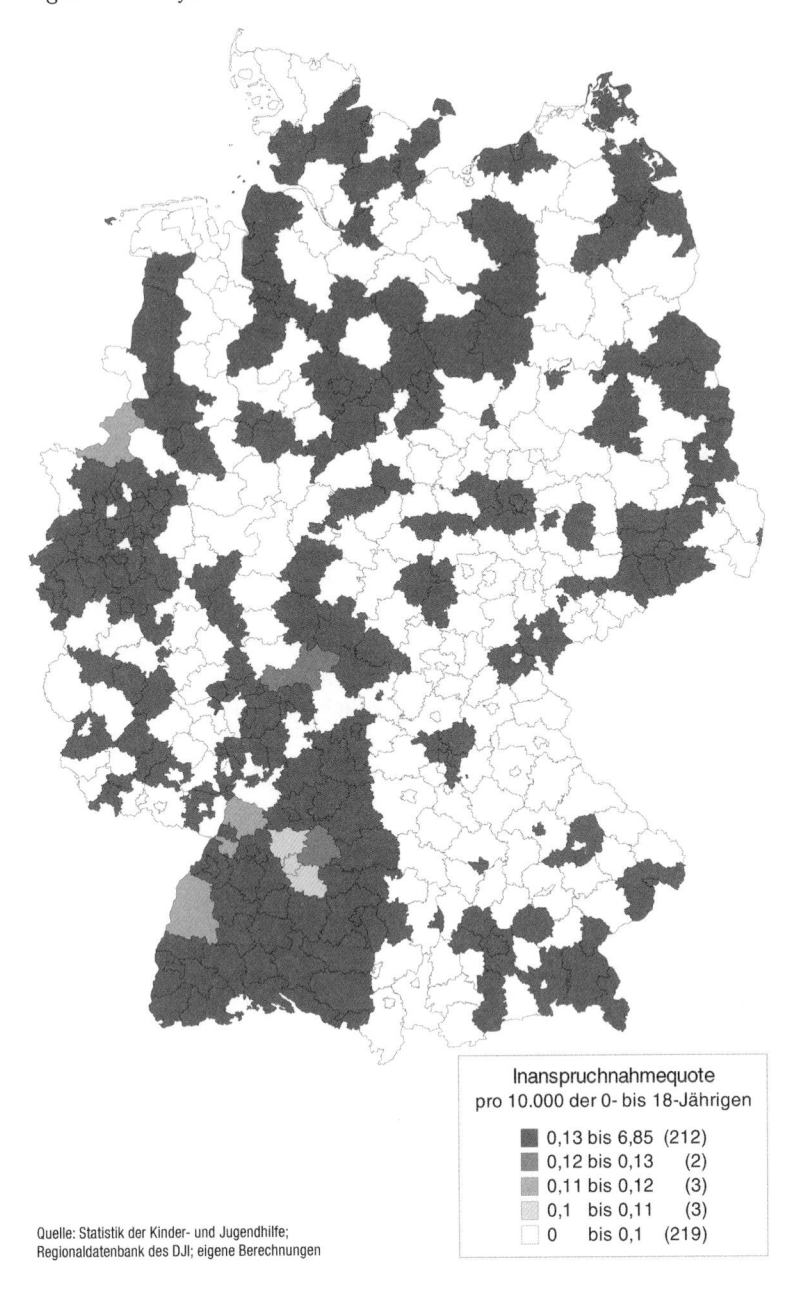

Karte 6.3.6: Intensive sozialpädagogische Einzelbetreuung, begonnene Hilfen 1999

Inanspruchnahmequote
pro 10.000 der 0- bis 18-Jährigen

- ■ 0,13 bis 6,85 (212)
- ■ 0,12 bis 0,13 (2)
- ▓ 0,11 bis 0,12 (3)
- ░ 0,1 bis 0,11 (3)
- □ 0 bis 0,1 (219)

Quelle: Statistik der Kinder- und Jugendhilfe;
Regionaldatenbank des DJI; eigene Berechnungen

Tab. 6.3.7: Merkmale der Kinder und Jugendlichen bei Beginn der intensiven sozialpädagogische Einzelbetreuung 1999

	Männlich	Weiblich	Insgesamt
Inanspruchnahme			
Anteil an insgesamt	51%	49%	1.478
Alter von ... bis unter ... Jahren			
Unter 12	3%	<1%	2%
12–15	12%	8%	10%
15–18	58%	61%	60%
18–21	26%	29%	28%
21 und älter	1%	1%	1%
Kindschaftsverhältnis			
Ehelich	78%	81%	79%
Nichtehelich	22%	19%	21%
Staatsangehörigkeit			
Deutsch	91%	87%	89%
Nichtdeutsch	9%	13%	11%

Quellen: Statistik der Kinder- und Jugendhilfe Teil I, 4.1 Beginn der Hilfe zur Erziehung außerhalb des Elternhauses, Arbeitsunterlage; eigene Berechnungen

6.3.6 Kurzzeittherapeutische Maßnahmen für Familien

In den letzten Jahren haben sich eine Reihe von neuen Unterstützungsprogrammen für Familien herausgebildet. Unter verschiedenen Bezeichnungen und mit unterschiedlichen Konzepten (z.B. Familienaktivierungsmanagement (FAM), Familie im Mittelpunkt (FIM), Familienstabilisierungsprogramm (FSP), Intensives Kriseninterventionsprogramm (IKIP)) werden Hilfen angeboten, die bei der Familie als Ganzes ansetzen (vgl. Koch/Lambach 2000; Römisch/Schorr 1998; Helming 1998). Die Ursprünge dieser neuen Hilfeformen, die inzwischen in mehreren europäischen Ländern an die spezifisch nationalen Besonderheiten angepasst wurden, lassen sich bis zum amerikanischen „Homebuilders Model" und dem davon abgespaltenen Konzept „Families First Program" zurückverfolgen (vgl. Helming 1998). Diese neuen Hilfeformen sind jeweils durch eine kurze, aber sehr intensive Intervention in Krisensituationen gekennzeichnet. Ziel ist es, eine drohende Fremdunterbringung eines oder mehrerer Kinder zu vermeiden. Dies soll durch eine Familienaktivierung erreicht werden, die den betroffenen Familien Raum bietet, eine Eigendefinition der Situation zu bestimmen, die Familien anregt, eigene Ziele zu formulieren und ihr eigenes Konfliktlösungspotenzial zu erkennen und zu nutzen. Die durchgeführte Evaluation kommt zu einem insgesamt positiven Urteil bezüglich der Erfolgsmöglichkeiten dieser Hilfeformen (vgl. Koch/Lambach 2000).

In etwa einem Viertel der Jugendamtsbezirke (28 %) gibt es eine dieser neuen Formen der Familienunterstützung. In den allermeisten Jugendamtsbezirken bieten freie Träger eine dieser neuartigen Hilfeformen an (vgl. Tab. 6.3.1, S. 184). In 47 % der Jugendamtsbezirke, in denen dieses Angebot vorhanden ist, gibt es zwei oder mehrere Anbieter von kurzzeittherapeutischen Maßnahmen. In kreisfreien Städten gibt es tendenziell häufiger mehrere solcher Angebote.

6.3.7 Familienbildungsstätten

In § 16 KJHG, allgemeine Förderung der Erziehung in der Familie, sind unter Absatz 2 die Leistungen zur Förderung der Erziehung in der Familie konkretisiert. Hierzu zählen insbesondere auch „Angebote der Familienbildung, die auf Bedürfnisse und Interessen sowie auf Erfahrungen von Familien in unterschiedlichen Lebenslagen und Erziehungssituationen eingehen, die Familie zur Mitarbeit in Erziehungseinrichtungen und in Formen der Selbst- und Nachbarschaftshilfe besser befähigen sowie junge Menschen auf Ehe, Partnerschaft und das Zusammenleben mit Kindern vorbereiten (...)". Die Entwicklung der Angebote nach Themenbereichen der Familienbildungsstätten sowie die Zielgruppen unterliegen einem deutlichen Wandel. Die Eltern-Kind-Gruppen werden deutlich ausgebaut, während z. B. die eher an traditionelle Rollenvorstellungen anknüpfenden Themen wie Hauswirtschaft und Ernährung abgenommen haben. Im Vergleich zu den Vorjahren gibt es vermehrt Angebote für die Zielgruppe der allein Erziehenden (vgl. Schiersmann/Thiel/ Fuchs/Pfizenmaier 1998: 37). Diese Entwicklung zeigt eine Hinwendung zu ausgeprägten informellen Formen der Familienunterstützung, die stärker auf einem Erfahrungsaustausch unter Personen in ähnlichen Lebenssituationen, auf Beratung und der Unterstützung und die Bildung von sozialen Netzwerken setzen als auf die Vermittlung von konkreten (pädagogischen) Wissensbeständen. Eine solche Entwicklung verwischt die Grenzen zwischen Familienbildungseinrichtungen und selbst organisierten Formen von Unterstützungsleistungen wie etwa viele Mütterzentren.

Familienbildungsstätten gibt es in 43 % der Jugendamtsbezirke (vgl. Tab. 6.3.1, S. 184). 90 % dieser Familienbildungsstätten befinden sich ausschließlich in freier Trägerschaft. In etwas mehr als in jedem vierten Jugendamtsbezirk gibt es mindestens zwei oder mehr Familienbildungsstätten. Dies ist in kreisfreien Städten tendenziell öfter der Fall als in den Landkreisen.

Tab. 6.3.5, S. 205 zeigt anhand der Daten der amtlichen Kinder- und Jugendhilfestatistik, dass die Verbreitung von Familienbildungsstätten im Westen mit 1,6 Familienbildungsstätten pro 100.000 0- bis 27-Jährige etwas höher liegt als im Osten (0,9). In den neuen Ländern befinden sich die Familienbildungsstätten seltener (5 %) in öffentlicher Trägerschaft als in den alten Ländern (16 %).

Eine ausführliche, gründliche empirische Analyse der Einrichtungen der Familienbildung in Deutschland bezüglich der Struktur des Angebotes, der Zielgruppen, des Personals und ihrer Qualifikationen, der Kooperationsbeziehungen zu anderen Einrichtungen sowie der Finanzquellen und -strategien findet sich bei Schiersmann/Thiel/Fuchs/Pfizenmaier (1998).

6.3.8 Familien- und Mütterzentren

Die Familien- und Mütterzentren gehören zu den familienunterstützenden Angeboten. Einrichtungen dieser Art setzen auf Selbstorganisation und Selbsthilfe und sind als Folge der Kritik an institutioneller Elternarbeit entstanden. Die Mütter stehen im Zentrum der Unterstützungsangebote. Sie helfen sich gegenseitig und können sich auf gleichberechtigter Ebene über ihre Situation und Erfahrungen austauschen. Schwerpunkt der Arbeit liegt also auf der „Laien-mit-Laien-Arbeit", bei der neue, bisher ungenutzte Ressourcen mobilisiert, zusammengeführt und neue Beziehungsnetzwerke geschaffen werden. Eventuell kooperierende Fachkräfte arbeiten nicht in der Einrichtung, sondern ambulant. Kinder sind jederzeit willkommen in der Einrichtung und können daher immer von den Eltern mitgebracht werden. Die Organisation und Öffnungszeiten richten sich möglichst nach dem Bedarf der konkreten Situation der BesucherInnen und sind nicht immer mit den üblichen Öffnungszeiten anderer Arten von Einrichtungen deckungsgleich. Der oftmals prekären Einkommenssituation der Mütter wird dadurch Rechnung getragen, dass diese für ihre Arbeit (Kinderbetreuung, Laienberatung etc.) auf Honorarbasis bezahlt werden, zum anderen können sie ihre Fähigkeiten und Fertigkeiten auch auf kommerzieller Basis in nachbarschaftliche Dienstleistungen einbringen (Jaeckel/Schooß/Weskamp 1997: 19 ff.; Sozialpädagogisches Institut im SOS-Kinderdorf e. V. 2000).

In fast einem Drittel der Jugendamtsbezirke (31 %) gibt es ein Familien-/Mütterzentrum (vgl. Tab. 6.3.1, S. 184). Diese befinden sich zum überwiegenden Teil ausschließlich in freier Trägerschaft. In jedem siebten Jugendamtsbezirk gibt es mehrere Familien-/Mütterzentren. Nach den Angaben des „Mütterzentren Bundesverbandes e. V." gibt es in Deutschland inzwischen über 400 Mütterzentren. Wie die Erhebung bei den Jugendämtern zeigt, sind diese nicht gleichmäßig über die Bundesrepublik verteilt, sondern es gibt Regionen, in denen kein Mütterzentrum vorhanden ist, während in anderen Regionen mehrere Mütterzentren zur Verfügung stehen.

6.4 Stationäre erzieherische Hilfen

Die Fachdiskussion bezüglich stationärer erzieherischer Hilfen wird momentan von drei Themenfeldern dominiert: der Bedeutung privat-gewerblicher Träger, dem Verhältnis ambulanter zu stationären Hilfen zur Erziehung sowie der Entwicklung der Inanspruchnahme vor dem Hintergrund der damit verbundenen Kosten. Diese drei Themen werden im Folgenden bei der Darstellung der Situation und Entwicklung stationärer erzieherischer Hilfen aufgegriffen.

Ähnlich wie bei den ambulanten Hilfen hat sich auch im Bereich der stationären Hilfen das Spektrum deutlich erweitert. Neben betreuten Wohngemeinschaften und betreutem Einzelwohnen als relativ neue Hilfeformen, die sich in den letzten Jahren etabliert haben, sind weitere Formen wie Bereitschaftspflege und Kurzzeitpflege hinzugekommen.

Im Folgenden wird zuerst ein Überblick über die allgemeinen Entwicklungen des Angebots stationärer Hilfen, dessen Trägerstruktur sowie die regionalen Besonderheiten gegeben. Anschließend wird im Detail auf die Entwicklung bei den einzelnen Hilfeformen eingegangen.

Soweit ein Vergleich mit der Erhebung aus dem Jahr 1996 möglich ist, zeigt sich mit Ausnahme der Mädchen- und Frauenhäuser, deren Verbreitung nicht zugenommen hat, eine Ausweitung des Hilfespektrums der erzieherischen Hilfen in den einzelnen Jugendamtsbezirken (vgl. Tab. 6.4.1). Die stärkste Zunahme gibt es bei Inobhutnahmestellen, deren Verbreitung in den Jugendamtsbezirken im Vergleich zum Jahr 1996 um 22 Prozentpunkte höher liegt. Die Hilfeform Vollzeitpflege ist am häufigsten vorhanden (95 %), während Mutter-Kind- und Vater-Kind-Einrichtungen am seltensten (34 %) in den Jugendamtsbezirken als Hilfeform vorhanden sind.

Tab. 6.4.1: *Angebote und Einrichtungen im Rahmen von außerfamiliären Unterbringungen in den Jugendamtsbezirken, 2000**

	Ausschließlich öffentl. Träger		Teils öffentl./ teils freie Träger		Ausschließlich freie Träger		Vorhanden	
Vollzeitpflege	79%	(–4%)	9%	(–6%)	12%	(+11%)	95%	(+5%)
Bereitschaftspflege	75%		2%		22%		75%	
Kurzzeitpflege	79%		3%		18%		64%	
Heime für Kinder und Jugendliche	7%	(–2%)	19%	(–5%)	74%	(+7%)	85%	(+14%)
Betreute Wohngemeinschaften	8%	(+4%)	25%	(+2%)	68%	(–4%)	73%	(+15%)
Betreutes Einzelwohnen	6%	(–20%)	29%	(+11%)	65%	(+9%)	71%	(+4%)
Mutter-Kind- und Vater-Kind-Einrichtungen	8%		16%		76%		34%	
Jugendschutzstellen/Inobhutnahme	12%	(–17%)	20%	(+15%)	68%	(+2%)	69%	(+22%)
Mädchen-/Frauenhäuser	12%	(±0%)	20%	(+16%)	68%	(–16%)	59%	(–2%)

* In Klammern Veränderungen gegenüber 1996 in Prozentpunkten. Die Richtung der Veränderung wird durch das Vorzeichen bestimmt, d.h., ein negatives Vorzeichen verweist auf eine Abnahme.

Nach wie vor zeigen sich in der Verbreitung betreuter Wohnformen deutliche Unterschiede zwischen Ost- und Westdeutschland. Während betreute Wohngemeinschaften im Osten (89% der Jugendamtsbezirke) signifikant häufiger vorhanden sind als im Westen (63%), gibt es im Westen deutlich häufiger betreutes Einzelwohnen (78%) als im Osten (59%). Ein weiterer sehr deutlicher Unterschied zwischen Ost- und Westdeutschland existiert bei dem Angebot von Mutter- bzw. Vater-Kind-Einrichtungen. In den neuen Ländern sind diese Einrichtungen signifikant häufiger vorhanden (56%) als in den alten Ländern (22%). Diese Beobachtungen in Zusammenhang betrachtet könnten auf andere Akzente – wie etwa eine stärkere Gruppenorientierung, stärkere Betonung von Kontrollaspekten sowie stärkere Unterstützung des Familiensystems – der Fachpolitik in den neuen Ländern verweisen. Dies wiederum könnte auch darauf zurückzuführen sein, dass diese Einrichtungsformen anschlussfähiger im Hinblick auf die vorhandene Infrastruktur sind. Eine andere Erklärung für die weitere Verbreitung von Mutter-Kind-Einrichtungen in den neuen Bundesländern könnte darin liegen, dass es hier im Vergleich zu den alten Bundesländern etwas mehr „junge Mütter" gibt: Pro 1.000 der unter 18-Jährigen in den neuen Ländern werden in Ostdeutschland im Durchschnitt 11, 7 Kinder geboren, während diese Zahl in den alten Ländern bei 10 liegt (vgl. Statistisches Bundesamt 2001d: 71).

Für keine der hier betrachteten stationären erzieherischen Hilfen existieren zwischen Städten und Landkreisen signifikante Unterschiede bezüglich des Vorhandenseins von Angeboten.

Die Angaben zur Trägerstruktur in der Tab. 6.4.1 zeigen, dass die Pflege(vermittlung) überwiegend in den Händen öffentlicher Träger liegt[43], während die anderen Formen der stationären erzieherischen Hilfen in den meisten Fällen von freien Trägern bereitgestellt werden. Ein statistisch bedeutsamer Unterschied zwischen ost- und westdeutschen Jugendamtsbezirken besteht darin, dass es in Westdeutschland keinen Jugendamtsbezirk gibt, in dem sich Heime ausschließlich in öffentlicher Trägerschaft befinden. In Ostdeutschland beträgt der entsprechende Anteil dagegen 17%. Ähnlich wie im Bereich der Kindertagesbetreuung gilt hier, dass die Überführung ehemals staatlicher Einrichtungen in freie Trägerschaft noch nicht überall ganz abgeschlossen ist.

Ein weiterer Unterschied in der Trägerstruktur zeigt sich zwischen Landkreisen und kreisfreien Städten und hier insbesondere bei den beiden Formen des betreuten Wohnens. Die hier sichtbaren Differenzen sind hauptsächlich auf die unterschiedlichen Anteile der Jugendamtsbezirke, in denen sich alle Angebote in freier Trägerschaft befinden, zurückzuführen. Bei 82% der Landkreise befinden sich die Angebote betreuten Wohnens ausschließlich in freier Trägerschaft. Bei den städtischen Jugendamtsbezirken sind es hingegen „nur" 52% bei den betreuten Wohngemeinschaften und 44% bei betreutem Einzelwohnen. Entsprechend höher ist der Anteil an Jugendamtsbezirken, in denen es betreutes Wohnen sowohl in öffentlicher als auch in freier Trägerschaft gibt. Bei den Anteilen der Jugendamtsbezirke, in denen privat-gewerbliche Träger im Bereich der erzieherischen Hilfen aktiv sind, zeigen sich keine signifikanten

---

[43] Bei einer Vermittlung durch das Jugendamt bedarf die Pflegeperson keiner Pflegeerlaubnis, da davon ausgegangen wird, dass die Eignungsprüfung einen Bestandteil des Entscheidungsprozesses im Hilfeplanverfahren darstellt. Bei einer Vermittlung durch freie Träger bedarf die Pflegeperson einer Pflegeerlaubnis vonseiten des Jugendamts nach § 44 KJHG (vgl. Wiesner/Mörsberger/Oberloskamp/Struck 2000: 688). Die vorfindbare Trägerstruktur muss im Zusammenhang mit diesem Sachverhalt gesehen werden.

Unterschiede zwischen den Gebietskörperschaftstypen sowie Ost- und Westdeutschland.

Die Differenzierung nach den verschiedenen Trägertypen reicht nicht aus zur Beurteilung der Pluralität des Angebots, deshalb haben wir zusätzlich danach gefragt, ob jeweils ein oder mehrere Träger eines Typs im Jugendamtsbezirk vorhanden sind. Bezüglich der vorhandenen Trägerpluralität gibt es keine signifikanten Unterschiede zwischen Ost- und Westdeutschland oder zwischen Landkreisen und Städten. Über das für die einzelnen Hilfeformen vorhandene Ausmaß der Trägerpluralität wird bei den folgenden detaillierteren Darstellungen der Angebote Auskunft gegeben.

6.4.1 Vollzeitpflege

Nach dem KJHG soll Hilfe zur Erziehung in Vollzeitpflege „entsprechend dem Alter und Entwicklungsstand des Kindes oder des Jugendlichen und seinen persönlichen Bindungen sowie den Möglichkeiten der Verbesserung der Erziehungsbedingungen in der Herkunftsfamilie Kindern und Jugendlichen in einer anderen Familie eine zeitlich befristete Erziehungshilfe oder eine auf Dauer angelegte Lebensform bieten. Für besonders entwicklungsbeeinträchtigte Kinder und Jugendliche sind geeignete Formen der Familienpflege zu schaffen und auszubauen" (§ 33).

Vollzeitpflege unterscheidet sich von anderen erzieherischen Hilfeformen insbesondere dadurch, dass die Hilfe in einer „anderen Familie", die im Übrigen auch aus einer einzigen Person bestehen kann und sich daher von dem traditionellen Familienbegriff unterscheidet, stattfindet. Sie stellt somit keine institutionelle oder professionelle Hilfeform (in dem Sinn, dass Personen für Pflege- und Erziehungsaufgaben speziell ausgebildet werden bzw. die Übernahme solcher Aufgaben eine spezifische Ausbildung voraussetzt) dar. Vielmehr wird versucht, Kindern und Jugendlichen Bezugspersonen in einem privaten Umfeld zur Verfügung zu stellen, zu denen sie stabile emotionale Beziehungen aufbauen können. Damit ist auch eine der bedeutendsten Herausforderungen der Vollzeitpflege angesprochen, nämlich das rechtlich (vgl. Wiesner/Mörsberger/Oberloskamp/Struck 2000: 416), aber vor allem emotional spannungsgeladene Dreiecksverhältnis zwischen Herkunftsfamilie, Pflegefamilie und Pflegekindern und -jugendlichen im Sinne der Bedürfnisse der Kinder und Jugendlichen in Balance zu bringen. Hier geht es darum, zu bestimmen, ob und zu welchem Zeitpunkt Kinder und Jugendliche in die Herkunftsfamilie zurückkehren sollen, und zu überlegen, wie die Beziehungen zwischen den Parteien in diesem Dreiecksverhältnis gestaltet werden können. Entscheidend für die Beantwortung dieser Fragen ist die fachlich konzeptionelle Einordnung der Vollzeitpflege. Hier lassen sich drei Modelle unterscheiden: die Pflegefamilie auf Zeit, die Ergänzungsfamilie und die Ersatzfamilie (vgl. Biermann 2001: 613ff). Diese drei Formen haben unterschiedliche zeitliche Perspektiven, differierende Intensität des Kontaktes mit der Herkunftsfamilie sowie jeweils andere Zielsetzungen bezogen auf den zukünftigen Lebensort der betroffenen Kinder und Jugendlichen. Im Mittelpunkt dieses Abschnittes werden die beiden Modelle Ergänzungsfamilie und Ersatzfamilie im Vordergrund stehen und nicht die Pflegeverhältnisse auf Zeit, auf die anschließend eingegangen wird. In den Jugendamtsbezirken, in denen explizit keine Bereitschaftspflege oder Kurzzeitpflege als Angebot angegeben werden, kann man nicht ausschließen, dass sich diese Hilfeformen unter der Vollzeitpflege subsumieren.

Angebote

In 95 % der Jugendamtsbezirke gehört die Vollzeitpflege zum Spektrum der stationären erzieherischen Hilfen. Die Pflegevermittlungsdienste sind zu 79 % in öffentlicher Trägerschaft. Hier kommt die Sonderstellung der Vollzeitpflege zum Ausdruck, die normalerweise im privaten Raum stattfindet, aber den öffentlichen Träger nicht aus seiner Verantwortung entlässt. Insofern ist es fast überraschend, dass es in 19 % der Jugendamtsbezirke mehrere Pflegevermittlungsdienste gibt. Es kann allerdings nicht ausgeschlossen werden, dass hier irrtümlicherweise andere Pflegevermittlungsdienste wie Krankenpflege, Tagespflege oder Altenpflege mitgezählt wurden. Insgesamt 7 % der Pflegevermittlungsstellen befinden sich nach den Angaben der Jugendämter in privat-gewerblicher Trägerschaft, wobei auffällt, dass dies nur in Landkreisen der Fall ist.

Großpflegestellen sind an der Schnittstelle zwischen Pflegestellen und Heimen anzusiedeln. Man spricht von Großpflegestellen, wenn in einer Pflegefamilie mehrere Kinder oder Jugendliche untergebracht sind. In einigen Bundesländern benötigen Pflegestellen mit mehr als fünf Kindern eine Betriebserlaubnis. Diese sind dann keine (Groß-)Pflegestellen mehr, sondern ein Kleinsteim mit familienähnlicher Struktur (vgl. Schellhorn 2000: 286).

Der Tab. 6.4.3, S. 230, die auf Angaben der amtlichen Kinder- und Jugendhilfestatistik beruht, ist zu entnehmen, dass die Großpflegestellen insgesamt eine untergeordnete Bedeutung für die Fremdunterbringung in Einrichtungen besitzen. Lediglich 1‰ der Gesamtzahl der Plätze in Einrichtungen werden von dieser Hilfeform zur Verfügung gestellt. Allerdings ist davon auszugehen, dass der tatsächliche Anteil höher liegt, da die absolute Anzahl der Großpflegestellen (15) auf eine deutliche Untererfassung bzw. auch auf kategoriale Unschärfen der amtlichen Kinder- und Jugendhilfestatistik hinweisen, die durch die unterschiedlichen Länderregelungen bedingt sind.

Inanspruchnahme

In den Abbildungen 6.4.1 und 6.4.2 ist unter anderem die Entwicklung der Hilfen in Form von Vollzeitpflege bei Verwandten oder in einer Fremdfamilie in Ost- und Westdeutschland getrennt dargestellt. Dabei zeigen sich unterschiedliche Tendenzen. In Westdeutschland bleibt die Inanspruchnahmequote der Vollzeitpflege bei Verwandten in den letzten Jahren etwa auf dem gleichen Niveau, während die Quote der begonnen Hilfen in einer Fremdfamilie leicht abnimmt. In Ostdeutschland dagegen zeigt sich nach einem deutlichen Anstieg der Inanspruchnahme bis zum Jahr 1995 eine in etwa gleich bleibende Quote der Pflege in einer Fremdfamilie. Für die Pflege bei Verwandten ist im Unterschied hierzu eine leicht abnehmende Tendenz zu beobachten. Diese Entwicklung kann im Zusammenhang mit einem Urteil des Bundesverwaltungsgerichts gesehen werden, das den erzieherischen Bedarf durch die Betreuung bei den Verwandten im Rahmen des Unterhalts abgedeckt sieht. Personen, die verwandte Kinder oder Jugendliche betreuen, erfüllen demnach ihre Unterhaltspflicht und können dafür keine Leistungen des Jugendamtes zum Unterhalt der Kinder und Jugendlichen bekommen (kritisch hierzu Wiesner/Mörsberger/Oberloskamp/ Struck 2000: 425f.). Da zudem Verwandte oder Verschwägerte bis zum dritten Grad keine Pflegeerlaubnis brauchen (§ 44 (1) KJHG), wird die Zahl der Pflegeverhältnisse deutlich unterschätzt. Einer Auswertung des Mikrozensus 1996 zufolge leben in Deutschland etwa 70.000 Kinder und Jugendliche bei Verwandten und nicht bei ihren Eltern (vgl. Forschungsprojekt Verwandtenpflege der Universität Bremen unter http://wwwuser.unibremen.de/~walter/einfuer.html im Internet), wohingegen die amtliche Statistik 1996 lediglich 12.141 Kinder und Jugendliche in Verwandtenpflege auswies (vgl. Statistisches Bundesamt 1998). Verwandte können zwar einen Antrag auf Hilfen zur Erziehung stellen, aber es existiert eine sehr uneinheitliche Praxis, wie mit solchen Anträgen umgegangen wird.

Manche Jugendämter erkennen alle Verwandten als Pflegestellen an, weil sie prinzipiell von einem erzieherischen Bedarf ausgehen, während andere die Anerkennung nur in Ausnahmefällen gewähren (vgl. Blandow/Walter 2001: 125). Diese Unterschiede bilden sich auch in sehr großer Differenz bei der Inanspruchnahmequote von Fremd- und Familienpflege in den einzelnen Bundesländern ab. Während nach den Daten der amtlichen Kinder- und Jugendhilfestatistik in Mecklenburg-Vorpommern 1998 auf ein Verwandtenpflegeverhältnis 1,2 Fremdpflegeverhältnisse kamen, lag dieses Verhältnis in Bremen bei 1 zu 13,8 (vgl. Blandow/Walter 2001: 129). Insgesamt ist davon auszugehen, dass die Inanspruchnahme der Verwandtenpflege in der amtlichen Statistik der Kinder- und Jugendhilfe völlig unzureichend abgebildet wird.

Ein Vergleich der Inanspruchnahmequoten in Ost- und Westdeutschland zeigt überraschende Ergebnisse. Während die Quote der Pflege bei Verwandten in beiden Teilen Deutschlands etwa gleich hoch ist, liegt die Inanspruchnahme von Vollzeitpflege in einer Fremdfamilie in Ostdeutschland doch deutlich höher als in Westdeutschland, und dies obwohl man in Ostdeutschland auf keine entsprechende Tradition verweisen kann (Blandow/Walter 2001) und ExpertInnen diesbezüglich nur eine sehr zögerliche Entwicklung vorhergesagt haben (vgl. BMFSFJ 1994: 543).

Abb. 6.4.1: Entwicklung der Neuzugänge verschiedener Formen der Unterbringung außerhalb der Familie, Westdeutschland

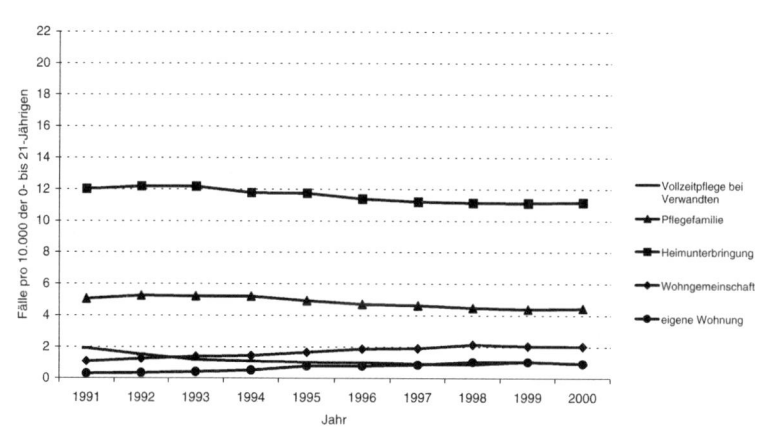

Quelle: Statistik der Kinder- und Jugendhilfe, Teil I, 4 Beginn der Hilfe zur Erziehung außerhalb des Elternhauses, Arbeitsunterlage; eigene Berechnungen

Abb. 6.4.2: Entwicklung der Neuzugänge verschiedener Formen der Unterbringung außerhalb der Familie, Ostdeutschland

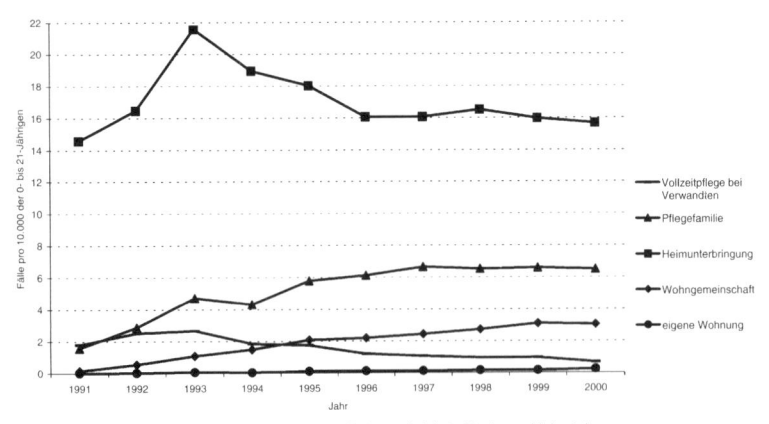

[Diagramm mit Linien für: Vollzeitpflege bei Verwandten, Pflegefamilie, Heimunterbringung, Wohngemeinschaft, eigene Wohnung; Jahre 1991–2000]

Qelle: Statistik der Kinder- und Jugendhilfe, Teil I, 4 Beginn der Hilfe zur Erziehung außerhalb des Elternhauses, Arbeitsunterlage; eigene Berechnungen

Die Entwicklung der Bestandsdaten der (halbstandardisierten) Inanspruchnahmequoten innerhalb eines Jahres (Bestandsdaten zum Jahresende zuzüglich der beendeten Hilfen in einem Jahr) der beiden Formen der Vollzeitpflege weisen eine deutlich steigende Tendenz auf (vgl. KOMDAT 2001: 5). Diese Daten könnten zu der falschen Schlussfolgerung verleiten, dass die Inanspruchnahme der Vollzeitpflege stetig ansteigt. In Wirklichkeit ist dies auf die zunehmende Dauer der Pflegeverhältnisse (vgl. Janze 1998) zurückzuführen: Die Verweildauer der Kinder und Jugendlichen innerhalb der Pflegefamilien nimmt also zu, aber die Anzahl der Neuzugänge stagniert (seit 1997 in Ostdeutschland, Abb. 6.4.2) oder fällt (in Westdeutschland, Abb. 6.4.1) gar. Im Ergebnis führt dies zu höheren Bestandszahlen. Hinzu kommt, dass die Bestandsdaten die Fortschreibungsfehler enthalten, die entstehen, wenn zwar der Beginn eines Pflegeverhältnisses statistisch erfasst wird, aber vergessen wird, die Beendigung zu melden. Am Beispiel der Heimerziehung kann verdeutlicht werden, dass dieser Fehler in einem nicht unerheblichen Umfang die Daten verzerrt. Der Bestand errechnet durch Fortschreibung lag hier 21,7 % über dem mittels der fünfjährlichen Bestandserhebung ermittelten Wert (vgl. Pothmann 2002: 1).

In der Fachöffentlichkeit herrscht die Meinung vor, dass die Vollzeitpflege (zu) selten in Anspruch genommen wird und es in den Städten besonders schwierig sei, Personen oder Familien für die Betreuung eines oder mehrerer Pflegekinder zu gewinnen. Betrachtet man allerdings die Zahlen zu den Pflegeverhältnissen in Städten und Landkreisen, kommt man zu dem Ergebnis, dass diese Einschätzung nicht den Tatsachen entspricht. Die empirisch falsche Annahme eines quantitativen Defizits an Pflegefamilien in Städten lässt sich auf die insgesamt höheren Fremdunterbringungszahlen in den Städten zurückführen. Die Quote der Kinder und Jugendlichen in Pflegefamilien in Städten liegt sogar signifikant höher als in Landkreisen. Da aber die Quote der anderen stationären Unterbringungsformen in Städten noch sehr viel deutlich höher als in Landkreisen ist, liegt der Anteil der Kinder und Jugendlichen in Pflegefamilien in den Städten unter dem der anderen stationären Betreuungsformen. Hierdurch kann der Eindruck entstehen, in den Städten gäbe es weniger Kinder und Jugendliche in Pflegefamilien. Wie bei der letzten Erhebung (vgl. Seckinger/Weigel/van Santen/Markert 1998: 100) kann jedoch auch jetzt wieder gezeigt werden, dass es in den Städten signifikant mehr Pflegefamilien (8,8 begonnene Hilfen pro 10.000 der 0- bis 18-Jährigen) gibt als in den Landkreisen (6,0 begonnene Hilfen pro 10.000 der 0- bis 18-Jährigen). Dies gilt für Ost- und Westdeutschland gleichermaßen und nicht nur für die Inanspruchnahme von Vollzeitpflege der unter 18-Jährigen, sondern auch für die der unter 27-Jährigen. Es ist also vielmehr davon auszugehen, dass in den Landkreisen bislang noch nicht ausgeschöpfte Potenziale von Pflegefamilien vorhanden sind. Denn es gibt bislang keine plausiblen Erklärungen dafür, warum Familien in den Landkreisen eine reserviertere Haltung gegenüber einer Aufnahme eines Pflegekindes haben sollten als Familien in Städten.

Die regionale Verteilung der Inanspruchnahme (vgl. Karte 6.4.1 S. 224) zeigt wie auch bei anderen Hilfeformen große regionale Disparitäten. Besonders deutlich wird dies an den Werten der 10er- sowie 90er-Perzentile der Verteilung der Inanspruchnahme der begonnenen Hilfen der 0- bis 18-Jährigen. Diese betragen in den Landkreisen zwei bzw. elf pro 10.000 der genannten Altersgruppe und in den Städten drei bzw. 15. Damit wird deutlich, dass nicht nur die Mittelwerte in Städten höher liegen, sondern dass sich der Unterschied zwischen den Gebietskörperschaften auch in den Perzentilen und der Spannweite der Inanspruchnahmequoten deutlich niederschlägt.

Karte 6.4.1: Vollzeitpflege in einer anderen Familie, begonnene Hilfen 1999

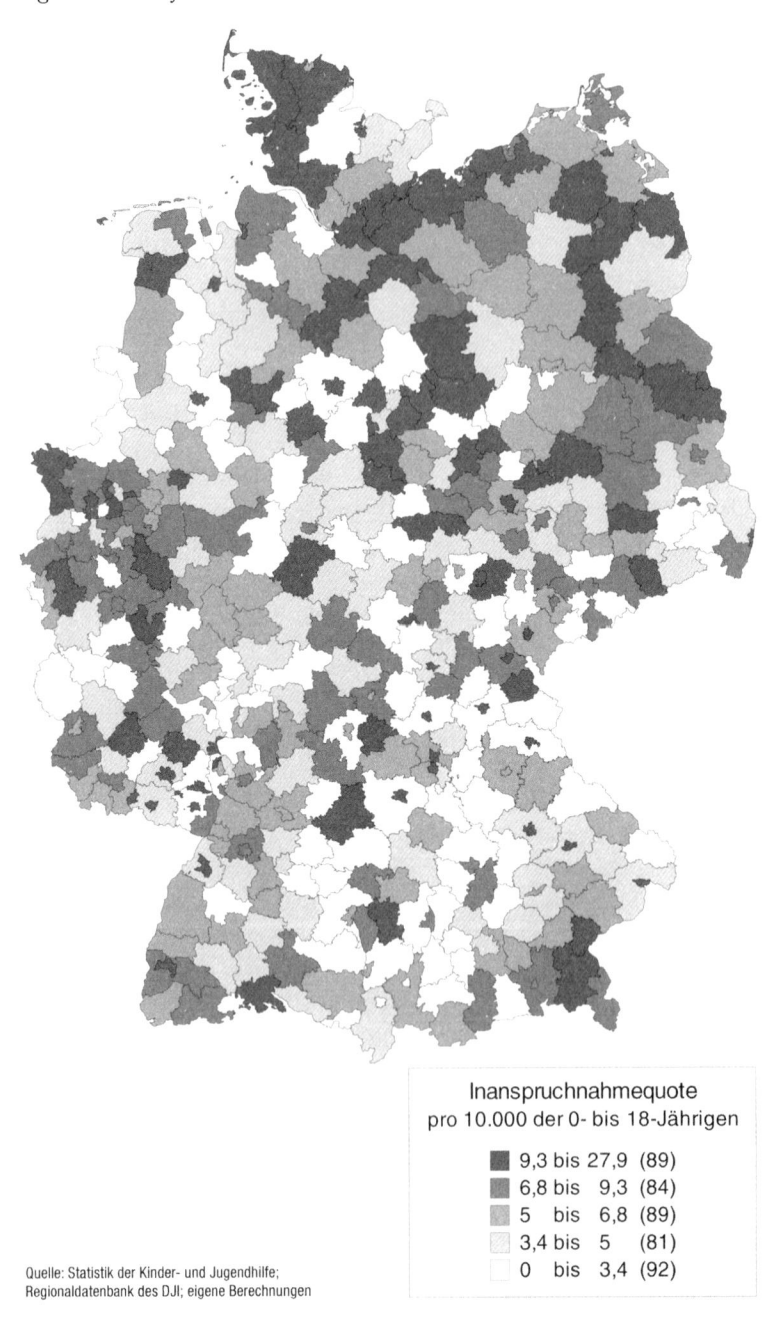

Inanspruchnahmequote
pro 10.000 der 0- bis 18-Jährigen

- 9,3 bis 27,9 (89)
- 6,8 bis 9,3 (84)
- 5 bis 6,8 (89)
- 3,4 bis 5 (81)
- 0 bis 3,4 (92)

Quelle: Statistik der Kinder- und Jugendhilfe;
Regionaldatenbank des DJI; eigene Berechnungen

Tab. 6.4.2: Merkmale der Kinder und Jugendlichen bei Beginn der Hilfe in einer Pflegefamilie oder bei Großeltern/Verwandten, 1999

	Großeltern/Verwandte			Pflegefamilie		
	Männlich	Weiblich	Insgesamt	Männlich	Weiblich	Insgesamt
Inanspruchnahme						
Absolute Anzahl	51%	49%	1876	50%	50%	8399
Alter von ... bis unter ... Jahren						
Unter 1	4%	5%	5%	13%	12%	12%
1–3	6%	9%	8%	16%	15%	15%
3–6	13%	14%	14%	20%	16%	18%
6–9	17%	15%	16%	16%	15%	15%
9–12	19%	18%	18%	14%	14%	14%
12–15	22%	21%	22%	12%	14%	13%
15–18	17%	16%	17%	9%	13%	11%
18–21	1%	1%	1%	1%	1%	1%
21 und älter	0%	0%	0%	0%	0%	0%
Kindschafts- verhältnis						
Ehelich	57%	54%	55%	51%	54%	53%
Nichtehelich	43%	46%	45%	49%	46%	47%
Staatsangehörigkeit						
Deutsch	94%	93%	93%	93%	93%	93%
Nichtdeutsch	6%	7%	7%	7%	7%	7%

Quelle: Statistik der Kinder- und Jugendhilfe Teil I, 4.1 Beginn der Hilfe zur Erziehung außerhalb des Elternhauses, Arbeitsunterlage; eigene Berechnungen

Merkmale der AdressatInnen

Die Tab. 6.4.2 verdeutlicht zum einen das zahlenmäßige Verhältnis der beiden Formen der Vollzeitpflege und zum anderen sozio-demografische Merkmale der Kinder und Jugendlichen. Die Vollzeitpflege bei Verwandten hat einen Anteil von 18% an den neu begonnen Pflegeverhältnissen im Rahmen der erzieherischen Hilfen und hat damit einen quantitativ deutlich geringeren Stellenwert als die Pflege in Fremdfamilien. Bei beiden Formen der Pflege sind die Anteile von Mädchen und Jungen in etwa gleich groß. Deutliche Unterschiede zeigen sich dagegen in der Altersstruktur. Die Kinder und Jugendlichen in Verwandtenpflege sind im Vergleich zu denen in Fremdpflege im Durchschnitt erheblich älter. Als auffällig hoch muss bei beiden Formen der Pflege der Anteil der Kinder und Jugendlichen, die unehelich geboren sind, eingeschätzt werden. Ihr Anteil liegt sehr deutlich über ihrem Anteil in der Gesamtbevölkerung, der für die entsprechenden Geburtsjahrgänge bei ca. 15% liegt. Bemerkenswert ist weiterhin der sogar im Verhältnis zu den anderen stationären erzieherischen Hilfeformen niedrige Anteil nichtdeutscher Kinder und Jugendlicher. Dies gilt umso mehr, als Kinder und Jugendliche mit Migrationserfahrung bei allen Hilfen außer bei Inobhutnahmen im Verhältnis zu ihrem Bevölkerungsanteil unterrepräsentiert sind. Allerdings könnte dieser niedrige Anteil darauf zurückzuführen sein, dass es in der ausländischen Bevölkerung eine größere Anzahl von Pflegeverhältnissen gibt, die dem Jugendamt nicht bekannt sind (vgl. hierzu auch Kapitel 6.10).

6.4.2 Bereitschaftspflege und Kurzzeitpflege

Kennzeichnend für die Bereitschafts- und Kurzzeitpflege ist die relativ kurze Verweildauer der Kinder und Jugendlichen in Pflegefamilien. Die beiden Formen der Pflege unterscheiden sich insbesondere voneinander durch den Anlass, die Hilfe zu beginnen. Die Kurzzeitpflege ist speziell für Kinder und Jugendliche bestimmt, die fremdplatziert werden müssen, weil die Eltern aufgrund von Krankheit oder anderen Gründen für einen absehbaren und befristeten Zeitraum nicht in der Lage sind, Verantwortung gegenüber ihren Kindern wahrzunehmen. Zur Aufnahme in einer Bereitschaftspflegefamilie kommt es im Fall einer Unsicherheit über den weiteren Verbleib des Kindes oder des Jugendlichen in der Herkunftsfamilie aufgrund von erzieherischen Problemkonstellationen. Vielfach fungiert die Bereitschaftspflege auch als eine Form der Krisenintervention im Rahmen von Inobhutnahmen (§ 42 KJHG). Kinder und Jugendliche bleiben in diesem Fall in der Pflegefamilie, bis die endgültige Hilfeform im Hilfeplanungsprozess geklärt ist. Inzwischen haben sich die Begriffe „Kurzzeitpflege" und „Bereitschaftspflege" zwar in der Praxis durchgesetzt, aber es scheint ungewiss, ob die unterschiedlichen Konzepte, die dahinter stehen, überall konzeptgetreu umgesetzt werden.

Die Bereitschaftspflege (75 %) ist in den Jugendamtsbezirken etwas weiter verbreitet als die Kurzzeitpflege (64 %). Beide Hilfeformen sind in Westdeutschland etwas häufiger anzutreffen als in Ostdeutschland.

Die Angaben zur Verweildauer der Kinder und Jugendlichen hinsichtlich dieser beiden Hilfeformen in unserer Erhebung zeigen zum einen bei beiden Angeboten eine sehr große Streuung der Dauer und zum anderen eine im Durchschnitt deutlich längere Verweildauer in Kurzzeitpflege (15 Wochen) als in Bereitschaftspflege (neun Wochen). Zieht man die Verweildauer in Inobhutnahmestellen heran, die man quasi als eine Form der „institutionellen Bereitschaftspflege" betrachten kann, erscheint die durchschnittliche Verweildauer von neun Wochen in der Bereitschaftspflege recht lang. Andererseits kann dies auch darauf hinweisen, dass Bereitschaftspflege ein Setting darstellt, in dem besser und in aller Ruhe nach einer Lösung für die akute Krisensituation gesucht werden kann.

Sowohl in Ost- als auch in Westdeutschland verbleiben die Kinder und Jugendlichen in Städten länger in Bereitschaftspflege als in Landkreisen. Dies kann als ein empirisches Indiz für die Vermutung von Steege/Szylowicki (1996) verstanden werden, dass das Fehlen adäquater Dauerpflegefamilien ein Grund für die oftmals lange Verweildauer ist, da insbesondere in Städten der Bedarf an Pflegestellen viel höher als in Landkreisen ist.

Die durchschnittliche Dauer der Kurzzeitpflege ist in Ostdeutschland (26 Wochen) etwa dreimal so lang wie in Westdeutschland (neun Wochen) und unterscheidet sich damit signifikant. Offensichtlich stehen sich hier unterschiedliche Konzeptionen von Kurzzeitpflege gegenüber.

Immerhin 11 % bzw. 8 % der Jugendämter geben an, dass in ihrem Jugendamtsbezirk mehrere Träger im Bereich der Bereitschafts- und Kurzzeitpflege aktiv sind. Den Angaben der Jugendämter zufolge sind dies neben dem öffentlichen Träger oftmals privat-gewerbliche Träger. Nicht auszuschließen ist allerdings, dass sich diese Angaben auf die Leistungserbringer, d.h. die Pflegefamilien oder der Pflegestelle selbst beziehen.

Am häufigsten werden diese Formen der Hilfe von öffentlichen Trägern vermittelt (vgl. Tab. 6.4.1, S. 216).

6.4.3 Institutionelle Formen der Fremdunterbringung

Heimerziehung oder Erziehung in sonstigen Formen betreuten Wohnens „soll Kinder und Jugendliche durch eine Verbindung von Alltagserleben mit pädagogischen und therapeutischen Angeboten in ihrer Entwicklung fördern. Sie soll entsprechend dem Alter und Entwicklungsstand sowie den Möglichkeiten der Verbesserungen der Erziehungsbedingungen in der Herkunftsfamilie 1. eine Rückkehr in die Familie zu erreichen versuchen oder 2. die Erziehung in einer anderen Familie vorbereiten oder 3. eine auf längere Zeit angelegte Lebensform bieten und auf ein selbstständiges Leben vorbereiten. Jugendliche sollen in Fragen der Ausbildung und Beschäftigung sowie der allgemeinen Lebensführung beraten und unterstützt werden" (§ 34 KJHG).

Die Betreuungsform Fremdunterbringung in Heimen, die lange Zeit das Gesicht der erzieherischen Hilfen prägte, hat sich in den vergangenen Jahrzehnten quantitativ und qualitativ stark verändert. Am Anfang dieser Entwicklung stand die fachliche Neuorientierung ausgelöst durch die Kritik im Rahmen der Heimkampagne der siebziger Jahre (vgl. IGFH 1977). Infolgedessen stieg der Anteil der Kinder und Jugendlichen in Pflegefamilien deutlich an und es wurden auch familiennähere Formen der Betreuung in Krisensituationen entwickelt wie etwa die Bereitschaftspflege. Hinzu kam der Ausbau der ambulanten erzieherischen Hilfen. Zusammengenommen haben diese Entwicklungen dazu geführt, dass der quantitative Stellenwert der stationären Hilfen deutlich abgenommen hat.

Den vielen positiven Entwicklungen zum Trotz muss sich die institutionelle Fremderziehung weiterhin mit dem Widerspruch zwischen der Wunschvorstellung eines Lebens- und Entwicklungsumfeldes mit stabilen, verlässlichen und gewachsenen Beziehungen und dem, was in einer professionell organisierten Einrichtung diesbezüglich realisierbar ist, auseinander setzen. Viele der Neuentwicklungen in der institutionellen Fremdunterbringung sind darauf ausgerichtet, diesen Widerspruch zumindest teilweise aufzulösen, indem sie die Hilfe so organisieren, dass sie idealen Erziehungsbedingungen möglichst nahe kommt. In diesem Zusammenhang muss auch die Tendenz zu kleineren Einheiten in stationären Einrichtungen gesehen werden. Betreute Wohngemeinschaften, aber auch die Aufsplittung von ehemals großen Einrichtungen in kleinere autonome Wohngruppen stellen Beispiele für diesen Trend dar. Gleichzeitig bedeutet dies auch, dass die Unterschiede zwischen den institutionellen Hilfeformen verschwimmen und die Bezeichnung der Hilfeformen an Aussagekraft für die inhaltliche Ausgestaltung der Hilfe verliert.

Angebote

Die Infrastruktur der Heimerziehung und anderer Formen betreuten Wohnens in den Jugendamtsbezirken unterscheidet sich insbesondere zwischen Ost- und Westdeutschland. Zum einen gibt es Unterschiede hinsichtlich des Vorhandenseins bestimmter Hilfeformen in den Jugendamtsbezirken und zum anderen in der Trägerstruktur (vgl. Tab. 6.4.1, S. 216). Bei letzterem Aspekt fällt auf, dass sich die eher traditionelle Form der stationären Unterbringung in Heimen in Ostdeutschland noch signifikant häufiger als in Westdeutschland in öffentlicher Trägerschaft befindet, während die neueren Formen wie betreute Wohngemeinschaften und betreutes Einzelwohnen häufiger – wenn auch nicht signifikant – in freier Trägerschaft sind.

Alle drei in der Tab. 6.4.1, S. 216 enthaltenen Formen der stationären Fremdunterbringung sind in mehr Jugendamtsbezirken als noch vor vier Jahren vorhanden. Aus der fachlichen Perspektive der Lebensweltorientierung ist diese Entwicklung wohl eher positiv einzuschätzen, da inzwischen vermehrt zumindest strukturell die Möglichkeit besteht, stationäre Hilfen auch räumlich nahe am Lebensumfeld anzubieten.

Erhebliche Unterschiede zeigen sich bei der Verbreitung der beiden Formen betreuten Wohnens. In Ostdeutschland sind signifikant häufiger betreute Wohngemeinschaften in den Jugendamtsbezirken vorhanden (89%) als in Westdeutschland (63%). Umgekehrt verhält es sich beim betreuten Einzelwohnen: 78% der West-Jugendämter haben ein solches Angebot innerhalb ihres Bezirkes, während der Anteil in Ostdeutschland mit 59% deutlich niedriger liegt.

Heime, in denen ausschließlich Säuglinge und Kleinkinder betreut werden (in der Tab. 6.4.1 nicht mit aufgenommen), gibt es nur in 5% der Jugendamtsbezirke.

In den Jugendamtsbezirken, in denen die einzelnen Angebote der Fremdunterbringung vorhanden sind, zeigt sich zumindest im Vergleich zu allen anderen Angeboten und Hilfen der Kinder- und Jugendhilfe ein hohes Maß an Pluralität. Mehrere Träger von Heimen für Kinder und Jugendliche finden sich in 76%, mehrere Träger von Einrichtungen für betreutes Einzelwohnen in 71% und mehrere Träger von betreuten Wohngemeinschaften in 64% dieser Jugendamtsbezirke.

Die stationären erzieherischen Hilfen sind das wohl beliebteste Betätigungsfeld privat-gewerblicher Träger. In 29% der Jugendamtsbezirke, in denen Heime für Kinder und Jugendliche vorhanden sind, gibt es mindestens ein Angebot, das sich in privat-gewerblicher Trägerschaft befindet. Umgerechnet auf alle Jugendamtsbezirke (also unabhängig davon, ob es dieses Angebot gibt oder nicht) bedeutet dies, das in etwas mehr als jedem vierten Jugendamtsbezirk privat-gewerbliche Träger aktiv sind. In jeweils etwa 10% der Jugendamtsbezirke mit dem Angebot betreutes Einzelwohnen oder mit betreuten Wohngemeinschaften gehören privat-gewerbliche Träger zu den Anbietern dieser Hilfeform.

Tab. 6.4.3: Einrichtungen verschiedener Formen stationärer erzieherischer Hilfen, nach Ost- und Westdeutschland 1998*

Art der Einrichtung	Ost Verbrei-tung**	Ost Anteil ÖT***	West Verbrei-tung**	West Anteil ÖT***	Insgesamt Verbrei-tung**	Insgesamt Anteil ÖT***
Einrichtungen der stationären Erziehungshilfe mit mehreren Gruppen in Schichtdienst auf einem Heimgelände (Stammhaus)	10,0	21 %	4,1	10 %	5,2	14 %
Einrichtungen der stationären Erziehungshilfe mit mehreren Gruppen in Lebensgemeinschaftsform auf einem Heimgelände (Stammhaus)	0,7	14 %	0,7	6 %	0,7	8 %
Ausgelagerte Gruppe mit organisatorischer Anbindung an das Stammhaus im Schichtdienst	4,7	19 %	3,0	6 %	3,3	10 %
Ausgelagerte Gruppe mit organisatorischer Anbindung an das Stammhaus in Lebensgemeinschaftsform	1,7	6 %	2,1	7 %	2,0	7 %
Betreute Wohnform mit oder ohne Anbindung an das Stammhaus	9,7	13 %	4,1	9 %	5,2	11 %
Erziehungsstelle gemäß § 34 SGB VIII	1,5	4 %	0,9	13 %	1,0	10 %
Wochengruppe (ohne Wochenendunterbringung)	0,1	0 %	0,2	3 %	0,1	3 %
Einrichtung/Abteilung/Gruppe für gesicherte/geschlossene Unterbringung auf der Grundlage einer richterlichen Entscheidung	0,0	0 %	0,0	25 %	0,0	20 %
Einrichtung/Abteilung/Gruppe für vorläufige Schutzmaßnahmen gemäß § 42, 43 SGB VIII	1,1	22 %	0,6	24 %	0,7	24 %
Kleinsteinrichtung der stationären Erziehungshilfe	2,8	7 %	2,7	5 %	2,7	5 %
Einrichtung für integrierte Hilfen (z.B. Jugendhilfestationen oder Jugendhilfezentren)	2,0	6 %	0,9	11 %	1,1	9 %
Internat, das junge Menschen gemäß § 34, 42 SGB VIII aufnimmt	0,2	22 %	0,3	9 %	0,3	11 %
Großpflegestelle	0,1	0 %	0,1	0 %	0,1	0 %
Gemeinsame Wohnform für Mütter/Väter und Kinder	1,0	16 %	0,5	5 %	0,6	9 %
Insgesamt	35,6	15 %	20,2	9 %	23,1	10 %

* Quelle: Statistik der Kinder- und Jugendhilfe, Teil III; eigene Berechnungen
** Anzahl der Einrichtungen pro 100.000 0- bis 27-Jährige
*** ÖT: Öffentlicher Träger

Die Ausdifferenzierung der Kinder- und Jugendhilfestatistik bei der Erfassung verschiedener Formen stationärer Erziehungshilfe stellt eine Reaktion auf die Entwicklung hin zu einer Vielfalt von Angebotsformen dar. Tab. 6.4.3 zeigt die Verbreitung der verschiedenen Einrichtungsarten und die Tab. 6.4.4 die Anzahl der Plätze, die durchschnittliche Platzzahl der Einrichtungen sowie den Anteil der Plätze einer spezifischen Einrichtungsart an allen Plätzen. Trotz der vorhandenen Vielfalt wird deutlich, dass sich der größte Anteil an Plätzen für stationäre Erziehungshilfe (42 %) noch immer in Einrichtungen mit mehreren Gruppen und Schichtdienst auf einem Heimgelände (Stammhaus) befindet (vgl. Tab. 6.4.4). Die (noch) vorhandene höhere Dichte an solchen Einrichtungen in Ostdeutschland, ebenso wie der verhältnismäßig hohe Anteil von Einrichtungen in öffentlicher Trägerschaft, lässt sich auf die Tradition der Jugendhilfe der DDR zurückführen, in der Heimerziehung in dieser Form einen zentralen Stellenwert besessen hat (Seidenstücker/Münder 1990). Allerdings kann davon ausgegangen werden, dass sowohl die Anzahl der Großeinrichtungen als auch der Anteil an Einrichtungen in öffentlicher Trägerschaft in Ostdeutschland weiterhin – kontinuierlich – abnehmen wird.[44] Gemessen an der vorhandenen Platzzahl stellen die Formen des betreuten Wohnens mit oder ohne Anbindung an das Stammhaus (12 %) sowie die ausgelagerten Gruppen mit organisatorischer Anbindung an das Stammhaus (11 %) neben der Betreuung in einem Stammhaus die bedeutendste Form der stationären Unterbringung dar.

Insgesamt ist in Ostdeutschland bis auf wenige Ausnahmen (vgl. Tab. 6.4.3) eine deutlich höhere Dichte an Einrichtungen der stationären erzieherischen Hilfen als in Westdeutschland festzustellen. Dies korrespondiert mit der deutlich höheren Inanspruchnahme von stationären erzieherischen Leistungen in Ostdeutschland, die im nächsten Abschnitt dargestellt wird.

---

[44] 1994 betrug der Anteil der Einrichtungen der Heimerziehung in öffentlicher Trägerschaft noch 39 % (vgl. Statistisches Bundesamt 1996a).

Tab. 6.4.4: *Plätze verschiedener Formen stationärer erzieherischer Hilfen, 1998**

Art der Einrichtung	Plätze**	Durchschnittliche Platzzahl	Plätze in ÖT***	Anteil an allen Plätzen
Einrichtungen der stationären Erziehungshilfe mit mehreren Gruppen in Schichtdienst auf einem Heimgelände (Stammhaus)	165,3	32	13%	42,4%
Einrichtungen der stationären Erziehungshilfe mit mehreren Gruppen in Lebensgemeinschaftsform auf einem Heimgelände (Stammhaus)	29,6	41	8%	7,6%
Ausgelagerte Gruppe mit organisatorischer Anbindung an das Stammhaus im Schichtdienst	41,9	13	14%	10,7%
Ausgelagerte Gruppe mit organisatorischer Anbindung an das Stammhaus in Lebensgemeinschaftsform	15,2		5%	3,9%
Betreute Wohnform mit oder ohne Anbindung an das Stammhaus	45,6	9	11%	11,7%
Erziehungsstelle gemäß § 34 SGB VIII	7,7	8	8%	2,0%
Wochengruppe (ohne Wochenendunterbringung)	2,5	16	5%	0,6%
Einrichtung/Abteilung/Gruppe für gesicherte/geschlossene Unterbringung auf der Grundlage einer richterlichen Entscheidung	0,3	8	29%	0,1%
Einrichtung/Abteilung/Gruppe für vorläufige Schutzmaßnahmen gemäss § 42, 43 SGB VIII	6,4	9	31%	1,6%
Kleinsteinrichtung der stationären Erziehungshilfe	22,9	8	6%	5,9%
Einrichtung für integrierte Hilfen (z.B. Jugendhilfestationen oder Jugendhilfezentren)	28,6	27	16%	7,3%
Internat, das junge Menschen gemäß § 34, 42 SGB VIII aufnimmt	15,6	57	10%	4,0%
Großpflegestelle	0,4	6	0%	0,1%
Gemeinsame Wohnform für Mütter/Väter und Kinder	7,8	13	8%	2,0%
Insgesamt	389,9	17	12%	100,0%

* Quelle: Statistik der Kinder- und Jugendhilfe, Teil III; eigene Berechnungen
** Anzahl der Einrichtungen pro 100.000 0- bis 27-Jährige
*** ÖT: Öffentlicher Träger

Inanspruchnahme

Die Entwicklung der Inanspruchnahme institutioneller Formen der Fremdunterbringung, gemessen an den Neuzugängen in den einzelnen Kalenderjahren, ist in den Abbildungen 6.4.1 und 6.4.2, S. 221/222 getrennt für Ost- und Westdeutschland dargestellt. Zum einen sind bemerkenswerte Unterschiede bezüglich des Niveaus der Inanspruchnahme vorhanden und zum anderen werden auch unterschiedliche Trends erkennbar.[45] Die Inanspruchnahme der Heimerziehung liegt in Ostdeutschland gemessen an der Quote in Westdeutschland um nahezu 50 % höher (vgl. Winkler 2001: 176 ff. für einige Hypothesen zu den Ursachen dieser Diskrepanz). Für beide Landesteile kann eine Phase der Stabilisierung der Inanspruchnahme festgestellt werden, nachdem in den Vorjahren zum Teil ein deutlicher Rückgang zu verzeichnen war.

In Ostdeutschland steigt die Inanspruchnahme beim betreuten Wohnen seit 1991 kontinuierlich an und liegt inzwischen deutlich über dem Niveau in Westdeutschland, wo die Expansion in dieser Hilfeform bereits abgeschlossen scheint. Auch beim betreuten Einzelwohnen spiegelt sich, wie nicht anders zu erwarten ist, das vorhandene Angebot in der Inanspruchnahme wider. In Ostdeutschland bleibt die Inanspruchnahme in den letzten Jahren nahezu unverändert auf einem niedrigen Niveau, wohingegen sich in Westdeutschland auf einem im Vergleich deutlich höheren Niveau eine leicht steigende Tendenz abzeichnet.

Die Karte 6.4.2 (S. 234) enthält die regionalen Inanspruchnahmequoten aller Hilfen außerhalb der Familie in Heimen, in betreuten Wohngemeinschaften oder im betreuten Einzelwohnen. Zwei Sachverhalte, die zudem eine statistische Signifikanz besitzen, sind unmittelbar augenfällig: Die fast in allen Kreisen Ostdeutschlands relativ hohen Inanspruchnahmequoten sowie der große Unterschied zwischen kreisfreien Städten und Landkreisen, der bundesweit ersichtlich ist.

---

[45] Für die Erhebung der Fallzahlstatistik der amtlichen Kinder- und Jugendhilfestatistik im Bereich der Hilfen zur Erziehung außerhalb des Elternhauses sind nur die örtlichen Träger der Jugendhilfe auskunftspflichtig, da davon ausgegangen wurde, dass alle, für die Erhebung wichtigen Informationen bei den zuständigen Stellen der örtlichen Träger vorhanden sind. Deswegen kann nicht wie etwa bei den ambulanten Hilfen genau festgestellt werden, wie viele Kinder und Jugendliche Hilfe von freien oder öffentlichen Trägern bekommen. Bei den hohen Auslastungsquoten, auf die die Einrichtungen in der Regel angewiesen sind, kann man jedoch davon ausgehen, dass die Anteile der Plätze in freier bzw. öffentlicher Trägerschaft, so wie sie in Tab. 6.4.4 dargestellt sind, eine gute Annäherung an die tatsächlichen Fallzahlen bei freien und öffentlichen Trägern sind.

Karte 6.4.2: Heimerziehung, sonstige betreute Wohnform, begonnene Hilfen 1999

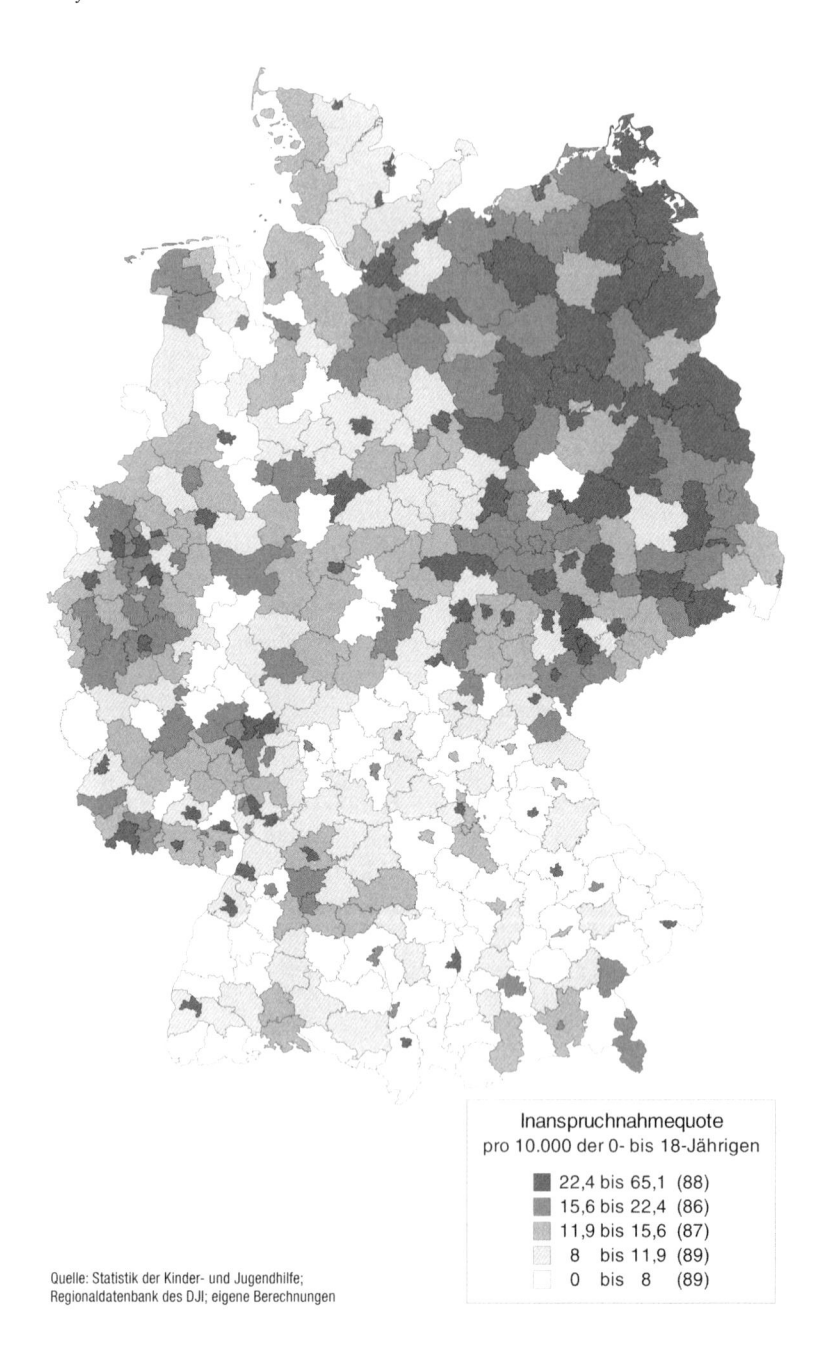

Inanspruchnahmequote
pro 10.000 der 0- bis 18-Jährigen

- ■ 22,4 bis 65,1 (88)
- ▩ 15,6 bis 22,4 (86)
- ▨ 11,9 bis 15,6 (87)
- ░ 8 bis 11,9 (89)
- □ 0 bis 8 (89)

Quelle: Statistik der Kinder- und Jugendhilfe;
Regionaldatenbank des DJI; eigene Berechnungen

In Zahlen ausgedrückt beträgt die durchschnittliche Inanspruchnahmequote der begonnenen Hilfen der 0- bis 18-Jährigen in kreisfreien Städten mehr als das Doppelte der Quote in Landkreisen (26 versus 12).

In den interkommunalen Vergleichsringen, an denen jeweils eine begrenzte Anzahl von Jugendämtern partizipiert, wurde schon mehrfach festgestellt, dass die Quote der Inanspruchnahme auch innerhalb von Gebietskörperschaften des gleichen Typus erheblich variiert (vgl. z.B. IKO-Netz 1998, 1999a, 1999b). Diese Unterschiede zeigen sich natürlich auch bei einem Vergleich aller Kreise der Bundesrepublik. Die 10- und 90er-Perzentile, die hierüber valide Auskunft geben, wurden getrennt für Landkreise und kreisfreie Städte berechnet. Nur in 10% der kreisfreien Städte liegt die Quote der Inanspruchnahme der begonnenen Hilfen unter 13 Fällen pro 10.000 der 0- bis 18-Jährigen (10er-Perzentil) und bei 10% über 40 Fällen pro 10.000 der 0- bis 18-Jährigen (90er-Perzentil). In den Landkreisen beträgt der Wert des 10er-Perzentils fünf und der des 90er-Perzentils 21. In beiden Regionaltypen liegt das 90er-Perzentil also etwa viermal so hoch wie das 10er-Perzentil.

Sozial-strukturellen Belastungsindikatoren wird eine große Bedeutung zugemessen, wenn es darum geht die Variation zu erklären, die sich im Bereich Fremdunterbringung bei der Höhe der Inanspruchnahmequoten zeigt (vgl. Institut für soziale Arbeit e.V. 1999). In den Jugendamtsbezirken, in denen es eine relativ hohe Arbeitslosenquote gibt, viele Sozialhilfeempfänger und allein Erziehende leben sowie die durchschnittliche Wohnfläche niedrig ist, steigt oftmals auch die Inanspruchnahme der Fremdunterbringung. Eine Analyse des Zusammenhangs von Inanspruchnahmequoten und Sozialindikatoren (z.B. Anteil von Sozialhilfebeziehern an der Bevölkerung, Arbeitslosenquote, Anteil Alleinerziehender) der Kreise zeigt, dass die Unterschiede der Inanspruchnahmequoten zwischen den verschiedenen Gebietskörperschaften und zwischen den neuen und alten Ländern sehr viel größer sind, als man mit der bisherigen Datenlage zu sozial-strukturellen Belastungsindikatoren erklären kann. Das heißt, auch wenn man diese Faktoren berücksichtigt und z.B. Jugendamtsbezirke mit ähnlichen Sozialindikatoren miteinander vergleicht, verschwinden die sehr erheblichen Unterschiede zwischen den Inanspruchnahmequoten der Jugendamtsbezirke nicht. Es stellt sich die Frage, ob dies auf eine bislang unzureichend qualifizierte Datenbasis zurückzuführen ist, die nicht annähernd in der Lage ist, Belastungssituationen, die zu erzieherischem Hilfebedarf führen, abzubilden, oder ob nicht auch die Entscheidungsprozesse, die zu stationären Hilfen führen, mit berücksichtigt werden müssen. Das verbleibende Ausmaß der Variation bei der Kontrolle von Belastungsfaktoren wie Arbeitslosigkeit und Sozialhilfebezug deutet zumindest sehr stark darauf hin, dass zusätzliche, gar bedeutungsvollere Faktoren ausschlaggebend sind.

Merkmale der AdressatInnen

Tab. 6.4.5 gibt einen Überblick bezüglich einiger Merkmale der AdressatInnen, denen Hilfe in einem institutionellen, stationären Setting gewährt wurde. Die Geschlechterverteilung in den unterschiedenen Hilfeformen weist relativ große Differenzen auf. Lediglich bei betreuten Wohngemeinschaften ist das Geschlechterverhältnis nahezu ausgeglichen. Dagegen existiert eine klare Überrepräsentation des männlichen Geschlechts in Heimen und eine noch deutlichere Unterrepräsentation beim betreuten Einzelwohnen.

Offensichtlich sind Mädchen und junge Frauen eher in der Lage, Hilfen in Anspruch zu nehmen, die ein relativ hohes Maß an Selbstständigkeit erfordern. Mädchen wird anders als Jungen eher zugetraut oder es wird von ihnen erwartet, dass sie für sich selbst sorgen können. Diese bislang in der Gesellschaft dominanten Rollenerwartungen, die explizit oder implizit von den Fachkräften an Mädchen herangetragen werden, können die Entscheidung für die Wahl der adäquaten Hilfeform beeinflussen. Dieser Aspekt liegt sicher auch der differierenden Altersverteilung zwischen den Geschlechtern bei den beiden betreuten Wohnformen zugrunde. Mädchen und junge Frauen in stationären Hilfen sind im Vergleich zu Jungen und jungen Männern in stationären Hilfen tendenziell etwas jünger. Auch hier kann man vermuten, dass dies eine Folge der früher vorhandenen oder der zugeschriebenen Selbstständigkeit der Mädchen und jungen Frauen bereits in jungem Alter darstellt.

Bei allen drei Hilfeformen stellt die Altersgruppe der 15- bis 18-Jährigen sowohl bei Mädchen als auch bei Jungen die größte Gruppe dar.

Ein auffälliger Unterschied zwischen den Hilfeformen lässt sich bei den Anteilen der nichtehelichen Kinder feststellen. Diese liegen bei den AdressatInnen in betreutem Einzelwohnen deutlich unterhalb der Anteile bei Hilfen in Heimen und betreuten Wohngemeinschaften. Diese Diskrepanz lässt sich auf die erheblichen Unterschiede der Anteile der nichtehelichen Kinder in Ost- und Westdeutschland (vgl. hierzu Konietzka/Kreyenfeld 2001) zurückführen. Da der Anteil nichtehelicher Kinder in Ostdeutschland deutlich höher und die Inanspruchnahme von betreutem Einzelwohnen in

Tab. 6.4.5: Merkmale der Kinder und Jugendlichen bei Beginn der Hilfe im Heim oder sonstigen Formen betreuten Wohnens, 1999

	Heim			Wohngemeinschaft			Eigene Wohnung		
	Männ-lich	Weib-lich	Insge-samt	Männ-lich	Weib-lich	Insge-samt	Männ-lich	Weib-lich	Insge-samt
Inanspruchnahme									
Absolute Anzahl	57%	43%	22.127	51%	49%	4.269	41%	59%	1.586
Alter von ... bis unter ... Jahren									
Unter 1	2%	2%	2%	1%	1%	1%	0%	0%	0%
1– 3	2%	2%	2%	0%	0%	0%	0%	0%	0%
3– 6	4%	4%	4%	0%	1%	0%	0%	0%	0%
6– 9	9%	7%	8%	1%	1%	1%	0%	0%	0%
9–12	17%	12%	15%	5%	3%	4%	0%	0%	0%
12–15	31%	30%	30%	14%	15%	15%	1%	1%	1%
15–18	30%	38%	33%	59%	64%	61%	55%	62%	59%
18–21	4%	4%	4%	18%	15%	17%	42%	36%	39%
21 und älter	0%	0%	0%	1%	0%	1%	1%	1%	1%
Kindschaftsverhältnis									
Ehelich	71%	71%	71%	73%	73%	73%	79%	79%	79%
Nichtehelich	29%	29%	29%	27%	27%	27%	21%	21%	21%
Staatsangehörigkeit									
Deutsch	90%	90%	90%	90%	91%	90%	88%	90%	89%
Nichtdeutsch	10%	10%	10%	10%	9%	10%	12%	10%	11%

Quellen: Statistik der Kinder- und Jugendhilfe Teil I, 4.1 Beginn der Hilfe zur Erziehung außerhalb des Elternhauses, Arbeitsunterlage; eigene Berechnungen

Ostdeutschland wesentlich niedriger ist (vgl. Abbildungen 6.4.1 und 6.4.2, S. 221/222), führt dies im Ergebnis zu einem vergleichsweise niedrigen Anteil der nichtehelichen Kinder beim betreuten Einzelwohnen. Den Differenzen liegen in diesem Fall also keine besonderen Problemkonstellationen oder fachlich begründeten Zuweisungskriterien zugrunde.

Die Anteile der Gruppen, differenziert nach Staatszugehörigkeit, weisen kaum bemerkenswerte Unterschiede auf. Lediglich bei betreutem Einzelwohnen gibt es vergleichsweise mehr nichtdeutsche männliche Jugendliche (12%) als bei den anderen Hilfeformen. Auch ist der Anteil nichtdeutscher AdressatInnen bei den männlichen Jugendlichen höher als bei den weiblichen.

Auch bei der Staatsangehörigkeit zeigt sich eine Differenz zwischen den erzieherischen Hilfen in institutionellen Settings und in Pflegefamilien. Der Anteil der Nichtdeutschen liegt bei der Vollpflege unterhalb (vgl. Tab 6.4.5) dem Anteil bei den institutionellen Betreuungsformen.

6.4.4 Situation vor Beginn der Hilfe und Gründe für eine Beendigung der Hilfen außerhalb der Familie

Tab. 6.4.6 enthält eine Reihe von Merkmalen, die sich insbesondere auf die Situation der AdressatInnen vor Inanspruchnahme einer Hilfe zur Erziehung außerhalb des Elternhauses beziehen, unabhängig davon, ob diese Hilfe in Form einer Pflegefamilie oder einer institutionellen Unterbringung erbracht wird. Nach der amtlichen Jugendhilfestatistik wurde bei immerhin 22 % der Fälle vorher keinerlei andere Hilfe geleistet. Am häufigsten geht eine ambulante Beratung in Fragen der Erziehung einer Fremdunterbringung voran (33 %), gefolgt von einer vorherigen Unterbringung in einer anderen Form der stationären Hilfe (16 %). Auf dem dritten Platz der vorangegangenen Hilfen befindet sich eine Betreuung in einer vorläufigen Schutzmaßnahme (14 %). Die unterschiedlichen Anteile der beiden Geschlechter (11 % männlich; 17 % weiblich) spiegeln in etwa das Geschlechterverhältnis bei der Inanspruchnahme von vorläufigen Schutzmaßnahmen wider, auf das später noch eingegangen wird.

Bürger (1998: 43 ff.) weist darauf hin, dass man die Zahlen zu den vorangegangenen Hilfen streng genommen auch so interpretieren kann, dass lediglich etwa einem Fünftel der stationären Unterbringungen eine ambulante erzieherische Hilfe nach den §§ 28–32 KJHG vorangeht, da nur ein Teil der Kategorien der Kinder- und Jugendhilfestatistik so verstanden werden könne. So stellt zum Beispiel die Kategorie „ambulante Beratung in Fragen der Erziehung" keine erzieherische Hilfe dar, sondern es wird sich in der Regel um eine Bestandsaufnahme der Situation und erste Überlegungen handeln, die im Rahmen der Arbeit der fallzuständigen Fachkraft vorgenommen wird. Allerdings zeigt die von Bürger vergleichend durchgeführte Aktenanalyse auch, „dass der tatsächliche Anteil junger Menschen, die vor einer Heimunterbringung ambulante, erzieherische Hilfen erhielten, spürbar höher liegen dürfte, als dies in der amtlichen Jugendhilfestatistik abgebildet wird" (Bürger 1998: 74). Die „Jule" Untersuchung (Baur/Finkel/Hamberger/Kühn 1998: 213f.), eine Evaluationsstudie stationärer und teilstationärer Erziehungshilfe, zeigt ebenfalls, dass der Anteil an vorangegangenen institutionellen Beratungen von der Kinder- und Jugendhilfestatistik unterschätzt wird[46]. Zudem wird in dieser Studie deutlich, dass viele

---

[46] Dies lässt sich wahrscheinlich darauf zurückführen, dass für diese Form der Hilfe kein Hilfeplanverfahren notwendig ist und deshalb diese Hilfe nicht immer bei den Jugendämtern dokumentiert ist. Die Autoren ermittelten einen Anteil von

Kinder und Jugendliche (9,2 %) vor einer stationären Unterbringung in der Kinder- und Jugendpsychiatrie waren. Diese Kategorie ist bislang in der Kinder- und Jugendhilfestatistik nicht als vorangegangene Hilfeform erfasst.

Die Wohnsituation vor der Hilfegewährung[47] (vgl. Tab. 6.4.6) offenbart die besondere Bedeutung der Familienkonstellation für die Entstehung eines erzieherischen Bedarfes außerhalb des Elternhauses. Lediglich 22 % der Jugendlichen haben vor der Hilfegewährung bei verheirateten Eltern gewohnt, obwohl der Anteil der Kinder und Jugendlichen, die bei beiden Elternteilen wohnen, in der Gesamtbevölkerung mit 84 % wesentlich höher liegt (vgl. Bien/Hartl/Teubner 2002). Dies heißt im Umkehrschluss, dass das Aufwachsen in anderen Familienkonstellationen eine deutlich höhere Wahrscheinlichkeit für Problemkonstellationen, die zu einem erhöhten erzieherischen Bedarf führen, impliziert. Dies lässt sich noch genauer an Hand des Familienstandes der Sorgeberechtigten feststellen (vgl. auch Tab. 6.4.6). Hier kann, abgesehen von den Eltern, denen das Sorgerecht eingeschränkt bzw. entzogen wurde, auch für die Jugendlichen, die selbstständig wohnen oder fremduntergebracht sind, noch präziser hergeleitet werden, in welchen Familienverhältnissen die Kinder und Jugendlichen aufgewachsen sind.[48] Weniger als ein Drittel (29 %) der Kinder und Jugendlichen in Fremdunterbringung hat Eltern, die verheiratet sind und noch zusammenleben.

15 % der Eltern von Kindern, die außerhalb der Familie untergebracht sind, wurde das Sorgerecht eingeschränkt bzw. entzogen. Dies könnte zum einen ein Indiz für die Schwere der Problemlagen dieser Kinder und Jugendlichen, zum anderen aber auch ein Indiz für normative Konzepte und Benachteiligungen bestimmter Bevölkerungsgruppen (z. B. psychisch Kranker) darstellen, bei denen eher davon ausgegangen wird, dass sie in ihrer Situation nicht „Herr der Lage" sind bzw. werden können. Zu einem geringeren Prozentsatz (11 %) erfolgte die Fremdunterbringung durch eine Entscheidung

---

19,7 % der Fälle, die vor der ersten stationären Unterbringung in einer Erziehungsberatungsstelle waren.

[47] Sowohl bei der Art der vorangegangenen Hilfe als auch bei der Art des Aufenthaltes vor der Hilfegewährung enthält die amtliche Kinder- und Jugendhilfestatistik die Kategorie Heim. Die jeweils unterschiedlichen Anteile dieser Kategorie (16 % Heimerziehung, sonstige Formen betreuten Wohnens bei der Frage nach der Art der vorangegangenen Hilfe versus 9 % Heim bei der Art des Aufenthaltes vor der Hilfegewährung) deuten auf Inkonsistenzen der Statistik hin.

[48] Natürlich sind in einem nicht genau bestimmbaren Ausmaß „Ungleichzeitigkeiten" vorhanden, d. h., die Familienkonstellation zur Zeit der Problemgenese muss nicht identisch sein mit der zur Zeit der Problemerkennung.

Tab. 6.4.6: Merkmale der Hilfen zur Erziehung außerhalb des Elternhauses, Bundesrepublik 1999

Merkmale	Männlich	Weiblich	Insgesamt
vorangegangene Hilfe			
Ohne vorangegangene Hilfe	22%	22%	22%
Mit vorangegangener Hilfe	78%	78%	78%
Art der vorangegangenen Hilfe			
Ambulante Beratung in Fragen der Erziehung	33%	32%	33%
Vorläufige Schutzmaßnahmen	11%	17%	14%
Institutionelle Beratung	7%	6%	6%
Soziale Gruppenarbeit	1%	1%	1%
Erziehungsbeistand; Betreuungshelfer	6%	4%	5%
Sozialpädagogische Familienhilfe (SPFH)	11%	11%	11%
Erziehung in einer Tagesgruppe	6%	3%	5%
Vollzeitpflege in einer anderen Familie	8%	10%	9%
Heimerziehung; sonstige betreute Wohnform	16%	16%	16%
Intensive sozialpädagogische Einzelbetreuung (ISE)	1%	1%	1%
Eingliederungshilfe nach BSHG	1%	0%	1%
Art des Aufenthaltes vor der Hilfegewährung			
Eltern	23%	20%	22%
Elternteil mit Stiefelternteil/Partner	18%	19%	19%
Allein erziehender Elternteil	37%	35%	36%
Großeltern/Verwandte	4%	5%	5%
Pflegefamilie	6%	7%	7%
Heim	9%	9%	9%
Wohngemeinschaft	1%	1%	1%
Eigene Wohnung	1%	1%	1%
Ohne feste Unterkunft	2%	2%	2%
Familienstand der Eltern/ des sorgeberechtigten Elternteils			
Ledig	19%	19%	19%
Verheiratet, zusammenlebend	29%	29%	29%
Verheiratet, getrennt lebend	12%	12%	12%
Geschieden	31%	31%	31%
Verwitwet	6%	6%	6%
Eltern sind tot	2%	2%	2%
Unbekannt	2%	2%	2%
Sorgerecht			
Sorgerecht entzogen	13%	17%	15%
Umstände der Unterbringung			
Mit vormundschaftsrichterlicher Entscheidung	9%	13%	11%
Ohne vormundschaftsrichterliche Entscheidung	91%	87%	89%
Anzahl			
Gesamt	57%	43%	47.430

Quellen: Statistik der Kinder- und Jugendhilfe Teil I, 4 Hilfe zur Erziehung außerhalb des Elternhauses, 4.1 Beginn der Hilfe 1999. Arbeitsunterlage; eigene Berechnungen einer VormundschaftsrichterIn. Dies kann darauf hindeuten, dass bei ca. 4 % der Kinder und Jugendlichen das Sorgerecht oder Teile des Sorgerechts bereits zu einem früheren Zeitpunkt und wahrscheinlich im Zusammenhang mit dem Beginn einer anderen Hilfeform entzogen oder eingeschränkt wurde.

Die Leistungsstatistik der amtlichen Statistik erfasst auch die Gründe, die zu einer Beendigung der Hilfen führen. Die Abbildung 6.4.3 enthält die Anteile der vorgegebenen Beendigungsgründe in den Jahren 1991 bis 1999, sodass es möglich ist, etwaige Veränderungen der Relevanz einzelner Beendigungsgründe im Laufe der Zeit zu registrieren.

Abb. 6.4.3: Gründe der Beendigung der Hilfen außerhalb der Familie, Deutschland 1991–1999

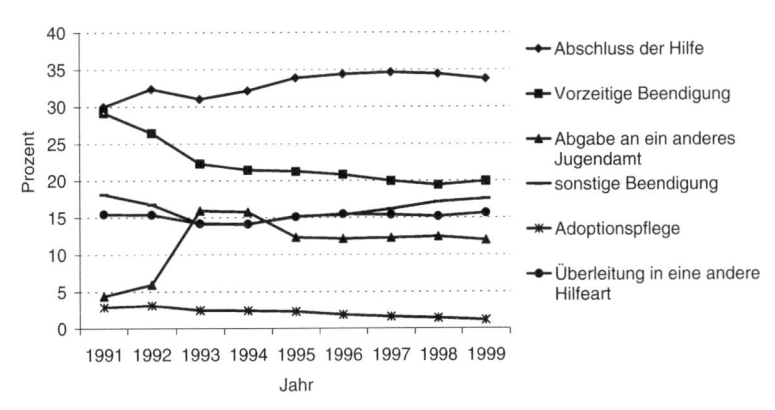

Quelle: Kinder- und Jugendhilfestatistik, Teil I, 4.2 beendete Hilfen zur Erziehung außerhalb des Elternhauses, Arbeitsunterlage; eigene Berechnungen

Am häufigsten wird eine Hilfe außerhalb der Familie mit einem geplanten Abschluss beendet (1999: 33 %). Wie für die anderen Beendigungsgründe auch zeigen sich in der Anfangsphase der Kinder- und Jugendhilfestatistik größere Schwankungen, die wahrscheinlich auf Probleme der Einführungsphase verweisen. In den letzten fünf Jahren hat sich der Anteil der beendeten Hilfen mit einem geplanten Abschluss nur wenig verändert. Im Jahr 1999 ist zwar eine Reduzierung dieses Anteils zu konstatieren, allerdings scheint es noch zu früh, hier bereits von einem Trend zu sprechen.

Der Anteil der Hilfen, die vorzeitig beendet werden, hat im Zeitverlauf eher abgenommen, auch wenn sich dieser Trend im Jahr 1999 nicht fortgesetzt hat und in etwa wieder das Niveau von 1997 erreicht wurde. Die sonstigen Gründe stellen ca. 17 % der Beendigungsgründe dar. Dieser für eine Restkategorie hohe Wert wirft generell die Frage nach der Eignung der vorhandenen Antwortkategorien für die Beendigungsgründe auf. Offensichtlich entsprechen die Kategorien nicht den tatsächlichen Gründen. Denkbare andere Gründe für die Beendigung einer Hilfe könnten eine Ausweisung ausländischer junger Menschen, das Erreichen einer Altersgrenze, die Einweisung in die Psychiatrie oder auch finanzielle Erwägungen sein. Dieses Erfassungsproblem gewinnt auch deshalb an Relevanz, da in den letzten Jahren eine steigende Tendenz sonstiger Gründe feststellbar ist. Es zeichnet sich also eine Entwicklung ab, die man aber anhand der Statistiken nicht näher identifizieren kann.

6.4.5 Mutter- und Vater-Kind-Einrichtungen

„Mütter und Väter, die allein für ein Kind unter sechs Jahren zu sorgen haben, sollen gemeinsam mit dem Kind in einer geeigneten Wohnform betreut werden, wenn und solange sie aufgrund ihrer Persönlichkeitsentwicklung diese Form der Unterstützung bei der Pflege und Erziehung des Kindes bedürfen. Die Betreuung schließt auch ältere Geschwister ein, sofern die Mutter oder der Vater für sie allein zu sorgen hat. Eine schwangere Frau kann auch vor der Geburt des Kindes in der Wohnform betreut werden. Während dieser Zeit soll darauf hingewirkt werden, dass die Mutter oder der Vater eine schulische oder berufliche Ausbildung beginnt oder fortführt und eine Berufstätigkeit aufnimmt" (§ 19 (1) und (2) KJHG).

Diese Form der Hilfe zielt demnach insbesondere auf allein erziehende Personen, die aufgrund von Belastungssituationen (noch) nicht in der Lage sind, eigenständig ihre Kinder zu erziehen und zu pflegen.

Der Tab. 6.4.3, S. 230 kann entnommen werden, dass bezogen auf die Bevölkerung diese Art von Einrichtung in den neuen Bundesländern etwa doppelt so häufig anzutreffen ist wie in Westdeutschland. Darüber hinaus zeigt sich in Westdeutschland ein niedrigerer Anteil von Einrichtungen in öffentlicher Trägerschaft als in Ostdeutschland (16 %). Mit etwa zwei Prozent aller Plätze der in der Tab. 6.4.4 (S. 232) enthaltenen Einrichtungen der stationären Fremdunterbringung hat diese Art der Hilfe nur eine geringe quantitative Bedeutung. Dies zeigt sich auch an dem geringen Anteil von Jugendamtsbezirken (34 %) unserer Jugendamtsstichprobe, in denen eine solche Einrichtung vorhanden ist (vgl. Tab. 6.4.1, S. 216). Der Unterschied zwischen Ost (56 % der Jugendamtsbezirke) und West

(22 %), der dabei festgestellt werden kann, ist signifikant. Gibt es Mutter- bzw. Vater-Kind-Einrichtungen, so befinden sie sich überwiegend (74 %) in freier Trägerschaft.

Auch wenn die Formen gemeinsamen Wohnens für Mütter bzw. Väter und Kinder nicht sehr weit verbreitet sind, kann dort, wo solche Einrichtungen vorhanden sind, eine nicht unbeachtliche Pluralität festgestellt werden: In 52 % dieser Jugendamtsbezirke gibt es mindestens zwei Einrichtungen für Mütter bzw. Väter und ihre Kinder.

In keinem der Jugendamtsbezirke der Stichprobe befinden sich Einrichtungen dieser Art in privat-gewerblicher Trägerschaft. Über den Adressatenkreis liegt bislang kein empirisches Datenmaterial vor.

6.4.6 Mädchen- und Frauenhäuser

Mädchen- und Frauenhäuser sollen in schweren Konfliktsituationen mit Partnern, Freunden und Familienmitgliedern Schutz bieten. Die Aufnahme und der Verbleib in diesen Häusern gewährt den Mädchen und jungen Frauen einen Schutzraum vor Übergriffen und Zeit für einen Prozess der Deeskalierung. Die Funktionen, die Mädchen- und Frauenhäuser übernehmen, gehören nicht originär zu den im KJHG formulierten Aufgaben. Deshalb werden diese Häuser oftmals auch nach dem BSHG finanziert. Sofern in den Häusern auch Aufgaben nach dem KJHG geleistet werden (z.B. bei Vorliegen eines erzieherischen Bedarfs), kann es allerdings sein, dass auch das Jugendamt Mittel bereitstellt.

In 59 % der Jugendamtsbezirke gibt es mindestens ein Mädchen- bzw. Frauenhaus. Diese Einrichtungen befinden sich überwiegend ausschließlich in freier Trägerschaft (68 %) (vgl. Tab. 6.4.1, S. 216). Aufgrund der oben beschriebenen rechtlichen Situation kann nicht ausgeschlossen werden, dass in weiteren Jugendamtsbezirken solche Häuser vorhanden sind. Diese befinden sich aber nicht im Blickfeld der Jugendämter, da sie von anderer Stelle finanziert werden und nicht Teil der Jugendhilfeplanung sind.

Dort wo die Jugendämter angeben, dass Mädchen- bzw. Frauenhäuser vorhanden sind, gibt es in 52 % der Fälle mindestens zwei solcher Häuser. In einem Jugendamt wird dieses Hilfeangebot von einem privat-gewerblichen Träger bereitgestellt.

Der Zweite – und bislang letzte – Bericht der Bundesregierung (Deutscher Bundestag 1988) über die Lage der Frauenhäuser für misshandelte Frauen und Kinder enthält einige Hinweise über

Merkmale der Hilfeempfängerinnen. Diese beruhen auf einer Statistik der Frauenhäuser in Trägerschaft des Sozialdienstes katholischer Frauen (SKF). Die letzte Statistik der SKF stammt aus dem Jahr 2000. Ein Drittel der insgesamt 3.713 aufgenommenen Frauen ging auf eigene Initiative und etwa 15 % der Frauen kamen über einen Beratungsdienst in ein Frauenhaus. 22 % fanden den Weg dorthin über die Polizei und 18 % suchten aufgrund von Hinweisen ihrer Freundinnen Hilfe und Schutz in einem Frauenhaus. Weitere 12 % der Frauen nutzen sonstige Wege in ein Frauenhaus. 80 % der Frauen wurden Opfer häuslicher Gewalt des Ehemannes oder Freundes. Migrantinnen sind mit 38 % deutlich überproportional vertreten. 62 % der Frauen suchten gemeinsam mit ihrer Kindern Zuflucht. Mehr als drei Viertel (ca. 84 %) dieser Kinder waren nicht älter als 11 Jahre alt (vgl. Sozialdienst katholischer Frauen 2001). 28 % der Frauen kehrte unmittelbar nach dem Aufenthalt im Frauenhaus zu ihrem Partner zurück.

6.4.7 Vorläufige Maßnahmen zum Schutz von Kindern und Jugendlichen

Eine Schutzmaßnahme in Form einer Inobhutnahme kann durch eine vorläufige Unterbringung bei einer geeigneten Person, in einer Einrichtung oder einer sonstigen Formen betreuten Wohnens erfolgen. „(1) Während der Inobhutnahme übt das Jugendamt das Recht der Beaufsichtigung, Erziehung und Aufenthaltsbestimmung aus; der mutmaßliche Wille des Personensorgeberechtigten oder des Erziehungsberechtigten ist dabei angemessen zu berücksichtigen. Es hat für das Wohl des Kindes oder Jugendlichen zu sorgen, das Kind in seiner gegenwärtigen Lage zu beraten und Möglichkeiten der Hilfe und Unterstützung aufzuzeigen. (2) Das Jugendamt ist verpflichtet, ein Kind oder einen Jugendlichen in seine Obhut zu nehmen, wenn das Kind oder der Jugendliche um Obhut bittet. (...) (3) Das Jugendamt ist verpflichtet, ein Kind oder einen Jugendlichen in seine Obhut zu nehmen, wenn eine dringende Gefahr für das Wohl des Kindes oder des Jugendlichen die Inobhutnahme erfordert. (...)" (§ 42 KJHG).

Angebote

Wie aus den Bestimmungen des § 42 KJHG zu entnehmen ist, sind verschiedene Unterbringungsorte für Kinder und Jugendliche, die einer Inobhutnahme bedürfen, vorgesehen. Wie weiter unten noch zu sehen sein wird (vgl. Tab. 6.4.8), findet die Inobhutnahme in 86 % der Fälle in einer Einrichtung statt. Die Dichte der Einrichtungen für vorläufige Schutzmaßnahmen ist in Ostdeutschland mit 1,1 Einrichtungen pro 100.000 der 0- bis 27-Jährigen fast doppelt so hoch wie in Westdeutschland (0,6) (vgl. Tab. 6.4.3, S. 230).

Der Anteil der bereitstehenden Plätze in öffentlicher Trägerschaft liegt bei 31 %. Dieser Wert ist um ca. acht Prozentpunkte höher als der Anteil der öffentlichen Einrichtungen an allen Einrichtungen zur Inobhutnahme. Hieraus wird ersichtlich, dass die Einrichtungen für vorläufige Schutzmaßnahmen in öffentlicher Trägerschaft gemessen an der Platzzahl größer sind als die in freier Trägerschaft.

In 69 % der Jugendamtsbezirke ist eine Einrichtung für Inobhutnahme vorhanden. Gegenüber der letzten Erhebung hat sich dieser Anteil um 22 Prozentpunkte sehr deutlich erhöht (vgl. Tab. 6.4.1, S. 216). Diese Einrichtungen befinden sich überwiegend (68 %) ausschließlich in freier Trägerschaft und in 54 % der Jugendamtsbezirke, die über eine Einrichtung für Inobhutnahme verfügen, gibt es mindestens zwei Träger mit solchen Einrichtungen. In einem Jugendamtsbezirk gibt es eine Inobhutnahmestelle in privat-gewerblicher Trägerschaft.

Inanspruchnahme

Im Jahr 1999 wurde 31.645 Kindern und Jugendlichen ein vorläufiger Schutz gewährt, wobei deutlich mehr Kinder und Jugendliche weiblichen (53 %) als männlichen Geschlechts (47 %) diese Art der Hilfe in Anspruch nahmen (vgl. Tab. 6.4.7, S. 248). Die Verweildauer in Inobhutnahmestellen ist eher kurz: 56 % der Jugendlichen verbleiben kürzer als eine Woche, 15 % eine bis zwei Wochen und 29 % länger als zwei Wochen (vgl. Statistisches Bundesamt 2001b). Da einzelne Kinder oder Jugendliche öfter als einmal pro Jahr in Obhut genommen werden (vgl. Permien/Zink 1998: 170 ff.), muss davon ausgegangen werden, dass die Anzahl der Personen, die Inobhutnahme in Anspruch nimmt, deutlich niedriger liegt, als die Fallzahl der amtlichen Kinder und Jugendhilfestatistik vermuten lässt.

Wie die Karte 6.4.3 zeigt, existiert ein deutlicher Unterschied bei der Inanspruchnahme von vorläufigen Schutzmaßnahmen zwischen ost- und westdeutschen Kreisen. Im Osten liegt die Quote bei 32 Inanspruchnahmen pro 10.000 der 0- bis 18-Jährigen, während im Westen dieser Wert mit 14 weniger als die Hälfte beträgt. Zudem zeigt sich auch hier eine sehr klare Differenz zwischen Städten und Landkreisen. In Letzteren beträgt der Wert mit elf lediglich etwa ein

Karte 6.4.3: Vorläufige Schutzmaßnahmen 1999

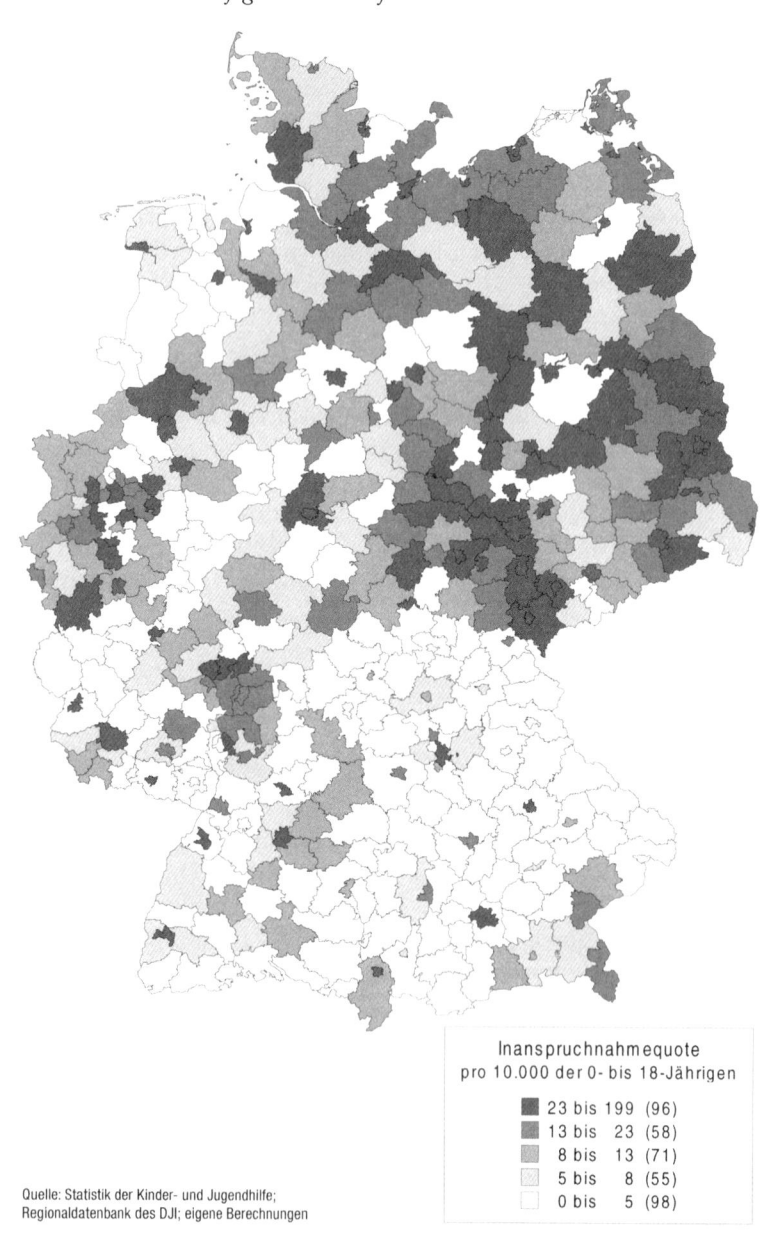

Inanspruchnahmequote
pro 10.000 der 0- bis 18-Jährigen

- 23 bis 199 (96)
- 13 bis 23 (58)
- 8 bis 13 (71)
- 5 bis 8 (55)
- 0 bis 5 (98)

Quelle: Statistik der Kinder- und Jugendhilfe;
Regionaldatenbank des DJI; eigene Berechnungen

Viertel des Wertes der in Städten erreicht wird (40). Diese Differenz kann mit Sicherheit auch auf „Wanderungsbewegungen" von Jugendlichen aus Landkreisen in Städte zurückgeführt werden. Selbst innerhalb der jeweiligen Gebietskörperschaften streuen die Inanspruchnahmequoten erheblich, wie die Werte der 10er- und 90er Perzentile verdeutlichen. In den Städten liegen die Perzentile bei Werten von acht bzw. 91 und in Landkreisen bei zwei bzw. 24. Das jeweilige 90er-Perzentil beträgt in Landkreisen etwa das Zehnfache und in den Städten das 20fache des dazugehörigen 10er-Perzentils. Dies verdeutlicht eine außerordentlich große Spannbreite, sowohl in Städten als auch in Landkreisen.

Insgesamt liegt die Streuung der Inanspruchnahmequoten in Ostdeutschland erheblich unter der in den westdeutschen Ländern, was auf eine stärker angeglichene Unterbringungspraxis der Kreise untereinander hindeutet, als dies im Westen der Fall ist.

Die Leistungsstatistik der vorläufigen Schutzmaßnahmen weist aus, dass 69 % der betroffenen Kinder und Jugendlichen von einem öffentlichen Träger betreut werden. Die Einrichtungserhebungen der amtlichen Kinder- und Jugendhilfestatistik sowie die am DJI durchgeführte Erhebung zeigen aber, dass sich die große Mehrzahl von Einrichtungen für Inobhutnahme in freier Trägerschaft befindet. Zwar wurde bereits festgestellt, dass die Einrichtungen in öffentlicher Trägerschaft etwas größer sind als die der freien Träger, aber diese Differenz kann die Diskrepanz zwischen den Angaben der Leistungsstatistik und der Einrichtungsstatistik nur zum geringen Teil erklären. Vielmehr muss davon ausgegangen werden, dass sich hierin die besondere Verantwortung des öffentlichen Trägers im Falle einer Inobhutnahme widerspiegelt. Nach § 76 KJHG bleibt der öffentliche Träger auch dann für die Erfüllung der vorläufigen Maßnahmen zum Schutz von Kindern und Jugendlichen (§ 42 KJHG) und die Herausnahme des Kindes oder des Jugendlichen ohne Zustimmung des Personensorgeberechtigten (§ 43 KJHG) zuständig, wenn er an der Erfüllung dieser Aufgaben freie Träger beteiligt oder ihnen diese Aufgaben überträgt. Die Leistungsstatistik bildet nach dieser Interpretation (zum Teil) die rechtliche Regelung der Verantwortlichkeit ab und nicht die Träger, die die Leistung erbringen. Doppelmeldungen können in dieser Konstellation nicht ausgeschlossen werden und auch der Anteil der von freien Trägern geleisteten Inobhutnahmen wird damit unterschätzt.

Tab. 6.4.7: Kennzahlen zu den Adressaten der vorläufigen Schutzmaßnahmen, 1999

	Männlich	Weiblich	Insgesamt
Anzahl			
Anzahl	47 %	53 %	31.645
Träger der Hilfe			
Öffentliche Träger			69 %
Freier Träger			31 %
Alter			
Unter 3	6 %	5 %	6 %
3–6	5 %	4 %	5 %
6–9	5 %	4 %	5 %
9–12	9 %	6 %	8 %
12–14	16 %	16 %	16 %
14–16	33 %	36 %	35 %
16–18	26 %	28 %	27 %
Staatszugehörigkeit			
Deutsch	75 %	81 %	78 %
Nichtdeutsch	25 %	19 %	22 %

Quellen: Statistik der Kinder- und Jugendhilfe, Teil I, 7 Vorläufige Schutzmaßnahmen 1999, Arbeitsunterlage; eigene Berechnungen

Merkmale der AdressatInnen

Die Altersverteilung der Kinder und Jugendlichen in Einrichtungen für vorläufige Schutzmaßnahmen zeigt, dass insbesondere Jugendliche, die älter als zwölf Jahre sind, den größten Anteil der Fälle ausmachen. Die am stärksten vertretene Altersgruppe ist die der 14- bis 16-Jährigen (35 % der Fälle). Zwischen den Geschlechtern zeigen sich weniger starke Unterschiede in der Altersverteilung, als man aufgrund der Altersverteilungen in den institutionellen stationären Hilfen außerhalb der Familie insgesamt erwarten würde. Eine Ausnahme hiervon bildet, die Verteilung innerhalb der Gruppe ausländischer Kinder und Jugendlicher: In der Gruppe werden sehr viel mehr männliche als weibliche Kinder und Jugendliche in Obhut genommen. Im Vergleich zu den bislang betrachteten Hilfeformen gibt es prozentual gesehen viel mehr ausländische Kinder und Jugendliche, die diese Art der Hilfe in Anspruch nehmen. Man kann also nicht davon ausgehen, dass die ausländischen Kinder und Jugendlichen prinzipiell schwerer für die Jugendhilfe zu erreichen sind oder eine zu hohe Hemmschwelle existiert. Da immerhin ein Drittel der Fälle, die in Obhut genommen werden (vgl. Tab. 6.4.8), als „Selbstmelder" bezeichnet werden kann, ist zu vermuten, dass die oftmals nicht stattfindende Überleitung von akuten Schutzmaßnahmen in eine andere, längerfristigere Hilfeform womöglich auch auf Entscheidungen in den Jugendämtern zurückzuführen sind. Bei Entscheidungen bezüglich junger Menschen mit Migrationshintergrund werden unter Umstände andere Kriterien und normative Vorstellungen zugrunde gelegt (vgl. auch Abschnitt 6.10). Die genauen Hintergründe der Diskrepanz zwischen den Anteilen ausländischer Kinder und Jugendlichen in Inobhutnahmestellen und in den meisten anderen erzieherischen Hilfen in Erfahrung zu bringen und gegebenenfalls Handlungsbedarf anzuzeigen, gehört zu den Aufgaben der Jugendhilfeplanung.

Überforderung der Eltern oder eines Elternteiles stellt den häufigsten Anlass (32 %) für eine vorläufige Schutzmaßnahme dar. Unmittelbar darauf folgen sonstige, in der amtlichen Erhebung nicht näher spezifizierte Anlässe mit 30 % (vgl. Tab. 6.4.8).[49] Beziehungsprobleme als am dritthäufigsten genannte Kategorie (29 %) bilden für weibliche Jugendliche weit häufiger (36 %) einen Anlass als für männliche Jugendliche (22 %). Weitere deutliche geschlechtsspezifische Unterschiede zeigen sich bezüglich der Delinquenz von Kindern bzw. Straftaten des Jugendlichen sowie der unbegleiteten Einreise aus dem Ausland als Grund für eine Inobhutnahme. In beiden Fällen gibt es deutlich mehr männliche Kinder und Jugendliche, für die diese Sachverhalte ein Anlass zur Inobhutnahme gewesen sind.

Die Wohnsituation der Kinder und Jugendlichen vor der Inobhutnahme (in der Tab. 6.4.8 nicht enthalten) ähnelt der Situation vor einer Hilfe außerhalb der Familie (vgl. Tab. 6.4.6, S. 240). Allerdings ist der Anteil von allein Erziehenden geringer: 25 % bei vorläufigen Schutzmaßnahmen zu 36 % bei stationären Hilfen. Diese Differenz deutet darauf hin, dass es bei allein Erziehenden weniger häufig zu einer dramatischen Eskalation kommt. Bemerkenswert ist weiterhin, dass sich immerhin 11 % der jungen Menschen in Obhut befinden, weil sie Probleme hatten, die innerhalb einer Einrichtung der stationären Erziehungshilfe (Heim/sonstiges betreutes Wohnen) nicht adäquat angegangen wurden oder gar dort entstanden sind. Hier offenbart sich ein erhebliches Ausmaß an Unzufriedenheit vonseiten der AdressatInnen oder gar mangelnde Fachlichkeit innerhalb des Jugendhilfesystems.

---

[49] Dieser hohe Wert für die Restkategorie der Anlässe signalisiert einen Überarbeitungsbedarf der vorgegebenen Antwortkategorien, die offensichtlich die empirisch vorhandenen Anlässe einer Inobhutnahme nur unzureichend abbilden.

Tab. 6.4.8: Kennzahlen zu vorläufigen Schutzmaßnahmen, 1999

	Männlich	Weiblich	Insgesamt
Anlass			
Integrationsprobleme in Heim/Pflegefamilie	11%	7%	9%
Überforderung der Eltern/des Elternteils	31%	32%	32%
Schul-/Ausbildungsprobleme	6%	6%	6%
Vernachlässigung	9%	9%	9%
Delinquenz des Kindes/ Straftat des Jugendlichen	12%	4%	8%
Suchtprobleme	4%	4%	4%
Anzeichen für Kindesmisshandlung	3%	4%	4%
Anzeichen für sexuellen Missbrauch	1%	5%	3%
Trennung oder Scheidung der Eltern	2%	2%	2%
Wohnungsprobleme	3%	2%	2%
Unbegleitete Einreise aus dem Ausland	9%	2%	5%
Beziehungsprobleme	22%	36%	29%
Sonstige Probleme	28%	31%	30%
Maßnahme endete mit			
Rückkehr zu dem/der Personensorgeberechtigten	38%	44%	41%
Rückkehr in die Pflegefamilie oder das Heim	8%	6%	7%
Übernahme durch ein anderes Jugendamt	4%	3%	3%
Einleitung erzieherischer Maßnahmen außerhalb des Elternhauses	25%	26%	26%
sonstiger stationärer Hilfe	8%	7%	7%
keiner anschließenden Hilfe	17%	15%	16%
Art der Maßnahme			
Auf eigenen Wunsch (§ 42, 2 KJHG)	28%	40%	34%
Wegen Gefährdung (§ 42, 3 KJHG)	71%	60%	65%
Herausnahme (§ 43 KJHG)	1%	1%	1%
Unterbringung während der Hilfe			
bei einer geeigneten Person	9%	10%	10%
in einer Einrichtung	87%	86%	86%
in einer sonstigen Form betreuten Wohnens	4%	4%	4%
Hilfe angeregt durch			
Kind/Jugendlichen selbst	28%	40%	34%
Eltern/Elternteil	10%	8%	9%
soziale Dienste/Jugendamt	24%	21%	23%
Polizei/Ordnungsbehörde	29%	23%	26%
LehrerIn/ErzieherIn	1%	2%	2%
Arzt/Ärztin	1%	1%	1%
Nachbar/Verwandte	2%	2%	2%
Sonstige	3%	4%	3%

Quellen: Statistik der Kinder- und Jugendhilfe, Teil I, 7 Vorläufige Schutzmaßnahmen 1999, Arbeitsunterlage; eigene Berechnungen

Der § 42 des KJHG nennt zwei Wege, wie es zu einer Inobhutnahme kommen kann: Entweder auf Wunsch des Jugendlichen oder das Jugendamt nimmt aufgrund einer angenommenen oder tatsächlichen Gefährdung das Kind bzw. den Jugendlichen aus der Familie heraus. Hinzu kommt die Möglichkeit einer vorläufigen Schutzmaßnahme durch Herausnahme nach § 43 KJHG für die Situationen, in denen das Kind oder der Jugendliche mit Zustimmung der Sorgeberechtigten sich bei einer anderen Person oder in einer Einrichtung, also außerhalb der Familie, aufhält und dort eine Gefahr für das körperliche, geistige oder seelische Wohl des Kindes oder Jugendlichen gegeben ist oder unmittelbar bevorsteht. Wie die Tabelle 6.4.8 zeigt, spielt letztere Möglichkeit, also eine Unterbringung nach § 43 KJHG, mit 1 % der Fälle eine quantitativ unbedeutende Rolle. Die meisten Kinder und Jugendlichen in Obhut gelangen dorthin, weil das Jugendamt wegen Gefährdung des Kindeswohls aktiv geworden ist (65 %). Immerhin noch ein Drittel der Kinder und Jugendlichen kommt auf eigenen Wunsch in eine Inobhutnahmestelle, wobei dies bei weiblichen Kindern und Jugendlichen deutlich öfter der Fall ist (40 %) als bei männlichen (28 %).

Auch wenn das Jugendamt selbst aktiv geworden ist, muss dies noch nicht unbedingt heißen, dass es selbst auf das für das Kind oder Jugendlichen bestehende Gefährdungspotenzial aufmerksam geworden ist. In der Mehrzahl der Fälle wird vielmehr die Hilfe durch eine andere Institution angeregt. Insbesondere die Polizei nimmt hier eine sehr bedeutende Stellung ein. Ein Viertel der Fälle – männliche Kinder und Jugendliche etwas häufiger (29 %) als weibliche (23 %) – gelangt über die Polizei in vorläufige Schutzmaßnahmen. Dies unterstreicht die wichtige Funktion, die die Ordnungsbehörde als „Signalempfänger" von Problemkonstellationen offensichtlich einnimmt. Ein Zeitvergleich zeigt, dass der Anteil von Hilfen, die durch die Polizei angeregt werden, in den vergangenen Jahren noch etwas höher lag. Es zeichnet sich diesbezüglich eine leicht fallende Tendenz ab. Der Anteil der durch Eltern oder Elternteile angeregten Inobhutnahmen erscheint mit 9 % recht hoch. Allerdings müssen die Kinder und Jugendlichen nicht bei den Eltern leben, wenn diese eine Inobhutnahme veranlassen, sondern sie können sich an einem von den Eltern nicht erlaubten Ort oder bei einer anderen Person aufhalten. Im Zeitverlauf ist eine steigende Tendenz der Beantragungen von Inobhutnahmen durch die Eltern zu beobachten. Hier stellt sich die fachliche Frage, ob hier nicht zumindest ein Teil der zugrunde liegenden Problemkonstellationen über ein normales Hilfeplanverfahren abgewickelt werden kann, zumal die Eltern ja selbst die Initiative ergriffen haben und irgendwie an einer Lösung der

Krisensituation interessiert sind. Vielleicht spielt in diesem Zusammenhang auch eine Rolle, dass JugendamtsmitarbeiterInnen angesichts möglicher schwer wiegenden Folgen (vgl. Mörsberger/Restemeier 1997) Bedenken haben, ihre Garantenpflicht zu verletzen, und lieber einen Weg wählen, der diese Gefahr minimiert.

Die Kategorien der amtlichen Statistik zum Maßnahmenende sind nicht trennscharf bzw. sprechen zwei verschiedene Ebenen an. Zum einen enthalten die Kategorien Angaben zum Ort des Aufenthaltes nach der Inobhutnahme und zum anderen Angaben zur Art der geleisteten Hilfe nach Beendigung der Inobhutnahme. Die meisten Inobhutnahmen enden mit einer Rückkehr zu den Personensorgeberechtigten (41%), wobei weibliche Kinder und Jugendliche häufiger zurückkehren (44%) als männliche (38%). 16% der Kinder und Jugendlichen erhalten keine anschließenden Hilfen. Allerdings wird hierbei nicht berücksichtigt, ob der Familie, in die die Kinder und Jugendlichen zurückkehren, eine Form ambulanter Erziehungshilfe gewährt wird oder nicht.

6.4.8 Mitfinanzierte Einrichtungen außerhalb des eigenen Jugendamtsbezirkes

In den vorangegangenen Abschnitten wurde der Frage nachgegangen, inwiefern Angebote innerhalb eines Jugendamtsbezirkes vorhanden sind. Allerdings gibt es auch Konstellationen, in denen eine überregionale Zusammenarbeit stattfindet und eine Einrichtung von mehreren öffentlichen Trägern (mit-)finanziert wird. So können sich Jugendämter zusammenschließen und z.B. gemeinsam eine Erziehungsberatungsstelle finanzieren. Diese Form der überregionalen Kooperation erscheint insbesondere dann sinnvoll, wenn in einzelnen Jugendamtsbezirken ein zu geringer Bedarf existiert, um hierfür ein extra Angebot bereitzustellen, wie dies etwa in Jugendamtsbezirken mit einem sehr geringen Bevölkerungsumfang (z.B. bei einigen Jugendämtern kreisangehöriger Gemeinden) der Fall sein kann. Die Erhebung zeigt, dass 12% der Jugendämter Einrichtungen außerhalb ihres eigenen Jugendamtsbezirks mitfinanzieren.[50] Wie erwartet sind dies insbesondere die Jugendämter, die gemessen an der

---

[50] Die Frageformulierung im Erhebungsinstrument schließt Einrichtungen, die sich über Entgelte finanzieren, aus. Der Anteil der Jugendämter, die indirekt über Entgeltvereinbarungen Einrichtungen in anderen Jugendamtsbezirken mitfinanzieren, dürfte um ein Vielfaches höher liegen.

Bevölkerungszahl ihres Zuständigkeitsgebiets eher klein sind. Die Erhebung zeigt, dass es sich hierbei in erster Linie um Inobhutnahmestellen[51] und Erziehungsberatungsstellen handelt.

6.4.9 Verhältnis der verschiedenen erzieherischen Hilfen untereinander

In den Kapiteln 6.3 und 6.4 konnte eindeutig festgestellt werden, dass die Inanspruchnahme der ambulanten Hilfen in den letzten Jahren angestiegen ist. Hierfür lassen sich drei Hauptgründe anführen. Erstens entspricht es dem Geist des Kinder- und Jugendhilfegesetzes, ambulante Formen auszubauen. Zweitens wurde der Ausbau ambulanter Hilfen auch deshalb verstärkt, weil man sich von frühzeitigeren, niedrigschwelligeren Hilfen eine Vermeidung von in der Regel teuren Unterbringungen und Hilfen außerhalb der Familie erhofft. Drittens muss davon ausgegangen werden, dass der Ausbau ambulanter und teilstationärer Hilfen zumindest teilweise auf eine Zunahme von entsprechenden Problemsituationen bei den AdressatInnen zurückzuführen ist.

Der Nachweis, ob ambulante Hilfen Fremdunterbringungen tatsächlich vermeiden können, konnte bisher noch nicht eindeutig erbracht werden. Die Betrachtung der verschiedenen Inanspruchnahmequoten auf Bundesebene hat gezeigt, dass der Ausbau der ambulanten Hilfen nicht mit einer Verringerung von Fremdunterbringungen einhergeht. Auch in einer bundesländervergleichenden und einer alterklassendifferenzierenden Perspektive konnten bislang keine diesbezüglichen Zusammenhänge aufgedeckt werden (vgl. Bürger 2001a: 214). Ames und Bürger (1998) kamen für Baden-Württemberg zu dem Schluss, dass der Bedarf an ambulanten Hilfen sich tendenziell parallel zu dem Bedarf an stationären Hilfen entwickelt. Zudem wird der Bedarf nach ambulanten wie (teil-)stationären Hilfen stark von sozialstrukturellen Bedingungen geprägt. Allerdings, so die Autoren, bedeutet dies nicht „dass präventive und ambulante Leistungsstrukturen deshalb keine bedarfsmindernde und damit auch kostenbegrenzende Wirkung hinsichtlich des stationären Hilfebedarfs hätten. Es lässt sich nämlich auch zeigen, dass

---

[51] Dass bei dieser Frage auch Inobhutnahmestellen genannt wurden, macht deutlich, dass es offensichtlich keine einheitliche Finanzierungsmodelle für diese Einrichtungen gibt, da sie in einigen Jugendamtsbezirken (auch) über Entgelte finanziert werden.

mit dem Ausbau solcher Angebote einem Anstieg der stationären Fallzahlen entgegengewirkt werden kann und er in manchen Fällen tatsächlich auch mit einem Rückgang der Fremdunterbringungszahlen einhergeht." (Ames/Bürger 1998: 15). Stickdorn (2001) kommt für Westfalen-Lippe zu dem Schluss, dass es „eine ‚negative Korrelation', einen umgekehrten Zusammenhang in dem Sinne (gibt), dass Jugendämter mit eher größeren Zahlen von vorbeugenden Hilfen im jeweiligen Vergleich zu den absoluten Zahlen der Heimerziehung im Durchschnitt eher deutlich niedrigere Umfänge der Hilfen durch Heimerziehung im Verhältnis zur altersgleichen Wohnbevölkerung aufweisen – und entsprechend umgekehrt" (Stickdorn 2001: 6).

Mit den Daten der amtlichen Kinder- und Jugendhilfestatistik auf Kreisebene des Jahres 1999 haben wir den Zusammenhang zwischen der Inanspruchnahme von ambulanten, teilstationären sowie Hilfen außerhalb des Elternhauses untersucht[52]. Hier hat sich gezeigt, dass bei allen Formen der ambulanten und teilstationären Hilfen eine Zunahme der Inanspruchnahme mit einer Zunahme der Fremdunterbringungen einhergeht. Das Ergebnis der multivariaten Analyse unter Berücksichtigung von Ost- und Westdeutschland sowie dem Unterschied zwischen Städten und Landkreisen ändert an diesem Zusammenhang nichts Grundlegendes. Den stärksten Effekt hat eindeutig die Unterscheidung zwischen Städten und Landkreisen. Damit bestätigt sich das Ergebnis früherer Untersuchungen, dass die Inanspruchnahme von Heimunterbringung in den Städten erheblich höher liegt als in den Landkreisen (vgl. van Santen/Seckinger/Pluto/Pothmann 2000). Dies gilt auch bei Kontrolle der dort verstärkt vorhandenen Belastungsfaktoren. Aber auch die Unterscheidung nach Ost und West hat eine große Bedeutung für die Inanspruchnahme, d.h., unabhängig vom Ausbau der ambulanten Hilfen sind die Inanspruchnahmequoten im Osten deutlich höher als im Westen. Die positive Korrelation einzelner Formen der erzieherischen Hilfen und der Heimunterbringungsquote bleibt auch in einem multivariaten Regressionsmodell erhalten. In fast allen Fällen sind diese Effekte signifikant, auch wenn sie zumindest in Vergleich zu der Stärke des Effekts von Stadt-Land- und Ost-West-Unterschieden eine geringere Bedeutung haben. Das heißt, die Unterschiede, die zwischen

---

[52] Da die Regionaldatenbank des DJI auf Kreisebene keine weiteren Altersgruppen innerhalb der unter 18-Jährigen differenziert, können diese Berechnungen nicht altersstandardisiert (vgl. van Santen 2000) werden. Die Berechnung erfolgte mit den Inanspruchnahmequoten der 0- bis 18-Jährigen bezogen auf die Gesamtbevölkerung der 0- bis 18-Jährigen, die Verteilung der verschiedenen Altersgruppen bei den unter 18-Jährigen blieb unberücksichtigt.

Städten und Landkreisen sowie zwischen Ost- und Westdeutschland bezüglich der Inanspruchnahmequoten der Fremdunterbringung vorhanden sind, sind viel ausgeprägter als die zwischen Regionen mit eher niedrigen oder hohen Inanspruchnahmequoten der ambulanten und teilstationären Hilfen.

Eine Querschnittsanalyse wie eben berichtet erreicht nicht die Stärke der Analyse von Bürger, mit ihrer Berücksichtigung der Entwicklungsdynamik. Nur im Zeitverlauf lässt sich überprüfen, inwiefern der Ausbau von ambulanten Hilfen einen (weiteren) Anstieg von Heimunterbringungen unterbindet. Eine erste Analyse mit den Daten der Regionaldatenbank des DJI, die genau die Entwicklung der erbrachten Hilfeleistungen im Längsschnitt von 1995 und 1996 auf 1999 für die einzelnen Kreise berücksichtigt, kann keinen signifikanten positiven Effekt durch den Ausbau von ambulanten oder teilstationären Hilfen feststellen.[53] Ein Ausbau der teilstationären Tagesgruppen zeigt in den bisherigen Analysen gar eine signifikant negative Wirkung: Steigt die Inanspruchnahmequote der Hilfe Tagesgruppe an, so bewirkt dies eher einen Anstieg der Heimunterbringungsquote als eine Abnahme. Man kann hier die Wirkungshypothese formulieren, dass die Tagesgruppen, die von ihrer konzeptionellen Ausrichtung noch am ehesten einer Heimunterbringung oder Formen des betreuten Wohnens entsprechen und oftmals auch organisatorisch an eine Einrichtung der stationären Unterbringung angegliedert sind, dazu beitragen, die Schwelle für eine Heimunterbringung zu senken.

Eine Folge des Ausbaus der ambulanten Hilfen könnte auch eine kürzere Dauer der Fremdunterbringungen sein. Allerdings hat sich diese Hoffnung – zumindest im Durchschnitt auf Bundesebene – nicht bestätigt. Eine andere mögliche Folge könnte sein, dass das Alter der betroffenen Kinder und Jugendlichen, in dem stationäre Hilfen beginnen, steigt. Hinsichtlich des Alters zeigt sich in den letzten zehn Jahren eine Tendenz dahingehend, dass insbesondere der Anteil der unter Neunjährigen in stationären Hilfen nahezu kontinuierlich abnimmt, der Anteil der über 12- bis 18-Jährigen kontinuierlich zunimmt. Im Ergebnis führt dies zu den bereits festgestellten, seit mehreren Jahren stabilen Fremdunterbringungsquoten (vgl. Abbildungen 6.4.1 und 6.4.2, S. 221/222). Weitere Analysen

---

[53] In der Analyse wurde sowohl die Entwicklung zwischen 1995 und 1999 als auch die zwischen 1996 und 1999 überprüft. Beide Analysen zeigen keine grundlegenden Unterschiede.

zu diesem Themenkomplex werden zu einem späteren Zeitpunkt noch folgen.

Insgesamt erscheint aufgrund der Befunde vorsichtige Skepsis angebracht, ob ambulante Hilfen tatsächlich eine positive präventive Wirkung hinsichtlich der Vermeidung von Heimunterbringungen entfalten können.

6.5 Flexible Hilfen zur Erziehung

Die Weiterentwicklung im Feld der Hilfen zur Erziehung hat einen neuen Typus von Angeboten hervorgebracht, die sich unter dem Begriff „flexible Hilfen" sammeln lassen. Dazu gehören die Angebote so genannter Jugendhilfestationen und Jugendhilfeeinheiten, die Hilfen „aus einer Hand" anbieten ebenso wie die aktuell vielfach diskutierten „integrierten, sozialräumlichen Hilfen" (vgl. Koch/Lenz 1999; Wolff 2000). Trennscharfe Abgrenzungen lassen sich bei den zugrunde liegenden Konzepten nicht ausmachen. Das Feld der Hilfen zur Erziehung ist insgesamt von starken regionalspezifischen Differenzen geprägt (vgl. Kap. 6.3 und 6.4). Dies gilt auch für die flexiblen Hilfen zur Erziehung. Trotz dieser Ausdifferenzierungen zieht sich der Anspruch der Flexibilisierung der Hilfen wie ein roter Faden durch die Programmatik solcher Angebote. Doch welches Verständnis von Flexibilität verbindet sich damit?

Zunächst bezieht sich der Begriff Flexibilität auf individuelle Fallkonstellationen. Insbesondere § 27 Abs. 2 und 3 KJHG ermöglichen die Schaffung solcher individuell passenden Hilfen. Nicht die vorhandenen Angebote nach § 28 ff. sollen das Ergebnis der Hilfeplanung steuern, sondern je nach Notwendigkeit lassen sich Angebote so kombinieren und gestalten, dass eine Individualisierung von Hilfen möglich ist. Damit können die Nebenfolgen der starken Ausdifferenzierung und Versäulung von Hilfen zur Erziehung eingegrenzt werden. Einem Scheitern von Hilfen zur Erziehung aufgrund von Passungsproblemen und der Entstehung von Jugendhilfekarrieren aufgrund des Verschiebens von Jugendlichen von Einrichtung zu Einrichtung (des so genannten Drehtüreffekts) soll mit neuen Konzepten begegnet werden. Anvisiert werden passgenauere, individuelle Hilfearrangements.

Dieses Flexibilisierungsverständnis aus der Perspektive des Individuums findet seine Entsprechung auf der Seite der Angebotsorganisation: Flexibilisierung kann z.B. die Integration eines Tagesgruppenplatzes oder eines Angebots aus dem Bereich der Jugendarbeit in eine Wohngruppe bedeuten. Eine strikte Abgrenzung der Hilfeformen untereinander soll so vermieden werden, ebenso wie der zwangsläufige Wechsel der Betreuungsperson. Die Angebotsbausteine werden variabel zusammengestellt. Basis hierfür können jedoch nicht nur individuelle Fallkonstellationen, sondern auch bestehende Angebotslücken in der Kommune bzw. im Stadtteil (vgl. Wolff 2000: 139) sein. An dieser Stelle trifft die Forderung nach stärkerer Orientierung an der Lebenswelt der AdressatInnen mit den Versuchen der Jugendhilfe zusammen, sich hin zu einem modernen, möglichst dezentralen, d. h. sozialräumlich geprägten Dienstleistungsangebot zu entwickeln.

In den Jugendämtern, die die Hilfeplanung federführend gewährleisten, führte und führt die rechtliche Verortung der einzelnen Hilfen zur Erziehung nach § 28 ff. häufig zu einem Denken nach einzelnen Hilfearten (dem sog. Versäulungseffekt), zumal den einzelnen Hilfearten bzw. Paragrafen auch eigene Haushaltsstellen zugewiesen sind mit entsprechenden Begründungen der Ausgaben. Individuell zugeschnittene Kombinationen und Übergänge von Hilfeformen scheitern somit häufig an der Organisation im Jugendamt. Dazu passend gibt es, den aufgebauten spezialisierten Verwaltungsstrukturen folgend, oftmals unterschiedliche fachliche Zuständigkeiten für die Vermittlung und Begleitung verschiedener Hilfeformen im Jugendamt. Aber auch freie Träger boten und bieten häufig nur eine bestimmte Hilfeart an. Die Jugendämter sortieren die Fälle auch deshalb schon zu Beginn des Hilfeplanverfahrens bestimmten Betreuungsmöglichkeiten und den Trägern zu, nach dem Prinzip: Fälle für die Tagesgruppe, Fälle für stationäre Einrichtungen, Fälle für die sozialpädagogische Familienhilfe usw. Hinzu kommt, dass die jeweils ausgehandelten Entgeltregelungen die Hilfeformen unterschiedlich bewerten.

Auch im 10. Kinder- und Jugendbericht wurden Konzepte der flexibel organisierten Erziehungshilfen eingefordert (BMFSFJ 1998: 255). Seithe (2000: 66) definiert die Ausrichtung solcher flexiblen Erziehungshilfen wie folgt: „Es geht darum, durch eine entsprechende Struktur der Erziehungshilfeeinrichtung selbst und durch entsprechende qualifizierte Vernetzung auch auf der Anbieterseite, Hilfen zusammenzuführen, die traditionell nebeneinander existierten und ErziehungshelferInnen, die bislang eine eingeengte Sicht von Hilfemöglichkeiten und Hilfearrangements innerhalb ihres Berufsverständnisses hatten, dazu zu bringen, Übergänge zu sehen und zu realisieren."

Die Konzepte, Begrifflichkeiten und Umsetzungsinstrumente lassen sich nur schwer auf einen Nenner bringen und unterliegen einer ständigen Veränderungsdynamik. Deshalb verwundert es kaum, dass aussagekräftige Daten zur tatsächlichen Verbreitung, zur Umsetzung und dem konzeptionellen Verständnis solcher flexiblen Erziehungshilfen bislang rar sind.

Die Fachdebatten zu diesem Thema konzentrieren sich vielmehr auf spezifische Einzelmodelle, derzeit z. B. auf den Umbau der Erziehungshilfe nach sozialräumlichen Gesichtspunkten wie etwa in Stuttgart (vgl. Früchtel/Lude/Scheffer/Weißenstein 2001) oder auf die Konzeption des Vereins Sozialpädagogischer Projekte e.V. in Dresden (vgl. Wolff 2000) unter dem besonderen Blickwinkel der Sozialraumorientierung (vgl. Sozialpädagogisches Institut im SOS-Kinderdorf 2001).

Verbreitung

In der Jugendamtsbefragung wurde danach gefragt, ob „flexible Hilfen zur Erziehung" angeboten werden. Dies trifft für zwei Drittel der Jugendamtsbezirke zu, d.h., flexible Hilfen zur Erziehung sind in der Angebotspalette der Jugendämter präsent. Bei diesen Jugendämtern liegt der Anteil flexibler Hilfen an bewilligten Hilfeplanentscheidungen bei durchschnittlich 23 %. Betrachtet man den Median wird deutlich, dass flexible Hilfen zwar weit verbreitet sind, bei 50 % dieser Jugendämter aber der Anteil der flexiblen Hilfen an den Hilfeplanentscheidungen unter 10 % liegt. Dies lässt den Schluss zu, dass nur an wenigen Jugendämtern in den Hilfeplänen überwiegend flexible Hilfen festgeschrieben werden. Die großen Unterschiede deuten darauf hin, dass die Verbreitung und Nutzung flexibler Hilfen in starkem Maße von fachpolitischen Definitionsprozessen und Entscheidungen innerhalb der Jugendamtsbezirke geprägt sind.

Bei dem verbleibenden Drittel aller befragten Jugendämter, die angeben, dass in ihrem Jugendamtsbezirk keine flexiblen Hilfen zur Erziehung zur Verfügung stehen, muss die Frage nach den Gründen dafür offen bleiben. Nicht ausgeschlossen werden kann, dass es auch hier Hilfen zur Erziehung gibt, die dem fachlichen Anspruch einer stärkeren Individualisierung und Flexibilisierung der Hilfen Rechnung tragen, die jedoch anders benannt oder aber nicht als spezielle Angebote über die Auflistung nach § 28 ff. KJHG hinaus ausgewiesen werden. Denkbar ist aber auch, dass in diesen Jugendamtsbezirken die Angebotspalette nach § 28 ff. als ausreichend eingeschätzt wird.

Tab. 6.5.1: Einrichtungen und Plätze verschiedener Formen stationärer Hilfen, nach Ost- und Westdeutschland 1998

Art der Einrichtung	Ost Verbreitung*	Ost Anteil ÖT	West Verbreitung*	West Anteil ÖT	BRD Plätze*	BRD Anteil ÖT	Plätze pro Einrichtung
Einrichtung für integrierte Hilfen (z.B. Jugendhilfestationen oder Jugendhilfezentren)	2	6%	0,9	11%	28,6	16%	27
Insgesamt	36,6	15%	20,2	9%	389,9	12%	17

Quelle: Statistik der Kinder- und Jugendhilfe, Teil III; eigene Berechnungen
* Anzahl der Einrichtungen pro 100.000 0- bis 27-Jährige; ÖT = Öffentlicher Träger

Der ostdeutschen Jugendhilfelandschaft wird häufig ein aufgeschlosseneres Verhältnis zu den Konzepten der flexiblen bzw. integrierten Hilfen nachgesagt. Während das Feld der Erziehungshilfen im Westen über Jahrzehnte hinweg von der starken Versäulung der Hilfen geprägt wurde und Reformansätze dementsprechend gegen alte Gewohnheiten und Strukturen anzukämpfen haben, konnte sich im Osten die Erziehungshilfelandschaft weitgehend unabhängig davon neu etablieren. Hier wurden Mitte der 90er Jahre die sogenannten Jugendhilfestationen aufgebaut (vgl. Wolf 1998). Berücksichtigt man die Daten der Statistik der Kinder- und Jugendhilfe, wird deutlich, dass sich die ostdeutsche Jugendhilfelandschaft in Bezug auf Einrichtungen für integrierte Hilfen (z.B. Jugendhilfestationen oder Jugendhilfezentren) vom Westen abhebt.

Während in Westdeutschland die Verbreitung von integrierten Einrichtungen bei 0,9% (pro 100 000 0- bis 27-jährige Einwohner) liegt, ist dieser Anteil in Ostdeutschland doppelt so hoch (2,0%). Erwähnenswert ist dabei noch, dass die Trägerschaft für solche integrierten Einrichtungen in Ostdeutschland weniger stark bei der öffentlichen Jugendhilfe (6%) angesiedelt ist als im Westen (11%). Deshalb überrascht es, dass sich bei der in der Jugendamtsbefragung gestellten Frage, ob flexible Hilfen zur Angebotspalette im Jugendamtsbezirk gehören, keine signifikanten Ost-West-Unterschiede zeigen.

Auch in der Trägerbefragung wurde nach flexiblen Hilfen im Rahmen eines allgemeinen Angebotskatalogs gefragt. Demnach bietet rund ein Drittel der Träger im Bereich Hilfen zur Erziehung flexible, integrierte Hilfen an. Um detailliertere Aussagen zu erhalten, enthielt der Fragebogen einen spezifischen Abschnitt zu flexiblen Hilfen.

Hier wurde die Frage, ob die Träger flexible Hilfen anbieten, wiederholt. Es geben 51 % der Befragten an, flexible Hilfen anzubieten. Die Differenz im Antwortverhalten der Träger verweist auf ein sehr breites, eher diffuses Verständnis von flexiblen Hilfen. Einerseits geht es um klar abgegrenzte Hilfeangebote, die unter der Überschrift „flexibel und/bzw. integriert" fungieren, andererseits werden dazu offensichtlich auch gängige Hilfeformen gerechnet, die ein gewisses Maß an Flexibilität hinsichtlich sowohl der Fallarbeit als auch in Organisations- und Abrechnungsfragen erlauben.

Rechtliche Verortung

Um mehr darüber zu erfahren, wie die Rahmenbedingungen für die Beantragung und Bewilligung von flexiblen Hilfen zur Erziehung aussehen, wurden die Jugendämter zunächst nach den dahinter stehenden rechtlichen Grundlagen gefragt. Über 70 % der Jugendämter, in deren Jugendamtsbezirk flexible Hilfen angeboten werden, tun dies u. a. auf der Grundlage von § 27 KJHG (Abs. 1 und 2), gefolgt von § 31 sozialpädagogische Familienhilfe (36 %), der Erziehungsbeistandschaft nach § 30 (34 %) und dem Angebot der intensiven sozialpädagogischen Einzelbetreuung (27 %). Dabei beziehen sich einige Jugendämter nicht nur auf einen Paragrafen des KJHG, sondern auf mehrere. Betrachtet man die Spalte drei der Tabelle 6.5.2 mit den Nennungen der rechtlichen Grundlagen, so wird deutlich, dass die Nennung von § 27 KJHG mit 23 % an erster Stelle steht. Die Differenz dieser rechtlichen Begründungen zu denen für flexible Hilfen nach den §§ 28 ff KJHG ist zwar auch hier offensichtlich, dennoch beziehen sich nicht wenige Jugendämter auf diese so genannten versäulten rechtlichen Angebotsgrundlagen.

Ost-West-Differenzen und Unterschiede zwischen Kreis- und Stadtjugendämtern lassen sich bei der rechtlichen Verortung flexibler Hilfen nicht ausmachen.

Finanzierungsarten

Im Zuge der Diskussion zu flexiblen, integrierten Hilfen und der Einführung neuer Steuerungsmodelle (vgl. hierzu Peters/Struck 1998) wird immer wieder das Argument angeführt, der Einsatz von flexiblen Hilfen und entsprechenden Finanzierungsmodellen könne zu einer Verringerung der Ausgaben führen. Insbesondere ambulante Bausteine der flexiblen Hilfen sollen dazu beitragen, die kos-

Tab. 6.5.2: Rechtliche Grundlagen für flexible Hilfen

Rechtliche Grundlagen		Anteil der Jugendämter	Anteil an Antworten
§ 27	Hilfe zur Erziehung	73 %	28 %
§ 31	Sozialpädagogische Familienhilfen	36 %	16 %
§ 30	Erziehungsbeistand	34 %	15 %
§ 35	Intensive Sozialpädagogische Einzelfallhilfe	27 %	14 %
§ 34	Heimerziehung/WG	21 %	9 %
§ 41	Hilfen für junge Volljährige	16 %	7 %
§ 35a	Eingliederungshilfen für seelisch Behinderte	11 %	5 %
§ 33	Vollzeitpflege	7 %	3 %
§ 29	soz. Gruppenarbeit	7 %	3 %
§ 36	Hilfeplan	5 %	2 %
§ 1	Recht auf Erziehung	5 %	2 %
§ 20	Betreuung und Versorgung in Notsituationen	5 %	2 %
Sonstige rechtliche Grundlagen		7 %	3 %

Quelle: Jugendamtserhebung JHSW 2000, DJI
Lesebeispiel für Zahlen in der zweiten Spalte: 73 % der Jugendämter beziehen sich u.a. auf § 27 KJHG; Lesebeispiel für Zahlen in der dritten Spalte: 28 % der angeführten rechtlichen Grundlagen beziehen sich auf § 27 KJHG

tenintensiven stationären Unterbringungen zu vermeiden. Die Untersuchungen von Ames/Bürger (1998) und Stickdorn (2001) verweisen darauf, dass der Zusammenhang zwischen fachlicher Weiterentwicklung im Bereich Hilfen zur Erziehung und der Kostenseite weit komplexer ist. Dies bestätigt sich auch in der Jugendamtsbefragung: Von den befragten Jugendämtern verneinen drei Viertel, dass der Einsatz von flexiblen Hilfen zu einer Verringerung der Ausgaben führt. Dieses Ergebnis gibt Anlass zur Vorsicht bei der häufig anzutreffenden Verknüpfung von fachlichen Argumenten und der Erweckung finanzpolitischer Hoffnungen.

Die Suche nach passenden Finanzierungsformen für die Konzepte zu flexiblen Hilfen, wie sie seit Mitte der 90er Jahre umgesetzt wurden, führte zunächst weg von der Tagessatzfinanzierung hin zur Fachleistungsstunde mit dem Ziel, eine Gleichrangigkeit aller Hilfsmöglichkeiten über einen Einheitspreis zu erreichen. Allerdings kann eine stundenbezogene Abrechnung nicht in vollem Umfang Formen der Tagesfinanzierung und der pauschalen Finanzierung ersetzen. Häufig bietet die Fachleistungsstunde zu wenig Spielräume für fallübergreifende bzw. fallunabhängige Arbeiten, auch wenn es in einigen Jugendamtsbezirken gelungen ist, diesbezüglich praktikable Vereinbarungen zwischen öffentlichen und freien Trägern abzuschließen.

In Diskussionsrunden mit PraxisvertreterInnen zu ersten Ergebnissen der Träger- und Jugendamtsbefragung wurde deutlich, dass die Antwort auf die Frage, ob die Abrechnungsart der Fachleistungsstunde ein angemessenes Abrechnungsmodell für flexible Hilfen ist, davon abhängt, wie flexibel das entsprechende Jugendamt damit umgeht, ob beispielsweise Zeiten für Reflexions- und Dokumentationsarbeiten berücksichtigt werden. Kritisch angemerkt wurde, dass die Fachleistungsstunde die Hilfemaßnahme auf eine rein finanzielle und zeitliche Kategorie reduziert. Zeiten für Kooperationsarbeit z. B. können hierüber in der Regel nicht abgerechnet werden. Aktuell getestet und in der Fachöffentlichkeit diskutiert werden Finanzierungsmodelle im Rahmen von Leistungsverträgen nach §§ 78 a ff. KJHG zwischen Jugendamt und freien Trägern, die mit entsprechenden Zielen, Standards und Leistungsindikatoren zur Zusammenführung der so genannten Fall- und Feldarbeit versehen sind (vgl. Koch/Lenz 2000). Angesichts der Formenvielfalt im Bereich flexibler Hilfen und deren ständiger Weiterentwicklung sind verschiedene Finanzierungsarten und Mischformen auch weiterhin zu erwarten. In der Befragung der Träger wurden diejenigen, die flexible Hilfen anbieten, nach der gängigen Abrechnungsart für dieses Angebot gefragt. Demnach hat sich bei der Abrechnung flexibler Hilfen eindeutig die Fachleistungsstunde durchgesetzt.

Tab. 6.5.3: Abrechnungsart der Träger bei flexiblen Hilfen (Mehrfachnennungen)

Fachleistungsstunde	86 %
Tagessatz	27 %
Variabel je nach Hilfeform	25 %

Quelle: Trägerbefragung 2000, DJI

Werden mehrere Abrechnungsarten angegeben, handelt es sich häufig um die Kombination von „Fachleistungsstunde und Tagessatz". Nur vereinzelt wird die Kombination „Fachleistungsstunde und Fallpauschale" angeführt. Hier zeigt sich, dass die Fallpauschale an Bedeutung verloren hat, weil damit in der Regel keine klare Leistungszuordnung verbunden ist.

Kennzeichen flexibler Hilfen aus der Sicht von Jugendämtern und freien Trägern

Die Tatsache, dass inzwischen zwei Drittel der Jugendämter flexible Hilfen im Jugendamtsbezirk haben, sich dabei in der Regel auf § 27 (Abs. 1 und 2) beziehen und dass das Finanzierungsinstrument vor allem die Fachleistungsstunde ist, besagt freilich noch nichts über das fachliche Verständnis, das solchen flexiblen Hilfen zugrunde liegt. Immerhin 83 % der befragten Jugendamtsämter stimmen mit der Aussage überein, dass flexible Hilfen innerhalb einer räumlichen Einheit angeboten werden. Offen bleiben muss dabei, ob sich der Begriff der räumlichen Einheit auf einen wie auch immer definierten Sozialraum bezieht oder auf so genannte Hilfen aus einer Hand bzw. unter einem Dach. Unzulässig wäre die Interpretation, dass diese breite Zustimmung auch eine weit verbreitete Sympathie für aktuell erprobte und diskutierte Modelle flexibler, sozialräumlicher Hilfen zur Erziehung bedeuten könnte. Zu solchen Vermutungen geben die Diskussionen und gegensätzlichen fachlichen Positionen zu diesen Modellen, die die Entscheidungsbefugnisse und Gewährleistungsverantwortung der Jugendämter enger an die Konzepte und Handlungsweise freie Träger mittels so genannter Sozialraumbudgets binden, kaum Anlass (vgl. Sozialpädagogisches Institut im SOS-Kinderdorf e. V. 2001).

Um weitere Hinweise darauf zu erhalten, was flexible Hilfen aus der Sicht von Jugendämtern und von freien Trägern charakterisiert, wurden in beiden Befragungen Statements zu flexiblen Hilfen vorgegeben. Aufgrund der Vielzahl von Konzepten und den zu unterschiedlichen Zeitpunkten gestarteten Umsetzungsversuchen wurden bei der Formulierung der Statements nicht nur Definitionsbestandteile ausgewählt, die sich aus der aktuellen Diskussion zu den integrierten, sozialräumlichen Hilfen ergeben. Aufgegriffen wurden auch Aussagen zur Flexibilisierung der Hilfen zur Erziehung, die in den letzten zehn Jahren der Fachdebatte zentral waren.

Alle Jugendamtämter und freie Träger wurden gebeten, die Statementfragen zu beantworten, auch wenn sie selbst keine flexiblen Hilfen anbieten. Vorab sei angemerkt, dass sich an keinem Punkt signifikante Differenzen in den Einschätzungen von Jugendamtämtern einerseits und freien Trägern andererseits finden lassen. Sowohl bei den Jugendämtern als auch auf Trägerseite fällt die Zustimmung zu dem Statement, Kennzeichen flexibler Hilfen sei, einen Wechsel der Betreuungsform ohne Betreuerwechsel zu ermöglichen, eindeutig aus. Dies bejahen 71 % der Jugendämter und 75 % der Träger. Ost-West- oder Stadt-Land-Unterschiede gibt es hier nicht.

Tab. 6.5.4: Aussagen zur Beschreibung von flexiblen Hilfen

	Jugendamt	Träger
Flexible Hilfen kennzeichnen eine Angebotsform, die einen Wechsel der Betreuungsform ohne Betreuerwechsel ermöglicht.	71 %	75 %
Flexible Hilfe ist eine ähnliche Hilfeform wie SPFH, aber breiter angelegt.	40 %	27 %
Flexible Hilfen ermöglichen einen Wechsel der Betreuungsform ohne ein neues Hilfeplanverfahren.	31 %	38 %
Flexible Hilfen ist ein neues Etikett für Dinge, die wir schon immer gemacht haben.	18 %	23 %
Bei flexiblen Hilfen wird es dem jeweiligen Träger überlassen, die richtige Betreuungsform zu finden.	11 %	13 %
Flexible Hilfen wenden sich vorrangig an Jugendliche über 14 Jahre.	11 %	29 %
Flexible Hilfe ist eine Art von Maßnahme, die am Ende einer Reihe von unterschiedlichen Hilfsangeboten steht. Es ist der letzte Versuch, innerhalb der Jugendhilfe zu helfen.	7 %	11 %
Flexible Hilfen erschweren dem Jugendamt eine fachliche Kontrolle der Angemessenheit der Hilfeform.	5 %	0 %

Quelle: Jugendamtserhebung 2000, Trägererhebung 2001, DJI

Dies könnte ein Hinweis darauf sein, dass sich diese zentrale fachliche Forderung entlang der Diskussionen über flexible Hilfeangebote gut etablieren konnte und dass damit ein Beitrag geleistet werden soll zur Verhinderung ständiger Beziehungsabbrüche, die bei einer Änderung der Betreuungsform üblicherweise erfolgen.

Dass sowohl ein Viertel der Jugendämter als auch der TrägervertreterInnen die Konstanz der Fachkräfte nicht als zentrales Kennzeichen flexibler Hilfen sehen, kann damit zusammen hängen, dass es sich bei flexiblen Hilfen häufig um solche Angebotsformen handelt, die zwar unter einem Dach, aus einer Hand, von einem Träger oder einem Trägerverbund in einem Sozialraum etc. angeboten werden, die aber doch Angebote für sich sind, mit unterschiedlichem Setting, Personal, Zielgruppen, pädagogischen Schwerpunkten und finanziellen Abwicklungsmodalitäten.

Dafür spricht auch das Antwortverhalten der Jugendämter und der freien Träger zum Statement: „Flexible Hilfen ermöglichen einen Wechsel der Betreuungsform ohne ein neues Hilfeplanverfahren." Diese Charakterisierung lehnen 69 % der Jugendämter und 62 % der Träger ab, ein neues Hilfeplanverfahren wird von ihnen als notwendig erachtet. Legt man dem Verständnis flexibler Hilfen Konzeptionen zugrunde, wie sie z.B. vielen der Integra-Modellprojekte eigen sind (vgl. Koch/Lenz 1999), wundert es, warum nur 31 % bzw. 38 % angeben, ein neues Hilfeplanverfahren sei nicht notwendig. Diesem Verständnis folgend sind flexible Hilfen maximal flexibel konzipiert, d. h., es gibt keine voneinander trennbaren Hilfesettings, die ein neues Hilfeplanverfahren erzwingen würden. Das Antwortverhalten der Jugendämter und freien Träger hierzu verweist auf ein Spannungsverhältnis, das sich derzeit in Fachdiskussionen zu den aktuell vielfach diskutierten, integrierten, sozialräumlichen Hilfeformen zuspitzt.

Ungeachtet des Spannungsfeldes „Hilfeplanung nach § 36 und flexible Hilfen" haben 95 % der befragten Jugendämter mit der derzeitigen Angebotslandschaft im Bereich flexibler Hilfen und den Verfahrensabläufen wenig Probleme, denn nur 5 % stimmen dem Statement zu, dass flexible Hilfen dem Jugendamt eine fachliche Kontrolle der Angemessenheit der Hilfeform erschweren. Dieser niedrige Wert könnte darauf zurückzuführen sein, dass es sich bei den flexiblen Hilfen vielfach nicht um etwas grundsätzlich Neues handelt, sondern um ein neues Etikett für Dinge, die schon immer angeboten wurden. Doch nur 18 % der Jugendämter und 23 % der Träger geben an, es handle sich um Altbewährtes mit lediglich neuem Namen und verweisen damit – zumindest indirekt – auf zurückliegende fachliche Debatten. Bereits seit den 80er Jahren wurde in der Praxis der Heimerziehung über die Flexibilisierung der Betreuungsformen nachgedacht und eine Neuorganisation sozialer Dienste gefordert, die mehr Nähe zur Lebenswelt der AdressatInnen zulässt. Auch Arbeiten und Konzepte aus der Gemeinwesenarbeit flossen seit den 70er Jahren in die Jugendhilfedebatten ein, sodass der Trendbegriff der Sozialraumorientierung in der Jugendhilfe keineswegs ohne historische Wurzeln ist (vgl. hierzu Hinte 2001). Bei allem Neuen, das 82 % der Jugendämter und 77 % der Träger mit Konzepten der flexiblen Hilfen verbinden, stellen jedoch 40 % der befragten Jugendämter eine enge Verknüpfung von flexiblen Hilfen und der Angebotsform Sozialpädagogischer Familienhilfe (SPFH) her. Von den befragten Trägern sehen 27 % diese Ähnlichkeit. Signifikant ist bei diesem Statement die Differenz zwischen ost- und westdeutschen Jugendämtern: Nur 22 % der ostdeutschen, aber 45 % der westdeutschen Jugendämter bejahen die Ähnlichkeit von flexiblen Hilfen mit SPFH. Dies passt zu dem Befund, dass westdeutsche Jugendämter etwas häufiger angeben, flexible Hilfen auf der Grundlage von § 31 KJHG (SPFH) durchzuführen.

Ist dies ein Indiz dafür, dass an ostdeutschen Jugendämtern ein abgegrenzteres Konzeptverständnis „Flexible Hilfen" gegeben ist? Bei aller Vorsicht liegt diese Vermutung nahe, denn einige Fachkräfte, die wir im Rahmen von Auswertungsworkshops dazu befragten, betonten, dass an Ost-Jugendämtern aufgrund der kürzeren Erfahrung mit den Strukturen der Jugendhilfe ein weniger versäultes Denken vorherrsche. Darüber hinaus sind – so die Fachkräfte weiter – seit dem Start von Jugendhilfestationen in einigen ostdeutschen Jugendamtsbezirken Ansätze flexibler Hilfen gut etabliert.

Das Statement, dass es sich bei flexiblen Hilfen um Maßnahmen handelt, die am Ende einer Reihe von unterschiedlichen Hilfeangeboten stehen, sollte ebenfalls Anhaltspunkte zum Verständnis flexibler Hilfen zur Erziehung liefern. Nur 7 % der Jugendämter und 11 % der Träger stimmen dem zu. Demzufolge handelt es sich bei flexiblen Hilfen dem Verständnis nach nicht um spezielle Angebote, die überwiegend Kindern und Jugendlichen mit fortgeschrittenen Jugendhilfekarrieren vorbehalten sind und die von eher klassischen teil- oder vollstationären Angeboten der Jugendhilfe nur noch schwer erreicht werden. Flexible Hilfeansätze stehen keineswegs erst am Ende eines Hilfekatalogs. Insbesondere von einem Mix ambulanter und (teil-)stationärer flexibler Angebote versprechen sich viele Jugendämter einen individuellen, präzise abklärenden Hilfebeginn, häufig realisiert über so genannte Flex-Teams oder auch entspezialisierte Teams (vgl. hierzu Tzscheetzsch 1998).

Dieser Argumentation folgend ist es nicht verwunderlich, dass nur 11 % der Jugendämter dem Statement zustimmen, flexible Hilfen wenden sich vorrangig an Jugendliche über 14 Jahre. Allerdings stimmen dem 29 % der befragten Träger zu. In Diskussionen mit PraxisvertreterInnen zu den Ergebnissen der Befragungen wurde auf den Aspekt verwiesen, dass freie Träger flexible Hilfekonzepte vielfach im Bereich „Betreutes Wohnen" realisieren und dafür nur dementsprechend ältere Zielgruppen infrage kommen. Diese Vorsicht bei der Anwendung flexibler Hilfen bei jüngeren Altersgruppen kann aber auch damit zusammenhängen, dass viele PädagogInnen davon überzeugt sind, vor allem jüngere Kinder bräuchten in den Einrichtungen verbindliche, klar abgrenzbare Settings und Zuordnungen. Bei der Arbeit mit jugendlichen AdressatInnen bieten sich individuell aushandelbare Settings und dazu passende, fachlich flexibilisierte Angebote demzufolge eher an.

Fazit

Wie die Daten zeigen, sind flexible Hilfen als Angebot im Feld der erzieherischen Hilfen inzwischen weit verbreitet. Das entscheidende Finanzierungsinstrument hierfür ist die Fachleistungsstunde. Die

Konzepte, die hinter dem Sammelbegriff flexible Hilfen stehen, sind vielfältig und orientieren sich, wie die Angebotsstruktur der Jugendhilfe insgesamt, an regionalspezifischen Besonderheiten. Insofern ist die konkrete Ausgestaltung flexibler Hilfen immer auch das Ergebnis eines fachpolitischen Aushandlungsprozesses und besonderer Bedürfnislagen in einer Region. Auch die Ost-West-Unterschiede verschwinden hinter dieser regionalen Bezugsgröße. Allerdings verweisen die Daten an einem Punkt doch auf einen signifikanten Ost-West-Unterschied. Westdeutsche Jugendämter sehen die flexiblen Hilfen näher an die Sozialpädagogische Familienhilfe gekoppelt als ostdeutsche JugendamtsvertreterInnen. Dies könnte bedeuten, dass im Osten aufgrund der historisch weniger starken Versäulung der Jugendhilfe ein unbefangeneres Verhältnis und eine stärkere Konzepttreue zu den flexiblen Hilfen gegeben ist, in Anlehnung an die Definition und fachlichen Standards, die mit dem Aufbau flexibler Angebote unter dem Dach ostdeutscher Jugendhilfestationen seit Mitte der 90er Jahre einhergingen. Fachleuten zufolge sind in Ost und West inzwischen jedoch auch die klassischen Hilfen nach § 28 ff. KJHG häufig flexibilisiert. Betreutes Wohnen z. B. kann sich zusammensetzen aus einer Kombination von Erziehungsbeistandschaft, betreutem Wohnen und Sozialpädagogischer Familienhilfe. Bei manchen älteren Jugendlichen im Betreuten Wohnen bezahlt das Sozialamt die Mietkosten.

Trotz der Vielfalt der Konzepte finden sich bei Trägern und Jugendämtern Leitlinien zu flexiblen Hilfen, die Geltung über die jeweiligen regionalen Besonderheiten hinaus haben. So zeigen die Daten, dass flexible Hilfen mehrheitlich als etwas grundsätzlich Neues innerhalb der Hilfen zur Erziehung und nicht als „alter Wein in neuen Schläuchen" angesehen werden. Sowohl bei Jugendämtern als auch bei Trägern sind flexible Hilfen Angebote, die sich auf einen Sozialraum beziehen oder die unter einem Dach (z. B. Jugendhilfestationen) angeboten werden.

Eine weitere, von Jugendämtern und Trägern geteilte Zielvorgabe besteht darin, mittels solcher Angebote Kontinuität für die Kinder und Jugendlichen herzustellen, indem bei einer Neugestaltung der Hilfe ein Betreuerwechsel vermieden werden kann. Flexible Hilfeangebote, auch dies zeigen die Daten, stehen nicht erst am Ende einer Reihe von Hilfeversuchen, sondern werden auch zu Beginn von Hilfeverläufen eingesetzt.

Die Daten belegen, dass das Feld der erzieherischen Hilfen jenseits der aktuellen Debatten zu einigen wenigen modellhaften, so genannten integrierten, sozialräumlichen Hilfen eine starke Dynamik hinsichtlich Flexibilisierungsbemühungen aufweist. Auch wenn

95 % der Jugendämter in der Untersuchung angeben, keine Probleme mit der fachlichen Kontrolle der Angemessenheit der flexiblen Hilfeform zu haben, bleibt von größtem Interesse, wie sehr bestimmte Versuche, flexible Hilfen umzusetzen, den Vorgaben des Kinder- und Jugendhilfegesetzes wie z.B. das fachliche Gebot der Hilfeplanung und die dazu gehörige Verfahrenshoheit der Jugendämter oder das Wunsch- und Wahlrecht der AdressatInnen entsprechen werden (vgl. Münder 2001).

6.6 Mitwirkung in Verfahren nach dem Jugendgerichtsgesetz

Das Jugendamt hat nach dem Jugendgerichtsgesetz (§§ 38, 50 JGG) in Gerichtsverfahren, in denen über Jugendliche verhandelt wird, mitzuwirken. In diesem Zusammenhang muss das Jugendamt prüfen, „ob für den Jugendlichen oder den jungen Volljährigen Leistungen der Jugendhilfe in Betracht kommen". Ist dies der Fall oder ist eine geeignete Leistung bereits eingeleitet oder gewährt worden, so hat das Jugendamt den Staatsanwalt oder Richter umgehend davon zu unterrichten, damit geprüft werden kann, ob diese Leistung ein Absehen von der Verfolgung (§ 45 JGG) oder eine Einstellung des Verfahrens (§ 47 JGG) ermöglicht (§ 52 (2) KJHG).

Im Laufe der vergangenen zwei Jahrzehnte hat sich in der Praxis eine Reihe von Alternativen zu freiheitsentziehenden stationären Sanktionen entwickelt. Diese Alternativen werden auch als ambulante Maßnahmen[54] bezeichnet. Im Zuge des ersten Jugendgerichtsänderungsgesetzes von 1990 wurden diese neu in den Maßnahmenkatalog des § 10 JGG aufgenommen. Diese Gesetzesänderung folgte der Reform der Praxis. Der Maßnahmenkatalog umfasst neben sozialen Trainingskursen auch Täter-Opfer-Ausgleich, Betreuungsweisungen sowie Arbeitsweisungen und Arbeitsauflagen, auf die jeweils im Folgenden noch weiter eingegangen wird. Ziel dieser Erneuerung war es, den Erziehungsgedanken des JGG durch die Möglichkeit der Auferlegung sozialpädagogischer Maßnahmen zu stärken (vgl. Bundesarbeitsgemeinschaft für ambulante Maßnahmen nach dem Jugendrecht in der DVJJ (2000) für eine genauere Übersicht über die Grundlagen und Hintergründe dieser Maßnahmen in der Praxis).

---

[54] Der Begriff „Maßnahmen" verdeutlicht, dass diese Angebote für die AdressatInnen nicht immer als freiwillige Hilfeleistungen gedacht sind, sondern auch Sanktionscharakter haben können. Deshalb erfolgt bei dieser Art von Angeboten kein Wechsel der Begrifflichkeit von Maßnahmen zu Hilfen, wie bei den meisten Angeboten des KJHG.

Wie bei der Schulsozialarbeit treffen auch bei der Jugendgerichtshilfe zwei verschiedene Systeme mit unterschiedlichen Aufgaben aufeinander, die nicht immer ohne weiteres miteinander in Einklang zu bringen sind. Verkürzt dargestellt hat die Justiz primär die Aufgabe, Straftaten zu sanktionieren (Deliktorientierung), wohingegen die Jugendhilfe darauf hinwirken soll, dass Kinder, Jugendliche und junge Erwachsene sich zu einer eigenverantwortlichen und gemeinschaftsfähigen Persönlichkeit entwickeln (Orientierung an dem Hilfebedarf).

Tab. 6.6.1: Entwicklung der Trägerzugehörigkeit bei Angeboten im Bereich der Jugendgerichtshilfe in den Jugendamtsbezirken, 2000*

	Ausschließlich öffentl. Träger		Teils öffentl./ teils freie Träger		Ausschließlich freie Träger		Vorhanden	
Jugendgerichts-hilfe	89 %	(+6 %)	0 %	(–14 %)	11 %	(+8 %)	97 %	(+8 %)
Bewährungshilfe (ohne JGH)	89 %	(+33 %)	0 %	(–4 %)	11 %	(–28 %)	60 %	(+31 %)
Soziale Trainingskurse	28 %		0 %		72 %		92 %	
Täter-Opfer-Ausgleich	48 %		0 %		53 %		82 %	
Arbeitsauflagen/-weisungen	52 %		0 %		48 %		93 %	
Betreuungsweisungen	55 %		0 %		45 %		91 %	

* In Klammern: Veränderungen gegenüber 1996 in Prozentpunkten. Die Richtung der Veränderung wird durch das Vorzeichen bestimmt, d.h., ein negatives Vorzeichen deutet auf eine Abnahme hin. Basis für die Berechnung der Prozentwerte bezüglich der Trägerstruktur sind die Jugendamtsbezirke, in denen das Angebot vorhanden ist.

Im Gesamtüberblick (vgl. Tab. 6.6.1) zeigt sich eine hohe Verbreitung von ambulanten Maßnahmen. Die Studie von Dünkel/Geng/Kirstein (1998), die 1994 im Auftrag des Bundesjustizministeriums eine bundesweite Bestandsaufnahme der Verbreitung ambulanter Maßnahmen durchgeführt haben, ermöglicht es, Entwicklungstendenzen im Vergleich zu den von uns erhobenen Daten nachzuvollziehen. Es offenbart sich eine positive Entwicklung: Inzwischen ist in mehr Jugendamtsbezirken als vor sechs Jahren die gesamte Palette an ambulanten Maßnahmen vorhanden. Den „Rückstand" der östlichen Bundesländer, der 1994 noch zu beobachten war, gibt es nicht mehr. Bis auf die Betreuungsweisungen, bei denen es nur sehr geringe Unterschiede zu Ungunsten der Jugendämter im Osten gibt, sind alle ambulanten Maßnahmen jetzt häufiger in Ostjugendamtsbezirken vorhanden als in den Westjugendamtsbezirken. Darüber hinaus unterscheidet sich bei den ambulanten Maßnahmen und bei der Bewährungshilfe die Trägerstruktur signifikant: In Ostdeutschland dominieren die freien Träger, in Westdeutschland die öffentlichen Träger.

Jugendgerichtshilfe

Aufgabe der Jugendgerichtshilfe ist es, das Gericht über die Persönlichkeit des Angeklagten vor dem Hintergrund seiner Entwicklung und seiner sozialen Bezüge aufzuklären und damit erzieherische, soziale und fürsorgerische Gesichtspunkte innerhalb des Verfahrens zur Geltung zu bringen.

Eines der Probleme der Jugendgerichtshilfe ist ihre Stellung zwischen Angeklagten und Gericht: Die Fachkräfte der Jugendgerichtshilfe müssen das Vertrauen der AdressatInnen gewinnen, um Einblick in die Umstände der Tat und die besondere Lebenssituation der Jugendlichen zu erlangen. Staatsanwalt und Gericht erwarten jedoch, dass die gewonnenen Erkenntnisse an sie weitergeleitet werden, unabhängig davon ob diese belastend oder entlastend sind. Dies zeigt, dass die Jugendgerichtshilfe mit gegensätzlichen Erwartungen konfrontiert wird, was die eigentliche Arbeit, nämlich sozialpädagogische Hilfestellungen zu bieten, die den Aufbau einer vertrauensvollen Beziehung voraussetzen, deutlich erschwert. Die Jugendgerichtshilfe stellt zwar eine Aufgabe der Jugendämter dar, aber ihr Name („Hilfe für das Jugendgericht") deutet bereits eine Hilfestellung für das Jugendgericht an. Manche plädieren deshalb dafür, sich von dieser Terminologie zu verabschieden und eine Begrifflichkeit zu wählen, die die Zugehörigkeit dieser Aufgabe zum Jugendamt und damit ihre Funktion als Hilfe für Jugendliche signalisiert und nicht ihre bisherige Sonderstellung festschreibt (Wiesner/Mörsberger/Oberloskamp/Struck 2000: 934). Das KJHG spricht in diesem Zusammenhang auch nicht umsonst von „Jugendhilfe im Strafverfahren", statt von „Jugendgerichtshilfe".

Jugendgerichtshilfe gibt es in fast allen Jugendamtsbezirken (97 %). Damit hat sich dieser Anteil gegenüber unserer letzten Erhebung von 1996 um acht Prozentpunkte erhöht. Das heißt allerdings nicht unbedingt, dass in den übrigen Jugendämtern gar keine Jugendgerichtshilfe geleistet wird. Bei den übrigen Jugendämtern könnte diese Hilfe vermutlich neben anderen ein Bestandteil der

Aufgaben einer oder mehrerer Personen sein: Es gibt keine spezialisierten Personen, die explizit oder gar ausschließlich für die Jugendgerichtshilfe zuständig sind (wie z. B. in dem Modell des Sozialbürgerhauses).

Die Aufgaben der Jugendgerichtshilfe werden in der großen Mehrzahl (89 %) vom öffentlichen Träger erfüllt. Dieses ist wie bei der Inobhutnahme darauf zurückzuführen, dass das Jugendamt entsprechende Aufgaben zwar auf freie Träger übertragen kann (§ 76 KJHG), aber auch dann für deren Erfüllung verantwortlich bleibt (§ 76 (2) KJHG). Wenn das Jugendamt Aufgaben der Jugendgerichtshilfe auf freie Träger überträgt (11 % der Jugendämter), sind in fast allen Fällen gleich mehrere freie Träger involviert. Wohingegen in keinem der Jugendamtsbezirke sowohl öffentliche wie auch freie Träger Aufgaben der Jugendgerichtshilfe erfüllen. Privat-gewerbliche Träger sind – so weit zu sehen – bislang in diesem Arbeitsbereich nicht aktiv.

Auf eine Fachkraft der Jugendgerichtshilfe entfallen im Durchschnitt 268 Fälle[55] pro Jahr. Damit kann vor dem Hintergrund der Ergebnisse der zwei vorangegangenen DJI-Erhebungen (1992/1993 und 1996), als die Fallzahl noch bei 183 bzw. 193 lag, ein deutlicher Anstieg der Arbeitsbelastung der JugendgerichtshelferInnen festgestellt werden. Offensichtlich wird der Anstieg der jugendlichen Tatverdächtigen bis 1998[56] (vgl. Polizeiliche Kriminal-Statistik (PKS) unter www.bka.de) und die Mehrarbeit, die durch die Dienstanweisung der Polizei, (Polizeidienstvorschrift (PDV) 382) alle Fälle, in die Jugendliche involviert sind, dem Jugendamt zu melden[57], nicht durch einen entsprechenden Kapazitätsausbau begleitet.

Die absolute Zahl der verurteilten Jugendlichen und (der nach allgemeinem oder nach Jugendstrafrecht verurteilten) Heranwach-

---

[55] Grundsätzlich gibt es eine gewisse Unsicherheit über die Falldefinition der Jugendämter. Jede Meldung der Polizei kann einen Fall darstellen, oder der Begriff „Fall" bezieht sich auf die Täter, die jeder für sich mehrere Gesetzesverstöße begangen haben können bzw. dafür beschuldigt werden.

[56] Seit 1992 (96.451) steigen die Verurteilungszahlen bei Jugendlichen und Heranwachsenden wieder an (1998: 121.205). Bis 1992 ging die Anzahl der Verurteilten von 194.296 im Jahr 1982 auf die Hälfte zurück (vgl. http://www.unikonstanz.de/rtf/kis/). Insgesamt findet sich unter dieser Internetadresse eine sehr gute Übersicht über das vorhandene strafrechtliche Sanktionssystem und das statistische Material zur Sanktionierungspraxis (vgl. Heinz 2001).

[57] Die Meldungen nach der PDV sind nicht automatisch Fälle der Jugendgerichtshilfe. In der Regel werden diese erst dann zu Fällen der Jugendgerichtshilfe, wenn ein Verfahren eröffnet wird. Nichtsdestotrotz muss die Jugendgerichtshilfe, die Relevanz der Meldungen bestimmen.

senden hatte 1982 den bisherigen Höhepunkt mit 194.296 Verurteilten erreicht. Bis 1992 ging die Zahl der Verurteilten auf die Hälfte zurück (1992: 96.451), seitdem steigen die Verurteiltenzahlen wieder an (1998: 121.205) (vgl. http://www.unikonstanz.de/rtf/kis/).

Die große Fallbelastung wird dadurch etwas relativiert, dass nicht jede Straftat mit erzieherischen oder sozialen Defiziten in Verbindung steht, sondern oftmals als eine normale Begleiterscheinung im Sozialisationsprozess betrachtet werden kann. In diesen Fällen ist es nicht nötig, vonseiten der Jugendgerichtshilfe, auf besondere Umstände hinzuweisen oder erzieherischen Bedarf festzustellen. Allerdings kann dies von den Fachkräften nicht automatisch angenommen werden. Sie müssen jeden Fall diesbezüglich prüfen, was einen nicht unerheblichen Arbeitsaufwand bedeutet. Wenn man bedenkt, dass nach § 52 (3) KJHG die Fachkraft der Jugendhilfe, die nach dem JGG tätig wird, den Jugendlichen oder jungen Volljährigen während des gesamten Verfahrens betreuen soll, wird jedoch offensichtlich, dass die ermittelte durchschnittliche Fallzahl von 268 Fällen es der Jugendgerichtshilfe nicht ermöglicht, ihre Aufgaben in allen Fällen adäquat zu erfüllen. Diese Einschätzung wird dadurch unterstrichen, dass in unserer Erhebung die festgestellte durchschnittliche Fallbelastung mehr als doppelt so hoch ist als diejenige, die auf der Basis von Richtwerten der KGSt berechnet wurde. Diese Richtwerte liegen je nach vorhandener Infrastruktur zwischen 100 und 135 (Ullrich 1982: 30).

Die relative Fallzahl der Jugendgerichtshilfefälle liegt in Städten signifikant höher als in Landkreisen (vgl. hierzu auch Bauereiss/ Bayer/Rathgeber 2001). Auch zwischen Ost und West existieren deutliche Unterschiede. In Ostdeutschland liegt die relative Fallzahl signifikant höher. Diese Differenz zeigt sich sowohl bei Landkreisen als auch bei Städten. Im Vergleich zu unserer Erhebung von 1996 offenbart sich für die ostdeutschen Städte eine Verschlechterung der Situation. Während vor vier Jahren keine Niveauunterschiede zwischen den ostdeutschen und westdeutschen Städten vorhanden waren, gibt es nun deutlich höhere relative Fallzahlen in ostdeutschen Städten.

Bewährungshilfe

BewährungshelferInnen haben die Aufgabe, die Erfüllung der Bewährungsauflagen und -weisungen der Jugendgerichte zu überwachen, Straftaten der Jugendlichen dem Gericht mitzuteilen und dem aufsichtführenden Richter über den Verlauf der Bewährung zu berichten. Die Entscheidung, ob eine BewährungshelferIn bestellt wird, ist dem Gericht überlassen. Streng genommen stellt die Bewährungshilfe kein Angebot dar, sondern eine Auflage. Es hängt vom Selbstverständnis der BewährungshelferInnen ab, ob sie über diese reinen und gesetzlich geregelten Kontrollaufgaben hinaus noch weitere, stärker sozialpädagogische Zielsetzungen verfolgen und etwa gezielt auf einen anderen Umgang der Jugendlichen mit bestimmten Problemen hinarbeiten bzw. konkrete Hilfestellungen für die Bewältigung und Verbesserung der Lebensführung leisten.

Bewährungshilfe ist nach Angaben der Jugendämter in 60 % der Jugendamtsbezirke vorhanden. Damit hat sich dieser Anteil gegenüber 1996 um 31 Prozentpunkte erhöht (vgl. Tab. 6.6.1, S. 269). Da die Bewährungshilfe der Justiz und nicht der Jugendhilfe zugeordnet ist[58] und diese Aufgabe meist – hier existieren uneinheitliche landesrechtliche Regelungen – von einer eigenständigen Organisationseinheit des Landgerichts wahrgenommen wird, überrascht das „Fehlen" einer Bewährungshilfe in 40 % der Jugendamtsbezirke nicht wirklich. Entweder werden keine Berührungspunkte mit der Jugendhilfe gesehen oder es existiert nicht überall eine Außenstelle der Justizbehörde. In 10 % der Jugendamtsbezirke, in denen eine Stelle für Bewährungshilfe vorhanden ist, sind auch freie Träger aktiv. In keinem der Jugendamtsbezirke bzw. Gerichtsbezirke wird Bewährungshilfe von mehr als einem Träger geleistet. Privat-gewerbliche Träger spielen in diesem Feld offenbar keine Rolle.

Soziale Trainingskurse

Der soziale Trainingskurs des JGG findet seine inhaltliche Entsprechung im KJHG in Form sozialer Gruppenarbeit. In beiden Fällen wird das Ziel verfolgt, durch soziales Lernen das soziale Verhalten positiv zu beinflussen und diesbezügliche Defizite zu verringern. Während aber die soziale Gruppenarbeit mit Zustimmung der AdressatInnen erfolgt (es besteht zumindest keine Pflicht und die Nichtteilnahme kann nicht mit Sanktionen belegt werden), wenn das Jugendamt einen entsprechenden erzieherischen Bedarf festgestellt hat, kann der soziale Trainingskurs in Form einer richterlichen Weisung auferlegt werden. Das Jugendgericht legt die Laufzeit des sozialen Trainingskurses fest. Nach dem JGG (§ 11 Abs. 1) soll die

---

[58] Eine Ausnahme bildet die Regelung in Berlin. Hier ist die Jugendbewährungshilfe den Jugendbehörden zugeordnet (Cornel 2000: 302).

Dauer höchstens sechs Monate betragen. Im Vordergrund steht bei dieser Entscheidung die Schwere der Tat und nicht der pädagogische Bedarf. Dies verdeutlicht auch, dass die richterliche Weisung zur Teilnahme an einem sozialen Trainingskurs den Charakter einer (alternativen) Sanktion besitzt, die erstens aus rechtsstaatlichen Gründen keine beliebige Länge haben darf und zweitens sich nicht in erster Linie nach dem pädagogisch Notwendigen richtet. Allerdings ist der richterlichen Praxis durch das vorhandene Angebot der Träger, deren konkrete Ausgestaltung und Dauer von den Jugendgerichten nicht beeinflusst werden kann, auch Grenzen gesetzt. Die Jugendgerichtshilfe soll nach dem JGG gehört werden, um abzuklären, ob aus deren Sicht ein sozialer Trainingskurs eine sinnvolle Maßnahme darstellt. Nichtbefolgung der Weisung kann mit Sanktionen geahndet werden. Die Kosten eines sozialen Trainingskurses werden nur dann vom Jugendamt getragen, wenn das Jugendamt und nicht das Jugendgericht einen pädagogischen Bedarf nach § 27 KJHG feststellt. Es gibt auch Bundesländer, in denen die Kosten der sozialen Trainingskurse, unabhängig von dieser Frage, vom Land getragen werden.

Das Angebot der sozialen Trainingskurse gibt es in Ostdeutschland (96%) signifikant häufiger als im Westen (75%).

Soziale Trainingskurse werden in den neuen Bundesländern fast ausschließlich von freien Trägern angeboten (92%), wohingegen im Westen dieser Anteil signifikant niedriger (60%) liegt. Lediglich in 5% der Jugendamtsbezirke, in denen dieses Angebot vorhanden ist, sind mehrere Träger aktiv. Privat-gewerbliche Anbieter sind in keinem der befragten Jugendamtsbezirke als Anbieter tätig. Einen Überblick über Merkmale der AdressatInnen sowie die inhaltliche Ausgestaltung der sozialen Trainingskurse bietet die Studie von Dünkel/Geng/Kirstein (1998).

Täter-Opfer-Ausgleich

Wie das Wort Täter-Opfer-Ausgleich bereits andeutet, handelt es sich um ein Verfahren, das im Vorverfahren (bevor es zu einem Gerichtsverfahren kommt) Anwendung findet und dazu dient, eine Art moralische und/oder materielle „Wiedergutmachung" zu leisten. Durch eine Zusammenführung von Täter und Opfer soll der Täter mit den Folgen seiner Tat konfrontiert werden, womit beim Täter ein Reflexionsprozess über die Konsequenzen seiner Handlung in Gang gesetzt werden und eine Gelegenheit geschaffen werden soll, in der der Täter sich für seine Tat entschuldigen bzw. einen Ausgleich eventueller Schäden leisten kann. Für das Opfer (häufig selbst ein Jugendlicher und mit dem Täter bekannt) kann der Täter-Opfer-Ausgleich auch wichtig sein, weil seine Perspektive zum Tragen kommt und sich für ihn eine Möglichkeit zur Verarbeitung des Geschehen bietet.

Das Angebot Täter-Opfer-Ausgleich gibt es signifikant häufiger in Ostdeutschland (96 % vs. 75 % in Westdeutschland). Die Trägerstruktur zeigt ein ähnliches Bild wie bei den sozialen Trainingskursen: In den Jugendamtsbezirken der alten Bundesländer dominieren die öffentlichen Träger (63 %) und in den neuen Ländern die freien Träger. Dort befinden sich 73 % dieses Angebots ausschließlich in freier und lediglich 27 % in öffentlicher Trägerschaft. In 16 % der Jugendamtsbezirke, in denen Täter-Opfer-Ausgleich zum Angebot der Jugendhilfe gehört, gibt es eine Pluralität der Anbieter. Auch in diesem Bereich sind bislang offenbar keine privat-gewerblichen Träger aktiv.

Arbeitsweisungen und -auflagen

Das JGG enthält zwei verschiedene Arten von auferlegten Arbeitsleistungen: Arbeitsweisungen nach § 10 (1) und Arbeitsauflagen nach § 15 (1). Bei den Arbeitsweisungen steht der pädagogische Anspruch im Vordergrund. Die in diesem Zusammenhang auferlegten Arbeitsleistungen sollen für die Jugendlichen bzw. jungen Erwachsenen zu einer Erfahrung werden, an die sie positiv anknüpfen können. Die Arbeiten sollen daher sinnvoll sein und erzieherisch wertvolle Erfolgschancen eröffnen.

Die Arbeitsauflagen dagegen sind „in besonderem Maße Ausdruck negativer Sanktionierung des strafrechtlichen Verhaltens, da sie stets den Bezug zur Tat wahren. Der Unterschied zu den Weisungen besteht darin, dass nicht die Regelung der Lebensführung des Jugendlichen angestrebt wird, sondern dass ihm durch Auferlegung einer Leistungspflicht das begangene Unrecht und die daraus erwachsenen Folgen bewusst gemacht werden sollen." (Eisenberg 1997: 204). Die richterliche Praxis und die Jugendhilfepraxis zeigen jedoch, dass diese gesetzliche Unterscheidung kaum Relevanz besitzt (vgl. Eisenberg 1997: 208). In den Urteilsbegründungen fehlt wohl in manchen Fällen der Verweis auf den entsprechenden Gesetzesparagrafen.

Die ambulanten Maßnahmen Arbeitsweisungen und Arbeitsauflagen sind in fast allen Jugendämtern vorhanden. Die Trägerstruktur der Maßnahmen ist der des Täter-Opfer-Ausgleichs sehr ähnlich:

Auch hier dominiert der öffentliche Träger im Westen (70 %) und die freien Träger im Osten (79 %). Der Anteil der Jugendamtsbezirke mit mehreren Trägern dieser Maßnahmen liegt etwa gleich hoch (18 %) und privatgewerbliche Träger spielen keine Rolle.

Betreuungsweisungen

Die ambulante Maßnahme Betreuungsweisung richtet sich vornehmlich an jugendliche Straftäter, deren delinquentes Verhalten auf benennbare Umstände ihrer Person oder in ihrem unmittelbaren sozialen Umfeld zurückgeführt werden kann. In der Regel wird diese Maßnahme bei Jugendlichen angewendet, die bereits mehrfach straffällig geworden sind. Ziel der Betreuung ist es, Hilfe bei der Bewältigung von lebenspraktischen Problemen (z. B. Wohnung, Schule, Arbeit, Behördenkontakte) und psychosoziale Unterstützung zu leisten. Die Betreuungsweisung ist eine intensive Form sozialpädagogischer Einzelfallhilfe. Die Beziehung zu der BetreuungshelferIn erhält somit für den Erfolg der Maßnahme große Bedeutung. Die Laufzeit der Weisung beträgt im Regelfall höchstens zwölf Monate und dauert damit erheblich länger als die eines sozialen Trainingskurses.

Die Verbreitung der ambulanten Maßnahme Betreuungsweisung wie auch deren Trägerstruktur entspricht in etwa den beiden vorangegangenen ambulanten Maßnahmen. Lediglich das Ausmaß an Pluralität, gemessen an dem Anteil der Jugendamtsbezirke mit mehreren Anbietern, ist mit 11 % etwas geringer.

Abb. 6.6.1: Häufigkeit der Anwendung verschiedener ambulanter Maßnahmen der Jugendgerichtshilfe, 2000

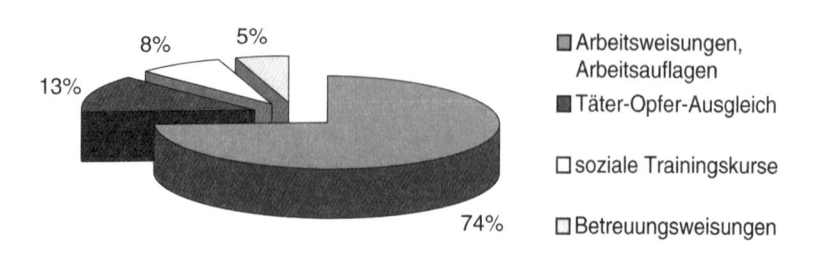

- Arbeitsweisungen, Arbeitsauflagen: 74%
- Täter-Opfer-Ausgleich: 13%
- soziale Trainingskurse: 8%
- Betreuungsweisungen: 5%

Es stellt sich nun die Frage, welche dieser Maßnahmen am häufigsten angewendet wird. Durch die Ermittlung der Fallzahlen der

Maßnahmen aus der Sicht der Jugendämter können wir diese Frage annähernd beantworten. Mit großem Abstand zu den anderen Maßnahmen werden Arbeitsweisungen und Arbeitsauflagen von allen Maßnahmen am häufigsten verhängt (74 %), gefolgt von Täter-Opfer-Ausgleich mit 13 %[59], sozialen Trainingskursen mit 8 % und Betreuungsweisungen mit 5 %. Auffällig hierbei sind die kaum vorhandenen Unterschiede zwischen Städten und Landkreisen sowie Ost- und Westdeutschland. Hier scheint sich eine sehr ähnliche Praxis durchgesetzt zu haben.

Der übergroße Anteil der Arbeitsweisungen und -auflagen an den ambulanten Maßnahmen der Gerichte ist Ausdruck der Sanktionslogik der Justiz. Arbeitsweisungen und -auflagen erlauben es, die dieser Logik inhärente erforderliche Relation zwischen Schwere der Tat und Härte der Sanktion herzustellen, weil die Zahl der Arbeitsstunden nahezu stufenlos variiert werden kann. Dagegen können die übrigen Formen ambulanter Maßnahmen nicht beliebig „dosiert" werden, wenn sie ihren stärker pädagogisch orientierten Zweck erfüllen sollen.

6.7 Jugendsozialarbeit

Anders als die Jugendarbeit richtet sich die Jugendsozialarbeit an benachteiligte Jugendliche. „Jungen Menschen, die zum Ausgleich sozialer Benachteiligungen oder zur Überwindung individueller Beeinträchtigungen in erhöhtem Maße auf Unterstützung angewiesen sind, sollen im Rahmen der Jugendhilfe sozialpädagogische Hilfen angeboten werden, die ihre schulische und berufliche Ausbildung, Eingliederung in die Arbeitswelt und ihre soziale Integration fördern" (§ 13 (1) KJHG). Im Vordergrund steht also die Hilfe in Bereichen, die für eine Integration von Jugendlichen in die Gesellschaft von großer Bedeutung sind.

Tab. 6.7.1 enthält Angaben zum Vorhandensein und zur Trägerstruktur von vier wichtigen Angeboten der Jugendsozialarbeit, die die Integration von benachteiligten Jugendlichen in (Aus-)Bildungseinrichtungen und in den Arbeitsmarkt sowie in die Gesellschaft allgemein fördern sollen. Insgesamt zeigt sich in einer mittelfristigen Tendenz eher ein Ausbau der Angebote der Jugendsozialarbeit (vgl. auch Kapitel 5) in den Jugendamtsbezirken: Mit Ausnahme der

---

[59] Täter-Opfer-Ausgleich wird zum überwiegenden Teil auch ohne Gerichtsurteil durchgeführt (Hartmann/Stroetzel 1998: 157).

Tab. 6.7.1: *Entwicklung der Trägerzugehörigkeit bei Angeboten der Jugendsozialarbeit in den Jugendamtsbezirken, 2000**

Angebote	Ausschließlich öffentl. Träger		Teils öffentl./ teils freie Träger		Ausschließlich freie Träger		Vorhanden	
Mobile Jugendarbeit	26%	(+8%)	24%	(–3%)	50%	(–48%)	54%	(+13%)
Schulsozialarbeit	40%	(–9%)	17%	(–1%)	44%	(+11%)	66%	(+17%)
Sozialpädagogisch begleitete Ausbildungs- und Beschäftigungsmaßnahmen	8%	(+2%)	19%	(–6%)	73%	(+5%)	51%	(–8%)
Arbeitslosenprojekte	10%	(+4%)	19%	(–2%)	71%	(–1%)	45%	(+4%)

* In Klammern: Veränderungen gegenüber 1996 in Prozentpunkten. Die Richtung der Veränderung wird durch das Vorzeichen bestimmt, d.h., ein negatives Vorzeichen deutet auf eine Abnahme hin.

Ausbildungs- und Beschäftigungsmaßnahmen hat sich das Angebot gegenüber dem Jahr 1996, dort, wo sie vorhanden sind, deutlich verbessert, obwohl es im Vergleich zu anderen Aufgabenfeldern der Kinder- und Jugendhilfe noch immer viele Jugendamtsbezirke gibt, in denen keine Angebote der Jugendsozialarbeit vorhanden sind. Allerdings muss berücksichtigt werden, dass insbesondere Hilfen im Bereich der Schulen und der Ausbildungs- und Arbeitsmarktintegration zum Teil auch von anderen Stellen finanziert werden (Schule, Arbeitsamt, Sozialamt) und diese möglicherweise nicht ins Blickfeld der Jugendhilfe gelangen. Hier zeigt sich eine unklare gesellschaftliche Verantwortungszuordnung von Problemen, die verschiedene Lebensbereiche tangieren und deren Bearbeitung in jeweils eigenen Institutionen stattfindet: Bildungs- und Ausbildungsinstitutionen für den Bereich der Bildung, Arbeitsämter für die Integration auf dem Ausbildungs- und Arbeitsmarkt und die Jugendämter für die Unterstützung von Kindern und Jugendlichen bei ihrer individuellen und sozialen Entwicklung. Da die Entwicklung von Kindern und Jugendlichen nicht unabhängig von ihrer Entwicklung im Bildungssystem und auf dem Ausbildungs- und Arbeitsmarkt gesehen werden kann, sieht sich die Jugendhilfe schnell zur Übernahme von Verantwortung auch für diese Bereiche gedrängt. Andererseits enthebt die Verantwortung der Jugendhilfe andere Institutionen nicht ihrer eigenen Verantwortung. Dieser Konstellation liegen viele Probleme (umstrittene Ziele und Finanzierungszuständigkeiten, Koordinations- und Kooperationsprobleme) der Jugendsozialarbeit zugrunde (Braun/Lex/Rademacker 2001: 27f.).

Mit Ausnahme von Arbeitslosenprojekten gibt es in Ostdeutschland signifikant mehr Angebote als in Westdeutschland. Vor dem Hintergrund der Arbeitsmarktsituation im Osten erscheint dies verwunderlich. Es ist allerdings davon auszugehen, dass diese Art von Maßnahmen insbesondere dem Zuständigkeitsbereich der Arbeitsämter zugehörig betrachtet wird. Die Tatsache, dass das Arbeitsamt als bedeutendster Kooperationspartner im Osten genannt wird, zeigt auch, dass die Jugendämter sich in diesem Bereich durchaus eine eigene Rolle zumessen. Die meisten dieser Angebote werden ausschließlich von freien Trägern bereitgestellt. Im Vergleich zu den anderen Angebotsbereichen wie z.B. erzieherische Hilfen, Jugendarbeit oder Kindertagesbetreuung, spielt bei der Jugendsozialarbeit jedoch auch der öffentliche Träger eine Rolle. Insgesamt hat sich das Verhältnis von freier und öffentlicher Trägerschaft in den vier Jahren zwischen den beiden letzten Erhebungszeitpunkten (1996 und 2000) nicht wesentlich geändert.

Für alle vier in der Tab. 6.7.1 enthaltenen Formen der Jugendsozialarbeit gibt es im Osten häufiger als im Westen auch mehrere Träger, allerdings ist dieser Unterschied bei keinem dieser Angebote signifikant.

Für den Bereich der Jugendsozialarbeit fehlt im Bereich der amtlichen Kinder- und Jugendhilfestatistik eine Leistungsstatistik, die die Inanspruchnahme von Angeboten der Jugendsozialarbeit beschreibt. Deshalb wird im Folgenden keine Trennung der Darstellung nach Angebot und Nachfrage der Leistungen der Jugendsozialarbeit erfolgen (vgl. Schilling/Rauschenbach 2001 für weitere Datenquellen in Bezug auf die Jugendsozialarbeit).

Mobile Jugendarbeit

Die mobile Jugendarbeit ist als Hilfe und Unterstützungsform im KJHG nicht explizit genannt. Diese Form der Hilfe befindet sich zwischen den zum Teil fließenden Grenzen zwischen Jugendarbeit, Jugendsozialarbeit und Hilfen zur Erziehung. So beschreibt z.B. Häberlein (2001) die Konzeption von mobiler Jugendarbeit als aus drei Säulen bestehend: Streetwork, Einzelfallhilfe und soziale Gruppenarbeit. Auch Fülbier/Steimle (2001) weisen darauf hin, dass sich mobile Jugendarbeit in der Praxis nur schwer von anderen Konzepten wie Streetwork oder aufsuchender Jugendsozialarbeit trennen lässt. Ansatz der mobilen Jugendarbeit ist, gemeinwesen- und lebensweltorientiert zu arbeiten; die Fachkräfte gehen auf die Jugendlichen zu und versuchen, sie vor Gefährdungen zu schützen.

In 46 % der Jugendamtsbezirke ist kein Angebot der mobilen Jugendarbeit vorhanden. Im Westen (64 %) ist dies noch weit häufiger der Fall als im Osten (15 %). Dieser Unterschied ist signifikant, während es keine Unterschiede zwischen Stadt- und Landkreisjugendamtsbezirken gibt.

Auch die Trägerstruktur weist einen signifikanten Unterschied zwischen Ost und West auf. In den neuen Bundesländern sind zu 78 % ausschließlich freie Träger als Anbieter von mobiler Jugendarbeit aktiv, während der entsprechende Anteil im Westen lediglich 19 % beträgt. Hier sind insbesondere öffentliche Träger als Anbieter wirksam. In den Jugendamtsbezirken, in denen mobile Jugendarbeit zum Leistungsspektrum gehört, gibt es in 47 % der Bezirke mindestens zwei verschiedene Träger von mobiler Jugendarbeit. Keines der Jugendämter gibt an, dass privat-gewerbliche Träger in diesem Bereich aktiv sind.

Schulsozialarbeit

Auch die Schulsozialarbeit ist nicht explizit als Begriff im KJHG enthalten. Ihre Aufgabe ist jedoch in dem anfangs zitierten Abschnitt des § 13 KJHG zur Jugendsozialarbeit eindeutig umschrieben. Schulsozialarbeit bewegt sich im Spannungsverhältnis zweier verschiedener Anforderungen. Während für die Schule die Sicherstellung des normalen Lehrbetriebs im Vordergrund steht und schwierige SchülerInnen in diesem Zusammenhang ein Problem darstellen, versucht die Jugendhilfe die Einbindung von schwierigen SchülerInnen in den Unterricht zu erhalten oder wiederherzustellen, damit für sie ein Stück Normalität und eine Bildungs- und Ausbildungsperspektive erhalten bleibt (vgl. Homfeldt/Schulze-Krüdener 2001 für eine Darstellung der konzeptionellen Entwicklungslinien und eine Bestandsaufnahme).

In 66 % der Jugendamtsbezirke gibt es Schulsozialarbeit, im Osten wiederum signifikant mehr (81 %) als im Westen (57 %). Wie bei der mobilen Jugendarbeit wird die Trägerstruktur auch bei der Schulsozialarbeit im Osten stark von freien Trägern geprägt (71 % ausschließlich freie Träger), während im Westen die Schulsozialarbeit am häufigsten ausschließlich vom öffentlichen Träger (63 %) geleistet wird. In etwa jedem dritten Jugendamtsbezirk (38 %), in dem es ein Angebot der Schulsozialarbeit gibt, sind mehrere Träger in diesem Bereich aktiv. Privat-gewerbliche Träger spielen bei diesem Angebot keine Rolle.

Angebote der Schulsozialarbeit können sich auch in Trägerschaft von Schulen befinden. Hollenstein kommt mit Verweis auf empirische Studien zu diesem Thema zu dem Schluss, dass Angebote der Schulsozialarbeit, die von Jugendhilfeträgern bereitgestellt werden, die Kooperation zwischen Jugendhilfe und Schule eher erleichtern als solche, die sich in Trägerschaft einer Schule bzw. der Schulverwaltung befinden (Hollenstein 2000: 360).

Jugendberufshilfe

Nach § 13 (2) KJHG sollen für Jugendliche sozialpädagogisch begleitete Ausbildungs- und Beschäftigungsmaßnahmen angeboten werden, die den Fähigkeiten und dem Entwicklungsstand der jungen Menschen Rechnung tragen, sofern eine berufliche Integration nicht durch Maßnahmen und Programme anderer Träger und Organisationen sichergestellt ist. In der Erhebung wurde nach dem Vorhandensein von zwei Arten von Angeboten der Jugendberufshilfe gefragt: sozialpädagogisch begleitete Ausbildungs- und Beschäftigungsangebote sowie Arbeitslosenprojekte. Angesichts der immer noch anhaltend schlechten Lage auf dem Arbeitsmarkt überrascht es, dass die Angebote der Jugendberufshilfe in den vergangenen Jahren nicht weiter ausgebaut wurden. In jedem zweiten Jugendamtsbezirk gibt es kein Projekt der Jugendberufshilfe, bei dem das Jugendamt involviert ist. Es kann jedoch nicht ausgeschlossen werden, dass es innerhalb der Jugendamtsbezirke Angebote gibt, die im Prinzip der Jugendberufshilfe zuzurechnen sind, aber von einer anderen Institution wie z. B. dem Arbeitsamt oder dem Sozialamt getragen werden. Ausbildungs- und Beschäftigungsmaßnahmen gibt es im Osten signifikant häufiger (67%) als im Westen (43%), was wiederum die schlechte Lage auf dem Arbeitsmarkt der neuen Ländern widerspiegelt. Insbesondere im Bereich der Jugendberufshilfe muss man davon ausgehen, dass weite Teile über Mittel der Arbeitsverwaltung nach dem SGB III finanziert und ohne konzeptionelle Einbindung der Jugendämter durchgeführt werden.

Die Trägerstruktur der Jugendberufshilfe ist geprägt durch einen hohen Anteil an freien Trägern. Bei beiden in der Tab. 6.7.1 unterschiedenen Formen der Jugendberufshilfe liegt der Anteil der Jugendamtsbezirke, in denen alle Angebote der Jugendberufshilfe von freien Trägern bereitgestellt werden, jeweils knapp über 70%. In den Jugendamtsbezirken, in denen es Angebote der Jugendberufshilfe gibt, sind meistens mehrere Träger aktiv (70 % der Jugendamtsbezirke bei den Ausbildungs- und Beschäftigungsmaßnahmen und 65 % bei den Arbeitslosenprojekten). Privat-gewerbliche Träger finden sich in 7 % der Jugendamtsbezirke mit Angeboten der Jugendberufshilfe. Für die Jugendberufshilfe konnte empirisch gezeigt werden, dass Hilfe, die von privaten Trägern geleistet wird, Aussicht auf guten Erfolg haben. Dies wird auf die größere Nähe zur Alltagsrealität von Unternehmen zurückgeführt, die die Motivation steigert und reale Perspektiven bieten kann (vgl. Braun 1999).

Sowohl bei den Arbeitslosenprojekten als auch bei den Ausbildungs- und Beschäftigungsmaßnahmen, beträgt das Verhältnis von Fachkräften zur Anzahl der Plätze ca. 1 zu 10, das heißt, auf eine Fachkraft kommen zehn Plätze.

Tabelle 6.7.2 enthält die Daten der amtlichen Kinder- und Jugendhilfestatistik zu drei verschiedenen Einrichtungstypen der Jugendsozialarbeit aus dem Jahr 1998, die im Rahmen der Jugendberufshilfe von Bedeutung sind. Bezogen auf die Einrichtungen der berufsbezogenen Jugendsozialarbeit zeigt sich ein sehr ähnliches Bild, wie es auf der Basis der Jugendamtsbefragung gerade gezeichnet wurde: In Ostdeutschland gibt es eine deutlich höhere Dichte solcher Einrichtungen als in Westdeutschland und der größere Anteil der Einrichtungen befindet sich in freier Trägerschaft (Insgesamt: 86 %).

Tab. 6.7.2: Einrichtungen verschiedener Formen der Jugendsozialarbeit, nach Ost- und Westdeutschland 1998

Art der Einrichtung	Ost		West		Insgesamt	
	Verbreitung*	ÖT	Verbreitung*	ÖT	Verbreitung*	ÖT
Einrichtungen des Jugendwohnens im Rahmen der Jugendsozialarbeit	3,1	13 %	2,8	8 %	2,9	9 %
Jugendgemeinschaftswerk	1,7	0 %	1,3	2 %	1,4	1 %
Einrichtungen der berufsbezogenen Jugendsozialarbeit	6,4	6 %	3,7	18 %	4,3	14 %
Insgesamt	11,2	7 %	7,8	12 %	8,5	10 %

Quellen: Statistik der Kinder- und Jugendhilfe, Teil III; eigene Berechnungen
* Anzahl der Einrichtungen pro 100.000 14- bis 25-Jährige

Jungen Menschen kann nach § 13 (3) während der Teilnahme an schulischen oder beruflichen Bildungsmaßnahmen oder bei der beruflichen Eingliederung Unterkunft in sozialpädagogisch begleiteten Wohnformen angeboten werden. Eine Aufnahme in diese Lehrlings-

und Jugendwohnheime setzt keinen besonderen pädagogischen Bedarf voraus, weshalb sie auch nicht zu den erzieherischen Hilfen gezählt werden. Es wird jedoch davon ausgegangen, dass die Unterbringung in solchen Einrichtungen die Erfolgschancen der Bildungsmaßnahmen für junge Menschen erhöhen. Deshalb sind auch diese Einrichtungen in der Tab. 6.7.2 enthalten. Für 100.000 14- bis 25-Jährige sind in Deutschland 2,9 solche Einrichtungen vorhanden. Hierbei sind keine ausgeprägten Unterschiede zwischen Ost und West erkennbar und auch hier befindet sich die deutliche Mehrheit der Einrichtungen (91 %) in freier Trägerschaft.

Tab. 6.7.3: Plätze in Einrichtungen verschiedener Formen der Jugendsozialarbeit, Deutschland 1998

Art der Einrichtung	Plätze pro Einrichtung	Plätze*
Einrichtungen des Jugendwohnens im Rahmen der Jugendsozialarbeit	71,9	208,3
Jugendgemeinschaftswerk	50,2	68,4
Einrichtungen der berufsbezogenen Jugendsozialarbeit	48,2	205,3
Insgesamt	56,6	482,0

Quellen: Statistik der Kinder- und Jugendhilfe, Teil III; eigene Berechnungen
* Anzahl der Plätze pro 100.000 14- bis 25-Jährige

Da die Einrichtungen der Jugendberufshilfe im Durchschnitt relativ viele Plätze aufweisen (vgl. Tab. 6.7.3), erscheint die Relation der Anzahl der Plätze, bezogen auf die relevante Zielgruppe, ein besserer Indikator für die Inanspruchnahme der Jugendberufshilfe als die Einrichtungsdichte. Dieser Indikator zeigt, dass für ca. 4,8 von 1.000 der 14- bis 25-Jährigen ein Platz der Jugendberufshilfe zur Verfügung steht.

Die Jugendgemeinschaftswerke, die alle mit Bundesmitteln finanziert werden, übernehmen nicht nur Aufgaben der Jugendberufshilfe, sondern bieten auch Hilfen an, um die sprachliche, soziale, schulische und kulturelle Integration von MigrantInnen, insbesondere für Aussiedler zu unterstützen. Bis 19.12.2000 waren die Jugendgemeinschaftswerke nach den Richtlinien des Kinder- und Jugendplanes der Bundesregierung (KJP) ausschließlich für junge AussiedlerInnen zuständig. Die Veränderung der Richtlinien ab diesem Zeitpunkt sieht vor, dass die Jugendgemeinschaftswerke alle Jugendlichen mit Migrationshintergrund betreuen, damit zuwanderungsbedingte Nachteile ausgeglichen und Chancengleichheit zu einheimischen Jugendlichen hergestellt werden kann (vgl. Mies-van Engelshoven 2001; GMBI 2001: 18 ff.; Haubrich/Vossler 2002).

Die Jugendgemeinschaftswerke der Bundesrepublik befinden sich zu nahezu 100% in freier Trägerschaft und sind im Osten geringfügig stärker verbreitet als im Westen.

Die jährliche Sozialanalyse der Bundesarbeitsgemeinschaft Jugendsozialarbeit zur Situation junger AussiedlerInnen enthält neben Angaben zum Personal, der Trägerschaft und zu Aktivitäten der Einrichtungen auch Merkmale des Adressatenkreises wie Altersstufen, Herkunftsland, Geschlecht, Berufs- und Familiensituation sowie Art der Hilfen. Im Jahr 2000 nahmen in den 278 Jugendgemeinschaftswerken der Bundesrepublik 102.868 Jugendliche die Angebote und unterstützenden Hilfen in Anspruch (vgl. BAG JAW 2001).

6.8 Jugendarbeit

Pädagogik hat Freizeit als ein wichtiges Lernfeld für Kinder und Jugendliche entdeckt. Kompetenzen, die weder in Kleinfamilien noch in den leistungsbezogenen institutionellen Settings erworben werden können, sollen in der Freizeit vermittelt werden. Freizeit gewinnt in der modernen Gesellschaft für Kinder und Jugendliche auch deshalb an Bedeutung, so eine weitere These, weil es der Raum sein kann, in dem Kinder und Jugendliche die Bedürfnisse, die bisher in den traditionellen – und jetzt zunehmend aufgelösten – Lebensformen erfüllt wurden, befriedigen. Dies wird deshalb notwendig, weil soziale Netze der Kinder und Jugendlichen sich immer unabhängiger von der Familie gestalten. Familie ist durch Funktionsverlagerungen und ihre abnehmende Größe in einem geringerem Ausmaß als früher Dreh- und Angelpunkt sozialer Beziehungen. Ein anderes Motiv für das zunehmende Interesse an der Gestaltung der Freizeit von Kindern und Jugendlichen liegt in den objektiv vorhandenen Schwierigkeiten, Familie und Beruf zu vereinen, ohne dabei die Bedürfnisse der Kinder aus den Augen zu verlieren. Ein vierter nicht unwesentlicher Aspekt ist in der Wirtschaftskraft des Freizeitverhaltens von Kindern und Jugendlichen zu sehen (vgl. z.B. Rosendorfer 2000).

Nicht zuletzt wird der offenen und verbandlichen Jugendarbeit auch deshalb eine besondere Bedeutung zugemessen, weil man sich von ihr häufig Prävention verspricht, sei es im Hinblick auf Vermeidung gesellschaftlicher Ausgrenzung, Rechtsextremismus, Gewaltbereitschaft bzw. allgemeiner gesagt Kriminalität oder auf Verhinderung erzieherischer Hilfen. Empirisch betrachtet ist allerdings schwer nachzuweisen, ob diese Ziele erreicht werden können. Der Mitgliedschaft in einem Jugendverband wird sowohl von den Verbänden selbst als auch von der Öffentlichkeit eine positive Wirkung in Bezug auf die Entwicklung von Kindern und Jugendlichen zugeschrieben. Zu der Frage, inwieweit diese Vorstellungen mit der Wirklichkeit übereinstimmen, gibt es bislang jedoch kaum gesichertes, empirisches Wissen. Die sehr aufwendige Längsschnittstudie von Brettschneider/Kleine (2001) zur Jugendarbeit in Sportverbänden versucht für verschiedene Entwicklungsbereiche den Effekt der Mitgliedschaft in einem Sportverein nachzuzeichnen. Brettschneider/Kleine (2001: 493) kommen zu dem Ergebnis: „Sowohl in sportmotorischer Hinsicht als auch in Perspektive auf die Entwicklung psychosozialer Gesundheit kann ein systematischer Wirkungsnachweis des jugendlichen Sportvereinsengagement nicht erbracht werden."

Sie erklären die Diskrepanz zu bisherigen, eher positiven Ergebnissen zu den Effekten von Jugendarbeit in Sportvereinen damit, dass diese Untersuchungen Kompetenzen von Nichtmitgliedern und Mitgliedern in Sportvereinen zum Erhebungszeitpunkt vergleichen. Dieses Vorgehen führt tatsächlich zu einem positiven Ergebnis zugunsten der Sportvereinsmitglieder. Allerdings bleibt dabei unberücksichtigt, dass diese Unterschiede nicht Ergebnis der Aktivitäten im Sportverein sein müssen, sondern bereits vorher vorhanden gewesen sein können: Brettschneider und Kleine konnten zeigen, dass Personen, die Mitglied im Sportverein werden, im Durchschnitt über günstigere Dispositionen verfügen. Hier spielen offensichtlich Selektionseffekte eine Rolle. Brettschneider und Kleine weisen also darauf hin, dass die Entwicklung von Mitgliedern in Sportvereinen und Nichtmitgliedern sich nicht wesentlich unterscheidet, sondern vorhandene Unterschiede auf unterschiedliche Ausgangsbedingungen zurückzuführen sind. Selbstkritisch schränken die Autoren die Gültigkeit ihrer Aussage wieder etwas ein, indem sie darauf hinweisen, dass Sportvereine in ihrer Untersuchung als einheitliches Phänomen betrachtet wurden. Brettschneider und Kleine können nicht ausschließen, dass innere Differenzierungen der Sportaktivitäten zu positiven Ergebnisse einzelner Vereinssparten führen könnten. Analog zu dieser Argumentation können die Ergebnisse auch nicht ohne weiteres auf andere Arten von Jugendverbänden übertragen werden.

In den folgenden Abschnitten dieses Kapitels werden unter Rückgriff auf verschiedene Datenquellen sowohl die Angebote der Jugendarbeit als auch die Nachfrage nach Jugendarbeit dargestellt. Als zusätzliche Datenquellen zu den von uns durchgeführten Befragungen werden – wie in Kapitel 2 bereits dargestellt – die amtliche

Kinder- und Jugendhilfestatistik, der Jugendsurvey des DJI sowie die Shell-Studie für Auswertungen herangezogen. Auf der einen Seite wird die vorhandene Infrastruktur beschrieben und dabei wird sich zeigen, dass so manches Vorurteil über benachteiligte Regionen sich nicht länger aufrechterhalten lässt. Auf der anderen Seite wird die Nachfrage nach Angeboten der Jugendarbeit beschrieben, wobei hier auch die Mitgliedschaft in Jugendverbänden als Nachfrage von Angeboten der Jugendverbände gewertet wird. Mitglieder von Organisationen sind zwar nicht zwangsläufig auch die Nutzer der Angebote dieser Organisationen, da aber Jugendverbände zumindest von der Idee her nach dem Prinzip „von Jugendlichen für Jugendliche" organisiert sind, stellt die Mitgliedschaft zumindest eine Annährung an die tatsächliche Nachfrage nach Jugendverbandsaktivitäten dar. Einen Hinweis darauf gibt auch der hohe Aktivierungsgrad der Mitglieder, die in unserer Jugendverbandsbefragung im Durchschnitt zu 35 % auch ehrenamtlich aktiv sind.

Angebote

Nach dem Kinder und Jugendhilfegesetz (KJHG) sind jungen Menschen die zur Unterstützung ihrer Entwicklung erforderlichen Angebote der Jugendarbeit zur Verfügung zu stellen. Im Gesetz wird gefordert, dass diese an den Interessen junger Menschen anknüpfen, von ihnen mitbestimmt und mitgestaltet werden. Diese Angebote sollen das Ziel verfolgen, junge Menschen zur Selbstbestimmung und gesellschaftlichen Mitverantwortung zu befähigen und zu sozialem Engagement anzuregen (§ 11 (1) KJHG). § 11 des KJHG zeigt, dass der Staat es als eine seiner Aufgaben ansieht, durch Jugendarbeit Erfahrungs- und Lernräume für Kinder und Jugendliche zu eröffnen. Der Jugendarbeit wird damit eine eigene Lern- und Sozialisationsfunktion neben der Familie und anderen Lern- und Sozialisationsinstanzen zugeschrieben (vgl. z.B. Böhnisch/ Münchmeier 1987; zusammenfassend Nörber 1994; Deinet/Nörber/ Sturzenhecker 2002). Allerdings gibt es einige Stimmen, auch aus der Jugendarbeit selbst, die Zweifel an einer kindgerechten Erfüllung dieser Aufgabe haben (z.B. Landesjugendring Niedersachsen 1996: 381). Auch wenn man darüber diskutieren kann, ob die anvisierten Ziele der Jugendarbeit erreicht werden, steht außer Frage, dass, solange die Angebote der Jugendarbeit von Kindern und Jugendlichen genutzt werden, diese Angebote einen Teil ihrer Lebenswelt darstellen. Wie Lern- und Erfahrungsräume von Kindern genutzt werden, lässt sich zwar nicht unmittelbar steuern, dennoch kann ihre prinzipielle Funktion als Lern- und Sozialisationsfeld nicht in Zweifel gezogen werden.

Anders als die Jugendsozialarbeit, die sich mit ihren Angeboten an Benachteiligte richtet, stehen die Angebote der Jugendarbeit allen Personen, die das 27. Lebensjahr noch nicht vollendet haben, offen. Diese Angebote beruhen auf Freiwilligkeit und sollen sich an den Bedürfnissen der Kinder und Jugendlichen orientieren.

Die Darstellung des Angebots der Jugendarbeit gliedert sich nach den unterschiedlichen Maßnahmen der Jugendarbeit – wie sie in der Kinder- und Jugendhilfestatistik erfasst werden –, Einrichtungen der Jugendarbeit sowie Angebote von Jugendringen[60]. Damit werden ausschließlich die Angebote der Jugendarbeit dargestellt für die Daten vorliegen, wohlwissend, dass es noch eine Vielzahl von Angeboten der Jugendarbeit gibt, die nicht von der Kinder- und Jugendhilfestatistik und der von uns durchgeführten Erhebungen erfasst werden.

Maßnahmen

Die amtliche Kinder- und Jugendhilfestatistik erhebt alle vier Jahre Angaben zu Maßnahmen der Jugendarbeit, die mit öffentlichen Mitteln gefördert und während des Erhebungsjahres durchgeführt werden (vgl. Tab. 6.8.1).

Tab. 6.8.1: Anzahl der Maßnahmen der Jugendarbeit, 2000

Art der Maßnahme	Ost	West	Insgesamt
Kinder und Jugenderholung	8.527	51.373	59.900
Außerschulische Bildung	7.206	30.032	37.238
Internationale Jugendarbeit	1.472	3.831	5.303
Mitarbeiterfortbildung freier Träger	1.043	13.159	14.202
Insgesamt	18.248	98.395	116.643

Quelle: Statistik der Kinder- und Jugendhilfe, Fachserie 13, Reihe 6.2

---

[60] Vergleich zudem Thole/Pothmann (2001) für eine Übersicht der Entwicklung der Kennzahlen zu Einrichtungen, Personal, Arbeitsbereichen und finanzieller Ausstattung im Bereich der Kinder- und Jugendarbeit zu verschiedenen Erhebungszeitpunkten der Kinder- und Jugendhilfestatistik.

Betrachtet man rein die Quantität der einzelnen Maßnahmen, dann wird deutlich, dass Kinder- und Jugenderholung die wichtigste Maßnahme der Jugendarbeit darstellt. Immerhin 51 % aller Maßnahmen finden in diesem Bereich statt. Außerschulische Bildung hat nach wie vor ihren Stellenwert in der Jugendarbeit (32 %). Bei den letztgenannten Maßnahmen zeigt sich ein bemerkenswerter Unterschied zwischen Ost- und Westdeutschland: In Ostdeutschland gibt es fast genauso viele Maßnahmen zur Jugenderholung wie zur außerschulischen Bildung, wogegen in Westdeutschland die Maßnahmen zur Erholung deutlich überwiegen. Auf diesen Unterschied wird später (vgl. Teilnehmer an Angeboten der Jugendarbeit) noch detaillierter eingegangen werden. Internationale Jugendarbeit hat mit weniger als 5 % der Maßnahmen eine untergeordnete Bedeutung. In diesem Feld werden überproportional viele Maßnahmen im Osten bzw. überproportional wenige im Westen durchgeführt. Bei der Mitarbeiterfortbildung freier Träger hingegen gibt es sehr viele Maßnahmen im Westen und eher wenige im Osten. Auch insgesamt werden in Ostdeutschland gemäß den Daten der amtlichen Statistik etwas weniger Maßnahmen angeboten, als gemessen an dem Anteil der 10- bis 27-Jährigen zu erwarten wäre (15,6 % der Maßnahmen werden in Ostdeutschland durchgeführt, während 21,0 % der entsprechenden Altersgruppe in Ostdeutschland wohnt). Darüber hinaus enthält die amtliche Statistik auch Angaben zur Anzahl der TeilnehmerInnen an Maßnahmen der Jugendarbeit.[61]

Entgegen den allgemeinen Erwartungen ergeben sich aus den Zahlen der amtlichen Kinder- und Jugendhilfestatistik keine nennenswerten Unterschiede in der Nutzung der Maßnahmen der Jugendarbeit zwischen Mädchen und Jungen. Lediglich im Westen ergibt sich eine etwas geringere Teilnahme von Mädchen (47 %) als man aufgrund der Geschlechtsverteilung der Kinder und Jugendlichen erwarten würde.

---

[61] Die Anzahl der TeilnehmerInnen an den Maßnahmen gibt nur bedingt Aufschluss über die Größe des Nutzerkreises, da, wenn einzelne Kinder und Jugendliche mehrfach an Maßnahmen teilnehmen, sie auch mehrfach gezählt werden. Deshalb ist die Anzahl der Kinder und Jugendlichen, die Angebote der Jugendarbeit nutzen, um einen unbekannten Faktor kleiner als die Anzahl der TeilnehmerInnen, die in der Statistik ausgewiesen ist.

Tab. 6.8.2: TeilnehmerInnen an Angeboten der Jugendarbeit*, 2000

Art der Angebote	Ost	Anteil Mädchen**	West	Anteil Mädchen**	Insgesamt
Kinder und Jugenderholung	1.363	50,4 %	1.868	46,7 %	1.758
Außerschulische Bildung	1.364	50,5 %	1.129	48,3 %	1.180
Internationale Jugendarbeit	171	50,6 %	120	46,5 %	131
Mitarbeiterfortbildung freier Träger	69	57,9 %	233	50,1 %	198
Insgesamt	2.967	50,7 %	3.350	47,9 %	3.267

Quellen: Statistik der Kinder- und Jugendhilfe, Fachserie 13, Reihe 6.2; eigene Berechnungen
* pro 10.000 der 10- bis 25-Jährigen
** Berechnung auf der Grundlage der TeilnehmerInnen mit Angabe des Geschlechts

In Westdeutschland gibt es geringfügig mehr Teilnehmer an Maßnahmen der Jugendarbeit als in Ostdeutschland (vgl. Tab. 6.8.2). Damit hat sich die Situation gegenüber dem Jahr 1996, dem Zeitpunkt der vorherigen statistischen Erfassung der Maßnahmen der Jugendarbeit, deutlich verändert. Im Jahr 1996 lag die relative Anzahl der TeilnehmerInnen in Ostdeutschland noch etwa um ein Viertel höher. War das Verhältnis der Bezugszahlen zur Kinder- und Jugenderholung im Jahr 1996 zwischen den alten und neuen Ländern noch in etwa ausgeglichen, so zeigt sich im Jahr 2000 doch ein sehr deutlicher Unterschied: In Westdeutschland liegt die relative Anzahl der TeilnehmerInnen deutlich über der in Ostdeutschland.

Nach wie vor ist der Unterschied in der Nutzung außerschulischer Bildungsangebote zwischen ost- und westdeutschen Jugendlichen bemerkenswert, auch wenn der Unterschied im Zeitverlauf (hier nicht dargestellt) geringer geworden ist. Die Bezugszahl in Ostdeutschland (1.364) liegt im Jahr 2000 um ca. 20 % höher als in Westdeutschland (1.129). Dies steht einerseits – so ist anzunehmen – in der Tradition ostdeutscher Zirkel und künstlerische Kollektive (vgl. Tümmler/Tümmler 1994) und ist wohl andererseits als eine Reaktion auf den schlechten Arbeitsmarkt zu interpretieren, der insbesondere Jugendliche dazu motivieren könnte, kostengünstige Qualifikationsangebote wahrzunehmen, auch wenn sie nicht unmittelbar auf dem Arbeitsmarkt verwertbar sind. Die im Vergleich zu Westdeutschland höhere Teilnahme an Maßnahmen der außerschulischen Bildung in Ostdeutschland steht in einem gewissen Widerspruch zu den Befunden von Strzoda/Zinnecker (1996), die im Vergleich zum Westen im Osten deutlich niedrigere Anteile von Kindern festgestellt haben, die außerschulisch lernen. Diese sehr auffällige Diskrepanz der Ergebnisse könnte auf eine unterschiedliche Operationalisierung von außerschulischen Lernangeboten oder aber auch auf die unterschiedlichen Erhebungszeitpunkte zurückzuführen sein. Die unterschiedliche Alterszusammensetzung in beiden Statistiken könnte ebenfalls die Unterschiede erklären, denn während den Daten von Strzoda und Zinnecker die Antworten von 10- bis 13-Jährigen zugrunde liegen, werden in der amtlichen Kinder- und Jugendhilfestatistik alle TeilnehmerInnen an Maßnahmen erfasst. Eine weitere Erklärung könnte auch darin zu finden sein, dass in der amtlichen Statistik ausschließlich die Angebote erfasst werden, die öffentlich subventioniert sind. Wogegen bei einer Befragung von Kindern diese auch Angebote wie privaten Musikunterricht, Tanzschulen, Sprachkurse, Paukstudios bzw. Nachhilfe-Einrichtungen und Ähnliches angeben. Es kann also durchaus möglich sein, dass in Ostdeutschland die öffentlich geförderten Angebote stärker nachgefragt werden als in Westdeutschland, dort jedoch die privaten Angebote so stark genutzt werden, dass es in der Gesamtbilanz zu den von Strzoda und Zinnecker beschriebenen Unterschieden kommt. Die Erfassung solcher Effekte könnte helfen, empirische Hinweise zur Überprüfung der These einer „benachteiligten Kindheit" (Zinnecker 1995) zu finden. Die hier dargestellten Unterschiede sind ein Hinweis auf notwendige Differenzierungen, wenn in Zukunft genauere Aussagen über die Nutzung der Freizeitangebote durch Kinder und Jugendliche möglich werden sollen.

Einrichtungen

Die Tab. 6.8.3 enthält für alle in der Kinder- und Jugendhilfestatistik unterschiedenen Einrichtungen der Jugendarbeit die Verbreitung, d.h. sie gibt an, wie viele Einrichtungen der Jugendarbeit pro 100.000 der 10- bis 25-Jährigen vorhanden sind. Einrichtungen der offenen Jugendarbeit sind von allen erfassten Arten von Einrichtungen am häufigsten vorhanden. Wenn man die verschiedenen Einrichtungen der offenen Jugendarbeit zusammenzählt (Jugendzentren, -freizeitheime, Häuser der offenen Tür sowie Jugendräume ohne hauptamtliches Personal) stehen in Deutschland im Durchschnitt für 1.000 der 10- bis 25-Jährigen genau eine solche Einrichtung zur Verfügung. Es zeigt sich allerdings hier wie bei den anderen Einrichtungen in der Tab. 6.8.3 ein sehr deutlicher Unterschied zwischen Ost und Westdeutschland. Es gibt außerdem innerhalb von Ost- und Westdeutschland große regionale Unterschiede in der Angebotsdichte. Insbesondere Jugendzentren, Einrichtungen der mobi-

Tab. 6.8.3: Einrichtungen verschiedener Formen der Jugendarbeit, nach Ost- und Westdeutschland 1998

Art der Einrichtung	Ost*	West*	Insgesamt*
Jugendherberge, Jugendgästehaus, Jugendübernachtungshaus	5,8	7,8	7,4
Jugendtagungsstätte, Jugendbildungsstätte	2,1	3,5	3,2
Jugendzentrum, -freizeitheim, Haus der offenen Tür	91,0	48,8	58,1
Jugendräume/Jugendheim ohne hauptamtliches Personal	38,5	43,0	42,0
Einrichtung oder Initiative der mobilen Jugendarbeit	11,5	3,3	5,1
Jugendkunstschule, kulturpädagogische und kulturelle Einrichtung für junge Menschen	4,2	2,1	2,6
Einrichtung der Stadtranderholung	0,4	1,7	1,4
Kinder- und Jugendferien-/-erholungsstätte	2,7	2,4	2,5
Familienferienstätte	0,5	1,0	0,9
Pädagogisch betreuter Spielplatz/Spielhaus/ Abenteuerspielplatz	1,5	3,6	3,1
Jugendzeltplatz	0,1	3,3	2,6
Insgesamt	158,1	120,5	128,7

* Quellen: Statistik der Kinder- und Jugendhilfe, Teil III; eigene Berechnungen
** Anzahl der Einrichtungen pro 100.000 der 10- bis 25-Jährigen

len Jugendarbeit sowie kulturpädagogische Einrichtungen weisen in Ostdeutschland eine bemerkenswert deutlich höhere Dichte auf als in Westdeutschland, während dagegen die Versorgung mit Einrichtungen der Stadtranderholung, Familienferienstätten, pädagogisch betreuten Spielplätzen und Ähnlichem sowie Jugendzeltplätzen in Westdeutschland besser ist. Insgesamt gibt es jedoch in den neuen Bundesländern relativ betrachtet deutlich mehr Einrichtungen der Jugendarbeit als in den alten Ländern.

Schwierigkeiten bei der Erfassung von Maßnahmen und Einrichtungen

Wie bei allen Versuchen, das heterogene Feld der Kinder- und Jugendhilfe statistisch zu beschreiben und valide Daten zu generieren, ist auch die Erfassung der Daten im Rahmen der amtlichen Kinder- und Jugendhilfestatistik nicht frei von spezifischen Beschränkungen. So werden nur die Maßnahmen der Jugendarbeit erfasst, die von einem öffentlichen Träger (mit-)finanziert werden.

Eine Vielzahl von Jugendverbänden, Vereinen und Kirchengemeinden, die in der Jugendarbeit aktiv sind, erhalten jedoch keine Zuschüsse von öffentlichen Trägern für ihre Jugendarbeit, weshalb mit einer Untererfassung der Maßnahmen zu rechnen ist. In der von uns durchgeführten Jugendverbandsbefragung geben immerhin 11 % der befragten Jugendverbände an, kein Geld von Kommunen, Ländern oder der Bundesebene aus Jugendhilfeetats zu erhalten. Von den verbleibenden 89 % erhalten 5 % nur deshalb öffentliche Mittel, weil sie im Rahmen der Arbeitsmarktförderung finanziell unterstützt werden. Insgesamt werden also 84 % der befragten Jugendverbände aus Jugendhilfehaushalten von Kommunen, Land oder Bund gefördert. Und dies, obwohl die Informationen von Jugendämtern wesentlich zur Adressenrecherche beigetragen haben (vgl. Kap. 2).

Tab. 6.8.4: Median der Anzahl der 10- bis 25-Jährigen, für die in den Jugendamtsbezirken ein Jugendzentrum zur Verfügung steht

	Städte		Landkreise	
	1995	2000	1995	2000
Ostdeutschland	1059	780	616	346
Westdeutschland	1391	1210	1467	1336

Quellen: Jugendamtserhebungen DJI 1996 und 2000

Tab. 6.8.4 zeigt differenziert nach Ost- und Westdeutschland sowie nach Städten und Landkreisen die Entwicklung der Jugendarbeit anhand der Anzahl der 10- bis 25-Jährigen, für die ein Jugendzentrum zur Verfügung steht[62]. Als Maßzahl wird hier der Median verwendet, da Durchschnittswerte (in diesem Fall) wegen der vorhandenen Extremwerte die Gegebenheiten in den Jugendamtsbezirken falsch abbilden würden. Vergleicht man die Ergebnisse früherer Befragungen (vgl. Gawlik/Krafft/Seckinger 1995; Seckinger/Weigel/van Santen/Markert 1998) mit den aktuellen Erhebungsergebnissen, zeigt sich, dass die Anzahl der Kinder und Jugendlichen pro Jugendzentrum und Jugendclub in Ost- und Westdeutschland sowohl in den Landkreisen als auch in den Städten geringer geworden ist, d. h.

---

[62] Über das gesamte Spektrum der Jugendeinrichtungen gesehen streut das Alter der Besucher sicher über diese Altersgrenzen hinweg. Das Verhältnis der Zellen der Tabelle zueinander und die Trends, die hierdurch zum Ausdruck gebracht werden, dürften sich jedoch bei Berücksichtigung anderer oder weiter gefasster Altersgruppen nicht grundlegend ändern.

die Relation von Kindern und Jugendlichen zu den vorhandenen Einrichtungen ist besser geworden. Der Personenkreis im Einzugsbereich verringert sich durch ein größeres Angebot an Jugendzentren. Diese Relation wird sich in Zukunft nochmal verbessern, da in Ostdeutschland die Geburtsjahrgänge, bei denen es nach der Wende einen erheblichen Geburtenrückgang gegeben hat, in den nächsten Jahren zur Hauptzielgruppe der Jugendarbeit gehören werden.

Sowohl in den alten als auch in den neuen Bundesländern differiert die Anzahl von Jugendfreizeiteinrichtungen zwischen Städten und Landkreisen. Allerdings mit einem bemerkenswerten Unterschied: Während in Westdeutschland die Angebotssituation in Städten besser ist als in Landkreisen, verhält es sich in Ostdeutschland genau umgekehrt. In ostdeutschen Landkreisen ist die Angebotssituation mit Abstand am besten. Offensichtlich wurde versucht, der mangelnden (kommerziellen) Infrastruktur von Freizeitangeboten für Kinder und Jugendliche in ostdeutschen Landkreisen durch die Bereitstellung von Jugendzentren und Jugendeinrichtungen zu begegnen. Obwohl gerade Jugendtreffs einen unmittelbaren Lebensweltbezug haben, bedeutet die höhere Anzahl der Jugendzentren und Jugendeinrichtungen in den ostdeutschen Landkreisen nicht automatisch ein höheres, vielfältigeres Angebot für den Einzelnen. Vielmehr muss bei der Betrachtung des Angebots in Landkreisen mitberücksichtigt werden, dass der geografische Einzugsbereich in der Regel viel größer und die Anzahl der Jugendlichen pro Einrichtung kleiner ist als in den Städten. Dies spiegelt sich indirekt auch in der Größe der Einrichtungen bzw. dem pro Einrichtung der Jugendarbeit zur Verfügung stehenden Personal wider. Die durchschnittliche Anzahl von MitarbeiterInnen pro Einrichtung ist in den Landkreisen deutlich kleiner als in den Städten. Dies hat erstens Folgen für die Programmvielfalt und zweitens für die Öffnungszeiten, die ein weiteres bedeutsames Kriterium zur Beurteilung des Angebots darstellen. Insgesamt kann somit nicht ohne weiteres angenommen werden, dass das Angebot an Einrichtungen der Jugendarbeit in den ostdeutschen Landkreisen – bezüglich aller relevanten Kriterien wie Anzahl der Einrichtungen, Öffnungszeiten sowie Qualität des Angebotes – besser ist als in den ostdeutschen Städten. Und auch die den Zahlen nach schlechtere Angebotssituation in den westdeutschen Landkreisen wird vor diesem Hintergrund relativiert. Für ost- wie westdeutsche Landkreise gilt gleichermaßen, dass die Erreichbarkeit von Jugendräumen gerade in dünn besiedelten Regionen ein ernsthaftes Problem darstellt (vgl. hierzu auch Schrapper/Spies 2002; Tully 1998) und die Qualität des Angebotes wesentlich beeinflusst.

Die Infrastruktur für die Kinder- und Jugendarbeit in den neuen Ländern unterscheidet sich trotz der eben vorgenommenen Relativierungen deutlich und positiv von jener in den alten Ländern. Allerdings steht diese Infrastruktur auf sehr wackeligen Beinen, da in erheblichem Umfang bei Einrichtungen öffentlicher wie freier Träger Arbeitsverhältnisse über den zweiten Arbeitsmarkt (mit-)finanziert sind (vgl. Seckinger/Weigel/van Santen/Markert 1998; van Santen 1998 sowie Kap. 3 und Kap. 5). Noch ist nicht zu erkennen, in welchem Umfang es gelingen wird, diese in die Regelförderung der Kommunen zu übernehmen und so den Erhalt der neu entstandenen Infrastruktur zu sichern.

Ein weiterer Indikator für das Angebot an Projekten und Einrichtungen im Freizeitbereich, der aus dieser Jugendamtserhebung entwickelt werden kann, stellt die Anzahl der geförderten Träger der Jugendarbeit dar. Hier zeigt sich wiederum ein deutlicher Unterschied zwischen Ost- und Westdeutschland. In den neuen Ländern ist die Anzahl der geförderten Träger deutlich höher als in den alten Ländern. Dies muss zwar nicht unbedingt bedeuten, dass auch das Angebot der Jugendarbeit größer ist, weil damit nichts über die Höhe der einzelnen Aufwendungen gesagt ist. Aber es scheint zumindest plausibel, dies als einen Indikator für das vorhandene Angebot zu sehen.

Trägerstruktur der Jugendzentren

Ausdifferenzierter als bei den anderen Angeboten wird in der Jugendamtsbefragung nach der Trägerschaft von Jugendzentren gefragt. Es wird nicht nur zwischen öffentlicher und freier Trägerschaft unterschieden, sondern auch zwischen verschiedenen Formen freier Träger differenziert (vgl. Tab. 6.8.5).

Tab. 6.8.5: Durchschnittliche Trägerzugehörigkeit der Jugendzentren im Jugendamtsbezirk, 2000

Trägerschaft	Ost	West	Insgesamt
Öffentliche Träger	37 %	43 %	41 %
Jugendverbände/-ringe	13 %	19 %	17 %
Wohlfahrtsverbände	21 %*	6 %	12 %
Initiativen	7 %	6 %	7 %
Selbstverwaltung	9 %	4 %	6 %
Kirchliche Träger	14 %	22 %	19 %

* Ost-West-Unterschied ist signifikant

Diese Ausdifferenzierung geschieht unter anderem vor dem Hintergrund der Auseinandersetzungen darüber, inwiefern Jugendverbandsarbeit sich verstärkt der offenen Jugendarbeit zuwenden soll, was nicht zuletzt auf die immer wieder kontrovers diskutierte These zurückzuführen ist, dass Jugendliche eine geringere Bereitschaft zeigen sich nachhaltig für einen Verband zu engagieren. Die Zahlen in Tab. 6.8.5 zeigen, dass ungefähr jedes sechste Jugendzentrum und jeder sechste Jugendclub sich in der Trägerschaft eines Jugendverbandes bzw. Jugendringes befindet. Im Zeitvergleich bestätigt sich die These der verstärkten Hinwendung der Jugendverbände in Richtung offener Jugendarbeit zumindest in Ostdeutschland nicht, da 1999 gegenüber 1995 der Anteil der Jugendamtsbezirke, in denen Jugendverbände oder Jugendringe Träger von Einrichtungen offener Jugendarbeit sind, um 20 Prozentpunkte gesunken ist. Darüber hinaus ist unklar, inwieweit die Jugendräume in Verantwortung der Jugendverbände und Jugendringe auch tatsächlich der offenen Jugendarbeit zur Verfügung stehen.

Auffällig ist der große Unterschied bei der Trägerschaft durch Wohlfahrtsverbände. In Ostdeutschland sind im Durchschnitt dreimal mehr Jugendzentren, Jugendclubs und Jugendräume in der Trägerschaft von Wohlfahrtsverbänden. Dies ist ein Ergebnis der Entwicklungsbedingungen nach der Wiedervereinigung. Es bestand Anfang der neunziger Jahre ein großer Bedarf nach Einrichtungen der Jugendarbeit, nachdem aus politischen Gründen Einrichtungen aus DDR-Zeiten geschlossen worden waren. Für viele Jugendämter, die sich selbst in einem Aufbauprozess befanden und einer bevorstehenden Kreisgebietsreform entgegensahen, erschienen Wohlfahrtsverbände mit ihrer langen Tradition und ihrer Größe als verlässliche Partner. Im Westen hingegen hat sich die heutige Struktur langsam entwickelt, sodass Jugendverbände und Jugendringe eine größere Rolle spielen. Einen deutlichen, wenn auch nicht signifikanten Ost-West-Unterschied gibt es bei kirchlichen Trägern. Diese haben in Westdeutschland einen höheren durchschnittlichen Anteil an Jugendeinrichtungen als in Ostdeutschland. Dieser Unterschied erklärt sich ebenfalls aus der historischen Entwicklung. Dass es überhaupt so viele kirchlich getragene Jugendzentren, Jugendclubs und Jugendräume in Ostdeutschland gibt, ist wohl auch ein Ergebnis der früheren Nischenfunktion kirchlicher Jugendarbeit.

Um eine Veränderung zwischen den verschiedenen Erhebungszeitpunkten feststellen zu können, wurden für einen Zeitvergleich die Anteile derjenigen Jugendamtsbezirke, in denen die jeweiligen Trägergruppen aktiv sind, sowohl für Ost- als auch für Westdeutschland sowie für die Bundesrepublik Deutschland insgesamt berech-

Tab. 6.8.6: Anteile der Jugendamtsbezirke, in denen die einzelnen Trägergruppen mindestens ein Jugendzentrum, Jugendclub oder Jugendraum haben

Trägerschaft	1995			2000		
	Ost	West	Insgesamt	Ost	West	Insgesamt
Öffentliche Träger	93%	90%	91%	96%	90%	92%
Jugendverbände/-ringe	93%	51%	66%	73%	53%	61%
Wohlfahrtsverbände	83%	45%	59%	81%	48%	61%
Initiativen	66%	41%	50%	27%	38%	33%
Selbstverwaltung	48%	29%	36%	46%	23%	32%
Kirchliche Träger*	/	/	/	81%	75%	77%

* Wurde für 1995 nicht erhoben

net. Dabei wird deutlich, dass sich zwar weniger Jugendzentren, Jugendclubs oder Jugendräume in Ostdeutschland in öffentlicher als in freier Trägerschaft befinden (vgl. Tab. 6.8.5), aber dafür in geringfügig mehr Jugendamtsbezirken öffentliche Träger zumindest eine Einrichtung der Jugendarbeit haben (vgl. Tab. 6.8.6). Sehr deutlich zurückgegangen ist in Ostdeutschland die Anzahl der Jugendamtsbezirke, in denen Jugendverbände bzw. Jugendringe Träger von Jugendzentren und ähnlichen Einrichtungen sind. Die größte Veränderung ergibt sich bei den Initiativen in Ostdeutschland. Während 1995 noch in zwei Dritteln der ostdeutschen Jugendamtsbezirke Initiativen als Träger von Jugendeinrichtungen angegeben wurden, sank der Anteil von Jugendamtsbezirken, die dies heute noch tun, auf 27%. Nachdem sich die Versorgung mit Jugendeinrichtungen bezogen auf die Altersgruppe der 10- bis 25-Jährigen jedoch weiter verbessert hat (vgl. Tab. 6.8.4), spricht einiges dafür, dass dieser dramatische Rückgang nicht Ausdruck eines Sterbens von Initiativen darstellt, sondern Ausdruck ihrer Professionalisierung ist. Viele dieser Träger sind inzwischen so etabliert, dass sie aus Jugendamtsperspektive nicht mehr als Initiative, sondern z. B. eher als Verein zu bezeichnen sind. Da in der Abfrage aber die Kategorie Vereine fehlt, wird diese Trägergruppe hier nicht angegeben. Tab. 6.8.5 zeigt auch deutlich, welche wichtige Rolle der öffentliche Träger für die Verbreitung von Jugendeinrichtungen hat. Dies gilt bezogen auf die Anzahl an Einrichtungen im Westen mehr als im Osten (vgl. Tab. 6.8.5).

Jugendringe als Träger von Angeboten

Das Angebot von Jugendringen und Jugendverbänden stellt eine der wichtigsten Formen institutionalisierter Freizeitbeschäftigung im

Kindes- und Jugendalter dar. In § 12 (2) KJHG heißt es: „In Jugendverbänden und Jugendgruppen wird Jugendarbeit von jungen Menschen selbst organisiert, gemeinschaftlich gestaltet und mitverantwortet. Ihre Arbeit ist auf Dauer angelegt und in der Regel auf die eigenen Mitglieder ausgerichtet, sie kann sich aber auch an junge Menschen wenden, die nicht Mitglieder sind. Durch Jugendverbände und ihre Zusammenschlüsse werden Anliegen und Interessen junger Menschen zum Ausdruck gebracht und vertreten." Jugendverbände folgen also dem Prinzip „durch und für Jugendliche" und sollen Kindern und Jugendlichen Experimentierräume und -felder bieten, in denen sie gemeinsam mit anderen ihre altersspezifischen Interessen verfolgen und gestalten können.

Die Fragebogenerhebung bei allen Jugendringen Deutschlands, die in den Jugendamtsbezirken als Interessenvertreter der Jugendverbände fungieren, gibt Aufschluss über die Verbreitung dieser Art institutionalisierter Formen der Freizeitgestaltung von Jugendlichen. In ungefähr 75 % aller Jugendamtsbezirke gibt es einen Kreis- oder Stadtjugendring. Im Durchschnitt sind 24 Jugendverbände und andere Jugendgruppen in Jugendringen organisiert. Der Median liegt bei 21 Mitgliedsorganisationen. Es lassen sich keine systematischen Unterschiede zwischen ost- und westdeutschen Jugendringen oder zwischen Jugendringen in Landkreisen und Städten erkennen, was die Anzahl der Mitgliedsorganisationen betrifft.

Tab. 6.8.7: Maßnahmen bzw. Aktivitäten von Jugendringen 2001

Maßnahmen bzw. Aktivitäten	Ost	West	Insgesamt
Jugendpolitische Lobbyarbeit	98 %	81 %	83 %
Kinderfeste/Kinderveranstaltungen	57 %	42 %	44 %
Fahrten und Ferienfreizeiten	51 %	42 %	44 %
Kulturelle Veranstaltungen	53 %	41 %	43 %
Diskussionsveranstaltungen	57 %	40 %	43 %
GruppenleiterInnen-Ausbildung	57 %	33 %	37 %
Bildungsseminare/Jugendbildung	57 %	33 %	37 %
Internationale Begegnungsmaßnahmen	28 %	30 %	29 %
Medienpädagogische Angebote	18 %	19 %	19 %
Kinder- & Jugendforen bzw. Kinder- & Jugendparlamente	26 %	18 %	19 %
Spezielle Angebote für Mädchen	8 %	16 %	15 %
Kinder- und Jugendbeauftragte	6 %	13 %	12 %
Betreuungsangebote an Schulen	10 %	7 %	8 %
Spezielle Angebote für Jungen	2 %	5 %	5 %
Sonstige	2 %	5 %	4 %
Öffentlichkeitsarbeit	4 %	3 %	3 %
Fachveranstaltungen	4 %	1 %	2 %
Sportveranstaltungen	4 %	2 %	2 %

Quelle: Vollerhebung bei Jugendringen 2001, DJI

In Tab. 6.8.7 fällt zuerst das große Aktivitätsspektrum der Jugendringe auf. Ohne hier ausführlich auf die großen Unterschiede zwischen den einzelnen Jugendringen eingehen zu können, sei dennoch darauf hingewiesen, dass, wie in Kapitel 5 bereits gezeigt werden konnte, Jugendringe in dem einen Jugendamtsbezirk als Arbeitsgemeinschaft ohne eigene Haushaltsmittel agieren und in dem anderen als großer Träger der regionalen Jugendarbeit mit einem Etat von mehreren Millionen DM. Vor diesem Hintergrund überrascht dann auch nicht die große Spannweite der Aktivitäten. 83 % und damit die übergroße Mehrheit leisten jugendpolitische Lobbyarbeit und handeln demnach gemäß ihres zentralen Auftrages (vgl. Jensen 1994). Aber bereits bei der am zweithäufigsten genannten Aktivität, nämlich dem Ausrichten von Kinderfesten und Kinderveranstaltungen, wird deutlich, dass es schwierig sein dürfte, ein über Lobbyarbeit hinausgehendes gemeinsames Aktivitätsmuster für eine Mehrheit von Jugendringen zu beschreiben, weil lediglich eine Minderheit der Jugendringe solche Aktivitäten entfaltet. Weiterhin interessant an Tab. 6.8.7 sind die zum Teil doch erheblichen Ost-West-Unterschiede. So fungieren ostdeutsche Jugendringe signifikant häufiger als Anbieter von Bildungsveranstaltungen sowohl für GruppenleiterInnen als auch für Jugendliche insgesamt. Dieser signifikante Unterschied bleibt auch erhalten, wenn man die Ortsjugendringe, die es überwiegend in Westdeutschland gibt, aus der Analyse ausschließt. Als Erklärung für die größere Anzahl ostdeutscher Jugendringe, die Bildungsangebote im Programm haben, könnte einerseits die weniger stark ausgebaute Jugendverbandsstruktur in Ostdeutschland herangezogen werden, sodass weniger Bildungsveranstaltungen von Jugendverbänden angeboten werden. Diese Argumentation wird durch eine Auswertung der Jugendverbandsbefragung im Hinblick auf Bildungsaktivitäten gestützt. In Ostdeutschland bieten signifikant weniger Jugendverbände Bildungsangebote für Ehrenamtliche als in Westdeutschland an. Andererseits könnte der Unterschied zwischen den ost- und westdeutschen Jugendringen auch Ausdruck einer größeren Nachfrage nach kostengünstigen Bildungsangeboten bei den Kindern und Jugendlichen im Osten sein (vgl. weiter oben und van Santen/Seckinger 2002). Eine weitere Erklärung könnte auch in den ausgeprägteren Aktivitäten der ostdeutschen Jugendringe im Rahmen von Betreuungsangeboten an Schulen zu finden sein. Dies kann auch als ein Indiz für ein weniger traditionelles Verständnis der Jugendringarbeit gesehen werden.

Die stärkere Ausrichtung auf geschlechtsspezifische Angebote im Westen, die auch bei der Jugendhilfeplanung gezeigt werden kann (vgl. Kap. 10), wird ebenfalls an der Tab. 6.8.7 deutlich. Allerdings ist sie im Westen ebenfalls noch immer überraschend gering ausgeprägt. Nur jeder sechste Jugendring gibt an, spezielle Angebote für Mädchen in seinem Programm zu haben. Eine Analyse nach Bundesländern zeigt zudem, dass es in Westdeutschland sehr große Unterschiede zwischen den Bundesländern gibt. In Hessen und im Saarland hat kein einziger Jugendring angegeben, mädchenspezifische Aktivitäten im Programm zu haben, in Schleswig-Holstein hingegen hat dies mehr als die Hälfte der Jugendringe. Spezielle Angebote für Jungen sind weder in Ost noch in West nennenswert verbreitet.

Im Kontext des bereits angesprochenen Auftrags eine jugendpolitische Lobby zu bilden, wurden die Jugendringe auch gefragt, ob sie Kinder- und/oder Jugendbeauftragte haben. Ähnlich wie bei einer Erhebung in Kommunen durch das Projekt „Beteiligung von Kindern und Jugendlichen in der Kommune" (Bruner/Winkelhofer/Zinser 1999: 52) zeigt sich auch bei der Jugendringbefragung, dass Kinder- bzw. Jugendbeauftragte im Westen der Republik doppelt so häufig wie im Osten anzutreffen sind. Der Unterschied zwischen den Jugendringen in Ost und West entspricht also dem Unterschied bei den kommunalen Kinder- und/oder Jugendbeauftragten. Bei den eher repräsentativen Formen der Beteiligung von Kindern und Jugendlichen an Kommunalpolitik stellt sich die Situation bei den Jugendringen anders dar: Kinder- und Jugendforen bzw. Kinder- und Jugendparlamente sind im Aktivitätsspektrum ostdeutscher Jugendringe häufiger anzutreffen als in westdeutschen. Bei der Befragung von Kommunen 1999 (Bruner/Winkelhofer/Zinser 1999) war das Verhältnis noch umgekehrt. Die Autorinnen (Bruner/Winkelhofer/Zinser 1999: 35) verwiesen bereits damals darauf, dass in Ostdeutschland diese Beteiligungsmodelle etwas jünger sind (selten älter als drei Jahre, im Westen zum Vergleich selten älter als vier Jahre), damit würde indirekt auch eine dynamischere Entwicklung angekündigt. Damals gab es bei 19 % der befragten Kommunen solche Beteiligungsmodelle. Inzwischen sind bundesweit betrachtet 19 % der Jugendringe Träger solcher Modelle. Da nicht anzunehmen ist, dass die Beteiligungsmodelle vollständig in die Trägerschaft von Jugendringen übergegangen sind, kann von einer deutlich gestiegenen Verbreitung ausgegangen werden.

Insgesamt 55 % der Jugendringe sind nicht Träger von Einrichtungen oder Projekten. Hierbei ist ein erheblicher Unterschied zwischen Ost und West zu verzeichnen, der nur knapp die von uns gesetzte Signifikanzgrenze ($p < 5\%$) überschreitet. In Ostdeutschland haben 42 % der Jugendringe keine eigenen Einrichtungen oder Projekte und in Westdeutschland sind es mit 15 Prozentpunkten

Tab. 6.8.8: Einrichtungen bzw. Projekte in Trägerschaft von Jugendringen 2001

Einrichtungen bzw. Projekte	Ost	West	Insgesamt
Jugendtreffs/Jugendzentren/Jugendpflege	26%	17%	19%
Spielmobil	20%	13%	14%
Mobile Jugendarbeit	22%*	8%	10%
Jugendbildungsstätte/Tagungshaus/Jugendzeltplätze	2%*	12%	10%
Sonstige	4%	11%	10%
Jugendsozialarbeit	16%*	4%	6%

Quelle: Vollerhebung bei Jugendringen 2001, DJI
* Signifikanter Unterschied zwischen Ost und West

mehr 57% der Jugendringe. Dies verdeutlicht noch einmal die großen Unterschiede zwischen den einzelnen Jugendringen. Tab. 6.8.8 gibt Auskunft über die unterschiedlichen Einrichtungen und Projekte in Trägerschaft der Jugendringe. Auffallend sind die signifikanten Unterschiede bei mobiler Jugendarbeit und Jugendsozialarbeitsprojekten, die sehr viel häufiger bei ostdeutschen Jugendringen angeboten werden als bei westdeutschen. Genau andersherum verhält es sich mit Jugendbildungsstätten, Tagungshäusern und Jugendzeltplätzen, die eher von westdeutschen Jugendringen betrieben werden. Diese Unterschiede in der Trägerschaft sind vielleicht auch Ausdruck der unterschiedlichen wirtschaftlichen Potenz der Jugendringe sowie des sehr viel längeren Bestehens der westdeutschen Jugendringe.

Jugendtreffs/Jugendzentren/Jugendinformationszentren in Trägerschaft von Jugendringen sowie mobile Jugendarbeit bei Jugendringen ist in kreisfreien Städten signifikant häufiger gegeben als bei Jugendringen in anderen Gebietskörperschaften. Auch fällt auf, dass Jugendringe, die auf der gleichen Ebene agieren wie regionalisierte Jugendämter, nur sehr selten, nämlich zu 13% Träger von Einrichtungen und/oder Projekten sind.

Inanspruchnahme von Angeboten der Jugendarbeit

Bei der Frage nach der Nutzung von Angeboten der Jugendarbeit durch Kinder und Jugendliche stützen wir uns auf zwei unterschiedliche Datenquellen. Zum einen auf die Shell-Studie des Jahres 1997, in der 12- bis 25-Jährige Kinder und Jugendliche (n = 2102) zum Besuch von Freizeiteinrichtungen befragt wurden, und zum anderen auf die Ergebnisse des DJI-Jugendsurveys zu Mitgliedschaften in Vereinen und Verbänden.

Mitgliedschaften in Vereinen und Verbänden

Wie bereits zu Beginn dieses Kapitels verdeutlicht wurde, wird in dieser Auswertung Mitgliedschaft in Jugendverbänden als Indikator für die Nachfrage nach Angeboten von Jugendverbänden gewertet. Dass dieser Indikator mit zunehmender Projektorientierung[63] auch der Jugendverbandsarbeit an Aussagekraft verliert, ist unbestritten, und doch stellt die Mitgliedschaft den bisher einzig verfügbaren empirischen Indikator für die Nachfrage nach Aktivitäten von Jugendverbänden dar.

In Ostdeutschland ist etwa ein Drittel (31,4 %) der 16- bis unter 27-Jährigen Mitglied in einem Verein.[64] Dieser Anteil liegt in Westdeutschland mit 46,8 % deutlich höher. Je nach Vereinstyp gibt es jedoch sehr deutliche Unterschiede bei den Anteilen der Mitgliedschaften, weshalb wir zwei Gruppen von Jugendverbänden bzw. -vereinen unterschieden haben: 1. Sportvereine, die angesichts ihrer Aktivitäten ein eindeutiges Profil haben und auch am meisten Mitglieder vorweisen können sowie 2. andere Vereine. Die Grafiken 6.8.1 und 6.8.2 zeigen, wie hoch der Anteil von Jugendlichen verschiedener Altersgruppen und unterschiedlichen Geschlechts ist, die Mitglied in einem Verein sind. Jugendliche sind am häufigsten Mitglied in einem Sportverein (Ost 22 %, West 35 %) und deutlich weniger häufig sind sie Mitglied in einem anderen Verein (Ost 17 %, West 25 %).

In der Abbildung 6.8.1 kann man deutlich erkennen, dass Jungen in allen Altersgruppen deutlich häufiger Mitglied in einem Sportverein sind als Mädchen. Bei beiden Geschlechtern sinkt ungefähr bis zum 20. Lebensjahr der Anteil der Jugendlichen, die Mitglied in einem Sportverein sind und bleibt dann etwa auf dem gleichen Niveau. Nicht ganz so eindeutig wie bei Sportvereinen stellt sich die Situation der Mitgliedschaften bei den anderen Vereinen dar (vgl. Abb. 6.8.2). Es gibt keine eindeutige Zu- oder Abnahme der Mitgliedschaften mit wachsendem Alter. Obwohl auch hier insgesamt betrachtet Jungen etwas öfter Mitglied im Verein sind als Mädchen, ist der Unterschied doch deutlich geringer als bei Sportvereinen.

---

[63] Diese wird zumindest in der Diskussion über eine Modernisierung der Jugendverbände unterstellt.
[64] Gezählt wurden hier Mitgliedschaften in Sportvereinen, religiösen Vereinen, Wohlfahrtsverbänden, Jugendverbänden, Heimatvereinen und geselligen Vereinen.

Abb. 6.8.1: Mitgliedschaft in Sportvereinen

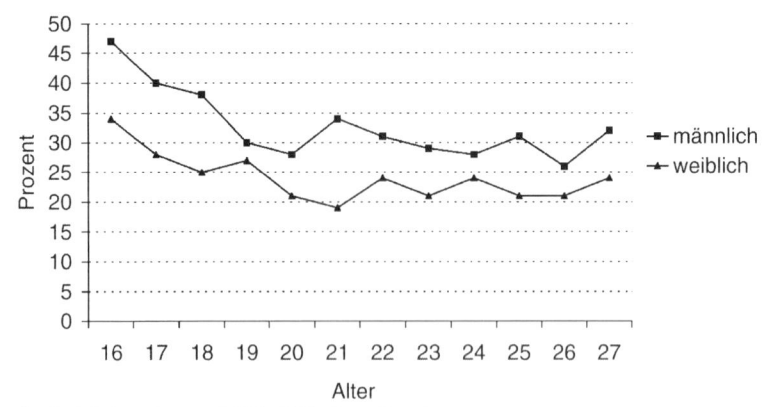

Abb. 6.8.2: Mitglieder religiöser Vereine, Wohlfahrtsverbände, Jugendverbände, Heimatvereine, gesellige Vereinigungen

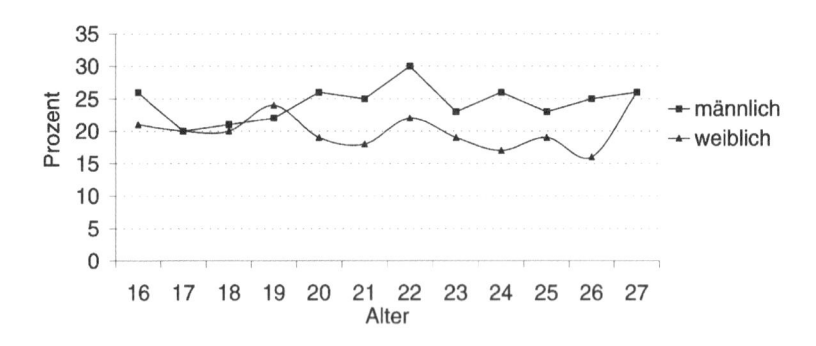

Während also der Anteil der Mitgliedschaften bei Sportvereinen mit steigendem Alter abnimmt, ist bei den anderen Vereinen ein solcher Trend nicht eindeutig erkennbar. Diese unterschiedliche „Vereinstreue" könnte eine Reaktion auf eine relativ größere Einschränkung der Zeitautonomie durch die Mitgliedschaft in Sportvereinen sowie auf den mit sportlichen Aktivitäten verbundenen Verzicht auf bestimmte durchaus jugendtypische Verhaltensformen sein. Eine Sekundärauswertung der Daten der Shell-Studie zeigt in diesem Zusammenhang ganz deutlich, dass die Bedeutung von Freunden mit dem Alter stark ansteigt, was wiederum die Ansprüche an eine möglichst freie Zeitgestaltung zunehmen lässt. Mitgliedschaften in anderen Vereinen (Nicht-Sportvereine) ermöglichen wohl eher die Aufrechterhaltung der Zeitautonomie bzw. stellen von Anfang an eine geringere zeitliche Einschränkung dar.

Tab. 6.8.9: Anteil von Frauen an Mitgliedern und ehrenamtlich Aktiven in Jugendverbänden

Anteil an …	Ost	West	Insgesamt
… Mitgliedern	42 %	46 %	44 %
… ehrenamtlich Aktiven	41 %*	48 %	45 %

Quelle: Jugendverbandsbefragung 2001, DJI
* Signifikanter Unterschied zwischen Ost und West

Die geschlechtsspezifische Verteilung der Mitgliedschaften differenziert nach Vereinstypen spiegeln sich auch in den Ergebnissen der von uns aktuell durchgeführten Befragung von Jugendverbänden. Im Durchschnitt sind 44 % der Mitglieder in Jugendverbänden weiblich. Bei Sportverbänden sinkt dieser Anteil auf 38 %. Fast identisch stellt sich das Geschlechterverhältnis bei den ehrenamtlich Aktiven dar. Über alle Jugendverbände haben Mädchen und Frauen einen Anteil von 45 % an den ehrenamtlich Aktiven und bei den Sportverbänden beträgt der entsprechende Anteil 33 %. Wie Tab. 6.8.9 verdeutlicht, gibt es bei westdeutschen Jugendverbänden sowohl einen höheren Anteil an weiblichen Mitgliedern als auch an ehrenamtlich aktiven jungen Frauen, der zweite Unterschied ist statistisch signifikant.

Bemerkenswert ist der unterschiedlich große Anteil von Jugendlichen in Ost- und Westdeutschland, die Mitglied in mehreren Vereinen sind. In Ostdeutschland trifft dies auf 8,3 % der 16- bis 27-Jährigen zu, während dieser Anteil im Westen mit 15,6 % fast doppel so hoch liegt. Differenziert man diese Werte noch einmal weiter nach dem Geschlecht, zeigt sich auch hier ein eindeutiger Unterschied: Mädchen sind im Osten (7,2 %) weniger häufig als Jungen (9,2 %) in mehreren Vereinen gleichzeitig Mitglied. Dieser Geschlechtsunterschied fällt in Westdeutschland mit 13,3 % bei den Mädchen und 17,8 % bei den Jungen noch deutlicher aus.

Besuch von Jugendzentren

Neben Vereinen und Verbänden gibt es in der Jugendarbeit noch andere Formen institutionalisierter Freizeit. Die offene Jugendarbeit stellt Kindern und Jugendlichen in Form von Jugendzentren, Jugendclubs und Jugendtreffs Räume zur Verfügung, wo sie gemeinsam mit ihren Altersgenossen Erfahrungen sammeln und ihre Freizeit gestalten können. Darüber hinaus gibt es für Kinder eine Palette weiterer Angebote wie beispielsweise Abenteuerspielplätze oder Kinderbauernhöfe (Deutscher Bundestag 1998: 223).

Abb. 6.8.3: Jugendzentrumsbesuch nach Geschlecht und Alter

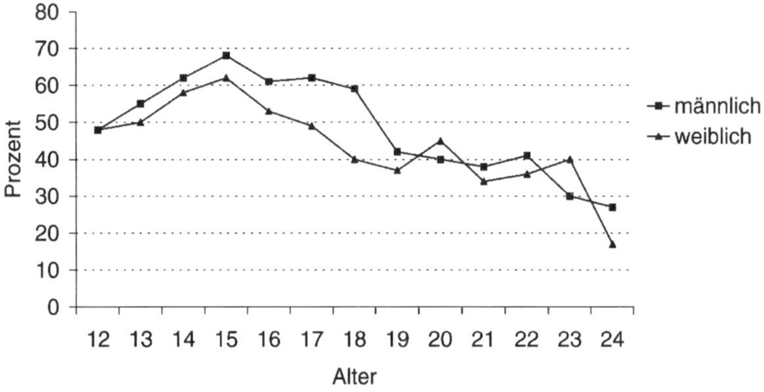

Quelle: Shell-Studie 1997; eigene Berechnungen

Abb. 6.8.3 enthält differenziert nach Jungen und Mädchen und dem Alter Angaben zum Anteil von denjenigen Kindern, die in ihrer Freizeit Jugendzentren besuchen. Die Häufigkeit wurde in der Shell-Studie entlang einer vierstufigen Skala mit den Ausprägungen „nie", „selten", „oft" sowie „sehr oft" erfasst und stellt somit kein absolutes Maß dar, sondern richtet sich nach der subjektiv empfundenen Häufigkeit. 46% der 12- bis 25-Jährigen geben an, in der Freizeit überhaupt einmal ein Jugendzentrum zu besuchen. Der Anteil der Jugendlichen, die Jugendzentren besuchen, steigt bis zum 15. Lebensjahr an. Ab diesem Alter nimmt der Anteil sowohl bei Mädchen als auch bei Jungen nahezu kontinuierlich ab (vgl. Abb. 6.8.3).

Insgesamt sind nur geringe Unterschiede zwischen Jungen und Mädchen zu beobachten. Die geringen Unterschiede verweisen eher darauf, dass Mädchen (43%) etwas weniger häufig Jugendzentren in ihrer Freizeit nutzen als Jungen (48%). Dieses Ergebnis der Befragung von 12- bis 25-Jährigen Kindern und Jugendlichen steht im Einklang mit bisherigen Befunden zur Nutzung von Angeboten der Jugendarbeit durch Mädchen. Allgemein wird nämlich davon ausgegangen, dass Jugendarbeit in ihrer Tendenz eher Jungenarbeit ist und deshalb auch von Mädchen weniger stark in Anspruch genommen wird (vgl. z.B. Buberl-Mensing 2000; Deutscher Bundestag 1998: 225/226; Möhlke 1998: 85; oder auch Zahlen der Jugendhilfestatistik). Betrachtet man die Nutzung der Angebote durch Jungen und Mädchen getrennt für die einzelnen Altersgruppen, so wird erkennbar, dass die geschlechtsspezifischen Unterschiede in der Nutzung der Angebote sich eigentlich nur auf die Altersgruppe der 16- bis 19-Jährigen beziehen (vgl. Abb. 6.8.3). Dieses Ergebnis inspiriert zu zwei sich widersprechenden Hypothesen: 1. Die Angebote der offenen Jugendarbeit sind für junge Frauen nicht attraktiv genug, obwohl sie eigentlich ein Bedürfnis nach Angeboten offener Jugendarbeit hätten. Die Angebote sind zu stark auf die Interessen männlicher Jugendlicher ausgerichtet. 2. Weibliche Jugendliche haben kein Bedürfnis nach Angeboten offener Jugendarbeit, ihre Freizeitgestaltung ist völlig unabhängig hiervon.

Um im Rahmen der kommunalen Jugendhilfeplanung ein bedarfsgerechtes Angebot entwickeln zu können, ist es notwendig, diese Hypothesen einer empirischen Überprüfung zu unterziehen. Anhand bisher vorliegender Daten lässt sich nicht entscheiden, welche dieser Hypothesen zutrifft.

Die Differenzierung nach den neuen und alten Bundesländern zeigt erneut einen interessanten Unterschied: In Ostdeutschland ist der Anteil der Jugendzentrumsbesucher unter den Kindern (hier der 12- bis 14-Jährigen) signifikant geringer als in Westdeutschland (45% zu 57%). Allerdings gleicht sich dieser Unterschied bei den älteren Altersgruppen wieder vollkommen aus, sodass eher von einer stärkeren Altersabhängigkeit ausgegangen werden muss als von einer prinzipiell größeren Zurückhaltung der ostdeutschen Kinder und Jugendlichen gegenüber dieser Form, seine Freizeit zu verbringen.

Fazit

Noch bis vor kurzem wurden die Kinder und Jugendlichen in Ostdeutschland als „freizeitdepriviert" betrachtet (z.B. Joos 2001: 187). Unsere Befunde sowie die der Kinder- und Jugendhilfestatistik deuten auf einen Wandel hin. Zumindest was die Angebotsstruktur der Jugendarbeit betrifft, kann diese Situationsbeschreibung als hinfällig angesehen werden. Es ist allerdings eine interessante Diskrepanz zwischen der „objektiven" Angebotssituation bezogen auf Einrichtungen der Jugendarbeit und dem Zufriedenheitsniveau der Jugendlichen in Ost und West bezüglich der Freizeitangebote in ihrem jeweiligen Umfeld vorhanden. Jugendliche in Ostdeutschland sind mit den Freizeitangeboten deutlich unzufriedener als Jugendliche in Westdeutschland. Zumindest sind sie der Meinung, dass die Politik sich in diesem Bereich stärker engagieren müsste (vgl. Gaiser 1999). Offensichtlich sind für die Zufriedenheit der Kinder und Jugendlichen nicht nur die Angebote im Rahmen der offenen Kinder- und Jugendarbeit, sondern darüber hinaus auch das Vorhandensein von Schwimmbädern oder Sportstätten wie etwa frei zugängliche Basketballfelder (vgl. Gawlik/Krafft/Seckinger 1995) sowie das Angebot an Ausgehmöglichkeiten im kommerziellen Bereich (z.B. Kneipe, Disco) wichtig. Das heißt, weder kann man unmittelbar von der Zufriedenheit mit den Freizeitmöglichkeiten auf das Vorhandensein von bestimmten Freizeitangeboten noch aus der Betrachtung nur eines Ausschnittes des vorhandenen Spektrums an Möglichkeiten auf die gesamte Infrastruktur schließen, da es bei den Kindern und Jugendlichen offensichtlich verschiedene Prioritätensetzungen gibt.

Was die verbandliche Kinder- und Jugendarbeit betrifft, kann man insgesamt feststellen, dass bei ostdeutschen im Vergleich zu westdeutschen Kindern und Jugendlichen (noch) eine deutliche Zurückhaltung gegenüber der Mitgliedschaft in Vereinen vorhanden ist (vgl. auch Gaiser/de Rijke 2000: 284 ff.).

6.9 Hilfen bei (drohender) seelischer Behinderung sowie Hilfe zur Erfüllung der Schulpflicht

Hilfen bei (drohender) seelischer Behinderung

Kinder und Jugendliche, die seelisch behindert oder von einer solchen Behinderung bedroht sind, haben nach § 35a KJHG Anspruch auf Eingliederungshilfe. Anders als bei den Hilfen zur Erziehung haben Kinder und Jugendliche selbst Anspruch auf diese Art von Hilfe. Die Unterstützungsleistungen nach § 35a KJHG wurden vor der Konkretisierung im Änderungsgesetz zum KJHG mit Wirkung zum 1.4.1993 im Rahmen der Hilfen zur Erziehung wahrgenommen[65]. Bereits das Jugendwohlfahrtsgesetz (JWG) enthielt Regelungen ähnlich dem § 35a KJHG. So war freiwillige Erziehungshilfe zu gewähren, „wenn die körperliche, geistige und seelische Entwicklung des Minderjährigen gefährdet war" (Wiesner/Mörsberger/Oberloskamp/Struck 2000: 475). Mit der Änderung sollte eine Neuregelung geschaffen werden, die Abhilfe für die seit Jahren bestehenden Abgrenzungsprobleme zwischen Jugendhilfe und Sozialhilfe schafft.

Der Unterschied zwischen neuer und alter Regelung besteht in erster Linie darin, dass die Eingliederungshilfe ein eigenständiger Leistungstatbestand wurde. Notwendig erschien dies, um zu verhindern, dass sich die Kinder- und Jugendhilfe nur für die seelisch behinderten Kinder und Jugendlichen in den eigenen Einrichtungen zuständig fühlt. Die Erfassung in einem eigenen Paragrafen sollte aber auch dazu beitragen, eine Verbesserung des Hilfeangebotes für die betroffene Gruppe von AdressatInnen anzustreben, indem über neue Hilfesettings nachgedacht wird und qualifizierte Angebote für diese spezielle Gruppe unterbreitet werden.

Das seit vielen Jahren diskutierte Problem der Zuständigkeit für Eingliederungshilfen wurde jedoch – wie zu erwarten – durch die Einfügung des § 35a KJHG nicht gelöst. Die Auseinandersetzung wird auch mit Blick auf die angespannte Finanzlage der Kommunen intensiv geführt. Die Einengung der Zuständigkeit der Kinder- und Jugendhilfe auf seelische Behinderung wird unter einer fachlichen Perspektive als kleine Lösung beschrieben. Denn die eigentlichen Erwartungen, nämlich eine Integration behinderter oder von Behinderung bedrohter Kinder und Jugendlichen, durch eine Vereinheitlichung der Zuständigkeiten wie auch den Umgang mit mehrfachbehinderten Kindern und Jugendlichen zu erleichtern, werden nicht erfüllt (BMFSFJ 1998: 278; BMFSFJ 2002: 229). Vonseiten der Fachöffentlichkeit wird dem gegenüber schon lange die Einbeziehung aller von Behinderung bedrohten bzw. behinderter Kinder und Jugendlichen (also auch geistige und körperliche Behinderungen) in die Kinder- und Jugendhilfe gefordert. Es handelt sich dabei um ca. 120.000 Kinder und Jugendliche (Wiesner/Mörsberger/Oberloskamp/Struck 2000: 479). Im Jahr 1999 wurden von den Jugendämtern ungefähr 46.000 Maßnahmen gemäß § 35a KJHG bewilligt. An dem Verhältnis dieser Zahlen kann man unschwer erkennen, zu welchen

---

[65] Die allgemein getroffene Übergangsregelung legte als endgültigen Beginn des Inkrafttretens des § 35a KJHG den 1.1.1995 fest. Durch Landesrecht konnten jedoch andere Übergangsfristen getroffen werden.

Verschiebungen eine umfassende Zuständigkeitsveränderung geführt hätte. Es besteht zu befürchten, so auch Wiesner, Mörsberger, Oberloskamp und Struck (ebd.), dass eine solche Veränderung aufgrund der allgemeinen Finanzsituation der öffentlichen Hand und des Gesundheitswesens zu einer Verschlechterung des Leistungsangebotes führen könnte. Andererseits weist Lempp darauf hin, dass eine Abgrenzung der pädagogischen Maßnahmen (Hilfen zur Erziehung) von therapeutischen oder rehabilitativen Maßnahmen nicht möglich ist und deshalb eine große Lösung sowohl Reibungsverluste vermeiden helfen als auch Kosten sparen könnte (Lempp 1999: 14). Parallel hierzu müssten dann natürlich auch Regelungen über einen Ausgleich der Ressourcen zwischen den aktuell bestehenden Kostenträgern getroffen werden (Lempp 1999: 56).

Um abschätzen zu können, ob der Rechtsanspruch auf Eingliederungshilfe von der Kinder- und Jugendhilfe erfüllt wird, müsste man die Anzahl der Anspruchsberechtigten mit der Anzahl derjenigen, die Eingliederungshilfe erhalten haben, vergleichen. Zur Anzahl der Anspruchsberechtigten liegen jedoch keine empirisch gesicherten Zahlen vor. Auf epidemiologischen Studien aufbauend kommt Fegert zu der Annahme, dass rund 1 % der Kinder und Jugendlichen die Voraussetzungen für Hilfen nach § 35a KJHG erfüllen würden (Fegert 1999: 46). Dies bedeutet hochgerechnet auf die Anzahl der 0- bis unter 21-Jährigen im Jahr 1999, dass 239.000 Kinder und Jugendliche Anspruch auf Maßnahmen nach § 35a KJHG haben. Gemessen an dieser Zahl hat die Kinder- und Jugendhilfe im Bereich der Eingliederungshilfe noch lange keinen bedarfsgerechten Ausbau erreicht, da unsere Erhebung, wie bereits erwähnt, eine hochgerechnete Anzahl von 46.000 Maßnahmen nach § 35a KJHG ergeben hat. Diese hier erkennbar werdenden Versorgungslücken überraschen insofern nicht, als die Diskussion zu Maßnahmen nach § 35a KJHG sich sehr stark auf Teilleistungsstörungen bezieht und Hilfen im Rahmen der Frühförderung je nach den in den einzelnen Bundesländern getroffenen Regelungen nicht in die Zuständigkeit der Kinder- und Jugendhilfe, sondern des Bundessozialhilfegesetzes (BSHG) fallen, sofern nicht andere Kostenträger, z.B. Krankenkassen, aufkommen müssen.

Der Vergleich zwischen Kinder- und Jugendhilfe und den anderen Eingliederungshilfen zeigt – bei allen Mängeln im quantitativen Ausbau bzw. der quantitativen Inanspruchnahme von Eingliederungshilfen –, dass das Verhältnis in der Kinder- und Jugendhilfe zwischen geschätztem Bedarf und tatsächlicher Inanspruchnahme (19 %) deutlich besser ist als in den anderen Bereichen der Eingliederungshilfe (4 %). Legt man für die Schätzung, wie viele Kinder und Jugendliche insgesamt von einer Behinderung bedroht oder betroffen sind, die ebenfalls in der Expertise von Fegert (1999) genannte Zahl von etwas über 17 % zugrunde, dann müssten nämlich 3,1 Millionen Kinder und Jugendliche Eingliederungshilfen erhalten. Dass es gerade im Hinblick auf Unterstützungsangebote bei gesundheitlichen (körperlich, psychisch und geistig) Beeinträchtigungen keine wirkliche Bedarfsorientierung gibt, zeigen auch die Ergebnisse der Kita-Reihenuntersuchung für das Land Brandenburg (Böhm 2001): Die Behandlungsquote liegt insgesamt relativ niedrig und viele Störungen werden erst bei Reihenuntersuchungen entdeckt.

Der Begriff der seelischen Behinderung an sich ist nur unscharf definiert und umso größere Interpretationsspielräume werden durch den Zusatz „oder bei drohender seelischer Behinderung"[66] eröffnet. In § 2 SGB IX wird Behinderung allgemein definiert und in § 3 der Eingliederungshilfe-Verordnung in der Fassung vom 19. Juni 2001 wird zwar versucht, den Begriff der seelischen Behinderung einzugrenzen, dennoch sind weite Interpretationsspielräume möglich. Somit besteht die Gefahr, dass Hilfen nach § 35a KJHG zu einer Restkategorie verkommen. Hierfür gibt es zweierlei empirische Hinweise: Erstens werden auf Grundlage dieses Paragrafen auch so genannte flexible Hilfen abgerechnet (vgl. Kap. 6.5) und zweitens gibt es bei der Inanspruchnahme von Hilfen nach § 35a KJHG die höchste Streuung der Inanspruchnahmequote, die bei den verschiedenen Hilfeformen konstatiert wurde. Die Tatsache, dass in etwa jedem zwölften Jugendamt überhaupt keine Hilfe nach § 35a KJHG gewährleistet wird, unterstreicht den sehr großen Interpretationsspielraum der Jugendämter. An diesem empirischen Datum wird möglicherweise auch die kontroverse Fachdiskussion offensichtlich, in der ein Teil der VertreterInnen dafür plädiert, den § 35a KJHG nicht anzuwenden und sich stattdessen auf den § 27 (2) zu berufen (Wehner 2002: 826; Cobus-Schwertner 1998: 45). Als Begründung wird die Stigmatisierungswirkung des § 35a KJHG benannt, die zudem nicht dazu führen sollte, dass Sondereinrichtungen für seelisch behinderte Minderjährige entstehen.

Besonders auffällig ist der sehr große und signifikante Unterschied der durchschnittlichen Inanspruchnahme in Ost- und Westdeutschland: Die durchschnittliche Quote in Westdeutschland liegt fünfmal höher (4,5 Fälle pro 10.000 Einwohner) als in Ostdeutschland (0,9).

---

[66] Nach § 2 SGB IX sind die Personen von einer Behinderung bedroht, bei denen zu erwarten ist, dass eine Teilhabe am Leben in der Gesellschaft beeinträchtigt ist.

Dabei variiert die Inanspruchnahme im Osten auch deutlich weniger als im Westen. Die vorhandene Differenz zwischen Ost und West kann, wenn überhaupt, dann nur zu einem Teil auf Unterschiede in der Bedürfnislage zurückgeführt werden. Deshalb stellt sich die Frage, wie diese Differenzen hinsichtlich der Inanspruchnahme sonst erklärt werden können. Folgende zwei Hypothesen bieten sich zur Erklärung an:

1) In der Ideologie der sozialistischen Staaten folgte die Erklärung von abweichendem Verhalten im weitesten Sinne eher einem medizinischen, sich an Pathologien orientierenden Modell. Es gab dort, anders als in den westeuropäischen Gesellschaften keine hermeneutische Tradition. Hilfen bei seelischer Beeinträchtigung bzw. Behinderung erfolgen also nicht gemäß den Regelungen des § 35a KJHG, sondern eher innerhalb des medizinischen Systems. Um diese Hypothese zu überprüfen, müsste man zusätzlich Daten aus Statistiken zur medizinischen Versorgung heranziehen.

2) Im Westen dürfte eine stärkere Lobby von Psychologen und verwandten Berufsgruppierungen vorhanden sein, der es gelingt, ihre Zuständigkeit für die Bearbeitung dieser Probleme zu reklamieren. Der im Vergleich zu den Sozialpädagogen hohe gesellschaftliche Status dieser Berufsgruppen kommt dabei zum Tragen.

Unabhängig davon, wie die vorhandenen großen Unterschiede in der Gewährung von Hilfen nach § 35a KJHG zu erklären sind, verweisen sie auf die Notwendigkeit, die Abklärung der Hilfsbedürftigkeit zu systematisieren. Wie Fegert (2002) ausführt, muss in einem ersten Schritt durch eine medizinische oder auch psychologische Diagnose das Vorliegen einer seelischen Behinderung oder einer drohenden seelischen Behinderung gemäß internationalen Standards (International Classification of Disease (ICD) 10) festgestellt werden. Im Anschluss daran ist zu prüfen, inwieweit daraus Eingliederungsprobleme entstehen, die dann auch durch die Kinder- und Jugendhilfe abzubauen sind. Wird eine Eingliederungshilfe als unter Umständen notwendig erachtet, ist das Hilfeplanverfahren nach § 36 KJHG mit einer gemeinsam ausgehandelten Konkretisierung der Hilfeleistung abzuschließen. Welche Bedeutung die Beteiligung der AdressatInnen bei dieser Entscheidung hat, formuliert Fegert so: „Hilfeplanung ohne Partizipation der Betroffenen an dieser Planung, ohne Motivation für die Umsetzung der Hilfe kann bei noch so gut theoretisch abgesicherten Indikationsstellungen nur in die Leere laufen" (2002: 135).

Der unterschiedliche Umgang bei den einzelnen Jugendämtern und in den verschiedenen Regionen mit dem § 35a KJHG kann auf traditionsbedingte Unterschiede zurückzuführen sein, ist Ausdruck einer ausgeprägten Unterversorgung und ist ein Ergebnis der unklaren und große Interpretationsspielräume lassenden rechtlichen Vorgabe. Nicht umsonst gibt es immer wieder Bestrebungen, zu einer Neuregelung der Bestimmungen über seelisch behinderte Kinder und Jugendliche zu kommen. In der Kinder- und Jugendhilfe gibt es seit langem das Plädoyer für die „große Lösung", weil nur so der Blick auf das ganze Kind oder den Jugendlichen gerichtet ist und auch bei behinderten Kindern und Jugendlichen Aufgaben im Vordergrund stehen, die die Sozialisation und Erziehung betreffen. Zuletzt wurde diese Forderung in Verbindung mit der Diskussion um die Einführung des SGB IX wiederholt. Das neue Gesetz zur Rehabilitation und Teilhabe behinderter Menschen bot aber auch Anlass für die entgegengesetzte Forderung, nämlich die generelle Abkehr von der geltenden Regelung des § 35a KJHG hin zu einer Zuständigkeit der Sozialhilfe. Forderungen, die sich dazwischen bewegen, beziehen sich auf den Wechsel der Zuständigkeit für seelische Behinderte in die Sozialhilfe mit dem Erreichen der Volljährigkeit und darauf, den speziellen Leistungstatbestand, wie er jetzt existiert, rückgängig zu machen und stattdessen einen erweiterten, d.h. einen alle Behinderungsarten umfassenden Leistungstatbestand der Hilfe zur Erziehung zu schaffen (Wiesner 2001: 285). Die Erfahrungen mit der Umsetzung des § 35a KJHG sind offensichtlich noch so uneinheitlich, dass jede Seite Argumente für ihre jeweilige Position findet. Struck weist im Zusammenhang mit der Einführung des SGB IX und dessen Auswirkungen auf die Kinder- und Jugendhilfe noch einmal grundlegend darauf hin, dass sich die Kinder- und Jugendhilfe bislang oft zu wenig auf die Gruppe der seelisch behinderten und von Behinderung bedrohten Kinder und Jugendlichen eingestellt hat und sich stärker damit auseinander setzen müsste, was die spezifischen Bedürfnisse dieser Gruppe sind (Struck 2001: 330).

Angebote zur Erfüllung der Schulpflicht

Wenn Personensorgeberechtigte wegen des mit ihrer beruflichen Tätigkeit verbundenen ständigen Ortswechsels (z.B. SchaustellerInnen, BinnenschifferInnen, AußendienstmitarbeiterInnen) die Erfüllung der Schulpflicht ihres Kindes oder Jugendlichen nicht sicherstellen können und es deshalb notwendig ist, das Kind oder den Jugendlichen anderweitig unterzubringen, haben sie nach § 21 KJHG Anspruch auf Beratung und Unterstützung. Der Gesetzgeber geht davon aus, dass es sich bei den AdressatInnen in der Regel um kleinere Familienbetriebe handelt und beide Elternteile den überwiegenden Teil des Jahres auf Reisen sind. Durch einen Abbruch oder eine Unterbrechung der Berufstätigkeit können die Eltern in eine materielle Notlage geraten, die – auch unter Berücksichtigung des Kindeswohls – nicht einfach hingenommen werden kann.

Die dem § 21 KJHG entsprechenden Angebote sind von den Hilfen zur Erziehung nach § 28 ff. KJHG abzugrenzen, denn im Vordergrund stehen nicht erzieherische Defizite oder Verhaltensauffälligkeiten des Kindes oder des Jugendlichen, sondern die Sorge des Staates um die Erfüllung der Schulpflicht. Im Unterschied zu den Regelungen bei den Hilfen zur Erziehung können die Eltern bei einer Hilfe nach § 21 KJHG zur Übernahme der Kosten herangezogen werden. Unter bestimmten Voraussetzungen übernimmt jedoch das Jugendamt teilweise oder ganz die Kosten der Unterbringung in einer für das Kind oder den Jugendlichen geeigneten Wohnform, z.B. in einem Internat, einschließlich des notwendigen Unterhalts und der Krankenhilfe, und zwar längstens bis zur Vollendung des 21. Lebensjahres, vorausgesetzt der bzw. die Jugendliche befindet sich in einer Schulausbildung (vgl. Jans/Happe/Saurbier 2001).

Tab. 6.9.1: Vorhandensein und Inanspruchnahme von Hilfen nach §§ 21 und 35a KJHG in den Jugendamtsbezirken

Hilfeform	Angebot vorhanden	Inanspruchnahme*
Unterstützung bei notwendiger Unterbringung zur Erfüllung der Schulpflicht (§ 21 KJHG)	8 %	1,2 (1,6)
Eingliederungshilfen für seelisch behinderte Kinder und Jugendliche (§ 35a KJHG)	89 %	35,6 (83,1)

* Durchschnittliche Inanspruchnahme in den Jugendamtsbezirken, in denen diese Hilfeform gewährleistet wird, pro 100.000 Personen; in Klammern die Standardabweichung

Die Voraussetzungen für diese Art von Hilfe treffen nur auf einen sehr kleinen Kreis von Personen zu. Deshalb ist es nicht weiter verwunderlich, dass in nur acht Prozent der Jugendamtsbezirke überhaupt Hilfen dieser Art gewährt werden (vgl. Tab. 6.9.1). Telefonische Recherchen zur Frage, welche Leistungen Jugendämter mit Rückgriff auf § 21 KJHG übernehmen, ergaben, dass es sich überwiegend um Beratungsangebote für Sorgeberechtigte handelt, die berufsbedingt auf Reisen sind und deren Kinder zur Schule gehen. Weniger oft übernehmen Jugendämter auch Unterbringungskosten nach § 21 KJHG. Da die Organisation und Gestaltung entsprechender Schulangebote (zu den Angeboten in den Bundesländern vgl. www.schule-unterwegs.de) primär im Kompetenz- und Zuständigkeitsbereich der Schulämter liegt, scheinen die Jugendämter bei der Finanzierung alternativer Schulangebote z.B. für Schausteller- bzw. Circuskinder kaum eine Rolle zu spielen. Gelegentlich tragen die Schulämter solche Schulprojekte in Zusammenarbeit mit freien Trägern und Sponsoren (vgl. z.B. die Schule für Circuskinder in Nordrhein-Westfalen: www.schulefuercircuskinder-nrw.de).

6.10 Angebote für ausländische Kinder und Jugendliche und Aussiedlerkinder und -jugendliche

Vor dem Hintergrund der aktuellen politischen Diskussion über Probleme des Zusammenlebens von Menschen unterschiedlicher kultureller und ethnischer Herkunft in Deutschland verwundert es nicht, dass auch in der Kinder- und Jugendhilfe intensiv darüber debattiert wird, wie auf die besonderen Lebenslagen von Kindern und Jugendlichen mit Migrationshintergrund sowie deren Familien fachlich einzugehen ist (vgl. BMFSFJ 2002). Die Ergebnisse der Shell-Studie aus dem Jahr 2000 (Jugendwerk der dt. Shell 2000) verweisen darauf, dass gerade die Kinder- und Jugendhilfe mit ihren Angeboten im Rahmen der offenen und verbandlichen Jugendarbeit aufgefordert ist, Begegnungsmöglichkeiten zu schaffen, da die sozialen Netzwerke von Kindern und Jugendlichen häufig entsprechend ihrer jeweiligen Herkunft getrennt sind. Auch die wachsende Integration von Kindern mit Migrationserfahrungen in die Kindertagesbetreuung kann hierzu einen Beitrag leisten. Dieser Beitrag bleibt jedoch in seiner Wirkung beschränkt: Die wenigen Untersuchungen, die es hierzu gibt, zeigen, dass zwar im Kindesalter die ethnische und kulturelle Herkunft für die Mitgliedschaft in Freundschaftsnetzen keine Rolle spielt (vgl. Berg/Jampert/Zehnbauer 2001), im Jugendalter dagegen die Freundschaftsnetze homogener werden (vgl. z.B. Otyakmaz 1999). Dies ist ein weiterer Hinweis darauf, dass Jugendarbeit als potenzieller Integrationsort gefordert ist.

Die Fachdiskussion zum Beitrag der sozialen Arbeit und nicht nur dieser zur Integration von Familien mit Migrationshintergrund dreht sich im Unterschied zu früheren Jahren nicht mehr ausschließlich um die Pole von Assimilation und Betonung kultureller Eigenständigkeit und damit auch Abgrenzung und Ausschluss. Es werden stärker Fragen der zusätzlichen Kompetenz und Entwicklungsgewinne durch die Verwurzelung in verschiedenen Kulturen vor dem

Hintergrund einer sich globalisierenden Welt diskutiert (vgl. z.B. Otyakmaz 1999; Berg/Jampert/Zehnbauer 2001; Dannenbeck/Eßer/ Lösch 1999). Im Bericht der „Unabhängigen Kommission ‚Zuwanderung'" wird folglich auch betont, dass Integration einen Prozess beschreibt, „zu dessen Gelingen Aufnahme- wie Zuwanderergesellschaft wechselseitig beitragen" (Unabhängige Kommission „Zuwanderung" 2001: 200) und dass dabei, wie es bereits der lateinische Wortstamm nahe legt, etwas Größeres und Neues entsteht. Setzt man dieser Definition jedoch die sehr minimalistische Variante entgegen, wie sie im Zuwanderungsgesetz in § 43 zum Ausdruck kommt, nämlich dass Integration dazu führen soll, dass Ausländer „ohne Hilfe oder Vermittlung Dritter in allen Angelegenheiten des täglichen Lebens selbstständig handeln können", so wird deutlich, mit welch unterschiedlichen Ansprüchen an Integrationskonzepte herangegangen wird. Folgerichtig ist in der Kinder- und Jugendhilfe sowie in der sozialen Arbeit insgesamt grundsätzlich zwischen sozialer Arbeit mit Migranten und interkultureller Arbeit zu unterscheiden. Bei der sozialen Arbeit mit Migranten geht es darum, „Hilfestellungen zur Bewältigung der Lebenslage dieser Gruppe" (Nieke 2001: 813) zu leisten, ohne „dass die (Hilfestellung; d. Verf.) konstitutiv die interkulturelle Perspektive einschließen muss" (Nieke 2001: 813). Interkulturelle Arbeit richtet sich im Unterschied dazu in erster Linie gegen eine Segmentierung der Gesellschaft. Interkulturelle Ansätze sollen dazu beitragen, Integration durch Veränderung sowohl aufseiten der Mehrheitsgruppe als auch aufseiten der Minderheitsgruppe zu erreichen. Überträgt man diesen Anspruch auf die Kinder- und Jugendhilfe, dann sind verstärkte Anstrengungen im Hinblick auf die Öffnung von Infrastrukturangeboten der Kinder- und Jugendhilfe (Kindertagesbetreuung, Kinder- und Jugendarbeit, Beratung) für Kinder- und Jugendliche mit Migrationshintergrund vonnöten. Auch eine Stärkung der interkulturellen Perspektive in den Angeboten und Einrichtungen der Hilfen zur Erziehung würde einen wichtigen Beitrag zum Erreichen der Integrationsziele leisten.

Der Integrationsansatz in der Kinder- und Jugendhilfe impliziert also auch die konzeptionelle Frage, wie man Integration ohne Aufgabe und Verleugnung der jeweiligen kulturellen Wurzeln unterstützen kann. Es ist im Rahmen der Integrationsarbeit zu überlegen, wann eine Orientierung an dem und eine enge Einbindung in den eigenen ethnischen Kontext einer notwendigen Stärkung der eigenen Person und einer Vergewisserung der eigenen Identität dienlich ist und wann hierdurch Gettoisierungsprozesse unterstützt werden (Weiss/Enderlein/Rieker 2001: 142).

Die Kritik an einem Konzept, das einseitig auf eine Stärkung der Binnenkultur setzt, bezieht sich auf verschiedene Punkte. Erstens liegt diesem Konzept die Annahme einer funktionierenden herkunftsorientierten Binnenkultur innerhalb der Fremdkultur zugrunde, die in der Lage ist, als Schutz- und Schonraum zu wirken und tatsächlich Ressourcen zur Unterstützung bereitzustellen. Für viele ausländische BürgerInnen existiert eine solche funktionierende Binnenkultur jedoch nicht, weil die Anzahl der Einwanderer aus ihrer Kultur zu gering ist, um als Binnenkultur funktionieren zu können. Zu beachten ist außerdem, dass das Herkunftsland nicht mit einer bestimmten Kultur gleichzusetzen ist, sondern es innerhalb dieser Herkunftsländer nicht anders als in Deutschland auch eine Vielzahl von unterschiedlichen Kulturen geben kann. Deshalb wird beispielsweise auch in der Familienforschung die Differenz zwischen Ethnie und Nationalität betont (BMFSFJ 2000: 78 ff.). Zweitens setzt der Versuch, sich aus einer geschützten und gestärkten Kultur heraus in eine andere fremde Kultur zu integrieren, voraus, dass es Brücken (wie z. B. eine doppelte Staatsbürgerschaft) zwischen den Kulturen gibt, die die gesellschaftliche Teilhabe institutionalisieren. Ein dritter Kritikpunkt setzt bei der Feststellung an, dass eine Orientierung der ausländischen Kinder und Jugendlichen hin zur eigenen Kultur nicht freiwillig, sondern auch gezwungenermaßen erfolgen kann, weil eine Integration verweigert bzw. erschwert wird. Viertens wird kritisch auf Stigmatisierungseffekte hingewiesen, die mit einer sozialen Arbeit, die auf eine Herkunftsorientierung setzt, verbunden ist. Elschenbroich (1986) spricht in diesem Zusammenhang von einem Prozess der sekundären Ethnisierung, die den Einzelnen keinen Spielraum für integrative Handlungsalternativen lässt, weil von außen einseitig auf die Herkunft Bezug genommen wird. Insgesamt wird damit die Gefahr größer, dass Differenzen zementiert statt Brücken zwischen den Kulturen gebaut werden.

Richtet man den Blick auf Entwicklungen in der und Anforderungen an die Kinder- und Jugendhilfe, dann kann und darf die Auseinandersetzung mit der Frage, welche Bedeutung die ethnische und nationale Herkunft von Kindern und Jugendlichen für die Angebotsstruktur spielt, also nicht fehlen. Die Bedeutung, die der ethnischen Herkunft für das Zusammenleben, für die Alltagsgestaltung und für Problemdefinitionen zugemessen wird, ist in erster Linie sozial konstruiert (vgl. Dannenbeck/Lösch/Eßer 1998), aber nichtsdestotrotz wirksam. Statistische, meistens jedoch nicht kausale Zusammenhänge zwischen Migrationserfahrungen und spezifischen Problemlagen sind nachweisbar. So ist beispielsweise der Anteil von AbiturientInnen in der Gruppe von Jugendlichen ohne deutschen Pass geringer als bei den Jugendlichen mit einem deutschen Pass (vgl. Baumert/Artelt/Neubrand/Prenzel/Schiefele/Schneider/ Stanat/Tillmann/Weiß 2001); auch leben mehr ausländische als deutsche Familien in Armut (vgl. BMFSFJ 2000). Die Kinder- und Jugendhilfe sollte sich, will sie ihrem fachlichen und gesetzlichen Anspruch gerecht werden, mit der Lebenslage ausländischer Kinder und Jugendlicher offensiv auseinander setzen und im Rahmen von Jugendhilfeplanung und konkreten Angeboten darauf reagieren. Dies findet im Spannungsfeld von einerseits Betonung und damit Fixierung auf und andererseits Ignoranz von ethnischer Herkunft statt. Es ist auf einer abstrakten Ebene nicht zu klären, ob es fachlich besser ist, eine statistisch gleichmäßige Verteilung von deutschen und ausländischen Jugendlichen in allen Angeboten und alle Problemlagen betreffend anzustreben oder aber eine möglichst große Ungleichverteilung und damit auch eine möglichst große Anzahl von Spezialangeboten zu haben. So kann die Tatsache, dass es z.B. beim Bundesjugendring keine Mitgliedsorganisation gibt, die ausländische Jugendliche repräsentiert, sowohl negativ als auch positiv interpretiert werden. Negativ, weil es als ein Zeichen von mangelnder Offenheit gewertet werden kann, wenn 11,8% aller Kinder und Jugendlichen ausländischer Herkunft sind (vgl. Statistisches Bundesamt 2001d)[67] und nicht durch mindestens eine Organisation im Bundesjugendring vertreten sind[68]. Positiv, weil man aus dieser Tatsache schließen könnte, dass ausländische Kinder und Jugendliche in die bestehenden Verbänden integriert sind. Schließlich sind sie nie nur ausländisch, sondern immer auch männlich-weiblich, arm-reich etc.

Fasst man die Diskussion innerhalb der Kinder- und Jugendhilfe zum Thema Integration zusammen, so lassen sich im Wesentlichen zwei Integrationskonzepte unterscheiden: Integration als Gleichstellung des Individuums sowie Integration im Sinne eines multikulturellen Nebeneinanders (Weiss/Enderlein/Rieker 2001: 148f.). Während eine auf individuelle Gleichstellung ausgerichtete Integrationspolitik eine kulturelle Integration in den Vordergrund stellt, einen gewissen Assimilationsdruck auf die Einzelnen ausübt und

---

[67] Dieser Anteil bezieht Aussiedlerkinder und -jugendliche nicht mit ein, da diese häufig über eine deutsche Staatsangehörigkeit verfügen. Ebenso werden die Kinder und Jugendlichen mit Migrationshintergrund nicht erfasst, die aus anderen Gründen einen deutschen Pass besitzen (z.B. neues Staatsbürgerschaftsrecht).

[68] Empirisch weiß man bislang so gut wie nichts über die institutionellen Gesellungsformen ausländischer Jugendlicher in Deutschland, doch kann angenommen werden, dass auch institutionalisierte Formen dazu gehören.

gleichzeitig seiner Diskriminierung entgegentritt, setzt die multikulturell orientierte Minderheitenpolitik auf eine gesellschaftliche Integration bei Gewährung und Förderung einer kulturellen Autonomie der zu integrierenden Gruppen. Dies wiederum kann zu einer Ethnisierung von Problemen führen, weil Probleme des Einzelnen durch seine ethnische Gruppenzugehörigkeit erklärt werden, was letztendlich Stigmatisierungsprozesse begünstigt (vgl. Dannenbeck/ Eßer/Lösch 1999). In der Diskussion um das beste Integrationskonzept spiegeln sich auch die unterschiedlichen Ansprüche an die Mehrheitsgesellschaft wider. Wie weit muss sie sich öffnen? Wie weit sollen Integrationsangebote gehen?

Im Kontext der vorgelegten Studie sind wir trotz der vielen Schwierigkeiten, die mit dieser hier vorgenommenen Engführung auf Kinder und Jugendliche mit Migrationshintergrund verbunden sind, der Frage nachgegangen, inwiefern es spezielle Angebote für diese Gruppe gibt. Ziel ist es, den Iststand in der Kinder- und Jugendhilfe auf der Ebene von Angebotsstrukturen zu beschreiben und so Handlungsoptionen und Handlungsnotwendigkeiten benennen zu können.

Ausländische Kinder und Jugendliche in den Hilfen zur Erziehung

Die Dringlichkeit, Angebote der Kinder- und Jugendhilfe stärker als bisher auf Kinder und Jugendliche mit Migrationshintergrund auszurichten, wird auch an der Anzahl der Kinder und Jugendlichen ausländischer Herkunft deutlich. Sie hat schon vor Jahren eine für die Praxis der Kinder- und Jugendhilfe nicht zu vernachlässigende Größenordnung erreicht. In der Tendenz steigt der Anteil ausländischer Kinder und Jugendlicher weiter an, da die Reproduktionsrate der ausländischen Bevölkerung die der deutschen Bevölkerung übertrifft (vgl. BMFSFJ 2000). Die Quote ausländischer Kinder und Jugendlicher berechnet für Gesamtdeutschland verdeckt die ausgeprägten regionalen Unterschiede: Der Anteil im Westen (13,7 %) liegt deutlich über dem im Osten (3,0 %) und in den Städten liegt er deutlich über dem in den Landkreisen (vgl. Bauereiss/Bayer/Bien 1997). Wie groß der Anteil von ausländischen Jugendlichen in einigen Regionen ist, sieht man beispielsweise an Frankfurt am Main. Dort betrug der Anteil bei den unter 25-Jährigen im Jahr 2000 41,5 % (Frankfurt 2001).

Es scheint Konsens darüber zu bestehen, dass die Lebenslage der meisten Kinder und Jugendlichen mit Migrationshintergrund durch besondere, vergleichsweise hohe Belastungen gekennzeichnet ist

(Gaitanides 1995: 71). Dazu gehören etwa erforderliche kulturelle Anpassungsleistungen und Widersprüche ebenso wie geringe ökonomische Bildungsressourcen (vgl. Baumert/Artelt/Neubrand/Prenzel/ Schiefele/Schneider/Stanat/Tillmann/Weiß 2001; BMFSFJ 2000). Vor diesem Hintergrund erscheint es auf den ersten Blick überraschend, dass ausländische Kinder und Jugendliche an verschiedenen Leistungen des KJHG nicht über-, sondern unterrepräsentiert sind[69]. Allerdings ist bei solchen Aussagen Vorsicht geboten, da es andere als die verglichenen Variablen geben kann, die einen größeren Einfluss haben. So müsste man hier eigentlich auch moderierende Variablen wie zum Beispiel Alter, Geschlecht, soziale Herkunft, Bildung oder materielle und soziale Ressourcen einbeziehen, um Fehlschlüsse zu verhindern. Van Santen konnte beispielsweise zeigen, wie wichtig eine Altersstandardisierung der Inanspruchnahmequoten stationärer Hilfeformen für einen angemessenen Vergleich der Quoten zu unterschiedlichen Zeitpunkten ist (van Santen 2000). Aufgrund der Datenlage ist eine spezifischere Auswertung, als sie hier vorgenommen wurde, für uns im Moment leider nicht möglich.

Tab. 6.10.1: *Anteil der Kinder und Jugendlichen ohne deutsche Staatsangehörigkeit an den HilfeempfängerInnen, 1999*

	Männlich	Weiblich	Insgesamt
Institutionelle Beratung	7%	6%	6%
Erziehungsbeistand*	k.A.	k.A.	8%
Tagesgruppe	8%	8%	8%
Sozialpädagogische Familienhilfe	k.A.	k.A.	8%**
Betreuungshelfer*	k.A.	k.A.	16%
Soziale Gruppenarbeit*	k.A.	k.A.	20%
Intensive sozialpädagogische Einzelbetreuung	9%	13%	11%
Vollzeitpflege	7%	7%	7%
Heim	10%	10%	10%
Betreute Wohngemeinschaft	10%	9%	10%
Betreutes Einzelwohnen	12%	10%	11%
Vorläufige Schutzmaßnahmen	25%	19%	22%
Adoptionen	27%	29%	28%

* Beendete Hilfen
** Zudem haben bei 2% der Familien Eltern unterschiedliche Staatsangehörigkeiten
Quellen: Amtliche Kinder- und Jugendhilfestatistik, diverse Arbeitsunterlagen des Statistischen Bundesamtes; eigene Berechnungen

---

[69] Aussiedlerkinder und -jugendliche werden in der Kinder- und Jugendhilfestatistik nicht gesondert ausgewiesen, weshalb bezogen auf die Daten der amtlichen Statistik ausschließlich von ausländischen Kindern und Jugendlichen (also ohne deutsche Staatsangehörigkeit) gesprochen wird.

Betrachtet man die Tab. 6.10.1, so wird deutlich, dass institutionelle Beratung noch immer kein Angebot darstellt, das von ausländischen Familien genutzt wird. Diese unzureichende Öffnung der Erziehungsberatungsstellen wird seit längerem kritisch diskutiert (vgl. z. B. BMFSFJ 1998). Ein Grund für die nur zögerliche Öffnung der Erziehungsberatungsstellen ist sicherlich mit den nicht sehr entwickelten spezifischen interkulturellen Kompetenzen der betroffenen Fachkräfte verbunden (vgl. z. B. Pavkovic 2001). Ob dieser Mangel an interkultureller Öffnung der Erziehungsberatungsstellen wirklich durch eine intensive Nutzung von ausländerspezifischen Sozialberatungen wie die Bundesregierung in ihrer Stellungnahme zum 10. Kinder- und Jugendbericht schreibt, ausgeglichen wird, ist zumindest aus fachlicher Perspektive kritisch zu hinterfragen und erfordert allemal eine genaue empirische Analyse. Auch bei dem auf die gesamte Familie gerichteten Angebot SPFH, das von seiner Struktur (Gehstruktur, langfristig angelegt und auf die gesamte Familie bezogen) eigentlich den kulturellen Werten vieler ausländischer Familien entgegenkommen müsste (vgl. z. B. Deutsches Jugendinstitut 1998a: 443 oder Schwabe 1999: 47 ff.), sind ausländische Kinder unterrepräsentiert. Nicht anders stellt sich die Situation bei einem Teil der ambulanten Hilfen zur Erziehung, Tagesgruppe und Erziehungsbeistandschaft dar. Auch hier sind ausländische Kinder und Jugendliche unterrepräsentiert. Anders dagegen ist die Situation bei den ambulanten Hilfen in Form von „Betreuungshelfer" und „sozialer Gruppenarbeit". Hier sind ausländische Kinder und Jugendliche überrepräsentiert. Allerdings gibt es offensichtlich innerhalb dieser Angebote wiederum eine deutliche Unterscheidung zwischen Angeboten für deutsche Jugendliche und solchen für ausländische Jugendliche. Denn in einer ganzen Reihe von Projekten zum Täter-Opfer-Ausgleich sowie bei sozialen Trainingskursen sind unzureichende Kenntnisse der deutschen Sprache ein Ausschlusskriterium (Gabriel/Holthusen/Schäfer 1999). Jugendrichter scheinen in ihren Entscheidungen diese Schwierigkeit, passende Angebote für ausländische Jugendliche finden zu können, bereits vorwegzunehmen und verfügen daher häufig Betreuungsweisungen.

Bei den stationären Hilfen sind ausländische Kinder und Jugendliche bei Vollzeitpflege, in Heimen sowie in betreuten Wohnformen unterrepräsentiert. Allerdings ist ihr Anteil gegenüber 1996 angestiegen (vgl. Späth 1999). Dieser Trend gilt nicht für die intensive sozialpädagogische Einzelbetreuung (ISE). Gleichzeitig lässt sich bei vorläufigen Schutzmaßnahmen eine deutliche Überrepräsentation von ausländischen Kindern und Jugendlichen beobachten. Dies bedeutet, dass offensichtlich ausländische Kinder und Jugendliche nach einer krisenbedingten Inobhutnahme das Hilfesystem wieder verlassen. Diese große Differenz zwischen einem großen Anteil bei Inobhutnahmen und einem relativ kleinen Anteil von ausländischen Kindern und Jugendlichen in den stationären Hilfen provoziert die Frage, ob, um dem Auftrag des KJHG und den Verpflichtungen der UNO-Kinderrechtskonvention gerecht werden zu können, nicht vermehrte Anstrengungen notwendig sind, stationäre Hilfen auch für ausländische Kinder, Jugendliche und ihre Familien zu öffnen. Wo bleiben die Kinder und Jugendlichen, die zwar in Obhut genommen werden, aber dann nicht mehr in den Hilfen zur Erziehung auftauchen? Wurden diese Kinder und Jugendlichen von ihren Eltern zurück in die Herkunftsländer zu Verwandten geschickt? Entspricht dies unseren Vorstellungen von notwendiger und fachlicher Unterstützung der Eltern bei der Erziehung von Kindern? In einem Bericht von Schwabe (1999) findet sich eine knappe Beschreibung der Folgen solcher Verschickungen für die Entwicklung von Jugendlichen. Eine positive Entwicklung und eine Verbesserung der Teilhabechancen sowohl an der Herkunftskultur als auch an der deutschen Kultur wird durch solche Maßnahmen eher behindert (vgl. Unabhängige Kommission „Zuwanderung" 2001).

Auch bei Adoptionen übersteigt der Anteil der ausländischen Kinder und Jugendlichen den des Bevölkerungsanteils, hier sogar um 16,2 Prozentpunkte (Anteil Adoption: 28%). Selbst wenn man die ausländischen Kinder außer Betracht lässt, die zum Zwecke der Adoption nach Deutschland gebracht wurden, sind ausländische Kinder bei Adoptionen nicht unterrepräsentiert. Zwei Faktoren könnten zur Erklärung dieser Besonderheit bei Adoptionen beitragen: Junge unverheiratete Mütter geben überproportional häufig Kinder zur Adoption frei (vgl. Wittland-Mittag 1992); ausländische Frauen bekommen a) früher Kinder (vgl. BMFSFJ 2000) und wenn sie b) unverheiratet sind, ist das familiäre Umfeld auch häufiger nicht positiv auf die Schwangerschaft zu sprechen. Fehlt familiäre Unterstützung, steigt die Bereitschaft, das Kind zur Adoption zu geben, ebenfalls an (vgl. Wittland-Mittag 1992).

Die Zahlen zu den Adoptionen (vgl. Statistisches Bundesamt 2001f.) und die dahinter stehenden familiären Beziehungen machen auf einen Aspekt aufmerksam, der bislang in der Diskussion zur Lebenslage ausländischer Kinder- und Jugendlicher vernachlässigt wird. Betont werden bisher vorwiegend besondere Belastungen, die mit der Lebenslage von ausländischen Kindern und Jugendlichen in Deutschland verbunden sind. Unbeachtet bleiben dagegen die Ressourcen, die mit der spezifischen Kultur der Herkunftsfamilie ausländischer Kinder und Jugendlicher verknüpft sind und von dieser auch zur Bearbeitung und Verarbeitung von erzieherischen und gesellschaftlichen Problemkonstellationen genutzt werden können. Die Statistik zu den Adoptionen zeigt in diesem Zusammenhang z. B., dass der Anteil der Adoptionen von Kindern und Jugendlichen ausländischer Herkunft durch Verwandte um ein Vielfaches (ca. fünfmal[70]) höher liegt als bei den deutschen Kindern und Jugendlichen (3 %). Dies kann so gedeutet werden, dass es innerhalb ausländischer Familien ein ausgeprägteres Bestreben und damit auch eine größere Bereitschaft gibt, eine aus erzieherischer Sicht problematische Situation der Kinder und Jugendlichen innerfamiliär zu lösen. Auf die Unterstützung durch soziale Dienste wird nur zögerlich zurückgegriffen. Dies kann sowohl Ausdruck von mangelnder Information oder einem größeren Verantwortungsgefühl gegenüber Familienmitgliedern sein als auch Ausdruck einer geringeren Veröffentlichungsbereitschaft von Problemen, die wiederum Folge bisheriger Erfahrungen mit deutschen Behörden sein kann, oder Ausdruck einer Kombination aller genannten Faktoren. Diese aus welchen Gründen auch immer stärker innerfamiliären Problemlösungsversuche können durchaus als eine spezifische Ressource ausländischer Familien begriffen werden, die zum Teil auf eine große Bedeutung der sozialen Beziehungen innerhalb von Verwandtschaftsnetzen zurückgeführt werden kann. Es ist anzunehmen, dass diese und weitere Ressourcen auch in anderen Situationen, in denen das Wohl von ausländischen Kindern oder Jugendlichen gefährdet ist, zum Tragen kommen können. Dies ist ein weiterer Hinweis darauf, dass bikulturelles Aufwachsen nicht nur Risiken birgt, sondern auch spezifische Entwicklungschancen für Kinder und Jugendliche beinhaltet. Die Kehrseite dieser Bearbeitungsstrategien ist jedoch, dass professionelle Unterstützung erst nach Eskalationen, die unter anderem in der überproportionalen Inanspruchnahme von Notdiensten durch ausländische Kinder und Jugendliche zum Ausdruck kommt, gesucht wird.

Die Tatsache, dass der Anteil ausländischer Kinder und Jugendlicher bei der Vollzeitpflege im Vergleich zu allen erzieherischen

---

[70] Eine genaue Bestimmung dieser Zahl ist auf der Basis der verfügbaren Daten der amtlichen Statistik nicht möglich. Es gibt keine Angaben darüber, ob die Kinder und Jugendlichen, die zum Zwecke der Adoption nach Deutschland gebracht werden, von in Deutschland lebenden Verwandten adoptiert werden. Deshalb ist lediglich eine Schätzung möglich. Dabei wird davon ausgegangen, dass die Mehrheit der zu adoptierenden Kinder und Jugendlichen, die zum Zwecke der Adoption nach Deutschland gebracht wurden, nicht in einem Verwandtschaftsverhältnis zu den Adoptiveltern stehen.

Hilfen am niedrigsten ist und dies sich auch bei einer Differenzierung nach Pflegeverhältnissen bei Verwandten oder Fremden nicht grundsätzlich verändert, scheint mit der eben unterstellten höheren Verantwortungsübernahme innerhalb ausländischer Familien in einem gewissen Widerspruch zu stehen. Da ja eigentlich zu erwarten wäre, dass es aufgrund der innerfamiliären Problemlösungsstrategien einen überproportional hohen Anteil an Verwandtschaftspflege gibt. Allerdings muss bei einer Analyse der Zahlen beachtet werden, dass eine Adoption nicht ohne eine Beteiligung des Jugendamtes und damit einer statistischen Erfassung durchgeführt werden kann. Ein pflegeähnliches Verhältnis – insbesondere innerhalb der Familie – wird hingegen häufig informell, also ohne eine Beteiligung des Jugendamtes und damit ohne statistische Erfassung realisiert.

Spezielle Angebote für Kinder und Jugendliche mit Migrationshintergrund

Die Befragung von Jugendämtern durch das Projekt erlaubt im Unterschied zur amtlichen Statistik Aussagen darüber, ob in den Jugendamtsbezirken spezielle Angebote für ausländische Kinder und Jugendliche sowie Aussiedlerkinder und -jugendliche vorhanden sind. Die Frageformulierung zielt in erster Linie auf Ansätze, die sich nach den oben beschriebenen Differenzierungen eher als multikulturelle Minderheitenpolitik beschreiben lassen und somit eine Orientierung an der Herkunftskultur beinhalten können. Freilich würde eine valide Einordnung der verschiedenen pädagogischen Ansätze weiterer Informationen über die hinter den jeweiligen Angeboten stehenden Konzepte bedürfen. Auch ist anzunehmen, dass die Abgrenzung zwischen speziellen Angeboten für eine spezifische Zielgruppe und solchen für mehrere Zielgruppen schwierig ist. Es könnte also durchaus sein, dass von Jugendämtern bei den Angaben zu „Schulsozialarbeit mit MigrantInnen" auch solche Angebote mitgezählt wurden, die sich an alle Kinder und Jugendliche richten und somit solche mit Migrationshintergrund nicht ausschließen. Man kann also annehmen, dass es weniger Angebote gibt, die exklusiv für Kinder und Jugendliche mit Migrationshintergrund konzipiert sind, als dies die Zahlen in Tab. 6.10.2 ausweisen. Ein Vergleich der Anzahl von Angeboten an Schulsozialarbeit, an berufsbildenden Maßnahmen sowie an aufsuchender Jugendarbeit in den einzelnen Jugendamtsbezirken, die ohne eine Spezifizierung von Zielgruppen angegeben wurden (vgl. auch Kap. 6.7), mit der Anzahl von Angeboten, die auf die gezielte Abfrage von speziellen Angeboten für

Kinder und Jugendliche mit Migrationshintergrund (vgl. Tab. 6.10.2) genannt wurden, zeigt allerdings, dass dies nicht – zumindest nicht durchgängig – der Fall ist. So gibt es beispielsweise in 66 % der Jugendamtsbezirke Angebote der Schulsozialarbeit, aber nur in 19 % Angebote der Schulsozialarbeit, die sich speziell an Kinder und Jugendliche mit Migrationshintergrund richten. Diese großen Unterschiede rechtfertigen die Annahme, dass bei der Frage nach speziellen Angeboten (vgl. Tab. 6.10.2) auch solche angegeben wurden.

Tab. 6.10.2: Spezielle Angebote für ausländische Kinder und Jugendliche sowie Aussiedlerkinder und -jugendliche

Angebote	Stadt	Land	Ost	West	Insgesamt
Eingliederungshilfen für AussiedlerInnen	56 %	73 %	70 %	62 %	65 %
Offene Angebote	68 %	53 %	56 %	62 %	60 %
Gewaltpräventive Angebote	41 %	48 %	30 %	53 %	45 %
Berufsbildende Maßnahmen	35 %	28 %	41 %	26 %	31 %
Aufsuchende Jugendarbeit	29 %	15 %	7 %	30 %	22 %
Fremdsprachiges Informationsmaterial	32 %	13 %	11 %	28 %	22 %
Spezielle Angebote für Flüchtlinge	35 %	8 %	4 %	30 %	20 %
Schulsozialarbeit für MigrantInnen	29 %	10 %	11 %	23 %	19 %
Geschlechtsspezifische Angebote	21 %	18 %	7 %	26 %	19 %
Sonstige Angebote	15 %	5 %	7 %	11 %	10 %

Es zeigen sich bei der Analyse der speziellen Angebote zwei wesentliche Unterschiede (vgl. Tab. 6.10.2):
- In den Stadtjugendamtsbezirken sind öfter und mehr spezielle Angebote für Kinder und Jugendliche mit Migrationshintergrund vorhanden als in den Landkreisen.
- In westdeutschen Jugendamtsbezirken gibt es ebenfalls mehr und öfter Angebote als in ostdeutschen.

Beide Differenzen erklären sich aus den unterschiedlich hohen Anteilen ausländischer Kinder und Jugendlicher an der jeweiligen Gesamtbevölkerung. Somit wird auch nachvollziehbar, warum dies für die Eingliederungshilfen für AussiedlerInnen nicht gilt. Aussiedler werden bei ihrer Ankunft in Deutschland zuerst einmal nach einem festgeschriebenen Schlüssel in ausgewählte Regionen verteilt. Die Jugendgemeinschaftswerke, die bis vor kurzem ausschließlich Angebote für Aussiedlerkinder und -jugendliche nach deren Einreise gemacht haben, befinden sich überwiegend im ländlichen Raum. Hier gibt es aufgrund der angesprochenen Verteilungsschlüssel oftmals vergleichsweise mehr Aussiedlerkinder und -jugendliche als in den Städten. Die zweite Ausnahme von dem oben beschriebenen Stadt-Land- und Ost-West-Unterschied, nämlich, dass in Landkreisen gewaltpräventive Angebote für Jugendliche mit Migrationshintergrund etwas häufiger anzutreffen sind als in den Städten, obwohl sich hinsichtlich der Gewaltbereitschaft keine Stadt-Land-Unterschiede feststellen lassen (vgl. Bundesministerium des Innern/Bundesministerium der Justiz 2001), lässt sich vielleicht damit erklären, dass gerade das Etikett Gewaltprävention in den Landkreisen öfter genutzt wird, um die Erfolgschancen im Verteilungskampf der geringen finanziellen Ressourcen für die Jugendsozialarbeit zu erhöhen. Den Kreisjugendämtern steht nämlich signifikant weniger Geld für Jugendsozialarbeit als den Stadtjugendämtern zur Verfügung (Im Durchschnitt waren das 1999 DM 179.000 zu DM 2.674.000).

Parallel hierzu erklärt sich auch der unerwartet hohe Anteil von ostdeutschen Jugendämtern, die spezielle berufsbildende Maßnahmen sowie Eingliederungshilfen für AussiedlerInnen anbieten. Insgesamt betrachtet stellt die Eingliederungshilfe für Aussiedler das am häufigsten vorhandene Angebot für Kinder und Jugendliche mit Migrationshintergrund dar (65 % der Jugendamtsbezirke, vgl. Tab. 6.10.2). Dies zeigt eine Bevorzugung bei den Integrationsangeboten für diese Einwanderergruppe. Allerdings beginnt sich die strikte Trennung zwischen den Angeboten für AussiedlerInnen und andere Jugendliche mit Migrationshintergrund aufzuweichen (vgl. Haubrich/Vossler 2002). Auch im neuen Zuwanderungsgesetz wird diese Trennung bei den Integrationskursen faktisch aufgehoben.

Die am zweithäufigsten genannte Angebotsform speziell für Kinder und Jugendliche mit Migrationshintergrund sind offene Angebote. In 60 % der Jugendamtsbezirke gibt es solche Angebote für ausländische Kinder und Jugendliche sowie Aussiedlerkinder und -jugendliche. Nicht ausgeschlossen werden kann, dass hier offene Angebote der Jugendarbeit subsumiert wurden, deren Besuch prinzipiell jeder Besuchergruppe offen stehen, aber von ausländischen Jugendlichen dominiert werden (vgl. Kap. 6.8).

Jugendhilfeplanung für Kinder und Jugendliche mit Migrationshintergrund

In Kapitel 10 werden Stand und aktuelle Entwicklungen in der Jugendhilfeplanung nach § 80 KJHG dargestellt. Dabei wird auch die Planung für spezifische Zielgruppen ausführlich beschrieben. Deshalb werden in diesem Abschnitt nur die zentralen Ergebnisse einer auf Kinder und Jugendliche mit Migrationshintergrund bezogenen Jugendhilfeplanung knapp skizziert.

Ungefähr die Hälfte der Jugendämter befasst sich in ihrer Jugendhilfeplanung auch mit der Frage, welchen spezifischen Jugendhilfebedarf es für diese Zielgruppe gibt. Hierbei sind große Ost-West-Unterschiede festzustellen. In Westdeutschland wird in der Jugendhilfeplanung häufiger auf die spezielle Lebenssituation von Kindern und Jugendlichen mit Migrationshintergrund eingegangen (vgl. Tab. 10.7, S. 412). Ausländerspezifische Aussagen in der Jugendhilfeplanung findet man am häufigsten bezogen auf Jugendarbeit, aber selbst dort lediglich in der Hälfte der Jugendhilfepläne. Bei den anderen Bereichen der Kinder- und Jugendhilfe sinkt der Anteil von Jugendämtern, die ausländerspezifische Aussagen im Rahmen der Jugendhilfeplanung treffen, deutlich ab. Der geringe Anteil spezieller Aussagen zu ausländischen Jugendlichen im Bereich der Jugendberufshilfe (25 % aller Jugendämter) erstaunt besonders, da dies ein Bereich ist, in dem Integrationsleistungen (Sprachkompetenz, adäquate Ausbildungs- und Schulabschlüsse, Berufsorientierung AussiedlerInnen und AusländerInnen) zum Tragen kommen müssten und seit langer Zeit Gegenstand fachlicher Auseinandersetzungen sind (vgl. Bendit 1997). Bezogen auf eine Ausrichtung der Jugendhilfeplanung an den Lebens- und Problemlagen von Kindern und Jugendlichen mit Migrationshintergrund kann festgehalten werden, dass hier Entwicklungsbedarf besteht. Systematisch die Perspektive dieser Kinder und Jugendlichen einzunehmen, stellt vor dem Hintergrund der zu Beginn dieses Kapitels skizzierten fachlichen Diskussion eine der wesentlichen Herausforderungen für die kommunale Jugendhilfeplanung in den nächsten Jahren dar.

Fazit

Wie bereits zu Beginn dieses Abschnittes verdeutlicht wurde, kann es bei einer Betrachtung der Leistungsfähigkeit der Kinder- und Jugendhilfe unter der Perspektive, was für Kinder und Jugendliche mit Migrationshintergrund sowie deren Familien angeboten wird, nicht darum gehen, diese Bevölkerungsgruppe auf eine Dimension, nämlich die Ethnie zu reduzieren. Vielmehr geht es darum herauszufinden, ob dieser Dimension, die faktisch einen Einfluss auf die Chancen und gesellschaftlichen Teilhabemöglichkeiten von Kindern und Jugendlichen hat, ein reflektierter Umgang in der Kinder- und Jugendhilfe zuteil wird. Dies kann man natürlich an rein statistischen Daten nicht abschließend beurteilen, jedoch ergeben sich aus dem hier dargestellten Datenmaterial wichtige Hinweise für notwendige fachliche Weiterentwicklungen. Nimmt man nämlich an, dass Migrationserfahrung an sich keinen Einfluss auf Unterstützungsbedarf und Zugangsmöglichkeiten zum System der Kinder- und Jugendhilfe hat, dann müsste in allen Hilfeformen der Anteil ausländischer Kinder und Jugendlicher dem in der Bevölkerungsstatistik entsprechen. Ist dem nicht so, so ist dies Anlass über die Gründe hierfür intensiv nachzudenken.

Eine Analyse der Daten der Jugendamtsbefragung sowie der amtlichen Kinder- und Jugendhilfestatistik zeigt, dass Kinder, Jugendliche und Familien mit Migrationshintergrund bei den meisten Angeboten der Kinder- und Jugendhilfe gemessen an ihrem Bevölkerungsanteil unterrepräsentiert sind. Daran hat auch der mit der Einführung des KJHG festgeschriebene Anspruch ausländischer Familien auf Leistungen der Kinder- und Jugendhilfe wenig geändert. Möglicherweise haben die ausländerrechtlichen Bestimmungen, die eine Inanspruchnahme sozialstaatlicher Leistungen zu einem aufenthaltsrechtlichen Risiko werden lassen, eine abschreckende Wirkung. Die Änderung dieser Vorschriften wurde – auch um den internationalen Verpflichtungen der Bundesrepublik Deutschland gerecht werden zu können (UN-Kinderrechtskonvention) – immer wieder gefordert (vgl. zuletzt BMFSFJ 2002). Darüber hinaus gibt es eine ganze Reihe an Zugangsbarrieren wie zum Beispiel mangelnde Kenntnisse der deutschen Sprache, Unkenntnis des Versorgungssystems, kulturelle Hemmnisse, Misstrauen gegen staatliche bzw. als staatlich wahrgenommene Institutionen, die Mittelschichtorientierung vieler sozialer Dienste (vgl. Gaitanides 1995), die eine bedarfsgerechte Versorgung ausländischer Kinder, Jugendlicher und Familien erschweren. Obwohl diese Zugangsbarrieren bereits seit vielen Jahren bekannt sind und diskutiert werden (Bendit 1997), werden vonseiten der Jugendämter, wie im Abschnitt Jugendhilfeplanung gezeigt werden konnte, nur wenige Anstrengungen unternommen, diese abzubauen. Als eine Folge hiervon kann man die deutliche Überrepräsentation von ausländischen Kindern und Jugendlichen bei Kriseninterventionen, hier explizit vorläufigen Schutzmaßnahmen, sehen, der eine Unterrepräsentation bei längerfristigen stationären Hilfen gegenübersteht. Für die fehlenden Fortschritte bei der interkulturellen Öffnung der Kinder- und Jugendhilfe wird hinter vorgehaltener Hand die finanzielle Situation der Kommunen angeführt. In Zeiten, in denen man um den Erhalt des Status quo kämpfen muss, sei es nicht möglich, neue Aufgabengebiete zu bearbeiten, auch wenn dies fachlich dringend geboten sei, so die Aussagen von Jugendamtsleitungen in Interviews. Diese Haltung ist gesamtpolitisch weder vor dem Hintergrund der fachlichen Anforderung an die Kinder- und Jugendhilfe noch in Bezug auf internationale Rechtsverpflichtungen noch mit Blick auf eine auf Integration setzende Zuwanderungspolitik tragbar.

6.11 Entwicklungsbedarf aus der Perspektive der Jugendämter

Angeregt durch die Diskussion um neue Steuerungsmodelle und vor dem Hintergrund begrenzter finanzieller Spielräume wurde in den letzten Jahren verstärkt darüber debattiert, welche Weiterentwicklungen in der Kinder- und Jugendhilfe wirklich notwendig sind. Aussagen, in denen ein weiterer Ausbau oder auch eine weitere Ausdifferenzierung von Angeboten gefordert wird, stehen schnell unter dem Verdacht nur der Eigenlogik des Jugendhilfesystems und seinen Bestrebungen, eigene Macht und eigenen Einfluss auszuweiten, geschuldet zu sein. Dabei wird vielfach übersehen, dass sich wandelnde Lebensbedingungen, seien es Veränderungen in der Bevölkerungsstruktur (vgl. Kapitel 12), veränderte Lebensstile und Erziehungsziele oder eine Erhöhung der Frauenerwerbsquote auch veränderte Angebote erfordern. Bei der Befragung der Jugendämter wurde deshalb auch der Versuch unternommen herauszufinden, in welchen Bereichen aus der Perspektive der Jugendamtsleitungen der größte Handlungsbedarf besteht. Sie wurden zu einem Gedankenexperiment aufgefordert: Ohne auf finanzielle Restriktionen Rücksicht zu nehmen, sollten die Befragten ihre Vorstellungen bezüglich gewünschter und für notwendig erachteter Angebotsveränderungen kundtun. Zum einen wurde gefragt, welche vorhandenen Angebote die Jugendämter gerne ausbauen würden, wenn genügend finanzielle Mittel bereit stünden (Tab. 6.11.1), und zum anderen welche bisher nicht vorhandenen Hilfeformen oder Dienste man gerne bereitstellen würde (Tab. 6.11.2). Die Antworten auf beide Fragen sind also Indikatoren für Lücken in der Angebotsstruktur, die es aus fachlicher Perspektive eigentlich zu schließen gilt[71].

---

[71] Bei beiden Fragen wurden keine Antwortkategorien vorgegeben (offene Fragen). Nicht alle Antworten befinden sich demzufolge auf der gleichen Dimension. Während z. B. manche Jugendämter eher auf Angebotsformen (z. B. soziale Gruppenarbeit) Bezug nehmen, antworteten andere eher im Sinne konzeptioneller Kategorien (z. B. interkulturelle Arbeit oder Sozialraumorientierung). Die verwendeten Kategorien bilden diese Vielfalt ab und sind deshalb nicht ganz trennscharf.

Wünschenswerter Ausbau bestehender Angebote

Betrachtet man die Antworten zu dem gewünschten Ausbau bestehender Angebote, so wird erkennbar, dass die Prioritätensetzung der Jugendämter in Ost- und Westdeutschland sehr ähnlich ist. Jugendarbeit wird bei der Frage nach den Angeboten, die man gern ausbauen würde, sowohl in Ost als auch in West am häufigsten genannt (37% der Jugendämter). Die zweithäufigsten Nennungen beziehen sich auf Schulsozialarbeit (31%), an dritter Stelle stehen ambulante Hilfen zur Erziehung (20%). Ein notwendiger Ausbau von Angeboten der Schulsozialarbeit wird bereits seit längerem diskutiert und besonders auch in Ostdeutschland forciert. Der ebenfalls im Osten von einem Drittel der Jugendämter mit Priorität bedachte Ausbau der Jugendsozialarbeit scheint bereits im Gange zu sein. Zumindest lassen sich die Steigerungen der Haushaltsansätze für Jugendsozialarbeit so interpretieren (vgl. Kapitel 5, Tab. 5.5, S. 123). Auffällig ist weiterhin, dass der Ausbau der Kindertagesbetreuung in Ost- wie in Westdeutschland eine relativ geringe Priorität erhält. Dies lässt vermuten, dass sich trotz der hohen politischen Bedeutung, die diesem Thema zugemessen wird, Veränderungen in der Betreuungssituation nur langsam einstellen werden.

Tab. 6.11.1: In den Jugendamtsbezirken vorhandene Angebote, die Jugendämter gerne ausbauen würden*

Angebote	Ost	West	Insgesamt
Jugendarbeit	45%	33%	37%
Schulsozialarbeit	40%	26%	31%
Ambulante Hilfen zur Erziehung	25%	18%	20%
Jugendsozialarbeit	30%	10%	17%
Soziale Gruppenarbeit	20%	10%	14%
Familienorientierte Hilfen	15%	10%	12%
Kindertagesbetreuung	10%	8%	9%
Jugendberufshilfe	5%	8%	7%
Präventionsangebote	5%	8%	7%
Sonstige Angebote	20%	33%	29%

* Die genaue Frageformulierung lautete: „Welche aktuell in ihrem Kreis bereits vorhandenen Angebote und Dienste würden Sie, wenn genügend Geld vorhanden wäre, gern erweitern?"

Der Wunsch, das Angebot soziale Gruppenarbeit weiter auszubauen, steht in einem statistisch nachweisbaren Zusammenhang mit der Einschätzung, dass Gesetzesübertretungen durch Kinder oder Jugendliche ein gravierendes Problem für die Arbeit des Jugendamtes seien. Der Wunsch nach einem Ausbau der sozialen Gruppenarbeit ist bei einem Fünftel der ostdeutschen und einem Zehntel der westdeutschen Jugendämter vorhanden.

Gewünschte neue Angebotsformen in den Regionen

Die Antworten auf die Frage, welche bis jetzt nicht vorhandenen Hilfeformen und Dienste zukünftig bereitgehalten werden sollten, ergaben folgendes Bild. Schulsozialarbeit ist das Angebot, mit dem die Jugendämter am häufigsten ihr Angebotsspektrum erweitern würden (37 % der Jugendämter), wenn genügend Geld vorhanden wäre. Der Anteil der Nennungen zu diesem Bereich in Ostdeutschland liegt etwas unterhalb des entsprechenden Wertes für Westdeutschland, was auf die Unterschiede in der vorhandenen Angebotsstruktur zurückgeführt werden kann. In den neuen Bundesländern ist die Schulsozialarbeit nämlich bereits bei einem großen Anteil der Jugendämter Bestandteil der Angebotspalette (vgl. Kapitel 6.7). Die große Bedeutung, die der Schulsozialarbeit in den neuen Ländern beigemessen wird, verweist auf die Schultradition der DDR, gemäß der Schulen auch andere Aufgaben als nur unmittelbare Bildungsaufgaben wahrgenommen haben. Diese Zusatzaufgaben können wohl bisher nicht in dem gewünschten Umfang neu institutionalisiert werden.

Tab. 6.11.2: Angebote, mit denen Jugendämter ihr Angebotsspektrum erweitern wollen*

Angebote	Ost	West	Insgesamt
Schulsozialarbeit	33 %	38 %	37 %
Familienorientierte Angebote	56 %	24 %	35 %
Soziale Gruppenarbeit	11 %	21 %	17 %
Jugendarbeit	22 %	12 %	15 %
Hilfen zur Erziehung	17 %	12 %	14 %
Sozialraumorientierte Angebote	0 %	15 %	10 %
Jugendberufshilfe	22 %	0 %	8 %
Präventionsangebote	6 %	9 %	7 %
Interkulturelle Angebote	0 %	6 %	4 %
Sonstige Angebote	17 %	21 %	19 %

* Die genaue Frageformulierung lautete: „Mit welchen bisher nicht vorhandenen Leistungs- und Angebotsstrukturen würden Sie die Jugendhilfe in ihrem Kreis, wenn genügend Geld vorhanden wäre, gern ausbauen?"

Insgesamt kann das zunehmende Interesse für die Schulsozialarbeit sicher auch auf die Erkenntnis zurückgeführt werden, dass gerade in der Schule (z. B. durch Schuleschwänzen) sich Problemsituationen manifestieren bzw. für Außenstehende erkennbar werden und dass Schulsozialarbeit die Möglichkeit eröffnet, Problemsituationen früh zu erkennen und darauf rechtzeitig reagieren zu können. Auch im Zusammenhang mit dem Thema Gewaltprävention, das an Schulen neue Aktualität erlangt hat, rückt Schulsozialarbeit stärker in das Zentrum der Debatte.

Etwa jedes zweite Jugendamt (56 %) in Ostdeutschland gibt an, dass es seine Angebotspalette gerne um familienorientierte Hilfe- und Unterstützungsmöglichkeiten ergänzen würde. Dies ist die mit Abstand häufigste Nennung bei den ostdeutschen Jugendämtern. Bei den für die Tabelle zusammengefassten familienorientierten Hilfen handelt es sich um Angebote im Bereich der Familienerholung, Familienbildung sowie um Familien- und Mütterzentren. Auch der Wunsch nach dieser Art von Angeboten dürfte zum Teil auf eine Tradition aus Zeiten der DDR zurückzuführen sein, in der etwa Möglichkeiten der Familienerholung Bestandteil der nicht monetären Arbeitsbedingungen darstellten und, für die bislang keine äquivalenten Angebote breitgestellt werden. Der Bedarf nach Angeboten für relativ wenig Geld, familiengerecht Urlaub machen zu können, ist vorhanden.

Die soziale Gruppenarbeit ist eine Form erzieherischer Hilfen, die auffällig oft genannt wurde und für die deshalb eine extra Kategorie gebildet wurde. Etwa jedes siebte Jugendamt (17 %) möchte seine Angebotspalette um diese Hilfeform erweitern. Dies steht im Zusammenhang mit der in den letzten Jahren intensiv geführten Diskussion über den Umgang mit Jugenddelinquenz (vgl. Arbeitsstelle Kinder- und Jugendkriminalitätsprävention Bd. 1–5). Soziale Gruppenarbeit hat sich in der Diskussion offensichtlich als ein allgemein anerkanntes Instrument der pädagogischen Einwirkung auf Kinder und Jugendliche, die durch delinquentes Verhalten auffallen, etablieren können. Nach den Daten der amtlichen Kinder- und Jugendhilfestatistik sind 38 % der Jugendlichen in sozialer Gruppenarbeit auf Anregung der Staatsanwaltschaft zu dieser Hilfe gekommen. Vor dem Hintergrund dieser Zahl kann man sich leicht vorstellen, dass in einigen Regionen auch vonseiten der Justizbehörden Druck auf die Kinder- und Jugendhilfe ausgeübt wird, Angebote der sozialen Gruppenarbeit bereitzustellen.

Vor dem Hintergrund der Situation auf dem Ausbildungs- und Arbeitsmarkt in den neuen Ländern ist es auch hier nicht weiter verwunderlich, dass ein Teil der Jugendämter (22 %) weitere Angebote der Jugendberufshilfe in eigener Regie anbieten will.

Nicht zuletzt zeigt sich ein deutlicher Unterschied bei den Nennungen, die sich im weiteren Sinne explizit auf den Aspekt sozialraumorientierte Angebote beziehen. Während im Westen jedes siebte Jugendamt ein solches Angebot nennt, wird dies von keinem der Jugendämter im Osten genannt. Dies könnte ein Indiz dafür sein, dass der Aspekt der Sozialraumorientierung die Fachdiskussion in den alten Ländern stärker prägt, als dies im Osten der Fall ist. Gegen diese Interpretation spricht allerdings, dass, wie in Kapitel 9 gezeigt wird, in Ostdeutschland bei der Erstellung von Jugendhilfeplänen häufiger auf das Instrument Sozialraumanalyse zurückgegriffen wird. Es ist also durchaus vorstellbar, dass die Unterschiede in den Wünschen hinsichtlich einer sozialräumlich geprägten Angebotsstruktur Ausdruck eines Nachholbedarfs im Westen oder aber auch einer stärker an aktuellen Trends oder Wunschvorstellungen orientierten Außendarstellung der Jugendämter im Westen sind (vgl. z. B. van Santen/Seckinger 2003).

Entwicklungstendenzen

Wie zu Beginn dieses Abschnittes bereits angekündigt kann man mithilfe der Fragen nach dem gewünschten Ausbau von Angeboten über notwendige Entwicklungen in der Kinder- und Jugendhilfe spekulieren. Insgesamt zeigt sich, dass die Jugendämter in Ostdeutschland häufiger einen Ausbaubedarf sehen (die Anzahl der Nennungen ist höher) als die in Westdeutschland. Dies bedeutet jedoch nicht immer, dass dort größere Lücken in der Angebotsstruktur vorhanden sind, sondern dies kann auch Ausdruck einer ausgeprägteren Bedarfsorientierung sein. In beiden Teilen Deutschlands sind es insbesondere die Leistungen ohne individuellen Rechtsanspruch, die in diesem Zusammenhang besonders häufig genannt würden. Für diesen Bereich ist es wohl am schwierigsten, finanzielle Spielräume zu schaffen. Gleichzeitig fällt auf, wie sehr die allgemeine Diskussion Einfluss auf die Ausweitungswünsche am Ort hat. Das Beispiel der sozialen Gruppenarbeit zeigt dies sehr deutlich.

7 Verständnis und Umsetzung des Hilfeplanverfahrens

Die Umsetzung der gesetzlichen Vorgaben zur Hilfeplanung nach § 36 KJHG und die sich daraus ergebende Weiterentwicklung fachlicher Standards nehmen in den letzten Jahren breiten Raum in der Fachdiskussion ein und sind begleitet von zahlreichen Empfehlungen, fachlichen Weisungen und Arbeitshilfen, die sich auf die administrative Ausgestaltung der Regelungen des § 36 KJHG beziehen. Wie die Fachdiskussion und die bislang vorliegenden empirischen Studien zur Umsetzung des § 36 KJHG zeigen, ist die Praxis jedoch häufig verunsichert und von bundesweit einvernehmlichen Orientierungen und Handhabungen weit entfernt (vgl. hierzu Becker 1999: 53). Die Suchbewegungen sind angesichts der enormen Anforderungen an die Kommunikations-, Konflikt- und Verhandlungsfähigkeit sowie normativen Aufladungen, die sich mit dem Grundgedanken der Hilfeplanung verbinden, nicht weiter verwunderlich. So betonen Schefold/Glinka/Neuberger/Tilemann (1998), dass die Hilfeplanung das zentrale Instrument einer modernen Jugendhilfe sei, die von dem Muster abrücken will, auf typisierte Problem- und Bedarfslagen mit typisierten Hilfeformen zu reagieren. Stattdessen soll den häufig komplexen Problemlagen von Familien und Kindern entsprochen werden, indem ein Verfahren, das auf Kommunikation und Partizipation setzt, zur Anwendung kommt und ein lokal differenziertes und flexibles Angebot von Hilfen unterbreitet wird. Mehr oder weniger eng mit solchen Überlegungen verbunden sind Hoffnungen, über solche Verfahren einen effizienteren Ressourcenumgang erreichen zu können, denn, so das Argument, je passender eine Hilfe zur Erziehung geplant ist, desto eher lässt sich ein Abbruch und eine sich möglicherweise daran anschließende und mit hohen Kosten verbundene Jugendhilfekarriere verhindern. Auch die über solche Verfahren angestrebte engere Verzahnung von Fach- und Ressourcenverantwortung soll Kosten senken oder wenigstens begrenzen helfen (vgl. KGSt 1996). Empirische Belege und Hochrechnungen zur tatsächlichen ökonomischen Effizienz dieser Verfahren stehen allerdings noch aus und sind auch angesichts der komplexen methodischen Herausforderungen, die sich mit solchen Fragen verbinden, nicht so schnell zu erwarten.

Verfahrensregelungen zum Hilfeplan können Transparenz ermöglichen und zur Verhaltenssicherheit aller Beteiligten beitragen. Sie helfen, Grundstandards zu sichern, und benennen Anforderungen an die Kommunikationsabläufe und -partner. Schließlich legitimieren sie die Entscheidungsfindung und können Handlungs- und Orientierungshilfen zur Lösung von komplexen Problemen sein. Die Vorteile von Verfahrensregelungen zur Prüfung und Konkretisierung eines sozialrechtlichen Anspruches sind inzwischen auch weitgehend in der Jugendhilfe-Praxis anerkannt. Empirische Belege hierfür finden sich in der Studie von Becker (1999), der in einer bundesweiten Erhebung die Qualität von Hilfeplanformularen untersuchte. Demnach befürworten 95 % der 320 an der Studie beteiligten Jugend- und Landesjugendämter eine standardisierte Dokumentation. Lediglich 5 % der Jugendämter sind der Ansicht, auf solche Instrumente verzichten zu können.

Von einer Verfahrenseuphorie kann jedoch keine Rede sein, denn Entscheidung und Beteiligung bzw. deren Qualität lassen sich nicht per se durch Verfahrensregelungen herstellen. Welche Ereignisse und Prozesse sich im Einzelfall letztendlich für eine Entscheidung als wesentlich erweisen bzw. diese maßgeblich steuern, kann nicht mit Sicherheit vorherbestimmt werden. Wie bei pädagogischen Prozessen insgesamt gilt auch für die Hilfeplanung, dass die Prozesse hochdynamisch, vieldeutig und dementsprechend schwer zu beeinflussen bzw. zu planen sind (Schwabe 2002: 12; vgl. auch Schefold 2002: 1094). Nicht alles, was im Einzelfall relevant ist, oder sich während des Verlaufs der Hilfeplanung entwickelt, ist z. B. der Sprache zugänglich und kann in konkrete Zielvereinbarungen münden. Dennoch können mit dem Hilfeplanverfahren auch in dieser Hinsicht Bildungsprozesse angeregt werden, denn so Schwabe: „Wer am Hilfeplangespräch teilnehmen lernt, lernt damit zugleich etwas für sein Leben und für andere soziale Prozesse" (Schwabe 2002: 11). Beispielsweise kann das Hilfeplangespräch dazu beitragen, starre und belastete Beziehungen wieder in Bewegung zu bringen. Das Erlebnis, eine Stunde lang mit anderen über persönliche Belange zu reden und zu einer Aushandlung zu kommen, muss keine Überforderung und Zumutung für die AdressatInnen sein, sondern kann zu einem bereichernden Erlebnis werden.

Das Kinder- und Jugendhilfegesetz benennt in § 36 Anforderungen an das Verfahren der Ermittlung und der Gewährung einer „Hilfe zur Erziehung". Danach soll das Verfahren sicherstellen, dass die AdressatInnen umfassend über mögliche Hilfen zur Erziehung informiert und dazu beraten werden. Ihre Mitwirkung an der Entscheidungsfindung ist zu gewährleisten. Zwar wird der rechtliche Anspruch auf eine Hilfe zur Erziehung primär den Personensorgeberechtigten zugesprochen (§ 27, Abs. 1 KJHG), aber den Kindern und Jugendlichen werden entsprechend ihrem Entwicklungsstand Beteiligungsrechte im Hilfeplanprozess eingeräumt (§ 8, Abs. 1, § 36 KJHG). Die Ergebnisfindung soll im „Zusammenwirken mehrerer Fachkräfte" geschehen und dokumentiert werden. Dabei genügt es nicht, einmalig einen Hilfeplan zu erstellen, sondern dieser soll angemessen überprüft, fortgeschrieben und mit dem Ende der Hilfe abgeschlossen werden.

Inzwischen liegen Studien zur Hilfeplanung vor. Sie sind häufig regionalspezifisch angelegt und fokussieren zumeist unterschiedliche Perspektiven im Hilfeplangeschehen, z.B. die Adressaten- oder Fachkräfteperspektive oder die Bemühungen einzelner Jugendämter (vgl. Becker 2001; Leitner 2001; Schefold/Glinka/Neuberger/Tilemann 1998; ISA 1996; Merchel/Schrapper 1994). Darüber hinaus ist in jüngeren Fachpublikationen zur Hilfeplanung immer wieder das Spannungsverhältnis zwischen der Aushandlung mit den AdressatInnen und der Diagnoseerstellung der Fachkräfte thematisiert worden (vgl. Uhlendorff 2002; BMFSFJ 2002: 254 f.; Urban 2001; Maas 1997; Merchel 1997).

Obwohl Einigkeit darüber herrscht, dass eine gelingende Interaktion und Aushandlung zwischen Fachkraft und AdressatInnen stark davon abhängt, ob entsprechende stützende Rahmenbedingungen gegeben sind, liegen kaum repräsentative Ergebnisse vor, die den Stand der institutionellen Umsetzung und die Zufriedenheit damit abbilden. Unsere Stichprobenbefragung der Jugendämter sowie die ebenfalls von uns durchgeführte Befragung der Einrichtungen im Bereich Hilfen zur Erziehung beinhalteten einige Fragen zu den institutionellen Rahmenbedingungen, die die Jugendämter zur Umsetzung des § 36 KJHG geschaffen haben. In der nachfolgenden Darstellung der Ergebnisse wird auch auf andere Studien verwiesen, um die verschiedenen Blickwinkel (AdressatInnen, Fachkräfte und Institution Jugendamt) hinsichtlich bestimmter Komponenten der Hilfeplanung zu verdeutlichen.

7.1 Das Hilfeplanverfahren aus der Perspektive der Jugendämter

Die Bestimmungen zu § 36 KJHG betonen die Rolle der Fachkräfte und „das Zusammenwirken mehrerer Fachkräfte" bei der Entscheidungsfindung in einem Hilfeplanverfahren. Dies erfordert von den Jugendämtern genaue Verfahrensregelungen hinsichtlich der Federführung. Wer übernimmt die Verantwortung für den Verfahrensverlauf und damit auch die Verantwortung für die angemessene Beteiligung der AdressatInnen und das Zustandekommen eines fachlich fundierten Ergebnisses?

Um weitere Anhaltspunkte darüber zu erhalten, welche Stellen bzw. Abteilungen über die AdressatInnen und fallzuständigen Fachkräfte hinaus bis zur Gewährung einer Hilfe zur Erziehung beteiligt sind und wie die fachliche Ebene mit der Ressourcenebene verknüpft wird, wurden die JugendamtsleiterInnen zusätzlich danach gefragt, mit wem bzw. mit welchen anderen Abteilungen ein fachlich fundiertes Hilfeplanergebnis gegebenenfalls noch abgesprochen werden muss.

Federführung

Die Übernahme der Federführung im Hilfeplanverfahren ist keine leichte Aufgabe, denn damit sind hohe Anforderungen an die Kommunikations- bzw. an die Konflikt- und Verhandlungsfähigkeit verbunden. Die Studie von Schefold/Glinka/Neuberger/Tilemann zur Elternbeteiligung im Hilfeplanverfahren belegt, dass die Beziehung der Sorgeberechtigten zum Jugendamt in erster Linie als Beziehung zu Personen wahrgenommen wird (1998: 199ff.). Aus dieser Untersuchung geht auch hervor, dass die Zusammenarbeit zwischen den AdressatInnen und dem Amt bzw. dem Allgemeinen Sozialdienst wesentlich von der Qualität des Anfangs einer solchen personalen Beziehung beeinflusst wird. Nicht nur aus fachlicher Perspektive, sondern auch aus der Sicht der betroffenen Sorgeberechtigten und deren Kinder kommt den federführenden, fallzuständigen Fachkräften eine besondere Rolle zu.

Fragt man die Jugendamtsleiter und -leiterinnen, wer bei einer anstehenden Hilfeplanentscheidung die Federführung übernimmt, ergibt sich folgendes Bild:

Wie die Tab. 7.1 zeigt, benennen 11 % aller JugendamtsleiterInnen explizit und ausschließlich die Leitungsebene als federführende Stelle, d.h. die Allgemeine Sozialdienst- bzw. Bezirkssozialarbeitsleitung oder die Jugendamtsleitung. Letzteres trifft vor allem für kleinere Jugendämter zu. Deutliche Ost-West-Unterschiede zeigen sich bei der Übernahme der Federführung durch die Leitungsebene. Alle Jugendämter, die angeben, die Federführung liege bei der Leitung, gehören westdeutschen Kommunen an. Die Verantwortung für den Ablauf des Verfahrens liegt in Ostdeutschland entweder ausschließlich beim Sozialen Dienst bzw. der fallzuständigen Fachkraft oder wird von der fallzuständigen Person gemeinsam mit KollegInnen bzw. der Leitung übernommen.

Tab. 7.1: Wer übernimmt die Federführung?

	Ost	West	Insgesamt
Sozialer Dienst/fallzuständige Fachkraft	81 %	76 %	78 %
Gemeinsame Federführung von ASD/fallzuständige Fachkraft und ...	19 %	7 %	11 %
SD-Leitung/JA-Leitung	0 %	18 %	11 %

Insgesamt geben 78 % der Jugendämter an, der soziale Dienst (Allgemeiner Sozialdienst oder Bezirkssozialarbeit) bzw. die jeweilige fallzuständige Fachkraft übernehme die Federführung. Differenziert man zusätzlich nach ost- und westdeutschen Jugendämtern, zeigt sich, dass in Ostdeutschland etwas mehr Jugendämter die Federführung dem sozialen Dienst bzw. der fallzuständigen Person übertragen haben (81 %), als dies an westdeutschen Jugendämtern der Fall ist (76 %). In weiteren 11 % der Fälle übernimmt der Soziale Dienst bzw. die fallzuständige Fachkraft gemeinsam mit dem dazugehörigen Team oder mit der Leitung des sozialen Dienstes oder mit einer Person von der wirtschaftlichen Jugendhilfe die Federführung, sodass bei insgesamt 89 % der Jugendämter die fallzuständige Fachkraft an der Federführung maßgeblich beteiligt ist. Dieses Ergebnis entspricht der Aufwertung von Fachkräften, wie sie in § 36 KJHG angelegt ist. Dass in bundesweit 11 % der Fälle die Federführung explizit gemeinsam von den jeweils fallzuständigen ASD-MitarbeiterInnen und dem Team oder der ASD-Leitung, in einigen Fällen auch gemeinsam von der ASD-Fachkraft und der wirtschaftlichen Jugendhilfe übernommen wird, spiegelt einen aktuellen Trend im Zusammenhang mit Diskussionen um die Verwaltungsreform (vgl. KGSt 1996) wider, nach dem Entscheidungsprozesse und die Verantwortung möglichst nah an den alltäglichen Arbeitsvorgängen angesiedelt sein sollten. Ob dies auch ein Indiz dafür ist, dass sich inzwischen einige Jugendämter darum bemühen, den Hilfeplanprozess unter Einbeziehung verschiedener fachlicher Perspektiven zu begleiten und dementsprechend mehrere Personen in die Verantwortung mit einzubeziehen, muss offen bleiben.

Eine gemeinsame Federführung kann insbesondere in kritischen Fällen für die Institution Jugendamt hilfreich sein, z.B. bei dem Verdacht auf Kindesmissbrauch und Gewaltanwendung in der Familie und einer Entscheidung für oder gegen eine Unterbringung der betroffenen Kinder außerhalb ihrer Familien, da mehrere Fachkräfte um eine fachliche Einschätzung und deren Begründung bemüht sind. Solche gemeinsam getragenen und fundierten Entscheidungsprozesse sichern eine fachlich angemessene Entscheidung des Jugendamtes zusätzlich ab, erschweren aber u.U. auch die Partizipation der AdressatInnen.

Die gemeinsame Federführung von der fallzuständigen Fachkraft des Allgemeinen Sozialdienstes mit KollegInnen der wirtschaftlichen Jugendhilfe lässt sich als Versuch deuten, die fachliche Entscheidung über eine Hilfe zur Erziehung direkt mit der Kosten- und Bewilligungsseite zu koppeln und damit Zeit und Wege im Hilfeplanverfahren zu sparen. Problematisch daran ist, dass das Zustandekommen einer Entscheidung auf der Basis sozialpädagogischer Kriterien in der Regel einer anderen Logik folgt als eine Entscheidung, die sich an der Logik der wirtschaftlichen Jugendhilfe orientiert (vgl. hierzu Leitner 2001: 70). Möglicherweise lässt eine frühzeitige Beteiligung der wirtschaftlichen Jugendhilfe am Verfahren bestimmte fachliche Überlegungen gar nicht erst aufkommen.

Wechselt man die Perspektive und fragt nach der Bedeutung der federführenden Person für die AdressatInnen und nach den Vor- und Nachteilen einer geteilten Federführung für diese, lässt sich Folgendes anmerken: Häufig wird die federführende Fachkraft von den Sorgeberechtigten in einer widersprüchlichen Doppelrolle wahrgenommen, nämlich zum einen als Sachwalter des Jugendamtes und zum anderen als leitende Figur des im Prinzip kommunikativ verständigungsorientiert angelegten Verfahrens (vgl. hierzu Schefold/Glinka/Neubauer/Tilemann 1998: 208). Denkbar wäre, die Federführung einer Fachkraft zu überlassen, die nur mit der gemeinsamen Suche nach adäquater Hilfe beschäftigt ist und, aus der Sicht der Betroffenen, keine interessengebundene Rolle übernimmt. Wenn aber, wie die Studie von Schefold/Glinka/Neubauer/Tilemann nahe legt, das Amt für die AdressatInnen vor allem über die Fachkräfte und den Zuschreibungen, die die AdressatInnen diesen Personen gegenüber vornehmen, repräsentiert wird, dürfte es schwierig sein, aus der Sicht der AdressatInnen „neutrale" federführende Fachkräfte zu finden.

Für die Sorgeberechtigten und deren Kinder kann die zuständige, federführende Person also ganz unterschiedliche Rollen einnehmen. Relevante Beziehungsaspekte zur federführenden Person sollten deshalb möglichst während des gesamten Verfahrens bedacht und reflektiert werden. Allerdings ist dies keine spezifische Anforderung im Rahmen der Hilfeplanung, sondern gehört zu den typischen professionellen Herausforderungen, vor denen SozialpädagogInnen stehen. Die Sorgeberechtigten entwickeln oft ganz andere Vorstellungen über eine passende Hilfe zur Erziehung als ihre Kinder. Typisch ist z.B., dass sich die Eltern für ihre Kinder eine Einrichtung möglichst weit ab von den Szenekontakten ihrer Sprößlinge wünschen. Diese wiederum wollen unter keinen Umständen alle

Freunde verlieren und setzen alles daran, in der Nähe zu bleiben (vgl. hierzu Permien & Zink 1998), möglichst in einer Einrichtung, die ihnen viel Freiraum gewährt, oder sie wünschen sich gleich eine eigene Wohnung. Die unterschiedlichen offenen und verdeckten Aufträge der AdressatInnen führen nicht selten zu Verstrickungen und zur einseitigen Parteinahme von (federführenden, fallzuständigen) Fachkräften entweder für das Kind oder die Sorgeberechtigten (vgl. hierzu Permien 2000). Im Zusammenhang mit Hilfeplanung ist deshalb häufig von der Notwendigkeit einer parteilichen Interessensvertretung der Kinder und Jugendlichen die Rede. Kritiker einer solchen Parteilichkeit in der sozialen Arbeit verweisen jedoch darauf, dass das Spannungsfeld von personenbezogener Hilfe und öffentlichem Auftrag nicht grundsätzlich aufhebbar ist und das Parteilichkeitsprinzip häufig im Sinne eines oberflächlichen Glättens von Konflikten und Widersprüchen angewendet wird (vgl. hierzu Merchel: 2000). Diese Beobachtung muss aber nicht grundsätzlich im Widerspruch zur Notwendigkeit stehen, Kindern und Jugendlichen im Hilfeplanverfahren geeignete Formen der Partizipation zu sichern und dazu auch InteressensvertreterInnen der Kinder und Jugendlichen einzubeziehen.

Bei Überlegungen zur Aufteilung der Federführung auf mehrere Fachkräfte gilt es Folgendes zu bedenken: Die fachlich geforderte Mitwirkung der Betroffenen am Hilfeplan erfordert einen Überblick seitens der AdressatInnen über die Verfahrensabläufe, die Regeln und die Zuständigkeiten der Fachkräfte im Verfahren. Dies ist vermutlich für viele AdressatInnen umso schwieriger, je mehr Fachkräfte an der Hilfeplanung teilnehmen und je mehr die Verantwortlichkeiten aufgeteilt sind. Auch kann eine jeweils auf den Einzelfall abgestimmte Flexibilität bei der Festlegung der Federführung zur Beliebigkeit und dem Fehlen von Transparenz führen und somit den Sinn und Zweck des Verfahrens an sich infrage stellen.

Der Blick auf die Tab. 7.1 gibt Anlass zu der Vermutung, dass die Jugendämter überwiegend eindeutige Regelungen zur Übernahme der Federführung implementiert haben und diese nicht flexibel je nach Fallspezifika organisieren. Das trifft sicher auf diejenigen 11 % der Jugendämter zu, in denen immer die Leitungsebene (Jugendamtsleitung oder die Leitung des Sozialen Dienstes bzw. des Allgemeinen Sozialdienstes) die Federführung für die Erstellung eines Hilfeplans übernimmt. Auch die Übernahme der Federführung durch die fallzuständigen Fachkräfte orientiert sich nicht primär an fallspezifischen Besonderheiten. In der Vollerhebung der Jugendämter (Mamier/Seckinger/Pluto/van Santen/Zink 2002) wurde danach gefragt, ob die Aufteilung der Fallzuständigkeiten der ASD-MitarbeiterInnen nach geografischer Zuordnung (Stadtteil, Bezirk, Straßen), Anfangsbuchstabe des Namens der AdressatInnen, einer Kombination dieser beiden oder auf eine andere Art geregelt ist. Immerhin vier Fünftel (81 %) geben an, dass die Aufteilung der Zuständigkeiten unter den MitarbeiterInnen im Sozialen Dienst bzw. der Bezirkssozialarbeit ausschließlich nach geografischer und nicht fallspezifischer (wie z. B. Problemlage) Zuordnung geschieht. Unbeachtet bleibt bei dieser inzwischen üblichen Art der Fallzuständigkeit, dass dann, wenn Jugendliche und deren Familien umziehen, auch eine neue ASD-Fachkraft zuständig ist und somit der fachlich häufig geforderten Fallüberblick erschwert werden kann (vgl. hierzu Ader/Schrapper 2002; Permien/Zink 1998).

Amtsinterne Kooperationen

Um Anhaltspunkte darüber zu erhalten, wie autonom und umfassend die federführenden Stellen bzw. Personen bei der Erstellung eines Hilfeplans handeln können und wie sich die Fachverantwortung mit der Ressourcenverantwortung im Sinne einer dezentralen Ressourcen- und Fachverantwortung verbindet, wurden die Jugendamtsleiter und -leiterinnen danach gefragt, mit welchen Abteilungen bzw. Personen das fachliche Ergebnis eines Hilfeplans zusätzlich abgeklärt werden muss.

Tab. 7.2: Mit wem muss das fachliche Ergebnis eines Hilfeplangesprächs abgeklärt werden?

Ergebnisabklärung mit …	Immer	In bestimmten Fällen	Nie
Beratungsgremium	59 %	24 %	18 %
wirtschaftlicher Jugendhilfe	52 %	35 %	13 %
unmittelbarem Vorgesetzten	49 %	44 %	7 %
Amtsleitung	22 %	67 %	10 %
Sozialdezernent/-referent	2 %	22 %	77 %
anderer Fachabteilung	0 %	47 %	53 %
Kämmerer	0 %	5 %	95 %
Verwaltungschef	0 %	5 %	95 %

Betrachtet man zunächst die Spalte „Immer" der Tab. 7.2, dann fällt auf, dass vor der Abklärung eines fachlichen Ergebnisses mit dem unmittelbaren Vorgesetzten (49 %) die Abstimmung mit einem Beratungsgremium (59 %) und der wirtschaftlichen Jugendhilfe (52 %) üblich ist. Die häufige Nennung des Beratungsgremiums betont das weiter oben bereits beschriebene Zusammenwirken der Fachkräfte im Rahmen der Erstellung eines Hilfeplans auf tendenziell gleicher hierarchischer Ebene.

Deutlich wird aber auch die zentrale Rolle der wirtschaftlichen Jugendhilfe bei der Abklärung eines Hilfeplan-Ergebnisses. Über 50% der Jugendamtsleiter und -leiterinnen geben an, dass ein Hilfeplanergebnis immer mit der wirtschaftlichen Jugendhilfe abgesprochen werden muss. In 13% der Fälle gilt, dass fachliche Ergebnisse bei der Hilfeplanung nie mit der wirtschaftlichen Jugendhilfe rückbesprochen werden müssen.

Von den Befragten geben 67% an, dass die Jugendamtsleitung nur in bestimmten Fällen direkt in Hilfeplanentscheidungen eingebunden ist. Dies betrifft vermutlich vor allem solche Situationen, die eine sofortige Herausnahme eines Kindes aus der Familie im Rahmen der Gefährdung des Kindeswohls notwendig erscheinen lassen, aber auch bei ungewöhnlichen fachlichen Hilfeplanentscheidungen, die den üblichen Kostenrahmen sprengen und bzw. oder in der Öffentlichkeit kontrovers diskutiert werden könnten. Berücksichtigt man den unterschiedlichen Personalumfang von Jugendämtern, dann zeigt sich, dass an größeren Jugendämtern die Amtsleitungen weniger häufig mit Hilfeplanergebnissen beschäftigt sind.

Tab. 7.3: Häufigkeit der Abklärung eines fachlichen Hilfeplanergebnisses mit weiteren Fachkräften bzw. Abteilungen in Abhängigkeit von der Personalgröße der Jugendämter

Abklärung erfolgt ...	JÄ mit ≤ 29 Mitarbeitern	JÄ mit 30–59 Mitarbeitern	JÄ ab 60 Mitarbeiter	JÄ insgesamt
höchstens mit einer weiteren Fachkraft/Abteilung	11%	28%	62%	35%
mit zwei weiteren Fachkräften/Abteilungen	26%	50%	24%	33%
mit drei und mehr weiteren Fachkräften/Abteilungen	63%	22%	14%	33%

JÄ= Jugendämter

Wie die Tab. 7.3 verdeutlicht, müssen die federführenden Stellen bzw. Fachkräfte kleinerer Jugendämter ein Hilfeplanergebnis häufiger mit anderen Stellen und Personen abklären. Umgekehrt zeigt sich, dass die federführende Fachkraft ein fachliches Ergebnis umso weniger mit anderen Abteilungen und Gremien absprechen muss, je größer das Jugendamt ist.

Eine Ursache hierfür kann sein, dass in der Regel in kleinen Jugendämtern eine Mitarbeiterin bzw. ein Mitarbeiter mehrere Funktionen und Aufgabenbereiche auf sich vereint und deshalb auch Überschneidungen der Aufgaben entlang einer Fallbearbeitung wahrscheinlich sind. Dies ist in großen Jugendämtern seltener der Fall. Außerdem ist die Delegation von Aufgaben und Verantwortung für JugendamtsleiterInnen größerer Kommunen unvermeidbar und kommt darüber hinaus dem fachlichen Prinzip entgegen, die Verantwortung möglichst nah am Fall anzusiedeln.

Differenziert man die Daten der Tab. 7.2 nach Ost–West, ergeben sich keine signifikanten Unterschiede. Auffällig ist allerdings die Tendenz, dass die Abklärung von Hilfeplanungsergebnissen „in bestimmten Fällen" an ostdeutschen Jugendämtern häufiger amtsintern auf gleicher Hierarchieebene geschieht. Dies gilt insbesondere für die Rücksprache mit anderen Fachabteilungen. Während im Westen 32 % der Jugendämter in bestimmten Fällen mit anderen Fachabteilungen Rücksprache halten, ist dies bei 65 % der Jugendämter im Osten der Fall.

Diese tendenziell häufigeren hausinternen Kooperationen und Rücksprachen auf annähernd gleicher Hierarchieebene im Osten könnten auf eine stärker strukturell verankerte fachliche Kommunikation mit und Einbeziehung von KollegInnen und deren Fachwissen zurückzuführen sein. Dies beinhaltet möglicherweise auch, dass die federführenden Stellen in ostdeutschen Jugendämtern stärker strukturellen Kontrollmechanismen unterliegen, auch wenn diese nicht primär über ein hierarchisches Modell organisiert sind, sondern auf annähernd gleicher hierarchischer Ebene.

Anhaltspunkte für eine verstärkte Kontrolle, die mit der Zusammenarbeit zwischen verschiedenen Abteilungen einhergehen kann, finden sich, wenn man die Kategorie „Abklärungen mit weiteren Personen/Fachabteilungen in bestimmen Fällen" nach den Items „ab bestimmter Ausgabenhöhe" für eine geplante Hilfe zur Erziehung und „aus anderen Gründen" ausdifferenziert. Dann zeigt sich, dass im Osten deutlich häufiger als im Westen ab einer bestimmten Kostenhöhe über das fachliche Hilfeplan-Ergebnis mit der Abteilung „wirtschaftliche Jugendhilfe" Rücksprache gehalten wird. Zusätzlich wird aus anderen (nicht weiter abgefragten) Gründen im Osten stärker als im Westen mit anderen (nicht weiter spezifizierten) Fachabteilungen ein Hilfeplanergebnis abgeklärt (bei West-Jugendämtern 32 %; bei Ost-Jugendämtern 65 %, Effekte sind signifikant). Deutlich wird auch, dass in ostdeutschen Jugendämtern ab einer bestimmten Ausgabenhöhe das fachliche Hilfeplanergebnis signifikant öfter mit der Amtsleitung abgeklärt werden muss (70 %), als dies im Westen der Fall ist (30 %). Nun wäre zu vermuten, dass insbesondere die Abklärung mit der Amtsleitung auf Größenunterschiede der Jugendämter in Bezug auf die Personalstärke zurückzuführen ist. Dies bestätigt sich jedoch nicht.

Die stärkere Rückversicherung durch weitere Absprachen und Aushandlungen kann, wie weiter oben schon angedeutet, zu einer stärkeren fachlichen Fundierung der Entscheidung für oder gegen eine Hilfe zur Erziehung führen. So können möglichst alle Wissensbestände der verschiedenen Fachkräfte zur Gewährung einer Hilfe zur Erziehung zusammengeführt und einzelne Fachkräfte von dieser umfangreichen Aufgabe entlastet werden. Allerdings liegt den verschiedenen Abteilungen in den Jugendämtern ein jeweils spezifisches Planungsverständnis zugrunde, welches vom pragmatischen Planzahlenspiel bis hin zu dem Versuch reichen kann, komplexe Strategien zur Initiierung von Kommunikationsprozessen zu entwickeln. In diesem Sinne verweist Leitner in seiner Untersuchung „Hilfeplanung als Prozessgestaltung" für das Land Brandenburg (2001: 70) darauf, dass die Zusammenarbeit bei der Hilfeplanung zwischen den Abteilungen häufig primär der einseitigen Informationsbeschaffung dient und somit weniger einer gemeinsamen Fundierung einer Entscheidung.

Aus der Perspektive der AdressatInnen kann das Fachlichkeitsprinzip, das in § 36 KJHG gefordert wird und das in der Figur des Fachkräfteteams und der Kooperation mehrerer Fachdienste vielfach realisiert wird, einen weiteren Effekt nach sich ziehen: Die laut § 36 KJHG angestrebte Adressatenbeteiligung kann eventuell durch zu massive Expertenmacht und Interaktionsschleifen außerhalb des eigentlichen Kreises des Hilfeplanverfahrens erschwert werden. Direkte Verhandlungsmöglichkeiten zwischen AdressatInnen und den fallzuständigen Fachkräften können so an Gewicht verlieren. Zwar soll durch die gesetzliche Vorgabe auch die Kommunikation zwischen den Fachkräften und Fachdiensten effektiviert werden; dies kann jedoch dazu führen, dass die AdressatInnen sich des Gefühls nicht erwehren können, hier wird außerhalb des Hilfeplangremiums, also hinter verschlossenen Türen, weitergeredet und entschieden. Dieser Aspekt berührt die Frage der unterschiedlichen Gewichtung der Perspektive von Fachkräften und Laien bzw. AdressatInnen. Eine stärkere Beachtung der subjektiven Deutungs- und Handlungsmuster der AdressatInnen sozialer Arbeit wurde vor allem im Rahmen des Konzeptes Lebensweltorientierte Soziale Arbeit eingefordert (vgl. zusammenfassend Grunwald/Thiersch 2001: 1136 ff.). Ohne ausreichende Transparenz der Kommunikationsabläufe und deren Sinnhaftigkeit sowie tatsächlicher Beteiligung erhöht sich die

Gefahr, dass die AdressatInnen zwar formal einem Hilfeplanergebnis zustimmen, sich jedoch nicht ausreichend damit identifizieren können. Damit aber steigt das Risiko des Scheiterns einer „Hilfe zur Erziehung" (vgl. hierzu auch Schefold/Glinka/Neubauer/Tilemann 1998: 209; Petersen 1999: 98).

7.2 Zusammenarbeit zwischen Jugendämtern und Einrichtungen bei Hilfeplänen

Mitte der 90er Jahre entbrannte in der Fachdiskussion ein Streit darüber, wie abhängig freie Träger als Anbieter von Hilfen zur Erziehung vom öffentlichen Träger durch die Verfahrensregelungen des § 36 Abs. 2 KJHG sind bzw. bis zu welchem Grad freie Träger dieses Verfahren mit- bzw. selbst gestalten können (vgl. hierzu Kunkel 1995; Maas 1996). Diese Diskussionen finden vor dem Hintergrund der Doppelfunktion der Jugendämter statt: Zum einen sind die Jugendämter die Garanten für die hoheitlichen Aufgaben, die sich mit dem § 36 KJHG verbinden, zum anderen sind sie aber auch Anbieter von Maßnahmen und demzufolge Konkurrenten der freien Träger bzw. der privat-gewerblichen Träger. Diese Vermischung von Aufgaben kann zu Verwicklungen und Komplikationen führen, die das Hilfeplanverfahren im Einzelfall belasten können. Notwendig sind deshalb zum einen Strukturen, die helfen, die Doppelfunktion der Jugendämter klar voneinander zu trennen. Erforderlich sind verlässliche Regelungen zu Zeitpunkt, Art und Intensität der Einbeziehung von Angeboten, Diensten und Einrichtungen der Erziehungshilfe in den Hilfeplanungsprozess. Dazu gehören verbindliche Formen der Kooperation und Kommunikation und klare Orientierungen über die Beteiligungsmöglichkeiten und Beteiligungsrechte der MitarbeiterInnen von Einrichtungen sowie Absprachen zur Verantwortung und Aufgabenübernahme unter Beachtung des jeweiligen Einzelfalls (Leitner 2001: 54f.). Dieser Anspruch findet sich auch in der rechtlichen Bestimmung zur Erarbeitung einer jugendhilfestrategischen Gesamtkonzeption nach KJHG wieder.

Um herauszufinden, welche Formen der Zusammenarbeit sich zwischen den Jugendämtern auf der einen Seite und Einrichtungen freier Träger inklusive privat-gewerblicher Träger auf der anderen Seite bei der Erstellung eines Hilfeplans mittlerweile etablieren konnten, wurden hierzu in der Jugendamts- sowie in der Einrichtungserhebung einige Fragen gestellt.

Beteiligung von Einrichtungen

Von den befragten JugendamtsleiterInnen bejahen 81 % die Frage, ob VertreterInnen von Maßnahmen oder Einrichtungen am Hilfeplanverfahren eines neuen Falles in der Regel beteiligt werden. Dieses Ergebnis deutet darauf hin, dass das Hilfeplanverfahren aus Sicht dieser Jugendämter über die grundlegende Entscheidung für eine bestimmte Hilfeform hinausreicht. Die Übergabe an die Einrichtung und deren Einbeziehung unmittelbar nach der Entscheidung für eine konkrete Hilfeform oder sogar vor der endgültigen Festlegung und Gewährung einer Hilfe kann wohl nach dem Verständnis mancher Jugendämter darin enthalten sein.

Dagegen geben 18 % der befragten Jugendämter an, dass VertreterInnen von Maßnahmen und Einrichtungen nicht am Hilfeplanverfahren eines neuen Falles beteiligt werden. In diesen Fällen wird das Hilfeplanverfahren per Definition vermutlich gleichgesetzt mit der Ersterstellung des Hilfeplans, d. h. einer begründeten Entscheidung über eine spezifische Hilfeart.

Diese Haltung spiegelt sich auch im Antwortverhalten der Jugendämter zur Frage wider, ob es eine grundsätzliche Entscheidung für eine Hilfeform gibt, bevor eine MitarbeiterIn von einer Einrichtung im Hilfeplanverfahren einbezogen wird. Vier Fünftel der Befragten bejahen dies, d. h. solange keine Entscheidung über eine Hilfeart getroffen ist, bleiben Einrichtungen vom Verfahren ausgeschlossen. Dieses Vorgehen unterstreicht die Verfahrenshoheit der Jugendämter bei der Ersterstellung des Hilfeplans nach § 36 KJHG.

Demgegenüber gibt ein Fünftel der Jugendämter an, die Einbeziehung von MitarbeiterInnen infrage kommender Einrichtungen fände schon vor einer Entscheidung über eine konkrete Hilfeart statt. Möglicherweise verbergen sich dahinter bestimmte Zugangswege der AdressatInnen im Vorfeld von Jugendamts- bzw. ASD-Gesprächen. Eine Vorabklärung über eine bestimmte Hilfeart kann z. B. über Einrichtungen freier oder öffentlicher Träger erfolgen. Ein anderer Weg führt über Kinderärzte, denen sich Hilfe suchende und häufig überforderte Eltern anvertrauen. Diese vermitteln die Eltern oft an psychosoziale Beratungsstellen im Umfeld der Kinder- und Jugendpsychiatrie, ehe die Sorgeberechtigten beim Jugendamt vorstellig werden, um eine Hilfe zur Erziehung zu beantragen. Auch in Kriseneinrichtungen, die Kinder und Jugendliche nach § 42 KJHG vorübergehend in Obhut nehmen, wird häufig abgeklärt, welche Hilfen zur Erziehung im Anschluss an die Inobhutnahme sinnvoll erscheint (vgl. hierzu Permien/Zink 1998).

In nicht wenigen Fällen sind faktische Entscheidungen über eine Hilfe in der Auseinandersetzung zwischen Eltern und Fachkräften der Jugendhilfe bereits im Vorfeld von offiziellen Hilfeplangesprächen gefallen bzw. die Vorstellungen der AdressatInnen über eine bestimmte Art der Hilfe haben sich vor der Einschaltung des Jugendamtes verfestigt (vgl. hierzu Schefold/Glinka/Neuberger/Tilemann 1998: 201). Dann ist die Erstellung des Hilfeplans nur mehr ein Verfahren zur Legitimation einer Entscheidung und die infrage kommende Einrichtung erledigt gemeinsam mit dem Jugendamt die formalen Voraussetzungen für die Gewährung dieser Hilfe. Diejenigen Jugendämter, die angeben, die Einbeziehung der VertreterInnen von Einrichtungen fände schon vor der Entscheidung für eine konkrete Hilfeart statt, beteiligen die Einrichtungen in 72 % der Fälle direkt an Hilfeplangesprächen. Dass die Einbeziehung außerhalb der eigentlichen Hilfeplangespräche per Gespräch (persönlich oder telefonisch) gegeben ist, trifft für 65 % der Befragten zu. 15 % geben die Kategorie „auf andere Art und Weise" an. Bei dieser Frage waren Mehrfachantworten möglich. Knapp die Hälfte der Jugendämter, die angeben, Einrichtungen am Hilfeplanverfahren eines neuen Falles zu beteiligen, wählten ausschließlich eine Antwortmöglichkeit, 39 % beteiligen die Einrichtungen über zwei und 4 % über drei Wege am Hilfeplanverfahren.

Tab. 7.4: Orte der Hilfeplangespräche

Ort	Ersterstellung	Fortschreibung
Einrichtung	52 %	56 %
Jugendamt	33 %	27 %
Einrichtung oder Jugendamt	10 %	13 %
Beim Jugendlichen selbst	2 %	2 %
Bei Eltern/Sorgeberechtigten	1 %	0 %

Quelle: Einrichtungserhebung 2001, DJI

Auch das Antwortverhalten von VertreterInnen der Einrichtungen bei der Frage nach dem Ort von Hilfeplangesprächen im Rahmen der Ersterstellung (vgl. Tab. 7.4) deutet darauf hin, dass Einrichtungen von den Jugendämtern häufig früh in Hilfeplangespräche einbezogen werden, denn 52 % der Befragten benennen die Einrichtung selbst als Ort für Hilfeplangespräche. Ob diese tatsächlich in vielen Fällen vor der eigentlichen Festlegung auf eine bestimmte Hilfeart stattfinden, lässt sich nicht mit Sicherheit sagen. Möglicherweise definieren viele der befragten VertreterInnen von Einrichtungen die

Ersterstellung eines Hilfeplans so, dass die Übergabe des Falles und die konkrete Zielvereinbarung mit den AdressatInnen, den fallzuständigen ASD-Kräften und der Einrichtung auf jeden Fall zur Ersterstellung dazu gehört. Die Daten verdeutlichen, dass unter der Ersterstellung eines Hilfeplans bezüglich Anfang und Ende sehr Verschiedenes verstanden werden kann und die Fachwelt von einheitlichen Kriterien und Beschreibungen weit entfernt ist. Während offenbar für die Mehrheit der Jugendämter die Erstellung des Hilfeplans mit der Festlegung auf eine bestimmte Hilfeart abgeschlossen ist, die Hilfeplanung aber nun unter der Einbeziehung konkreter Anbieter weitergeht, verstehen VertreterInnen von Einrichtungen unter der Ersterstellung des Hilfeplans primär den gesamten Prozess der Hilfeplanung. Dies schließt auch die Erstgespräche zwischen AdressatInnen und Fachkräften der Einrichtungen ein. Anders kann kaum erklärt werden, warum in der Einrichtungsbefragung gut die Hälfte angibt, Hilfeplangespräche im Rahmen der Ersterstellung fänden in der Einrichtung statt. Nur in Ausnahmefällen finden Hilfeplangespräche demnach zu Hause bei den Sorgeberechtigten oder gegebenenfalls bei den Jugendlichen statt. Ob die Fachkräfte die Möglichkeit andere Orte für diese Gespräche zu nutzen nicht in Erwägung ziehen, oder ob die AdressatInnen dies eher nicht wollen, muss vorerst offen bleiben.

Fortschreibung und Festlegung der Maßnahmendauer

Mittels einer dokumentierten Hilfeplanfortschreibung soll überprüft werden, ob eine bisher geleistete Hilfe weiterhin sinnvoll und notwendig ist oder ob sie verändert werden muss bzw. beendet werden kann. Aus der Tab. 7.4 geht hervor, dass der am häufigsten genannte Ort für die Hilfeplangespräche im Rahmen der Fortschreibung die Einrichtung selbst ist (56 %), gefolgt vom Jugendamt (27 %). In der Befragung der Jugendämter, aber auch der Einrichtungen wurde zudem gefragt, ob und in welchen Abständen die Hilfepläne überprüft werden.

Zu einer Überprüfung der Sinnhaftigkeit und Notwendigkeit der Hilfe kommt es demnach in jedem Fall. Von den Befragten gaben 28 % der Jugendämter und 39 % der Einrichtungen an, diese Überprüfung findet regelmäßig bzw. in festgelegten Abständen statt. 67 % der Jugendämter und 55 % der Einrichtungen gaben an, die Überprüfung des Hilfeplans findet regelmäßig, aber auch bei aktuellem Bedarf statt. Das bedeutet, dass an insgesamt 95 % der Jugendämter eindeutige Vorgaben zur Überprüfung der Hilfepläne existieren. Lediglich 4% der Jugendämter und 5% der Einrichtungen gaben an, die Hilfepläne würden ausschließlich bei aktuellem Bedarf fortgeschrieben (vgl. Tab. 7.5). Uneinheitlich gehandhabt werden in der Praxis allerdings die zeitlichen Abstände der Fortschreibung (Becker 1999: 96 ff.).

Tab. 7.5: Überprüfung der Hilfeplanung

Überprüft wird ...	Jugendämter	Einrichtungen
regelmäßig und bei aktuellem Bedarf	67%	55%
regelmäßig	28%	39%
bei aktuellem Bedarf	4%	5%
nie	0%	0%

Quellen: Jugendamtsbefragung 2000; Einrichtungsbefragung 2001

Um einen zusätzlichen Anhaltspunkt zu erhalten, wie fallspezifisch flexibel bzw. einheitlich geregelt mit den vorhandenen Ressourcen im Feld „Hilfen zur Erziehung" umgegangen wird, wurde danach gefragt, ob die Dauer von Maßnahmen im Hilfeplan festgelegt wird. Diejenigen 43 % der Jugendämter, die angeben, auf eine Festlegung der Dauer zu verzichten, scheinen dies weitgehend den Einrichtungen selbst zu überlassen, geben damit aber möglicherweise auch die Kontrolle im Rahmen der verfahrensrechtlichen Hoheit über die Hilfeplanung an diesem Punkt ab. Bei 57 % der befragten Jugendämter ist es hingegen üblich, die Dauer einer Hilfe zur Erziehung im Rahmen der Ersterstellung des Hilfeplans festzulegen. Diese Regel hat den Vorteil, dass mit der Entscheidung für eine bestimmte Art von Hilfe auch deren Dauer, im Sinne einer klaren Rahmenvorgabe für alle Beteiligten, bestimmt wird. Unter der Prämisse, dass bei veränderten Bedingungen auch eine vorgezogene Überprüfung stattfinden kann, sind solche Gestaltungsprinzipien sinnvoll für die Institution Jugendamt und für die Einrichtungen selbst, weil sie einen gewissen Planungsrahmen bieten. Auch für die Kinder und Jugendlichen bietet ein festgelegter Zeitrahmen Transparenz und Sicherheit. Nachteile könnten sich allerdings dann ergeben, wenn solche festgelegten zeitlichen Eckdaten unabhängig von der weiteren Fallentwicklung Gültigkeit haben. 39 % der Jugendämter und 51 % der Einrichtungen legen die Dauer von Maßnahmen im Hilfeplan je nach Fallspezifika fest oder verzichten ganz darauf. Dies hat aber Folgen für die immer wieder geforderte Transparenz im Hilfeplanverfahren. Die AdressatInnen haben so keinen planbaren Zeithorizont, in dem die Sinnhaftigkeit einer Hilfe unabhängig von der Einschätzung der Hilfe leistenden Einrichtung geprüft wird.

Insgesamt zeigen die Daten, dass die Jugendämter gemeinsam mit den Einrichtungen der in § 36 KJHG definierten gesetzlichen Pflicht zur Fortschreibung der Hilfeplanung nachkommen. Offen blieb bislang, welches fachliche Verständnis diese Fortschreibungspraxis begleitet. Wird die Hilfeplanung im Sinne eines Interaktionsprozesses mit möglichst zentraler Beteiligung der AdressatInnen und unter Einbeziehung der jeweiligen Einrichtung fortgesetzt, um die bestehende Falleinschätzung zu erweitern, zu bestätigen oder zu korrigieren? Oder handelt es sich eher darum, einer Verwaltungsvorschrift zu entsprechen, die ganz anderen Verfahrensregelungen unterliegt als die Ersterstellung?

Tab. 7.6: Federführung bei der Fortschreibung aus der Sicht der Einrichtungen (Mehrfachnennungen)

Federführung	
Jugendamt/ASD	89%
LeiterIn der Einrichtung	20%
BetreuerIn	16%
BetreuerIn nach Wahl des Kindes/der Jugendlichen	4%
Variiert je nach Betreuungsform	4%

Quelle: Einrichtungserhebung 2001

Um Antworten auf diese Fragen zu erhalten, wurde in der Einrichtungserhebung danach gefragt, wer bei der Überprüfung bzw. der Fortschreibung der Hilfepläne die Federführung innehat. An erster Stelle der Nennungen zur Federführung rangiert das Jugendamt bzw. der ASD mit 89%, in weitem Abstand (20%) folgt die Nennung „LeiterIn der Einrichtung". Vergleicht man diese Angaben der Einrichtungen mit denen der Jugendämter zur Federführung im Rahmen der Ersterstellung, ergibt sich ein einheitliches Bild: Auch bei der Ersterstellung übernehmen zu 89% die fallzuständigen ASD-Fachkräfte die Federführung. Das lässt den Schluss zu, dass die Jugendämter bzw. ASD das Verfahren der Überprüfung und Fortführung der Hilfepläne am Punkt der Übernahme der Federführung weitgehend einhalten. Nur ein Fünftel der befragten VertreterInnen von Einrichtungen benennt die Leitung der Einrichtung als federführende Person bei der Fortführung der Hilfeplanung. Zu den möglichen Motiven, die einer Abgabe der Federführung von der fallzuständigen Fachkraft des ASD hin zur Einrichtungsleitung zugrunde liegen, kann an dieser Stelle nichts ausgesagt werden. Klar ist nur, dass die fallzuständigen Fachkräfte des Jugendamts bzw. des ASD die Verfahrenshoheit in diesen Fällen an die Einrichtungen delegieren. Zu diskutieren wäre, ob dies überhaupt zulässig ist und welche Schlussfolgerungen sich daraus für die Diskussion zur Weiterentwicklung qualitativer Standards im Rahmen der Hilfeplanung nach § 36 KJHG ziehen lassen.

Die Frage nach der Federführung bei der Fortschreibung war bei der Einrichtungserhebung gekoppelt mit der Frage nach den beteiligten Personen bzw. Fachkräften. Die Tab. 7.7 gibt über den beteiligten Personenkreis bzw. die Fachkräfte Auskunft.

Tab. 7.7: Wer ist an der Hilfeplan-Überprüfung aus Sicht der Einrichtungen beteiligt? (Mehrfachnennungen)

Beteiligte	
JA/ASD	98 %
Kind/Jugendliche(r)	92 %
BetreuerIn	84 %
Einrichtungsleitung	76 %
BetreuerIn nach Wahl der Kinder	45 %
Variiert je nach Betreuungsform	15 %

Quelle: Einrichtungserhebung 2001

Im Sinne der gesetzlichen Vorgaben sind fast zu 100 % die fallzuständigen Fachkräfte des Jugendamtes bzw. des ASD beteiligt. Ähnlich stark vertreten sind die betroffenen Kinder und Jugendlichen mit 92 %. Es ist zu klären, welche Gründe und Erfahrungen diejenigen Einrichtungen haben, die angeben, Kinder und Jugendliche nicht an den Hilfeplangesprächen zur Fortschreibung der Hilfepläne zu beteiligten (8 %). Ob auch die Sorgeberechtigten an den Hilfeplangesprächen beteiligt sind, wurde nicht extra abgefragt, da es in vieler Hinsicht plausibel ist, die Teilnahme der Sorgeberechtigten im Rahmen der Hilfeplanung als Selbstverständlichkeit anzunehmen. In unseren qualitativen Interviews mit Fachkräften der Jugendhilfe zur Frage der Partizipation von AdressatInnen im Rahmen erzieherischer Hilfen wurde jedoch deutlich, dass Sorgeberechtigte nicht immer zu Hilfeplangesprächen kommen. Interessante Fragen sind deshalb, welche Gründe für ein solches Fernbleiben vorliegen und wie seitens der Fachkräfte damit umgegangen wird.

Insgesamt zeigt sich, dass die Überprüfungs- und Fortschreibungspraxis besser ist als ihr Ruf. Zwar sagen die Daten wenig über die fachliche Qualität der Überprüfungsverfahren aus, aber die formalen Voraussetzungen werden in der Mehrheit der Fälle eingehalten. Nicht selbstverständlich ist jedoch, dass Kinder und Jugendliche zu Hilfeplangesprächen im Rahmen der Überprüfung bzw. Fortschreibung die BetreuerIn selbst wählen, denn von allen Nennungen wurde die Kategorie „BetreuerIn nach Wahl des Kindes bzw. des Jugendlichen" nur zu 45 % angegeben.

Einflussmöglichkeiten von Kindern und Jugendlichen bei der Fortschreibung

Um weitere Anhaltspunkte darüber zu erhalten, wie partizipativ die Fortschreibungspraxis für Kinder und Jugendliche gestaltet wird, wurden die VertreterInnen der Einrichtungen danach gefragt, ob Kinder und Jugendliche Vertrauenspersonen zum Hilfeplangespräch mitbringen können. Dies bejahen ohne Einschränkung 44 % der Befragten. Weitere 44 % geben an, dies sei abhängig vom Entwicklungsstand des Kindes bzw. des Jugendlichen, und 11 % antworten, dies sei nicht möglich. Dass demnach in 88 % der Einrichtungen Kinder und Jugendliche zumindest unter bestimmten Bedingungen Vertrauenspersonen mitbringen können, besagt noch nichts darüber, ob die Kinder und Jugendlichen vonseiten der Fachkräfte über diese Möglichkeit im Vorfeld der Hilfeplangespräche informiert werden. Erste Ergebnisse unserer noch nicht abgeschlossenen qualitativen Studie zur Partizipation im Bereich Hilfen zur Erziehung machen deutlich, dass fallzuständige Fachkräfte an Jugendämtern, aber auch in Einrichtungen erstaunt auf die Frage reagieren, ob es den Kindern und Jugendlichen möglich ist, Vertrauenspersonen in die Hilfeplangespräche mitzunehmen. Dies, so viele der Befragten, sei theoretisch schon möglich, aber es habe noch niemand danach gefragt.

Ein weiteres Indiz für eine an Partizipation der AdressatInnen orientierten Hilfeplanung kann sein, ob Kinder und Jugendliche Personen vom Hilfeplangespräch ausschließen können. Von den befragten Einrichtungen geben 57 % an, dies sei möglich. Ein Blick auf die Tab. 7.8 zeigt, welche Personengruppen dies sind.

Tab 7.8: Welche Personen dürfen Kinder und Jugendliche vom Hilfeplangespräch ausschließen?

Personen aus dem familialen Umfeld	93 %
Personen aus dem schulischen/beruf. Umfeld	54 %
Fachkräfte der Einrichtung	18 %
Jugendamts-Fachkräfte	6 %

Quelle: Einrichtungserhebung 2001

Nahezu alle Einrichtungen, die angeben, Kinder und Jugendliche können Personen vom Hilfeplangespräch ausschließen, nennen an erster Stelle Personen aus dem familialen Umfeld (93 %) des Kindes oder Jugendlichen, gefolgt von Personen aus dem schulischen bzw. beruflichen Umfeld. Fachkräfte der Einrichtungen und des Jugendamtes bzw. des ASD können hingegen von den Kindern und Jugendlichen nur selten ausgeschlossen werden.

Die Ergebnisse zur Fortschreibungspraxis legen den Schluss nahe, dass die Bemühungen zur praktischen Umsetzung von Partizipation noch in den Kinderschuhen stecken und entsprechend taugliche Instrumente und Verfahrensregelungen noch (weiter-)entwickelt werden müssen (vgl. Pluto 2001). Dabei wird es auch darauf ankommen, Partizipationsmöglichkeiten nicht allein vom Kriterium der pädagogischen Angemessenheit im Einzelfall abhängig zu machen, sondern im Sinne von Kinderrechten zu etablieren.

Einschätzungen zum Hilfeplanverfahren

Um Anhaltspunkte darüber zu erhalten, wie die Umsetzung des im § 36 KJHG in Grundzügen festgelegten Hilfeplanverfahrens inzwischen bewertet wird, wurden sowohl in der Jugendamts- als auch in der Einrichtungsbefragung Statements zur Bedeutung bestimmter Aspekte, die für das Zustandekommen eines Hilfeplan-Ergebnisses eine Rolle spielen, vorgegeben.

Tab. 7.9: Bewertung der Statements zur Hilfeplanentscheidung (HPE) bzw. zum Hilfeplanverfahren (HP-Verfahren)

Statements	Stimme eher zu JÄ	Stimme eher zu Einr.	Unentschieden JÄ	Unentschieden Einr.	Stimmt eher nicht JÄ	Stimmt eher nicht Einr.
Die Wünsche der AdressatInnen haben großen Einfluss auf die HPE	70 %	64 %	27 %	23 %	3 %	13 %
Spezifische Erfahrungen des Kindes/Jug. mit bisherigen Hilfeformen haben großen Einfluss auf die HPE	70 %	55 %	23 %	28 %	7 %	17 %
Allgemeine Erfahrungen mit einzelnen Hilfeformen beeinflussen die HPE maßgeblich	51 %	54 %	39 %	28 %	10 %	18 %
Die Angebotsstruktur beschränkt das Spektrum möglicher HPE	29 %	34 %	32 %	21 %	38 %	45 %
Kostengesichtspunkte sind für die HPE von großer Bedeutung	21 %	59 %	54 %	19 %	25 %	22 %
Das HP-Verfahren ist zu aufwendig	7 %	8 %	20 %	8 %	73 %	84 %

Quellen: Jugendamtserhebung 2000 und Einrichtungserhebung 2001

Die im Folgenden diskutierten Ergebnisse unterscheiden sich nur geringfügig, wenn man sie nach Ost und West, nach Jugendämtern kreisfreier Städte und in Landkreisen sowie nach Jugendamtsgröße differenziert. Auch ein Vergleich der Jugendämter, die eine Verwaltungsmodernisierung durchgeführt haben bzw. aktuell durchführen, mit denjenigen, die dies nicht tun, führt zu keinen nennenswerten Unterschieden.

Dass die Wünsche der AdressatInnen einen großen Einfluss auf die Hilfeplanentscheidungen haben, bejahen 70 % der befragten Jugendämter und ähnlich viele EinrichtungsvertreterInnen (64 %). Dieses Ergebnis ist ein Hinweis darauf, dass, zumindest auf einer programmatischen Ebene, das im KJHG verankerte Wunsch- und Wahlrecht der Eltern und ihrer Kinder im Bereich Hilfen zur Erziehung als ein nicht mehr zu hintergehender fachlicher Standard betrachtet wird. Offen bleiben muss an dieser Stelle, wie der fachliche Anspruch und die normative Vorgabe der Berücksichtigung der Adressatenwünsche in der Praxis tatsächlich eingelöst wird. Dass zwischen dem fachlichen Anspruch und den Handhabungen in der Praxis ein Widerspruch besteht, wird dadurch belegt, dass sich immerhin 27 % der befragten Jugendämter und 23 % der Einrichtungen nicht eindeutig bei der Beantwortung der Frage festlegen, ob die Wünsche der AdressatInnen einen großen Einfluss haben. Rechnet man den Jugendämtern diejenigen 3 % zu, die den Einfluss der Wünsche der AdressatInnen klar verneinen, weisen ein Drittel der Jugendämter die Aussage zurück, dass AdressatInnen einen wesentlichen Einfluss auf die Hilfeplanentscheidung haben. Auch die Ergebnisse der Einrichtungsbefragung verweisen an diesem Punkt auf Probleme, wenn es um die praktische Umsetzung des fachlichen Anspruchs Partizipation geht. Nur 64 % der befragten Einrichtungen geben an, dass die Wünsche der AdressatInnen großen Einfluss auf die letztendliche Entscheidung haben. Nicht eindeutig festlegen wollen sich bei dieser Frage 23 % und 13 % verneinen den Einfluss der Adressatenwünsche ausdrücklich. Hinsichtlich der formalen Voraussetzungen verweist auch die Studie von Becker (1999) auf die noch zu geringe Praxisrelevanz der Wünsche vor allem der betroffenen Kinder und Jugendlichen: Lediglich 6 % der Jugendämter haben diesen Aspekt in ihrem Frageraster aufgenommen bzw. haben dafür in den Hilfeplanformularen eine extra Rubrik vorgesehen.

Interessant, auch für weitere Studien zur Praxis der Hilfeplanung, ist die Frage, auf welche Art und Weise die Jugendhilfe-Fachkräfte die Generierung, Konkretisierung und eventuell Änderung ursprünglicher Wünsche der AdressatInnen beeinflussen aber auch, welcher Stellenwert den bisherigen Erfahrungen der Kinder und Jugendlichen mit Jugendhilfeangeboten bei einer zu treffenden Hilfeplanentscheidung zukommt. Dass die bisherigen Erfahrungen der betroffenen Kinder und Jugendlichen mit bisher angebotenen Hilfeformen die Hilfeplanentscheidung beeinflussen, bejahen 70 % der Jugendämter, aber nur 55 % der Einrichtungen. Knapp ein Fünftel der Einrichtungen hat den Eindruck, solche Erfahrungen der Kinder und Jugendlichen werden bei einer neu anstehenden Hilfeplanentscheidung nicht berücksichtigt, während dies nur 7 % der befragten Jugendämter so sehen.

Demgegenüber schätzen die Jugendämter und die Einrichtungen die Bedeutung von allgemeinen Erfahrungen (der Fachkräfte) mit spezifischen Hilfeformen bzw. -angeboten für das Zustandekommen einer Hilfeplanentscheidung relativ einheitlich ein: rund die Hälfte der befragten Jugendämter (51 %) und Einrichtungen (54 %) sehen diesen Einfluss als gegeben an. Dementsprechend werden die federführenden bzw. fallzuständigen MitarbeiterInnen des Jugendamtes die Eltern und Kinder über einzelne Angebotsformen aufklären oder diese gar nicht erwähnen und so deren letztendlich formulierte Wünsche und Vorstellungen in nicht zu unterschätzender Weise mitprägen. Hier zeigt sich ein weiteres Spannungsfeld für die fallzuständigen, federführenden Fachkräfte: Sie müssen einerseits die allgemeinen, aber auch die in speziellen Fällen gemachten Erfahrungen mit bestimmten Anbietern bzw. Hilfeformen fachlich produktiv verarbeiten und dürfen andererseits den AdressatInnen bestimmte Angebote und Anbieter nicht grundsätzlich vorenthalten.

Fragt man nach den angebotenen Hilfeleistungen im Jugendamtsbezirk und dem diesbezüglichen Einfluss auf eine Hilfeplanentscheidung, verneinen 38 % der Jugendämter und ähnlich viele Einrichtungen (45 %), dass die Angebotspalette vor Ort bestimmte Hilfeplanergebnisse verhindert. Dieses Ergebnis verweist auf ein in vielen Kommunen breites Angebotsspektrum im Sinne des KJHG (vgl. hierzu auch Kap. 6). Demgegenüber bestätigen 29 % der Jugendämter und 34 % der Einrichtungen, dass die vorhandene Angebotsstruktur maßgeblichen Einfluss auf das Hilfeplanergebnis hat. Ein Drittel der Jugendämter und ein Fünftel der Einrichtungen legt sich in der Antwort nicht eindeutig fest. Diese Uneindeutigkeit kann darauf zurückzuführen sein, dass je nach Fall die Angebotspalette im Jugendamtsbezirk als ausreichend oder als nicht ausreichend betrachtet wird und zudem, je nach Auslastung der Angebote, vor Ort Engpässe entstehen können, die sich wiederum auf das Ergebnis eines Hilfeplanverfahrens auswirken können.

Von den befragten Jugendämtern geben 21 % an, dass Kostengesichtspunkte von großer Bedeutung für die Hilfeplanentscheidung sind. Etwa gleich viele betonen, dies stimme eher nicht. Über 50 % können sich nicht eindeutig festlegen. Dieses Ergebnis spricht dafür, dass auf der Leitungsebene der Kostenaspekt für die Gewährung einer bestimmten Hilfe zur Erziehung von hoher Relevanz ist.

Alle nachfolgenden Statements und deren Beantwortung wurden mit der Bewertung der Kostengesichtspunkte korreliert, denn es liegt nahe anzunehmen, dass sich der Faktor Kosten auch auf andere Einflussgrößen im Hilfeplanprozess auswirkt. Ein eindeutiger Zusammenhang ergibt sich jedoch nicht.

Anders sieht das Ergebnis bei den befragten Einrichtungen aus. In beachtlicher Differenz zu den Jugendämtern (21 %) stimmen 59 % der Einrichtungen dem Statement zu, Kostengesichtspunkte seien für die Hilfeplanentscheidung zentral. Hier zeigen sich unterschiedliche Einschätzungen der öffentlichen und der freien Akteure der Jugendhilfe, die wohl im Wesentlichen auf ihre unterschiedlichen Rollen zurückzuführen sind. Letztendlich kommt es auf die Gewichtung der fachlichen Hilfeplanentscheidungen einerseits und der Kostengesichtspunkte andererseits an.

Mit dem Stand der Umsetzung des § 36 KJHG sind die befragten Jugendämter überwiegend zufrieden. 73 % lehnen das Statement

„das Hilfeplanverfahren ist zu aufwendig" ab, 20 % haben dazu keine klare Haltung und nur 7 % bejahen diese Aussage. Die Erwartung, dass insbesondere diejenigen Befragten über einen zu hohen Aufwand klagen, die einen hohen Abstimmungsbedarf rund um ein Hilfeplanergebnis institutionalisiert haben (siehe Tab. 7.2), wird durch die Daten nicht bestätigt. Etwas zufriedener mit dem Hilfeplanverfahren sind den Daten zufolge die Einrichtungen: Lediglich 16 % sehen den Aufwand für das Hilfeplanverfahren kritisch. Angesichts der Tatsache, dass die Einrichtungen zu 59 % angeben, Kostengesichtspunkte seien von großer Bedeutung für die Hilfeplanentscheidung und sie die Umsetzung des Wunsch- und Wahlrechts der AdressatInnen kritischer einschätzen als die Jugendämter, überrascht diese hohe Zufriedenheit ein wenig. Die Daten lassen den Schluss zu, dass sich die Einrichtungen insgesamt ganz gut mit der öffentlichen Jugendhilfe in puncto Hilfeplanung arrangiert haben. Das Hilfeplanverfahren wird inklusive der Fortschreibungspraxis, trotz aller unterschiedlichen Handhabungen im Detail, von beiden Seiten sehr ernst genommen. Die Grundlagen, die eine fachlich fundierte Entscheidung und den weiteren Verlauf der Hilfen befördern, sind somit gegeben.

Ob die Praxis des Hilfeplanverfahrens auch aus der Perspektive der fallzuständigen ASD- bzw. JugendamtsmitarbeiterInnen sowie der AdressatInnen in der Regel als gelungen angesehen werden kann, muss jedoch offen bleiben.

Ein Hinweis zur Perspektive der AdressatInnen findet sich in der Fallstudie von Schefold/Glinka/Neuberger/Tilemann (1998: 200/ 201). Die AutorInnen kommen zu dem Ergebnis, dass Eltern in der Regel nur rudimentäre Kenntnisse über den Ablauf des Hilfeplanverfahrens haben. Es fehle den AdressatInnen eine „Gebrauchsanweisung", eine Einführung in das Verfahren und seine Regeln im Sinne einer Aufklärung und damit im Sinne eines Zugewinns an Autonomie.

7.3 Fazit

Die Daten belegen, dass die Umsetzung der Hilfeplanung nach § 36 KJHG in vollem Gange, aber noch nicht abgeschlossen ist. Damit ist auch weiterhin nicht so schnell zu rechnen, da sich mancher fachliche Standard, der in Zusammenhang mit der Hilfeplanung vorgegeben oder per Fachdiskussion zum Programm erhoben wurde, mit anderen Standards des Verwaltungshandelns, aber auch mit anderen professionellen Herausforderungen nicht so leicht vereinbaren lässt.

Vor allem die gesetzliche Vorgabe des Zusammenwirkens aller Fachkräfte bei der Erstellung des Hilfeplans ist inzwischen vielerorts und mit vielfältigen Formen der Zusammenarbeit eingelöst. Dazu gehört, dass die Fach- und Ressourcenverantwortung in der Regel relativ nah an der Fallbearbeitung und im Rahmen flacher Hierarchien organisiert ist. Ob jedoch die abschließende Entscheidung über eine konkrete Hilfe, wie in der Fachliteratur vielfach gefordert (Urban 2001: 389), tatsächlich von der federführenden Fachkraft in Zusammenarbeit mit den AdressatInnen getroffen wird, muss offen bleiben, sollte aber im Zukunft Gegenstand der Forschung werden. Nur mittels einer solchen Koproduktion zwischen Fachkräften und AdressatInnen könne, so eine weit verbreitete Meinung in der Fachöffentlichkeit, Hilfeplanung tatsächlich umgesetzt und eine Verkoppelung von Verantwortung und Entscheidung erreicht werden. Die Tatsache, dass an vielen Jugendämtern eine fachlich getroffene Hilfeplanentscheidung mit anderen Ressorts und Abteilungen abgestimmt werden muss (vgl. Tab. 7.2) und die Perspektiven und Vorstellungen der AdressatInnen damit wieder an Gewicht verlieren können, lässt jedoch Zweifel aufkommen, ob die programmatische Forderung in der Praxis eingelöst wird.

Bedenklich stimmen muss auch, dass sich ca. ein Drittel der Jugendämter nicht eindeutig zum Wunsch- und Wahlrecht der AdressatInnen und damit auch zum Partizipationsgedanken als zentrale Einflussgröße auf die Hilfeplanentscheidung bekennen kann. Auch die Daten der Einrichtungsbefragung verweisen auf eine zu intensivierende Adressatenbeteiligung.

Deutlich wird, dass die Gewichtung von Kostenüberlegungen gegenüber fachlichen Voten der Fachkräfte (in Abstimmung mit den AdressatInnen) sehr unterschiedlich ausfällt. Während die öffentlichen Träger im Rahmen ihrer hoheitlichen Jugendhilfeaufgaben betonen, der Kostenaspekt sei ein Faktor neben anderen, zeigen sich die Einrichtungen demgegenüber eher skeptisch; ca. 60% betonen, Kostengesichtspunkte seien für eine Hilfeplanentscheidung zentral. Zur Beurteilung der Frage, ob in der Praxis der Hilfeplanung die Ausgaben eher den Aufgaben folgen oder umgekehrt (BMFSFJ 2002: 261), sind weitere Studien notwendig. Auch die in der vorliegenden Untersuchung deutlich gewordenen verschiedenen Alltagsroutinen und Perspektiven von Fachkräften der Jugendhilfe sowie der betroffenen AdressatInnen inklusive ihrer unterschiedlichen Erwartungen an das Hilfeplanverfahren zeigen weiteren Forschungsbedarf auf. Künftige Untersuchungen in diese Richtung müssen auch geschlechtsspezifische und interkulturelle Aspekte mit einbeziehen. Zur Klärung der Aufgaben und Rollen zwischen öffentlichen und freien Trägern sind klare Kooperationsbeziehungen und Regelungen nötig, die die Adressatenbeteiligung fördern und das Wunsch- und Wahlrecht der AdressatInnen nicht gefährden (vgl. Schwabe 2002). Je genauer und differenzierter die Hilfeplanung im Einzelfall dokumentiert wird, desto transparenter wird auch das professionelle Handeln. Abschließend sei deshalb auf die spannende Frage verwiesen, worauf Misserfolge der Hilfeplanung aus der Sicht von Fachkräften der Jugendhilfe eigentlich zurückgeführt werden. In einer Studie kommen Wolf und Niemeyer für den Bereich der Heimerziehung zu dem Schluss, dass Schwierigkeiten häufig ausschließlich auf Ursachen zurückgeführt werden, die in der Persönlichkeit bzw. der persönlichen Entwicklung der AdressatInnen liegen (vgl. hierzu zusammenfassend Wolf 2000). Eine Reflexion über die institutionellen Rahmenbedingungen und über die Vorgehensweisen im Rahmen der Fallbearbeitung findet hingegen nicht statt. Wirksam sind demnach spezifische Zuschreibungsprozesse, mit denen die Ursachen für das Scheitern einer Hilfe zur Erziehung auf persönliche Fehlleistungen der AdressatInnen zurückgeführt werden und nicht etwa auf unprofessionelle Planung. Damit werden Legitimationsprobleme der Einrichtungen, die sich aus dem Scheitern einer Hilfe zur Erziehung ergeben könnten, abgewehrt und das Selbstwertgefühl der Fachkräfte wird nicht beeinträchtigt. Wünschenswert wäre, dass Verfahrensregelungen zur Hilfeplanung sowie eine angemessene Reflexion und Evaluation des Hilfeplanverfahrens seitens der öffentlichen Träger und der Einrichtungen einen Beitrag dazu leisten, die Diskussion zu versachlichen und neue konstruktive Strategien für den Einzelfall zu finden.

8 Kooperation

Wesentliche Entwicklungsimpulse oder doch zumindest Irritationen im Gesamtgefüge der deutschen Kinder- und Jugendhilfe gingen in den letzten Jahren von Veränderungen aus, die sich in ihrem Kern zunächst größtenteils nicht auf fachliche Fragen der Jugendhilfe bezogen, sondern Überlegungen zur Effizienzsteigerung öffentlicher Verwaltung und zu Einsparungen in den Haushalten in den Vordergrund rückten (vgl. Lüders 1997). Erinnert sei hier an die Diskussion um die neue Steuerung (vgl. Mamier/Seckinger/Pluto/van Santen/Zink 2002). Die darin enthaltenen Konzepte von dezentraler Ressourcen- und Fachverantwortung sowie den veränderten Aufgabenstellungen für die öffentliche Hand (Stichwort schlanker Staat) müssten sich, werden sie denn umgesetzt, empirisch auch in verstärkten Kooperationsaktivitäten zwischen Jugendämtern und freien Trägern zeigen. Einrichtungen müssten in freie Trägerschaft überführt, Aufgaben an freie Träger delegiert werden. Diese Veränderungsdynamik bliebe dann auch nicht folgenlos für die fachliche Weiterentwicklung der Kinder- und Jugendhilfe.

Ebenfalls Auswirkungen auf das Kooperationsgefüge müssten sich aus den Regelungen in den §§ 78 a–g KJHG ergeben. In diesen Paragrafen sind die Neuregelungen zur Entgeltfinanzierung von Jugendhilfeleistungen enthalten. Diese umfassen sowohl Verträge über die konkrete Entgelthöhe als auch Vereinbarungen über die zu erbringenden Leistungen sowie die umzusetzenden Qualitätsentwicklungsinstrumente.

Eine dritte Ebene, auf der sich eine die Kooperationen beeinflussende Entwicklungsdynamik entfaltet, sind Veränderungen im Trägergefüge wie sie beispielsweise von Herzig (1999) für Niedersachsen, von Pothmann (1998) anhand der Daten aus der Jugendhilfestatistik und von van Santen/Seckinger (2001) für Ostdeutschland beschrieben werden. In allen drei Aufsätzen wird von Verschiebungen berichtet, die eines gemeinsam haben: Träger, die nicht Mitglied in einem der Spitzenverbände der freien Wohlfahrtspflege sind, gewinnen an Bedeutung. Koordinierte Absprachen hinsichtlich der Interessen von öffentlichen und freien Trägern auf überörtlicher Ebene, z.B. Rahmenvereinbarungen, werden somit immer weniger zwischen denjenigen ausgehandelt, die damit letztendlich arbeiten müssen.

Daneben gibt es eine ganze Reihe von fachlichen Überlegungen (z.B. bezüglich einer Reaktion auf komplexe Problemlagen) und rechtlichen Vorgaben (z.B. zur Jugendhilfeplanung), die Kinder- und Jugendhilfe ohne Kooperation als nicht mehr denkbar erscheinen lassen (ausführlich hierzu siehe van Santen/Seckinger 2003). Im folgenden Abschnitt soll anhand der Daten aus unserer Stichprobenerhebung bei Jugendämtern empirisch den vermuteten Veränderungen nachgespürt werden. Hierzu werden auch Vergleiche mit früheren Erhebungen sowie mit den parallel durchgeführten Befragungen freier Träger vorgenommen.

8.1 Kooperationspartner

Eine erste Annäherung an das Thema Kooperation geschieht durch die Frage (offene Abfrage) nach den drei bedeutendsten Kooperationspartnern aus der Sicht der Jugendämter. In Tabelle 8.1 wird die daraus ermittelte Rangreihe der Kooperationspartner getrennt für Ost- und Westdeutschland sowie für die gesamte Bundesrepublik dargestellt.

Tab. 8.1: *Rangplätze der drei bedeutendsten Kooperationspartner aus Sicht der Jugendämter*

Kooperationspartner	Ost	West	Insgesamt	%[1]
Schule	6	1	1	29
Einrichtungen	2	2	2	28
Freie Träger allgemein	10	3	3	19
Kommunen	2	7	4	17
Winzelne Träger	18	3	5	16
Landesjugendamt	6	6	6	15
Sonstige	10	5	6	15
Polizei	5	9	8	13
Andere Ämter	10	7	8	13
Arbeitsamt	1	–*	10	12
Justiz	6	9	10	12
Schulamt	2	14	12	11
Jugendarbeit	16	9	12	11
Sozialamt	6	14	14	8
Wohlfahrtsverbände	10	12	14	8
Arbeitsgemeinschaften	10	14	16	7
Einrichtungen der Kindertagesbetreuung	10	18	17	5
Kirche	18	12	17	5
Universität	18	14	19	4
Kreisverwaltung	18	–*	20	3
Kinder- und Jugendhilfeausschuss	18	–*	21	1
Kreistag	18	–*	22	1

[1] 100% entspricht der Gesamtzahl der Jugendämter
* Wurde nie genannt

Die deutlich unterschiedlichen Angaben von ost- und westdeutschen Jugendämtern hinsichtlich der Einschätzung, welcher ihrer Kooperationspartner für sie von besonderer Relevanz ist, spiegelt auch die differenten gesellschaftlichen Rahmenbedingungen wider. In Ostdeutschland gibt es neben dem Arbeitsamt keine andere Institution, die so häufig auf die Frage nach den drei bedeutendsten Kooperationspartnern genannt wird. In Anbetracht der hohen Jugendarbeitslosigkeit (Juni 2000 Ost: 14,2 %; West: 6,8 % der unter 25-Jährigen; vgl. ANBA 2000: 878, 882) und damit einer Vielzahl von Ausbildungs- und Beschäftigungsmaßnahmen für Jugendliche in Ostdeutschland (vgl. Kap. 6.7) sowie des nach wie vor deutlich höheren Anteils an Beschäftigten in der ostdeutschen Jugendhilfe, die überwiegend aus Mitteln der Bundesanstalt für Arbeit finanziert werden (vgl. Kap. 3) erstaunt dieses Ergebnis nicht. In Westdeutschland hingegen wird das Arbeitsamt nie als einer der drei wichtigsten Kooperationspartner genannt, obwohl in Ost- wie in Westdeutschland über 96 % der Jugendämter angeben, mit dem Arbeitsamt zu kooperieren.

Schulen als wichtiger Kooperationspartner für die Jugendämter spielen in Ost- und Westdeutschland ebenfalls unterschiedliche Rollen. Zwar kooperieren nach eigenen Angaben alle Jugendämter mit Schulen, im Westen jedoch werden Schulen am häufigsten als einer der drei wichtigsten Kooperationspartner genannt, im Osten findet man sie erst auf Rangplatz 6. Diese Differenz ist insofern irreführend als in Ostdeutschland das Schulamt einen sehr hohen, nämlich den 2. Rangplatz einnimmt. Die größere Bedeutung der Schulämter im Vergleich zu den Schulen erklärt sich vermutlich dadurch, dass erstens in Westdeutschland Kooperationen mit Schulen unabhängig von Schulämtern geknüpft werden und zweitens aufgrund demografischer Entwicklungen in Ostdeutschland viele Schulen von Schließungen bedroht sind und deshalb den Jugendämtern nicht als Partner für den Aufbau langfristiger Kooperationen geeignet erscheinen. Die Schulämter hingegen werden auch bei abnehmender Schülerzahl als Ansprechpartner erhalten bleiben. Zudem scheint sich in ostdeutschen Schulämtern eine im Vergleich zu westdeutschen etwas andere Aufgabendefinition durchgesetzt zu haben. Ostdeutsche Schulämter scheinen stärker Koordinationsaufgaben wahrzunehmen.

Es kann davon ausgegangen werden, dass die Kooperation von Schule und Jugendhilfe aus der Perspektive der Jugendämter in Deutschland insgesamt eine sehr hohe Bedeutung hat. Dies entspricht auch der Entwicklungsdynamik in der Zusammenarbeit zwischen Schule und Jugendhilfe (vgl. Hollenstein/Tillmann 1999;

Raab/Rademacher 1996), die an dem schnell wachsenden Angebot an Schulsozialarbeit erkennbar wird (vgl. Kap. 6.7). Jugendämter, in deren Jugendamtsbezirk es keine Angebote der Schulsozialarbeit gibt, nennen im Vergleich zu den Jugendämtern, in deren Bezirk Schulsozialarbeit angeboten wird, signifikant weniger häufig Schule oder Schulamt als wichtigsten Kooperationspartner.

In der Bedeutung des Sozialamtes als wichtigem Kooperationspartner gibt es ebenfalls bemerkenswerte Ost-West-Unterschiede: Das Sozialamt wird in Ostdeutschland häufiger als wichtiger Kooperationspartner (Rangplatz 6) genannt als in Westdeutschland (Rangplatz 15). Dieser Bedeutungsunterschied spiegelt auch die unterschiedliche Relevanz wider, die die Verarmung von Familien für die Arbeit des Jugendamtes aus Jugendamtsperspektive hat. Weiterhin gibt es in Ostdeutschland bei Einrichtungen der Kinder- und Jugendhilfe mehr Stellen, die nach BSHG §§ 18 und 19 finanziert werden. Darüber hinaus ist anzunehmen, dass aufgrund der allgemeinen Finanzlage ostdeutscher Kommunen dort aktiver an der gemeinsamen Suche nach Finanzierungsmöglichkeiten für Projekte an der Schnittstelle zwischen Kinder- und Jugendhilfe einerseits und Sozialhilfe andererseits gearbeitet wird.

Als generellen Ost-West-Unterschied lässt sich in Ostdeutschland eine ausgeprägtere Orientierung hin zu staatlichen Stellen und in Westdeutschland hin zu Einrichtungen und freien Trägern beschreiben. So werden etwa in Westdeutschland einzelne freie Träger am dritthäufigsten als wichtige Kooperationspartner genannt. Dieser Ost-West-Unterschied spricht einerseits für eine stärkere Orientierung ostdeutscher Jugendämter an einer Verwaltungslogik und andererseits für eine stärkere Dominanz einzelner Träger in westdeutschen Jugendhilfebezirken. Diese Interpretation wird auch gestützt durch die großen Unterschiede in der Anzahl der geförderten Träger zwischen Ost- und Westdeutschland (vgl. Kapitel 5, Tab. 5.12). Je mehr Träger in einer Region tätig sind, umso geringer wird die Bedeutung des Einzelnen als herausgehobener Kooperationspartner. Dieses Ergebnis entspricht auch den Analysen einer veränderten Kooperationskultur in Ostdeutschland (vgl. van Santen/Seckinger 2001), die zu einer Stärkung von regionalen Trägern vor Ort und damit zu stärker öffentlich ausgehandelten Vereinbarungen führt. Erkennbar wird dies auch an dem anderen Verständnis, das dem Jugendhilfeausschuss entgegengebracht wird (vgl. Kapitel 9).

Neben den Ost-West-Unterschieden gibt es auch deutliche Differenzen zwischen Jugendämtern in kreisfreien Städten und Kreisjugendämtern sowie regionalisierten Jugendämtern: Von Jugendämtern in kreisfreien Städten werden signifikant häufiger öffentliche Stellen als wichtigste Kooperationspartner genannt als von den zwei anderen Jugendamtstypen. Dieser Unterschied erklärt sich auch aus dem in kreisfreien Städten im Vergleich zu Landkreisen etwas anderen Aufgabenzuschnitt. In kreisfreien Städten fallen die Aufgaben kreisangehöriger Gemeinden und die von Landkreisen zusammen, weshalb beispielsweise Kreisjugendämter sehr viel seltener Träger von Einrichtungen der Kindertagesbetreuung sind als Stadtjugendämter.

Es zeigt sich kein Zusammenhang zwischen den wichtigsten Kooperationspartnern der Jugendämter und Veränderungen, die im Rahmen einer Verwaltungsmodernisierung durchgeführt werden. Verwaltungsmodernisierung führt also offensichtlich nicht zu spezifischen Kooperationspartnern.

Kooperation mit Ämtern im Zeitvergleich

Für das Erkennen von Trends ist ein Zeitvergleich hilfreich. Die Anlage der Studie ermöglicht es, eine Entwicklung der Kooperationsbeziehungen zwischen Jugendämtern und anderen Ämtern für die Jahre 1992–2000 zu beschreiben. Beginnt man den Zeitvergleich mit der allgemeinen Frage, ob es Kooperationsbeziehungen zu den verschiedenen Ämtern gibt (vgl. Tab. 8.2), so stellt man fest, dass sich die Angaben von 1992 und 2000 kaum unterscheiden. Die Zahlen von 1996 verweisen auf etwas kleinere Anteile von Jugendämtern, die mit den jeweils anderen Ämtern kooperieren. Dieser Unterschied lässt sich teilweise auf die 1996 veränderte Fragestellung zurückführen: Ein inhaltlicher Schwerpunkt des Projektes „Jugendhilfe und sozialer Wandel" lag zu diesem Zeitpunkt auf Kooperationsbeziehungen in der Kinder- und Jugendhilfe, weshalb es mehr und detailliertere Fragen zu Kooperation gab. Es wurde eine engere Definition von Kooperation zugrunde gelegt, um auszuschließen, dass jeder Kontakt mit einem anderen Amt als Kooperation ausgegeben wird. In der Erhebung 2000 wurde dann wieder eine etwas weniger differenzierte Abfrage gewählt, da neue Schwerpunkte (Beteiligung und Hilfeplanung) innerhalb des Projektes gebildet worden waren. Die Abfrage 1992 bzw. 1993 und 2000 richten sich nach Kooperationsformen (z. B. Einzelfall, Gremium) und die 1996 nach Häufigkeit und Regelmäßigkeit.[72]

---

[72] Die Antwortkategorie 1996 waren: „nie", „ab und zu", „grundsätzlich".

Tab. 8.2: Zusammenarbeit von Jugendämtern mit anderen Ämtern im Zeitvergleich

	1992	1996	2000
Gesundheitsamt	100 %	89 %	95 %
Sozial- und Wohnungsamt	100 %	97 %	98 %
Schulamt	100 %	99 %	98 %
Arbeitsamt	98 %	79 %	96 %
Ordnungs- und Gewerbeaufsichtsamt	94 %	76 %	95 %
Kultur-, Sport- und Fremdenverkehrsamt	–*	72 %	84 %
Bauamt	–*	9 %	86 %

* Wurde nicht abgefragt

Im Vergleich zwischen 1996 und 2000 zeigen sich vor allem gesteigerte Kooperationsaktivitäten zwischen Jugendamt und Arbeitsamt sowie zwischen Jugendamt und Bauamt. Eine genaue Analyse der Kooperationsformen mit dem Bauamt führt zu der Erkenntnis, dass es mit dem Bauamt zu 20 % ausschließlich sonstige Formen von Kooperation und zu 45 % ausschließlich auf einzelne Projekte bezogene Formen von Kooperation gibt, wohingegen eine Vertretung des Bauamtes im Kinder- und Jugendhilfeausschuss die große Ausnahme darstellt. Diese Detailanalysen provozieren die Hypothese, dass die Diskussion über Kinderfreundlichkeitsprüfungen inzwischen ihren Niederschlag in der zumindest auf einzelne Projekte bezogenen Intensivierung einer Zusammenarbeit von Jugendamt und Bauamt gefunden hat. Gegen diese Annahme als alleinige Erklärung spricht der signifikante Unterschied zwischen denjenigen Jugendämtern, die angeben, eine Verwaltungsmodernisierung durchzuführen, und denjenigen, die dies nicht tun. Gibt es eine Verwaltungsmodernisierung, so wird das Bauamt auch häufiger als Kooperationspartner genannt. Die Erklärung für die gestiegenen Kooperationen ist einfach auch in der im Rahmen der Verwaltungsmodernisierung erweiterten Zuständigkeit der einzelnen Fachämter – und somit auch der Jugendämter –, den Neubau und Unterhalt ihrer Gebäude selbst zu organisieren, zu finden. Unabhängig von veränderten Zuständigkeiten könnte auch der Ausbau der Kindertagesbetreuung im Westen und die Schließung von Kindertagesstätten im Osten und die damit jeweils verbundene Frage, wie man mit den betroffenen Gebäuden verfahren soll, die Zusammenarbeit zwischen Jugendamt und Bauamt intensivieren. Als Fazit bleibt also, dass die Kooperation mit dem Bauamt nicht (allein) Ausdruck eines gewachsenen Engagements der Jugendämter in der Wahrnehmung ihrer Querschnittsaufgaben ist.

Eine Detailanalyse der Kooperationsformen mit dem Arbeitsamt zeigt eine ganze Palette von unterschiedlichen Kooperationsformen zwischen Jugendämtern und Arbeitsämtern. In zwei Dritteln der Kinder- und Jugendhilfeausschüsse ist das Arbeitsamt vertreten. Aber die Kooperation beschränkt sich nicht nur darauf; all diese Jugendämter benennen weitere Kooperationsformen. Die häufigste Form der Kooperation ist eine Kombination aus Mitgliedschaft im Kinder- und Jugendhilfeausschuss, Durchführung von Einzelprojekten und Zusammenarbeit bei der Lösung einzelner Problemfälle.

Aus der Erhebung ergeben sich keine Hinweise, die die starke Zunahme der Kooperation mit Kulturämtern gegenüber 1995 erklären könnten. Die Intensität der Zusammenarbeit zwischen Jugendämtern und Kulturämtern ist nicht davon abhängig, ob es sich um einen Landkreis oder eine Stadt handelt. Auch eine vermeintliche Verlagerung von Zuständigkeiten im Rahmen der neuen Steuerung an Kulturämter, z.B. die Förderung von kultureller Jugendarbeit oder Ähnlichem greift als Erklärung für die Zunahme von Kooperation nicht, da sich nur bei 5% der Jugendämter anhand der Ergebnisse der Vollerhebung, die im Jahr 2000 durchgeführt wurde, eine Überschneidung der Zuständigkeiten von Kultur- und Jugendamt nachweisen lässt. Vielleicht ist diese Kooperation aber eine Strategie, um neue Ressourcen für die Jugendarbeit zu erschließen.

Tab. 8.3: Zusammenarbeit von Jugendämtern mit anderen Ämtern im Zeitvergleich (Einzelprojekte und Arbeitsgemeinschaften)

	Einzelprojekte		Arbeitsgemeinschaften	
	1992	2000	1992	2000
Gesundheitsamt	18%	28%	40%	28%
Sozial- und Wohnungsamt	14%	47%	32%	50%
Schulamt	14%	59%	18%	27%
Arbeitsamt	16%	58%	16%	23%
Ordnungs- und Gewerbeaufsichtsamt	6%	39%	22%	40%

In den Jahren 1992 und 2000 wurde auch die Art der Kooperation (Einzelprojekte, Arbeitsgemeinschaften) explizit abgefragt. In Tab. 8.3 wird die Entwicklung erkennbar: Insgesamt kam es zu einer Intensivierung von Kooperationen zwischen dem Jugendamt und verschiedenen anderen Ämtern. Die in Tab. 8.3 abgebildeten Veränderungen bestätigen sich in Quantität und Qualität, wenn man für die Analyse nur die 30 Jugendämter heranzieht, die sowohl 1992 als auch 2000 befragt wurden. Die deutliche Abnahme der Jugendämter, die angeben, mit dem Gesundheitsamt in einer Arbeitsgemeinschaft zusammenzuarbeiten, ist zumindest teilweise darauf zurückzuführen, dass bei der Abfrage 1992 im Unterschied zu 2000, die Möglichkeit, eine Zusammenarbeit im Rahmen der Kinder- und Jugendhilfeausschüsse anzugeben, nicht vorhanden war. VertreterInnen der Gesundheitsämter werden in der Mehrzahl der Landesausführungsgesetze zum KJHG als beratende Mitglieder im Kinder- und Jugendhilfeausschuss erwähnt. Addiert man bei den Gesundheitsämtern den Anteil der Jugendämter hinzu, die eine Kooperation mit dem Gesundheitsamt im Kinder- und Jugendhilfeausschuss angeben, so erhöht sich der Prozentwert auf 53. Einschränkend muss jedoch darauf hingewiesen werden, dass beratende Mitglieder im Kinder- und Jugendhilfeausschuss häufig nicht richtig eingebunden sind und deshalb nur sehr bedingt von einer Kooperation gesprochen werden kann.

8.2 Kooperationsformen

Unabhängig von einem zeitlichen Vergleich lässt sich exemplarisch an den Angaben zu einigen Kooperationspartnern der Jugendämter die Relevanz der unterschiedlichen Kooperationsformen zeigen. Tab. 8.4 bietet einen Überblick. Außer mit der Industrie- und Handelskammer (IHK) kooperieren jeweils mindestens 95 % der Jugendämter mit den genannten Institutionen.

Tab. 8.4: Kooperationsformen zwischen Jugendamt und Akteuren

Einrichtung	Keine Kooperation	KJHA	Einzelprojekt	AG nach § 78 KJHG	Bezogen auf Problemlagen einzelner Kinder u. Jugendlicher	Sonstige
Schule	0 %	38 %	72 %	36 %	88 %	30 %
Berufsschule	5 %	13 %	56 %	15 %	78 %	25 %
IHK	36 %	5 %	21 %	13 %	15 %	17 %
Frühförderung	4 %	11 %	32 %	19 %	86 %	15 %
Jugendpsychiatrie	1 %	4 %	21 %	12 %	95 %	10 %
Justizsvollzugsbehörden	5 %	10 %	18 %	14 %	89 %	13 %
Gerichte	1 %	55 %	22 %	11 %	90 %	16 %
Polizei	1 %	55 %	49 %	25 %	85 %	25 %

KJHA: Kinder- und Jugendhilfeausschuss; AG: Arbeitsgemeinschaft

Die auf Problemlagen von einzelnen Kindern und Jugendlichen bezogene Kooperation ist die häufigste Kooperationsform, die Jugendämter mit anderen Einrichtungen (Ausnahme IHK) pflegen. Es ist allerdings davon auszugehen, dass die Zahlen in dieser Spalte das tatsächliche Kooperationsvolumen etwas überschätzen, da für eine positive Antwort eventuell bereits ein einziger Kontakt zu der anderen Stelle ausreicht.

Fast die Hälfte der Jugendämter kooperierte im Jahr 2000 mit der Polizei bei einzelnen Projekten. Hierin kommt der in den letzten Jahren zu beobachtende Trend einer intensivierten Zusammenarbeit zwischen Polizei und Jugendämtern bei der Kriminalitätsprävention zum Ausdruck. Die relativ geringe Kooperationsrate zwischen Jugendämtern und der Kinder- und Jugendpsychiatrie verweist auf ein Entwicklungspotenzial gerade in den gesellschaftlichen Bereichen, die bei der Lösung schwieriger Entwicklungsprobleme enger zusammenarbeiten sollten. Zu denken wäre hier beispielsweise an gemeinsame Projekte zwischen Kinder- und Jugendpsychiatrie im Hinblick auf Angehörigenarbeit. Bisher gibt es zumindest in der von der Jugendhilfe rezipierten Literatur kaum Aussagen über die Folgen einer psychiatrischen Erkrankung auf Geschwister oder auch die Erziehungsfähigkeit der Eltern, obwohl man eigentlich weiß, welche psychosozialen Schwierigkeiten für Angehörige psychisch erkrankter Menschen entstehen (vgl. z.B. Remschmidt/Mattejat 1994; Mattejat/Lisofsky 1998; Bürgermeister/Jost 2000; Ziepert 2000; Institut für soziale Arbeit 2001). Wie wichtig eine Hinwendung der Jugendhilfe zu diesem Thema ist, wird auch daran deutlich, dass von einem Bedarf von 750 Betten zur stationären Aufnahme von Müttern mit Kleinkindern ausgegangen wird (Bender/Prokop-Nolte/Brücher 2001: 85). Dies bedeutet bei einer sehr vorsichtigen Schätzung, die davon ausgeht, dass jedes Bett im Jahr mit mindestens drei Fällen belegt wird, ein Betreuungs- und Unterstützungsbedarf für mindestens 2250 Kleinkinder. Und damit wäre die Fallzahl höher als beispielsweise bei intensiver sozialpädagogischer Einzelbetreuung (ISE) oder dem betreuten Einzelwohnen (vgl. Tab. 6.3.7/S. 212 und 6.4.5/S. 237). Auch im Bereich der sekundären und tertiären Suchtprävention wäre eine engere und stärker projektbezogene Zusammenarbeit von Jugendämtern und Einrichtungen der Kinder- und Jugendpsychiatrie wünschenswert. Erklärungen, warum es trotz dieser inhaltlichen Notwendigkeiten, die zudem von niemandem ernsthaft bestritten werden, nicht zu intensiveren Kooperationsbeziehungen kommt, sind unter anderem in den „unterschiedlichen theoretischen und historischen Positionen" sowie den „segmentierten Interessenlagen" (Blumenberg 1999: 872) zu sehen. Die negativen

Auswirkungen der Statusdifferenzen zwischen den beteiligten Berufsgruppen und die unterschiedlichen Zuständigkeitsebenen für Psychiatrie (Land oder Bezirk) und Jugendhilfe (Kommune) erschweren ebenfalls die Kooperation.

Der auf den ersten Blick ebenfalls sehr niedrig anmutende Anteil von Jugendämtern, die gemeinsam mit Justizvollzugsbehörden Einzelprojekte durchführen, könnte darin begründet sein, dass nur ein Teil der befragten Jugendämter sich in relativer Nähe zu einer Jugendarrestanstalt bzw. einem Jugendgefängnis befindet. Eine statistische Überprüfung dieser These, bei der auch Jugendarrestanstalten bzw. Jugendgefängnisse, die sich in benachbarten Landkreisen befinden, einbezogen wurden, zeigt, dass ein solcher Zusammenhang nicht nachweisbar ist. Mehr Erklärungskraft scheint – so der Eindruck aus Gesprächen mit JugendamtsleiterInnen im Rahmen eines vom Projekt durchgeführten Auswertungsworkshops – das Fehlen eines greifbaren Ansprechpartners zu haben. Potenzieller Ansprechpartner wären die Justizministerien der Länder, gegenüber denen es offensichtlich eine relativ hohe Hemmschwelle gibt, Kooperationen zu initiieren.

Die große Relevanz der Schule als Kooperationspartner für die Jugendämter, die sich in den bisherigen Analysen gezeigt hat, wird auch durch die in Tab. 8.4 dargestellten Ergebnisse bestätigt. Keine andere Institution wird hinsichtlich von Einzelprojekten oder Arbeitsgemeinschaften gemäß § 78 KJHG häufiger erwähnt als Schulen. Dieses Ergebnis steht in einem gewissen Widerspruch zu den sattsam bekannten Klagen über die Kooperationsprobleme zwischen Schulen und Jugendhilfe. Möglicherweise klärt sich dieser vermeintliche Widerspruch dadurch auf, dass in vielen Arbeitsgemeinschaften zwar engagierte Lehrer sitzen (weshalb die Jugendämter Schulen als Mitglieder von AGs angeben), aber Kooperation auf einer institutionellen Ebene trotzdem nicht funktioniert (vgl. van Santen/Seckinger 2003). Auffällig, aber mit Blick auf den anderen Umgang in Ost und West mit Kinder- und Jugendhilfeausschüssen insgesamt wenig überraschend, ist die in Ostdeutschland im Vergleich zu Westdeutschland häufigere Mitgliedschaft von GerichtsvertreterInnen (63 % zu 49 %) und VertreterInnen der Polizei (74 % zu 43 %) sowie, wenn auch nur bei sehr wenigen, der Kinder- und Jugendpsychiatrie (7 % zu 2 %) in Kinder- und Jugendhilfeausschüssen. Im Unterschied hierzu wird in mehr westdeutschen Kinder- und Jugendhilfeausschüssen mit VertreterInnen von Berufsschulen kooperiert (15 % zu 7 %). Ein weiterer Unterschied bei den Kooperationspartnern west- und ostdeutscher Jugendämter lässt sich bei Arbeitsgemeinschaften nach § 78 KJHG zeigen: In Ostdeutschland gibt es mehr Jugendamtsbezirke, in denen Jugendamt und Berufsschulen (26 % : 9 %), Jugendamt und Jugendpsychiatrie (19 % : 9 %) sowie Jugendamt und IHK (19 % zu 11 %) zusammenarbeiten. Hinsichtlich der Differenzen zwischen Stadtjugendämtern und Kreisjugendämtern zeigt sich vor allem, dass die räumliche Nähe zu bestimmten Einrichtungen, seien es Schulen, IHK, Gerichte und Berufsschulen einen positiven Einfluss auf die Kooperationsbeziehungen haben. Dies gilt sowohl bei Einzelprojekten als auch für die Mitgliedschaft in Arbeitsgemeinschaften nach § 78 KJHG. Einrichtungen der Frühförderung sind im Kinder- und Jugendhilfeausschuss häufiger Kooperationspartner von Kreisjugendämtern als von Stadtjugendämtern (15 % : 6 %).

Arbeitsgemeinschaften

Arbeitsgemeinschaften haben durch die Einführung des KJHG neben dem Kinder- und Jugendhilfeausschuss sowie der Jugendhilfeplanung eine herausgehobene Stellung als Instrument einer kooperativen Steuerung der Kinder- und Jugendhilfe bekommen. Der öffentliche Träger der Jugendhilfe ist verpflichtet, Arbeitsgemeinschaften anzustreben (Wiesner/Mörsberger/Oberloskamp/Struck 2000: 1330). Aufgrund dieser herausgehobenen Stellung haben wir zusätzlich zu der allgemeinen Abfrage, ob es mit einzelnen Behörden und Einrichtungen Arbeitsgemeinschaften gibt, explizit nach bestehenden Arbeitsgemeinschaften und deren Themen gefragt. In den ersten Jahren nach Einführung des KJHG wurde dieses Instrument nur sehr zögerlich umgesetzt (Gawlik/Krafft/Seckinger 1995). Ein Grund hierfür war in dem zumindest für die Praxis ungeklärten Verhältnis von Arbeitsgemeinschaften und dem Kinder- und Jugendhilfeausschuss zu sehen. Daran geknüpft waren Fragen wie: Darf der Kinder- und Jugendhilfeausschuss Beschlüsse von Arbeitsgemeinschaften ignorieren oder verändern? Und lohnt sich das Engagement in Arbeitsgemeinschaften nach § 78 KJHG, wenn deren Status ungeklärt ist oder zumindest ungeklärt erscheint? Durchschnittlich gibt es 5,2 Arbeitsgemeinschaften (im Median vier) pro Jugendamtsbezirk und damit hat sich die Anzahl der Arbeitsgemeinschaften pro Jugendamtsbezirk gegenüber 1996 deutlich erhöht. Damals gab es im Durchschnitt drei Arbeitsgemeinschaften. Selbst wenn man die bei der Erhebung durch das Fragebogendesign damals nahe gelegte maximale Angabe von elf Arbeitskreisen bei der Berechnung des Durchschnitts berücksichtigt, ist ein deutlicher Anstieg auf 4,5 zu verzeichnen. Es gibt bei Jugendämtern, die eine Verwaltungsmodernisierung durchführen, häufiger Arbeitsgemeinschaften als bei anderen. Ebenso finden sich mehr Arbeitskreise bei Stadtjugendämtern und bei regionalisierten Jugendämtern als bei Kreisjugendämtern. Arbeitsgemeinschaften sind zudem eher in ostdeutschen als in westdeutschen Jugendamtsbezirken vorhanden.

Tab. 8.5: Themen in Arbeitskreisen*

Themen	Ost	West	Stadt	Land	Insgesamt
Jugendarbeit	70%	39%	46%	59%	51%
Hilfen zur Erziehung	48%	32%	41%	35%	38%
Kindertagesbetreuung	34%	15%	21%	23%	22%
Jugendhilfeplanung	18%	15%	12%	21%	16%
Jugendgerichtshilfe/Jugendkriminalität	11%	15%	12%	15%	13%
Schule – Jugendhilfe	0%	22%	23%	3%	13%
Psychiatrie	17%	4%	3%	20%	12%
Jugendberufshilfe	11%	7%	9%	9%	9%
Beratung	11%	7%	15%	3%	9%
Stadtteilarbeit	7%	7%	15%	0%	7%
Sexueller Missbrauch	4%	5%	0%	9%	4%
Mit anderen Ämtern	4%	2%	0%	6%	3%
Qualitätsverbesserung	4%	2%	3%	3%	3%

* Angaben in %-Anteilen der Jugendämter, die angeben in einem Arbeitskreis mitzuwirken.

Die Themenschwerpunkte sind der Tab. 8.5 zu entnehmen. Jugendarbeit und Hilfen zur Erziehung sind die mit Abstand am häufigsten genannten Themensetzungen für Arbeitsgemeinschaften. Unter dem sehr globalen Thema Hilfen zur Erziehung finden sich auch Arbeitsgemeinschaften wider, die sich mit einer Umsetzung der Entgeltregelung auseinander setzen. Ausdrücklich wurde bei 15% dieser Arbeitsgemeinschaften im Namen auf das Thema Entgelt hingewiesen. Möglicherweise wird der Anteil von Arbeitsgemeinschaften, die sich der Jugendhilfeplanung widmen, unterschätzt, da auch in denjenigen AGs, die sich im Namen einem Arbeitsfeld zuwenden, planerische Aspekte diskutiert oder sogar in den Vordergrund der Arbeit gestellt werden.

Die Konjunktur einzelner Themen in der Fachdiskussion wird im Vergleich zu der Erhebung 1996 deutlich. Damals gab es bei 17% der Jugendämter eine Arbeitsgemeinschaft zu sexuellem Missbrauch, heute gibt es sie noch in 4% der Jugendamtsbezirke. Die Aktualität des Themas Sozialraumbezug lässt sich daran ablesen, dass Stadtteilarbeit damals nicht als Thema eines Arbeitskreises genannt wurde, wohingegen heute in 7% der Jugendamtsbezirke Arbeitsgemeinschaften hierzu tagen. Darin kommt die in den letzten Jahren lebhaft geführte Diskussion zur Sozialraumorientierung (z.B. Hinte/Litges/Springer 1999; Bürger 1999; van Santen/Seckinger/Pluto/Pothmann 2000; SOS-Kinderdorf 2001; Lang/Mack/Reutlinger/Wächter 2001) sowie die verstärkte Hinwendung zu sozialraumorientierten Planungsansätzen zum Ausdruck.

Es gibt einen großen Ost-West-Unterschied beim Thema „Schule und Jugendhilfe", obwohl der Anteil von Jugendämtern, die mit Schulen in Arbeitsgemeinschaften kooperieren, in Ost und West bei ungefähr einem Drittel liegt. Dies ist eigentlich nur so zu interpretieren, dass in Westdeutschland die Kooperation zwischen diesen beiden Bereichen noch so ungewöhnlich und modellhaft ist, dass sie als ein Thema für Arbeitsgemeinschaften attraktiv ist. In Ostdeutschland dagegen hat Kooperation zumindest als Instrument bereits eine Selbstverständlichkeit gewonnen, sodass sie nicht mehr gesondert thematisiert zu werden braucht. Die großen Unterschiede bei der Häufigkeit von Arbeitskreisen zu den Themen Kindertagesbetreuung und Jugendarbeit sind wahrscheinlich sowohl das Ergebnis einer ausgeprägteren Fachplanung im Rahmen der Jugendhilfeplanung (vgl. Kap. 10) als auch Folge einer dynamischeren Entwicklung in diesen Arbeitsfeldern (vgl. Kap. 6.1 und 6.8).

Es lassen sich aus den Daten keine Gründe erkennen, die den großen Unterschied der Thematisierung von Psychiatrie in Arbeitsgemeinschaften zwischen Stadtjugendämtern und Kreisjugendämtern erklären würden. VertreterInnen der Kinder- und Jugendpsychiatrie sind bei einem gleich hohen Anteil von Jugendämtern in Stadt und Land in Arbeitsgemeinschaften Mitglied, sodass es nicht an einer unterschiedlichen Erreichbarkeit von Einrichtungen und Diensten liegen kann. Eine mögliche Hypothese, die allerdings einer empirischen Überprüfung bedarf, ist, dass aufgrund einer im ländlichen Raum eher geringeren Toleranz gegenüber abweichendem Verhalten und der in letzter Zeit feststellbaren Engführung der Diskussion zwischen Psychiatrie und Jugendhilfe auf Fragen des Maßregelvollzugs und der geschlossenen Unterbringung (vgl. z.B. Fegert 2001; AFET 1999) die Auseinandersetzung mit psychiatrischen Handlungsmöglichkeiten für die Jugendhilfe in Landkreisen attraktiv geworden ist.

8.3 Qualität der Zusammenarbeit

Neben der Quantität von Kooperationskontakten ist die Qualität von Kooperationsbeziehungen ein wesentliches Element für die Entfaltung des Potenzials von Kooperationen. Die Jugendämter wurden deshalb gebeten, ihre Kooperationsbeziehungen mit den in Tab. 8.6 dargestellten Behörden und Einrichtungen zu bewerten. Sie hatten hierfür eine zehnstufige Skala zur Verfügung. In der Kategorie „gute Zusammenarbeit" sind all diejenigen Jugendämter enthalten, die die Werte 8, 9 und 10 angegeben haben, und in der Kategorie „schlechte Zusammenarbeit" diejenigen Jugendämter, die die Werte 1, 2 und 3 angegeben haben. Insgesamt betrachtet fällt die Bewertung der Kooperationsbeziehungen überwiegend positiv aus. Dies wird auch an den Durchschnittswerten, die sich zwischen 6,26 (IHK) und 7,78 (Polizei) befinden, deutlich. Ein Vergleich zwischen allen Jugendämtern und den Jugendämtern, die mit den einzelnen Institutionen konkrete Kooperationserfahrungen haben, ergibt, dass diejenigen, die kooperieren, diese Zusammenarbeit besser bewerten, als diejenigen, die eine Bewertung abgegeben haben, ohne aktuell zu kooperieren.

Tab. 8.6: Qualität der Zusammenarbeit

	Gute Zusammenarbeit	Schlechte Zusammenarbeit	Durchschnittliche Bewertung
Polizei	67 %	1 %	7,78
Frühförderung	63 %	0 %	7,70
Gerichte	57 %	1 %	7,59
Arbeitsamt	56 %	1 %	7,41
Sozialamt	54 %	6 %	7,23
Sportamt	49 %	2 %	7,12
Kulturamt	44 %	4 %	6,93
Justizvollzugsbehörden	45 %	2 %	6,79
Gesundheitsamt	39 %	3 %	6,77
Schulamt	38 %	8 %	6,74
Wohnungsamt	43 %	2 %	6,71
Ordungsamt	39 %	2 %	6,71
Schulen	38 %	3 %	6,68
Jugendpsychiatrie	39 %	3 %	6,67
Gewerbeaufsichtsamt	39 %	10 %	6,38
Amt für Stadt-/Kreisplanung	30 %	9 %	6,35
Berufsschulen	31 %	6 %	6,30
IHK	36 %	13 %	6,26

Die Polizei ist der Partner, von dem die meisten Jugendämter sagen, dass sie gut mit ihm zusammenarbeiten können. Dies ist vor dem Hintergrund der sehr unterschiedlichen Handlungslogiken von Polizei und Jugendhilfe (vgl. z. B. Arbeitsstelle Kinder- und Jugendkriminalitätsprävention 2001) eigentlich überraschend. Vielleicht wird in diesem hohen Wert das Bemühen um gegenseitiges Verständnis und Akzeptanz zum Ausdruck gebracht. Dies kann auch als ein Versuch gewertet werden, die eigene Legitimität und öffentliche Akzeptanz in Zeiten, in denen verstärkt nach Grenzsetzung und Sanktionierung gerufen wird, zu erhöhen. Wir können nichts darüber aussagen, ob aus der Sicht der Polizei die Kooperation ähnlich positiv beschrieben wird.

Auffällig an dieser Rangreihe ist auch, dass mit dem Sozialamt und dem Sportamt auf den Rangplätzen 5 und 6 erst relativ spät eine andere kommunale Behörde genannt wird. Es wäre vorstellbar gewesen, dass die innerkommunalen Kooperationspartner eine positivere Einschätzung erfahren, weil sie alle Teil der Kommunalverwaltung sind. Eine Analyse der negativen Bewertungen der Kooperationserfahrungen zeigt zudem, dass mit Ausnahme der Beziehung zur Industrie- und Handelskammer keine andere Kooperationsbeziehung von den Jugendämtern so häufig negativ beurteilt wird wie die mit anderen kommunalen Ämtern (IHK 13 %, Gewerbeaufsichtsamt 10 %, Amt für Stadtplanung 9 %, Schulamt 8 %, Sozialamt 6 %, dann Berufsschulen 6 %, Kulturamt 4 %, alle anderen maximal 3 % der Nennungen).

Zwischen ost- und westdeutschen Jugendämtern gibt es im Hinblick auf die Beurteilung der Qualität der Kooperationsbeziehungen einen einzigen systematischen Unterschied: ostdeutsche Jugendämter sehen die Zusammenarbeit mit den Schulen kritischer. Diese Differenz ist im direkten Vergleich der Durchschnittswerte (Varianzanalyse) für Schulen, Berufsschulen und Schulamt signifikant. Ostdeutsche Jugendämter sind nicht nur zurückhaltender hinsichtlich der Erteilung guter Kooperationsnoten für Schulen, sondern auch deutlich kritikfreudiger. So ist der Anteil ostdeutscher Jugendämter, die die Zusammenarbeit mit dem Schulamt als sehr schlecht oder schlecht bezeichnen, fast zehnmal so groß wie in Westdeutschland (19 % zu 2 %), bei Berufsschulen beträgt der Unterschied 11 % zu 2 % und bei Schulen 7 % zu 0 %. Ein Grund für diese großen Unterschiede in der Beurteilung der Zusammenarbeit mit dem Schulsystem könnte in den unterschiedlichen, historisch gewachsenen Erwartungen an Schulen begründet sein. Die pädagogische Verantwortung der LehrerInnen in der DDR ging weit über die Vermittlung von Wissen hinaus, Besuche bei Eltern aufgrund von auffälligem Verhalten der Kinder waren keine Seltenheit. Ebenso trugen Lehrer eine Verantwortung für den erfolgreichen Übergang in den Arbeitsmarkt. Die größere Unzufriedenheit kann also auch Ausdruck der Enttäuschung bei der Neubestimmung des Verhältnisses zwischen Schule und Jugendhilfe sein. In Westdeutschland existiert dieser Anspruch vonseiten der Schule nicht und Frustrationen können so vermieden werden. Eine weitere Ursache für diese großen Unterschiede zwischen Ost und West könnte auch in der de facto anderen Dichte von Überschneidungen zwischen Jugendhilfe und Schule liegen. In Ostdeutschland gibt es mehr Angebote der Schulsozialarbeit (vgl. Kap. 6.7).

Greift man an dieser Stelle die Überlegungen aus der Einleitung wieder auf, wonach eine Veränderung der öffentlichen Verwaltung und insbesondere der Jugendhilfe im Sinne von neuer Steuerung zu einer erhöhten Kooperationsbereitschaft und auch zu einem erhöhten Kooperationsbedürfnis führt, so stellt sich auch die Frage, ob dies auf die Qualitätsbeurteilung der Zusammenarbeit Auswirkungen hat. Vergleicht man nun anhand der durchschnittlichen Bewertung die Jugendämter, die eine Verwaltungsmodernisierung durchführen, mit denen, die dies nicht tun, so fällt auf, dass die „modernisierenden" Jugendämter bei 15 von 18 Institutionen die Zusammenarbeit schlechter bewerten. Die Ausnahmen sind Schulamt, Sozialamt und Polizei. Dieses Ergebnis ist eine weitere Stütze für die These, dass Verwaltungsmodernisierung eine nach innen gerichtete Aktivität ist, die bis jetzt wenig Auswirkung zeigt und eher kooperationshindernd wirkt (vgl. Mamier 2002; Mamier/Seckinger/Pluto/van Santen/Zink 2002; Pluto 2002).

Ein wichtiges Kriterium für den Erfolg von Kooperationen ist, dass in den Organisationen, die kooperieren, die Kooperation selbst und deren Ergebnisse auch bei denjenigen MitarbeiterInnen bekannt sind, die nicht direkt in die Kooperation involviert sind (vgl. z.B. Seckinger 2001). Wir fragten deshalb die Jugendämter, ob in den einzelnen Abteilungen regelmäßig aus den Arbeitsgruppen berichtet wird. Bei 92% der Jugendämter, die in Arbeitsgruppen vertreten sind, wird regelmäßig aus diesen berichtet. Dies geschieht überwiegend mündlich (bei 63%), bei etwas weniger als einem Drittel sowohl mündlich als auch schriftlich (31%) und seltener ausschließlich schriftlich (7%). Es gibt einen signifikanten Unterschied zwischen Stadt- und Kreisjugendämtern: Während es kein einziges Stadtjugendamt (inkl. regionalisierte Jugendämter) gibt, das angibt, nicht über Arbeitskreise regelmäßig zu berichten, entscheiden sich 16% der Landkreisjugendämter für diese Antwortalternative.

Zusammenfassend kann also festgehalten werden, dass die konkreten Kooperationen vonseiten des Jugendamtes überwiegend positiv beurteilt werden und zumindest bei den Stadtjugendämtern eine minimale Anforderung hinsichtlich der Wirksamkeit von Kooperationen erfüllt ist: Es gibt regelmäßige Rückmeldungen über die Aktivitäten in Arbeitskreisen.

8.4 Jugendamt und politische Steuerung

Gerade vor dem Hintergrund der Diskussion über neue Steuerung, ist eine Zunahme der direkten Zusammenarbeit zwischen Kommunalparlament und Jugendamt außerhalb des Kinder- und Jugendhilfeausschusses zu erwarten. In allen Konzepten zur Verwaltungsmodernisierung geht es darum, Wege zu finden, wie die Autonomie einzelner Einheiten und innerhalb derer die unteren Ebenen gestärkt werden können, ohne auf eine dem politischen Willensbildungsprozess unterliegende Zielbestimmung zu verzichten. Verwaltungsmodernisierung führt der Idee nach zu einer Auflösung der Kontrollmöglichkeiten en détail (z. B. Überführung von streng kameralistischer Haushaltsführung zu Budgets), vertrauensbildende Maßnahmen werden deshalb umso wichtiger. Die persönliche Präsenz im Kommunalparlament könnte eine solche Maßnahme sein. Darüber hinaus ist anzunehmen, dass aus ganz pragmatischen Gründen in den Zeiten, in denen Strukturveränderungen durchgeführt werden, die Kommunikation zwischen den beteiligten Ebenen intensiviert wird.

Tab. 8.7: Zusammenarbeit mit Kommunalparlamenten*

	Ost	West	Stadt	Land	Insgesamt
Referat 1995	35 %	23 %	15 %	34 %	27 %
Referat 1999	41 %	46 %	30 %	55 %	44 %

* Genaue Frageformulierung: Hat eine VertreterIn des Jugendamtes (ohne Jugendhilfeausschuss) 1999 vor dem Gemeinderat/Stadtrat/Kreistag oder einem seiner Ausschüsse (außerhalb des Jugendhilfeausschusses) referiert?

44 % der Jugendämter haben 1999 vor einem Gemeinderat, Stadtrat oder Kreistag bzw. einem seiner Ausschüsse (ohne Kinder- und Jugendhilfeausschuss) referiert. Damit ist die Häufigkeit dieser Form von Kontakten zwischen Jugendamt und Kommunalparlament innerhalb von vier Jahren deutlich angestiegen. Für das Jahr 1995

beantworteten 27% der Jugendämter diese Frage mit ja. Dieser Anstieg ist sowohl bei den Stadtjugendämtern und Kreisjugendämtern als auch in ostdeutschen und westdeutschen Jugendämtern zu verzeichnen. Besonders stark ist der Anstieg in Westdeutschland und in den Landkreisen (vgl. Tab. 8.7). Obwohl hypothetisch ein Einfluss von Verwaltungsmodernisierung auf die Häufigkeit der Kontakte zwischen Jugendamt und Kommunalparlament nahe liegt, ergeben sich keine signifikanten Unterschiede zwischen den Jugendämtern, die eine Verwaltungsmodernisierung durchführen, und denjenigen, die dies nicht tun. Auch die Höhe der Pro-Kopf-Verschuldung in den Kommunen hat hierauf keinen Einfluss.

Tab. 8.8: Themen der Vorträge des Jugendamtes im Kommunalparlament

Themen	1999
Bericht über Jugendhilfeplanung	13%
Haushaltsfragen	11%
Jugendarbeit	9%
Sonstiges	8%
Hilfen zur Erziehung	5%
Jugendberufshilfen	4%
Organisations- und Verwaltungsreform	4%
Kindertagesbetreuung	4%
Kriminalprävention	3%
Gemeinwesenarbeit	3%
Mehrere nicht näher bezeichnete Themen	3%

% beziehen sich auf die Jugendämter, die ein Referat gehalten haben

Tab. 8.8 gibt über die Themen, die Gegenstand der Vorträge im Kommunalparlament waren, Auskunft. Damit gibt es gegenüber 1995 eine bemerkenswerte Veränderung der Themen. Damals standen Fragen zur Kindertagesbetreuung an oberster Stelle, heute hingegen ist es der Bericht über die Jugendhilfeplanung. Dies kann als ein Hinweis darauf gesehen werden, dass allmählich die Jugendhilfeplanung mit anderen kommunalen Planungen in Beziehung gesetzt wird (allgemein zur Jugendhilfeplanung siehe auch Kap. 10). Das Thema Kindertagesbetreuung hat an Relevanz verloren, was für eine Stabilisierung des Angebotes auf hohem Niveau zumindest für die Altersgruppe, für die ein Rechtsanspruch besteht, sprechen könnte (vgl. Kap. 6.1). Eine andere Lesart dieser Veränderung ist, dass das Thema Kindertagesbetreuung nicht an Bedeutung verloren hat, jedoch stärker in den Kontext von Jugendhilfeplanung eingebunden ist. Auch im Hinblick darauf, dass ein Aus- oder Abbau von Plätzen in der Kindertagesbetreuung immer einen Teilbereich von Jugendhilfeplanung repräsentiert, könnte man zu der Einschätzung kommen, dass die Veränderungen nicht so groß sind, wie sie angesichts der Zahlen scheinen. Organisations- und Verwaltungsreform ist ein neuer Themenkreis, der 1995 noch keine Bedeutung hatte. Zusammen mit dem gegenüber 1995 gewachsenen Anteil von Jugendämtern, die über Haushaltsfragen im Kommunalparlament berichteten, spricht dies für die weiter oben formulierte Erwartung hinsichtlich einer Bedeutungszunahme der direkten Kontakte zwischen den einzelnen Fachverwaltungen (hier das Jugendamt) und dem Kommunalparlament. Inhaltlich interessant ist auch, dass Kriminalitätsprävention und Gemeinwesenarbeit von jeweils gleich vielen Jugendämtern genannt wurden. Beide Themen wurden in den letzten Jahren auch zunehmend in einer breiteren Öffentlichkeit diskutiert. Bei der Mehrzahl der Jugendämter, nämlich bei 82 %, geht die Initiative eines Vortrags im Kommunalparlament zumindest auch vonseiten des Jugendamtes aus. Dies widerspricht der formulierten These, dass die kommunalpolitische Seite aufgrund eines etwas veränderten Politikverständnisses ein erhöhtes Gesprächsbedürfnis hat.

8.5 Fazit

Jugendhilfe lebt, wie dieses Kapitel zeigt, von Kooperation. Die Anzahl von Kooperationsbeziehungen hat sich seit 1992 erhöht. Dies ist nicht nur ein Effekt der Konsolidierung der öffentlichen Kinder- und Jugendhilfe in Ostdeutschland. An Beispielen wie den Kontakten zum Kommunalparlament oder auch zum Bauamt kann gezeigt werden, dass in Ost wie West ein Anstieg an Kooperationen zu verzeichnen ist. Kooperation wird somit als Strukturprinzip der Kinder- und Jugendhilfe nicht mehr infrage gestellt und die Qualität der Kooperation wird zumindest aus der Perspektive der Kinder- und Jugendhilfe überwiegend positiv bewertet. Ob sich hinter diesen positiven Bewertungen allerdings immer greifbare Ergebnisse und Verbesserungen der Angebote verbergen, darf bezweifelt werden, da im Rahmen einer umfassenden Analyse von Kooperationsbeziehungen gezeigt werden konnte, wie schwierig es ist, Kooperationen erfolgreich zu gestalten (vgl. van Santen/Seckinger 2003).

Kooperationen zwischen Jugendämtern und anderen Institutionen und Organisationen sind nicht nur Selbstzweck, um den Vorschriften des KJHG zu genügen, sondern erfüllen auch eine fachliche Aufgabe. So könnte man die Differenzen hinsichtlich der Kooperationspartner in Ost und West interpretieren: Andere Lebensbedingungen, andere Traditionen und andere Kulturen in den Kommunalverwaltungen führen zu anderen Kooperationsnotwendigkeiten.

Ein Bereich, in dem die Kooperation zwischen Jugendhilfe und anderen dringend verbessert werden müsste, stellt die Schnittstelle zur Psychiatrie dar. Sowohl die Kooperation mit jugendpsychiatrischen Einrichtungen entspricht in ihrer Intensität und Häufigkeit nicht den fachlich anspruchsvollen Aufgaben, die sich bezogen auf psychisch veränderte oder auffällige Kinder und Jugendliche ergeben, noch wird eine Zusammenarbeit im Hinblick auf den Umgang mit Kindern psychisch kranker Eltern zum Anlass genommen, die Kooperationsbeziehungen zu intensivieren. Dies wirkt umso fataler, als auch die Systeme Jugendhilfe und Psychiatrie sich in ihrer Arbeitsweise, ihrer jeweils zugrunde liegenden Handlungslogik, ihrem Menschenbild, ihren Finanzierungswegen und ihren Zuständigkeiten grundsätzlich unterscheiden. Eine Verbesserung der Kooperationen ist aus fachlicher Sicht jenseits der Auseinandersetzungen über den § 35a KJHG, die vorwiegend finanziell motiviert sind, anzustreben. Ein anderer Bereich, in dem eine Intensivierung der Kooperationsbeziehungen notwendig erscheint, betrifft die Zusammenarbeit zwischen Jugendhilfe und Justiz. Dies gilt nicht nur für den Bereich der Jugendgerichtshilfe, in der Kooperation quasi eine institutionalisierte Form gefunden hat, sondern auch für die Zusammenarbeit bei U-Haft-Vermeidung oder auch mit Justizvollzugsanstalten. In den letzten Jahren sind in diesem Bereich – im Unterschied zum Verhältnis von Jugendhilfe und Psychiatrie – eine ganze Reihe von Initiativen gestartet worden.

Der Anstieg an Kooperationen, die sich – soweit es die Daten zulassen – auf die Neuregelung der Finanzierung von Hilfen zur Erziehung (§§ 78 a–g) zurückführen lassen, erscheint relativ gering. Das Thema Qualitätsverbesserung spielt für Arbeitsgemeinschaften noch immer eine eher untergeordnete Rolle (vgl. Tab. 8.5). Auch der Anteil an Jugendämtern mit Arbeitsgemeinschaften, die sich mit dem Thema Hilfen zur Erziehung beschäftigen, ist gegenüber der letzten Erhebung nur um sieben Prozentpunkte gestiegen.

Die Intensivierung der Kontakte zwischen Jugendamt und Kommunalparlament kann als ein Indiz dafür gewertet werden, dass in Zeiten knapper öffentlicher Finanzen das Legitimationsbedürfnis der Jugendhilfe wächst und mehr kritische Blicke auf die Jugendhilfe geworfen werden.

9 Der Kinder- und Jugendhilfeausschuss

Der Kinder- und Jugendhilfeausschuss (KJHA) ist in den letzten Jahren nicht zuletzt auch aufgrund seiner Sonderstellung als beschließender Ausschuss, in dem nicht direkt von den Bürgern gewählte Mitglieder mit abstimmen dürfen, immer wieder kritisch diskutiert worden. Die Kritik bewegt sich auf formaler Ebene und richtet sich sowohl gegen die Beteiligung freier Träger, die demokratisch nicht ausreichend legitimiert sei, als auch gegen die bundesrechtliche Vorgabe, die einen Kinder- und Jugendhilfeausschuss vorschreibt und somit das kommunale Selbstbestimmungsrecht einschränkt. Die Bedeutung der Kinder- und Jugendhilfeausschüsse für eine Erfüllung der Aufgaben nach dem KJHG wird innerhalb der Fachdiskussion nicht angezweifelt (vgl. z. B. DPWV 2000) und Veränderungsbestrebungen regelmäßig zurückgewiesen (zuletzt Presseerklärung BAGLJÄ 2/2001; AFET 2001).

Unsere Vollerhebung bei den Jugendämtern hat gezeigt, dass überall dort, wo der Kinder- und Jugendhilfeausschuss aktiv in den Prozess der Verwaltungsmodernisierung eingebunden ist, der Handlungsspielraum, die Durchsetzungsfähigkeit sowie die Nutzungsfreundlichkeit der Kinder- und Jugendhilfe insgesamt steigt (vgl. Mamier/Seckinger/Pluto/van Santen/Zink 2002). Dies ist auch als ein Hinweis darauf zu lesen, dass der Kinder- und Jugendhilfeausschuss eine wichtige Funktion für die Steuerung der Kinder- und Jugendhilfe sowie für deren Durchsetzungskraft hat.

Im Folgenden werden wir uns weniger mit der Frage der Wirkungsweisen und Qualität der Arbeit des Kinder- und Jugendhilfeausschusses auseinander setzen, als vielmehr empirisch einige Strukturdaten zum Kinder- und Jugendhilfeausschuss und seiner Arbeit beschreiben. Zusätzlich werden die Beurteilungen der Arbeit des Kinder- und Jugendhilfeausschusses durch die Jugendamtsleitungen den Beurteilungen der Jugendringe und Jugendverbände gegenüber gestellt und interessante Entwicklungen im Vergleich zu der letzten Erhebung 1996 aufgezeigt.

9.1 Zusammensetzung und Tagungshäufigkeit

Unterausschüsse und Tagungshäufigkeit

Unterausschüsse haben sich bei der Vorbereitung inhaltlich anspruchsvoller Diskussionen bewährt. In ihnen werden komplexe Fragestellungen zur Beschlussfassung vorbereitet. In allen Landesausführungsgesetzen wird wohl auch deshalb darauf verwiesen, dass es den Kinder- und Jugendhilfeausschüssen möglich ist, Unterausschüsse einzuberufen, an denen auch Personen beteiligt werden dürfen, die selbst nicht Mitglied im Kinder- und Jugendhilfeausschuss sind. Darüber hinaus ist in vier Bundesländern, nämlich in Brandenburg, Hessen, Mecklenburg-Vorpommern und Sachsen-Anhalt, die Bildung von mindestens einem Unterausschuss zur Jugendhilfeplanung gesetzlich vorgeschrieben. Alle Kinder- und Jugendhilfeausschüsse der befragten Jugendämter in diesen Bundesländern haben auch mindestens einen Unterausschuss. Bezogen auf die gesamte Bundesrepublik gibt es bei zwei Dritteln der Kinder- und Jugendhilfeausschüsse mindestens einen Unterausschuss. Die maximale Anzahl von parallel tagenden Unterausschüssen pro Jugendamtsbezirk beträgt vier. In etwas mehr als der Hälfte der Jugendamtsbezirke sind auch Personen, die selbst nicht Mitglied im Kinder- und Jugendhilfeausschuss sind, in einem Unterausschuss vertreten. Jugendhilfeplanung ist die mit deutlichem Abstand am häufigsten genannte Schwerpunktsetzung in den Unterausschüssen.

Der Gesetzgeber hat im KJHG von einer Festlegung einer Sitzungsfrequenz für den Kinder- und Jugendhilfeausschuss abgesehen, mit der Begründung, dass durch diese Festschreibung die fachliche Qualität der Arbeit nicht garantiert werden könne (vgl. BT-Drucks. 11/5948: 96). Dies stimmt zwar, andererseits ist aber wegen des umfangreichen Arbeitsauftrages des Kinder- und Jugendhilfeausschusses sowie der häufig auftretenden Notwendigkeit, zeitnahe Entscheidungen zu treffen, davon auszugehen, dass bei zu wenigen Sitzungen im Jahr die notwendige fachliche Qualität nicht erreicht werden kann und damit der Kinder- und Jugendhilfeausschuss sein Potenzial nicht ausschöpft. Der Paritätische Wohlfahrtsverband fordert deshalb in seiner Arbeitshilfe zur Qualitätsentwicklung in Jugendhilfeausschüssen mindestens sechs Sitzungen pro Jahr, wie es im Jugendwohlfahrtsgesetz vorgeschrieben war (DPWV 2000: 18). In 59% der Jugendamtsbezirke tagt der Kinder- und Jugendhilfeausschuss drei- bis sechsmal im Jahr, damit wird bei einer freundlichen Interpretation dieser Zahlen die vom DPWV geforderte Sitzungsfrequenz erreicht. Immerhin in 5% der Jugendamtsbezirke tagt der

Kinder- und Jugendhilfeausschuss nur ein- oder zweimal jährlich. In diesen Regionen werden außer der Haushaltsaufstellung wohl kaum Fragen der Kinder- und Jugendhilfe im gesetzlich dafür vorgesehenen Gremium diskutiert und entschieden werden können. Hier sei auch die Frage erlaubt, warum die freien Träger vor Ort in diesen Fällen nicht von ihrem Recht Gebrauch machen und eine Einberufung des Kinder- und Jugendhilfeausschusses einfordern. In der Tagungsfrequenz gibt es einen deutlichen Ost-West-Unterschied: In Ostdeutschland tagen die Kinder- und Jugendhilfeausschüsse häufiger als in Westdeutschland. Die ebenfalls im Projektzusammenhang durchgeführte qualitative Studie zu Kooperationsbeziehungen in der Kinder- und Jugendhilfe zeigt, dass die hohe Sitzungsfrequenz in ostdeutschen Jugendamtsbezirken nicht aufgrund der Umsetzung formaler Vorgaben, sondern auch aus inhaltlichen Überlegungen heraus so hoch ist (vgl. van Santen/Seckinger 2003). Im Durchschnitt liegt die Tagungshäufigkeit im Westen zwischen drei- und sechsmal und im Osten zwischen sieben- und zehnmal pro Jahr. Kinder- und Jugendhilfeausschüsse der Stadtjugendämter haben verglichen mit denen anderer Jugendamtstypen eine signifikant höhere Tagungsfrequenz.

Stimmberechtigte Mitglieder

Im Durchschnitt und im Median setzen sich die Kinder- und Jugendhilfeausschüsse aus 15 stimmberechtigten Mitgliedern (minimal zehn, maximal 30) zusammen, der durchschnittliche prozentuale Anteil von VertreterInnen freier Träger beträgt dabei 41 % (Median 40 %), wobei er nie geringer als 27 % und nie höher als 65 % ist. In 3 % der Kinder- und Jugendhilfeausschüsse sind auch VertreterInnen privat-gewerblicher Anbieter als Mitglieder stimmberechtigt. Es hat sich somit gegenüber der Situation von vor fünf Jahren keine wesentliche Veränderung ergeben. Ob bereits damals privat-gewerbliche Träger vertreten waren, kann aufgrund der Datenlage nicht entschieden werden. Eine Stabilität in Bezug auf die Mitgliederzahl und auf das Verhältnis Politik und freie Träger ist aufgrund der gesetzlichen Regelungen zu erwarten (vgl. Seckinger/Weigel/van Santen/Markert, 1998: 161/163).

Betrachtet man die Zusammensetzung der Gruppe der freien Träger, so werden einige Ost-West-Unterschiede erkennbar. In ostdeutschen Kinder- und Jugendhilfeausschüssen ist der prozentuale Anteil von VertreterInnen solcher freier Träger, die nicht als zu den Wohlfahrtsverbänden gehörig und nicht als Jugendverband oder Jugendring von den Jugendämtern definiert werden, mehr als doppelt so hoch als in Westdeutschland. Dies stärkt die bisherige These, dass in den neuen Bundesländern eine buntere Trägerlandschaft vorhanden ist (vgl. van Santen/Seckinger 2001).

Tab. 9.1: Durchschnittliche Anteile der einzelnen Teilgruppen freier Träger innerhalb der Vertreter freier Träger im KJHA

	Ost	West	keine VM	VM*	Insgesamt
Wohlfahrtsverbände	61%	52%	60%	48%	55%
Jugendringe und -verbände	22%	40%	30%	38%	33%
Andere freie Träger	16%	7%	9%	13%	11%
Kirchen	1%	1%	1%	1%	1%
	100%	100%	100%	100%	100%

Der zweite Unterschied zeigt sich darin, dass auch der Anteil von VertreterInnen der Wohlfahrtsverbände in der Gruppe der freien Träger in den ostdeutschen Kinder- und Jugendhilfeausschüssen höher ist als in Westdeutschland. Jugendverbände und Jugendringe sind dementsprechend in ostdeutschen Kinder- und Jugendhilfeausschüssen zu einem geringeren Anteil vertreten. Dies könnte Ausdruck eines breiteren Aufgabenverständnisses im Kinder- und Jugendhilfeausschuss sein, denn wenn die Jugendarbeit nicht mehr das dominante Thema der Sitzungen ist, ist eine stärkere Integration von Trägern außerhalb der Jugendarbeit in den Kinder- und Jugendhilfeausschuss notwendig und damit sinkt der Anteil der Jugendverbände und Jugendringe. Allerdings gibt es im Rahmen der Jugendamtsbefragung keine Möglichkeit, diese These empirisch zu überprüfen.

Die Anteile der Teilgruppen freier Träger unterscheiden sich bei Kinder- und Jugendhilfeausschüssen in kreisfreien Städten oder Landkreisen nicht voneinander.

Beratende Mitglieder

Beratende Mitglieder im Kinder- und Jugendhilfeausschuss haben die Aufgabe, beim Brückenbau zwischen der Kinder- und Jugendhilfe und den anderen Bereichen, mit denen die Kinder- und Jugendhilfe bei einer sachgerechten Erfüllung ihres Auftrages in Berührung kommt, zu helfen. In vielen Landesausführungsgesetzen gibt es Bestimmungen darüber, welche Institutionen bzw. gesellschaftlichen Bereiche im Kinder- und Jugendhilfeausschuss vertreten sein müssen. Im Durchschnitt und im Median gibt es zehn beratende Mitglieder pro Kinder- und Jugendhilfeausschuss. Die Tab. 9.2 gibt Auskunft darüber, welche Institutionen beratend in Kinder- und Jugendhilfeausschüssen vertreten sind.

Tab. 9.2: Beratende Mitglieder im Kinder- und Jugendhilfeausschuss

Instanz	Jugendämter
Richter	98%
Schule	96%
Kirchen	85%
Arbeitsämter/Arbeitsverwaltungen	82%
Polizei	81%
Gleichstellungsbeauftragte	61%
Gesundheitsamt	56%
Sonstige	51%
Ausländerbeauftragte	44%
Vertretungskörperschaft	25%
Erfahrene Personen	20%
Andere freie Träger	19%
Jugendringe	14%
Jugendverbände	11%
Wohlfahrtsverbände	7%
Privat-gewerbliche Träger	1%

Auch an der Liste der beratenden Mitglieder im Kinder- und Jugendhilfeausschuss wird die besondere Bedeutung von Justiz (hier in Form von Richtern) und Schule für die Kinder- und Jugendhilfe erkennbar. Allerdings darf dies in seinen Auswirkungen auf den Sitzungsablauf nicht überschätzt werden, da VertreterInnen von Schulen in allen Landesausführungsgesetzen mit Ausnahme von Schleswig-Holstein eine beratende Mitgliedschaft garantiert ist. Hinsichtlich der Regelungen für RichterInnen verhält es sich ähnlich. Zusätzlich zu Schleswig-Holstein wird nur im Landesausführungsgesetz von Niedersachsen darauf verzichtet, RichterInnen explizit einen beratenden Sitz zuzuweisen. Dies hat allerdings in der Praxis keinen Einfluss auf die Häufigkeit, in der diese Bereiche in Kinder- und Jugendhilfeausschüssen vertreten sind.

Die im Vergleich zu der Befragung 1995/1996 viel häufigere Nennung einzelner Institutionen als beratende Mitglieder des Kinder- und Jugendhilfeausschusses (vgl. Seckinger/Weigel/van Santen/Markert 1998: 163 f.) erklärt sich zum Teil aus einer veränderten Abfrage. Es wurden in der neuen Erhebung mehr Gruppen explizit und nicht unter der Kategorie „Sonstige" abgefragt. Dies führt dazu, dass gerade auch solche beratenden Mitglieder, die sich wenig aktiv an den Sitzungen beteiligen, weniger vergessen werden als bei einer unspezifischen Abfrage. Ein weiterer Grund könnte in einer Veränderung der Zusammensetzung des Kinder- und Jugendhilfeausschusses nach Kommunalwahlen sowie den Reformen einzelner Landesausführungsgesetze liegen. Als Drittes ist die veränderte gesellschaftliche Bedeutungszumessung bestimmter Probleme zu sehen. So ist die Tatsache, dass Richter inzwischen in fast allen Kinder- und Jugendhilfeausschüssen vertreten sind, auch durch die intensivierte Diskussion über Kinder- und Jugenddelinquenz bedingt.

In 11 % der Kinder- und Jugendhilfeausschüsse gibt es mehr beratende als stimmberechtigte Mitglieder. Bei 5 % sind es gleich viele und in 84 % mehr stimmberechtigte als beratende Mitglieder. Durchschnittlich ist die Gruppe der stimmberechtigten Mitglieder um 5,3 Mitglieder und im Median um 4,5 Mitglieder größer als die Gruppe der beratenden Mitglieder. In einem Landesausführungsgesetz findet sich auch die Empfehlung, nicht mehr beratende als stimmberechtigte Mitglieder in den Kinder- und Jugendhilfeausschuss aufzunehmen. In den Kinder- und Jugendhilfeausschüssen in kreisfreien Städten und bei regionalisierten Jugendämtern gibt es eine signifikant höhere durchschnittliche Anzahl von beratenden Mitgliedern als bei Kinder- und Jugendhilfeausschüssen in Landkreisen. Dieser Unterschied entsteht hauptsächlich durch eine erhöhte Anzahl von beratenden Mitgliedern aus den Bereichen Schule, Kirchen, Jugendverbände und freie Träger, die kein Mitglied eines Wohlfahrtsverbandes sind und keinem Jugendverband angehören. Bei Ausländerbeauftragten und Gleichstellungsbeauftragten als beratende Mitglieder gibt es keine Unterschiede zwischen kreisfreien Städten und Landkreisen. Zwischen Ost- und Westdeutschland sowie zwischen Jugendämtern, die eine Verwaltungsmodernisierung durchführen, und solchen, die dies nicht tun, gibt es keine signifikanten Unterschiede hinsichtlich der Anzahl beratender Mitglieder.

Qualifizierung der Mitglieder

Eine wichtige Voraussetzung dafür, dass der Kinder- und Jugendhilfeausschuss seiner herausgehobenen Stellung als kommunales Entscheidungsgremium für die Kinder- und Jugendhilfe gerecht werden kann, ist die Qualifikation bzw. Qualifizierung seiner Mitglieder. Neben der Komplexität der Aufgabe und den unterschiedlichen Bezugspunkten zu einzelnen Fachbereichen (Kinder- und Jugendhilfe, Haushaltsrecht, Kommunalrecht etc.) ist die heterogene

Zusammensetzung der Mitglieder ein weiteres Argument für gemeinsame Fortbildungen. In einer empirischen Studie zu Kooperationsbeziehungen konnte gezeigt werden, wie wichtig die Entwicklung einer gemeinsamen Identität als Kooperationsgremium für eine gelingende Zusammenarbeit ist (van Santen/Seckinger 2003).

Tab. 9.3: *Qualifizierung für VertreterInnen von Jugendverbänden und Jugendringen im KJHA*

	Ost	West	Insgesamt
Keine Qualifizierung	50 %	70 %	66 %
Qualifizierung	41 %	22 %	26 %
Nicht bekannt	9 %	8 %	95
	100 %	100 %	100 %

In der Jugendamtserhebung wurde deshalb auch danach gefragt, ob die Mitglieder des Kinder- und Jugendhilfeausschusses zu Beginn der Legislaturperiode eine Fortbildung über Aufgaben, Rechte und Pflichten des Kinder- und Jugendhilfeausschusses absolviert haben. Bei 37 % der Kinder- und Jugendhilfeausschüsse hat nach Wissen der Jugendämter eine solche Qualifizierung nicht stattgefunden und bei 56 % haben sich einige Mitglieder qualifiziert. Nur bei 7 % der Kinder- und Jugendhilfeausschüsse wurden alle Mitglieder fortgebildet. Dies geschah ausschließlich in ostdeutschen Jugendamtsbezirken. Insgesamt sind die Qualifizierungsaktivitäten in ostdeutschen Kinder- und Jugendhilfeausschüssen ausgeprägter. Dies ist neben der höheren Sitzungsfrequenz ein weiteres Argument dafür, dass Kinder- und Jugendhilfeausschüsse in Ostdeutschland in ihrer Steuerungs- oder doch zumindest Kontrollfunktion ernster genommen werden. Die verschiedenen Strategien von Verwaltungsmodernisierung haben hingegen keinen Qualifizierungsschub verursacht.

Die bei der Jugendamtsbefragung zu Tage getretenen Ost-West-Unterschiede hinsichtlich der Qualifizierung werden durch die Auswertung der Befragung von Jugendverbänden und Jugendringen bestätigt. In Ostdeutschland haben signifikant mehr Mitglieder von Jugendverbänden und Jugendringen an einer Qualifizierung für ihre Arbeit im Kinder- und Jugendhilfeausschuss teilgenommen. Allerdings gilt auch für Ostdeutschland, dass aus fachlicher Sicht nach wie vor zu wenig für die Qualifizierung von Mitgliedern des Kinder- und Jugendhilfeausschuss getan wird.

9.2 Bewertungen und Einschätzungen zum Kinder- und Jugendhilfeausschuss

Öffentliche Wahrnehmung

Die Form der Berichterstattung über die Aktivitäten des Kinder- und Jugendhilfeausschusses in den lokalen Medien ist ein Hinweis darauf, welchen Stellenwert Kinder- und Jugendhilfe bzw. eine Politik für Kinder und Jugendliche in der Region hat. Um einen Eindruck davon zu erhalten, wurden die Jugendämter aufgefordert, die Berichterstattung in der Presse hinsichtlich folgender Kategorien auf einer Skala von 1 bis 10 zu bewerten: selten – häufig, sachlich – unsachlich, skandalisierend – beschönigend, kritisch – unkritisch, fiskalpolitisch – fachlich sowie lang – kurz.

Tab. 9.4: Bewertung (von 1–10) der Berichterstattung über den KJHA

Bewertung			West	Ost	Gravierendes Problem vorh.*	Kein gravierendes Problem*
1	bis	10				
Selten		Häufig	7,35	6,54	7,12	7,02
Sachlich		Unsachlich	3,26	3,81	3,00	3,67
Skandalisierend		Beschönigend	5,33	4,95	4,82	5,40
Kritisch		Unkritisch	4,79	4,33	4,42	4,74
Fiskalpolitisch		Fachlich	6,09	5,36	6,48	5,53
Lang		Kurz	6,09	6,64	6,58	6,13

* Siehe Kapitel 11

Die Analyse zeigt, dass die Jugendamtsleitungen im Großen und Ganzen mit der Berichterstattung zufrieden sind. Die extremsten Werte innerhalb der Beurteilungen beziehen sich auf die Häufigkeit der Berichterstattung (7,06) und auf eine sachliche Berichterstattung (3,45), alle anderen Einschätzungen bewegen sich dazwischen. Wie Tab. 9.4 zu entnehmen ist, wird die Berichterstattung in der Presse von ostdeutschen Jugendämtern etwas zurückhaltender beurteilt. Die Unterschiede sind jedoch nicht signifikant. Auch zwischen Stadtjugendämtern und Kreisjugendämtern gibt es keine auffälligen Unterschiede, selbst Verwaltungsmodernisierung führt zu keinen bemerkenswerten Differenzen. Eine Gruppe von Jugendämtern, die eine andere Einschätzung zu den Aktivitäten der örtlichen Presse entwickelt haben könnte, ist die, die sich nach eigener Einschätzung in der aktuellen Situation mit mindestens einem als gravierend bewerteten Problem auseinander setzen muss (vgl. Kap. 11). Doch auch hier sind die Unterschiede zu den anderen Jugendämtern, wie Tab. 9.4 zeigt, bei drei Items nicht sehr groß. Bemerkenswert ist die Differenz bezüglich einer sachlichen Darstellung der Arbeit des Kinder- und Jugendhilfeausschusses, der eher skandalisierenden Berichterstattung sowie der stärkeren Betonung fiskalpolitischer Aspekte (signifikanter Unterschied). Diese drei Unterschiede deuten darauf hin, dass die vom Jugendamt als gravierend eingeschätzten Probleme auch in der regionalen Öffentlichkeit als gravierende Probleme betrachtet werden, die sich zu pointierten Berichterstattungen eignen. Aus der stärkeren Betonung fiskalpolitischer Aspekte kann man den Schluss ziehen, dass in Regionen mit gravierenden Problemen in der Diskussion schneller als in anderen Regionen fachliche Argumente in den Hintergrund treten und um Ressourcen gekämpft wird. Es scheint also die paradoxe Situation zu geben, dass gerade dann, wenn eine fachliche Auseinandersetzung über Lösungsstrategien notwendig ist, eine Reduktion auf fiskalpolitische Diskussionen stattfindet. Innerhalb der Gruppe der Jugendamtsleitungen, die sich am häufigsten für einen der Randwerte (1, 2, 9 oder 10) entschieden haben (13 % die drei- oder viermal einen Randwert angegeben haben), gibt es keine Gemeinsamkeiten hinsichtlich Region, Größe oder der Frage der Verwaltungsmodernisierung.

Bewertung aus verschiedenen Perspektiven

Eine Beurteilung der Qualität sowie der Effekte der Arbeit in den Kinder- und Jugendhilfeausschüssen ist durch eine rein postalische Erhebung mit dieser breiten Themenvielfalt nicht zu leisten. Indirekt kann man jedoch auf den Erfolg der Arbeit des Kinder- und Jugendhilfeausschusses vor Ort schließen, da die von uns erhobenen Einschätzungen und Bewertungen des Kinder- und Jugendhilfeausschusses nicht völlig losgelöst von den konkreten Ereignissen sind. Die Anlage der Studie erlaubt zwei sehr unterschiedliche Perspektivenvergleiche: Zum einen ist es möglich, Veränderungen in der Zeit zu untersuchen, also die Frage zu beantworten: Hat sich die Beurteilung der Arbeit des Kinder- und Jugendhilfeausschusses in den letzten Jahren gewandelt? Und zum zweiten, ob Unterschiede zwischen den verschiedenen Akteuren herausgearbeitet werden können.

Tab. 9.5: Bewertung des Jugendhilfeausschusses (KJHA) durch Jugendämter 1995 und 2000

Eingeschränkte oder volle Zustimmung	Ost 1995/2000	West 1995/2000	Insgesamt 1995/2000
Der KJHA macht Probleme von Kindern und Jugendlichen in der Kommune öffentlich.	68 / 44 %	61 / 60 %	63 / 55 %
Im KJHA werden wichtige Entscheidungen gefällt.	86 / 70 %	80 / 65 %	82 / 67 %
Der KJHA ist das Gremium für die Zusammenarbeit von freien und öffentlichen Trägern.	82 / 58 %	62 / 44 %	69 / 49 %
Der KJHA ist aktiv an der Jugendhilfeplanung beteiligt.	82 / 82 %	63 / 73 %	70 / 76 %
Der KJHA reagiert frühzeitig auf Problemlagen.	41 / 41 %	38 / 38 %	39 / 39 %
Parteipolitische Interessen dominieren den KJHA.	22 / 42 %	31 / 38 %	28 / 39 %
Der KJHA ist nur ein Bestätigungsgremium für woanders gefällte Beschlüsse.	0 / 15 %	23 / 27 %	15 / 23 %

In Tab. 9.5 sind die Bewertungen der Jugendamtsleitungen von 1995 und 2000 enthalten. Betrachtet man nun als Erstes die Spalte, die sich auf ostdeutsche Jugendämter bezieht, so wird deutlich, dass die Einschätzung der Arbeits- und Wirkungsweise des Kinder- und Jugendhilfeausschusses gegenüber der letzten Erhebung skeptischer geworden ist. Besonders deutlich wird dies bei dem Item, ob parteipolitische Interessen dominant seien. Hierzu hat sich die Zustimmung verdoppelt. Hingegen wurde den Statements, Probleme werden durch den Kinder- und Jugendhilfeausschuss öffentlich gemacht sowie im Kinder- und Jugendhilfeausschuss werden wichtige Entscheidungen gefällt, deutlich weniger zugestimmt. Auch die Zusammenarbeit von öffentlichen und freien Trägern wird heute zurückhaltender bewertet als noch 1995. Diese skeptischere Beurteilung des Kinder- und Jugendhilfeausschusses kann man als wenig überraschende Ernüchterung nach der Euphorie in der Aufbauphase neuer Strukturen betrachten. Mit der Konsolidierungsphase treten fast zwangsläufig die Alltagsprobleme stärker in den Vordergrund (vgl. van Santen/Seckinger 2003).

Betrachtet man in einem zweiten Schritt die Spalte mit den Ergebnissen aus den westdeutschen Jugendämtern, so fällt auf, dass diese in ihrer Beurteilung ebenfalls skeptischer geworden sind. Dies lässt sich jedoch nicht mit einer Konsolidierungsphase erklären. Vielleicht zeigt sich hier ein Stimmungswandel, der unterstützt wird durch die öffentliche Diskussion über eine Abschaffung des Kinder- und Jugendhilfeausschusses. Jedoch gibt es eine bemerkenswerte Ausnahme: Die höhere Zustimmung zu der Aussage, dass der Kinder- und Jugendhilfeausschuss aktiv in die Jugendhilfeplanung einbezogen ist. Dies ist ein Hinweis darauf, dass nach zehn Jahren KJHG Jugendhilfeplanung sich zumindest auf der strukturellen Ebene der Bedeutung annähert, die das KJHG ihr zugesteht (vgl. Kap. 10). Vergleicht man nun nicht Ergebnisse aller Jugendämter der Befragung 1995 mit denen aller Jugendämter der Befragung 2000, sondern betrachtet das Antwortverhalten der einzelnen Jugendämter, die sowohl 1995 als auch 2000 befragt wurden, dann wird erkennbar, dass besonders in Ostdeutschland die Anzahl der JugendamtsleiterInnen, die eine aktive Beteiligung des Kinder- und Jugendhilfeausschusses an der Jugendhilfeplanung uneingeschränkt bestätigen, zurückgegangen ist. Mit anderen Worten: In westdeutschen Jugendamtsbezirken gab es eine Entwicklung, die Jugendhilfeplanung als Thema und Aufgaben stärker in den Kinder- und Jugendhilfeausschuss brachte. Im Osten gibt es Jugendämter, bei denen die Beschäftigung mit der Jugendhilfeplanung im Rahmen des Kinder- und Jugendhilfeausschusses etwas in den Hintergrund getreten ist. Durch diese Detailanalyse werden regionale Unterschiede deutlich. Die Entwicklung ist innerhalb West- und Ostdeutschlands nicht einheitlich.

Analysiert man in einem dritten Schritt die Ost-West-Unterschiede insgesamt, so wird erkennbar, dass trotz der Veränderungen in Ost- und Westdeutschland über die Zeit hinweg die Unterschiede zwischen Ost- und Westdeutschland erhalten geblieben sind: In Ostdeutschland werden Kinder- und Jugendhilfeausschüsse insgesamt nach wie vor positiver beurteilt, auch wenn sie in ihrer Funktion als öffentliches Diskussionsforum für Probleme von Kindern und Jugendlichen inzwischen zurückhaltender eingeschätzt werden als 1995.

Der Anteil von Jugendämtern, die den Kinder- und Jugendhilfeausschuss als Bestätigungsgremium für an anderer Stelle, z. B. in der Runde der kommunalen ReferentInnen oder bei Aushandlungen zwischen Jugendamt und einzelnen Trägern, gefasste Beschlüsse erleben, ist von einem Sechstel auf fast ein Viertel angestiegen. Dies ist unter einer fachlichen Perspektive für die zukünftige Entwicklung der Kinder- und Jugendhilfe in Deutschland kritisch zu bewerten.

In Tab. 9.6 ist die Bewertung der einzelnen Statements zum Kinder- und Jugendhilfeausschuss von freien Trägern (Jugendverbänden, Jugendringen und Geschäftsstellen von Trägern, die außerhalb der Jugendarbeit tätig sind) der Bewertung von Jugendämtern gegenübergestellt.

Tab. 9.6: Bewertung des Jugendhilfeausschusses (KJHA) durch Jugendämter (JÄ) und freie Träger (FT)

Eingeschränkte oder volle Zustimmung	Ost JÄ/FT	West JÄ/FT	Insgesamt JÄ/FT
Der KJHA macht Probleme von Kindern und Jugendlichen in der Kommune öffentlich.	44 / 60 %	60 / 55 %	55 / 57 %
Im KJHA werden wichtige Entscheidungen gefällt.	70 / 80 %	65 / 66 %	67 / 70 %
Der KJHA ist das Gremium für die Zusammenarbeit von freien und öffentlichen Trägern.	58 / 52 %	44 / 37 %	49 / 41 %
Der KJHA ist aktiv an der Jugendhilfeplanung beteiligt.	82 / 77 %	73 / 64 %	76 / 67 %
Der KJHA reagiert frühzeitig auf Problemlagen.	41 / 40 %	38 / 30 %	39 / 33 %
Parteipolitische Interessen dominieren den KJHA.	42 / 46 %	38 / 59 %	39 / 55 %
Der KJHA ist nur ein Bestätigungsgremium für woanders gefällte Beschlüsse.	15 / 31 %	27 / 41 %	23 / 38 %
Der Bereich Hilfen zur Erziehung wird nur selten im KJHA thematisiert.	63 / 43 %	40 / 41 %	49 / 41 %

Dabei werden folgende Unterschiede sichtbar: Der bereits zwischen den Jugendämtern deutliche Ost-West-Unterschied spiegelt sich auch bei den Einschätzungen freier Träger wider. Dabei gibt es allerdings zwei bemerkenswerte Ausnahmen: Zum einen stimmen freie Träger in Ostdeutschland dem Item „Der Kinder- und Jugendhilfeausschuss macht Probleme von Kindern und Jugendlichen öffentlich" häufiger zu als westdeutsche freie Träger, wohingegen ostdeutsche Jugendämter diesem Item seltener zustimmen als westdeutsche. Möglicherweise spiegelt sich in dieser Differenz auch die unterschiedliche Qualität der Beziehungen zwischen freien und öffentlichen Trägern in Ost und West wider. In Westdeutschland scheint es ein stärkeres Abgrenzungsbedürfnis zu geben. Zum zweiten sehen ostdeutsche freie Träger eine deutlich geringere Dominanz parteipolitischer Interessen im Kinder- und Jugendhilfeausschuss als westdeutsche freie Träger, bei den Jugendämtern ist es jedoch genau umgekehrt. Offensichtlich erleben freie Träger in Ostdeutschland den Kinder- und Jugendhilfeausschuss stärker als ein fachliches Steuergremium, was sich auch in der höheren Tagungsfrequenz und in der geringeren Zustimmung zu dem Item, der Kinder- und Jugendhilfeausschuss sei ein Bestätigungsgremium für an anderer Stelle gefasste Beschlüsse ausdrückt. Andererseits scheint die Verwaltung des Jugendamtes im Osten sich durch die Einmischung von KommunalpolitikerInnen in die inneren Entscheidungswege und die konkrete Ausgestaltung von Angeboten stärker bedrängt zu fühlen, als dies im Westen der Fall ist.

Bemerkenswert sind die Unterschiede in der Einschätzung des Items „Der Bereich Hilfen zur Erziehung wird nur selten im Kinder- und Jugendhilfeausschuss thematisiert". Diesem Item stimmen nämlich signifikant häufiger Jugendämter und Geschäftsstellen von Trägern außerhalb der Jugendarbeit zu als Träger der offenen und verbandlichen Jugendarbeit. Offensichtlich haben die VertreterInnen der Kinder- und Jugendarbeit nicht das Gefühl, dass ihre Themen zu viel Raum einnehmen, die Mitglieder aus den anderen Arbeitsfeldern der Kinder- und Jugendhilfe aber gerne mehr Zeit für ihre Themen hätten.

Vergleicht man nun anstelle der bundesweiten Bewertungsdurchschnitte bei freien und öffentlichen Trägern die durchschnittliche Bewertung durch alle befragten freien Träger im Jugendamtsbezirk mit den Bewertungen des jeweiligen öffentlichen Trägers, so zeigen sich größere Abweichungen in den Einschätzungen bei allen Items außer bei „Der Kinder- und Jugendhilfeausschuss reagiert frühzeitig …", „Der Kinder- und Jugendhilfeausschuss ist nur ein Bestätigungsgremium …" und „Der Bereich Hilfen zur Erziehung …". Es wird also im Unterschied zum bundesweiten Vergleich, der eine relativ große Übereinstimmung bei der Einschätzung der Arbeit des Kinder- und Jugendhilfeausschusses durch öffentliche und freie Träger suggeriert, die doch beträchtliche Distanz freier und öffentlicher Träger erkennbar. Dieses Ergebnis des Vergleichs der Bewertungen innerhalb einer Region zeigt erneut, wie wichtig für die Analyse der Entwicklung der Kinder- und Jugendhilfe die Umsetzung eines regionalbezogenen Multiperspektivenansatzes ist. Denn es wird deutlich, dass Jugendämter die Arbeit des Kinder- und Jugendhilfeausschusses hinsichtlich bestimmter Dimensionen (Jugendhilfeplanung, Abwehr parteipolitischer Interessen, Eigenständigkeit) positiver einschätzen, als dies freie Träger tun. Hierin spiegeln sich auch unterschiedliche Erwartungen an den Kinder- und Jugendhilfeausschuss wider.

9.3 Fazit

Die Daten verweisen auch im Zeitvergleich auf ein nach wie vor vorhandenes fachliches Entwicklungspotenzial in westdeutschen Kinder- und Jugendhilfeausschüssen. Die Abstände zu Ostdeutschland, sei es in der Häufigkeit der Sitzungen, in der Qualifizierung der Mitglieder oder in den Einschätzungen zur Arbeit im Kinder- und

Jugendhilfeausschuss, sind nach wie vor groß. Dies kann jedoch nicht darüber hinwegtäuschen, dass auch in ostdeutschen Kinder- und Jugendhilfeausschüssen ungenutzte Entwicklungspotenziale stecken.

Die These, dass in Ostdeutschland ein kooperationsfreundlicheres Klima herrscht, wird durch die in diesem Abschnitt präsentierten Daten eher gestützt, auch wenn in der Binnenbetrachtung über die zwei Erhebungszeiträume eine Abnahme der positiven Kooperationsstimmung oder aber ein realistischerer Blick auf Kooperation zu konstatieren ist.

Hinsichtlich der Dominanz parteipolitischer Interessen im Kinder- und Jugendhilfeausschuss haben sich die Beurteilungen in Ost und West angeglichen. Man könnte dies als eine zunehmende Politisierung des Kinder- und Jugendhilfeausschusses beschreiben, die mit einer Entfachlichung und damit vielleicht auch mit einem Bedeutungsverlust verbunden ist. Einerseits ist dies nicht erstaunlich, da der Kinder- und Jugendhilfeausschuss ein kommunalpolitisches Gremium mit Beschlussrecht ist und deshalb dort eben auch unter parteipolitischen Gesichtspunkten gehandelt wird. Andererseits darf aber darüber die Qualität der jugend(hilfe)politischen Entscheidungen nicht leiden.

10 Jugendhilfeplanung

Mit Blick auf das zehnjährige Bestehen des Kinder- und Jugendhilfegesetzes und die in den letzten Jahren tendenziell gesteigerte Planungsaktivität erwartet man zum jetzigen Zeitpunkt kaum noch ein Jugendamt, dass sich einer Jugendhilfeplanung verschließt. Die Jugendämter haben durch den Gesetzgeber in den §§ 79 und 80 KJHG eine umfassende und weitreichende Planungsverpflichtung erhalten und Planung scheint bei einem insgesamt gestiegenen Planungsbewusstsein auch ein akzeptierter Bestandteil des Aufgabenspektrums der Jugendämter geworden zu sein. Die Diskussionen um die Jugendhilfeplanung und die Umsetzungspraxis zeigen aber auch den unterschiedlichen Stellenwert, den Jugendhilfeplanung in den einzelnen Kommunen einnimmt.

Zwei Drittel der Jugendämter, so konnte die Vollerhebung bei den Jugendämtern zeigen, sind mit Umstrukturierungen ihrer Organisation befasst, etwa die Hälfte nimmt Veränderungen unter dem Vorzeichen der Verwaltungsmodernisierung vor. Im Zuge der Umstrukturierungen geht es auch darum, adäquate Instrumente und Strategien zu entwickeln, die die Grundlage für die Steuerung einer Institution bilden, denn ein Verwaltungsumbau ohne die Festlegung von Zielen und die Berücksichtigung der bisherigen Organisationsstrukturen wird nicht den gewünschten Erfolg zeigen. Entscheidend für die Steuerung ist ein Informations- und Koordinationssystem, das es ermöglicht, die für die Steuerung relevanten Daten zusammenzuführen, aufzuarbeiten und für die Verwendung bereitzustellen. Im Rahmen der Kinder- und Jugendhilfe wird in diesem Zusammenhang immer wieder auf die Funktion der Jugendhilfeplanung verwiesen, die nach den Vorgaben des KJHG den Bestand an Diensten und Einrichtungen feststellen sowie die Wünsche und Bedürfnisse der AdressatInnen berücksichtigen soll. Überdies sollen innerhalb der Jugendhilfeplanung die zur Befriedigung des Bedarfes notwendigen Vorhaben geplant werden. Für den Bereich der Kinder- und Jugendhilfe bietet die Jugendhilfeplanung demnach eine mögliche Entscheidungsgrundlage für die Steuerung. Das Verhältnis von Jugendhilfeplanung und Verwaltungsmodernisierung ist vor diesem Hintergrund unter anderem Thema dieses Kapitels.

Die Bedeutung der Jugendhilfeplanung wird zum Beispiel auch von der jeweiligen Finanzsituation der Kommune beeinflusst. Die massiven Sparbemühungen vieler Kommunen haben das Interesse an quantitativ beschreibenden Informationen über die Kinder- und

Jugendhilfe ansteigen lassen. Die Rolle der Jugendhilfeplanung ist dabei nicht automatisch festgelegt und ließe sich vor diesem Hintergrund grundsätzlich zwischen zwei gegensätzlichen Polen verorten: Jugendhilfeplanung kann einerseits – angeregt und gefordert durch die prekäre Haushaltslage – die Aufgabe übernehmen, insbesondere die fachliche Seite der Kinder- und Jugendhilfe hervorzuheben und auf Möglichkeiten der Gestaltung bei knapper werdenden Ressourcen aufmerksam zu machen. Andererseits geraten unreflektierte Planungsbestrebungen schnell in die Gefahr, an Eigendynamik zu gewinnen und für Steuerungserwartungen und Sparbemühungen strategisch vereinnahmt zu werden, ohne die fachlichen Ziele zu beachten (vgl. van Santen/Pluto/Pothmann/Seckinger 2000).

Anregungen für die Weiterentwicklung der Jugendhilfeplanung kamen in den letzten Jahren im Zusammenhang mit Diskussionen um Sozialraumorientierung in der Kommune auf. Man sieht sich sozialer Konflikte innerhalb der Stadtteile sowie Wanderungsbewegungen gegenüber. Veränderungsprozesse in den kommunalen Grenzen bis hin zur Verarmung ganzer Stadtteile sind zu beobachten und geraten verstärkt in das Bewusstsein der Öffentlichkeit vor Ort. Die Schwierigkeiten und auch die Bedürfnisse der Bevölkerung ändern sich von Stadtteil zu Stadtteil, gar von Straße zu Straße. Ein politischer und administrativer Einheitsblick führt hier nicht weit und entsprechend hoch sind die Herausforderungen – eben auch an die Jugendhilfeplanung – Informationen kleinräumig zu sammeln und entsprechende Vorschläge für die Gestaltung der Angebotspalette zu formulieren.

Nicht nur die skizzierten unterschiedlichen Motivationen, Jugendhilfeplanung durchzuführen, sondern auch Rahmenbedingungen wie spezifische Länderregelungen beeinflussen den Umgang mit der Planungsverpflichtung und die Ausgestaltung der Jugendhilfeplanung. Ein Beispiel hierfür ist Sachsen. Dort werden Landeszuschüsse unter anderem an das Vorhandensein einer Jugendhilfeplanung gekoppelt (vgl. Sächsisches Landesamt für Familie und Soziales 1998; van Santen/Pluto/Pothmann/Seckinger 2000). Vielfach ist in den Ländergesetzen für die Kindertagesbetreuung eine Planungsverpflichtung enthalten (z. B. Bayern, Nordrhein-Westfalen, Thüringen).

Setzt man sich mit der Fachdiskussion, die unmittelbar die Jugendhilfeplanung betrifft, auseinander, gewinnt man weitere Aspekte, die für die Umsetzung und Ausgestaltung der Jugendhilfeplanung von Interesse sind. Im Mittelpunkt stehen dabei vor allem Fragen, die die konkrete Planungsorganisation, den Umgang mit zu erhebenden und vorliegenden Daten sowie den Einbezug von bestimmten Zielgruppen und Betroffenen behandeln.

Im Zentrum dieses Kapitels stehen verschiedene Aspekte der Jugendhilfeplanung. Themen, die in der Planung bearbeitet werden, Planungskonzepte, Zielgruppenbezug, Beteiligung von AdressatInnen und Fachkräften sowie Ressourcen, die für die Planung zur Verfügung stehen, sind Stichworte hierzu. Mit den Daten der Stichprobenerhebung bei Jugendämtern, der Stichprobe bei Geschäftsstellen von Trägern, der Stichprobe bei Jugendverbänden sowie der Vollerhebung bei Jugendringen werden im Folgenden die unterschiedlichen Formen der Jugendhilfeplanung beschrieben.

10.1 Verbreitung der Jugendhilfeplanung

Zunächst soll der Frage nachgegangen werden, ob der behauptete hohe Verbreitungsgrad der Jugendhilfeplanung tatsächlich in den Daten wiederzufinden ist und wo Differenzierungen angebracht sind. Die Ergebnisse zeigen, dass 95% der Jugendämter im Jahr 2000 über aktuelle Jugendhilfepläne verfügten. Während 1992 lediglich 55% der Jugendämter in Westdeutschland und 36% der Jugendämter in Ostdeutschland eine Jugendhilfeplanung durchführten, gaben in der Befragung von 1995 bereits 83% der Jugendämter an, über Jugendhilfepläne zu verfügen (vgl. Tab. 10.1). Gab es 1995 einen höheren Anteil ostdeutscher Jugendämter, die eine Jugendhilfeplanung vorweisen konnten, so zeigt sich dieselbe Situation nur auf höherem Niveau auch im Jahr 2000: Die wenigen Jugendämter, die keine Jugendhilfeplanung durchführen, finden sich in Westdeutschland. Auch die Daten der Vollerhebung bei allen Jugendämtern bestätigen diese Ergebnisse, was u.a. ein Hinweis auf die Qualität der Stichprobe darstellt.

Tab. 10.1: Entwicklung des Vorhandenseins der Jugendhilfeplanung

	Ost	West	Insgesamt
1992	36%	55%	47%
1995	90%	79%	83%
2000	100%	92%	95%

Quellen: Jugendamtserhebung 1992/93 DJI; Jugendamtserhebung 1996 DJI; Jugendamtserhebung 2000 DJI

Es gibt neben der gestiegenen Anzahl von Jugendämtern, die Jugendhilfepläne erstellen, einige weitere Indizien, die insgesamt auf eine erhöhte Bedeutung von Jugendhilfeplanung innerhalb der Kommunalverwaltung hinweisen. Zum Beispiel sind in dieser Hinsicht die Themen, die von JugendamtsmitarbeiterInnen vor dem Kreistag oder dem Stadtrat referiert wurden, aussagekräftig. In der aktuellen Erhebung ist Jugendhilfeplanung das am häufigsten referierte Thema. In der letzten Erhebungswelle gehörte die Jugendhilfeplanung nicht zu den Themen, die eine nennenswerte Rolle spielten. Andere Belege finden sich im Kontext des Jugendhilfeausschusses. In drei von vier Jugendamtsbezirken befasst sich der Kinder- und Jugendhilfeausschuss nach Einschätzung der Jugendamtsleitungen aktiv mit der Jugendhilfeplanung und mit Abstand die meisten Unterausschüsse wurden zum Thema Jugendhilfeplanung gegründet.

Ein Teil der Jugendämter, die im Jahr 2000 keine Jugendhilfeplanung durchführten, taten dies auch nicht im Zeitraum der letzten Erhebung. Der andere Teil konnte jedoch noch in der letzten Erhebungswelle auf eine Jugendhilfeplanung verweisen und hat demnach seine Planungsaktivitäten eingestellt. Die Daten deuten darauf hin, dass fehlende Ressourcen eine Ursache für eine nicht weitergeführte Jugendhilfeplanung darstellen. Inwieweit unzureichende Erfolge des Planungsprozesses eine Weiterführung behinderten, ist aus den Daten nicht zu ermitteln.

Eine interessante Beobachtung lässt sich an den Jugendämtern machen, die keine Jugendhilfeplanung durchführen. Jugendämter, die Jugendhilfeaufgaben budgetieren, können signifikant seltener auf eine Jugendhilfeplanung verweisen (vgl. zu Budgetierung Mamier/Seckinger/Pluto/van Santen/Zink 2002). 87 % der budgetierenden Jugendämter geben an, eine Jugendhilfeplanung durchzuführen. Nicht budgetierende Jugendämter haben nahezu alle eine Jugendhilfeplanung. Dieses Ergebnis legt die Frage nahe, ob eine Budgetierung der Jugendhilfeaufgaben dazu beiträgt, dass Jugendhilfeplanung als Steuerungsinstrument geschwächt wird. Dies könnte z.B. dann der Fall sein, wenn mit einer Verlagerung von Ressourcenverantwortung auf niedrigere Verwaltungsebenen auch die Planungsverantwortung verlagert wird. Denn dann besteht die Gefahr, dass für eine zentral organisierte Planung keine Ressourcen bereitgestellt werden und eine übergreifende Jugendamtsperspektive verloren geht.

Teilpläne

Diese zunächst positive Bilanz zur Verbreitung von Jugendhilfeplanung wird dadurch relativiert, dass die vorhandenen Jugendhilfepläne in der Regel nicht für alle Bereiche des KJHG konzipiert sind.

Das KJHG weist in § 79 (1) auf eine Gesamtverantwortung der Jugendämter für Planung hin, die sich aber in der Planungspraxis nicht widerspiegelt. Bestimmte Bereiche wie Jugendberufshilfe, Beratungsstellen oder Hilfen für junge Volljährige werden nur von einem geringen Teil der Jugendämter planerisch bearbeitet (vgl. Tab. 10.2). Kommunale Prioritäten, fehlende Ressourcen oder die Größe des potenziellen Adressatenkreises können mögliche Ursachen dafür sein, dass man über einzelne Bereiche hinaus keine Planungsaktivitäten entwickelt. Eine weitere Ursache liegt darin, dass Jugendhilfeplanung in bestimmten Bereichen schwieriger zu bewerkstelligen ist als in anderen. Überdies existiert in verschiedenen Bundesländern die Vorgabe, regelmäßig bestimmte Teilpläne zu erstellen und somit könnte eine Gesamtplanungskonzeption in den Hintergrund gedrängt werden (vgl. z.B. Kindertagesstättengesetze einzelner Bundesländer oder Jugendförderplan in Thüringen).

Das Erstellen von Teilplänen kann allerdings auch Ausdruck einer spezifischen Planungskonzeption sein: Ob man die Jugendhilfeplanung von vornherein als Gesamtplanung anlegt und einzelne Themen parallel bearbeitet oder sich Teil- und Themenbereiche nacheinander vornimmt und am Ende eine Gesamtplanung vorliegen hat, ist eine konzeptionelle Entscheidung im Jugendamt. Aufgrund von Rahmenbedingungen und konzeptionellen Vorentscheidungen muss bei der Interpretation der Ergebnisse berücksichtigt werden, dass die Angaben in Kommune A einen Zwischenstand auf dem Weg zu einer Gesamtplanung und in Kommune B bereits das Ende der Planung beschreiben können.

Die Jugendämter wurden gebeten, aus einer vorgegebenen Liste von Arbeitsbereichen diejenigen anzukreuzen, zu denen planerische Aussagen vorhanden sind. Das auffälligste Ergebnis ist der Ost-West-Unterschied: In Ostdeutschland ist der Anteil der Jugendämter, die in der Jugendhilfeplanung Aussagen zu den entsprechenden Arbeitsfeldern treffen – mit Ausnahme von zwei Bereichen – höher. Für vier Bereiche sind die Ergebnisse signifikant (Kindertagesstätten, Jugendarbeit, Beratungsstellen und Jugendberufshilfe).

Ein weiterer Grund für eine höhere Planungsaktivität ist in dem in Ostdeutschland noch nicht vollständig abgeschlossenen Prozess des Aufbaus von Angeboten und der Verlagerung von Angeboten von öffentlicher in freie Trägerschaft zu vermuten (vgl. Kap. 6). Der Bedarf für eine planerische Grundlage ist bei den Veränderungsbestrebungen und -notwendigkeiten sicher höher als in westdeutschen Regionen.

Tab. 10.2: Themenbereiche in der Jugendhilfeplanung (Mehrfachnennungen)

Arbeitsfelder	Ost	West	Insgesamt
Kindertagesstätten	100 %	83 %*	89 %
Jugendarbeit	89 %	69 %*	76 %
Hilfen zur Erziehung	78 %	58 %	65 %
Beratungsstellen	67 %	35 %*	47 %
Jugendgerichtshilfe	52 %	35 %	41 %
Jugendberufshilfe	56 %	27 %*	37 %
Junge Volljährige	44 %	29 %	35 %
§ 35a SGB VIII	37 %	25 %	29 %
Weitere Aufgaben der Kinder- und Jugendhilfe	11 %	17 %	15 %
Spielstätten	4 %	10 %	8 %
Sonstiges	7 %	6 %	7 %

* Unterschied zwischen Ost und West signifikant

Die Bevorzugung bestimmter Themen in der Jugendhilfeplanung überrascht nicht. An erster Stelle steht die Kindertagesstättenplanung: 89 % der Jugendhilfepläne enthalten Aussagen zu Kindertagesstätten (vgl. Tab. 10.2). Abgesehen davon, dass die Kindertagesstättenplanung sicher zu den einfacheren Bereichen der Jugendhilfeplanung gehört, trägt ein Bündel von Gründen dazu bei, dass die Kindertagesstättenplanung an der Spitze der Jugendhilfeplanungen steht. Neben dem Rechtsanspruch und der hohen kommunalpolitischen Priorität, die Kindertagesbetreuung vielerorts hat, stellt die Bereitstellung von Kinderbetreuungsplätzen für jede Kommune einen erheblichen Kostenfaktor dar, aus dem sich, denkt man an die benötigten Personal- oder Infrastrukturressourcen, ein weitreichender Planungsbedarf ergibt. Hinzu kommt, dass die Bedarfsvorhersagen nur für kurzfristige Zeiträume gelten und einer regelmäßigen Überprüfung bedürfen, da sich das generative Verhalten kurzfristig ändern kann. Ein Vergleich auf der Bundesebene illustriert diese Tatsache: Sowohl in den ostdeutschen als auch in den westdeutschen Bundesländern muss die Planung mittlerweile auf parallel verlaufende Entwicklungen reagieren: In einigen Regionen Ostdeutschlands müssen Überkapazitäten weiter abgebaut werden und in anderen verlangt der Bedarf bereits wieder einen Ausbau der Betreuungsplätze. Ähnlich konstatieren einige westdeutsche Kommunen bereits ein Überangebot an Kindergartenplätzen, während an anderer Stelle noch erheblicher Nachholbedarf besteht. Zu den zu bearbeitenden Aufgaben einer Jugendhilfeplanung gehört auch die Abstimmung von Nachfrage- und Angebotsstrukturen, die je nach

Region innerhalb eines Jugendamtsbezirkes stark variieren können (vgl. Kap. 6.1).

Ein weiterer Grund für die von allen Themen am häufigsten anzutreffende Kindertagesstättenplanung sind landesrechtliche Ausführungsbestimmungen (z. B. Ausstattungsstandards), finanzielle Förderregelungen und diverse Vorgaben, die einer planerischen Auseinandersetzung bedürfen (vgl. Merchel 1998: 409). Zwar haben vielerorts Kommunen mit der Planung im Kindertagesstättenbereich begonnen, aber nicht selten bleibt die Planung auf der Ebene einer reinen Bedarfsplanung stehen; fachliche Aspekte wie konzeptionelle Überlegungen und der Einbezug von Eltern und Fachkräften treten eher in den Hintergrund (vgl. z. B. Ministerium für Frauen, Jugend, Familie und Gesundheit 2000: 37). Vor dem Hintergrund der Ergebnisse der PISA-Studie ist wieder stärker in die Diskussion geraten, dass die Kindertagesbetreuung auch einen Bildungsauftrag hat. Um diesen wahrnehmen zu können, reicht aber eine reine Bedarfsplanung nicht aus. Nur eine Fachplanung kann die Rahmenbedingungen in den Blick nehmen (Konzeption, Räumlichkeiten, Zielgruppe), die zur Unterstützung des Bildungsauftrages notwendig sind.

Jugendhilfeplanung im Arbeitsfeld Jugendarbeit

In der Häufigkeit der thematischen Nennungen der Jugendämter, die in der Jugendhilfeplanung aktiv sind, folgt nach der Kindertagesstättenplanung das Arbeitsfeld der Jugendarbeit mit 76 %. Auch die Ergebnisse der letzten Erhebung zeigten, dass die Jugendarbeit nach der Kindertagesstättenplanung der Bereich ist, in dem am häufigsten Planungsaktivitäten unternommen werden.

Die Jugendringe selbst, also diejenigen, die unmittelbar von der Planung betroffen sind, wurden in zwei Schritten zur Situation der Jugendhilfeplanung befragt. Zuerst sollten die Stadt- und Kreisjugendringe beantworten, ob es in ihrer Kommune einen Jugendhilfeplan gibt und aus welchem Jahr dieser stammt. Weiter wurde gefragt, ob der Plan momentan eine Aktualisierung erfährt.

Aus der Perspektive der Jugendringe wird die Situation folgendermaßen beurteilt: 67 % der Stadt- und Kreisjugendringe geben an, dass es einen Jugendhilfeplan für Jugendarbeit gibt, 5 % haben keine Informationen darüber. Betrachtet man nur diejenigen Jugendringe, zu denen wir auch die Informationen der Jugendämter haben, zeigt sich, dass der Unterschied in der Wahrnehmung zwischen Jugendämtern und Jugendringen, ob eine Jugendhilfeplanung zum Bereich der Jugendarbeit im Jugendamtsbezirk vorhanden ist, nicht sehr groß ist. Aber dort, wo es Unterschiede gibt, kann dies darauf hindeuten, dass die Jugendhilfeplanung keine Außenwirkung im Jugendamtsbezirk entfaltet hat bzw. der Jugendring keine entscheidende Rolle im Jugendamtsbezirk spielt.

Nach den Angaben der Jugendringe zu urteilen, sind 14 % der vorliegenden Jugendhilfepläne älter als fünf Jahre und ein Viertel der Jugendringe kann keine Angaben zum Jahr der Fertigstellung machen. Letzteres ist eher ein Hinweis dafür, dass die Erstellung entweder sehr lange zurückliegt oder aber nicht in aktiver Zusammenarbeit mit dem Jugendring erfolgte. 66 % der Jugendringe, in deren Jugendamtsbezirk es einen Plan gibt, gehen von einer Aktualisierung des Jugendhilfeplans aus. Erwartungsgemäß erfahren eher die Jugendhilfepläne eine Aktualisierung, die aus dem Jahr 1996 und davor stammen. Aber auch jüngere Pläne werden aktualisiert, was als Indiz für ein prozessorientiertes Planungsverständnis interpretiert werden kann. Hinzu kommen noch einige Jugendringe, die angeben, dass in ihrem Jugendamtsbezirk bislang keine Jugendhilfeplanung durchgeführt wurde, die sich aber aktuell in der Phase der Erstellung eines Plans befinden.

Jugendringe in ostdeutschen Bundesländern geben signifikant öfter an, dass der Plan momentan eine Aktualisierung erfährt, was wiederum ein Hinweis auf eine aktivere Jugendhilfeplanung in Ostdeutschland ist, denn auch 1995 hatten schon 90 % der ostdeutschen Jugendamtsbezirke eine Jugendhilfeplanung.

Auch aus der Perspektive der Jugendverbände kann ein Blick auf die Situation der Jugendhilfeplanung geworfen werden. Hier ergibt sich eine deutliche Differenz zur Sicht des Jugendamtes. Es sagen 43 % der befragten Jugendverbände, dass es einen Jugendhilfeplan für Jugendarbeit gibt, und 20 % der Jugendverbände wissen, dass in ihrem Jugendamt kein Jugendhilfeplan für Jugendarbeit existiert. Eine große Gruppe von 37 % hat keine Kenntnis von einem Jugendhilfeplan und kann entsprechend keine Aussagen treffen. Etwas mehr als die Hälfte der Jugendverbände, in deren Jugendamtsbezirk ein Jugendhilfeplan erstellt wurde, geht von einer momentanen Aktualisierung des Planes aus. 10 % verneinen eine Aktualisierung.

Der Vergleich zwischen den Angaben der Jugendämter, der Jugendringe und der Jugendverbände weist zum einen auf die fehlende Bedeutung hin, die Jugendhilfeplanung mancherorts hat, und macht zum anderen deutlich, dass das Wissen über die Jugendhilfeplanung eine elementare Voraussetzung darstellt, dass der Anspruch, alle relevanten Gruppen in die Planung einzubeziehen, erfüllt werden kann.

Jugendhilfeplanung im Arbeitsfeld Hilfen zur Erziehung

An dritter Stelle in der Häufigkeit der bearbeiteten Arbeitsfelder folgen die Hilfen zur Erziehung. Zwei von drei planenden Jugendämtern teilen mit, eine Jugendhilfeplanung in diesem Bereich durchzuführen. Im Unterschied zu den beiden erstgenannten Arbeitsfeldern richtet sich dieses Feld der Jugendhilfeplanung nicht mehr prinzipiell an jedes Kind oder jeden Jugendlichen, sondern es muss eine auf den Einzelfall bezogene Prüfung der Voraussetzungen für den Anspruch auf die Hilfe nachgewiesen sein, um im Anschluss die geeignete und notwendige Hilfe auswählen zu können. Die Bedarfslage ist demnach nicht anhand einfacher Merkmale zu bestimmen und macht Jugendhilfeplanung zu einem schwierigen Unternehmen (vgl. Merchel 1998: 419f.).

Eine Entwicklung, die in den letzten Jahren sicher dazu beigetragen hat, dass der Bereich der Hilfen zur Erziehung häufiger in der Jugendhilfeplanung bearbeitet wird, ist die Finanzsituation vieler Kommunen. Es wird nach Lösungen gesucht, wie man mit den steigenden Ausgaben insbesondere für diesen Teil des Aufgabenspektrums der Kinder- und Jugendhilfe zurechtkommen kann. Der Handlungsdruck für die Jugendämter, steuerungsrelevante Informationen bereitzustellen, steigt an und die Reaktionen darauf sind vielfältig. Beispiele hierfür sind Modelle, die versuchen, den Jugendhilfebedarf anhand von sozialstrukturellen Faktoren zu messen (vgl. z. B. Bürger 2002). Auch durch die Bildung interkommunaler Vergleichsringe versucht man mehr Informationen über die Struktur des Arbeitsfeldes zu erlangen. In Nordrhein-Westfalen geht man beispielsweise daran, die Daten der Kinder- und Jugendhilfestatistik so aufzubereiten und bereitzustellen, dass sie für jedes Jugendamt des Landes für die Jugendhilfeplanung verwendbar sind und mittels eines Berichtswesens eine Vergleichbarkeit zwischen den Kommunen herstellen (Schilling/Pothmann 2001).

Diese Bemühungen sind wichtig, um überhaupt für diesen Bereich aussagekräftige Informationen generieren zu können. Gleichzeitig gerät man in die Gefahr, eine Datenfülle zu erzeugen, die die Interpretation nicht gerade erleichtert. Von Bedeutung scheint überdies zu sein, dass man zwar die Vorstellung bekommt, mit „harten" Daten zu operieren und einen Zugang zu bislang nur schwer zugänglichen Bereichen gefunden zu haben, jedoch letztlich den Bezug zu den kommunalen Zielen nicht herstellen kann (vgl. van Santen/Pluto/Pothmann/Seckinger 2000). Auch wenn diese Entwicklungen Anregungen für die Planungen bieten können, besteht dennoch die Gefahr, dass die Kennzahlen die fachliche Auseinandersetzung zur

Seite drängen. Das Entwickeln von Kennzahlensystemen kann die fachliche Jugendhilfeplanung nicht ersetzen, sondern ist ein Element von mehreren (Betroffenenbeteiligung, politische Prioritätenfestlegung), auf dem die Zielentwicklung für die kommunale Kinder- und Jugendhilfe basieren sollte. Aus einem Vergleich mit einer anderen Kommune ergeben sich noch nicht automatisch die Entwicklungsbedarfe für die eigene Situation (vgl. van Santen/Pluto/Pothmann/Seckinger 2000).

Nicht zu vernachlässigen ist, dass eine Bedarfsanalyse hohe Ansprüche stellt und insbesondere für individuelle Hilfen nicht mehr ohne weiteres machbar ist. Indiz dafür ist beispielsweise die Aufnahme spezieller Hilfeformen in die Jugendhilfeplanung. Lediglich 15 % der Jugendämter haben zusätzlich zur vorgegebenen Liste (vgl. Tab. 10.2) weitere Bereiche der Kinder- und Jugendhilfe ergänzt, zu denen es im Rahmen ihrer jeweiligen Jugendhilfeplanung Aussagen gibt.

Fachlich eng mit den Hilfen zur Erziehung sind die Hilfen für junge Volljährige und Hilfen nach § 35a KJHG verbunden. Eine Planung für diese Bereiche wurde im Fragebogen extra abgefragt. Die planerische Auseinandersetzung findet sich hier nur bei etwa einem Drittel der Jugendämter, obwohl eine Reihe fachlicher Fragen den Jugendämtern unter den Nägeln brennen. Dies macht deutlich: Je spezifischer der Adressatenkreis, desto aufwendiger und unwahrscheinlicher wird eine Planung.

10.2 Organisation der Jugendhilfeplanung

Planungsverantwortung und Gesamtplanung

Greift man die eingangs aufgeworfene Frage nach der umfassenden Gesamtplanung zusammenfassend auf, so zeigen die Daten, dass in 6 % der Jugendamtsbezirke der aktuelle Jugendhilfeplan lediglich aus der Kindertagesstättenplanung besteht. In der Hälfte der Jugendämter setzt sich die Jugendhilfeplanung aus nicht mehr als vier der abgefragten Themenbereiche zusammen. Lediglich 14 % der befragten Jugendämter verfügen über eine Jugendhilfeplanung, die alle wesentlichen Bereiche des KJHG berücksichtigt (vgl. Tab. 10.2).

Eine Gesamtplanung, die auch die planerische Verantwortung des Jugendamtes für alle Bereiche des KJHG aufzeigt, ergibt sich noch nicht aus der Tatsache voneinander unabhängig erstellter Teilpläne, sondern erst eine inhaltliche Verknüpfung der Einzelpläne führt zu einer Gesamtplanung. Einen Hinweis darauf, ob die Jugendhilfeplanung von vornherein als Gesamtplanung angelegt ist oder nicht, stellt die Antwort auf die Frage dar, ob die einzelnen Teilplanungen unabhängig voneinander erstellt wurden. 80% der Jugendämter beschreiben die einzelnen Teile ihrer Jugendhilfeplanung, wenn sie mindestens zwei Teilpläne haben, als unabhängig voneinander erstellte Planungen. Die restlichen Jugendämter geben an, die Planungen zu den einzelnen Arbeitsfeldern zusammenhängend erarbeitet zu haben. Eine Gesamtplanung, wie sie das KJHG vorsieht, ist bei einer erheblichen Zahl der Jugendämter damit (noch) nicht Planungspraxis. Nur bei einer Minderheit von Jugendämtern kann man tatsächlich von einer Gesamtplanung reden. In der Jugendhilfeplanung auch die Perspektive auf Bereiche zu lenken, die nicht die breite Masse der Kinder und Jugendlichen erreichen, bleibt eine Herausforderung.

Planungsorganisation und Ressourcen

Die Darstellungen der Ergebnisse zur Jugendhilfeplanung konnten im Zeitverlauf zunehmende Planungsaktivitäten der Jugendämter zeigen. Von Interesse ist, unter welchen Rahmenbedingungen die Jugendämter aktiv sind. Eine erste Annäherung vermittelt die Frage nach der Verortung der Jugendhilfeplanung in der Kommunalverwaltung. Die explizite Nennung der Jugendhilfeplanung im Aufgabenspektrum des Kinder- und Jugendhilfeausschusses im KJHG (§ 71 KJHG) weist die Jugendhilfeplanung als eindeutig dem Jugendamt zugeordnete Aufgabe aus. Die Tab. 10.3 vermittelt anhand der Daten der Vollerhebung bei allen Jugendämtern einen Eindruck zu dieser Frage. Die Tabelle bezieht sich nur auf die Jugendämter, die eine Jugendhilfeplanung durchführen.

Tab. 10.3: Verortung der Jugendhilfeplanung

Ort	
Im Jugendamt	89%
Zentrale Sozialplanungsabteilung	4%
Bei Sozialdezernenten	4%
Planungsstabsstelle bei BürgermeisterIn	1%
Sonstiges	1%
Insgesamt	100%

Quelle: Vollerhebung bei Jugendämtern 2000, DJI

Für 89% der Jugendämter kann eine Zuordnung zum Jugendamt klar bestätigt werden, allerdings ist an dieser Stelle anzumerken, dass die Organisation von Jugendamt zu Jugendamt sehr variieren kann: In einigen Jugendämtern sind einzelne oder mehrere Personen mit einem Teil ihrer Personalstelle mit Jugendhilfeplanungsaufgaben befasst und in anderen Jugendämtern wird die Jugendhilfeplanung gemeinsam mit der Sozialplanung in einer eigenen Abteilung im Jugendamt erstellt – all dies verbirgt sich hinter der Kategorie „im Jugendamt". In den anderen Jugendämtern erfolgt die Planung nicht im Jugendamt, sondern in einer zentralen Sozialplanungsabteilung oder direkt beim Sozialdezernenten, wobei die beiden Kategorien nicht ganz trennscharf sind. Wird im Jugendamt eine Verwaltungsmodernisierung durchgeführt, erfolgt die Koordination der Jugendhilfeplanung signifikant häufiger außerhalb des Jugendamtes. Aus der Perspektive des Jugendamtes ist dann sehr genau zu prüfen, ob die Jugendhilfeplanung ihrem umfassenden Auftrag einer Fachplanung gerecht wird.

Inwieweit Jugendhilfeplanung in der Kommune unterstützt wird, hängt auch von der personellen Ausstattung und den zu Verfügung stehenden Ressourcen ab. Vor dem Hintergrund, dass in 83% der Jugendämter die Jugendhilfepläne vollständig intern erstellt werden, ist im Vergleich zu der 1995 durchgeführten Erhebung eine leichte Verbesserung der Situation zu konstatieren. Damals konnten 63% der Jugendämter, die eine Jugendhilfeplanung durchführten, auf extra Personal für die Jugendhilfeplanung zurückgreifen, heute steht bei einer höheren Verbreitung der Jugendhilfeplanung in 68% der Jugendämter extra Personal für Jugendhilfeplanung zur Verfügung. In den Jugendämtern, in denen Jugendhilfeplanung nicht mit speziell dafür vorgesehenem Personal strukturell verankert wird, besteht die Gefahr, dass man der Komplexität dieser Aufgabe nicht gerecht wird, z.B. wenn sie lediglich eine Teilaufgabe von vielen ist, die eine Person zu bewältigen hat. Der Anteil der Jugendämter, die weniger als eine ganze Stelle für die Jugendhilfeplanung bereitstellen, beträgt noch immer etwa ein Viertel. Dass Jugendhilfeplanung eine Aufgabe darstellt, die anspruchsvoll ist und nicht nebenher erledigt werden kann, wird in vielen Jugendämtern selbst so gesehen. Die Jugendämter, die kein extra Personal für Jugendhilfeplanung haben, geben sehr viel häufiger als die anderen an, dass die personellen Ressourcen nicht ausreichend sind, um diese Aufgabe zu bewältigen.

Eine Verstetigung der Jugendhilfeplanung im Jugendamt ist nicht nur eine Frage der Einrichtung von Personalstellen, sondern auch der Absicherung dieser Stellen. Befristete Stellen (ABM bzw. andere Form der Befristung) für Jugendhilfeplanung stellen nur noch die

Ausnahme dar. Im Vergleich zur Situation 1995 erkennt man diesbezüglich eine Verbesserung. Das Ergebnis unterstützt den Gesamteindruck, dass Jugendhilfeplanung selbstverständlicher zum Aufgabenspektrum der Jugendämter gehört.

JugendhilfeplanerInnen nehmen in den einzelnen Jugendämtern eine sehr zentrale Position zwischen Leitung, MitarbeiterInnen, Trägern und Einrichtungen der Kinder- und Jugendhilfe ein und sind daher häufig mit weitreichenden Organisationsentwicklungsaufgaben befasst. Dies setzt eine klare Rollendefinition sowie eine adäquate Qualifikation voraus. Eher selten wird diesen Anforderungen auch in der entsprechenden Vergütung Rechnung getragen. Nur in wenigen Jugendämtern hat die JugendhilfeplanerIn eine BAT-II-Einstufung, die eine wissenschaftliche Qualifikation für die Stellenbesetzung voraussetzt. Die Hälfte der Stellen werden nach BAT IV eingestuft. Die verbleibenden JugendhilfeplanerInnen haben eine geringere Eingruppierung als BAT IV.

Ein anderes Ausstattungsmerkmal sind die Sachmittel, auf die in der Jugendhilfeplanung zurückgegriffen werden kann. Weniger als die Hälfte der Jugendämter verfügt über einen eigenen Etat zur Jugendhilfeplanung. Im Durchschnitt umfasst dieser Etat einen Betrag von rund 13.300 DM (Median 5.500 DM). Der geringste Betrag, den ein Jugendamt zur Verfügung hat, sind 500 DM und der höchste Betrag 100.000 DM. Wenn im Jugendamt Personalstellen für Jugendhilfeplanung eingerichtet sind, dann gibt es auch häufiger einen Sachmitteletat.

Auch wenn sich in den Jugendämtern, die keinen Sachmitteletat zur Verfügung haben, vielerorts die Gelder für Aufgaben der Jugendhilfeplanung organisieren lassen, macht es doch einen Unterschied, ob man von vornherein mit einem Etat kalkulieren kann oder immer wieder Anstrengungen für die Ressourcenbeschaffung verwenden muss. Eine kontinuierliche Planungstätigkeit erfährt dadurch keine Unterstützung.

Tab. 10.4: Beratung bei der Jugendhilfeplanung (Mehrfachnennungen)

Beratung nehmen insgesamt in Anspruch	89 %
davon Austausch in Region	79 %
davon MitarbeiterInnen des Landesjugendamtes	71 %
davon andere Ämter	52 %
davon wissenschaftliche Institute	40 %
davon andere	6 %
davon Unternehmensberatungen	3 %

Da Jugendhilfeplanung eine komplexe Aufgabe darstellt, für die es in vielen Jugendämtern – wenn überhaupt – maximal eine Stelle gibt, ist eine Unterstützung von anderen Stellen der Kommune und von außen sinnvoll. Die meisten Jugendämter, die eine Jugendhilfeplanung erstellen, lassen sich dabei beraten. Fachlicher Austausch in der Region ist die Form der Unterstützung, die vier von fünf Jugendämtern, die Beratung in Anspruch nehmen, beschreiben. Ähnlich häufig werden Landesjugendämter zurate gezogen, die Materialien für Jugendhilfeplanung entwickelt haben oder Fortbildungen anbieten. Letzteres findet eine Entsprechung in den Ergebnissen: Von den Jugendämtern, die eine Unterstützung durch LandesjugendamtsmitarbeiterInnen beschreiben, absolvierten drei Viertel eine Fortbildung zur Jugendhilfeplanung im Jugendamt.

10.3 Konzepte in der Jugendhilfeplanung

Um einen Überblick zu bekommen, mit welcher konzeptionellen Ausrichtung die Jugendhilfeplanung bearbeitet wird, haben wir die Jugendämter gebeten, bei einer offenen Frage in drei Stichworten, ihr Jugendhilfeplanungskonzept zu umschreiben.

Planungskonzepte wurden bislang eher mit Skepsis betrachtet, da man häufig ein pragmatisches Vorgehen wählte (vgl. Jordan/Schone 1998). Es stellt sich die Frage, ob sich an dieser Situation etwas geändert hat. Zudem drängt sich anhand der Empirie der Eindruck auf, dass das bereichsorientierte Vorgehen mit der Erstellung von Einzelplänen die Umsetzung dominiert. Ein Überblick über die Herangehensweisen durch das Institut für soziale Arbeit e.V. (ISA) Ende der 80er Jahre erbrachte das Ergebnis, dass im Wesentlichen vier Leitorientierungen bei der Jugendhilfeplanung anzutreffen sind: zielorientierte Planung, bereichsorientierte Planung, sozialraumorientierte Planung und zielgruppenorientierte Planung (vgl. Jordan/Schone 1998: 87). Auch für die Situation im Jahr 2000 kann eine Vielzahl an Orientierungen in der Planung festgestellt werden. Als zentrale Begriffe können die sozialräumliche Planung und die bereichsorientierte Planung hervorgehoben werden. Oft wird die Planung als Kombination aus beiden Ansätzen beschrieben. Eine hervorgehobene Position erhält die Beteiligung von AdressatInnen sowie Fachkräften an der Jugendhilfeplanung. Insgesamt taucht bei den genannten Stichworten das Problem auf, dass sie eine Mischung aus konzeptionellen Aspekten, methodischen Fragen und den Schwerpunkten der Umsetzung darstellen. Die Begriffe erinnern vielfach an eine Beschreibung einer praktikablen und machbaren

Umsetzung der Planung und deuten weniger auf ein konzeptionell gesteuertes Verfahren (vgl. auch Jordan/Schone 1998).

Tab. 10.5: Jugendhilfeplanungskonzept* (Mehrfachnennungen)

Sozialraumorientiert	46%
Bereichsorientierung/Bereichsplanung	34%
Beteiligung/Partizipation von Betroffenen	31%
Bedarfsorientierung/Bedarfsdeckung	23%
Politische Prioritätensetzung/Leitbildentwicklung	17%
Planung in Gruppen und Arbeitsgemeinschaften	17%
Bestandsaufnahme	14%
Sonstiges, z. B. pragmatisch, praxisbezogen	14%
Prozessorientierte Planung	12%
Einzelpläne/Teilpläne	10%
Konzept der Planung in der Diskussion	9%
Sozialberichterstattung/Sozialatlas	8%
Planung richtet sich nach Themen und Aufgaben	8%
Kostenorientierung/Wirtschaftlichkeit	6%
Zusammenarbeit mit KJHA	5%
Integriert	5%
Problembezogen	5%
An Fachstandards orientiert	3%
Qualitätsentwicklung	3%
Planung nach Zielgruppen	3%
Aktualität	3%

* Bezogen auf die Jugendämter, die Jugendhilfeplanung machen

Vier Entwicklungen sollen herausgegriffen und im Folgenden mit weiterführenden Daten einer genaueren Analyse unterzogen werden:
- sozialraumorientierte Ausrichtung der Planung,
- zielgruppenorientierte Ausrichtung der Planung,
- Beteiligung von Kindern und Jugendlichen,
- Beteiligung von Organisationen und Institutionen.

Sozialraumorientierte Planung

Sozialraumorientierung, die in den letzten Jahren in der Kinder- und Jugendhilfe in verschiedenen Bereichen Eingang gefunden hat, ist, wie es jedoch manchmal scheint, keine Neuentwicklung der letzten Jahre, sondern hat eine lange Tradition vor allem in der Gemeinwesenarbeit. Aber auch in der Organisation der allgemeinen sozialen

Dienste in den 70er Jahren kam diesem Kriterium eine entscheidende Position zu.

Unterschiedliche Entwicklungen trugen dazu bei, sozialräumliches Denken und Handeln erneut stärker in das Bewusstsein der sozialen Arbeit zu tragen. Seit der Mitte der 90er Jahre ist dafür z.B. die Diskussion um die Umstrukturierung der Verwaltung verantwortlich. Insbesondere für die öffentlichen Träger stellte der KGSt-Bericht 12/1998 zum Kontraktmanagement zwischen freien und öffentlichen Trägern einen Anlass dar, Hilfeangebote weniger aus der Einzelperspektive, sondern bezogen auf das Quartier und die Gemeinde zu betrachten. Die KGSt hat mit diesen Vorschlägen den Sozialraum zu einem Kriterium der Entwicklung von Leistungsverträgen und der Finanzierung von Hilfeangeboten erhoben und weitere Anreize geschaffen, eine ernsthafte Auseinandersetzung mit unterschiedlichen Bedingungen im Jugendamtsbezirk anzustreben. Schlagwörter wie Bürgernähe, Kundenorientierung und Dezentralisierung begleiten eine Entwicklung, die von der Hoffnung getragen ist, Effizienzsteigerungen und Kostensenkungen durch eine Verlagerung von Verantwortung auf die unmittelbare Handlungsebene sowie durch räumliche Zusammenfassung eine bessere Kooperation der Dienste zu erreichen. Eine tatsächliche Alltagsorientierung ist jedoch bei einer aus diesen Gründen angestrebten Veränderung der regionalen Kinder- und Jugendhilfe nur bedingt zu erwarten. Für diese Einschätzung spricht zudem die in den Diskussionen um Sozialräumlichkeit häufig nicht mehr vorfindbare Trennung der wirtschaftlichen Seite (mit Sozialraumbudgets) und der fachlichen Seite (vgl. Hinte 2001).

Auf der Handlungsebene hat sozialraumorientiertes Vorgehen eine Rezeption vor allem im Konzept der flexiblen, integrierten Jugendhilfeangebote gefunden (vgl. Koch/Lenz 1999; Kap. 6.4). Insbesondere für den Bereich der Hilfen zur Erziehung wurden hier Hilfeformen entwickelt, die – im Kern nicht neu, aber anregend für die Fachdiskussion – sich über Versäulung von Hilfeformen und Spezialisierung von Einrichtungen hinwegsetzen und Hilfeangebote entwickeln, die den Sozialraum mit seinen Ressourcen für den individuellen Fall stärker einbeziehen wollen.

Im Bereich der Jugendarbeit wurde Anfang der neunziger Jahre der Sozialraum zum Ausgangspunkt für pädagogische Konzeptüberlegungen (vgl. z.B. Böhnisch/Münchmeier 1987). Schließlich fordert das KJHG eine nach Lebensumwelten differenzierende Angebotsstruktur ein. Benachteiligungen sollen abgebaut oder vermieden und positive Lebensbedingungen für Kinder, Jugendliche und ihre Familien geschaffen werden.

Begrifflich ist keineswegs klar, worauf sich Sozialräumlichkeit bezieht. Zu unterscheiden ist nicht nur die räumliche Komponente, die politisch oder geografisch definiert ist, sondern auch die Handlungskomponente, die Sozialräumlichkeit zum Prinzip macht. Und schließlich gibt es noch die Sozialräume der einzelnen Bewohner, die ihre je eigenen Grenzen haben und die wieder auf Angebote der Kinder- und Jugendhilfe und anderer Bereiche reagieren. Stadtteil und Sozialraum sind demnach nicht unbedingt dasselbe. Und auch die Sozialräume von Hauptschülern entsprechen nicht unbedingt den Sozialräumen der Gymnasiasten im selben Stadtteil (vgl. Lang/Mack/Reutlinger/Wächter 2001: 50f.).

Auch die Jugendhilfeplanung ist aufgrund der skizzierten Entwicklungen vielerorts nicht mehr ohne Begriffe wie Sozialraum und Sozialraumorientierung denkbar. In diesem Zusammenhang obliegt es ihr, mit Sozialraumanalysen dazu beizutragen, Informationen über unterschiedliche Lebenslagen, Benachteiligungen und Ressourcen der AdressatInnen in den voneinander abgrenzbaren „Räumen" eines Jugendamtsbezirkes zu bekommen. Die Daten zu den konzeptionellen Ansätzen der Jugendhilfeplanung zeigen (vgl. Tab. 10.5), dass Jugendämter am häufigsten ihre Planungskonzeption als sozialraumorientiert beschreiben. Entsprechend müsste in diesen Jugendamtsbezirken auch eine Sozialraumanalyse vorhanden sein. Diese Vermutung findet ihre Bestätigung in den Ergebnissen: Alle Jugendämter, die ein sozialräumliches Konzept ihrer Jugendhilfeplanung angeben, verfügen auch über eine Sozialraumanalyse, die Teilregionen oder den gesamten Jugendamtsbezirk umfasst. Und darüber hinaus gibt etwas mehr als die Hälfte der Jugendämter, die eine Sozialraumorientierung nicht ausdrücklich im Konzept erwähnt, an, eine Sozialraumanalyse durchgeführt zu haben.

Führten 1992 nur 15 % und 1995 nur etwa jedes dritte Jugendamt eine Sozialraumanalyse durch, so gehört heute in drei Vierteln aller Jugendämter eine Sozialraumanalyse zur Jugendhilfeplanung dazu. Auch wenn man mit unseren Daten keine Aussagen über die Umsetzung des Konzeptes machen kann, weisen die Daten auf eine gestiegene fachpolitische Sensibilität gegenüber regionalen Unterschieden in einer Kommune hin. Tabelle 10.6 zeigt einige Unterschiede zwischen den Jugendämtern, die Sozialraumanalysen durchführen und solchen, die keine durchführen, auf.

Tab. 10.6: Sozialraumanalyse

	Ost	West	Bis 50.000 EW*	50.000 bis 100.000 EW*	100.000 bis 200.000 EW*	Über 200.000 EW*
Sozialraumanalyse für Teilregionen oder den gesamten Jugendamtsbezirk	89%	69%	57%	68%	79%	91%
Keine Sozialraumanalyse	11%	31%	43%	32%	22%	9%

* EW = EinwohnerInnen

Bei den ostdeutschen Jugendämtern hat sich die Sozialraumanalyse stärker durchgesetzt als in Westdeutschland. Nur 11 % der Jugendämter in Ostdeutschland führen keine Sozialraumanalyse durch. Da sich die meisten Jugendämter in Ostdeutschland erst zu Beginn und in der Mitte der neunziger Jahre mit Planungskonzepten auseinander setzen konnten, liegt die Vermutung nahe, dass dann insbesondere die aktuellen Konzepte und Modelle rezipiert wurden. Dies mag neben der insgesamt höheren Planungsaktivität ein Grund dafür sein, dass die Sozialraumanalyse eine größere Verbreitung in Ostdeutschland gefunden hat.

Je größer die Stadt oder der Landkreis ist, desto wahrscheinlicher wird die Erstellung einer Sozialraumanalyse. In Städten unter 50.000 Einwohnern haben nur etwas mehr als die Hälfte der Jugendämter eine Sozialraumanalyse durchgeführt. In Kommunen und Landkreisen mit mehr als 200.000 Einwohnern sind es dagegen 91 %. Dieses Ergebnis erstaunt nicht, da in Kommunen mit vielen Einwohnern auch größere Differenzen bezüglich der Lebenslagen in einzelnen Räumen erwartbar sind. Ein statistischer Zusammenhang mit Verwaltungsmodernisierung im Jugendamt ist nicht vorhanden.

Darüber hinaus gibt es auch nachweisbare Einflüsse von Rahmenbedingungen auf die Durchführung von Sozialraumanalysen.

– So lassen die Daten erkennen, dass Sozialraumanalyse und Personalressourcen in einem Zusammenhang stehen. Sozialraumanalysen als aufwendige Verfahren können nur angefertigt werden, wenn das entsprechende Personal vorhanden ist.
– Die Anfertigung der Sozialraumanalysen wird nicht generell mit einem Etat für Jugendhilfeplanung unterstützt. Nur die Hälfte der Jugendämter, die eine Sozialraumanalyse durchführt, hat in der Jugendhilfeplanung Sachmittel zur Verfügung; es finden sich

keine Hinweise, dass die Sachmittelbeträge dann höher sind, wenn eine Sozialraumanalyse erstellt wird.
- Es wurde bereits darauf hingewiesen, dass etwa ein Fünftel der Kommunen Teile der Jugendhilfeplanung von externen Personen erstellen lässt. Existiert eine Sozialraumanalyse, dann besteht der Jugendhilfeplan signifikant häufiger aus einer Kombination von intern und extern erstellten Teilen.
- Auch eine Beratung bei der Erstellung wird viel häufiger von Jugendämtern in Anspruch genommen, die eine Sozialraumanalyse durchführen. Insbesondere wissenschaftliche Institute und Austausch in der Region sind die am häufigsten genannten Formen der Unterstützung bei Jugendämtern, die Sozialraumanalysen erstellen. In nahezu allen Jugendämtern basiert die Sozialraumanalyse auch auf Daten, die nicht aus dem Bereich der Kinder- und Jugendhilfe kommen.
- Originäres Ziel von Sozialraumanalysen ist es nicht nur, eine Vorstellung darüber zu erhalten, wie sich voneinander abgrenzbare Gebiete der Kommune in verschiedenen Merkmalen beschreiben lassen, sondern explizit die Bedürfnisse von Kindern und Jugendlichen zu erfassen. Ernsthaft kann dies nur durch eine Beteiligung von Kindern und Jugendlichen an der Jugendhilfeplanung geschehen. In den meisten Jugendämtern scheinen hierfür Ansätze und Modelle zu existieren, auch wenn Beteiligung eine unterschiedliche Definition erfährt. Gibt es eine Sozialraumanalyse, so sind meistens (91 %) auch Kinder und Jugendliche an der Jugendhilfeplanung beteiligt. Dieser Zusammenhang stellt einen Hinweis darauf dar, dass Sozialraumanalysen nicht nur aus einer Aufbereitung vorhandener Daten über die Quartiere bestehen, sondern auch der Versuch unternommen wird, sich mit den Bedürfnissen der AdressatInnen auseinander zu setzen. Hinweise darauf, was Beteiligung heißt, gibt der nachfolgende Abschnitt zu Beteiligung. In eine ähnliche Richtung weist auch die signifikant höhere Beteiligung von Stadtteilkonferenzen an der Jugendhilfeplanung in den Jugendämtern mit Sozialraumanalyse. In fast allen Städten, die eine Sozialraumanalyse durchführen, sind Stadtteilkonferenzen in die Erstellung des Jugendhilfeplans einbezogen.

Zusammenfassend lässt sich ein hoher Verbreitungsgrad der Sozialraumanalyse konstatieren, was mit der konzeptionellen Beschreibung der Jugendhilfeplanungsansätze korrespondiert. Sie findet häufiger in großen Städten und in den ostdeutschen Bundesländern Anwendung. Vielfach scheint es eine Mischung aus bereichsorientierter Planung und sozialräumlichem Ansatz zu geben. Die Ursachen hierfür stecken sicher in der Kombination von gewünschten Ergebnissen und dem Aufwand, den eine solche Analyse erfordert und darin, dass sie in manchen Bereichen leichter zu bewerkstelligen ist.

Ausgewählte Zielgruppen – Mädchen und ausländische Kinder und Jugendliche

Jugendhilfeplanung stellt ein wichtiges Instrument dar, um die in § 9 (3) KJHG gesetzlich geforderte Gleichberechtigung zwischen Mädchen und Jungen strukturell zu fördern, auf Benachteiligungen in der Region aufmerksam zu machen und deren Überwindung anzuregen und umzusetzen. Vor allem eine geschlechtsspezifische Perspektive, die über alle Bereiche der Jugendhilfeplanung hinweg – sofern sie überhaupt vorhanden ist – eingenommen wird, ist bislang kaum verbreitet und es gibt wenige empirische Daten dazu (vgl. Simon 1997; Bohn 1998: 502; Bitzan/Daigler/Rosenfeld 1999).

Ein anderes Querschnittsthema sind ausländische Kinder und Jugendliche[75]. Der Anteil ausländischer Kinder und Jugendlicher (unter 27 Jahren) liegt in ganz Deutschland bei 11,8 %. Unabhängig davon, welche Ausrichtung die sozialpädagogische Arbeit mit ausländischen Kindern und Jugendlichen hat oder haben soll, hat Jugendhilfeplanung zunächst die Aufgabe, entscheidende Informationen über deren Lebenslagen und Bedürfnisse bereitzustellen. Es sollen darüber hinaus Anhaltspunkte dafür gesammelt werden, wie eine Angebotsstruktur, die ausländische Kinder und Jugendliche nicht benachteiligt bzw. noch besser fördert, geschaffen werden kann.

---

[75] Der Einfachheit halber haben wir nur nach ausländischen Kindern und Jugendlichen gefragt und nicht die Kinder und Jugendlichen aus Aussiedlerfamilien angesprochen. Es ist jedoch davon auszugehen, dass in den Angaben der Jugendämter Aussiedlerkinder und Aussiedlerjugendliche in den unterschiedlichen Bereichen mit gemeint sind.

Tab. 10.7: Jugendhilfeplanung und zielgruppenorientierte Aussagen

	Gibt es	Ost	West
In JHP Abschnitte zu Kindertagesstätten?	96 %		
davon mädchenspezifische Aussagen	12 %	0 %*	19 %
davon ausländerspezifische Aussagen	43 %	27 %*	53 %
In JHP Abschnitte zu Jugendarbeit?	81 %		
davon mädchenspezifische Aussagen	65 %	48 %*	77 %
davon ausländerspezifische Aussagen	55 %	38 %*	68 %
In JHP Abschnitte zu Hilfen zur Erziehung?	69 %		
davon mädchenspezifische Aussagen	55 %	38 %	65 %
davon ausländerspezifische Aussagen	36 %	13 %*	50 %
In JHP Abschnitte zu Beratungsstellen?	50 %		
davon mädchenspezifische Aussagen	45 %	31 %	56 %
davon ausländerspezifische Aussagen	28 %	9 %*	43 %
In JHP Abschnitte zu Jugendgerichtshilfe?	44 %		
davon mädchenspezifische Aussagen	33 %	10 %*	47 %
davon ausländerspezifische Aussagen	28 %	0 %*	44 %
In JHP Abschnitte zu Jugendberufshilfe?	40 %		
davon mädchenspezifische Aussagen	67 %	69 %	64 %
davon ausländerspezifische Aussagen	40 %	20 %*	60 %
In JHP Abschnitte zu junge Volljährige?	37 %		
davon mädchenspezifische Aussagen	30 %	20 %	39 %
davon ausländerspezifische Aussagen	14 %	0 %	23 %
In JHP Abschnitte zu § 35a SGB VIII?	31 %		
davon mädchenspezifische Aussagen	19 %	0 %*	33 %
davon ausländerspezifische Aussagen	10 %	0 %	17 %

* Ost-West-Unterschied signifikant

Um einen Eindruck zu erhalten, in welchen Arbeitsfeldern in der Jugendhilfeplanung eine mädchenspezifische und ausländerspezifische Perspektive eingenommen wird, wurde diese Differenzierung in den Fragebogen aufgenommen. Die Ergebnisse können keine direkten Hinweise zur Qualität mädchen- und ausländerspezifischer Angebote sowie deren Reichweite und Stellenwert liefern, sondern geben in Größenordnungen wieder, ob das Thema im Jugendamtsbezirk überhaupt eine Beachtung gefunden hat. Zunächst einige zentrale Ergebnisse mit einem Blick auf Tab. 10.7, beginnend mit dem Unterschied zwischen Westdeutschland und Ostdeutschland für die einzelnen Arbeitsbereiche. Es gibt einen höheren Anteil von westdeutschen Jugendämtern, die in ihrer Jugendhilfeplanung mädchenspezifische sowie ausländerspezifische Aspekte beachten. Insgesamt haben etwa zwei von fünf Jugendämtern in den von ihnen angefertigten Jugendhilfeplänen keine mädchenspezifische Differenzierung vorgenommen. Eine ausländerspezifische Differenzierung findet sich nur noch bei der Hälfte. Für den Bereich der ausländerspezifischen Aussagen kann der Unterschied im Wesentlichen auf den niedrigeren Anteil von ausländischen Kindern und Jugendlichen in Ostdeutschland zurückgeführt werden. Für den Ost-West-Unterschied bezogen auf die mädchenspezifischen Aussagen wirken sich die unterschiedlichen Entwicklungen in beiden Teilen Deutschlands aus. Die formale Gleichberechtigung zu DDR-Zeiten und die hohe Selbstdefinition über die Erwerbsarbeit ließen ein anderes emanzipatorisches Verständnis der Fachkräfte entstehen, was sich auch in der Existenz bzw. dem Fehlen mädchenspezifischer Angebote bemerkbar macht. Und bis heute stehen mädchenspezifische Angebote im Spannungsfeld zwischen unsicheren Rahmenbedingungen, eigenem Selbstverständnis und einem westdeutschen Verständnis von Mädchenarbeit (vgl. Kruschwitz/Scharlinski 1999).

Nicht nur hinsichtlich der Dimension Ost–West, sondern auch bezüglich der Unterscheidung zwischen Stadt und Land ergeben sich Differenzen. Insbesondere Stadtjugendämter befassen sich in ihrer Jugendhilfeplanung mit den Lebenslagen von Mädchen.

Welchen Aufschluss können nun die einzelnen Ergebnisse bezüglich der Arbeitsfelder geben? Betrachtet man zunächst die mädchenspezifischen Aussagen in den Teilbereichen der Jugendhilfeplanung, dann sieht man, dass es in der Jugendarbeit und der Jugendberufshilfe am häufigsten mädchenspezifische Aussagen gibt. Die Jugendberufshilfe kann auf eine lange Tradition von Angeboten und Programmen, die auf die Eingliederung von Mädchen und jungen Frauen in den Arbeitsmarkt ausgerichtet sind, verweisen. Es bestand und besteht ein großes Interesse daran, das Spektrum an möglichen Ausbildungsplätzen für Mädchen zu erweitern und deren Berufsorientierung zu stärken (vgl. z.B. Wittmann 1996). Dies ist das einzige Arbeitsfeld, in dem der Anteil von ostdeutschen Jugendämtern, die mädchenspezifische Aussagen im Jugendhilfeplan treffen, etwas höher ist als der entsprechende Anteil westdeutscher Jugendämter.

In der Jugendarbeit erstaunt der im Vergleich zu den anderen Arbeitsfeldern hohe Anteil von 65 % nicht, da es eine lange fachliche Diskussion um mädchenspezifische Angebote der Jugendarbeit gibt und eine Vielzahl von Angeboten entwickelt und erprobt wurden (vgl. Funk 1993; BMFSFJ 2002). In Westdeutschland gibt es lediglich bei einem Viertel der Jugendämter keine mädchenspezifische Orientierung in der Jugendhilfeplanung im Arbeitsfeld der Jugendarbeit.

Obwohl immerhin noch in der Hälfte der vorhandenen Jugendhilfepläne geschlechtsspezifische Aussagen zum Bereich der Hilfen zur Erziehung getroffen werden, bleibt dieser Bereich vergleichsweise unbeachtet (vgl. Bohn 1998: 502; Bitzan/Daigler/Rosenfeld

1999). Obwohl hier eine fachliche Weiterentwicklung sinnvoll wäre, erweist sich die Jugendhilfeplanung nicht als ein weit verbreitetes, unterstützendes Instrument, um neue Angebote anzuregen (vgl. Bohn 1998: 502).

Bedenkt man, dass in der polizeilichen Kriminalstatistik der Anteil der Mädchen an Straftaten (auch Körperverletzung) im Vergleich zu den Jungen in den letzten Jahren angestiegen ist und mittlerweile knapp ein Viertel (24,1%) beträgt (Polizeiliche Kriminalstatistik 2000), erscheint die planerische Beschäftigung mit der Mädchenperspektive im Bereich der Jugendgerichtshilfe verbesserungsbedürftig. Man muss jedoch berücksichtigen, dass dieser Anstieg nicht für alle Deliktarten gleichermaßen gilt.

Am seltensten sind mädchenspezifische Aussagen in der Planung zu Kindertagesstätten zu finden, obwohl dies der Bereich ist, der am häufigsten in Jugendhilfeplänen bearbeitet wird. Dies ist zum einen Ausdruck einer gering ausgeprägten fachlichen Diskussion zur Geschlechterdifferenzierung im Vorschulbereich und zum anderen ein Hinweis darauf, dass die Kindertagesstättenplanung in erster Linie eine Bedarfsplanung und keine Fachplanung ist.

Allerdings geben für diesen Bereich zwei Fünftel der Jugendämter an, auf ausländische Kinder und Jugendliche bezogene Aussagen vorzunehmen. Dies spricht wiederum eher für einen fachlichen Ansatz in der Planung, zumindest wird der Bedarf nach fachlichen Konzepten etwas höher eingeschätzt, was auch daran liegen mag, dass manche Probleme stärker in der öffentlichen Aufmerksamkeit sind.

Auf die Frage einer strukturellen Absicherung von zielgruppenspezifischer Jugendhilfeplanung findet man in den Daten keine nachweisbaren Hinweise. Auffällig, aber nicht überraschend ist der Zusammenhang zwischen dem Einbezug von Mädchenprojekten in den Planungsprozess und mädchenspezifischer Aussagen in den einzelnen Teilbereichen der Jugendhilfepläne. Für alle einzeln abgefragten Handlungsfelder gibt es hier einen signifikanten Zusammenhang, das heißt, wenn Mädchenprojekte in die Planung einbezogen wurden, dann findet man eher auch mädchenspezifische Aussagen in der Planung.

Sowohl eine personelle Verankerung der Jugendhilfeplanung im Jugendamt als auch die stimmberechtigte oder beratende Mitgliedschaft von Gleichstellungs- bzw. Frauenbeauftragten im Kinder- und Jugendhilfeausschuss haben statistisch gesehen keinen (direkten) Einfluss auf die Verankerung mädchenspezifischer Jugendhilfeplanung. Letzteres fügt sich in die Beobachtung ein, dass beratende Mitglieder generell wenig Einfluss im Kinder- und Jugendhilfeausschuss haben.

Ausländerspezifische Aussagen findet man ähnlich wie mädchenspezifische Aussagen am häufigsten in der Jugendarbeit, aber selbst dort lediglich in der Hälfte der Jugendhilfepläne. Im Bereich Jugendarbeit ist vermutlich die Fachdiskussion und der vor Ort wahrgenommene Handlungsdruck (Ausländercliquen im Jugendzentrum, sprachliche Barrieren, Feuerwehrfunktion, Integrationsauftrag), für diese Zielgruppe spezielle Angebote bereitzustellen, am ausgeprägtesten.

Es erstaunt der geringe Anteil spezieller Aussagen zu ausländischen Jugendlichen im Bereich der Jugendberufshilfe, da dies ein Bereich ist, in dem Integrationsleistungen (Sprachkompetenz, adäquate Ausbildungs- und Schulabschlüsse, Berufsorientierung von Aussiedlerinnen und Ausländerinnen) zum Tragen kommen müssten und es seit einigen Jahren interessante Bemühungen einer Integration in den Arbeitsmarkt gibt (vgl. Haubrich/Frank 2000). Ein Grund, warum eine ausländerorientierte Perspektive in der Jugendhilfeplanung keine große Rolle spielt, könnte darin zu finden sein, dass Hilfen z. B. für jugendliche AussiedlerInnen nicht aus kommunalen Jugendhilfemitteln finanziert werden und somit nicht in die Planung der Angebotsstruktur einbezogen werden, folglich ganz aus der Jugendhilfeplanung herausfallen (vgl. Fülbier/Mies-van Engelshoven 1998: 492). Auch für den Bereich der ausländischen Kinder kann statistisch betrachtet kein (direkter) Einfluss der Ausländerbeauftragten im Kinder- und Jugendhilfeausschuss auf den Einbezug in die Jugendhilfeplanung ermittelt werden.

Eine tatsächliche Interessenvertretung von bestimmten Zielgruppen ist nur über eine Beteiligung dieser Zielgruppen an der Planung zu gewährleisten. Am leichtesten verschafft man sich Informationen über die Bedürfnisse einer Zielgruppe durch eine Fragebogenerhebung. Entsprechend sind bislang vor allem in der mädchenorientierten Jugendhilfeplanung Fragebögen zum Einsatz gekommen (vgl. auch Bitzan/Daigler/Rosenfeld 1999: 209). Mit Fragebogenerhebungen ist aber auch am ehesten die Gefahr verbunden, bestehende Strukturen zu reproduzieren und nur eingeschränkte Sichtweisen zu erfahren.

35 % der Jugendämter versuchen Mädchen über Fragebögen in die Planung einzubeziehen. Qualitative Verfahren wie Interviews bieten hierfür sicherlich mehr Anknüpfungspunkte, sind aber deutlich aufwendiger und nur für kleine Gruppen einsetzbar. Nur in einem von fünf Jugendämtern kommt ein solches qualitatives Verfahren zur Anwendung. Etwa ein Drittel der Jugendämter organisierte eine Beteiligung über spezifische Projekte. Insgesamt werden ausländische Kinder seltener direkt in die Planung einbezogen. Projekte

werden für diese Zielgruppe von einem Fünftel der Jugendämter durchgeführt und stehen damit an erster Stelle.

Tab. 10.8: Beteiligungsformen an der Jugendhilfeplanung für Mädchen und ausländische Kinder und Jugendliche (Mehrfachnennungen)

Formen der Beteiligung	Mädchen			Ausländische Kinder und Jugendliche		
	Ost	West	insgesamt	Ost	West	insgesamt
Fragebogen	37%	34%	35%	7%	18%	14%
Projekte	22%	34%	30%	15%	21%	18%
Arbeitsgemeinschaft	30%	21%	24%	4%	14%	10%
Interview	11%	23%	18%	0%	16%*	10%
Sonstige Beteiligungsform	4%	0%	1%	4%	0%	1%

* Effekte zwischen Ost und West signifikant
100% = alle Jugendämter mit Jugendhilfeplanung

Die geringen und sehr unterschiedlichen Anteile mädchen- und ausländerspezifischer Aussagen legen den Befund nahe, dass beide Perspektiven nicht überall als akzeptierte Querschnittsaufgaben, z.B. im Sinne von Gender-Mainstreaming verstanden werden.

Beteiligung von Kindern und Jugendlichen

Kinder und Jugendliche in allen sie betreffenden Angelegenheiten zu beteiligen, gehört zu den in den letzten Jahren am häufigsten vorgetragenen Forderungen der Fachdiskussion. Eine wesentliche Anforderung der gesetzlichen Grundlage der Jugendhilfeplanung, nämlich § 80 KJHG bezieht sich auf die „Berücksichtigung der Wünsche, Bedürfnisse und Interessen der jungen Menschen" und damit auf die aktive Beteiligung von Kindern und Jugendlichen an allen Themen der Jugendhilfeplanung. Die Suche nach Lösungsansätzen und Umsetzungsmodellen hat begonnen und an keiner Stelle wird man Hinweise finden, dass die Bedeutung und Notwendigkeit der Erfüllung dieser Forderung – wie sie auch für die Jugendhilfeplanung immer wieder vorgetragen wurde – bestritten würde, im Gegenteil: Auf deren Zentralität im Planungsprozess wird immer dringlicher verwiesen (vgl. z.B. Jordan/Schone 1998; Merchel 1994; Storck 1995). Gleichzeitig betonen die Autoren die Kluft zwischen Programmatik und Praxis und den Mangel an Umsetzungsbeispielen. Zudem gibt es bis auf die Studie von Simon und unseren eigenen Daten keine empirischen Anhaltspunkte zu einer Einbindung von Betroffenen in die Jugendhilfeplanung (Simon 1997; Seckinger/Weigel/van Santen/ Markert 1998).

Gemeinsam mit der Frage, inwieweit Beteiligung als fester Bestandteil der Jugendhilfeplanung etabliert ist, taucht die Frage nach der Art und Weise des Einbezuges auf. Die Art des Einbezuges richtet sich zum einen nach dem Verständnis von Beteiligung, das einer Jugendhilfeplanung zugrunde liegt. Beteiligung kann lediglich ein Schritt im Planungsprozess sein, indem man mittels einer Erhebung sich die erforderlichen Daten beschafft, um in die nächste Phase der Planung gelangen zu können. Oder Beteiligung stellt ein grundlegendes Merkmal des Planungsprozesses vom Beginn bis zur Umsetzung dar. Letzteres würde bedeuten, dass verschiedene Formen und Methoden des Einbezuges zum Tragen kommen. Zum anderen gibt es altersbedingt unterschiedliche Formen der Beteiligung. Vor diesem Hintergrund wurden in der aktuellen Erhebung explizit Fragen zur Beteiligung getrennt für Kinder und Jugendliche und für unterschiedliche Formen der Beteiligung gestellt. Sowohl stellvertretende Verfahren als auch quantitative und qualitative Methoden mittels Fragebogen und Interview wurden erfasst. Gegenüber der letzten Erhebung zeichnet sich insgesamt eine Zunahme der Beteiligung von Betroffenen ab. Zum Teil ist dies auch auf den Effekt einer anderen Frageformulierung[76] zurückzuführen, aber dennoch scheint eine Zunahme der Beteiligung plausibel zu sein. In 82 % der Jugendamtsbezirke sind Kinder und Jugendliche nach Angaben der Jugendämter an der Jugendhilfeplanung beteiligt; in der Erhebung von 1995 gaben weniger als die Hälfte der Jugendämter an, dass Jugendliche an der Jugendhilfeplanung beteiligt sind. Unterschiede ergeben sich in den aktuellen Daten nach dem Alter (1), der Gebietskörperschaft (2) und der Art des Einbezugs junger Menschen (3).

---

[76] In der letzten Erhebung wurde nach der Beteiligung von Kindern und Jugendlichen in einer Liste neben Institutionen und Verbänden gefragt. In der aktuellen Erhebung erfolgte die Frage getrennt und wurde in weitere Fragen nach verschiedenen Aspekten ausdifferenziert.

Tab. 10.9: Formen der Beteiligung von Kindern und Jugendlichen

Beteiligung an JHP mit ...	Bis 12 Jahre			Ab 13 Jahren		
	Stadt**	Land	Insgesamt	Stadt**	Land	Insgesamt
Fragebogen	59 %	35 %*	46 %	69 %	68 %	68 %
Projekte/AGs	50 %	27 %*	38 %	47 %	43 %	45 %
Über Jugendring***	43 %	27 %	35 %	57 %	50 %	54 %
Interviews	25 %	19 %	22 %	44 %	22 %*	32 %
Über Kinderbeauftragte***	75 %	22 %*	52 %	58 %	33 %	48 %
Über Kinder-/Jugend-Parlament***	50 %	11 %	21 %	83 %	33 %	46 %
Über Sonstiges	18 %	0 %*	9 %	22 %	3 %*	11 %

* Stadt-Land-Unterschied signifikant
** Inklusive regionalisierter Jugendämter
*** Jeweils für die, die darüber verfügen, sonst: 100 % = alle Jugendämter mit Jugendhilfeplanung

(1) Im Vergleich zu Jugendlichen werden Kinder seltener an der Jugendhilfeplanung beteiligt. Während 78 % der Jugendämter mit mindestens einer Form Jugendliche an der Planung beteiligen, so sind es nur 65 % der Jugendämter, die Kinder in die Planung einbeziehen. Dieser Unterschied zeigt sich für jede einzelne der abgefragten Beteiligungsformen, außer für den Einbezug über Kinderbeauftragte. Hintergrund für diese Differenz ist sicher auch, dass eine Beteiligung von Jugendlichen leichter in die Praxis umsetzbar ist. Trotz des häufigeren Einbezugs von Jugendlichen gibt es Jugendämter, die ausschließlich Kinder an der Jugendhilfeplanung beteiligt haben. Möglicherweise konzentriert(e) sich in diesen Kommunen die Jugendhilfeplanung auf diese Zielgruppe. Bei der Interpretation der Daten darf jedoch nicht vergessen werden, dass Beteiligung von Kindern und Jugendlichen nicht gleichgesetzt werden darf mit Beteiligung von allen Kindern und Jugendlichen im Jugendamtsbezirk.

(2) Ein weiteres zentrales Ergebnis zeigt sich für alle abgefragten Formen der Beteiligung: Es gibt mehr kreisfreie Städte, die Kinder und Jugendliche in die Jugendhilfeplanung einbeziehen. Ein Grund hierfür könnte in der besseren Organisierbarkeit von Planungsprozessen in städtischen Regionen liegen, weil die Zuständigkeiten für Aufgaben wie zum Teil für die Kindertagesstätten und die Jugendarbeit beim Jugendamt liegen und nicht wie in den Kreisjugendämtern bei den kreisangehörigen Gemeinden. Eine beteiligungsorientierte Koordination der Planung kann unter diesen Voraussetzungen in den Stadtjugendämtern möglicherweise einfacher organisiert werden.

(3) Die häufigste Form, Kinder und Jugendliche an der Jugendhilfeplanung zu beteiligen, sind Fragebogenbefragungen. In zwei

Dritteln der Jugendämter werden Jugendliche mit Fragebögen im Rahmen der Jugendhilfeplanung befragt. In Ostdeutschland – und dies ist der einzige wesentliche Unterschied in den Beteiligungsformen zwischen West und Ost – geben 82 % der Jugendämter an, diese Form der Beteiligung durchzuführen. In Westdeutschland gilt das nur für 57 % der Jugendämter. Kinder dagegen werden nur in 45 % der Jugendamtsbezirke mit Fragebogenaktionen in die Jugendhilfeplanung einbezogen. Gleichwohl stellt dies für die Altergruppe der unter Zwölfjährigen die häufigste methodische Form und sicher die einfachste Art und Weise dar, Bedürfnisse, Wünsche und Kritik von Kindern und Jugendlichen zu erfahren. Fragebogenerhebungen laufen aber auch Gefahr, den Beteiligungsaspekt zu vernachlässigen, weil der Bezug zur Umsetzung für Kinder und Jugendliche nicht transparent ist. Eine Kopplung mit anderen Formen der Beteiligung erscheint deshalb fachlich geboten. Trotzdem haben 10 % der Jugendämter ausschließlich Fragebogenerhebungen als Beteiligungsform gewählt; alle anderen Jugendämter wählen mehrere Zugänge.

Die zweithäufigste Form, Kinder und Jugendliche einzubinden – aber bei nicht mehr als der Hälfte der Jugendamtsbezirke – sind Projekte und Arbeitsgemeinschaften. Für diese Beteiligungsformen ist der Unterschied zwischen Kindern und Jugendlichen nicht sehr groß. In 37 % der Jugendämter werden Kinder über Projekte und Arbeitsgemeinschaften an der Jugendhilfeplanung beteiligt, in 44 % Jugendliche (vgl. Tab. 10.9). Insbesondere für Kinder ist es entsprechend ihrem Entwicklungsstand angemessener, umsetzungsorientierte und konkret erfahrbare Beteiligungsformen zu wählen. Für den Einbezug über Projekte und Arbeitsgemeinschaften hätte man demnach höhere Angaben der Jugendämter erwarten können.

Ähnlich häufig wie auf die projektorientierten Arten der Einbindung verweisen die Jugendämter bei Jugendlichen auf eine eher indirekt angelegte Form, nämlich den Jugendring: 54 % der Jugendämter organisieren eine Beteiligung über den Jugendring (vgl. Beteiligung der Jugendringe an der Jugendhilfeplanung in nächstem Abschnitt). Vergegenwärtigt man sich, dass nur etwa ein Drittel der Jugendringe, die von einer Jugendhilfeplanung im Jugendamt Kenntnis haben, selbst Umfragen macht, muss Beteiligung eher in Anführungszeichen gesetzt werden. Die Angaben für die Altersgruppe der Kinder fallen niedriger aus, was aber nicht erstaunt, da der Adressatenkreis der Jugendverbände und -ringe in erster Linie Jugendliche sind. Eine Beteiligung, die ausschließlich über den Jugendring erfolgt, wird nur von einem einzigen Jugendamt angegeben.

Kinder- und Jugendbeauftragte und Kinder- und Jugendparlamente werden nur von wenigen Jugendämtern als Weg angegeben, über den

Beteiligung erfolgt. Wir haben die Jugendämter explizit nach dem Vorhandensein von Kinder- und Jugendbeauftragten und Jugendparlamenten gefragt. Erstere gibt es in 39 % der Jugendamtsbezirke. Jugendparlamente sind in 42 % der Jugendamtsbezirke und häufiger in Landkreisen als in kreisfreien Städten etabliert. Der Grund für diesen Unterschied könnte in der Struktur der Landkreise liegen, die aus vielen Einzelgemeinden bestehen. Hat mindestens eine dieser Landkreisgemeinden ein Kinder- und Jugendparlament geschaffen, dann kann das Kreisjugendamt darauf in der Befragung verweisen, ohne dass aber alle Kinder und Jugendlichen dieses Kreises von dieser Möglichkeit profitieren können. Dies mag auch ein Grund dafür sein, dass die Beteiligung an der Jugendhilfeplanung nicht so ausgeprägt ist. Entweder würde man mit der Beteiligung eines einzelnen Kinder- und Jugendparlamentes nur einen Ausschnitt der Kinder im Landkreis erreichen oder aber ein Einbezug aller Parlamente – wenn vorhanden – würde sehr viel Aufwand mit sich bringen.

In kreisfreien Städten erfolgt die Einbindung von Kindern und Jugendlichen etwas häufiger über Kinderbeauftragte als in Landkreisen. Insgesamt haben aber die stellvertretenden Formen der Beteiligung noch keine breite Verankerung gefunden. Deren Potenzial für eine Unterstützung bei der Umsetzung von Vorschlägen zur Verbesserung der Kinder- und Jugendhilfepraxis sind noch zu wenig genutzt.

Die zur Verfügung stehenden Personalressourcen für die Planung haben keinen statistisch nachweisbaren Einfluss auf die Beteiligung bzw. Beteiligungsformen der Kinder und Jugendlichen.

Tab. 10.10: Orte, wo man Kinder und Jugendliche erreicht hat

	Stadt**	Land	Insgesamt
Über Schulen	96 %	63 %*	80 %
Über Träger und in Einrichtungen	78 %	78 %	78 %
An öffentlichen Plätzen	59 %	26 %*	43 %
In stationären Einrichtungen	22 %	30 %	26 %
Zu Hause	11 %	11 %	11 %
An einem anderen Ort	11 %	11 %	11 %

* Stadt-Land-Unterschied signifikant
** Inklusive regionalisierter Jugendämter
100 % = alle Jugendämter mit Jugendhilfeplanung

Die meisten Kinder und Jugendlichen, die in die Jugendhilfeplanung einbezogen wurden, sind in Schulen und in Einrichtungen erreicht worden (vgl. Tab. 10.10). Unterschiede zwischen städtischen Jugendämtern und Kreisjugendämtern sind in der Erreichbarkeit über Schulen und an öffentlichen Plätzen auszumachen. Beides wird in Städten häufiger genutzt.

Beteiligung von Organisationen und Institutionen

Nach den Angaben der Jugendämter zu ihrem Planungskonzept zu urteilen, hat eine Beteiligung von im Jugendamtsbezirk aktiven Akteuren und die Planung in übergreifenden Planungsgruppen eine hohe Bedeutung bekommen. In § 80 (3) KJHG ist die Beteiligung der freien Kinder- und Jugendhilfe geregelt. Versteht man Planung als einen kommunikativen Prozess, dann ist ein Einbezug relevanter Akteure eine Grundvoraussetzung.

Die Organisationen, die am häufigsten in die Jugendhilfeplanung (außerhalb des Kinder- und Jugendhilfeausschusses) einbezogen werden, sind Wohlfahrtsverbände (86 %), Jugendringe (83 %) und Einrichtungen (82 %). Unterschiede zwischen westdeutschen und ostdeutschen Jugendämtern sind im Wesentlichen nur für den Einbezug von Parteienvertretern, Schulen und Jugendinitiativen festzustellen. Parteienvertreter und Schulen werden von westdeutschen

Tab. 10.11: Beteiligung von Organisationen und Institutionen (außerhalb des Jugendhilfeausschusses) an der Jugendhilfeplanung (Mehrfachnennungen)

	Ost	West	Keine VM	VM	Insgesamt
Wohlfahrtsverbände	85 %	86 %	93 %	78 %	86 %
Jugendringe*	85 %	82 %	89 %	79 %	83 %
Einrichtungen	78 %	84 %	90 %	68 %**	82 %
Kirchen	63 %	68 %	73 %	54 %	66 %
Jugendverbände	59 %	55 %	63 %	46 %	56 %
Parteienvertreter	33 %	55 %	46 %	43 %	47 %
Schulen	37 %	50 %	46 %	39 %	45 %
Jugendinitiativen/ Eingetragene Vereine	59 %	27 %	46 %	29 %	39 %
Andere Behörden	37 %	36 %	29 %	46 %	37 %
Wissenschaftliche Institute	22 %	34 %	24 %	39 %	30 %
Andere	26 %	9 %	12 %	21 %	16 %

* Bezogen auf die Jugendamtsbezirke, die Jugendringe haben
** Signifikant bezogen auf VM = Verwaltungsmodernisierung

Jugendämtern häufiger als an der Jugendhilfeplanung beteiligte Akteure benannt. Für letztere Gruppe könnte die Erklärung in den Ergebnissen zu den Kooperationspartnern zu finden sein (vgl. Kapitel 8). Bei der Frage nach dem häufigsten Kooperationspartner zeigt sich, dass ostdeutsche Jugendämter seltener mit Schulen als westdeutsche Jugendämter kooperieren, dafür aber sehr viel häufiger mit dem Schulamt. Da das Schulamt in der hier vorgegebenen Liste fehlte, könnte dies eine Begründung für die Differenz darstellen.

Jugendinitiativen werden sehr viel häufiger in Ostdeutschland einbezogen. In diesem Ergebnis spiegelt sich die größere Trägervielfalt in den ostdeutschen Bundesländern wider, die ihre Auswirkungen auch in der Kooperation, wie bereits 1995 zu beobachten war, entfaltet (vgl. Seckinger/Weigel/van Santen/Markert 1998). In westdeutschen Jugendämtern bleibt der Anteil von an der Jugendhilfeplanung beteiligten Initiativen mit einem Viertel der Jugendämter im Vergleich zu 1995 konstant.

Ein anderer Unterschied wird an Tab. 10.11 sichtbar: Jugendämter, die die Verwaltung modernisieren, beziehen die meisten Organisationen und Institutionen seltener in die Jugendhilfeplanung ein. Für den Einbezug der Einrichtungen ist dieser Unterschied signifikant. Lediglich andere Behörden und wissenschaftliche Institute werden häufiger von die Verwaltung modernisierenden Jugendämtern hinzugezogen. Die Ergebnisse der Vollerhebung bei allen kommunalen Jugendämtern zu deren Strukturveränderungen zeigen, dass die häufigsten von den Jugendämtern vorgenommenen Umstrukturierungen nach innen gerichtet sind. Legt man diese Innenausrichtung auch für die Organisation der Jugendhilfeplanung zugrunde, gewinnen diese Ergebnisse an Plausibilität.

Die Zusammenarbeit im Rahmen der Jugendhilfeplanung ist bisher nur aus der Perspektive der Jugendämter dargestellt worden. Für den ausgewählten Bereich der verbandlichen Jugendarbeit kann anhand der Daten aus der Jugendring- und Jugendverbandsbefragung die Kooperationssituation aus Sicht freier Träger beschrieben werden.

Die Jugendringe und Jugendverbände wurden gebeten, ihre Beteiligung an der Jugendhilfeplanung anzugeben. Die Angaben der Jugendringe decken sich in etwa mit den Aussagen der Jugendämter: 82 % der Jugendringe teilen mit, an der Jugendhilfeplanung beteiligt zu sein. Die hohe Beteiligung der Jugendringe ist anhand der Daten zum Teil darauf zurückzuführen, dass die Jugendringe ihre Mitarbeit selbst organisieren. Knapp die Hälfte der Jugendringe, die mitarbeiten, musste die Beteiligung gegenüber dem Jugendamt einfordern. In einigen Jugendamtsbezirken startete sogar der Jugendring selbst die

Initiative für den Beginn der Jugendhilfeplanung. Neben einem Beschluss des Kinder- und Jugendhilfeausschusses und einer gemeinsamen Entscheidung von Jugendringen und Jugendämtern als Anlass für die Planung, wurde ein erheblicher Teil der Jugendringe vom Jugendamt gebeten, an der Jugendhilfeplanung mitzuwirken.

Tab. 10.12: Art der Beteiligung der Jugendringe an der Jugendhilfeplanung (Mehrfachnennungen)

	Ost	West	Insgesamt
Mitglied in trägerübergreifender AG	77 %	69 %	71 %
Beratende Funktion für JugendhilfeplanerIn	62 %	70 %	68 %
Eigene Vorschläge zur Bedarfsdeckung	39 %	52 %	49 %
Eigene Umfrage	26 %	36 %	33 %
Sonstige Form der Mitarbeit	4 %	8 %	8 %

Quelle: Vollerhebung Jugendringe 2001, DJI

Die Darstellung in Tab. 10.12 gibt einen Überblick über die Art und Weise der Mitarbeit der Jugendringe. Arbeitsgemeinschaften und beratende Tätigkeiten sind die Formen, die von den meisten Jugendringen angegeben werden. Eigene Umfragen und eigene Vorschläge zur Bedarfsdeckung beschreiben westdeutsche Jugendringe etwas häufiger als Beteiligungsform. Die Zusammenarbeit in der Jugendhilfeplanung wird sehr häufig in Arbeitskreisen organisiert. Dieses Ergebnis bestätigt sich sowohl aus der Perspektive der Jugendringe (71 %) als auch aus der Sicht der Jugendämter.

Etwa die Hälfte der Jugendverbände, in deren Jugendamtsbezirk es eine Jugendhilfeplanung gibt und die davon Kenntnis haben, arbeiteten in den letzten zwei Jahren bzw. arbeiten aktuell an der Jugendhilfeplanung mit. Am häufigsten gestaltet sich die Zusammenarbeit in Form von Beratung und Vorschlägen zur Bedarfsdeckung. Eigene Bedarfserhebungen werden nur von einem Drittel der Jugendverbände angegeben.

Auch für Geschäftsstellen von Trägern, die befragt wurden, lässt sich ein Eindruck zur Einbindung in die Jugendhilfeplanung gewinnen. Etwa die Hälfte der befragten Träger ist an der Jugendhilfeplanung beteiligt, am häufigsten durch die Mitarbeit in Arbeitsgemeinschaften und durch Beratung. 45 % beschreiben ihre Mitarbeit in Form von Vorschlägen zur Bedarfsdeckung. Zwei Drittel der Träger bestätigen, dass es innerverbandliche Formen der Planung gibt.

10.4 Schwierigkeiten bei der Planerstellung

Abschließend einige Hinweise auf verbreitete Schwierigkeiten in der Jugendhilfeplanung, deren Einschätzung wir in einigen Items abgefragt haben. Ein Vergleich der aktuellen Einschätzung der Jugendämter mit der Erhebung aus dem Jahr 1995 lässt keine elementaren Veränderungen erkennen. Die Bewertung der in Tab. 10.13 aufgeführten Aussagen ist bei gleichzeitig erweiterten Jugendhilfeplanungsaktivitäten im Jahr 2000 nahezu identisch mit der aus dem Jahr 1995.

Eine sehr wesentliche Herausforderung, mit der die Jugendämter konfrontiert sind, ist das Fehlen personeller Ressourcen. 60% der Jugendämter sagen, dass nicht ausreichend Personal für die Erstellung eines Jugendhilfeplans vorhanden ist. Weitere Schwierigkeiten sind in Tab. 10.13 zusammengestellt.

Tab. 10.13: Einschätzung zu Problemen bei der Planerstellung

	Trifft (eher) zu	Trifft (eher) nicht zu
Datenmaterial ist nur unzureichend vorhanden.	63 %	38 %
Eine externe Erstellung von Jugendhilfeplänen ist mit Problemen belastet.	56 %	44 %
Schwierigkeiten entstehen bei der Auswertung und Verwendung der Daten.	44 %	56 %
Personal ist nicht ausreichend qualifiziert.	19 %	81 %
Es bestehen Schwierigkeiten bei der Zusammenarbeit mit anderen Behörden.	19 %	81 %

Fehlendes Datenmaterial ist im Vergleich zu den anderen die häufigste Schwierigkeit, die Jugendämter sehen. Dies ist natürlich nicht nur eine Frage der Verfügbarkeit von Informationen, sondern auch eine Frage der Ressourcen. Für eine möglichst kleinräumige Informationsbeschaffung (z.B. über Sozialraumanalysen) müssen auch die entsprechenden Ressourcen, die für diese Aufgabe zur Verfügung stehen. Hinzu kommt die Herausforderung, aus der Fülle der Daten angemessene und hilfreiche Interpretationen zu generieren, weil letztlich immer Daten fehlen, die weitere Differenzierungen ermöglichen. Korrespondierend dazu ist die hohe Zustimmung zu dem Item, dass die Auswertung und Verwendung der Daten mit Schwierigkeiten belastet ist, verständlich. Schwierigkeiten bei der Auswertung der Daten geben signifikant häufiger diejenigen Jugendämter an, die Kinder und Jugendliche nicht beteiligen. Dieser Effekt zeigt sich nicht, wenn Kinder und Jugendliche über Fragebogenbefragungen einbezogen werden.

Vor dem Hintergrund des deutlich gewordenen Qualifizierungsbedarfs im Bereich der Jugendhilfeplanung ist zu fragen, ob die Jugendämter diesen Bedarf auch selbst sehen. Fast drei Viertel der Jugendämter sehen den Bedarf und 61% haben Fortbildung hinsichtlich Jugendhilfeplanung auch tatsächlich eingeplant bzw. durchgeführt. Insbesondere westdeutsche Jugendämter haben den Bedarf nicht in die konkrete Fortbildung umgesetzt. Nur 50% der westdeutschen Jugendämter führten eine Fortbildung zu JHP durch oder beabsichtigten dies, obwohl bei 67% der Jugendämter ein Bedarf gesehen wurde. Dagegen sind es 82% der ostdeutschen Jugendämter, die eine Fortbildung hierzu durchgeführt haben.

10.5 Fazit

Jugendhilfeplanung – so wurde an den Ergebnissen deutlich – stellt eine Aufgabe für die Kinder- und Jugendhilfe dar, die leichter gesagt als getan ist. Die Planung an sich wird in den meisten Jugendamtsbezirken nicht infrage gestellt, aber in der Umsetzung werden eine Reihe von Schwierigkeiten erkennbar. So hat Jugendhilfeplanung zwar in fast allen Jugendämtern Einzug gehalten und ihre Akzeptanz ist weiter gestiegen, jedoch bestehen in der Ausgestaltung erhebliche Differenzen.

Vor allem den einzelnen Teilbereichen der Kinder- und Jugendhilfe wird eine unterschiedlich hohe Aufmerksamkeit zuteil, was exemplarisch an der Verbreitung von Kindertagesstättenbedarfsplanung im Vergleich zur Planung im Bereich der Hilfen zur Erziehung oder der Jugendgerichtshilfe ablesbar ist. Nur wenige Jugendämter richten ihren Blick in der Planung auf alle Bereiche des KJHG. Sehr viele Jugendämter gehen bereichsorientiert vor, was seine Ursachen in unterschiedlichen Ressourcen, vorhandenen Rahmenbedingungen und den Schwierigkeiten hat, die mit jedem einzelnen Bereich verbunden sind.

Wichtige Schwerpunkte in der konzeptionellen Ausrichtung der Planung sind eine sozialräumliche Orientierung und die Beteiligung von AdressatInnen geworden. Letzteres hat eine größere Verbreitung vor allem durch quantitative Formen der Befragung von Kindern und Jugendlichen gefunden. Etwas mehr als die Hälfte der Jugendamtsbezirke setzt diese Formen ein. Projektorientierte Formen und auch qualitative Verfahren kommen weit seltener zum

Einsatz. Handlungsbedarf ergibt sich auch aus der nicht selbstverständlichen Einbindung von Kinder- und Jugendbeauftragten und Jugendparlamenten. Fraglich bleibt auch, inwiefern die Beteiligungsaktivitäten als tatsächliches Instrument der Einbindung dienen oder eher legitimatorischen Charakter haben. Die Daten der Jugendringe und Jugendverbände lassen für einige Jugendamtsbezirke auch den Schluß zu, dass eher Letzteres der Fall ist. Zudem sollte vermehrt über Instrumente und Methoden nachgedacht werden, die vor allem Kinder stärker in die Planungsprozesse einbeziehen können, da diese im Vergleich zu Jugendlichen seltener erreicht werden.

Eine weitere Herausforderung bleibt die Wahrnehmung von Querschnittsperspektiven, z.B. hinsichtlich des Geschlechts. Zu selten werden hier Planungsaussagen getroffen und in der Mehrheit nur dort, wo es bereits verbreitete Arbeitsansätze gibt. Jugendhilfeplanung erfüllt an dieser Stelle offenbar nicht die Funktion, als Anregungsinstrument zu dienen.

Sozialraumanalysen sind ein zentraler methodischer Baustein der Jugendhilfeplanung geworden. Diejenigen, die eine Sozialraumanalyse durchführen, scheinen insgesamt aktiver in der Jugendhilfeplanung zu sein. In methodischer Hinsicht stellt sich überdies die Frage, inwieweit noch unausgeschöpfte Potentiale vorhanden sind. Zu denken ist beispielsweise an eine stärkere Verknüpfung unterschiedlicher fachlicher Bereiche des Jugendamtes, z.B. Hilfen zur Erziehung und Jugendhilfeplanung, die mit dem Einsatz von Computerunterstützung leichter zu realisieren ist.

Eine Reihe an fachlichen Anforderungen, die hier beschrieben wurden, scheitern jedoch bereits an der entsprechenden Ausgestaltung der Rahmenbedingungen. Der Blick auf die Ressourcen zeigt, dass hier noch nicht überall der Stand erreicht ist, der einer kontinuierlichen Absicherung von Jugendhilfeplanung dient.

11 Soziale Problemlagen

Es gehört zu den Aufgaben der Kinder- und Jugendhilfe, Benachteiligungen für junge Menschen zu vermeiden oder abzubauen und sie vor Gefahren für ihr Wohl zu schützen (§ 1 KJHG). Eine Voraussetzung für die Erfüllung dieser Aufgabe und für ein angemessenes Angebot an Hilfen ist die Kenntnis der sozialen Problemlagen und des Unterstützungsbedarfs, der daraus entsteht. Erst dadurch kann ein Bewusstsein dafür geschaffen werden, welche konkreten Maßnahmen zu ergreifen sind. Aufgabe der Kinder- und Jugendhilfe ist es also, soziale Probleme, die Kinder und Jugendliche betreffen, wahrzunehmen, Angebote zur Unterstützung zu entwickeln und eine Veränderung der Situation herbeizuführen.

Nach Horton und Leslie ist ein soziales Problem „eine Gegebenheit, die von einer signifikanten Anzahl von Personen als unerwünscht angesehen wird und von der erwartet wird, dass etwas durch kollektives Handeln dagegen getan werden kann" (Horton/Leslie 1974: 4, zitiert nach Groenemeyer 1999: 16). Drei Aspekte sind hierbei zentral: Zum einen wird davon ausgegangen, dass es sich bei sozialen Problemen um soziale Bedingungen, Strukturen oder Situationen handelt, die als „Störung", „Widerspruch" oder „Funktionsproblem der Gesellschaft" betrachtet werden. Zum zweiten findet eine Wahrnehmung, Benennung oder soziale Definition als soziales Problem statt. Und zum dritten wird impliziert, dass es möglich ist, die Situation zu verändern und Gegenmaßnahmen zu entwickeln (vgl. Groenemeyer 1999: 15).

Soziale Probleme sind nicht statisch definiert. Vielmehr kommt es im zeitlichen Verlauf zu Veränderungen, indem sich einerseits die Situation in Bezug auf einzelne Aspekte ent- oder verschärft, andererseits können beispielsweise durch gezielte Berichterstattung der Medien oder vermehrte Thematisierung in der Öffentlichkeit einzelne Problemlagen vergleichsweise stärker ins öffentliche Bewusstsein rücken, während andere in den Hintergrund treten. Dies verdeutlicht, dass soziale Bedingungen von Definitionsprozessen abhängig sind.

Es bestehen nach wie vor Wissensdefizite hinsichtlich individueller Lebenslagen, der Bedürfnisse und der sozialen Ressourcen von Kindern und Jugendlichen. Zu Teilaspekten von Lebenslagen sind Statistiken verfügbar (beispielsweise die Arbeitslosenquote auf der Ebene der Arbeitsamtsbezirke), bei vielen Problemlagen sind Praktiker jedoch auf ihre eigene Einschätzung der Lage angewiesen.

Bislang gibt es keine größeren, repräsentativen Studien, mit denen es möglich wäre, die Wünsche und Bedürfnisse von Kindern und Jugendlichen mit ihrem sozialräumlichen Kontext und den sozialen Lebenslagen in Verbindung zu bringen.[77]

Sowohl die direkte Arbeit mit Kindern und Jugendlichen als auch planerische, beobachtende Tätigkeiten im Rahmen der Jugendhilfeplanung setzen ein Verständnis für die persönliche Situation der jeweiligen AdressatInnen voraus. Das Wissen um die soziale Situation ist in allen diesen Bereichen handlungsrelevant in dem Sinne, dass individuell auf die jeweiligen Bedürfnisse der Kinder und Jugendlichen eingegangen werden kann. Fachleute können in der Regel auf eine Fülle an Praxiswissen und -erfahrungen zurückgreifen. Aus Forscherperspektive und in Planungsprozessen ist es daher notwendig, sich auf die individuellen Erfahrungen, Einschätzungen und Bewertungen der jeweiligen Fachkräfte zu verlassen, wenn es um die soziale Lage vor Ort und die Konzeptionierung von Jugendhilfeangeboten (v. a. auch in präventiver Hinsicht) geht.

Auch für die Arbeit innerhalb des Jugendamtes ist es unerlässlich, eine Vorstellung über die sozialen Bedingungen im jeweiligen Jugendamtsbezirk zu haben, um angemessen auf die Lage reagieren zu können. In der aktuellen Erhebung des Projekts wurden die JugendamtsleiterInnen befragt, wie gravierend sich 14 ausgewählte soziale Problemlagen auf die Arbeit des Jugendamtes auswirken sowie welche Gegenmaßnahmen von der Kinder- und Jugendhilfe vor Ort ergriffen werden. Auch zu den früheren Erhebungszeitpunkten des Projekts wurden die JugendamtsleiterInnen um ihre Einschätzungen gebeten, allerdings nur zu sieben ausgewählten Problemfeldern. Tab. 11.1 stellt im zeitlichen Vergleich dar, welche Problembereiche von den JugendamtsleiterInnen als gravierendes Problem für ihren Jugendamtsbezirk wahrgenommen werden.[78] Im Anschluss an die

---

[77] Das Deutsche Jugendinstitut e. V. konzeptioniert momentan einen Survey, der dazu beitragen soll, dieses Defizit abzubauen.
[78] Grundlage für die Bezeichnung als „gravierendes Problem" ist für das Jahr 2000 eine 10er-Skala, die die Antwortmöglichkeiten „sehr gravierendes Problem" bis „gar kein Problem" enthält. Der leichteren Interpretation wegen wurden die Angaben in drei Kategorien zusammengefasst. Als „gravierendes Problem" werden hier die Werte 1, 2 und 3 gewertet. Wurden die Werte 4, 5, 6 und 7 angegeben, handelt es sich um „kein sehr dringendes Problem". Die Werte 8 bis 10 werden zur Kategorie „gar kein Problem" zusammengefasst. In den früheren Erhebungen wurde keine 10er-Skala angewendet – stattdessen konnte eine der drei genannten Kategorien angekreuzt werden. Erfahrungen haben jedoch gezeigt, dass für Detailanalysen eine Ausdifferenzierung wünschenswert ist.

Darstellung der Einschätzung der Jugendämter wird ein Vergleich zu den Einschätzungen bei Jugendringen gezogen.

11.1 Problemlagen aus der Sicht der JugendamtsleiterInnen

Bewertung als gravierendes Problem

Im Vergleich zur ersten Erhebungswelle 1992/93 wurden im Jahr 2000 alle ausgewählten Problemlagen als weniger gravierend eingestuft, vor allem Gewalt in Familien, Ausländerfeindlichkeit, sexueller Missbrauch und Alkoholmissbrauch. Hierbei sollte jedoch beachtet werden, dass in dem aktuellen Fragebogen im Vergleich zu den vorangegangenen Erhebungen zusätzliche Problemlagen abgefragt wurden. Befinden sich darunter Aspekte, die sich relativ stark auf die Arbeit des Jugendamtes auswirken, so kann dies ein Grund für eine Relativierung der Einschätzungen sein, denn im Vergleich zu den übrigen vorgegebenen Problemlagen können einzelne Aspekte besonders deutlich in die ein oder andere Richtung bewertet worden sein, um sie gegen die übrigen abzuheben. Im Folgenden wird deshalb vor allem im Vordergrund stehen, welche Probleme zu einem bestimmten Zeitpunkt besonders gravierend für die Arbeit des Jugendamtes eingeschätzt werden und welche weniger.

Diese „Rangreihe der Wichtigkeit" zu einem bestimmten Zeitpunkt wird mit jenen zu anderen Zeitpunkten in Beziehung gesetzt. Arbeitslosigkeit und Gewaltbereitschaft bzw. Gesetzesübertretungen von Jugendlichen werden in der aktuellen Erhebung von den meisten JugendamtsleiterInnen als gravierende Problemlagen gesehen. In den Erhebungen 1992/93 und 1995 wurde die Jugendarbeitslosigkeit am häufigsten als gravierendes Problem betrachtet. Angesichts der hohen Arbeitslosenzahlen auch unter Jugendlichen erstaunt diese Einschätzung nicht. 1993 betrug die Arbeitslosenquote[79] unter den unter 25-Jährigen für Gesamtdeutschland im Durchschnitt 8,5 %, die Quote erhöhte sich kontinuierlich auf 12,2 % im Jahr 1997 und sank seitdem wieder bis auf 9,5 % im Jahr 2000. Das heißt, dass ungefähr jeder zehnte Jugendliche ohne Arbeit ist. Dabei lassen sich erhebliche Unterschiede zwischen Ost und West ausmachen: Während die Quote im Westen auch 1997 11 % nicht überschritten hat, betrug sie im Osten zwischen 1993 und 1996 ca. 12 % bis 14 %,

---

[79] Arbeitslose in Prozent der abhängigen zivilen Erwerbspersonen (sozialversicherungspflichtig und geringfügig Beschäftigte, Beamte/Beamtinnen, Arbeitslose).

Tab. 11.1: Gravierende soziale Probleme nach Einschätzung der JugendamtsleiterInnen im zeitlichen Vergleich

Problembereiche	1992/93 Ost	1992/93 West	1992/93 Insgesamt	1995 Ost	1995 West	1995 Insgesamt	2000 Ost	2000 West	2000 Insgesamt
Arbeitslosigkeit***	79%	34%*	53%	93%	61%	73%	50%	46%	47%
Gewaltbereitschaft von Kindern und Jugendlichen**	/	/	/	69%	39%*	50%	50%	38%	43%
Gesetzesübertretungen durch Jugendliche	/	/	/	/	/	/	44%	30%	35%
Alkoholmissbrauch	59%	53%	56%	76%	48%*	58%	42%	21%	28%
Missbrauch illegaler Drogen****	6%	58%*	36%	3%	40%*	27%	29%	25%	27%
Verarmung von Familien							35%	23%	27%
Gewalt in Familien	47%	64%	57%	48%	50%	49%	28%	22%	24%
Gesetzesübertretungen durch Kinder	/	/	/	/	/	/	20%	24%	23%
Entstehung sozialer Brennpunkte	/	/	/	/	/	/	28%	18%	21%
Sexueller Missbrauch	27%	68%*	53%	35%	48%	43%	4%	20%	15%
Ausländerfeindlichkeit/Rechtsradikalismus**	76%	42%*	56%	14%	16%	15%	24%	9%*	15%
Auseinandersetzungen zw. Jugendgruppen	/	/	/	/	/	/	8%	9%	9%
Mangelnder Wohnraum	/	/	/	38%	33%	34%	4%	5%	4%
Sekten	6%	5%	5%	8%	10%	9%	4%	0%*	1%

* Effekt signifikant
** Wurde 1992/93 zusammen mit Gewaltbereitschaft in einem Item abgefragt
*** Formulierung 1992/93: Jugendarbeitslosigkeit
**** Formulierung 1992/93 und 1995: Drogenmissbrauch
Quellen: Jugendamtserhebung 1992/93, 1995 sowie 2000, DJI
Die Abfrage erfolgte 1992/93 und 1995 in 3 Kategorien, 2000 als 10er Skala, siehe Fußnote 78

seitdem mit kleineren Schwankungen zwischen 16% und 17% (Statistisches Bundesamt 2001e: Bundesanstalt für Arbeit). Trotz dieser Unterschiede ist es im zeitlichen Verlauf zu einer Angleichung in der Einschätzung der JugendamtsleiterInnen westlicher und östlicher

Bundesländer gekommen, wie gravierend sich die Arbeitslosigkeit auf die Arbeit des Jugendamtes auswirkt. Das heißt, nach Einschätzung der JugendamtsleiterInnen ist der Effekt, den die Arbeitslosigkeit in den östlichen Bundesländern auf die Arbeit des Jugendamtes ausübt, kleiner geworden, während die Quote der Jugendarbeitslosigkeit dort angestiegen ist. Es ist anzunehmen, dass es sich hierbei um einen Gewöhnungseffekt handelt. Die Bekämpfung von Arbeitslosigkeit ist zwar keine primäre Jugendhilfeaufgabe, die Kinder- und Jugendhilfe ist jedoch stark davon betroffen, denn angesichts mangelnder Zukunftsperspektiven können bei starken Problemen in diesem Bereich erhebliche Folgewirkungen auf die Kinder- und Jugendhilfe zukommen (für Förderangebote der Kinder- und Jugendhilfe vgl. Braun/Lex/Rademacker 2001).

Gewaltbereitschaft bzw. Gesetzesübertretungen von Jugendlichen sind weitere Aspekte, die nach Aussagen der JugendamtsleiterInnen gravierende Auswirkungen auf die Arbeit der Jugendämter haben. Eine Analyse nach Stadt-Land-Unterschieden weist keine signifikanten Effekte in den Daten auf, tendenziell wird die Gewaltbereitschaft von Kindern und Jugendlichen in Agglomerationsräumen und in sehr ländlichen Regionen als besonders gravierendes Problem für die Arbeit des Jugendamtes angesehen. Nach Angaben des Ersten Periodischen Sicherheitsberichts des Bundesministeriums des Innern und des Bundesministerium der Justiz macht die Gewaltkriminalität Jugendlicher, die weitgehend auf Auseinandersetzungen unter etwa Gleichaltrigen beruht, mit etwa drei Prozent jedoch nur einen sehr geringen Anteil aller von Jugendlichen begangenen Straftaten aus. Die Quote der Kinder, die aufgrund einer Gewalttat polizeilich registriert wurden, ist sehr gering und hat sich in den alten Bundesländern seit 1984 von 0,05 % auf 0,19 % erhöht (vgl. Bundesministerium des Innern, Bundesministerium der Justiz 2001: 40ff.). Bis 1997 kam es in der Bundesrepublik Deutschland zu einem Anstieg der registrierten Gewaltdelikte bei gleichzeitiger Verringerung der Deliktschwere, was in erster Linie auf Vorfälle unter Jugendlichen und Heranwachsenden zurückzuführen ist. Ergebnisse von Opferbefragungen weisen darauf hin, dass in der zweiten Hälfte der neunziger Jahre die Opferraten bei Gewaltdelikten zurückgegangen sind (ebd. S. 9). Die Verfasser des Berichts gehen auch aufgrund von wiederholt durchgeführten Schülerbefragungen davon aus, dass in den letzten beiden Jahren ein Rückgang bei Eigentums-, Vermögens- sowie Gewaltdelikten stattgefunden hat und stellen „eine kurzfristige Verminderung der Jugendgewaltproblematik" fest; gleichzeitig ist die Anzeigebereitschaft angestiegen (ebd. S. 44). In ländlichen Gebieten werden weniger Gewaltdelikte registriert, was auf eine geringere Bereitschaft, Delikte anzuzeigen, zurückgeführt wird. Auch unsere Daten weisen auf eine leichte Verringerung des Problems für die Jugendamtsarbeit seit der letzten Erhebung hin. Dies wiederum kann auf die Einschätzungen der JugendamtsleiterInnen in den östlichen Bundesländern zurückgeführt werden. Angesichts des prozentual relativ niedrigen Anteils der Gewaltkriminalität Jugendlicher mag es jedoch erstaunen, dass dies nach wie vor zu den gravierendsten Problemen für die Arbeit der Jugendämter zählt. Möglicherweise ist dieses Thema in den Köpfen besonders präsent, da es auch in den Medien viel diskutiert und weil die Kinder- und Jugendhilfe immer wieder in die Pflicht genommen wird.

Eine mittlere Bewertung in der Einschätzung als soziale Problemlage nehmen im Jahr 2000 der Missbrauch von Alkohol und Drogen, die Entstehung sozialer Brennpunkte, Verarmung von Familien, Gewalt in Familien und Gesetzesübertretungen durch Kinder ein. Alkoholmissbrauch wird, so die Ergebnisse der Jugendamtserhebung 2000, nach wie vor als ein großes soziales Problem wahrgenommen. Alkohol stellt in der Bundesrepublik Deutschland die am weitesten verbreitete und zugleich legale Rauschdroge dar. Dabei ist die Einschätzung, dass sich die Situation stark auf die Arbeit des Jugendamtes auswirkt, im Osten wesentlich stärker ausgeprägt als im Westen. Auch der Missbrauch illegaler Drogen, wo der Anteil der Konsumenten deutlich niedriger liegt als bei Alkohol, wird im Verhältnis zu den übrigen Problemlagen zunehmend als gravierend für die Arbeit der Jugendämter eingeschätzt und steht in der Einschätzung auf gleicher Stufe mit Alkoholmissbrauch. Vor allem in den östlichen Bundesländern ist im Vergleich zu der Erhebung 1992/93 ein deutlicher Anstieg zu verzeichnen, sodass die JugendamtsleiterInnen die Situation im Osten heute fast doppelt so häufig als gravierend einschätzen als im Westen. Diese relativ beunruhigende Einschätzung der Lage deckt sich mit den Beobachtungen der Bundesregierung, die zwar von einer langsamen Abnahme des Konsums psychoaktiver Substanzen, angefangen von Tabak und Alkohol bis hin zu Heroin ausgehen. Der Konsum legaler Drogen wie Alkohol ist jedoch noch immer stark verbreitet und wird, so die Darstellung im Sucht- und Drogenbericht, von der großen Mehrheit der Bevölkerung als relativ unkritisch eingeschätzt. Zudem gäbe es immer mehr Jugendliche, die im Rahmen einer „Spaßkultur" einen risikoreichen Konsum pflegen, ohne kritisch darüber nachzudenken. „Riskante" Konsummuster träten häufiger auf und würden von einem Teil der Jugendlichen schon sehr frühzeitig ausgeübt (vgl. Die Drogenbeauftragte der Bundesregierung 2001: 11 ff.). Diese Tendenzen nähmen insbesondere in den Gruppen der jungen Mädchen und der jungen Aussiedler zu. Es wird auch darauf hingewiesen, dass Alkohol und Kriminalität sehr eng miteinander verbunden sind, wobei Straftaten im Straßenverkehr und Gewaltdelikte mengenmäßig besonders hervorstechen (vgl. Bundesministerium des Innern, Bundesministerium der Justiz 2001: 18).

Die Entstehung sozialer Brennpunkte wird von den Jugendämtern in den östlichen Bundesländern häufiger als gravierendes Problem eingeschätzt (28%) als von jenen in den westlichen Bundesländern (18%). „Familien in prekären sozioökonomischen Lebensverhältnissen sind – auch über Benachteiligung und Diskriminierung bei der Wohnungssuche – auf billigen Wohnraum verwiesen, der in den Städten eher in Stadtteilen mit schlechterer Infrastruktur, mit stärkerer Umweltbelastung und schlechterer Bausubstanz vorhanden ist" (Bundesministerium für Familie, Senioren, Frauen und Jugend 2002: 143). Im Rahmen des vom Bund initiierten Programms „Soziale Stadt" soll die Situation in sozialen Brennpunkten bzw. in „Stadtteilen mit besonderem Erneuerungsbedarf" nachhaltig verbessert werden. Hierzu zählt auch die Verbesserung der Lebenschancen von Kindern und Jugendlichen in benachteiligten Wohngebieten, die über das Programm „Entwicklung und Chancen junger Menschen in sozialen Brennpunkten" (E&C-Programm) erfolgen soll (ebd. S. 147f.).[80] Die Kinder- und Jugendhilfe ist in dieser Hinsicht gefragt. Neben individuellen Unterstützungsangeboten spielt in diesem Zusammenhang auch die Beeinflussung von Wirtschaft und Politik eine Rolle.

Es lässt sich ebenfalls nachweisen, dass Zusammenhänge zwischen innerfamiliärer Gewalt einerseits und einer ungünstigen sozialen Lage der Familien andererseits bestehen (vgl. Bundesministerium des Innern, Bundesministerium der Justiz 2001: 9). Die Verfasser des Ersten Periodischen Sicherheitsberichts gehen davon aus, dass mehr als ein Fünftel der Jugendlichen in ihrer Kindheit schwere Formen der körperlichen Gewalt durch ihre Eltern erlitten haben. In den Daten der Jugendamtsbefragung zeigt sich, dass insbesondere in den östlichen Bundesländern angegeben wird, Gewalt in Familien oder Verarmung seien ein gravierendes Problem für die Arbeit des Jugendamtes. Anhand der Daten lässt sich ebenfalls nachweisen, dass der Zusammenhang zwischen Gewalt in Familien und Armut als

---

[80] Zum Zusammenhang zwischen sozioökonomisch schlechter gestellten Kindern und Jugendlichen, Sozialhilfebezug, geringeren Bildungsabschlüssen, Gesundheitszuständen usw. vgl. Kapitel B.III Sozioökonomische Lebenslagen von Kindern und Jugendlichen im Elften Kinder- und Jugendbericht, Bundesministerium für Familie, Senioren, Frauen und Jugend 2002: 137ff.

Problem für die Arbeit im Jugendamt signifikant ist. Ebenso verhält es sich mit dem Zusammenhang zwischen Gewalt in Familien und sexuellem Missbrauch. Auf repräsentativer Basis aber sind keine Aussagen dazu möglich, wie sich die innerfamiliäre Gewalt verändert.

In der Fachdiskussion ist umstritten, ob von einem Anstieg der Kinderdelinquenz gesprochen werden kann oder ob lediglich die Anzeigebereitschaft der Bevölkerung oder die Intensität der Verbrechenskontrolle gestiegen ist (vgl. Schäfer 2000: 11). Die Tatsache, dass mehr als ein Fünftel aller JugendamtsleiterInnen Gesetzesübertretungen von Kindern als gravierendes Problem einschätzen, kann auch als Spiegelbild der Diskussionen hierzu in den letzten Jahren gewertet werden. Dass Gesetzesübertretungen durch Jugendliche (35%) gravierender eingeschätzt werden als Gesetzesübertretungen durch Kinder (23%) entspricht einer höheren Verdächtigenzahl unter Jugendlichen als unter Kindern (vgl. Bauereiß/Bayer/Rathgeber 2000: 62).

Jede(r) vierte JugendamtsleiterIn in den neuen Bundesländern nimmt Ausländerfeindlichkeit bzw. Rechtsradikalismus als großes Problem wahr. Von ostdeutschen JugendamtsleiterInnen wird dieser Aspekt damit als gravierender eingestuft (signifikant) als von westdeutschen. Rechtsradikalismus und Ausländerfeindlichkeit sind nicht gleichzusetzen, sie treten jedoch häufig zusammen auf, weshalb sie zusammen als ein Item abgefragt wurden. Rechtsradikalismus ist ein Sammelbegriff, zu dem es in der wissenschaftlichen Literatur keine allgemein gültige Definition gibt, er umfasst vielmehr eine Reihe von Merkmalen, die in unterschiedlicher Kombination und Ausprägung kennzeichnend sind, u.a. (vgl. Merten 2001: 1470): aggressiver Nationalismus und/oder Ethnozentrismus, die sich in Ausländerfeindlichkeit ausdrücken, Rassismus, Anitsemitismus, Autoritarismus, antiegalitäres Gesellschaftsverständnis und die Betonung der Volksgemeinschaft, antiplurales Politik- und Gesellschaftsverständnis, Gewaltakzeptanz, demagogischer Stil, absoluter Wahrheitsanspruch. Rechtsradikalismus kann sich also in Ausländerfeindlichkeit ausdrücken, ist vom Konzept her jedoch sehr viel breiter angelegt. Andererseits ist es auch möglich, ausländerfeindliches Verhalten an den Tag zu legen, ohne gleichzeitig rechtsradikale Tendenzen zu haben. Einhergehend mit der häufigeren Einschätzung von Rechtsradikalismus/Ausländerfeindlichkeit als gravierendes Problem für die Arbeit des Jugendamtes im Osten fällt die Meinung, es gebe zu viele Ausländer, unter den Jugendlichen in Ostdeutschland besonders entschieden aus: Laut Shell-Studie geben gut 62% der deutschen Jugendlichen dies an; besonders oft (71%)

wird diese Ansicht allerdings von jungen Männern in Ostdeutschland vertreten (vgl. Deutsche Shell 2000: 240).

Jede(r) fünfte JugendamtsleiterIn in den westlichen Bundesländern gibt sexuellen Missbrauch von Kindern und Jugendlichen als gravierendes Problem im jeweiligen Amtsbereich an. Damit ist der Anteil derer, die sexuellen Missbrauch als gravierendes Problem für die Arbeit ihres Jugendamtes einstufen, deutlich zurückgegangen. Auch bei den Tatverdächtigenbelastungszahlen sind seit 1997 Rückgänge zu konstatieren, obwohl die Aufklärungsquoten weiter erhöht werden konnten (vgl. Bundesministerium des Innern, Bundesministerium der Justiz 2001: 10).[81] Ein Blick auf die Polizeiliche Kriminalstatistik zeigt, dass bei den offiziell bekannt gewordenen Opfern (Hellfeld) sexuellen Kindesmissbrauchs bis 1997 eine Zunahme der Opferzahlen registriert wurden, seitdem ist es zu einem leichten Rückgang sowohl bei betroffenen Kindern als auch Jugendlichen gekommen (vgl. Bundeskriminalamt Wiesbaden 2000: Tabelle 91). Aufgrund der demografischen Veränderungen sagt die absolute Zahl der Anzeigen allerdings wenig aus. Nach Bange ergibt sich trotz eines Anstiegs der absoluten Zahlen von 1985 bis 1999 für die Opferrate (betroffene Mädchen und Jungen pro 100.000) in diesem Zeitraum ein leichter Rückgang, bei der Vergewaltigung und sexuellen Nötigung von Kindern hingegen eine ausgeprägte Zunahme der Opferrate um mehr als 90 % (vgl. Bange 2002: 21). Unabhängig von diesen Zahlen werden viele sich ereignende Taten der Polizei jedoch nicht bekannt (Dunkelfeld), hier beeinflussen die Umstände des sexuellen Missbrauchs das Anzeigeverhalten. Beispielsweise werden unbekannte Täter eher angezeigt als solche in der Familie (ebd.). Es ist anzunehmen, dass sich das Ausmaß des Problems in den letzten Jahren nicht in erheblichem Maße verringert hat. Vielmehr kann davon ausgegangen werden, dass Projekte, die bei sexuellem Missbrauch als Anlaufstelle dienen und die in den letzten Jahren verstärkt ins Leben gerufen wurden, einen Teil des Problems auffangen, da sie aus Rücksicht auf die Opfer oftmals helfen, ohne Anzeige zu erstatten.

Folgende Bereiche stellen aus der Sicht weniger Jugendämter ein gravierendes Problem für die Arbeit des Jugendamtes dar: Sekten, mangelnder Wohnraum und Auseinandersetzungen zwischen Jugendgruppen. Sekten wurden auch zu früheren Erhebungszeitpunkten kaum als gravierendes Problem für die Arbeit der Jugendämter

---

[81] Allerdings wird später noch darauf eingegangen, dass dieser Problembereich auch relativ selten als „gar kein Problem" wahrgenommen wird.

wahrgenommen. Die empirische Erhebung von Zahlen zum Ausmaß des Problems sind schwierig zu ermitteln, da im Zusammenhang mit Sekten zwischen Mitgliedern, Anhängern oder Kunden unterschieden werden muss, und auch dann können nur Schätzungen zu Größenordnungen vorgenommen werden. Die Einschätzung, dass mangelnder Wohnraum ein Problem darstellt, ist in den letzten Jahren deutlich zurückgegangen. Diese Einschätzung deckt sich mit den Darstellungen des Deutschen Instituts für Urbanistik (Difu). Die Ergebnisse der jährlich durchgeführten Difu-Panelbefragung bei kommunalen Stadtentwicklungsplanern („Städteumfrage zu den aktuellen Problemen der Stadtentwicklung und Kommunalpolitik") belegen, dass die Wohnungspolitik derzeit zu den weniger problembehafteten kommunalen Politikfeldern gehört und dass von Wohnungsnot in den meisten Kommunen keine Rede sein kann. Seit 1992, als der Wohnungsbereich noch den ersten Platz in der kommunalen Problemrangfolge einnahm, ist die Problemkurve „Wohnungswesen" kontinuierlich gefallen (vgl. Deutsches Institut für Urbanistik 1998). Bei den westdeutschen Städten ist ein ausgesprochen zyklischer Verlauf zu verzeichnen, der mit der statistischen Reihe der genehmigten bzw. fertig gestellten Wohnungen in Beziehung steht. In den ostdeutschen Städten wird mittlerweile auf das Problem des Leerstands hingewiesen (vgl. Deutsches Institut für Urbanistik 2000a: 9). Während 1998 noch erklärt wurde, dass die Entspannungstendenzen sich lediglich auf das obere und mittlere, nicht jedoch auf das untere Marktsegment bezieht, und die Wohnungsversorgung von Gruppen mit Bedarf an preiswertem Wohnraum unverändert kritisch ist (vgl. Deutsches Institut für Urbanistik 1998: 9), wird 2000 berichtet, dass aus der Nachfrage nach preiswertem Wohnraum weniger ein Mengenproblem resultiert, sondern die schwierige Aufgabe des Managements der durch soziale Segregation belasteten, eher unattraktiven Quartiere. „Damit wird die Differenz in der Einwohnerdichte weiter wachsen. Für die Wohnungswirtschaft heißt dies vor allem: wanderungsbedingter Neubau in den westlichen Agglomerationen und ländlichen Räumen, wanderungsbedingte Verschärfung der Leerstandsproblematik in ländlichen Räumen und Städten des Ostens" (Deutsches Institut für Urbanistik 2000b: 12). Nichtsdestotrotz stellt in wenigen Ballungsräumen die Wohnungsnot nach wie vor ein massives Problem dar. Prozesse der Gentrification führen dazu, dass v.a. junge, reiche, unverheiratete Personen in die neu sanierten innenstadtnahen Wohngebiete ziehen und sozial schwächere Bewohner ins Umland ausweichen müssen (vgl. Blasius/Dangschat 1990). Die Kinder- und Jugendhilfe ist von diesen Entwicklungen insofern betroffen, dass kein preiswerter Wohnraum in den von den Jugendlichen bevorzugten Wohngegenden, nämlich in den Städten, mehr zur Verfügung steht, um beispielsweise Wohnungen für betreutes Wohnen einrichten zu können. In den Daten der Jugendamtserhebung lassen sich allerdings keine signifikanten Effekte der Wohnungsnot auf die Arbeit der Jugendämter in Ballungsräumen östlicher und westlicher Städte feststellen. Führt man einen Panelvergleich zwischen den Jugendämtern zu den Erhebungszeitpunkten 1995 und 2000 durch, so zeigt sich, dass es in keinem Fall zu einer Verschlechterung der Einschätzung der Wohnungssituation für die Jugendamtsarbeit gekommen ist. In den meisten Fällen hat sich die Lage entschärft, in seltenen Fällen ist die Situation gleich geblieben oder Jugendämter hatten zu dem vorangegangenen Zeitpunkt hierzu keine Angaben gemacht.

Zusammenfassend lässt sich sagen: Obwohl die JugendamtsleiterInnen der östlichen Bundesländer fast durchgängig die Situation als gravierender für die Arbeit des Jugendamtes einschätzen, sind – abgesehen von der Wahrnehmung der Gefahr durch Sekten und Rechtsextremismus bzw. Ausländerfeindlichkeit als gravierendes Problem für die Jugendämter in den östlichen Bundesländern – 2000 keine weiteren signifikanten Unterschiede zwischen Ost und West festzustellen. Über die Jahre gesehen kann tendenziell von einer Angleichung der Situation für die Jugendämter in den westlichen und den östlichen Bundesländern gesprochen werden. Dies könnte sowohl ein Indiz für eine Angleichung der Lebenssituation von Kindern und Jugendlichen in Ost und West sein als auch ein Effekt von sozialen Problemkonstruktionen (bzw. -definitionen).

Die Mehrzahl der sozialen Probleme werden tendenziell gravierender für die Arbeit von Jugendämtern in kreisfreien Städten wahrgenommen als von Jugendämtern kreisangehöriger Gemeinden oder (insbesondere) Kreisjugendämtern.[82] Für Arbeitslosigkeit, Ausländerfeindlichkeit/Rechtsextremismus, Verarmung von Familien und Alkoholmissbrauch sind diese Effekte signifikant. Das heißt jedoch nicht, dass eine pauschale Stadt-Land-Schematisierung trägt. Untersucht man die Häufigkeit der Nennungen nach Ballungszentren versus ländlichen Regionen, so treten keine signifikanten Effekte auf, doch es zeigt sich tendenziell, dass in Ballungszentren Ausländerfeindlichkeit/Rechtsextremismus, Alkoholmissbrauch sowie Gewaltbereitschaft von Kindern und Jugendlichen und Auseinander-

---

[82] Ausnahmen sind sexueller Missbrauch von Kindern und Jugendlichen, mangelnder Wohnraum und Sekten.

setzungen zwischen Jugendgruppen eher auftreten. Eine mögliche Erklärung für die stärkere Problemwahrnehmung in den kreisfreien Städten ist, dass den Stadtjugendämtern andere und mehr Aufgaben als den Jugendämtern in Landkreisen obliegen, bei denen bestimmte Aufgaben eher auch von anderen Institutionen und Ebenen wahrgenommen werden (beispielsweise Kindertagesbetreuung, Jugendarbeit).

Auch der strukturelle Aufbau des Jugendamtes bzw. die Verteilung der Jugendhilfeaufgaben in der Kommunalverwaltung können Auswirkungen auf die Wahrnehmung der Situation in den jeweiligen Gebieten haben. Der Zuschnitt der Verwaltungsbezirke in kleinere Einheiten mit dezentraler Angebotsstruktur und die Verlagerung von Entscheidungskompetenzen auf die sozialen Dienste vor Ort (Schlagwort Dezentralisierung) können Effekte bezüglich der Einschätzungen erzeugen.[83] Von JugendamtsleiterInnen, die angeben, dass in ihren Jugendämtern dezentrale Einheiten existieren, wird Gewalt in Familien überdurchschnittlich häufig als gravierendes Problem genannt (29% vs. 24% im Durchschnitt). Dieser Effekt ist signifikant. Gibt es Formen der Dezentralisierung, so geben auch überdurchschnittlich viele an, soziale Brennpunkte seien ein gravierendes Problem (30% vs. 21% im Durchschnitt), aber auch, soziale Brennpunkte seien gar kein Problem (28%:26%). Eine mögliche Hypothese wäre, dass dezentrale Einheiten den Blick für die Situation vor Ort und für die Familie schärfen. Die Einrichtung von dezentralen Einheiten kann jedoch auch eine Reaktion auf räumliche Segregationsprozesse darstellen. Es lässt sich zeigen, dass als Reaktion auf diese Problemlage einerseits stadtteilbezogene Angebote und sonstige Projekte und Programme vom Jugendamt aus durchgeführt werden sowie andererseits mit Baugesellschaften und dem Wohnungsamt zusammengearbeitet wird. Sonstige Zusammenhänge zwischen sozialen Problemen, die sich auf die Jugendamtsbezirke auswirken und der organisatorischen Struktur der Jugendämter lassen sich nicht feststellen.

---

[83] Allerdings wird der Begriff Dezentralisierung unterschiedlich verwendet. Manche zählen beispielsweise Außensprechstunden in einem bestimmten Gebiet dazu, andere nicht. Diese Angaben stammen aus der von dem Projekt durchgeführten „Untersuchung zur organisatorischen Einbettung von Jugendhilfeaufgaben in der Kommunalverwaltung", einer Vollerhebung der Jugendämter der Bundesrepublik Deutschland (vgl. Mamier/Seckinger/Pluto/van Santen/Zink 2002).

Andere Einstufung der Probleme

An dieser Stelle sei noch einmal darauf verwiesen, dass es sich bei den vorliegenden Ergebnissen um die Einschätzungen der JugendamtsleiterInnen handelt. Das heißt, es geht um die Wahrnehmung, wie gravierend sich einzelne Probleme auf die eigene Arbeit auswirken, nicht um eine Beschreibung des objektiven Iststands. Die Sicht, wie gravierend sich die sozialen Probleme auf die Arbeit des Jugendamtes auswirken, kann also einerseits durch die Schwere des Problems, andererseits auch die subjektive Problemeinschätzung der JugendamtsleiterInnen zustande kommen.

Tab. 11.2: Einschätzung, wie gravierend sich folgende soziale Problemlagen auf die Arbeit des Jugendamtes auswirken

Problembereiche	Gravierendes Problem	Kein sehr dringendes Problem	Gar kein Problem
Arbeitslosigkeit	47 %	43 %	10 %
Gewaltbereitschaft von Kindern und Jugendlichen	43 %	55 %	3 %
Gesetzesübertretungen durch Jugendliche	35 %	62 %	3 %
Alkoholmissbrauch	28 %	65 %	7 %
Missbrauch illegaler Drogen	27 %	65 %	9 %
Verarmung von Familien	27 %	51 %	22 %
Gesetzesübertretungen durch Kinder	23 %	65 %	13 %
Entstehung sozialer Brennpunkte	21 %	53 %	26 %
Sexueller Missbrauch	15 %	71 %	15 %
Ausländerfeindlichkeit/Rechtsradikalismus	15 %	59 %	26 %
Gewalt in Familien	14 %	71 %	4 %
Auseinandersetzungen zwischen Jugendgruppen	9 %	51 %	40 %
Mangelnder Wohnraum	4 %	22 %	74 %
Sekten	1 %	21 %	78 %

Die bisher beschriebenen Ergebnisse beziehen sich auf jene Aspekte, die als „besonders gravierend" wahrgenommen werden. Der Umkehrschluss, dass jene Bereiche, die selten als gravierendes Problem genannt werden, entsprechend häufig als gar kein Problem betrachtet werden, stimmt zwar tendenziell, jedoch nicht durchgängig.

Tab. 11.2 macht dies deutlich. Es fällt auf, dass Gewalt in Familien, obwohl vergleichsweise selten als gravierendes Problem genannt, fast nie als völlig unproblematisch erachtet wird. Dieses Phänomen wurde bereits bei der ersten Erhebungswelle des Projekts bei Jugendämtern 1992/93 stark problematisiert. (Es wurde im Vergleich zu den übrigen damals genannten Merkmalen als größtes Problem wahrgenommen). Es kann angenommen werden, dass dieser Bereich von den Fachkräften vergleichsweise eher als sozialpädagogisch behebbar, da bearbeitbar angesehen wird. Auch sexueller Missbrauch wird vergleichsweise selten, nur von 15 % der JugendamtsleiterInnen als kein Problem, das die Arbeit vor Ort beeinflusst, eingestuft. Auch hierbei handelt es sich um einen der Kernbereiche unter den Aufgaben, für die sich die JugendamtsmitarbeiterInnen zuständig fühlen (Stichwort Jugendamt als Wächteramt).

Andererseits fällt auf, dass das am häufigsten als gravierend angesehene Problem, die Arbeitslosigkeit, vergleichsweise häufig, und zwar von 10 % der Jugendämter, als kein Problem eingestuft wird. Die Arbeitslosenquote wird von amtlicher Seite auf Kreisebene erhoben, sodass ein Vergleich der vom Projekt erhobenen Einschätzungen mit Daten der amtlichen Statistiken möglich ist. Es kann eine Übereinstimmung der objektiven sozialen Lage mit der Einschätzung der Auswirkungen auf die Arbeit der Jugendämter festgestellt werden, allerdings gibt es Niveauunterschiede zwischen West und Ost. Ein Vergleich mit den Arbeitslosenquoten in den Jugendamtsbezirken zeigt, dass ein eindeutiger Zusammenhang zwischen der Arbeitslosenquote im Jahr 1999 und der im Jahr 2000 wahrgenommenen Problemlage existiert (signifikant). Mit einer Ausnahme gehören jene 10 %, die angeben, die Arbeitslosigkeit sei kein Problem, zu den westlichen Gebieten mit der niedrigsten Arbeitslosigkeit.[84] Während im Westen Arbeitslosenquoten von 11 % Anlass sind, die Situation als sehr gravierend für die Arbeit des Jugendamtes zu bewerten, wird die Arbeitslosigkeit im Osten mit Werten von 16 % als kein sehr gravierendes Problem betrachtet. Allerdings liegt die durchschnittliche Arbeitslosigkeit in unserer Stichprobe im Westen bei 10 % und im Osten bei 18 %.[85] In diesen Zahlen spiegelt

---

[84] Die Arbeitslosenquote liegt bei jenen, die angeben, Arbeitslosigkeit sei gar kein Problem, durchschnittlich bei 9 % (West: 7 %, Ost: einzelner Fall mit 21 %), bei jenen, die sagen, es sei kein sehr gravierendes Problem, bei 13 % (West: 9 %, Ost: 16 %) und bei jenen, die sagen, es sei ein gravierendes Problem, bei 15 % (West: 11 %, Ost: 19 %).

[85] Die in unserer Stichprobe erfassten Gebiete mit der geringsten Arbeitslosigkeit haben im Westen eine Arbeitslosenquote von 5 %, im Osten von 12 %, jene mit der höchste im Westen 19 % und im Osten 23 %.

sich der Gewöhnungseffekt bezogen auf die Situation der Arbeitslosigkeit in den östlichen Bundesländern wider.

Typischerweise geben die Jugendämter bei den meisten Problembereichen die mittlere Kategorie an und bewerten nur einzelne Probleme als gravierend oder als kein Problem für ihre Arbeit. Dass ein Jugendamt bei mehr als sieben der 14 genannten Problemlagen sagt, dies sei „kein Problem", kommt lediglich in 5 % der Fälle vor, wobei sich alle in den westlichen Bundesländern befinden (insbesondere in Ballungsgebieten und in Kreisjugendämtern und Jugendämtern kreisangehöriger Gemeinden). Dass es mehr als sieben „gravierende Probleme" gäbe sagen immerhin 11 % der JugendamtsleiterInnen (vor allem in kreisfreien Städten, in östlichen Bundesländern und in ländlichen Regionen). Es gibt also eine Reihe von Jugendamtsbezirken, in denen es zu einer Häufung von als Problem für die eigene Arbeit wahrgenommenen Situationen kommt; dies ist jedoch nicht die Regel. Durchschnittlich geben die Jugendämter drei Bereiche als gravierendes Problem an (Median: 2), sieben Problembereiche als kein sehr dringendes Problem (Median: 7) und drei weitere als gar kein Problem (Median: 3).

11.2 Reaktionen der Jugendämter

Das Spektrum der bisher benannten sozialen Probleme, die sich auf die Arbeit des Jugendamtes auswirken, ist sehr breit, ebenso verhält es sich mit dem Spektrum an Lösungsversuchen, die in Bezug auf diese Problemlagen vonseiten der Kinder- und Jugendhilfe ergriffen werden. Erwartungsgemäß werden vor allem dann Reaktionen auf ein spezielles Problem genannt, wenn seine Auswirkungen auf die Arbeit des Jugendamtes als gravierend eingestuft werden, und eher selten, wenn die Einschätzung besteht, dass es sich dabei nicht um ein für das Jugendamt relevantes Problem handelt. Zudem werden tendenziell umso mehr Unterstützungsleistungen angeboten, je gravierender das Problem im Verhältnis zu den anderen Problemen empfunden wird. Ausnahmen bestätigen die Regel: Es gibt relativ wenige genannte Reaktionen bei Gesetzesübertretungen durch Jugendliche und relativ viele bei sexuellem Missbrauch (vgl. Tab. 11.3). Es ist davon auszugehen, dass das Ausmaß, in dem Reaktionen ergriffen werden, auch mit der Stärke des Bezugs der Jugendämter zu den jeweiligen Problemen zusammenhängt bzw. damit, inwiefern die Bereiche dem unmittelbaren Aufgabenbereich der Jugendämter zugeordnet werden.

Insgesamt werden von den 75 befragten Jugendämtern 1218 Hilfen zur Lösung der verschiedenen sozialen Problemlagen genannt. Am häufigsten werden als Leistungen Projekte und Programme genannt (117), gefolgt von Beratungen (97), sonstigen Präventionsmaßnahmen (84), Zusammenarbeit mit Schulen (71) und Jugendarbeit (62). Seltener, aber immer noch relativ häufig werden auch soziale Trainingskurse bzw. Täter-Opfer-Ausgleich, Öffentlichkeitsarbeit, Kinder- und Jugendschutz, (psychologische) Beratungsstelle und Einzelfallhilfen (jeweils ca. 45-mal genannt) als Reaktion ergriffen. Darüber hinaus gibt es eine Fülle weiterer Maßnahmen, die jedoch zahlenmäßig eher selten genannt werden wie beispielsweise Elternarbeit, Betreuung, Jugendhilfeplanung, Krisenintervention, Übernahme von Kosten, anonymes Telefon usw.

Für unterschiedliche Probleme werden verschiedene Lösungsstrategien angewendet.

Die Tab. 11.3 stellt dar, welche Hilfen am häufigsten in Bezug auf eine spezifische Problemlage ergriffen werden. Die angegebenen Hilfen sind zum Großteil unmittelbar auf die spezifischen Probleme zugeschnitten. Beispielsweise werden bei der Einschätzung von Arbeitslosigkeit als gravierendes Problem für die Arbeit des Jugendamtes die Bereiche Jugendberufshilfe, Beschäftigungsprogramme oder Kooperation mit dem Arbeitsamt genannt, bei mangelndem Wohnraum und der Existenz sozialer Brennpunkte die Zusammenarbeit mit Baugesellschaften und Wohnungsamt.

Bei Problemen in Familien werden vor allem Beratungen vorgenommen, kommt es zu Gewalt oder Gesetzesübertretungen bei Kindern und Jugendlichen überwiegen soziale Trainingskurse/Täter-Opfer-Ausgleich, spezielle Projekte und Programme sowie sonstige Präventionsmaßnahmen. Die Reaktionen auf den Missbrauch illegaler Drogen und von Alkohol sind sich sehr ähnlich: Hier werden Beratungen, sonstige Präventionsmaßnahmen, spezielle Projekte und Programme, Zusammenarbeit mit Schulen, Kinder- und Jugendschutz sowie Jugendarbeit genannt. All dies sagt nichts über die Güte und Anwendung der Hilfen aus; dem Anschein nach wird jedoch versucht, einzelnen Problemlagen durch spezifische Schritte zu begegnen.

Andererseits werden beispielsweise Beratungen als Hilfe für die verschiedenen Problembereiche genannt. Jugendarbeit und die Durchführung spezieller Projekte und Programme werden relativ häufig gleichzeitig als Strategie angewendet, wenn es um Drogen und Auseinandersetzungen bzw. Gewaltbereitschaft geht.

Tab. 11.3: Häufigste Reaktionen, die in Bezug auf soziale Probleme ergriffen werden

Problembereiche	Reaktionen, die am häufigsten in Bezug auf die jeweilige soziale Problemlage ergriffen werden	In % aller Reaktionen
Gewaltbereitschaft von Kindern und Jugendlichen	Zusammenarbeit mit Schulen, sonstige Projekte und Programme, soziale Trainingskurse, Täter-Opfer-Ausgleich, Jugendarbeit, sonstige Präventionsmaßnahmen	12 %
Sexueller Missbrauch	Beratungen, Öffentlichkeitsarbeit, Weiterbildung von MitarbeiterInnen	10 %
Missbrauch illegaler Drogen	Beratungen, sonstige Präventionsmaßnahmen, spezielle Projekte und Programme, Zusammenarbeit mit Schulen, Kinder- und Jugendschutz, Jugendarbeit	10 %
Alkoholmissbrauch	Beratungen, sonstige Präventionsmaßnahmen, spezielle Projekte und Programme, Zusammenarbeit mit Schulen, Kinder- und Jugendschutz, Jugendarbeit	9 %
Arbeitslosigkeit	Spezielle Projekte und Programme, Jugendberufshilfe, Beschäftigungsprogramme, Beratungen, Kooperation mit freien Trägern oder Arbeitsamt	9 %
Gewalt in Familien	Beratungen, Einzelfallhilfen	8 %
Gesetzesübertretungen durch Kinder	Beratungen, sonstige Präventionsmaßnahmen	8 %
Ausländerfeindlichkeit/Rechtsradikalismus	Jugendarbeit	6 %
Entstehung sozialer Brennpunkte	Stadtteilbezogene Angebote, sonstige Projekte und Programme, Zusammenarbeit mit Baugesellschaften, Wohnungsamt	6 %
Verarmung von Familien	Beratungen, Zusammenarbeit mit dem Sozialamt	5 %
Auseinandersetzungen zwischen Jugendgruppen	Streetwork, Jugendarbeit, spezielle Projekte und Programme	5 %
Gesetzesübertretungen durch Jugendliche	Soziale Trainingskurse, Täter-Opfer-Ausgleich	5 %
Mangelnder Wohnraum	Zusammenarbeit mit Baugesellschaften, Wohnungsamt, Sozialamt, Hilfe bei Wohnungssuche	4 %
Sekten	Öffentlichkeitsarbeit	3 %

Neben den hier genannten wurden auch andere Reaktionen genannt. Die Anzahl der Nennungen war jedoch jeweils so gering, dass sie in der Tabelle nicht erfasst sind.

Die Bereiche, denen mit nicht näher beschriebenen Präventionsmaßnahmen begegnet wird, sind ähnlich: der Missbrauch legaler und illegaler Drogen, die Gewaltbereitschaft von Kindern und Jugendlichen und Gesetzesübertretungen durch Kinder. Es verwundert, dass bei dem Problem Ausländerfeindlichkeit/Rechtsradikalismus vor allem eine einzige Reaktion genannt wird, nämlich Jugendarbeit. Denkbar wären beispielsweise auch Fortbildungen für MitarbeiterInnen des Jugendamts in interkultureller Jugendarbeit, was jedoch relativ selten vorkommt (vgl. Kapitel Fortbildung).

Kinder- und Jugendschutz als Reaktion auf Problemwahrnehmungen

Kinder- und Jugendschutz ist eine gesetzliche Aufgabe für verschiedene Behörden und Institutionen und umfasst beispielsweise den Schutz der Jugend in der Öffentlichkeit, Jugendmedienschutz, Suchtprävention und Gewaltprävention. Gesetze, in denen der Jugendschutz festgeschrieben ist, sind das Gesetz zum Schutze der Jugend in der Öffentlichkeit (JÖSchG) und das Gesetz über die Verbreitung jugendgefährdender Schriften und Medieninhalte (GjS). Auch in § 14 des KJHG ist festgeschrieben, dass Kinder und Jugendliche gegenüber Gefährdungen und Beeinträchtigungen aller Art stark gemacht werden sollen und dass auch Eltern und andere Erziehungsberechtigte dazu befähigt werden, Kinder und Jugendliche vor gefährdenden Einflüssen zu schützen. Näheres wird in den jeweiligen Landesgesetzen geregelt. Da der Kinder- und Jugendschutz in letzter Zeit wieder vermehrt in das Interesse der Öffentlichkeit rückt, wird hier näher darauf eingegangen, inwiefern er als Reaktion auf spezifische Problemlagen ausgeführt wird. Jugendschutz wird von 28 % der Jugendämter als Reaktion auf spezielle Bedarfslagen und von diesen bei durchschnittlich zwei Problemfeldern als Reaktion genannt. Angesichts des relativ breiten Aufgabenspektrums des Kinder- und Jugendschutzes überrascht die Nennung durch verhältnismäßig wenig Jugendämter. Ein Drittel der Nennungen als Reaktion entfallen auf das Problem Alkoholmissbrauch, 17 % auf den Missbrauch illegaler Drogen, 14 % auf sexuellen Missbrauch, 12 % auf Gewalt in Familien, 10 % auf Ausländerfeindlichkeit/Rechtsradikalismus. Jeweils ein bis zwei Nennungen finden sich auch bei Gewaltbereitschaft von Kindern und Jugendlichen, Gesetzesübertretungen durch Kinder und Jugendliche sowie Sekten. Kinder- und Jugendschutz soll vor allem präventiv wirken, deshalb ist es möglich, dass Reaktionen, die dem Kinder- und Jugendschutz zugeordnet werden können, von den JugendamtsleiterInnen als Präventionsmaßnahmen bezeichnet werden. Die Jugendämter, die Prävention als Reaktion angeben, geben durchschnittlich 2,2 Präventionsmaßnahmen als Reaktion auf die abgefragten 14 Problembereiche an. Am häufigsten wird diese Reaktion mit 17 % bei dem Problem der Gewaltbereitschaft von Kindern und Jugendlichen genannt, mit jeweils 14 % bei Alkoholmissbrauch und dem Missbrauch illegaler Drogen sowie Gesetzesübertretungen durch Kinder. Jeweils 6 %–8 % der Nennungen entfallen auf Gesetzesübertretungen durch Jugendliche, sexuellen Missbrauch und Sekten. Betrachtet man den Kinder- und Jugendschutz und sonstige präventive Maßnahmen als Einheit, so lässt sich zusammenfassend sagen, dass vor allem bei Alkoholmissbrauch und dem Missbrauch illegaler Drogen, aber auch bei der Gewaltbereitschaft von Jugendlichen, Gesetzesübertretungen durch Kinder und bei sexuellem Missbrauch mit präventiven Mitteln reagiert wird. Hierbei handelt es sich um zentrale Aufgabenfelder des Kinder- und Jugendschutzes. Dass immerhin 72 % der Jugendämter den Begriff Kinder- und Jugendschutz nicht als Reaktionsmöglichkeit benennen, wenn es um die Auswirkungen sozialer Probleme auf ihre Arbeit geht, kann auch Ausdruck der Tendenz sein, eher konkrete Projekte oder Hilfen als Reaktion zu benennen, als dies zu früheren Erhebungszeitpunkten der Fall war, wie im nächsten Kapitel dargestellt wird.

Systematisierung von Reaktionsformen

Um einen Eindruck über die Art der Reaktionen zu erhalten, werden sie in fünf Kategorien zusammengefasst. Die Tab. 11.4 und 11.5 stellen dar, wie sich die Reaktionen in Laufe der Zeit verändert haben. In der Darstellung werden vom Jahr 2000 jene sieben Problembereiche herausgegriffen, die auch 1992/93 im Fragebogen enthalten waren.[86] Es fällt auf, dass eine Verschiebung stattgefunden hat, welche Hilfen ergriffen werden.

---

[86] Werden nicht nur die sieben ausgewählten Problemlagen betrachtet, sondern alle 14 im Jahr 2000 bei den Jugendämtern erfragten, so zeigt sich, dass insgesamt auch rund doppelt so viele Reaktionen auf die Problemlagen genannt werden. Dies trifft sowohl in den östlichen als auch in den westlichen Bundesländern zu.

Tab. 11.4: Reaktionen bei Jugendämtern auf gravierende Probleme 1992/93 und 2000

Art der Reaktion pro Jugendamt – Spaltenprozente	7 Problemlagen 1992/93	Ausgewählte 7 Problemlagen 2000
Spezielle Projekte, Maßnahmen, Förderung freier Träger, Einrichtungen	25 %	49 %
Kooperation, Vernetzung, Arbeitsgemeinschaften	23 %	26 %
Beratung, Information, Öffentlichkeitsarbeit	35 %	15 %
Weiterbildung von MitarbeiterInnen (ÖT und FT)	8 %	4 %
Sonstiges	9 %	4 %
Insgesamt	100 %	100 %

Quellen: Jugendamtserhebungen 1992/93 und 2000, DJI
1992/93 wurden insgesamt 81 Jugendämter befragt, 2000 waren es insgesamt 75 Jugendämter

Überwogen vor zehn Jahren Beratung, Information und Öffentlichkeitsarbeit, also weitgehend unspezifische Aktivitäten, so werden heute überwiegend konkrete Projekte oder Hilfen genannt, gefolgt von Anstrengungen im Bereich Kooperation, Vernetzung und Arbeitsgemeinschaften, die ebenfalls vergleichsweise häufiger Anwendung finden. Erst an dritter Stelle werden Beratung, Information und Öffentlichkeitsarbeit genannt. Gleichzeitig kann eine zunehmende Ausdifferenzierung der Angebotspalette festgestellt werden (vgl. Kapitel 6).

Tab. 11.5: Reaktionen bei Jugendämtern auf 7 Probleme 1992/93 und 2000 nach östlichen und westlichen Bundesländern

Durchschnittliche Anzahl von Reaktionen auf Probleme pro Jugendamt	7 Problemlagen 1992/93		Ausgewählte 7 Problemlagen 2000	
	Ost	West	Ost	West
Spezielle Projekte, Maßnahmen, Förderung Freier Träger, Einrichtungen	1,1	2,1	6	3,7
Kooperation, Vernetzung, Arbeitsgemeinschaften	0,9	1,9	3	2,1
Beratung, Information, Öffentlichkeitsarbeit	1,9	2,5	1,6	1,3
Weiterbildung von MitarbeiterInnen (ÖT und FT)	0,4	0,5	0,6	0,3
Sonstiges	0,4	0,8	0,5	0,4
Insgesamt Nennungen Reaktionen	4,7	7,9	11,8	7,8

Quellen: Jugendamtserhebungen 1992/93 und 2000, DJI
1992/93 wurden insgesamt 81 Jugendämter befragt. West: 46 (57%) und Ost: 35 (43%)
2000 wurden insgesamt 75 Jugendämter befragt. West: 48 (64%) und Ost: 27 (36%)

Insgesamt ist eine Zunahme in der Anzahl der Reaktionen, die genannt werden, feststellbar. Während 1992/93 über alle Problembereiche hinweg durchschnittlich 6,5 Reaktionen pro Jugendamt genannt wurden, sind es 2000 9,2 Reaktionen.[87] Es kann also eine Steigerung der Nennungen von Hilfen um ca. ein Drittel verzeichnet werden. Diese Zunahme ist vor allem auf eine Zunahme in den östlichen Bundesländern zurückzuführen, wie Tab. 11.5 zeigt.

Während 1992/93 die Jugendämter in den östlichen Bundesländern bei der Nennung von Reaktionen auf bestimmte Problemlagen unterrepräsentiert waren, hat sich das Bild 2000 grundlegend gewandelt. Obwohl der Anteil der Jugendämter aus den östlichen Bundesländern in der Stichprobe 2000 lediglich 36% aller befragten Jugendämter beträgt, stammen 60% aller Antworten von ihnen. Alle Arten von Reaktionen, die hier kategorisiert wurden, werden in sehr viel stärkerem Ausmaß von VertreterInnen der Jugendämter in den östlichen Bundesländern genannt. Besonders deutlich ist die Zunahme an Reaktionen im Osten bei der Durchführung spezieller Projekte und der Aufnahme bzw. Intensivierung von Kooperationsbeziehungen. Im Verhältnis zu den westlichen Jugendämtern wird in den östlichen Bundesländern auch doppelt so häufig angegeben, dass

---

[87] Dabei war bei den Fragebögen zu beiden Zeitpunkten derselbe Umfang zum Ausfüllen vorgesehen.

die MitarbeiterInnen öffentlicher und freier Träger weitergebildet werden, um auf spezifische Problemlagen reagieren zu können („Nachholbedarf" des Jugendhilfe-Personals in den ostdeutschen Bundesländern; vgl. Kapitel 4).

Angesichts der Tatsache, dass bei der Einschätzung der Schwere der Probleme in Ost und West fast keine signifikanten Unterschiede vorkommen, ist dieses Ergebnis, dass in den östlichen Bundesländern pro Jugendamt mehr Reaktionen auf Probleme angegeben werden als in westlichen Jugendämtern verwunderlich. Eine mögliche Erklärung liegt darin, dass die Jugendämter der östlichen Bundesländer 1992/93 noch sehr mit dem Aufbau ihrer Strukturen beschäftigt waren und dass organisatorische Veränderungsprozesse einen breiten Raum in ihrer Arbeit einnahmen. Im Vergleich zu 1992/93, als ein Großteil der Arbeitskraft durch die Einführung des KJHG und die Kreisgebietsreform gebunden wurde, bleibt heute mehr Zeit für die sozialpädagogische Aufgabenwahrnehmung. Allerdings ist es hinsichtlich der angegebenen Reaktionen auf Problemlagen im Gebiet des Jugendamtes nicht mehr treffend, von einem „Nacholeffekt" der östlichen Bundesländer zu sprechen. Vielmehr ist es in den letzten acht Jahren zu einem deutlichen „Überholeffekt" gekommen.

11.3 Vergleich der Einschätzungen von Jugendämtern und Jugendringen

Auch bei der Jugendringerhebung wurde nach einer Einschätzung gefragt, wie sehr sich bestimmte soziale Problemlagen auf die Arbeit der Jugendringe auswirken. Jugendringe verstehen sich in der Jugendarbeit als Interessenvertretung der Jugendlichen. Sie wurden darüber hinaus gefragt, ob „zu wenig Angebote für Jugendliche" ein Problem für ihre Arbeit darstellen. Mehr als ein Drittel (35%) der Jugendringe sehen es als gravierendes Problem für ihre Arbeit, dass es zu wenig Angebote für Jugendliche gibt. Nahezu ein Viertel (23%) meint, dies sei für ihre Arbeit überhaupt kein Problem. Damit ist dieser Aspekt neben der Gewaltbereitschaft von Kindern und Jugendlichen der Bereich, der von den Jugendringen am häufigsten als gravierendes Problem für ihre Arbeit angesehen wird.

Im Folgenden wird in einem mehrstufigen Vergleich dargestellt, welche sozialen Probleme öffentliche Träger einerseits und Jugendringe als Vertreter der freien Träger der Jugendarbeit andererseits für ihre eigene Arbeit wahrnehmen. Neun der befragten Problembereiche bei den Jugendämtern waren im Jahr 2000 mit jenen in der

Vollerhebung bei Jugendringen identisch. In einem ersten Schritt wird untersucht, inwiefern die Ergebnisse der Jugendamts- und Jugendringerhebung sich ähnlich sind oder voneinander abweichen. In einem zweiten Schritt werden jene Jugendämter und Jugendringe gesondert betrachtet, bei denen Daten sowohl für das Jugendamt als auch für den Jugendring in demselben Bezirk vorliegen. Hier wird einerseits untersucht, ob die Einschätzungen zwischen Jugendämtern und Jugendringen sich ähnlicher sind, wenn sie aus einem Jugendamtsbezirk stammen, andererseits wird analysiert, welche Bereiche Jugendringe oder Jugendämter als größere Probleme wahrnehmen. In einem dritten Schritt werden die Stadt- und Kreisjugendringe den Ortsjugendringen gegenübergestellt, und es wird versucht herauszufinden, welche Unterschiede auf die jeweilige strukturell-organisatorische Ebene zurückzuführen sind. Schließlich wird untersucht, welche Unterschiede in der Einschätzung der Problemlagen zwischen den Jugendämtern und Jugendringen in den östlichen und westlichen Bundesländern bestehen.

Allgemeiner Vergleich

Tab. 11.6 stellt dar, inwiefern bei neun Bereichen, für die sowohl bei Jugendringen als auch bei Jugendämtern erfragt wurde, ob sie als Problem für ihre Arbeit gesehen werden, Unterschiede in den Einschätzungen bestehen. Die Wahrnehmung der Jugendringe bezüglich dieser Problembereiche stellt sich zum Teil völlig anders dar als die der öffentlichen Träger.

Tab. 11.6: Wahrnehmung der sozialen Lage aus der Perspektive von Jugendämtern und Jugendringen 2000 im Vergleich

Problembereiche	Gravierendes Problem		Kein sehr dringendes Problem		Gar kein Problem	
	JÄ*	JR**	JÄ	JR	JÄ	JR
Arbeitslosigkeit	47 %	24 %	43 %	38 %	10 %	38 %
Gewaltbereitschaft von Kindern und Jugendlichen	43 %	36 %	55 %	47 %	3 %	17 %
Gesetzesübertretungen durch Jugendliche	35 %	17 %	62 %	46 %	3 %	37 %
Alkoholmissbrauch	28 %	21 %	65 %	54 %	7 %	25 %
Missbrauch illegaler Drogen	27 %	15 %	65 %	57 %	9 %	28 %
Verarmung von Familien	27 %	21 %	51 %	41 %	22 %	38 %
Gesetzesübertretungen durch Kinder	23 %	9 %	65 %	40 %	13 %	51 %
Ausländerfeindlichkeit/ Rechtsradikalismus	15 %	30 %	53 %	44 %	26 %	27 %
Auseinandersetzungen zwischen Jugendgruppen	9 %	12 %	71 %	41 %	15 %	47 %

* JÄ: Jugendämter,
** JR: Jugendringe
Quellen: Jugendamtserhebung 2000, Vollerhebung bei Jugendringen 2001, DJI

Vergleicht man die Einschätzungen als gravierendes Problem der Jugendringe und der Jugendämter, ergeben sich einige Unterschiede. Die Gewaltbereitschaft von Kindern und Jugendlichen wird von den Jugendringen jedoch ebenfalls als ein sehr gravierendes Problem eingestuft. Hierbei scheint es sich also um ein Problem zu handeln, mit dem sich sowohl öffentliche als auch freie Träger gleichermaßen stark in ihrer Arbeit auseinander setzen müssen. Unabhängig von allen Diskussionen darüber, ob die Gewaltbereitschaft zunimmt oder nicht, wird diese im Vergleich zu allen anderen abgefragten Bereichen als größtes Problem im Rahmen der Arbeit der Jugendringe vor Ort wahrgenommen. Verglichen mit den Angaben der Jugendämter auf die Frage, wie sehr sich Ausländerfeindlichkeit/ Rechtsradikalismus auf die Arbeit auswirkt, sind die Angaben der Jugendringe dazu erstaunlich hoch. Von den Jugendringen wird dieser Aspekt doppelt so häufig als gravierend für die eigene Arbeit erachtet wie von VertreterInnen der Jugendämter.

Betrachtet man in Tab. 11.3 (S. 443), welche Reaktionen auf die Probleme der Ausländerfeindlichkeit bzw. des Rechtsradikalismus genannt werden, so wird Jugendarbeit von den meisten Jugendämtern als einzige, relativ unspezifische Reaktion genannt. Jugendarbeit wird als Präventionsstrategie gesehen und mit Erwartungen überhäuft, wenn nicht überfrachtet. Werden die freien Träger im Rahmen der Strategie, Jugendarbeit zur Bearbeitung von Ausländerfeindlichkeit einzusetzen, finanziell dafür entlohnt, die Probleme anzugehen, stärkt dies natürlich ebenfalls das Bewusstsein für Probleme in diesem Bereich.

Auch Arbeitslosigkeit wird von den Jugendringen vergleichsweise häufig als gravierendes Problem eingeschätzt. Verglichen mit den Jugendämtern betrachten diesen Bereich jedoch nur halb so viele Jugendringe als gravierend. Dies ist verständlich, wenn man bedenkt, dass Jugendringe eher mit konkreter Jugendarbeit betraut sind, während das Jugendamt auch Anlaufstelle für strukturelle Probleme (der gesamten Familie) ist. So gesehen erstaunt die Tatsache, dass immerhin ein Viertel aller befragten Jugendringe angeben, dass die Arbeitslosigkeit für ihre konkrete Arbeit von sehr großer Bedeutung ist.

Ähnlich der Situation bei Jugendämtern werden Gesetzesübertretungen durch Kinder und Auseinandersetzungen zwischen Jugendgruppen am seltensten als gravierend für die Jugendringarbeit eingeschätzt.

Vergleicht man die Mittelwerte der Problemeinschätzungen, die sowohl von den JugendamtsleiterInnen als auch von den JugendringmitarbeiterInnen erfragt wurden, so zeigt sich, dass – ausgenommen Ausländerfeindlichkeit/Rechtsradikalismus – die JugendamtsleiterInnen die Probleme durchgängig als gravierender einschätzen als MitarbeiterInnen der Jugendringe. Einerseits kann dies angesichts des unmittelbaren Zugangs der Jugendringe zu den Jugendlichen erstaunen, andererseits gilt aber auch, dass die Klientel der Jugendringe eher einen Querschnitt aller Jugendlichen umfasst, während die MitarbeiterInnen des Jugendamtes auch oder sogar überwiegend mit den besonders schwierigen Problemlagen von Kindern und Jugendlichen in Kontakt kommen.

Unterschiede vor Ort

Interessant ist in diesem Zusammenhang, ob in Bezug auf die Einschätzungen zwischen Jugendämtern und Jugendringen ein geringerer Unterschied besteht, wenn der Jugendring und das Jugendamt in demselben Jugendamtsbezirk sind; ob die Einschätzungen der freien und öffentlichen Träger also von den örtlichen Gegebenheiten abhängig sind. 124 (der insgesamt 334 befragten) Stadt- und Ortsjugendringe können in unseren Datensätzen 34 (der insgesamt 75 befragten) Jugendämter zugeordnet werden. Bei den übrigen Jugendamtsbezirken wurden von uns entweder nur Jugendringe und keine Jugendämter befragt oder vice versa. Es zeigt sich, dass die Einschätzung eines der abgefragten Bereiche als Problemlage durch die Jugendringe und die Jugendämter nicht durchgängig häufiger oder seltener vorkommt, wenn Jugendamt und Jugendring aus demselben Jugendamtsbezirk kommen: Die Unterschiede in der Wahrnehmung als Problemlage durch die Jugendämter und Jugendringe sind zwar merklich geringer bei Gesetzesübertretungen durch Kinder oder Jugendliche und bei Arbeitslosigkeit, andererseits aber auch merklich größer bei der Auseinandersetzung zwischen Jugendgruppen. Bei den sonstigen Bereichen sind sie (fast) gleich. Unabhängig davon, ob die Angaben der Jugendämter und Jugendringe sich auf dasselbe Einzugsgebiet beziehen oder nicht, kommt es also zu den dargestellten unterschiedlichen Einschätzungen. Dies ist ein methodischer Hinweis auf die Güte der Stichprobenauswahl. Kommt es dennoch zu Unterschieden, ist dies eher ein Hinweis auf Effekte, die durch die spezifische Arbeit und Wahrnehmung von Jugendämtern und Jugendringen zustande kommen.

Tab. 11.7: Wahrnehmung der sozialen Lage im Vergleich: Jugendämter/Stadt- und Kreisjugendringe 2000 aus demselben Gebiet versus alle Jugendämter/Jugendringe hinsichtlich der Einschätzung eines Problems als gravierend

Problembereiche	Gravierendes Problem			
	Jugendämter (zugeordnet)	Stadt-/Kreis- jugendringe (zugeordnet)	Jugendämter (alle)	Jugendringe (alle)
Arbeitslosigkeit	48 %	55 %	47 %	24 %
Gewaltbereitschaft von Kindern und Jugendlichen	41 %	48 %	43 %	36 %
Gesetzesübertretungen durch Jugendliche	37 %	33 %	35 %	17 %
Alkoholmissbrauch	32 %	30 %	28 %	21 %
Missbrauch illegaler Drogen	30 %	23 %	27 %	15 %
Verarmung von Familien	28 %	41 %	27 %	21 %
Gesetzesübertretungen durch Kinder	23 %	24 %	23 %	9 %
Ausländerfeindlichkeit/ Rechtsradikalismus	23 %	41 %	15 %	30 %
Auseinandersetzungen zwischen Jugendgruppen	7 %	19 %	9 %	12 %

Quellen: Jugendamtserhebung 2000, Vollerhebung bei Jugendringen 2001, DJI

Die Darstellung in Tab. 11.7 bezieht sich darauf, wie häufig ein Problem als gravierend für die eigene Arbeit eingeschätzt wird. Interessant ist es auch, einen Blick darauf zu werfen, in welchen Bereichen bei den Einschätzungen der Jugendämter und der Stadt- bzw. Kreisjugendringe in demselben Gebiet die gleiche Einschätzung besteht (gravierendes Problem, kein sehr dringendes Problem, gar kein Problem) und wo der freie oder der öffentliche Träger in der zuordenbaren Stadt bzw. dem Kreis die Lage ein wenig oder sehr viel gravierender bzw. ein wenig oder sehr viel weniger gravierend für die eigene Arbeit erachtet. Tab. 11.8 stellt dar, dass je nach Problemlage mehr oder weniger Übereinstimmung in den Einschätzungen besteht. Während in Bezug auf die Auswirkungen der Gewaltbereitschaft von Kindern und Jugendlichen auf die eigene Arbeit drei Fünftel der Jugendämter und der zuordenbaren Jugendringe die gleiche Einschätzung haben, ist es bei dem Aspekt Gesetzesübertretungen durch Kinder lediglich ein Viertel. Überwiegend haben Jugendämter und Jugendringe die gleiche Einschätzung. Auffällig ist, dass im Bereich Alkoholmissbrauch bei ca. jeweils einem Drittel der Befragten die gleiche Einschätzung besteht oder die Jugendämter oder Jugendringe den Bereich als gravierenderes Problem einschätzen.

Tab. 11.8: Wahrnehmung der sozialen Lage von Jugendämtern und Stadt- und Kreisjugendringen 2000 aus demselben Gebiet im Vergleich*

Problembereiche	Gleiche Einschätzung	JR sieht mehr Probleme	JA sieht mehr Probleme
Gewaltbereitschaft von Kindern und Jugendlichen	59 %	24 %	17 %
Auseinandersetzungen zwischen Jugendgruppen	52 %	26 %	22 %
Arbeitslosigkeit	46 %	29 %	25 %
Ausländerfeindlichkeit/ Rechtsradikalismus	44 %	37 %	19 %
Gesetzesübertretungen durch Jugendliche	43 %	18 %	39 %
Missbrauch illegaler Drogen	39 %	21 %	39 %
Verarmung von Familien	38 %	38 %	24 %
Alkoholmissbrauch	31 %	35 %	35 %
Gesetzesübertretungen durch Kinder	26 %	22 %	52 %

Quellen: Jugendamtserhebung 2000, Vollerhebung bei Jugendringen 2001, DJI
* Nur die Jugendämter und Stadt-/Kreisjugendringe (ohne Ortsjugendringe), die direkt miteinander in einem Jugendamtsbezirk verglichen werden können. Von den 75 Fällen in der Stichprobe ist dies in 32 Regionen möglich.

Aspekte, die von den Jugendämtern häufiger als gravierende Probleme für ihre Arbeit eingeschätzt werden, sind Gesetzesübertretungen durch Kinder und Jugendliche sowie der Missbrauch illegaler Drogen. Das heißt also, dass diverse Gesetzesübertretungen größere Probleme für die Arbeit der staatlichen Behörde Jugendamt mit sich bringen als für Akteure der Jugendarbeit vor Ort. Dies entspricht der Aufgabe des Jugendamts als Wächterfunktion bei einer Gefährdung des Kindeswohls. Alle übrigen Bereiche werden mit Ausnahme des Alkoholmissbrauchs von den Stadt- und Kreisjugendringen häufiger als gravierend eingestuft.

Differenzen zwischen Stadt-/Kreisjugendringen und Ortsjugendringen

Interessant ist auch die Frage, ob Unterschiede in der Wahrnehmung der Stadt- bzw. Kreisjugendringe und der Ortsjugendringe in einem Gebiet herrschen. Eine Hypothese wäre, dass die Wahrnehmung der Stadt- und Kreisjugendringe der der Jugendämter ähnlicher ist als die der Ortsjugendringe, da sie auf derselben strukturell-organisatorischen Ebene angesiedelt sind.[88] Tab. 11.7 stellt die Prozentanteile derer, die einen bestimmten Aspekt als gravierendes Problem für die eigene Arbeit wahrnehmen aus Tab. 11.6, den Prozentanteilen jener Jugendämter bzw. Stadt- und Kreisjugendringe gegenüber, die einander direkt zugeordnet werden können. Während sich die Angaben der Jugendämter durch die Auswahl jener Jugendämter, die einem Stadt- bzw. Kreisjugendring zugeordnet werden können, nur geringfügig verschieben (eine Ausnahme bildet die Ausländerfeindlichkeit, die von den selektierten Jugendämtern häufiger als gravierendes Problem angesehen wird), zeigt sich, dass die Stadt- und Kreisjugendringe durchgängig sehr viel stärker eine Situation als gravierendes Problem für ihre Arbeit einschätzen als die Gesamtheit der Jugendringe inklusive Ortsjugendringe. Damit sind sich – gemäß der formulierten Hypothese – die Einschätzungen der Jugendämter und der Stadt- bzw. Kreisjugendringe ähnlicher. Mit Ausnahme der Bereiche Gesetzesübertretungen durch Jugendliche sowie Missbrauch von Alkohol und illegalen Drogen schätzen die Stadt- und

---

[88] Hier sind die Jugendämter und Stadt-/Kreisjugendringe (ohne Ortsjugendringe) gemeint, die direkt miteinander verglichen werden können, das heißt, jeweils für den gesamten Jugendamtsbezirk zuständig sind. Von den 75 Jugendämtern in der Stichprobe ist dies bei 32 möglich.

Kreisjugendringe die Lage sogar häufiger als gravierendes Problem ein als die Jugendämter. Der oben beschriebene Effekt, dass die JugendamtsleiterInnen die Situation durchgängig als gravierender einschätzen, kommt also aufgrund der bei den Ortsjugendringen selteneren Einschätzung der sozialen Lage als gravierendes Problem für ihre Arbeit zustande. Dies hat auch etwas mit den unterschiedlichen Aufgaben und der wahrgenommenen Verantwortung der Kreis- und Ortsjugendringe zu tun.

Ost-West-Vergleich

Abschließend soll an dieser Stelle betrachtet werden, ob sich Unterschiede in den Einschätzungen der Problemlagen auf die Arbeit der Jugendämter und Jugendringe zwischen Ost und West ergeben. Tab. 11.9 gibt Auskunft darüber, wie häufig die einzelnen Problemlagen in den östlichen und westlichen Bundesländern als gravierende

Tab. 11.9: Gravierende Problemlagen – Unterschiede nach östlichen und westlichen Bundesländern

Problembereiche	Jugendamt			Jugendring		
	Ost	West	Insgesamt	Ost	West	Insgesamt
Arbeitslosigkeit	50%	46%	47%	63%	17%*	24%
Gewaltbereitschaft von Kindern und Jugendlichen	50%	38%	43%	53%	33%*	36%
Gesetzesübertretungen durch Jugendliche	44%	30%	35%	36%	14%*	17%
Alkoholmissbrauch	42%	21%	28%	39%	18%*	21%
Missbrauch illegaler Drogen	29%	25%	27%	23%	13%*	15%
Verarmung von Familien	35%	23%	27%	45%	17%*	21%
Gesetzesübertretungen durch Kinder	20%	24%	23%	11%	8%	9%
Ausländerfeindlichkeit/ Rechtsradikalismus	24%	9%*	15%	44%	27%*	30%
Auseinandersetzungen zwischen Jugendgruppen	8%	9%	9%	16%	11%	12%

* Signifikant auf dem 5%-Niveau
Quelle: Jugendamtserhebung 2000, Vollerhebung bei Jugendringen 2001, DJI

Problemlage eingeschätzt werden. Von den Jugendringen in den östlichen Bundesländern werden die Probleme durchgehend als sehr viel gravierender für die eigene Arbeit wahrgenommen als von den westlichen Jugendringen, lediglich bei Gesetzesübertretungen durch Kinder sowie bei Auseinandersetzungen zwischen Jugendgruppen ist der Unterschied relativ gering. Auch die östlichen Jugendämter konstatieren größere Auswirkungen verschiedener Probleme auf ihre Arbeit als die westlichen Jugendämter. Ausnahme sind Auseinandersetzungen zwischen Jugendgruppen und wiederum Gesetzesübertretungen durch Kinder. Hierbei handelt es sich allerdings nicht um ein „Westphänomen", auch in den östlichen Bundesländern gibt es eine Reihe von Projekten und Initiativen, die auf dieses Problem reagieren (vgl. Arbeitsstelle Kinder- und Jugendkriminalitätsprävention). Der Ost-West-Unterschied in den Einschätzungen ist unter den Jugendringen sehr viel deutlicher als zwischen den Jugendämtern, die Effekte sind hier fast durchgehend signifikant. Der einzige Bereich, der sowohl bei Jugendämtern als auch bei Jugendringen signifikante Effekte aufweist, ist Ausländerfeindlichkeit bzw. Rechtsradikalismus. Sowohl öffentliche als auch freie Träger schätzen im Osten dieses Phänomen als sehr viel gravierender für ihre Arbeit ein.

Bemerkenswert ist der Unterschied in der Einschätzung zwischen östlichen und westlichen Jugendringen auch bei der Arbeitslosigkeit. Im östlichen Bundesgebiet geben die Jugendringe (einhergehend mit der höheren Quote an Jugendarbeitslosigkeit (vgl. Kapitel 11.1) 3,7-mal so häufig an, dies sei ein gravierendes Problem für ihre Arbeit. Interessant ist hierbei, dass zwischen den Jugendämtern in West und Ost dagegen nur ein relativ geringer Unterschied in der Einschätzung existiert. Auffällig ist der vergleichsweise geringe Wert bei den Jugendringen im Westen und damit auch der große Unterschied zwischen den Angaben von Jugendamt und Jugendring im Westen.

Besonders große Abweichungen zwischen den Jugendringen in Ost und West existieren auch bei dem Thema „Verarmung von Familien". Im Osten wird die Situation sehr viel gravierender für die eigene Arbeit eingeschätzt. Auch bei den Jugendämtern ist der Unterschied deutlich. Bemisst man die Armut nach relativer Armutsbemessung, so gibt es im Westen jedoch häufiger arme Haushalte als im Osten. Gleichzeitig sind im Osten jedoch auch höhere Raten „verdeckter Armut" zu verzeichnen und die Niedriglohngebiete und „strukturschwachen Regionen" befinden sich überwiegend im Osten (vgl. BMFSFJ 2002: 139/142).

Die größte Differenz in den Einschätzungen zwischen den Jugendämtern aus den östlichen und den westlichen Bundesländern existiert bei dem Problem des Alkoholmissbrauchs, vergleichbar groß ist auch die Differenz bei den Jugendringen.

Sowohl Jugendämter als auch Jugendringe aus den östlichen Bundesländern geben fast durchgehend häufiger an, dass die einzelnen genannten Problembereiche gravierende Auswirkungen auf ihre Arbeit haben als jene aus den westlichen Bundesländern. Dies kann Ausdruck der eben beschriebenen unterschiedlichen Lebensbedingungen in Ost und West sein. Möglicherweise waren die MitarbeiterInnen im Osten in den letzten Jahren auch verstärkt mit Strukturaufgaben beschäftigt, und nun ist mehr Zeit und Spielraum vorhanden, um konkrete Hilfen und Projekte durchzuführen.

11.4 Fazit

Verhaltensweisen, die als „soziale Probleme" bezeichnet werden, sind Bestandteil öffentlicher Diskussionen, politischer Maßnahmen und wissenschaftlicher Untersuchungen. Dabei kann ihr Erscheinen und ihr Auftreten durchaus wechselhaft sein, „neue" Probleme kommen hinzu, andere werden abgeschwächt, werden gelöst bzw. sie verlieren an Bedeutung. Teilweise werden sie aufgrund ihrer Beständigkeit auch hingenommen als „notwendige Folgeerscheinung der gesellschaftlichen Entwicklung", deren Auswirkungen durch spezialisierte Institutionen und Organisationen bzw. soziale Dienste, Verteilung öffentlicher Gelder oder rechtliche Regelungen bearbeitet und kontrolliert werden (vgl. Groenemeyer 2001: 1693).

Die Ergebnisse, die hier dargestellt sind, beziehen sich auf die Einschätzungen der Jugendämter und Jugendringe, inwiefern sie eine bestimmte soziale Lage als gravierendes Problem für ihre eigene Arbeit einschätzen. Diese Einschätzung kann anders ausfallen, wenn die Betroffenen selbst um ihre Einschätzung gefragt werden. Beispielsweise kann ein Aspekt, der von den Jugendämtern nicht als gravierendes Problem für ihre Arbeit wahrgenommen wird, sehr wohl für den/die Einzelne(n) ein Problem darstellen.

Die erhobenen Daten zu sozialen Problemen zeigen, dass die Jugendämter typischerweise bei den meisten Problembereichen die mittlere Kategorie in der Problemeinschätzung angeben. In 11 % der Jugendämter kommt es zu einer Häufung der Probleme für ihre Arbeit, bei denen mehr als sieben der 14 Problemlagen als gravierende Probleme eingeschätzt werden.

Arbeitslosigkeit, Gewaltbereitschaft und Gesetzesübertretungen von Jugendlichen werden am häufigsten von den JugendamtsleiterInnen als gravierende Problemlagen für die Arbeit des Jugendamtes eingeschätzt. Je stärker eine Situation als Problem wahrgenommen wird, desto häufiger wird in der Regel von den JugendamtsleiterInnen in irgendeiner Weise reagiert. Vor allem in den östlichen Bundesländern ist es zu einer beachtlichen Zunahme von konkreten Maßnahmen gekommen, die als Reaktionen auf bestimmte Problemlagen ergriffen werden. Dort ist es auch ganz allgemein stärker zu einem Ausbau der Leistungsangebote gekommen (vgl. Kapitel 6). Es fällt auf, dass auf die verschiedenen Problemlagen häufiger mit darauf abgestimmten Hilfen und Projekten reagiert wird. Allerdings kann anhand dieser Daten nichts über die Effektivität oder die Güte der Reaktionen ausgesagt werden.

Im zeitlichen Verlauf ist es zu einer Verschiebung der als Reaktionen auf eine Problemlage genannten Hilfen gekommen, nämlich von Beratung, Information und Öffentlichkeitsarbeit hin zu konkreten Projekten und Hilfen, Kooperation, Vernetzung und Arbeitsgemeinschaften. Wie sich in anderen Zusammenhängen gezeigt hat, wird jedoch beispielsweise oftmals von Kooperation und Vernetzung gesprochen, obwohl nur sehr spärliche Kontakte bestehen (vgl. van Santen/Seckinger/Pluto 2001). In diesem Zusammenhang gilt es, die Praxis der Umsetzung genauer zu untersuchen.

Interessante Informationen ergeben sich auch durch die Möglichkeit, innerhalb desselben Gebietes sowohl von den öffentlichen Trägern als auch von den Jugendringen als Vertretern der Jugendarbeit Einschätzungen darüber zu erlangen, wie stark sich bestimmte Problemlagen auf ihre Arbeit auswirken. Daraus kann allerdings nur indirekt auf das tatsächliche Ausmaß der Probleme geschlossen werden, da abweichende Einschätzungen auf den unterschiedlichen Aufgabenzuschnitt der beiden Institutionen zurückzuführen sind. Es zeigt sich jedoch, dass die Einschätzungen der Jugendämter und der Stadt- und Kreisjugendringe sich sehr viel ähnlicher sind als die der Ortsjugendringe, da Letztere auf einer ganz anderen strukturell-organisatorischen Ebene agieren. Die Stadt- und Kreisjugendringe schätzen die Lage mit wenigen Ausnahmen, die sich auf Gesetzesverstöße beziehen, gravierender ein als die Jugendämter. Die Ortsjugendringe hingegen sehen nur wenige soziale Probleme, die Auswirkungen auf ihre Arbeit haben.

Gewaltbereitschaft von Kindern und Jugendlichen wird sowohl von den JugendamtsleiterInnen als auch von den MitarbeiterInnen der Jugendringe als gravierendes Problem für ihre Arbeit eingestuft. Hierbei handelt es sich also um einen Aspekt, dem dringend Beachtung geschenkt werden sollte. Allerdings muss hierbei auch differenzierend angemerkt werden, dass nach der Gewaltbereitschaft und nicht nach Kriminalität gefragt wurde: Gewaltkriminalität macht nur einen sehr geringen Anteil aller erfassten Delikte unter Jugendlichen aus.

Sowohl die Jugendämter als auch die Jugendringe (Unterschiede dort größer) in den östlichen Bundesländern geben im Gegensatz zu den Jugendämtern und Jugendringen der westlichen Bundesländer fast durchgängig bei verschiedenen Bereichen an, dass sich die Probleme stärker auf ihre Arbeit auswirken. Anhand unserer Daten lässt sich nicht endgültig klären, ob dort die soziale Lage schwieriger ist, oder ob dort eine größere Sensibilität hinsichtlich der Probleme herrscht.

Die vorliegenden Daten können wichtige Hinweise auf Handlungsbedarfe liefern, allerdings handelt es sich um subjektive Einschätzungen. Für Forscher und (Jugendhilfe-)Planer in den Jugendämtern können Statistiken wie beispielsweise die Arbeitslosenstatistik parallel hierzu hilfreiche Hinweise für die Bedarfsermittlung liefern; solche Statistiken werden jedoch nicht für alle hier untersuchten Aspekte erhoben. Deshalb wird an dieser Stelle dafür plädiert, mehr Daten zu erheben und auch Basisdaten aus praxisorientierter Forschung zusammenzutragen und der Öffentlichkeit zugänglich zu machen.

Offensichtlich werden eine Vielzahl sozialer Probleme im Zeitverlauf nicht gelöst, dies zeigen auch die Daten aus den unterschiedlichen Erhebungswellen. Die Bearbeitung einzelner Problemfelder kann dazu führen, dass neue Probleme erzeugt werden. Auf der sozialpolitischen Ebene kann festgestellt werden, dass politische Maßnahmen „durchaus andere Funktionen erfüllen oder Ziele verfolgen [können] als ihre Programmatik in Bezug auf die Bearbeitung sozialer Probleme angibt" und dass die „Art der Konstituierung eines sozialen Problems [...] selbst zu einem Objekt strategischer Politik werden" kann (Groenemeyer 2001: 1707).

Die vorliegenden Daten geben Hinweise darauf, in welchen Bereichen der Kinder- und Jugendhilfe Handlungsbedarf besteht und wie sich die Einschätzungen der JugendamtsleiterInnen in den vergangenen Jahren entwickelt haben. Neben einer Definition und Analyse sozialer Probleme sollte ein zentrales Anliegen sein, aufzuzeigen, an welchen Stellen Reibungsverluste entstehen und Konflikte mittel- oder langfristig absehbar sind (vgl. Tatschmurat 1996: 6). Über die Frage hinaus, wer die Betroffenen verschiedener sozialer Probleme sind, gilt es auch zu untersuchen, welche gesellschaftlichen, strukturellen Faktoren auf das Handeln der beteiligten Subjekte einwirken, welche Alltagstheorien, Deutungsmuster und Ideologien dahinter stehen und welche Normalitätsvorstellungen den Zuschreibungen als „gravierendes Problem" zugrunde liegen.

12 Demografische Entwicklung – quantitative und qualitative fachliche Herausforderungen

Die zu beobachtende und in Zukunft zu erwartende Bevölkerungsentwicklung stellt in quantitativer wie qualitativer Hinsicht eine besondere Herausforderung für die Kinder- und Jugendhilfe dar, weshalb wir sie in einem eigenen Kapitel unter die Lupe nehmen. Die absehbaren Folgen, die sich durch den demografischen Wandel ergeben, sind nicht neu, aber sie haben in den letzten Jahren an Bedeutung gewonnen. Die Kinder- und Jugendhilfe wird nicht umhinkommen, darauf zu reagieren.

Die zukünftige Nachfrage nach Angeboten und Leistungen der Kinder- und Jugendhilfe hängt in einem hohen Maße auch von der quantitativen Bevölkerungsentwicklung ab. Je nach Leistungsbereich gibt es unterschiedlich enge Verknüpfungen mit der Bevölkerungsentwicklung (vgl. auch Rauschenbach/Schilling 2001: 235). Die Entwicklung der Bedarfssituation wird nämlich nicht nur von der Anzahl der Personen in einer oder mehreren Alterskohorten, sondern insbesondere auch von der konkreten Lebenslage der AdressatInnen beeinflusst. Diese wiederum kann sich vor dem Hintergrund der Bevölkerungsentwicklung verbessern, verschlechtern oder aber von dieser unberührt bleiben. Ein Beispiel für den Zusammenhang zwischen Lebenslage und Bevölkerungsentwicklung ist die verringerte Chance bei abnehmender Kinderzahl in der Wohnumgebung auf Gleichaltrige zu treffen.

Die Bedarfssituation der Kindertagesbetreuung ist inzwischen, aufgrund der hohen Versorgungsquoten in den einzelnen Jugendamtsbezirken – zwischen 49,3 und 139,6 % (vgl. Deutsches Jugendinstitut 2002) – am engsten mit der quantitativen Entwicklung der einzelnen Geburtskohorten verzahnt. Ein ähnlich enger Zusammenhang lässt sich bei einer allerdings sehr viel geringeren Inanspruchnahme (vgl. Kapitel 6.4) auch für die Leistungen der stationären erzieherischen Hilfen postulieren. So konnte Bürger für Württemberg-Hohenzollern eine „bemerkenswerte Eckwertkonstanz" (Bürger 2001b: 12) feststellen. Der Eckwert gibt das Verhältnis von Fallzahl zu Alterspopulation an. Weniger eng verknüpft und damit wesentlich schwieriger vorherzusehen sind Bereiche wie beispielsweise Jugendberufshilfe, in dem die Nachfrage in einem viel stärkeren Maße von anderen Faktoren wie konjunkturellen Trends auf dem Ausbildungs- und Arbeitsmarkt geprägt werden.

12.1 Demografische Vorausberechnungen

Die Bevölkerungsentwicklung der nächsten Jahrzehnte in den einzelnen Jugendamtsbezirken zu prognostizieren, unterliegt zwei wesentlichen Unsicherheitsfaktoren. Zum einen kann das generative Verhalten kaum vorhergesagt werden. Zwar weist die Reproduktionsrate – auch über längere Zeiträume hinweg betrachtet – keine besonders großen Schwankungen auf (vgl. Bien 2001), aber die dramatische Änderung der Reproduktionsrate unmittelbar nach der Wende hat gezeigt, dass plötzliche Veränderungen nicht ausgeschlossen sind. Zum anderen sind Wanderungsbewegungen, die einen weiteren, den (regionalen) Bedarf nach Leistungen der Kinder- und Jugendhilfe beeinflussenden Faktor darstellen, kaum zu prognostizieren.[89] Hier muss man zwischen Binnenwanderung, also Wanderungsbewegungen zwischen Regionen innerhalb Deutschlands, und grenzüberschreitender Ein- und Auswanderung differenzieren. Die Entwicklung beider Formen hängt von gesetzlichen Rahmenbedingungen und Prozessen des sozialen und ökonomischen Wandels ab. Das Statistische Bundesamt stellt in regelmäßigen Abständen koordinierte Bevölkerungsvorausberechnungen zur Verfügung (Statistisches Bundesamt 2000), die Grundlage für die Abschätzung von Veränderungsnotwendigkeiten in unterschiedlichen Handlungsfeldern (Arbeitsmarkt, Bildungspolitik, soziale Sicherungssysteme etc.) sind bzw. sein könnten. In der Kinder- und Jugendhilfe wird, so auch ein Fazit des Elften Kinder- und Jugendberichts (BMFSFJ 2002: 118), dieses Instrument bisher eher wenig genutzt.

Die aktuelle koordinierte Bevölkerungsvorausberechnung lässt erkennen, dass der Anteil der unter 20-Jährigen an der Gesamtbevölkerung von heute 21 % auf 17 % im Jahr 2020 sinkt und sich im gleichen Zeitraum der Anteil der über 65-Jährigen von 16 % auf 22 % erhöht. Hieraus könnte man – auch in Anbetracht der insgesamt zurückgehenden Einwohnerzahl – ableiten, dass die absolute Anzahl an Personen in jedem einzelnen Geburtsjahrgang der unter 20-Jährigen zurückgeht. Eine genaue Betrachtung der einzelnen Altersgruppen innerhalb der Gruppe der unter 20-Jährigen verdeutlicht jedoch, dass keine gleichmäßige Abnahme in allen Altersgruppen und Regionen zu verzeichnen ist. Es sind vielmehr große Un-

---

[89] Im Prinzip sind drei Faktoren ausschlaggebend für die Bevölkerungsentwicklung: die Geburtenentwicklung, die Wanderungsbewegungen und die Sterblichkeitsrate. Letzterer Faktor spielt für die Bevölkerungsentwicklung der für die Kinder- und Jugendhilfe relevanten Altersgruppen eine untergeordnete Rolle.

terschiede erkennbar: So steigt zum Beispiel die Anzahl der über zehnjährigen Kinder und Jugendlichen in Westdeutschland bis zum Jahr 2010, obwohl im gleichen Zeitraum die Anzahl der unter 20-Jährigen insgesamt abnimmt. In Ostdeutschland ist die Wellenbewegung gegenläufig. Hier wird es Zuwächse in der Altersgruppe der unter Zehnjährigen geben, wohingegen die Anzahl der über Zehnjährigen deutlich zurückgehen wird. Im Elften Kinder- und Jugendbericht wird die Entwicklung so zusammengefasst: „Als grobe Markierung kann festgehalten werden, dass in den westlichen Bundesländern die Anzahl der Kinder bis zum Alter von 14 Jahren kontinuierlich sinken, die Zahl der Jugendlichen hingegen vorerst noch weiter steigen wird. Und in den östlichen Bundesländern wird die Entwicklung fast genau entgegengesetzt verlaufen: Während die Anzahl der Kinder wieder ansteigt, wird die Anzahl der Jugendlichen zunächst dramatisch sinken. Diese generellen Entwicklungen wirken sich aufgrund der ungleichen Altersbezüge unterschiedlich aus" (BMFSFJ 2002: 119).

Allein diese wenigen Zahlen zur demografischen Entwicklung verdeutlichen die Notwendigkeiten, sich auch in der Kinder- und Jugendhilfe mit möglichen Auswirkungen dieser Entwicklung auf Angebotsstruktur und Nachfrage zu beschäftigen. Es sind regionale und nach Altersgruppen getrennt durchgeführte Abschätzungen im Rahmen der kommunalen Jugendhilfeplanung notwendig, damit angemessen auf demografische Entwicklungen reagiert werden kann. In den einzelnen Jugendamtsbezirken kann diese allgemeine Entwicklung nämlich schwächer, aber auch stärker ausgeprägt sein, zumal sich in einzelnen Regionen Wanderungsbewegungen unterschiedlich stark manifestieren. Einerseits gibt es Regionen, die durch Zuwanderung geprägt sind, während andere wie z. B. die ländlichen Regionen in Mecklenburg-Vorpommern durch eine starke Abwanderung gekennzeichnet sind. Auch die Zuwanderung aus dem Ausland verteilt sich nicht gleichmäßig über die verschiedenen Landkreise und kreisfreien Städte in Deutschland, sondern konzentriert sich oftmals auf bestimmte Regionen.

Die Hoffnung, die mit dem allgemeinen Trend zur Abnahme der Anzahl der Kinder und Jugendlichen verbunden ist, nämlich allein hierdurch Ausgaben in beträchtlicher Höhe einsparen zu können, erscheint als unangebracht. Dies wollen wir an den folgenden zwei Beispielen einmal für den Bereich der Kindertagesbetreuung und einmal für die stationären Hilfen verdeutlichen. In der Kindertagesbetreuung gibt es bei den Angeboten für unter Dreijährige und für Schulkinder sowie bei Ganztagsbetreuung im Kindergartenalter eine zu große Unterversorgung, um aus der demografischen Entwicklung Einsparpotenziale erwarten zu können. Es wird hier also – nicht zuletzt aufgrund der gesellschaftspolitischen Diskussionen – eher zu Verschiebungen von Ausgaben zwischen den Arbeitsfeldern als zu Einsparungen kommen. Bei den stationären Hilfen zur Erziehung – dies ist unser zweites Beispiel – kann gezeigt werden, dass es trotz eines Rückgangs der Anzahl von Kindern und Jugendlichen in der Altersgruppe der unter 27-Jährigen einen nominalen Anstieg der Fallzahlen im Bereich der stationären Hilfen zur Erziehung gibt. Dies hängt mit einem Anstieg der Anzahl von Kindern und Jugendlichen in den entsprechenden Altersgruppen, die höhere Inanspruchnahmequoten bei den stationären Hilfen zur Erziehung haben, zusammen. Die altersstandardisierte Quote der Inanspruchnahme bleibt nämlich unverändert bzw. geht sogar zurück (vgl. van Santen 2000). Mit anderen Worten: Nicht eine übertrieben großzügige Bewilligungspraxis, eine wachsende Unfähigkeit der Eltern zur Erziehung ihrer Kinder oder eine Verschlechterung der sozialstrukturellen Bedingungen sind Gründe für Kostensteigerungen, sondern zu wesentlichen Teilen ist eine Zunahme der Anzahl der AdressatInnen dafür verantwortlich.

12.2 Fachliche Herausforderungen

Im Elften Kinder- und Jugendbericht wird die Bedeutung der quantitativen Dimension der Bevölkerungsentwicklung für verschiedene Bereiche der Kinder- und Jugendhilfe wie z.B. für Kindertageseinrichtungen oder für Hilfen zur Erziehung dargestellt (BMFSFJ 2002: 119ff.). Es werden Zeitpunkt und ungefähres Ausmaß der quantitativen Veränderung der jeweiligen Adressatengruppe sowie die daraus ableitbaren quantitativen Konsequenzen für das bereitzustellende Angebot an Unterstützungs- oder Hilfeleistungen für die kommenden Jahre beschrieben.[90] Wir werden an dieser Stelle auf qualitative Veränderungen und fachliche Herausforderungen eingehen, die sich

---

[90] Der dramatische Rückgang der Geburten in Ostdeutschland nach der Wende wird sich allerdings auch noch zu einem späteren Zeitpunkt bemerkbar machen, wenn die gering besetzten Geburtskohorten selbst ins geburtsfähige Alter kommen und die Geburtenentwicklung prägen werden. Dieser Effekt wird zwar nicht so eindeutig ausfallen, weil schließlich nicht alle Frauen in demselben Alter Kinder bekommen und es auch eine Binnenwanderung gibt, aber dennoch kann man davon ausgehen, dass die Folgen des Rückgangs der Geburtenquote in Nachwendezeiten auch in 20 Jahren noch sichtbare Effekte in der Geburtsstatistik zeigen werden. Dies wird erst nach mehreren Geburtszyklen nicht mehr nachweisbar sein.

durch den demografischen Wandel auch für die Kinder- und Jugendhilfe ergeben. Dabei werden wir folgende Themen ansprechen: Kohortengerechtigkeit, Migrationserfahrungen, Fachkräftebedarf, veränderte Bedingungen des Aufwachsens und daraus resultierende Bedarfsverschiebungen sowie Fragen der Pluralität von Angebot und Trägern.

Kohortengerechtigkeit

Eine der Aufgaben der Fachbehörde Jugendamt ist es, für Generationen- oder besser „Kohortengerechtigkeit" zu sorgen. Das Jugendamt hat als Fachbehörde die gesetzliche Verpflichtung zu erfüllen, dass Kinder und Jugendliche unabhängig von der Gesamtzahl ihrem Altersjahrgang entsprechende förderliche Bedingungen für ihre individuelle und soziale Entwicklung vorfinden, Eltern in ihrer Erziehungsarbeit unterstützt werden und positive Lebensbedingungen geschaffen und erhalten werden. Das Schicksal, in einer besonders geburtenstarken oder auch geburtenschwachen Alterskohorte geboren zu sein, darf nicht zu einem schlechteren Angebot an Kinder- und Jugendhilfeleistungen führen. Es liegt in der fachlichen Verantwortung der Jugendämter, hierauf zu achten.

Migrationserfahrung

Eine weitere fachliche Herausforderung im Zusammenhang mit dem demografischen Wandel ergibt sich durch die Zuwanderung. Die höhere Reproduktionsrate der MigrantInnen sowie das in nicht allzu ferner Zukunft notwendige Anwachsen der Anzahl an Einwanderern zur Entlastung des Arbeitsmarktes wird dazu führen, dass der Anteil der AdressatInnen der Kinder- und Jugendhilfe mit Migrationshintergrund sowohl relativ als auch absolut gesehen weiter ansteigen wird. Die größte Herausforderung, die sich hieraus für die Kinder- und Jugendhilfe ergibt, ist die Gestaltung von Rahmenbedingungen, die ein Gleichgewicht zwischen kultureller Eigenständigkeit und Assimilation ermöglichen (vgl. auch Kapitel 6.9). Für die Qualifikation der Fachkräfte bedeutet dies, dass sie in beiden Welten zu Hause sein müssen, um beide Anforderungen („fremde Bedürfnisse" erkennen und vertraut sein mit der hiesigen Kultur) gewährleisten zu können. Fachkräften mit eigenem Migrationshintergrund wird eher zugetraut, genau dies leisten zu können. Die Heterogenität der Adressatengruppe mit Migrationshintergrund bedingt allerdings, dass diese Erfahrungen nur partiell wirklich brauchbar sind. Vielmehr gilt es, die Fähigkeit inter- und transkulturellen Denkens und Vorgehens in den Ausbildungscurricula der Fachkräfte der sozialen Arbeit zu verankern, sie jenseits persönlicher Erfahrungshintergründe auf ein reflektiertes Niveau zu heben sowie sie adäquat mit den unmittelbar fachbezogenen Anforderungen des Arbeitsfeldes in Beziehung zu setzen und zu verknüpfen. Erst wenn alle Beteiligten das Gefühl haben, die Fachkräfte können produktiv mit den besonderen Herausforderungen umgehen, werden z.B. Segregationsprozesse in Kindergartengruppen oder gar in Einrichtungen als Ganzes vermieden werden können.

Fachkräftebedarf

Die durch den demografischen Wandel bedingte Veränderung der Nachfrage führt auch zu Veränderungen im Bedarf nach Fachkräften. So steigt in den nächsten Jahren in einigen Bereichen wie Kindertagesbetreuung in Ostdeutschland oder auch Jugendarbeit in Westdeutschland (vgl. BMFSFJ 2002: 120) der Bedarf an qualifiziertem Personal, um das Angebot auf dem bisherigen Niveau zu halten. Gleichzeitig kann es in anderen Arbeitsfeldern der Kinder- und Jugendhilfe zu einem Überhang an Personal kommen. Unterstellt man, dass die stürmische Wachstumsphase der Kinder- und Jugendhilfe, die in den letzten Jahrzehnten in allen sozialen Arbeitsfeldern zu verzeichnen war, vorüber ist, dann muss zukünftig mit qualitativ neuen Konzepten der Personalentwicklung auf Schwankungen in den Geburtenzahlen reagiert werden. Bisher führten moderate Rückgänge in den Geburtenzahlen nicht zu Entlassungen, da durch einen Ausbau der Angebote zusätzlicher Bedarf an Fachkräften entstand. Durch die veränderte Ausgangslage (demografische Entwicklung und weniger Expansionschancen) muss zukünftig einerseits sichergestellt werden, dass genug qualifizierter Nachwuchs für einzelne Arbeitsfelder vorhanden ist. Allein für den Bereich der Kindertagesbetreuung werden in Ostdeutschland bis 2010 29.000 Vollzeitstellen (BMFSFJ 2002: 129) zu besetzen sein. Diese hohe Nachfrage trifft dann auf eine Alterskohorte, die selbst relativ geburtenschwachen Jahrgängen entstammt, sodass die Konkurrenz auf dem Ausbildungs- und Arbeitsmarkt um die Auszubildenden und Arbeitskräfte wächst. Bereits heute können in einigen Regionen aufgrund eines Fachkräftemangels nicht alle Stellen adäquat besetzt werden. Andererseits müssen qualifizierte MitarbeiterInnen für sich Perspektiven entwickeln können, die mehr bieten als eine zeitlich befristete Anstellung. Denn mangelnde berufliche Perspektiven werden bei einem schon rein aus demografischen Gründen zu erwartenden Rückgang der Arbeitslosenzahlen zu einer Dequalifizierung des gesamten Arbeitsfeldes führen, weil sich besonders qualifizierte und engagierte MitarbeiterInnen in anderen Arbeitsfeldern bewerben werden. Es wird für hoch qualifiziertes Personal keinen Grund geben, sich in einem Arbeitsfeld zu bewegen, das wenig bis keine Entwicklungschancen bietet. An der Jugendarbeit in Ostdeutschland lässt sich beispielhaft zeigen, wie dramatisch sich der Arbeitskräftebedarf innerhalb kurzer Zeit verändern kann. Durch den Einbruch der Geburtenrate in Ostdeutschland – auch wenn diese seit 1994 wieder ansteigt, hat sie immer noch lange nicht das Niveau von vor der Wende erreicht – sowie der stark ausgeprägten Abwanderung in einzelnen ostdeutschen Bundesländern wird es in einigen Regionen mindestens zu einer Halbierung der Zielgruppe der Jugendarbeit in den nächsten Jahren kommen. Anschließend wird der Bedarf, ähnlich wie bei den Kinderbetreuungsplätzen bereits heute, wieder ansteigen. Nun ist Jugendarbeit gerade der Bereich, in dem sich die neuen Bundesländer besonders positiv hervorgetan haben und eine gute Infrastruktur aufgebaut haben, auch wenn deren Finanzierung nicht in vollem Ausmaß gesichert ist. Wenn Jugendämter den erreichten Standard erhalten und nicht weiter ausbauen, was in Zeiten knapper Kassen relativ wahrscheinlich erscheint, wird dies zwangsläufig dazu führen, dass Personal abgebaut werden muss. Immer dann, wenn es Beschäftigten klar wird, dass Personal abgebaut wird, wird es zu Selektionsprozessen kommen. Diese kann man aus fachlicher Sicht gestalten oder sich selbst überlassen. Wählt man letzteren Weg, werden die Fachkräfte mit den besten beruflichen Qualifikationen auch die besten Chancen haben, eine andere Beschäftigung zu finden. Will man diese Personen behalten, um damit die Qualität der Arbeit und Leistungen zu sichern, empfiehlt es sich, den oftmals notwendigen Umbau selbst zu gestalten und rechtzeitig verbindliche Perspektiven und Klarheit zu schaffen.

Diese Problematik zeichnet sich auch in anderen Arbeitsfeldern der Kinder- und Jugendhilfe ab, etwa bei den Hilfen zur Erziehung. Auch in diesen Arbeitsfeldern gilt es, den Bedarf an Fachkräften so zu regulieren, dass eine fachliche Absicherung der (zukünftigen) Qualität der Dienstleistungen gewährleistet wird.

In Westdeutschland wird bislang im Zusammenhang mit dem demografischen Wandel und der Situation in der Kindertagesbetreuung insbesondere betont, dass das Sinken der Geburtenzahlen und damit des Bedarfs an Kindergartenplätzen Spielräume eröffnet, quasi kostenneutral die Betreuungssituation für die Null- bis Dreijährigen sowie die der Schulkinder, für die kein Rechtsanspruch auf Betreuung existiert, zu verbessern (vgl. z.B. Schilling 2000), wenn altersübergreifende Gruppen auch in Westdeutschland an Bedeutung gewinnen. Allerdings setzt dies Rahmenbedingungen voraus, die eine solche Umgestaltung von Einrichtungstypen überhaupt erst erlauben. Altersübergreifende Gruppen müssten dann auch in allen Bundesländern als förderungswürdige Einrichtungstypen in die entsprechenden Richtlinien aufgenommen werden.

Veränderte Bedingungen des Aufwachsens

Aus einer zahlenmäßigen Verringerung der Population kann noch nicht geschlossen werden, dass damit auch das Angebot an Hilfe- und Unterstützungsleistungen verringert werden kann. Letztendlich ist immer eine Orientierung am tatsächlichen Bedarf notwendig. Manche Problemlagen können sich durch kleiner werdende Alterskohorten sogar verschärfen. So gehen Pohl und Meier davon aus, dass diese Entwicklung „ein nicht zu unterschätzender gesellschaftlicher Risikofaktor zugunsten der vermehrten Entwicklung von psychischen Störungen im Kindes- und Jugendalter darstellt" (Pohl/Meier 2000: 340). Wenn Kinder selten werden, dann wird es vermutlich auch schwieriger, ein breites Angebot für Kinder und Familien und damit förderliche Bedingungen für das Aufwachsen von Kindern herzustellen und zu sichern. Viele Bereiche des öffentlichen Lebens, sei es beispielsweise die Gestaltung öffentlicher Räume oder die Anforderungen an Arbeitnehmer, werden dann wahrscheinlich weniger auf die spezifische Lebenslage von Familien ausgerichtet sein. Beispielsweise wird es immer weniger quasi natürliche Begegnungsorte wie Kinderspielplätze geben, an denen Eltern sich gegenseitig und nebenbei in ihrer Erziehungsarbeit stützen können. Alltägliche Probleme wurden und werden an solchen Orten besprochen; das Bedürfnis, die eigene Unsicherheit durch den Rat anderer, die sich in einer ähnlichen Situation befinden, zu verringern, kann hier erfüllt werden. Gibt es diese Orte nicht mehr, dann steigt damit auch der Bedarf an professioneller Unterstützung bei alltäglichen Erziehungsfragen. Mit anderen Worten: Eine deutliche Abnahme der Anzahl von Kindern und damit verbunden auch eine Vereinzelung von Eltern in ihrem sozialen Umfeld führt zu einer steigenden Nachfrage nach Angeboten der Kinder- und Jugendhilfe. Ressourcen, die die Lebenswelt nicht mehr bieten kann oder will, müssen dann durch den professionellen Bereich abgedeckt werden. Auf die Jugendhilfeplanung kommt in Zukunft deshalb auch verstärkt die Aufgabe zu, Treffpunkte und Orte, die einen ungezwungen Austausch von Kindern und Eltern ermöglichen, in den Blick zu nehmen. Eine weitere bedarfssteigernde Folge einer abnehmenden Geburtenrate ist in der geringeren Chance von Kindern und Jugendlichen zu sehen, sich außerhalb institutioneller Settings in Peer-Gruppen zu bewegen. Die Chancen verringern sich deshalb, weil in der Wohnumgebung – zumindest in vielen Regionen – dann weniger Kinder und Jugendliche leben. Dies wird für Kinder und Jugendliche mit entsprechenden Ressourcen zu einer Veränderung der Ausdehnung ihrer Sozialräume führen, für die andere weniger gut ausgestattete Gruppe dagegen zu Exklusionen. Die positive Bedeutung von Peer-Gruppen auf die Entwicklung von Kindern und Jugendlichen ist unbestritten. Deshalb wird die Kinder- und Jugendhilfe zukünftig noch intensiver gefordert sein, Infrastrukturangebote im Rahmen der offenen Kinder- und Jugendarbeit zu entwickeln. Vor diesem Hintergrund werden Infrastrukturangebote verstärkt zu wichtigen Standortfaktoren für die Regionen werden. Familien und auch ein Teil der Betriebe werden solche Gemeinden und Städte bevorzugen, die ein gutes Infrastrukturangebot für die Betreuung, Bildung und außerinstitutionelle Freizeitgestaltung von Kindern und Jugendlichen anbieten können.

Pluralität und Lebensweltorientierung

Die absehbaren demografischen Entwicklungen werfen auch die Frage auf, inwieweit an bestimmten Paradigmen der Kinder- und Jugendhilfe, wie beispielsweise Pluralität oder Lebensweltorientierung, festgehalten werden kann, da es schwieriger werden wird, bei geringerer Anzahl von AdressatInnen diese Paradigmen aufrechtzuerhalten. Die Empirie zeigt nämlich, dass tendenziell dort, wo es rein quantitativ betrachtet weniger (potenzielle) Hilfeempfänger gibt, das Ausmaß der Pluralität von Angeboten geringer ausfällt. Die Erfüllung des Anspruches nach Pluralität würde dann nämlich dazu führen, dass ein Überangebot finanziert werden müsste. Der Druck auf die Fachlichkeit wird unter Effizienzgesichtspunkten weiter zunehmen und die Bedeutung solcher fachlicher Prinzipien wird an einem bestimmten Punkt generell infrage gestellt werden. Hier wird die Kinder- und Jugendhilfe noch stärker als bisher Position beziehen müssen, an welchen Grundsätzen modernen sozialpädagogischen Handelns nicht gerüttelt werden kann, ohne die Qualität der Leistung erheblich zu bedrohen.

Die quantitative Veränderung der Inanspruchnahme von Kinder- und Jugendhilfeleistungen in Folge des demografischen Wandels wird unter Umständen gravierende Änderungen für die Trägerlandschaft nach sich ziehen. So wie sich insbesondere in den neuen Ländern in Zeiten von Aufbau, Umbau und Expansion des Angebotes zumindest im direkten Vergleich zu Westdeutschland eine sehr bunte Trägerlandschaft entwickeln konnte (vgl. van Santen/Seckinger 2001), wird die quantitative Veränderung der Nachfrage und damit auch der bereitgestellten Finanzmittel nicht ohne spürbare Folgen für die Zusammensetzung und die Verhältnisse innerhalb der Trägerlandschaft bleiben. In diesem Zusammenhang sind verschiedene Szenarien denkbar, die sich nicht gegenseitig ausschließen. Wahrscheinlich werden in verschiedenen Regionen Deutschlands unterschiedliche Szenarien Realität werden. Zum jetzigen Zeitpunkt ist eine empirische Überprüfung noch nicht möglich, da diese Effekte von dem Abbau des Angebots öffentlicher Träger in Ostdeutschland sowie den Effekten aus der Arbeitsmarkt- und Strukturförderung überlagert werden. Erst in der nächsten Phase der Dauerbeobachtung, so unsere Erwartung, werden die Auswirkungen auf die Trägerlandschaft auch empirisch beschrieben werden können.

Ein Szenario wäre der Entwicklung unmittelbar nach der Vereinigung Deutschlands ähnlich, als die Kommunalverwaltungen ein formalrechtliches, verbändezentriertes Verständnis von Subsidiarität zeigten (Backhaus-Maul/Olk 1994: 122) und sich durch eine Übertragung von sozialstaatlichen Leistungen inklusive den damit verbundenen Problemen der Personalentwicklung auf freie Träger entlasteten. Es wäre möglich, dass die Jugendämter auch diesmal diesen Weg gehen und die notwendigen Anpassungen der Angebotsstruktur durch einen eigenen Rückzug bewältigen. Dies würde in Ost wie West eine weitere Steigerung der Bedeutung freier Träger markieren und das Profil der öffentlichen Träger verändern. Sie würden dann immer seltener als Anbieter von Hilfen und Leistungen in Erscheinung treten und vor dem Hintergrund der sich vollziehenden Veränderungen in der Vergabepraxis und dem von der Kommission des Elften Kinder- und Jugendberichtes angeregten „fachlich regulierten Wettbewerbs" zunehmend in der Rolle einer „Wettbewerbsregulierungsbehörde der Jugendhilfe" (van Santen/Seckinger 1999: 181) geraten.

Möglich, aber unrealistisch erscheint die Variante, in der die Trägerlandschaft unverändert bleibt, indem der Ressourcenrückgang gleichmäßig über alle Träger verteilt werden wird. Dies scheint deshalb unwahrscheinlich, weil angenommen werden kann, dass Träger unterschiedlich positioniert sind, eine unterschiedlich starke Stellung einnehmen und auch über ungleiche Reservepotenziale verfügen, mit denen Veränderungen der Nachfrage zeitweise überbrückt oder gar ausgeglichen werden könnten. Für Träger, die eine hohe Abhängigkeit von einem einzelnen Arbeitsbereich aufweisen, können Veränderungen in der Nachfrage bereits existenzgefährdende Folgen nach sich ziehen, zumal gerade anerkannten freien Trägern aufgrund der Förderbedingungen es oftmals nicht gestattet ist, Rücklagen zu bilden. Unabhängig von der rechtlichen Lage können wir anhand der Befragung von Geschäftsstellen freier Träger zeigen, dass 54 % der Träger keine Rücklagen bilden. Generell ist davon auszugehen, dass die Träger, die in mehreren Bereichen der Kinder- und Jugendhilfe oder in mehreren Regionen tätig sind, ihre Existenz leichter sichern können, als die, die eine hohe Abhängigkeit von einem Arbeitsfeld (z. B. Jugendarbeit) aufweisen. Nicht nur weil ein über mehrere Arbeitsfelder oder Regionen verteiltes Angebotsspektrum eher Kompensationsmöglichkeiten bieten wird, sondern auch weil unter Umständen in den anderen Arbeitsfeldern, in denen der Träger aktiv ist, der öffentliche Träger auf eine Fortsetzung der Zusammenarbeit angewiesen ist. Hierdurch entsteht ein gewisses Abhängigkeitsverhältnis, das durchaus auch strategische Bedeutung besitzen kann. Vor dem Hintergrund dieser Argumentation erscheinen die beiden anderen denkbaren Entwicklungsvarianten der Trägerlandschaft wahrscheinlicher zu sein. Zum einen können Selektionsprozesse stattfinden, die zu einer Konzentration von Anbietern führen, ähnlich wie dies in verschiedenen Feldern der Ökonomie zu beobachten ist. Zum anderen kann es zu neuen Formen der Zusammenarbeit kommen, es können sogar Zusammenschlüsse bis hin zu Trägerverbünden entstehen. Hierdurch würde das korporatistische Gefüge verändert werden und die Wahrscheinlichkeit, dass es in einem ausgeprägten Maße zu regionalen Monopolstrukturen kommt, wachsen. Damit würden dann auch die in den letzten Jahren erreichten Erfolge in der Pluralisierung der Angebote wieder zunichte gemacht werden. Die Frage, inwieweit es zu einer Reduktion der Hilfekapazitäten über Selektionsmechanismen kommt, hängt unter anderem mit der Verteilung des strategischen Potenzials der verschiedenen Träger zusammen. Je nachdem welche Stellung oder Bedeutung sie in der Trägerlandschaft oder allgemein in der lokalen oder auch überregionalen Kinder- und Jugendhilfeszene etwa im Kinder- und Jugendhilfeausschuss einnehmen, wird es einzelnen Trägern besser oder auch schlechter gelingen, sich gegenüber anderen Trägern zu behaupten. Allerdings können die Jugendämter im Rahmen ihrer Förder- und Fachpolitik durchaus aktiv bei diesem Prozess mitwirken und fachliche Leitideen wie etwa die Pluralität versuchen zu gewährleisten. Auf lange Sicht würde nämlich eine veränderte, einseitige Trägerstruktur die Innovationskraft der regionalen Kinder- und Jugendhilfe beeinträchtigen.

Die hier vorgenommenen Überlegungen zu möglichen Folgen der demografischen Entwicklung für die Kinder- und Jugendhilfe zeigen bei aller Vorläufigkeit und Spekulativität, wie dringend notwendig eine systematische Einbeziehung dieser Entwicklung in die Überlegungen zu regionalen und bundesweiten, fachlichen und quantitativen Entwicklung der Kinder- und Jugendhilfe ist. Nur bei einer Berücksichtigung demografischer Entwicklungen können auch vor Ort anstehende Strukturprobleme und fachliche Herausforderungen rechtzeitig erkannt werden. Auch steigt die Legitimation innerhalb des politischen Systems, wenn man zeigen kann, dass aktuelle Mehrausgaben kein Ausdruck von überproportionalem Wachstum sind, sondern eine notwendige Anpassung an demografische Veränderungen darstellen. Da sich das quantitative Verhältnis der Generation der jungen Menschen gegenüber den älteren Generationen weiter dramatisch zu Ungunsten der jüngeren verändert, erscheint es umso dringlicher, die Lobby der Kinder und Jugendlichen zu stärken. In diesem Zusammenhang sieht sich der Kinder- und Jugendhilfeausschuss vor eine weitere verantwortungsvolle Aufgabe gestellt.

13 Und die Jugendhilfe bewegt sich doch – eine Bilanz

Hört man die vielen resignativen und kritischen Stimmen im Feld der Kinder- und Jugendhilfe, aber auch die bissigen Kommentare, die Politik und Medien an die Adresse der Kinder- und Jugendhilfe in regelmäßigen Abständen senden, und analysiert man die vielen Kommentare, die die Notwendigkeit etlicher Jugendhilfeleistungen infrage stellen, oder die vielen Forderungen, die von verschiedenen Seiten an die Kinder- und Jugendhilfe herangetragen werden, so bekommt man leicht den Eindruck, die Kinder- und Jugendhilfe hätte sich seit Jahren nicht bewegt, nicht weiterentwickelt. Konzepte, so scheint es, werden erst überarbeitet oder gar entwickelt, wenn von außen ein machtvoller Anstoß kommt; wichtige Aufgaben bleiben liegen und von Fachlichkeit könne man eigentlich auch kaum reden.

Dieser Eindruck eines unbeweglichen und verkrusteten Systems, das sich mehr dem Selbsterhalt als den sozialen und gesellschaftspolitischen Aufgaben widmet, die es legitimieren, ist, wie die in dem hier vorliegenden Buch dargestellten Befunde zeigen, falsch. Die Kinder- und Jugendhilfe ist in Bewegung. Sie greift Kritik und Anregung auf, übersetzt sie in das eigene Handlungsfeld und entwickelt neue Formen sozialer Unterstützung und pädagogischer Hilfe. Dieses Fazit bedeutet nun nicht, dass sich die Kinder- und Jugendhilfe auf dem Erreichten ausruhen kann. Nein, im Gegenteil: Viele Fragen sind noch offen, und ihr Auftrag, Hilfe und Unterstützung für junge Menschen und ihre Familien zu leisten, erfordert von der Kinder- und Jugendhilfe auch, sich immer wieder neu zu vergewissern, ob das eigene Handeln den sich wandelnden Problemkonstellationen noch angemessen ist.

Bevor jedoch die offenen Fragen diskutiert werden, vergegenwärtigen wir uns die in den letzten Jahren erreichten Fortschritte. Diese bewegen sich auf unterschiedlichen Ebenen: Einerseits sind dies Veränderungen, die im Zusammenhang mit dem Strukturaufbau der Kinder- und Jugendhilfe im Osten stehen, andererseits lassen sich bei verschiedenen fachlichen Themen positive Entwicklungen beschreiben:

In Ostdeutschland wurde mit dem Aufbau einer modernen Kinder- und Jugendhilfe nach der Wende eine enorme Leistung vollbracht. Was die Angebotsstruktur betrifft, gibt es nur noch einzelne

Hilfeformen oder Angebote, die in den neuen Ländern weniger oft vorhanden sind. Die im Vergleich zum Westen deutlich größere Vielfalt von Trägern ist nach wie vor vorhanden, auch wenn noch ein beträchtlicher Anteil der Träger über Mittel der Arbeitsmarktförderung (mit-)finanziert wird. Allerdings birgt der demografische Wandel die Gefahr einer „Neusortierung der Träger" in sich, die unter Umständen diese Vielfalt einschränken wird (vgl. Kapitel 12). Der Kinder- und Jugendhilfeausschuss als zentrales, fachliches Steuerungsgremium hat nach wie vor in den neuen Bundesländern einen höheren Stellenwert als in den alten Bundesländern und die Jugendämter sind auch besser mit anderen Ämtern vernetzt. Weitere Beispiele, die verdeutlichen, dass die Praxis der Jugendämter in Ostdeutschland Vorbildfunktion übernehmen kann, sind der Stand des Ausbaus der Kindertagesbetreuung für Kinder von 0–3 Jahren und für Schulkinder sowie ihre im Vergleich zu den westlichen Ländern einheitlichere Hilfegewährungspraxis. Auch im Hinblick auf Mitarbeiterfortbildung gibt es sowohl bei öffentlichen als auch freien Trägern in Ostdeutschland mehr Engagement vonseiten der Träger.

Die Position der Jugendämter in der gesamten Bundesrepublik und des Kinder- und Jugendhilfeausschusses als zentrales Steuerungsgremium konnte trotz mehrmaliger Versuche jugendhilfeexterner Akteure, eine Änderung herbeizuführen, gewahrt werden. Es hat sich auch gezeigt, dass die einheitliche Bündelung der Aufgaben der Kinder- und Jugendhilfe weiterhin Bestand hat und eine Aushöhlung dieser Einheit von Innen nicht in nennenswertem Umfang stattgefunden hat (vgl. Mamier/Seckinger/Pluto/van Santen/Zink 2002). Die jetzige Organisationsform, in der die Aufgaben der Kinder- und Jugendhilfe erledigt werden, hat sich als funktionsfähig erwiesen. Die Ressourcenentwicklung (Personal, Finanzen) zeigt, dass die Kinder- und Jugendhilfe – wohlgemerkt im Gesamtbild und wohlwissend, dass auch hier die Situation von Jugendamtsbezirk zu Jugendamtsbezirk erheblich variiert – ihre Position zumindest halten konnte. Allerdings sind solche rein quantitativen Betrachtungen immer mit dem Manko behaftet, dass sie nur wirklich aussagekräftig sind, wenn man sie den quantifizierten Größen der vorhandenen Bedürfnisse nach Unterstützungs- und Hilfeleistungen gegenüber stellen kann.

Richtet man den Blick auf die Personalausstattung der Jugendämter, wird eine weitgehende Stabilisierung der Situation beim öffentlichen Träger deutlich. Die durchschnittliche Gesamtpersonalausstattung ist im Großen und Ganzen unverändert bzw. es zeigt sich eine leicht zunehmende Tendenz beim Personal. Im Hinblick auf die befristet Beschäftigten kann man eine weitere Entspannung bei dem öffentlichen Träger beobachten: Sowohl die Anzahl der Jugendämter mit ABM-Kräften als auch deren Anteil an der Gesamtzahl der MitarbeiterInnen nimmt ab. In diesen Ergebnissen spiegelt sich die erreichte Professionalisierung in der Kinder- und Jugendhilfe wider. Für das Arbeitsfeld der Jugendarbeit ist im Vergleich zu Westdeutschland und trotz anhaltender Abhängigkeit von Arbeitsmarktmitteln im Osten eine gute Ausstattung mit hauptamtlich Beschäftigten festzustellen, die die benötigten Ressourcen und Rahmenbedingungen für den Strukturaufbau der ostdeutschen Jugendarbeit bereitstellt. Für die Zukunft sollte stärker darüber nachgedacht werden, wie die Ressourcen der Fachkräfte so eingesetzt werden können, dass sie eine selbst organisierte Jugendarbeit unterstützen und fördern können.

Die Jugendhilfeplanung als zentrales Steuerungsinstrument ist in nahezu allen Jugendämtern Teil des Aufgabenspektrums geworden und Arbeitsbereiche wie Kindertagesstätten und Jugendarbeit werden von den meisten Jugendämtern planerisch bearbeitet. Auch in der kommunalen Öffentlichkeit hat die Jugendhilfeplanung eine Aufwertung erfahren, denn es ist das am häufigsten außerhalb des Kinder- und Jugendhilfeausschusses vor dem Kommunalparlament referierte jugendhilfebezogene Thema. Im Kinder- und Jugendhilfeausschuss selbst hat die Auseinandersetzung mit der Jugendhilfeplanung auch zugenommen, was sich an den Unterausschüssen zeigt. Die inhaltlichen Anstrengungen der Jugendämter liegen momentan auf der Weiterentwicklung fachlicher Standards wie zum Beispiel dem Einbezug von AdressatInnen und Methoden wie der Sozialraumanalyse.

Die gesetzlichen Vorgaben zum § 36 KJHG wurden von den Jugendämtern auf verschiedene Art und Weise in den Verwaltungsalltag übertragen. Hierzu ist die Entwicklung von Konzepten zu rechnen, die die Hilfeplanung strukturieren und steuern, Hilfeplangespräche erleichtern und insgesamt Vorgaben für die Umsetzung des Hilfeplans im Verwaltungshandeln machen (Hilfeplanformulare, Koordinatoren für die Umsetzung des § 36 KJHG). Aber auch Formen der Selbstevaluation, die durch die Gesetzesvorgaben angeregt wurden, oder neue Formen der Bürgernähe wie Sozialbürgerhäuser sind als Ergebnis der stärkeren Verankerung von beteiligungsfördernden Vorgaben zu werten. Hier beweisen die Jugendämter Experimentierfreude in der Umsetzung.

Die Angebotsstruktur innerhalb der Jugendamtsbezirke differenziert sich weiterhin aus. An diesem Punkt erweist sich die Kinder- und Jugendhilfe als lern- und veränderungsfähig. Die relativ schnelle

Verbreitung neuer Hilfeformen wie z.B. flexible Hilfen (vgl. Kap. 6.5) sowie kurzzeittherapeutische Maßnahmen für Familien zeigen, dass die Anpassungsfähigkeit des Systems nach wie vor vorhanden ist. Insbesondere die im Bereich der erzieherischen Hilfen im KJHG explizit genannten Hilfeformen gehören inzwischen in den meisten Jugendamtsbezirken zum Standardrepertoire. Dabei sind die in der Vergangenheit zum Teil noch zu beobachtenden großen regionalen Unterschiede in der Angebotsstruktur zwischen Ost und West und zwischen Städten und Landkreisen in allen Fällen geringer geworden (vgl. Kapitel 6).

Die Entwicklung der Trägerstruktur ist gekennzeichnet durch einen nach wie vor anhaltenden Rückzug des öffentlichen Trägers. Er tritt immer seltener selbst als Anbieter von Leistungen auf, während gleichzeitig ein Ausbau der Angebote in freier und privatgewerblicher Trägerschaft stattfindet. Offen bleibt, ob vonseiten der Jugendämter damit unmittelbar der Gedanke der Subsidiarität umgesetzt wird oder ob nicht auch andere Motive wie etwa Kosteneinsparungen oder Flexibilitätsgewinne durch Externalisierung von Problemen, im Vordergrund stehen. Zu den Problemen, die häufiger zu externalisieren versucht werden, gehört auf der einen Seite die unangenehme Aufgabe, Personal in Einrichtungen abzubauen, und auf der anderen Seite trotzdem Personal zu werben, weil in einigen Regionen für einige Handlungsfelder ein Fachkräftemangel besteht.

In Ost- wie in Westdeutschland kann man einen Anstieg an Kooperationen beobachten. Kooperation wird somit als Strukturprinzip der Kinder- und Jugendhilfe nicht mehr infrage gestellt und die Qualität der Kooperation wird zumindest aus der Perspektive der Kinder- und Jugendhilfe überwiegend positiv bewertet. Erkennbar ist auch, dass den unterschiedlichen Kooperationsnotwendigkeiten in Ost und West Rechnung getragen wird, die durch unterschiedliche Lebensbedingungen gekennzeichnet sind und dieses sich auch in der Wahl der Kooperationspartner niederschlägt (vgl. auch van Santen/Seckinger 2003).

Kontrastierend zu den beschriebenen Erfolgen gibt es eine ganze Reihe von fachlich ungelösten Fragen und Herausforderungen, denen sich die Kinder- und Jugendhilfe noch nicht ausreichend gewidmet hat. Aber es existiert eine kritische, offene Kultur, sich mit Herausforderungen auseinander zu setzen und das Sich-Selbst-In-Frage-Stellen ist ebenfalls eine Stärke der Kinder- und Jugendhilfe. Es zeugt von einer hohen Reflexivität des Feldes. Im Vergleich zu anderen gesellschaftlichen Bereichen hat die Kinder- und Jugendhilfe in vielen Feldern einen Vorsprung, z.B. bei der Partizipation Minderjähriger, auch wenn die Umsetzung dieser selbst gestellten Ansprüche noch nicht immer perfekt gelingt.

Im Folgenden werden wir einige Entwicklungen herausgreifen, um daran die wichtigsten Perspektiven und Herausforderungen zu beschreiben.

Regionale Differenzen

Die dezentrale Zuständigkeit der Kinder- und Jugendhilfe mit ihrer Autonomie der örtlichen Träger im Rahmen der kommunalen Selbstverwaltung hat nicht nur positive Seiten. Zwar haben die Länder die Aufgabe „auf einen gleichmäßigen Ausbau der Einrichtungen und Angebote hinzuwirken (...)" (§ 82 (2) KJHG) und der Bund ist verpflichtet, für eine gleichwertige Entwicklung der Lebensbedingungen Sorge zu tragen (Art. 72 Abs. 2 GG), aber offensichtlich fehlt es beiden an Möglichkeiten, dieses zu bewerkstelligen. Es lassen sich nämlich zwischen den einzelnen Jugendamtsbezirken erhebliche Differenzen erkennen. Diese beziehen sich im Bereich der Kindertagesbetreuung (vgl. Deutsches Jugendinstitut 2002) sowie der Jugendarbeit auf die Angebotsstruktur und im Bereich der erzieherischen Hilfen insbesondere auf die doch sehr unterschiedlichen Inanspruchnahmequoten der Hilfeformen sowie das unterschiedliche Konzeptverständnis in den einzelnen Regionen (vgl. auch van Santen 2002). Die Tatsache, dass es eine sehr große Streuung bei der Inanspruchnahme von erzieherischen Jugendhilfeleistungen gibt, war bereits bei den IKO-Vergleichsringen (IKO-Netz 1999a, 1999b) eines der überraschendsten Ergebnisse und hat sich in dieser Untersuchung bei der Berücksichtigung aller Kreise Deutschlands bestätigt. Auch wenn man die wenigen Sozialindikatoren, die zur Verfügung stehen und von denen angenommen wird, dass sie in einem Zusammenhang mit der Inanspruchnahme von Leistungen stehen (z.B. Sozialhilfequote, Anzahl der Alleinerziehenden), berücksichtigt, streut die Quote der Inanspruchnahme sehr: Jugendamtsbezirke, die im Hinblick auf die bisher als relevant betrachteten Sozialindikatoren vergleichbar sind, weisen zum Teil sehr hohe und zum Teil sehr niedrige Inanspruchnahmequoten auf. Dies kann darauf zurückzuführen sein, dass die vorhandenen Indikatoren unzureichend sind. Möglicherweise sind aber auch ganz andere Faktoren für die regionalen Disparitäten ausschlaggebend wie etwa die großen regionalen Unterschiede hinsichtlich Konzeptverständnis und Gewährungspraxis. Auch politische Zielsetzungen, die finanzielle Leistungsfähigkeit der Kommunen oder die Arbeitsmarktsituation von

Fachkräften können eine Rolle spielen. Ein schneller Ausbau der Kindertagesbetreuungsangebote beispielsweise würde in einigen Regionen momentan nicht zuletzt an einem Mangel an qualifiziertem Personal scheitern.

Die vorhandenen regionalen Unterschiede führen für die AdressatInnen der Kinder- und Jugendhilfe zu regional ungleichen Chancen, Hilfe in bestimmten Lebenssituationen zu erhalten. Um diese unbefriedigende Situation aufzulösen und zumindest annähernd gleichwertige Bedingungen herzustellen, bedarf es eines intensiven Austauschs über Prioritätensetzungen, die Grundlagen der Entscheidungsfindung, die Entscheidungskriterien und -wege, kurz, die Gewährungspraxis. Hier besteht dringender Handlungsbedarf.

Die Untersuchung zeigt deutlich, dass in den einzelnen Jugendämtern die konzeptionellen Vorstellungen über Hilfeformen konzeptionell zum Teil sehr weit auseinander gehen. Dies gilt nicht nur für das konzeptionelle Verständnis flexibler Hilfen, sondern auch für seit vielen Jahren etablierte Hilfeformen wie SPFH. Gemessen am Verhältnis Fallzahl zu Personal zeigen sich bei allen erzieherischen Hilfen erhebliche Differenzen: Während beispielsweise in einem Jugendamt eine SPFH-Fachkraft zwei Familien betreut, sind dies in einem anderen 16 Familien. Diese großen Unterschiede sind ganz offensichtlich Ausdruck unterschiedlicher konzeptioneller Verständnisse von SPFH. Eine ähnliche Streuung weist der Personalschlüssel bei Erziehungsbeistand, Tagesgruppe u. a. sowie auch bei der Jugendgerichtshilfe auf. Dass in verschiedenen Regionen unter gleichem Namen Unterschiedliches angeboten wird, wäre als solches nicht spektakulär oder erwähnenswert, da so vielleicht jeweils auf die spezifischen Bedürfnisse vor Ort angemessen reagiert wird. Das Problem ist vielmehr ein anderes, denn nimmt die Fachdiskussion nicht zur Kenntnis, dass – um bei dem Beispiel zu bleiben – SPFH nicht gleich SPFH ist, dann kann aus den Erfahrungen anderer Regionen nicht wirklich gelernt werden und die fachliche Weiterentwicklung von Konzepten und Handlungsansätzen wird eher behindert als befördert. Arbeitsinhalte bzw. Konzepte lassen sich auch nicht standortübergreifend auf ihre Wirksamkeit hin evaluieren, wenn ein gemeinsames Konzept fehlt. Von daher bedarf es wohl einer intensiveren Verständigung über Standards und Konzeptionen einzelner Hilfeformen vor dem Hintergrund der spezifischen Bedürfnislagen, auf die diese Hilfeformen jeweils eine Reaktion darstellen.

Ethnie als fachliche Herausforderung

In Kapitel 6.10 haben wir bereits darauf hingewiesen, dass ausländische Kinder und Jugendliche bei den meisten erzieherischen Hilfen unterrepräsentiert sind, dass diese Tatsache für die Kinder- und Jugendhilfe unterschiedlich interpretiert werden kann und insgesamt bislang eine ungenügende interkulturelle Öffnung der Kinder- und Jugendhilfe zu verzeichnen ist. Auch wurde angedeutet, dass mancherorts insbesondere die Unterrepräsentation der ausländischen Kinder und Jugendlichen bei den stationären erzieherischen Hilfen lieber hingenommen wird, als aktiv nach Gründen zu suchen und womöglich damit eine (weitere) Steigerung der Ausgaben herbeizuführen. Mit Bezug auf die kulturellen Besonderheiten der entsprechenden Ethnie rechtfertigen Jugendämter, dass sie in bestimmten Situationen, in denen ausländische Kinder und Jugendliche sich befinden, nicht aktiv werden, während deutsche Kinder und Jugendliche in derselben Situation Hilfe erhalten. In manchen dieser Ethnien sei es etwa quasi Bestandteil der Herkunftskultur, Kindern und Jugendlichen etwa Körperstrafen aufzuerlegen: Was in einer deutschen Familie als Körperverletzung gelten würde, wird in einer anderen als „Normalität", ja vielleicht gar als unverzichtbarer Bestandteil des den Eltern zur Verfügung stehenden Erziehungsinstrumentariums betrachtet. Die Fachkräfte der Kinder- und Jugendhilfe befinden sich hier in einem Dilemma, und sie versuchen es zu lösen, indem sie häufig den Respekt für die kulturellen Besonderheiten der Herkunftskultur über die Belange der Kinder und Jugendlichen in der konkreten Situation stellen. Aber nicht nur die Fachkräfte der Kinder- und Jugendhilfe befinden sich hier in einer Dilemmasituation, sondern im Grunde alle Personen in Gesellschaften, in denen es mehrere kulturelle Praktiken nebeneinander gibt. Hier stellen sich die Fragen der Integration auf einer ganz praktischen Ebene. Man kann die Entscheidungen über die Gewährung von Hilfen weder losgelöst von der Kultur der betreffenden Familie noch von dem Geist des KJHG treffen. In solchen Situationen ist ein Rückzug der Fachkräfte auf die eine oder andere Position fachlich nicht angemessen, auch wenn dies natürlich in vielen Fällen die einfachste Reaktion darstellt. Die Herausforderung, eine richtige Balance zwischen unterschiedlichen Ansprüchen herzustellen, stellt sicher für viele in der Kinder- und Jugendhilfe und, wie gesagt, nicht nur dort, eine strukturelle Überforderung dar. Es fehlt an diesbezüglich orientierten Curricula im Ausbildungssystem und insgesamt ist das Bewusstsein für die Existenz solch transkultureller Dilemmasituationen, die sich bei einer Integration unter dem Vorzeichen der Erhaltung oder

der Gewährung der eigenen kulturellen Identität nahezu zwangsläufig ergeben, kaum ausgeprägt. Dieses Bewusstsein zu schärfen und entsprechende fachliche Konzepte und Kompetenzen zu entwickeln, stellt eine weitere dringende Zukunftsaufgabe der sozialen Arbeit dar.

Gendermainstreaming als Querschnittsaufgabe

Das als Gendermainstreaming bezeichnete politische Leitprinzip ist eine neue Lesart des Geschlechterproblems und verfolgt die Absicht, die Zementierung der ungleichen Beachtung und Behandlung von Frauen und Männern, Mädchen und Jungen aufzubrechen und die unterschiedlichen Ausgangsbedingungen konsequent zu beachten. Bereits auf den Steuerungsebenen, die mit der Analyse, Planung, Umsetzung und Auswertung (fach-)politischer Entscheidungen und Vorgaben beschäftigt sind, gilt es, in Geschlechterkategorien zu denken und zu handeln. Dabei sollen mädchen- und frauenspezifische Förderpolitiken und Angebote keineswegs zugunsten der Strategie des Gendermainstreaming aufgegeben werden, sondern beide Ansätze sollen sich ergänzen. Allerdings bestehen auch Befürchtungen, dass in der Praxis das eine unter Verweis auf das andere unterlassen wird. Zur Durchsetzung und Verbreitung der Strategie des Gendermainstreaming wurden sowohl auf Bundes-, Landes- und europäischer Ebene zahlreiche politische und rechtliche Vorgaben geschaffen (vgl. www.gender-mainstreaming.net). Auch im Kinder- und Jugendhilfegesetz wird betont, dass bei der Aufgabenerfüllung die unterschiedlichen Lebenslagen von Mädchen und Jungen zu berücksichtigen sind, Benachteiligungen abgebaut und die Gleichberechtigung von Mädchen und Frauen gefördert werden soll (§ 9 KJHG).

Wie lässt sich die Situation in der Kinder- und Jugendhilfe hinsichtlich der Berücksichtigung der Geschlechterdifferenz, der mädchenspezifischen Ansätze und Angebote sowie des Prinzips des Gendermainstreaming beschreiben? Dass Mädchen und Jungen in den Angeboten der Kinder- und Jugendhilfe unterschiedlich vertreten sind, Mädchen bei der Art des Angebots offenbar mehr Selbstständigkeit abverlangt wird und dass bei Mädchen andere Problemkonstellationen zu Hilfebedarf führen als bei Jungen, konnten wir in Kapitel 6 zeigen. Letztendlich gibt es aber wenig empirisch gesichertes Wissen darüber, wie diese Differenzen zustande kommen und ob und wie die Geschlechtszugehörigkeit in der Entscheidungsfindung bei den Hilfegesprächen eine Rolle spielt.

Vieles spricht dafür, dass mädchenspezifische Ansätze und Angebote weiterhin eine randständige Position einnehmen und weit davon entfernt sind, ein originärer Bestandteil kommunaler Kinder- und Jugendhilfe zu sein. Ein Blick auf das Steuerungsinstrument der Kinder- und Jugendhilfe, die Jugendhilfeplanung, verdeutlicht dies: Inzwischen nehmen zwar nahezu alle Jugendämter eine solche Planung vor, aber es liegen in der Mehrheit nur in jenen Bereichen mädchenspezifische Planungsaussagen vor, in denen es bereits solche Arbeitsansätze gibt (vgl. hierzu Kapitel 10). Am seltensten sind geschlechtsspezifische Aussagen in der Planung zu Kindertagesstätten zu finden, obwohl gerade in diesen Einrichtungen die Kinder sich in einem Alter befinden, in dem das Geschlechterverhältnis mit am nachdrücklichsten geprägt wird und Geschlechterrollen gelernt werden. Die Thematisierung von „Geschlecht" im Sinne einer Gendermainstreaming-Strategie spielt bei der Jugendhilfeplanung also eine eher untergeordnete Rolle und die Chance, konzeptionell Perspektiven für eine starke Beachtung von Mädchen in der Kinder- und Jugendhilfe zu entwickeln, wird nicht wahrgenommen.

Die Kinder- und Jugendhilfe muss die Idee des Gendermainstreamings selbstreflexiv auch auf ihre eigene Organisation beziehen. Nach wie vor stellt nämlich die Kinder- und Jugendhilfe selbst ein Spiegelbild der Geschlechterverhältnisse in der Gesellschaft dar: In allen Bereichen, in allen Einrichtungen ist ein deutlicher Überhang weiblichen Personals zu verzeichnen, während die Leitungsfunktionen überwiegend von Männern besetzt werden (z. B. sind 70 % der Jugendamtsleitungen männlichen Geschlechts).

Hinsichtlich der Beachtung der Geschlechterdifferenz in der Kinder- und Jugendhilfe stellt sich zukünftig also die Herausforderung, Gendermainstreaming als Handlungsstrategie auf allen Ebenen und in allen Arbeitsfeldern ernst zu nehmen und umzusetzen. Allerdings wäre es verfehlt, wenn dies bedeuten würde, dass die Strategie des Gendermainstreaming die Strategie der mädchenspezifischen Ansätze ablöst. Beides ist sinnvoll und notwendig, um das Ziel einer gleichberechtigten Teilhabe und Beachtung von Mädchen und Jungen in der Kinder- und Jugendhilfe zu erreichen.

Partizipation in der Kinder- und Jugendhilfe

Der Gesetzgeber hat für die Kinder- und Jugendhilfe mit den §§ 8 und 36 KJHG günstige Voraussetzungen geschaffen, Partizipation von Kindern und Jugendlichen in der Alltagspraxis Wirklichkeit werden zu lassen und die Position der AdressatInnen zu stärken.

Die Diskussionen der letzten Jahre in der Kinder- und Jugendhilfe haben gezeigt, dass es insbesondere hinsichtlich der Umsetzung des Hilfeplanes und des Hilfeplangespräches Anstrengungen der Jugendämter gibt, die rechtlichen Vorgaben mit „Leben" zu füllen. Auf formaler Ebene ist die Anforderung der Teilnahme von Kindern und Jugendlichen am Hilfeplangespräch in vielen Jugendämtern geregelt und Vertrauenspersonen können – zumindest theoretisch – in den meisten Jugendämtern von den AdressatInnen in die Hilfeplangespräche mitgebracht werden.

Bei der Jugendhilfeplanung weisen die Daten im Vergleich zur letzten Erhebung auf eine Verbesserung der Umsetzung des Partizipationsgebotes hin: Mehr Jugendämter beziehen Kinder und Jugendliche in die Planungsprozesse vor Ort ein. Gleichzeitig ist aber auch nicht nur im Rahmen der Jugendhilfeplanung offensichtlich geworden, dass die Umsetzung mit einer Reihe von Schwierigkeiten verbunden ist und erhebliche Herausforderungen im Umgang mit Beteiligung erkennbar werden. So scheint es – bleibt man bei der Jugendhilfeplanung – noch an altersgerechten Konzepten zu mangeln, denn jüngere AdressatInnen sind in weniger Jugendämtern mit in die Planungsprozesse der Jugendhilfeplanung involviert als ältere. Ähnlich lassen sich auch bei der Hilfeplanung nach § 36 KJHG im Rahmen der erzieherischen Hilfen Hinweise finden, die weitere partizipationsfördernde Anstrengungen notwendig erscheinen lassen. So ist sich bei der Frage nach dem Einfluss, den die AdressatInnen nach Ansicht der Professionellen auf den Ausgang der Hilfeplanentscheidung haben, ein Drittel nicht sicher, dass dieser Einfluss tatsächlich vorhanden ist. Dies ist ein Hinweis auf praktische Probleme bei der Umsetzung des Beteiligungsgebots. Teilweise erweisen sich die Gespräche als zu „diskurslastig" (vgl. z.B. Vossler 2002) und es werden de facto Kompetenzen vorausgesetzt, die bei Kindern und Jugendlichen (noch) nicht vorhanden sind. Oftmals ist den AdressatInnen die Bedeutung der Hilfeplanung wohl auch gar nicht richtig bewusst, und es fällt ihnen schwer, die gesamten Abläufe einzuordnen. Hinzu kommt, dass im Hilfeplanverfahren auch die unterschiedlichen Perspektiven und Interessen von Kindern, Eltern, Fachkräften, Jugendamt und freien Trägern austariert werden müssen, was häufig nicht reibungslos funktioniert. Ein weiterer Grund für die Schwierigkeiten mit der Umsetzung von Beteiligung scheint – so die ersten Erfahrungen mit der qualitativen Studie, die das Projekt zu diesem Thema durchführt – darin zu liegen, dass häufig noch zu wenig Vorstellungen davon existieren, was mit der Forderung nach mehr Partizipation tatsächlich alles verbunden ist und welche mühsamen Veränderungsprozesse dahinter stehen. Dabei ist auch klar, dass die Umsetzung die Bereitschaft zum Umdenken aller Beteiligten erfordert.

Das Verhältnis von ambulanten zu stationären Hilfen

Das Verhältnis von ambulanten zu stationären erzieherischen Hilfen ist ein viel diskutiertes Thema. In der Regel wird mit dem Ausbau von ambulanten Hilfen die Erwartung einer Reduktion von stationären Unterbringungen verknüpft. Auch die Kommission des Elften Kinder- und Jugendberichts (BMFSFJ 2002: 121) bringt diese Erwartungshaltung erneut zum Ausdruck. Auf Bundesebene kann man allerdings feststellen, dass der Anstieg der Inanspruchnahmequote der ambulanten Angebote nicht mit einer Abnahme der Inanspruchnahmequote der stationären erzieherischen Hilfen einhergeht. Letztere bewegt sich seit mehreren Jahren in etwa auf gleichem Niveau. In der Tendenz zeigt sich diese Entwicklung auch auf der Ebene der einzelnen Kreise. Auch die durchschnittliche Dauer der stationären Hilfen hat sich in den letzten Jahren nicht grundlegend verringert. Nun kann dies noch nicht als Beweis gegen die Annahme eines Effektes der Substitution von stationären Hilfen durch ambulante Hilfen verstanden werden, da es eine Reihe von unbekannten Faktoren gibt. So könnte der Bedarf nach erzieherischen Leistungen so stark angestiegen sein, dass es ohne den Ausbau der ambulanten Hilfen zu einem Anstieg statt einer konstanten Inanspruchnahmequote der stationären erzieherischen Hilfe gekommen wäre. Die vielen Klagen über die immer schwereren Fälle und immer schwieriger werdenden Kinder und Jugendlichen passen in dieses Bild, allerdings können diese Klagen oftmals empirisch widerlegt werden bzw. fehlt es an empirisch gesichertem Wissen darüber, ob diese Klagen die Realität widerspiegeln. So wird zum Beispiel gerade nach Ereignissen wie denen in Erfurt von einer zunehmenden Gewalt an Schulen gesprochen. Hier zeigen jedoch wissenschaftliche Untersuchungen (vgl. z.B. Fuchs/Lamnek/Luedtke 2001), dass diese These so nicht zutrifft.

Vor dem Hintergrund dieser Unsicherheiten erscheint es notwendig, die Versuche einer Klärung des Verhältnisses von ambulanten und stationären Hilfen erneut zu intensivieren, damit bei der Gestaltung der Angebotsstruktur eine höhere Zielgenauigkeit erreicht werden kann.

Idealtypisch gedacht lassen sich drei verschiedene Beziehungen zwischen ambulanten und stationären Hilfen herausarbeiten. Im ersten Fall wird rechtzeitig eine ambulante Hilfe geleistet und damit verhindert, dass die Probleme eskalieren und nur noch durch eine Fremdunterbringung zu bewältigen sind. Der zweite Fall beschreibt im Grunde eine Unabhängigkeit zwischen den beiden Hilfetypen. Ambulante Hilfen bedienen andere Hilfebedürfnisse als stationäre Hilfen. Dem Ausbau der ambulanten folgt deshalb kein Abbau der stationären Hilfen. Mit ambulanten Hilfen werden Bedürfnisse befriedigt, die vorher nicht bearbeitet wurden und jetzt erst in den Blick genommen werden. Die letzte idealtypische Beziehung beschreibt einen Anstieg der stationären Hilfen durch einen Ausbau der ambulanten Hilfen. Ambulante Hilfen schärfen in diesem Modell die Sensibilität für problematische erzieherische Konstellationen und führen so zu einer Ausweitung intensiverer Hilfeformen.

Diese drei Beziehungstypen vermischen sich in der Praxis; insofern geht es um die Frage, welche Wechselwirkungen zwischen diesen drei Faktoren bestehen. Um dies zu erforschen, braucht es zuerst spezifisches Wissen bezüglich der Problemkonstellationen, denen mit den verschiedenen Handlungskonzepten begegnet wird. Es gibt bislang kein systematisches Wissen über den Verlauf sowie die Abfolge der einzelnen Hilfeformen vor dem Hintergrund dieser Zusammenhänge. Erst solche Informationen würden eine valide Bestimmung des Verhältnisses von ambulanten und stationären Hilfen ermöglichen.

Daten und deren Nutzen in der Kinder- und Jugendhilfe

Angeregt durch die in den letzten Jahren verstärkt geführte Diskussion über die angespannte Lage der öffentlichen Kassen und deren Folgen auf die sozialen Sicherungssysteme erhält die Frage, was die Kinder- und Jugendhilfe über sich selbst weiß, zunehmende Relevanz. Auch die Diskussionen über die eigenen fachlichen Ansprüche, die sich auch in einer verbesserten Rationalität sozialpädagogischen Handelns niederschlagen sollen, und die wachsenden Ansprüche auf Mitgestaltung von Hilfe und Infrastrukturleistungen durch die AdressatInnen selbst, z.B. im Rahmen der Jugendhilfeplanung, werfen diese Frage auf. Wie sollen Entscheidungen über sinnvolle Einsparungsstrategien getroffen werden, wenn man eigentlich gar nicht so genau weiß, wie viel Geld man wofür ausgibt? Wie kann Jugendhilfeplanung gelingen, wenn nicht bekannt ist, wie viele Hilfen auf welcher rechtlichen Grundlage geleistet wurden oder welche Qualifikation oder sogar Zusatzqualifikation, die MitarbeiterInnen in den Jugendämtern oder Einrichtungen haben? Es ist deshalb nicht verwunderlich, wenn sich an vielen Stellen zeigen lässt, dass auch die

Daten der amtlichen Statistik der Kinder- und Jugendhilfe nur bedingt darüber Auskunft geben. Eine weitere Frage bezieht sich darauf, wie auch nur mittelfristige Entwicklungen abgeschätzt werden können, wenn schon quantitative – geschweige denn qualitative – demografische Entwicklungen kaum in den Blick genommen werden (vgl. Kapitel 12)? Auch wird schwer zu entscheiden sein, ob Konzepte wie das neue Steuerungsmodell umsetzbar sind, wenn gar nicht geklärt ist, welche Informationen empirisch begründet als steuerungsrelevant zu erachten sind.

Selbst Daten zur Inanspruchnahme von Hilfen und Angeboten lassen sich nicht leicht generieren, da das bisherige System der Verwaltung und Ablage von Hilfeplänen, Jahresberichten und anderen Informationsquellen in der Regel nicht darauf ausgerichtet ist, daraus Informationen für die Jugendhilfeplanung und die interne Berichterstattung zu gewinnen. Mit zunehmendem Computereinsatz scheint sich die Situation zu verbessern. Aber allein an der großen Differenz, die regelmäßig in der amtlichen Kinder- und Jugendhilfestatistik zwischen Fortschreibung und Bestandsdaten zum Vorschein kommt (vgl. Pothmann 2002) kann man erkennen, wie schwierig eine kontinuierliche und zuverlässige Datengenerierung ist. Zum Teil sind die Probleme systemimmanent und damit wahrscheinlich auch unvermeidbar. Das Subsidiaritätsprinzip bringt es nun einmal mit sich, dass das Jugendamt nicht mit den personellen Angelegenheiten einzelner Träger befasst ist. Eine andere Schwierigkeit besteht darin, dass in manchen Bereichen verschiedene Organisationen oder Ämter bei der Bereitstellung von Hilfen oder Unterstützungsleistungen involviert sind und es verschiedene Rechtsgrundlagen geben kann, auf denen diese erbracht werden, weil klare Abgrenzungen nicht immer machbar oder auch nicht immer sinnvoll sind. Das Beispiel der Jugendberufshilfe zeigt, dass dies, zumindest was die Datenlage betrifft, zu einer unbefriedigenden Situation führen kann. Da sowohl die Jugendämter als auch die Sozialämter und Arbeitsämter in diesem Feld aktiv sind, fehlt eine belastbare Datengrundlage zu den einzelnen Aktivitäten, den Zielgruppen sowie zum Mitteleinsatz und dies obwohl jedes der genannten Ämter in diesem Bereich große Summen investiert. Dieser unbefriedigenden Situation ein Ende zu bereiten, erscheint mehr als empfehlenswert.

An diesen Beispielen wurde bereits hinreichend deutlich, dass es in Bezug auf Datengenerierung und Datenmanagement in der Kinder- und Jugendhilfe noch Entwicklungsbedarf gibt (vgl. hierzu auch BMFSFJ 2002: 100 ff.). Gelingt es nämlich der Kinder- und Jugendhilfe nicht, auf überzeugende Weise auch gegenüber jugendhilfeexternen Akteuren darzulegen, dass sie weiß, was sie tut und dass dieses Handeln auch begründbar ist, dann wird es ihr in Zukunft immer schwerer fallen, ihre eigene Handlungsfähigkeit zu bewahren. Die Kinder- und Jugendhilfe wird sich, in der Auseinandersetzung zwischen symbolischem Aktionismus als Reaktion auf tagespolitische Ereignisse und dem Bestreben fachliche Standards durchzusetzen und zu erhalten, verlieren, wenn sie nicht nachvollziehbare Begründungen für ihre Arbeit liefert.

Empirische Forschung hat bei dieser eben beschriebenen Situation die Aufgabe, sowohl durch die Verbindung mehrerer Perspektiven (Jugendämter, freier Träger, amtliche Statistiken, qualitative Befragungen, AdressatInnen etc.) und einem bewussten Umgang mit den Lücken im Datenmaterial das Wissen über die Kinder- und Jugendhilfe zu verbessern und einen Beitrag zu einem für unterschiedliche Verwendungszwecke optimierten Datenmanagement zu leisten.

Herausforderungen in der Fort- und Weiterbildung

Fort- und Weiterbildung der MitarbeiterInnen in der Kinder- und Jugendhilfe stellt eine der wichtigsten Strategien dar, die Leistungsfähigkeit zu steigern. Im Längsschnittvergleich wird deutlich, dass dies erkannt ist und auch versucht wird, systematisch die Fort- und Weiterbildungen auszubauen. Doch trotz deutlicher Fortschritte in der finanziellen Absicherung von Fortbildungsaktivitäten ist nach wie vor eine unzureichende Ausstattung mit Mitteln für Fortbildungen zu konstatieren (vgl. Kap. 4). Die finanziellen Mittel bleiben sowohl hinter dem zurück, was in Industrie und Handwerk ausgegeben wird, als auch was in einer Empfehlung des Evangelischen Erziehungsverbandes e.V. (EREV) 1989 für notwendig erachtet wurde.

Demzufolge überrascht es auch nicht, dass in der Regel ein größerer Bedarf an Fortbildungsmaßnahmen besteht als konkrete Planungen bei den Jugendämtern in einzelnen Bereichen vorliegen. Besonders groß sind die Unterschiede zwischen Bedarf und Planung bei den Themen „Beteiligung von Kindern und Jugendlichen" und „Datenschutz". Es zeigt sich also auch hier, dass das Thema „Beteiligung von Kindern und Jugendlichen" auf einer programmatischen Ebene präsent ist, aber vielerorts noch keine Prioritätensetzung für das Praxishandeln nach sich gezogen hat (vgl. Zink/Pluto 2002).

Bei den Jugendringen ist eine noch deutlichere Diskrepanz zwischen Bedarf und Planung bzw. Durchführung von Fortbildungen zu verzeichnen. Besonders auffällig ist dieser Unterschied bei der Frage der Gewinnung neuer Ehrenamtlicher. Während 58 % der

Jugendringe angeben, hier Fortbildungen zu benötigen (häufiger als alle anderen Nennungen), werden in diesem Bereich neben Sozialsponsoring und interkultureller Jugendarbeit noch nicht einmal von jedem zehnten Jugendring Fortbildungen geplant oder durchgeführt.

Die Ergebnisse unserer Erhebungen bei freien und öffentlichen Trägern sowie bei Einrichtungen der Kinder- und Jugendhilfe zeigen auch, dass die angebotenen Fortbildungsthemen und fehlende strukturelle Voraussetzungen wie Freistellungsregelungen im Rahmen der Arbeitszeit sowie mangelnde finanzielle Ressourcen Gründe für eine unzureichende Bedarfsbefriedigung sind. Fortbildungen sind entsprechend stärker an den Bedarfen auszurichten und strukturelle Voraussetzungen für die Teilnahme zu schaffen.

Kritisch zu bewerten sind die geringen Fort- und Weiterbildungsaktivitäten im Bereich der interkulturellen Arbeit. Der Anteil der AdressatInnen nichtdeutscher Herkunft wird in Zukunft wahrscheinlich noch zunehmen (vgl. Kap. 12). Die Unabhängige Kommission „Zuwanderung" weist auf die Herausforderungen hin, die die multikulturelle Realität bereits in den Kindergärten und Vorschulen an die ErzieherInnen stellt und empfiehlt, ErzieherInnen und LehrerInnen verstärkt im Fach interkulturelle Pädagogik aus- und weiterzubilden (vgl. Unabhängige Kommission „Zuwanderung" 2001: 214/217). Diese Aussage ist auch auf die anderen Bereiche der Kinder- und Jugendhilfe zu übertragen.

Wettbewerb in der Kinder- und Jugendhilfe

In Zeiten, in denen die Konsolidierung öffentlicher Haushalte zum unumgehbaren Ziel der Politik geworden ist, geraten Ausgabenbereiche, in denen Steigerungen zu verzeichnen sind, unter einen erhöhten Legitimationszwang und neue Formen der Organisation dieser Bereiche haben Hochkonjunktur. Die Diskussion um das neue Steuerungsmodell, die neuen Entgeltregelungen im KJHG, die Öffnung des Markts sozialstaatlicher Dienstleistungen für privat-gewerbliche Träger sowie der im Bereich der Kindertagesbetreuung angedachte Wechsel von der Objekt- zur Subjektförderung verdeutlichen, dass an manchen Stellen und Orten eine Wende hin zu einer marktförmigeren Organisation der Produktion sozialstaatlicher Leistungen vollzogen wird. Die Erwartung ist zum einen, mit diesen Veränderungen das Passungsverhältnis von Angebot und Nachfrage zu verbessern und zum anderen, Leistungen kostengünstiger und effizienter als bisher bereitstellen zu können. Die Kommission des Elften Kinder- und Jugendberichtes beschreibt in diesem

Zusammenhang detailliert (BMFSFJ 2002: 257) die Gefahr eines reinen Kostenwettbewerbs statt eines wünschenswerten Qualitätswettbewerbs und benennt eine Reihe von Bedingungen, die erfüllt werden müssen, damit die Gefahr eines Wettbewerbs zulasten vieler Fachlichkeitsprinzipien (wie z.B. Betreuungskontinuität, Pluralität, Wunsch- und Wahlrecht der AdressatInnen, Fachkräftegebot) der Kinder- und Jugendhilfe abgewendet werden kann (ebd.: 258f.). Bereits jetzt enthalten etwa die Regelungen zu den Entgeltvereinbarungen in Form der abzuschließenden Qualitätsentwicklungsvereinbarungen Vorschriften, die den Aspekt der Qualität der Leistungen mit berücksichtigen. Das KJHG kennt auch das Fachkräftegebot (§ 72), allerdings enthält diese Vorschrift Formulierungen, die es, objektiv betrachtet, sehr schwer machen, einer Umgehung dieses Prinzips wirksam zu begegnen. Die in diesem Buch dokumentierte Empirie zeigt, dass eine gesetzliche Regulierung oder auch der programmatische Konsens der Fachöffentlichkeit in der Praxis zu wenig normative Kraft entfalten kann, um wirksam zu werden. Zum einen hängt dies damit zusammen, dass die Notwendigkeit, Verfahren zur Qualitätsentwicklung und Qualitätssicherung einzuführen, unumstritten ist, die Diskussion bislang aber sehr stark auf die Verfahren fixiert war. Die Frage, was eigentlich die Qualität in der Kinder- und Jugendhilfe an sich ausmacht, kam hingegen zu kurz. Zum anderen fehlt eine Instanz, die Mängel in der Qualität skandalisiert und einfordert. Die Träger als Leistungserbringer und der öffentliche Träger als Kostenträger befinden sich in einem Abhängigkeitsverhältnis und die Leistungserbringer, seien es öffentliche oder freie oder privatgewerbliche Träger, werden sich nicht unbedingt selbst ein Bein stellen und eine fehlende Qualität der eigenen Leistungen bemängeln. Der Kostenträger sieht sich vor das Dilemma gestellt, kurzfristige Ausgaben mit eventuell möglichen langfristigen Ausgabenersparnissen nachvollziehbar in Beziehung zu setzen und wird sich daher oftmals an scheinbar objektiven Entscheidungsrationalitäten, z.B. an dem Ergebnis eines einfachen Kostenvergleiches, orientieren. Zur Durchsetzung und Einhaltung von Qualitätskriterien braucht es daher eine weitere Instanz. Hierzu bieten sich die Landesjugendämter und die AdressatInnen der Kinder- und Jugendhilfe als Leistungsempfänger an. Zum Teil übernehmen die Landesjugendämter bereits jetzt entsprechende Aufgaben wie etwa die Erteilung von Betriebserlaubnissen, was mit der hier erforderlichen Aufgabenwahrnehmung Ähnlichkeit hat. De facto würde dieser Weg eine Ausweitung der Befugnisse der Landesjugendämter bedeuten. Die Stärkung der Position der Leistungsempfänger durch eine Form der Institutionalisierung der Interessen hätte den Vorteil, dass der

Aspekt des Passungsverhältnisses von Angebot und Nachfrage in der Qualitätskontrolle quasi automatisch integriert wäre. Die Kommission des Elften Kinder- und Jugendberichtes schlägt in diesem Zusammenhang vor, „Dienste der Verbraucher" bzw. der Klientenberatung vergleichbar mit den Verbraucherberatungsstellen, einzurichten. Zudem fordert die Kommission die Installierung von unabhängigen Beschwerde- bzw. Clearingstellen. Darüber hinaus besteht die Möglichkeit, die Adressatenperspektive durch eine Institutionalisierung von Interessenvertretungen, ausgestattet mit Einflussmöglichkeiten, unmittelbar in den Einrichtungen zu etablieren. Ein Blick über die Grenzen zeigt, dass z. B. in den Niederlanden eine solche Regelung Eingang in die Gesetzgebung gefunden hat (vgl. Wet Medezeggenschap Clienten Zorginstellingen (WMCZ)).

Als Fazit kann festgehalten werden, dass es empfehlenswert erscheint, neben Leistungserbringern und Kostenträgern eine „dritte Kraft" mit eigenen Rechten und Einflussmöglichkeiten auszustatten, die die Interessen der AdressatInnen im Wettbewerb zur Geltung bringt und hilft, einen fachlich regulierten statt einen puren Kostenwettbewerb voranzubringen.

14 Literatur

Ader, S./Schrapper, C. (2002): Wie aus Kindern in Schwierigkeiten „schwierige Fälle" werden. In: Forum Erziehungshilfen, 8. Jg., Heft 1, S. 27–34

AFET (1999): Jugendliche zwischen Heimerziehung, Psychiatrie und Strafvollzug. Neue Schriftenreihe, Heft 56/99. Hannover

AFET (Hrsg.) (2001): Zuständigkeitslockerung bei Organisationsvorhaben des SGB VIII., hier Jugendhilfeausschuss. Hannover

Ames, A./Bürger, U. (1998): Ursachen der unterschiedlichen Inanspruchnahme von Heimerziehung. Zusammenfassung zentraler Ergebnisse der „Eckwertuntersuchung". Stuttgart, Landeswohlfahrtverband Württemberg-Hohenzollern

ANBA – Amtliche Nachrichten der Bundesanstalt für Arbeit (2000): Bd. 7. Nürnberg, Bundesanstalt für Arbeit

Arbeitsstelle Kinder und Jugendkriminalitätsprävention (Hrsg.) (1998): Literaturdokumentation von Arbeitsansätzen der Kinder und Jugendkriminalitätsprävention aus Fachzeitschriften der Bereiche Jugendarbeit, Polizei, Schule, Justiz, Bewährungshilfe, Kriminologie, Strafrecht, Jugendgerichtshilfe, Pädagogik, Psychologie, Bildungswesen, Sonderpädagogik, Sozialpädagogik, Familienrecht und Strafvollzug. München, Bd. 1

Arbeitsstelle Kinder und Jugendkriminalitätsprävention/Bundesjugendkuratorium (Hrsg.) (1999): Der Mythos der Monsterkids Strafunmündige „Mehrfach- und Intensivtäter". Ihre Situation Grenzen und Möglichkeiten der Hilfe. Dokumentation des Hearings des Bundesjugendkuratoriums am 18. Juni 1998 in Bonn. München, Bd. 2

Arbeitsstelle Kinder und Jugendkriminalitätsprävention (Hrsg.) (2000): Wider die Ratlosigkeit im Umgang mit Kinderdelinquenz. Präventive Ansätze und Konzepte. München, Bd. 3

Arbeitsstelle Kinder und Jugendkriminalitätsprävention (Hrsg.) (2001): Schnelle Reaktion. Tatverdächtigte Kinder und Jugendliche im Spannungsfeld zwischen beschleunigtem Verfahren und pädagogischer Hilfe. München, Bd. 4

Arbeitsstelle Kinder und Jugendkriminalitätsprävention (Hrsg.) (2002a): Die mitgenommene Generation. Aussiedlerjugendliche eine pädagogische Herausforderung für die Kriminalitätsprävention. München, Bd. 5

Arbeitsstelle Kinder und Jugendkriminalitätsprävention (Hrsg.) (2002b): Nachbarn lernen voneinander. Modelle gegen Jugenddelinquenz in den Niederlanden und in Deutschland. München, Bd. 6

Backhaus-Maul, H./Olk, Th. (1994): Von Subsidiarität zu „outcontracting": Zum Wandel der Beziehungen von Staat und Wohlfahrtsverbänden in der Sozialpolitik. In: Streeck, W. (Hrsg.): Staat und Verbände. Sonderheft 25 der Politischen Vierteljahreszeitschrift. Opladen, S. 100–135

BAGJAW (2001): Jugend, Beruf und Gesellschaft. Arbeitsdruck. Beratungs- und Betreuungsarbeit für junge AussiedlerInnen, 39. Sozialanalyse. Bonn

BAGLJÄ Presseerklärung (2/2001): Bundesarbeitsgemeinschaft der Landesjugendämter: Zustimmung für Beschluss der Jugendministerkonferenz vom 17./18. Mai 2001. Sonderstellung der Jugendhilfeausschüsse beibehalten. Im Internet: http://www.bagljae.de

Bange, D. (2002): Ausmaß. In: Bange, D./Körner, W. (Hrsg.): Handwörterbuch Sexueller Missbrauch. Göttingen, S. 20–25

Bauereiss, R./Bayer, H./Bien, W. (1997): Familienatlas II. Lebenslagen und Regionen in Deutschland. Karten und Zahlen. Opladen

Bauereiss, R./Bayer, H./Rathgeber, R. (2001): Tatverdächtige Jugendliche in Deutschland. Die Polizeiliche Kriminalstatistik – aufgeschlüsselt in der DJI-Regionaldatenbank. In: Deutsches Jugendinstitut (Hrsg.): Das Forschungsjahr 2000. München, S. 58–70

Baumert, J./Artelt, C./Neubrand, M./Prenzel, M./Schiefele, U./Schneider, W./Stanat, P./Tillmann, K.-J./Weiß, M. (Hrsg.) (2001): PISA 2000. Basiskompetenzen von Schülerinnen und Schülern im internationalen Vergleich. Opladen

Baur, D./Finkel, M./Hamberger, M./Kühn, A. (1998): Leistungen und Grenzen von Heimerziehung. Ergebnisse einer Evaluationsstudie stationärer und teilstationärer Erziehungshilfen. Schriftenreihe des Bundesministeriums für Familie, Senioren, Frauen und Jugend. Stuttgart, Bd. 170

Bayerisches Staatsministerium für Arbeit und Sozialordnung, Familie, Frauen und Gesundheit (2000): Entwicklung und Prüfung effizienter Finanzierungsmöglichkeiten für den Kindergarten und Hortbereich. München

Bayerischer Städtetag (2000): Informationsbrief Nr. 6/00. München

Becker, P. N. (1999): Welche Qualität haben Hilfepläne? Bundesweite Strukturanalyse und Konzeption eines Handlungsleitfadens. Frankfurt/Main, Deutscher Verein für öffentliche und private Fürsorge

Becker, W. (2001): Hilfeplanung. Dienstleistung in der öffentlichen Jugendhilfe. Dokumentation und Fallanalyse. Hannover, AFET-Veröffentlichung Nr. 58/2001

von der Beek, A. (2001): kita-Card – ein Zauberwort?. In: Sozialmagazin extra Januar, S. 21–24

Beher, K. (2001): Kindertageseinrichtungen im Zwiespalt. Neue Qualität jenseits der Quantität? In: Rauschenbach, Th./Schilling, M. (Hrsg.): Kinder- und Jugendhilfereport 1. Analysen, Befunde und Perspektiven. Münster, S. 53–72

Beisenherz, H. G. (2002): Kinderarmut in der Wohlfahrtsgesellschaft. Das Kainsmal der Globalisierung. Opladen

Bender, M./Prokop-Nolte, I./Brücher, K. (2001): Auch Kinder sind Angehörige. Erfahrungen aus Sicht der Erwachsenenpsychiatrie. In: Mattejat, F./Lisofsky, B. (Hrsg.): ... nicht von schlechten Eltern. Kinder psychisch Kranker. Bonn, S. 79–86

Bendit, R. (1997): „Wir wollen so unsere Zukunft sichern". Der Zusammenhang von beruflicher Ausbildung und Lebensbewältigung bei jungen Arbeitsmigranten in Deutschland. Aachen

Berg, U./Jampert, K./Zehnbauer, A. (2001): Weihnachten, Bayram und Oktoberfest. Kulturvielfalt aus der Perspektive von Kindern. In: Deutsches Jugendinstitut e. V. (Hrsg.): Das Forschungsjahr 2000, S. 21–34

Berker, P. (1998): Innensteuerung durch Supervision. In: Merchel, J. (Hrsg.): Qualität in der Jugendhilfe. Kriterien und Bewertungsmöglichkeiten. Münster, S. 312–325

Bien, W. (2001): Deutschland wird älter. Sind die aktuellen Geburtenraten eine Bedrohung für die Gesellschaft? DJI-Bulletin, Heft 54, 5/01, S. 5–8

Bien, W./Hartl, A./Teubner, M. (2002): Stieffamilien in Deutschland. In: Deutsches Jugendinstitut (Hrsg.): Das Forschungsjahr 2001. München, S. 87–108

Biermann, B. (2001): Vollzeitpflege. In: Birtsch, V./Münstermann, K./Trede W.: Handbuch Erziehungshilfen. Leitfaden für Ausbildung, Praxis und Forschung. Münster, S. 598–631

Bitzan, M./Daigler, C./Rosenfeld, E. (1999): Jugendhilfeplanung im Interesse von Mädchen. In: Sozialpädagogisches Institut Berlin (Hrsg.): Neue Maßstäbe. Mädchen in der Jugendhilfeplanung. Berlin

Blandow, J./Walter, M. (2001): Die Renaissance der Verwandtenpflege? In: Rauschenbach Th./Schilling, M. (Hrsg.): Kinder- und Jugendhilfereport 1. Analysen, Befunde und Perspektiven. Münster, S. 117–139

Blasius, J./Dangschat, J. (Hrsg.) (1990): Gentrification: Die Aufwertung innenstadtnaher Wohnviertel. Frankfurt/Main

Blüml, H./Helming, E./Schattner, H. (1994): Sozialpädagogische Familienhilfe in Bayern. Abschlussbericht. München

Blumenberg, F. J. (1999): Jugendhilfe und Jugendpsychiatrie in der BRD. In: Colla, H./Gabriel, T./Millham, S./Müller-Teusler, S./Winkler. M. (Hrsg.): Handbuch Heimerziehung und Pflegekinderwesen in Europa. Neuwied, Kriftel, S. 867–873.

Böhm, A. (2001): Gesundheitliche Beeinträchtigungen bei Kita-Kindern – Ergebnisse der Kita-Reihenuntersuchungen für das Land Brandenburg. Vortragsmanuskript. http://www.lasv.brandenburg.de/pdf/3ffkitalga.pdf

Böhnisch, L./Münchmeier R. (1987): Wozu Jugendarbeit? Orientierungen für Ausbildung, Fortbildung und Praxis. Weinheim

Bohn, I. (1998): Mädchenbewusste Jugendhilfeplanung. In: Jordan, E./Schone, R. (Hrsg.): Handbuch der Jugendhilfeplanung. Grundlagen, Bausteine, Materialien. Münster, S. 499–518

Braun, F. (1999): Reform durch Kooperation – Träger von Modellprojekten der Jugendberufshilfe als Akteure lokalen Wandels. In: Weigel, N./Seckinger, M./van Santen, E./Markert, A. (Hrsg.): Freien Trägern auf der Spur. Analysen zu Strukturen und Handlungsfeldern der Jugendhilfe. München, S. 65–84

Braun, F./Lex, T./Rademacker, H. (Hrsg.) 2001: Jugend in Arbeit. Neue Wege des Übergangs Jugendlicher in die Arbeitswelt. Opladen

Brettschneider, W.-D./Kleine, T. (2001): Jugendarbeit in Sportvereinen: Anspruch und Wirklichkeit. Paderborn

Bruner, C. F./Winklhofer, U./Zinser, C. (1999): Beteiligung von Kindern und Jugendlichen in der Kommune. Ergebnisse einer bundesweiten Erhebung. München

Buberl-Mensing, H. (2000): „Mädchenarbeit auf dem Land". In: Deinet, U./Sturzenhecker, B. (Hrsg.): Jugendarbeit auf dem Land. Ideen, Bausteine und Reflexionen für eine Konzeptentwicklung. Opladen, S. 81–96.

Bürger, U. (1998): Ambulante Erziehungshilfen und Heimerziehung. Empirische Befunde und Erfahrungen von Betroffenen mit ambulanten Hilfen vor einer Heimunterbringung. Frankfurt/Main, Internationale Gesellschaft für erzieherische Hilfen (IGFH)

Bürger, U. (1999): Die Bedeutung sozialstruktureller Bedingungen für den Bedarf an Jugendhilfeleistungen. In: Institut für soziale Arbeit (Hrsg.): Soziale Indikatoren und Sozialraumbudgets in der Kinder- und Jugendhilfe. Soziale Praxis, Heft 20, S. 9–34

Bürger, U. (2000): Zehn Jahre Kinder- und Jugendhilfegesetz. Neue Perspektiven und Akzente im Feld der Hilfen zur Erziehung? In: Zentralblatt für Jugendrecht, 87. Jg., Heft 12, S. 446–454

Bürger, U. (2001a): Können ambulante Hilfen Fremdunterbringung vermeiden? Eine Bilanz der Hilfen zur Erziehung im Zeitalter des KJHG. In: Rauschenbach, Th./Schilling, M.: Kinder- und Jugendhilfereport 1. Analysen, Befunde und Perspektiven. Münster, S. 191–219

Bürger, U. (2001b): Die Bevölkerungsentwicklung der kommenden Jahrzehnte in ihren Auswirkungen auf die Hilfen zur Erziehung – Grundsätzliche Anmerkungen und exemplarische Modellberechnungen. In: Bundesverband katholischer Einrichtungen und Dienste der Erziehungshilfe e.V. (BVkE) (Hrsg.): Zukunft der Erziehungshilfen. Erlangen, S. 5–25

Bürger, U. (2002): Konzepte einer „Integrierten Berichterstattung zur Entwicklung von Jugendhilfebedarf und sozialstrukturellem Wandel" – Entstehungshintergünde, methodische Anlage, Zielsetzungen. In: Zentralblatt für Jugendrecht, 89. Jg., Heft 1, S. 1–40

Bürgermeister, U./Jost, A. (2000): Kinder schizophrener Mütter . In: Sozialpsychiatrische Informationen 2/00 (als pdf-Datei unter www.psychiatrie.de/verlag zu finden)

Bundeskriminalamt Wiesbaden (Hrsg.) (2000): Polizeiliche Kriminalstatistik 2000, Bundesrepublik Deutschland. http://www.bka.de/pks/pks2000/

Bundesministerium des Innern, Bundesministerium der Justiz (Hrsg.) (2001): Erster Periodischer Sicherheitsbericht-Kurzfassung. Berlin. http://www.bmj.bund.de

Bundesministerium für Jugend, Familie, Frauen und Gesundheit (BMJFFG) (Hrsg.) (1990): Achter Jugendbericht. Bericht über Bestrebungen und Leistungen der Jugendhilfe. Bonn

Bundesministerium für Familie, Senioren, Frauen und Jugend (BMFSFG) (Hrsg.) (1994): Neunter Kinder- und Jugendbericht. Bericht über die Situation der Kinder und Jugendlichen und die Entwicklung der Jugendhilfe in den neuen Bundesländern. Bundestagsdrucksache 13/70. Bonn

Bundesministerium für Familie, Senioren, Frauen und Jugend (BMFSFJ) (Hrsg.) (1998): Zehnter Kinder- und Jugendbericht. Bericht über die Lebenssituation von Kindern und die Leistungen der Kinderhilfen in Deutschland. Bundestagsdrucksache 13/11368. Bonn

Bundesministerium für Familie, Senioren, Frauen und Jugend (BMFSFJ) (Hrsg.) (2000): Familien ausländischer Herkunft in Deutschland. Leistungen, Belastungen, Herausforderungen. Sechster Familienbericht. Bonn

Bundesministerium für Familie, Senioren, Frauen und Jugend (BMFSFJ) (Hrsg.) (2002): Elfter Kinder- und Jugendbericht. Bericht über die Lebenssituation junger Menschen und die Leistungen der Kinder- und Jugendhilfe in Deutschland. Bonn

Bundesratsdrucksache 831/97: Antrag des Landes Nordrhein-Westfalen zu einem Gesetz zur Erleichterung der Verwaltungsreform in den Ländern (Zuständigkeitslockerungsgesetz) 1997

Burghoff, L. (1999): Das neue Entgeltsystem. In: Burghoff, L./Sommer M./Sträter, P.: Vereinbarung über Leistungsangebote, Entgelte und Qualitätsentwicklung. §§ 77, 78a bis 78 g SGB VIII. München u. a.

Clauß, G./Finze F.-R./Partzsch, L. (1995): Statistik für Soziologen, Pädagogen, Psychologen und Mediziner. Band 1

Cobus-Schwertner, I. (1998): Behinderte Kinder sind in erster Linie Kinder. In: Köttgen, Ch. (Hrsg.): Wenn alle Stricke reißen. Kinder und Jugendliche zwischen Erziehung, Therapie und Strafe. Bonn, S. 40–45

Cornel, H. (2000): Probanden der Bewährungshilfe für Jugendliche und Heranwachsende in Berlin. Eine Untersuchung ihrer Lebenslage und ihrer Erwartungen an das Hilfesystem. In: Bewährungshilfe, Jg. 47, Heft 3, S. 302-321

Dannenbeck, C./Eßer, F./Lösch, H. (1999): Herkunft (er)zählt. Befunde über Zugehörigkeiten Jugendlicher. Münster

Dannenbeck, C./Lösch, H./Eßer, F. (1998): Jugendliche im Stadtteil: Herkunft und Zugehörigkeit als Auskunft. In: Archiv für Wissenschaft und Praxis der sozialen Arbeit, Heft 2, S. 63–78

Deinet, U./Nörber, M./Sturzenhecker, B. (2002): Kinder- und Jugendarbeit. In: Schröer, W./Struck, N./Wolff, M. (Hrsg.): Handbuch Kinder- und Jugendhilfe. Weinheim und München, S. 693-713

Deutscher Bundestag (1980): Bundestagsdrucksache 8/3684 und 8/3685. Fünfter Jugendbericht. Bericht über Bestrebungen und Leistungen der Jugendhilfe. Bonn

Deutscher Bundestag (1988): Zweiter Bericht der Bundesregierung über die Lage der Frauenhäuser für mißhandelte Frauen und Kinder. Bundesdrucksache 11/2848

Deutscher Bundestag (1989): Bundestag Gesetzentwurf BRg: Gesetz zur Neuordnung des Kinder und Jugendhilferechts (Kinder und Jugendhilfegesetz KJHG). Drucksache 11/5948 01.12.1989

Deutscher Bundestag (1998): BT-Drucksache 13 / 10330 1.4.1998

Deutscher Bundestag (2001a): Zukunft gestalten – Kinder und Jugendliche stärken. BT 14/6415

Deutscher Bundestag (2001b): Lebenslagen in Deutschland. Der erste Armuts- und Reichtumsbericht der Bundesregierung. Bundestagsdrucksache 14/5990

Deutsches Institut für Urbanistik (Hrsg.) (1998): Entmischung im Bestand an Sozialwohnungen. Soziale Polarisierung und räumliche Segregation in den Städten. In: Difu-Berichte Heft 4/1998, S. 8–9

Deutsches Institut für Urbanistik (Hrsg.) (2000a): Wo drückt den Kommunen der Schuh? Ergebnisse der Difu-Panelbefragung 1999 bei kommunalen Stadtentwicklungsplanern. In: Difu-Berichte, Heft 2, S. 8–9

Deutsches Institut für Urbanistik (Hrsg.) (2000b): Wanderungsprozesse. Herausforderungen für die Wohnungswirtschaft und die Städte. In: Difu-Berichte, Heft 4, S. 12

Deutsches Jugendinstitut (DJI) (Hrsg.) (1995): Orte für Kinder. Auf der Suche nach neuen Wegen in der Kinderbetreuung. München

Deutsches Jugendinstitut (DJI) (Hrsg.) (1998a): Handbuch Sozialpädagogische Familienhilfe. 2. überarbeitete Auflage. Stuttgart

Deutsches Jugendinstitut (DJI) (Hrsg.) (1998b): Zahlenspiegel. München

Deutsches Jugendinstitut (DJI) (Hrsg.) (2002): Zahlenspiegel. Daten zu Tageseinrichtungen für Kinder. München

Diederich, R. o.J.: Ergebnisse einer Umfrage zur „interkulturellen" Ausbildung von Sozialarbeitern und Sozialpädagogen vom Mai 1990, unveröfftl. Manuskript

Die Drogenbeauftragte der Bundesregierung (2001): Sucht- und Drogenbericht 2000, vorgelegt am 26. April 2001 in Berlin http://www.bmgesundheit.de/themen/drogen/bericht/SuchtDrogenbericht.doc

DPWV (Hrsg.) (2000): Qualitätsentwicklung in Jugendhilfeausschüssen. Eine Arbeitshilfe des Paritätischen Wohlfahrtsverbandes. Frankfurt/Main

Dünkel, F./Geng, B./Kirstein, W. (1998): Soziale Trainingskurse und andere ambulante Maßnahmen nach dem JGG in Deutschland. Mönchengladbach

Eisenberg, U. (1997): Jugendgerichtsgesetz. 7. Aufl., München

Elschenbroich, D. (1986): Eine Nation von Einwandern. Ethnisches Bewußtsein und Integrationspolitik in den USA. Frankfurt

Engemann, C. (2001): Schulanfang auf neuen Wegen – Grundsatzüberlegungen. In: www.kultusministerium.badenwuerttemberg.de/pdf/GS_2001_149.pdf

Evangelischer Erziehungsverband e.V. (EREV) (1989): Verlautbarung zum Stellenwert der Fortbildung. Hannover

Fegert, J. M. (1999): Die Bedeutung der Eingliederungshilfe für die Integration seelisch behinderter Kinder unter der besonderen Berücksichtigung der Kinderperspektive. In: Fegert, J. M./Frühauf, Th. (Hrsg.): Integration von Kindern mit Behinderungen. Seelische, geistige und körperliche Behinderung. Materialien zum Zehnten Kinder- und Jugendbericht, Bd. 4, S. 9–61

Fegert, J. M. (2002): Indikation zu Hilfen nach § 35a KJHG. In: Fröhlich-Gildhoff, K. (Hrsg.): Indikation in der Jugendhilfe. Grundlagen für die Entscheidungsfindung in Hilfeplanung und Hilfeprozess. Weinheim und München, S. 125–136

Fegert, J. M. (2001): Freiheitsentziehende Maßnahmen und die Kinder- und Jugendpsychiatrie und -psychotherapie. In:. Fegert, J. M./Späth, K./Salgo, L. (Hrsg.): Freiheitsentziehende Maßnahmen in Jugendhilfe und Kinder- und Jugendpsychiatrie. Münster, 173 – 183.

Felber, H. (1992): Jugendberufshilfe im Osten. Werkstattbericht DJI. München

Flösser, G./Otto, H.-U. (2001): Qualifikationen und Kompetenzen von Führungs- und Leitungskräften in sozialen Diensten. In: Jugendhilfe, 39. Jg., Heft 3, S. 123–130

Freie und Hansestadt Hamburg (Hrsg.) (1993): Kindertagespflege in Hamburg. Grunddaten der Tagespflegeverhältnisse und Faktoren der Zufriedenheit und Stabilität. Hamburg Behörde für Schule, Jugend und Berufsbildung – Amt für Jugend

Früchtel, F./Lude, W./Scheffer, Th./Weißenstein, R. (Hrsg.) (2001): Umbau der Erziehungshilfe. Von den Anstrengungen, den Erfolgen und den Schwierigkeiten bei der Umsetzung fachlicher Ziele in Stuttgart. Weinheim und München

Fuchs, M./Lamnek, S./Luedtke, J. (2001): Tatort Schule. Gewalt an Schulen 1994 1999. Opladen

Fülbier, P./Steimle, H.-E.(2001): Streetwork, Mobile Jugendarbeit und aufsuchende Jugendsozialarbeit. In: Handbuch Jugendsozialarbeit. Geschichte, Grundlagen, Konzepte, Handlungsfelder, Organisation. Münster, Bd. 1, S. 589–604

Fülbier; P./Mies-van Engelshoven, B. (1998): Jugendliche Spätaussiedlerinnen und Spätaussiedler – Zielgruppe von Jugendhilfeplanung. In: Jordan, E./Schone, R. (Hrsg.): Handbuch der Jugendhilfeplanung. Grundlagen, Bausteine, Materialien. Münster, S. 476–499

Funk, H. (1993): Mädchen in ländlichen Regionen. Historische Klärungen und aktuelle Untersuchungen. München

Gabriel G./Holthusen, B./Schäfer, H. (1999): Kinder und Jugendhilfe und Kriminalitätsprävention. In: Recht der Jugend und des Bildungswesens. Heft 3, S. 346–356

Gaiser, W./de Rijke, J. (2000): Partizipation und politisches Engagement. In: Gille, M./Küger, W. (Hrsg.): Unzufriedene Demokraten. Opladen, S. 267–323

Gaiser, W. (1999): „Die" Jugend von heute. In: Die Mitbestimmung, 45. Jg, Bd. 9, S. 36–39

Gaitanides, S. (1995): Interkulturelle Öffnung der sozialen Dienste. In: Hinz-Rommel, W./Barwig, K.: Interkulturelle Öffnung sozialer Dienste. Freiburg im Breisgau

Gaitanides, S. (1999): Aus-, Fort- und Weiterbildung im Bereich der interkulturellen Sozialarbeit/Sozialpädagogik mit dem Schwerpunkt „interkulturelle Jugendarbeit". Expertise im Rahmen des Aktionsprogrammes „Integration junger Ausländerinnen und Ausländer" des Bundesministeriums für Familie, Senioren, Frauen und Jugend. DJI-Arbeitspapier Nr. 1–154. München

Gawlik, M./Krafft, E./Seckinger, M. (1995): Jugendhilfe und sozialer Wandel. Die Lebenssituation Jugendlicher und die Aufbausituation der Jugendhilfe in Ostdeutschland. München

GMBl (2001): Richtlinien vom 19.12.2000, Kinder- und Jugendplan des Bundes. In: Gemeinsames Ministerialblatt, 52. Jg., Nr. 2, S. 18–31

Groenemeyer, A. (1999): Soziale Probleme, soziologische Theorie und moderne Gesellschaften. In: Albrecht, G./Groenemeyer, A./Stallberg, F. W. (Hrsg.): Handbuch soziale Probleme. Opladen und Wiesbaden

Groenemeyer, A. (2001): Soziale Probleme. In: Otto, H.-U./Thiersch, H. (Hrsg.): Handbuch der Sozialarbeit/Sozialpädagogik. Neuwied, S. 1693–1708

Grunwald, K./Thiersch, H. (2001): Lebensweltorientierung. In: Otto, H.-U./Thiersch, H.: Handbuch Sozialarbeit/Sozialpädagogik. Neuwied, S. 1136–1148

Hagemann, U. (1999): Bundesweite Bestandsaufnahme „betrieblich geförderter Kinderbetreuung". In: Hagemann, U./Kreß, B./Seehausen, H.: Betrieb und Kinderbetreuung. Kooperation zwischen Jugendhilfe und Wirtschaft. Opladen, S. 127–147

Häberlein, B. (2001): „INZEL" – Gesellschaft für offene und mobile Jugendarbeit Stuttgart-Bad Cannstatt. In: Pleiner, G. (Hrsg.): Jugendarbeit in Großstädten. Leitlinien Schwerpunkte Praxismodelle. Opladen, S. 119–123

Hartmann, A./Stroezel, H. (1998): Die Bundesweite TOA-Statistik. In: Bundesministerium der Justiz (Hrsg.): Täter-Opfer-Ausgleich in Deutschland: Bestandsaufnahme und Perspektiven. Mönchengladbach: Forum Verlag Godesberg, S. 149–202

Haubrich, K./Frank, K. (2000): Vom Aufsuchen zur beruflichen Integration. Evaluationsstudie zum Bundesmodellprogramm „Mobile Jugendsozialarbeit für junge Menschen ausländischer Herkunft". DJIArbeitspapier Nr. 1156. München

Haubrich, K./Vossler, A. (2002): Auf dem Weg zur Migrationsfachstelle. In: iza, zeitschrift für migration und soziale arbeit, Heft 1/02, S. 50–53

Heinz, W. (2001): Das strafrechtliche Sanktionensystem und die Sanktionierungspraxis in Deutschland 1882–1998 (Stand: Berichtsjahr 1998) Internet-Publikation: www.unikonstanz.de/rtf/kis/sanks98.htm Version 8/2001

Helming, E. (1998): Hilfen für Familien in Krisensituationen. Vom „Homebuilders Model" über das „Families First Program" zu Familienaktivierungs-Konzepten in der Bundesrepublik Deutschland. In: Zeitschrift für Pädagogik, Heft 39. Beiheft Erziehung und sozialer Wandel, S. 153-168

Helming, E. (2001): Sozialpädagogische Familienhilfe und andere Formen familienbezogener Hilfen. In: Birtsch, V./Münstermann, K./Trede, W.: Handbuch Erziehungshilfen. Leitfaden für Ausbildung, Praxis und Forschung. Münster, S. 541–571

Helming, E./Schattner, H./Blüml, H. (1998): Handbuch Sozialpädagogische Familienhilfe. Stuttgart, Berlin, Köln

Henly, J. R./Lyons, S. (2000): The Negotiation of Child Care and Employment. Demands Among Low-Income Parents. In: Journal of Social Issues, Vol. 56, No. 4, 683–706

Herriger, N./Kähler, H. D. (2001): Kompetenzprofile in der sozialen Arbeit. In: Archiv für Wissenschaft und Praxis der sozialen Arbeit (ArchsozArb). Frankfurt/Main, 32. Jg., Heft 3/01, S. 3–28

Herwig-Lempp, J. (1998): Lernen heißt (sich) verändern. In: EREV (Hrsg.): Die lernende Organisation. Anregungen zur Personalentwicklung. EREV Schriftenreihe Hannover, 39. Jg., Heft 1/98, S. 99–105.

Herzig, B. (1999): Merkmale von neugegründeten Trägern in der Erziehungshilfe am Beispiel Niedersachsens. In: Weigel, N./Seckinger, M./van Santen, E./Markert, A. (Hrsg.): Freien Trägern auf der Spur. München, S. 145 – 158

Hinte, W. (2001): Sozialraumorientierung und das Kinder- und Jugendhilferecht – ein Kommentar aus sozialpädagogischer Sicht. In: Sozialpädagogisches Institut im SOS-Kinderdorf (Hrsg.): Sozialraumorientierung auf dem Prüfstand. München, S. 125–156

Hinte, W./Litges, G./Springer, W. (1999): Soziale Dienste: vom Fall zum Feld: soziale Räume statt Verwaltungsbezirke. Berlin

Hollenstein, E./Tillmann, J. (Hrsg.) (1999): Schulsozialarbeit. Studium, Praxis und konzeptionelle Entwicklungen. Hannover

Hollenstein, E. (2000): Kooperation in der Schulsozialarbeit. Über Grenzbereiche zwischen Schul- und Sozialpädagogik. In: Die Deutsche Schule, 92. Jg., Heft 3, S. 355–367

Homfeldt, H. G./Schulze-Krüdener, J. (2001): Schulsozialarbeit: eine konstruktiv-kritische Bestandsaufnahme. In: neue praxis, 31. Jg., Heft 1, S. 9–28

Horton, P. B./Leslie, G. R. (1974): The Sociology of Social Problems. 5. Auflage. New Jersey

Iko-Netz (1998): Interkommunaler Leistungsvergleich. Vergleichsring Jugendhilfe in Landkreisen, August 1997–Oktober 1998. Abschlußbericht, Köln 1998

Iko-Netz (1999a): Interkommunaler Vergleich mittlerer Großstädte zum Bereich Hilfen zur Erziehung, Eingliederungshilfe für seelisch behinderte und Schutzmaßnahmen. Abschlussbericht

Iko-Netz (1999b): Abschlußbericht für den Vergleichsring Jugendhilfe in Großstädten – Hilfen zur Erziehung. Münster.

Informationsdienst des Instituts der deutschen Wirtschaft Köln (iwd). Ausgabe Nr. 8, 21. Februar 2002, 28. Jg., S. 2

Institut für soziale Arbeit e. V. (ISA) (1996): Qualifizierung der Hilfeplanung und der Hilfen zur Erziehung in der Stadt Frankfurt am Main. Untersuchungsergebnisse – Konzept zur Weiterentwicklung. Münster, ISA Materialien und Berichte 6/96

Institut für Soziale Arbeit e. V. (1999): Abschlußbericht für den Vergleichsring Jugendhilfe in Großstädten – Hilfen zur Erziehung. Münster

Institut für soziale Arbeit e. V. (Hrsg.) (2001): Kinder psychisch kranker Eltern zwischen Jugendhilfe und Erwachsenenpsychiatrie. Soziale Praxis, Heft 21. Münster

Internationale Gesellschaft für Heimerziehung (IGFH) (1977): Zwischenbericht Kommission Heimerziehung. Frankfurt/Main

Institut der deutschen Wirtschaft Köln (iwd) (2002): Ausgewählte Daten, „Weiterbildungserhebung der Wirtschaft 1998". Köln

Jaeckel, M./Schooß, H./Weskamp, H. (1997): Mütter im Zentrum. Mütterzentrum. Bilanz einer Selbsthilfebewegung. München

Janning, H. (1999): Kommunales Haushaltsrecht vs. doppelte Buchführung. In: Erichsen, H.-U.: Kommunale Verwaltung im Wandel. Köln, Berlin, Bonn und München, Bd. 7

Jans, K.-W./Happe, G./Saurbier, H. (2001): Kinder- und Jugendhilferecht. Kommentar. 3. Auflage, 20. Lieferung, 6/2001

Janze, N. (1998): Vollzeitpflege im Wandel. Pflegeverhältnisse jenseits von Kurzzeit- und Dauerpflege. In: KOMdat, 1. Jg., Heft 2, S. 1–2

Jensen, J.-P. (1994): Zu aktuellen Aufgaben der Jugendringarbeit. In: Deutscher Bundesjugendring (Hrsg.): Jugendverbände im Spagat zwischen Erlebnis und Partizipation. Münster, S. 164–167

Joos, M. (2001): Die soziale Lage der Kinder. Sozialberichterstattung über die Lebensverhältnisse von Kindern in Deutschland. Weinheim und München

Jordan, E. (1998): Sozialraum und Jugendhilfeplanung. In: Jordan, E./Schone, R. (Hrsg.): Handbuch der Jugendhilfeplanung. Grundlagen, Bausteine, Materialien. Münster, S. 331–387

Jordan, E./Schone, R. (1992): Jugendhilfeplanung – aber wie? Eine Arbeitshilfe für die Praxis. Münster

Jordan, E./Schone, R. (1998): Aufgaben, Konzepte, Ziele und Realisierungsbedingungen. In: Jordan, E./Schone, R. (Hrsg.): Handbuch der Jugendhilfeplanung. Grundlagen, Bausteine, Materialien. Münster, S. 57–120

Jugendverband Neumünster: Die Geschäftsstelle des Jugendverbandes. http://www.jvn.de/jvn/index.html

Jugendwerk der Deutschen Shell (Hrsg.) (2000): Jugend 2000 – 13. Shell Jugendstudie. Opladen

Keddi, B./Pfeil, P./Strehmel, P./Wittmann, S (1999): Lebensthemen junger Frauen. Die neue Vielfalt weiblicher Lebensentwürfe. Opladen

Keupp, H. (1997): Handlungsperspektiven der Gemeindepsychologie: Geschichte und Kernideen eines Projekts. In: Keupp, H.: Ermutigung zum aufrechten Gang, Tübingen, S. 191–206

KGSt-Bericht (1994): Das Neue Steuerungsmodell: Definition und Beschreibung von Produkten. Köln, 8/94

KGSt Bericht (1996): Integrierte Fach- und Ressourcenplanung in der Jugendhilfe. Köln, 3/96

Klages, H. (1997): Zwischenbilanz der Verwaltungsmodernisierung in Deutschland. In: Verwaltung und Management, 3. Jg., Heft 3, S. 132–139.

Koch, G./Lambach, R. (2000): Familienerhaltung als Programm. Münster

Koch, J./Lenz, S. (Hrsg.) (1999): Auf dem Weg zu einer integrierten und sozialräumlichen Kinder- und Jugendhilfe. Frankfurt/Main

Koch, J./Lenz, S. (Hrsg.) (2000): Integrierte Hilfen und sozialräumliche Finanzierungsformen. Frankfurt/Main

KOMDAT (2001): Vollzeitpflege in den neuen Bundesländern – von der Wirklichkeit eingeholt? In: KOMDAT, 4. Jg., Heft 2, S. 5

Konietzka, D./Kreyenfeld, M. (2001): Non-Marital Births in East Germany after Unification. MPIDR Working Paper 2001-027

Kraus, G./Beck, H./Fuchs, H. (1999): Finanzierung Kindergarten und Hort. ISKA-Arbeitsberichte. Nürnberg

Kreft; D./Lukas, H. u. a. (1990): Perspektivenwandel der Jugendhilfe. Berichte und Materialien aus der sozialen und kulturellen Arbeit, Band 5. ISKA-Nürnberg

Kreyenfeld, M./Spieß, K./Wagner, G. (2001): Finanzierungs- und Organisationsmodelle institutioneller Kinderbetreuung. Neuwied und Berlin

Kröger, R. (1999): Umsetzung der §§ 78 a–g SGB VIII in den einzelnen Bundesländern. In: Kröger, R. (Hrsg.): Leistung, Entgelt und Qualitätsentwicklung in der Jugendhilfe. Arbeitshilfen mit Musterbeispielen zur praktischen Umsetzung der §§ 78 a–g SGB VII. Neuwied, S. 37–57

Kruschwitz, S./Scharlinski, J. (1999): „Muß Mädchenarbeit wirklich sein?" Entwicklung und Chancen von Mädchenarbeit in den neuen Bundesländern. In: Sozialpädagogisches Institut Berlin (Hrsg.) (1999): Neue Maßstäbe. Mädchen in der Jugendhilfeplanung. Berlin

Kühl, S. (2001): Über das erfolgreiche Scheitern von Gruppenarbeitsprojekten. Rezentralisierung und Rehierarchisierung in Vorreiterunternehmen der Dezentralisierung. In: Zeitschrift für Soziologie, 30. Jg., Heft 3, S. 199–222

Kunkel, P.-Ch. (1995): Ist der Hilfeplan ein Instrument des Eingriffs in die Autonomie freier Träger? In: Nachrichten des Deutschen Vereins (NDV) Heft 11, S. 456–457

Kunkel, P.-Ch. (2000): Das Weisungsrecht des öffentlichen Trägers bei Hilfe zur Erziehung. Zugleich Besprechung des Urteils des Bundesarbeitsgerichtes vom 6. Mai 1998. In: Zeitschrift für Jugendrecht, 87. Jg., Heft 2, S. 60–63

Landesjugendring Niedersachsen (Hrsg.) (1996): Handbuch für die Jugendringarbeit. Hannover

Lang, J. (2002): Warum eigentlich nicht: Klientenverträge und -vereinbarungen im Rahmen des Rechtssystems der Jugendhilfe. In: EJ (Evangelische Jugendhilfe) Heft 2, S. 76–80

Lang, S./Mack, W./Reutlinger, Ch./Wächter, F. (2001): Sozialraumorientierung der Jugendhilfe in städtischen Armutsquartieren. In: Rundbrief Gemeindepsychologie, Bd. 7, Heft 2, S. 46–57

Leitner, H. (2001): Hilfeplanung als Prozessgestaltung. Praxis- und Entwicklungsprojekt. Fachliche und organisatorische Gestaltung der Hilfeplanung nach § 36 KJHG/SGB VIII. Münster

Lempp, R. (1999): Seelische Behinderung als Aufgabe der Jugendhilfe § 35a SGB VIII. 4. Auflage. Stuttgart

Lenz, A./Stark, W. (Hrsg.) (2002): Empowerment – neue Perspektiven für psychosoziale Praxis und Organisation. Tübingen.

Lienert, G. A. (1962): Verteilungsfreie Methoden in der Biostatistik. Dargestellt an Beispielen aus der psychologischen, medizinischen und biologischen Forschung. Meisenheim a. Gl.

Lüders, C. (1997): Neue Steuerung in der Jugendhilfe und die Folgen. In: Diskurs Heft 1/1997, S. 76–81.

Maas, U. (1996): Anmerkungen zu dem Beitrag von Kunkel in NDV 11/1995. In: Nachrichtendienst des Deutschen Vereins, Heft 1/1996, S. 28–29

Maas, U. (1997): Das missverstandene KJHG. Privatisierung der öffentlichen Jugendhilfe als „Neue Fachlichkeit": Kein Auftrag, keine Verantwortung – keine Kompetenz? Zentralblatt für Jugendrecht, Heft 3, S. 70–76

Mack, W. (2001): Sozialräumlichkeit. Theoretische Vorüberlegungen zu einem Handlungs und Strukturprinzip der Jugendhilfe. In: von Bothmer, H./Eibeck, B./Ludewig, J./Nowak, S. (Hrsg.): Fokus: Schulverweigerung. Zur Qualität von Schule und Schulsozialarbeit. Ausgewählte Beiträge zur Fachtagung in Potsdam vom 3. 25. 11. 2000. Bonn, S. 134–143

Mamier (2002): Die öffentliche Jugendhilfe in der Bundesrepublik Deutschland – Kontinuität oder struktureller Wandel? Manuskript

Mamier, J./Seckinger, M/Pluto, L./van Santen, E./Zink, G. (2002): Organisatorische Einbettung von Jugendhilfeaufgaben in der Kommunalverwaltung. In: Sachverständigenkommission 11. Kinder- und Jugendbericht (Hrsg.). Materialien zum 11. Kinder- und Jugendbericht, Bd. 1 München

Mattejat, F./Lisofsky, B. (Hrsg.) (1998): ... nicht von schlechten Eltern. Kinder psychisch Kranker. Bonn

Menne, K. (1997): Institutionelle Beratung. Möglichkeiten und Grenzen ihrer quantitativen Erfassung. In: Rauschenbach, Th./Schilling, M. (Hrsg.): Die Kinder- und Jugendhilfe und ihre Statistik. Band II: Analysen, Befunde und Perspektiven. Neuwied und Berlin, S. 201–264

Merchel, J. (1994): Kooperative Jugendhilfeplanung. Eine praxisbezogene Einführung. Opladen

Merchel, J. (1997): Der missverstandene Charakter von Hilfeplanung. Anmerkungen zum Beitrag von Udo Maas in „Zentralblatt für Jugendrecht". In: Zentralblatt für Jugendrecht, Heft 10, S. 368–372.

Merchel, J. (1998): Jugendhilfeplanung in den einzelnen Arbeitsfeldern der Jugendhilfe. In: Jordan, E./Schone, R. (Hrsg.): Handbuch der Jugendhilfeplanung. Grundlagen, Bausteine, Materialien. Münster, S. 389–436

Merchel, J. (2000): Parteilichkeit: ein problematisches Prinzip für professionelles Handeln in der Sozialen Arbeit. In: Hartwig, L./Merchel, J. (Hrsg.): Parteilichkeit in der Sozialen Arbeit. Münster, S. 49–68

Merchel, J./Schrapper, Ch. (1994): Abschlußbericht zum Projekt „Fachliche und organisatorische Gestaltung der Hilfeplanung nach § 36 KJHG" im Jugendamt Herne. ISA Materialien und Berichte, 10/94 Münster

Merten, R. (2001): Rechtsextremismus/Rechtsradikalismus. In: Otto, H.-U./ Thiersch, H. (Hrsg.): Handbuch der Sozialarbeit/Sozialpädagogik. Neuwied, Berlin, S. 1469–1473

Mies-van Engelshoven, B. (2001): Partizipation und Chancengleichheit von Jugendlichen Aussiedlerinnen und Aussiedlern in Deutschland. In: Zeitschrift für Migration und Soziale Arbeit, Heft 2, S. 20–27

Ministerium für Frauen, Jugend, Familie und Gesundheit (Hrsg.) (2000): Jugendhilfeplanung in Nordrhein-Westfalen. Entwicklungsstand – Umsetzungsprobleme. Expertise zum 7. Kinder- und Jugendbericht der Landesregierung Nordrhein-Westfalen, Düsseldorf

Minssen, H. (2001): Zumutung und Leitlinie. Der Fall Gruppenarbeit. In: Zeitschrift für Soziologie, 30. Jg., Heft 3, S. 185–198

Möhlke, G. (1998): „Mädchen". In: Deinet, U./Sturzenecker, B. (Hrsg.): Handbuch offene Jugendarbeit. Münster, S. 85–90

Mörsberger, T./Restemeier, J. (1997): Helfen mit Risiko. Zur Pflichtstellung des Jugendamtes bei Kindesvernachlässigung. Dokumentation eines Strafverfahrens gegen eine Sozialarbeiterin in Osnabrück. Neuwied und Berlin

Münder, J./Greese, D./Jordan, E./Kreft, D./Lakies, Th/Lauer, H./Proksch, R./Schäfer, K. (1993): Frankfurter Lehr- und Praxiskommentar zum KJHG. 2. überarb. Aufl. Münster

Münder, J. (2001): Sozialraumorientierung und das Kinder und Jugendhilferecht. Rechtsgutachten im Auftrag von IGfH und SOS-Kinderdorf e. V. In: Sozialpädagogisches Institut im SOS-Kinderdorf (Hrsg.): Sozialraumorientierung auf dem Prüfstand. München, S. 6–124

Nieke, W. (2001): Interkulturelle Arbeit. In: Otto, H.-U./Thiersch, H. (Hrsg.): Handbuch Sozialarbeit. Sozialpädagogik. 2. Auflage, S. 811–815

Nörber, M. (1994): Bildung und Erziehung. In: unsere jugend, 46. Jg., Heft 11, S. 476–483

Nissen, U. (1992): Raum und Zeit in der Nachmittagsgestaltung. In: Deutsches Jugendinstitut (Hrsg.): Was tun Kinder am Nachmittag?. Weinheim und München, S. 127–170

Olk, T. (1995): Zwischen Korporatismus und Pluralismus: Zur Zukunft der Freien Wohlfahrtspflege im bundesdeutschen Sozialstaat. In: Rauschenbach, Th./Sachße, Ch./Olk, T. (Hrsg.) (1995): Von der Wertgemeinschaft zum Dienstleistungsunternehmen. Jugend- und Wohlfahrtsverbände im Umbruch. Frankfurt/Main

Otyakmaz, B. Ö. (1999): „Und die denken dann von vornherein, das läuft irgendwie ganz anders ab". Selbst- und Fremdbilder junger Migrantinnen türkischer Herkunft. In: Beiträge zur feministischen Theorie und Praxis, Heft 51, S. 79–92

Pavkovic, G. (2001): Erziehungsberatung mit Migrantenfamilien. In: Praxis der Kinderpsychologie und Kinderpsychiatrie, 50. Jg., Heft 4, S. 252–264

Pelzer, S. (1999): Neue Entwicklungen in der Angebotsstruktur für Schulkinder: Differenzierung und Angebotsvielfalt. In: Hössl, A./Kellermann, D./Lipski, J./Pelzer, S. (Hrsg.): Kevin lieber im Hort oder zu Hause? Eine Studie zur Nachmittagsbetreuung von Schulkindern. München, S. 21–37

Permien, H. (2000): Kinderdelinquenz: Wirksame Jugendhilfe oder Warten auf die Justiz? In: Forum Erziehungshilfen Heft 2, S. 88–95

Permien, H./Zink, G. (1998): Endstation Straße? Straßenkarrieren aus der Sicht von Kindern und Jugendlichen. München

Peter, H. (2002): Weiterbildung in der Sozialen Arbeit. In: Schulze-Krüdener, J./ Homfeldt, H-G./Merten, R. (Hrsg.): Mehr Wissen – mehr Können? Soziale Arbeit als Disziplin und Profession. Grundlagen der Sozialen Arbeit. Hohengehren, Bd. 5, S. 125–148

Peters, F./Struck, N. (1998): Flexible Hilfen und das Neue Steuerungsmodell – oder: warum Flexibilität nicht gleich Flexibilität ist. In: Peters, F./Trede, W./Winkler, M. (Hrsg.): Integrierte Erziehungshilfen, IgfH, S. 73–94

Peters, F./Trede, W./Winkler, M. (Hrsg.) (1998): Integrierte Erziehungshilfen. Qualifizierung der Jugendhilfe durch Flexibilisierung und Integration. IgfH, Frankfurt/Main

Petersen, K. (1999): Neuorientierung im Jugendamt. Neuwied

Peucker, Ch. (2001): Außerschulische Betreuung von Kindern und Jugendlichen an den Schulen. München

Pluto, L. (2001): Beteiligung von Kindern und Jugendlichen: Selbstverständlichkeit oder Ausnahme. In: eev-aktuell. Nachrichten aus dem Evang. Erziehungsverband in Bayern e.V., 19. Jg., Heft 2, S. 18–27

Pluto (2002): Verwaltungsmodernisierung bei Jugendämtern – empirische Befunde einer Vollerhebung. Zeitschriftenaufsatz im Erscheinen.

Pluto, L./van Santen, E. (2001): Jugendamtsbezirke – zu klein für Sozialräume? In: KOMDAT Heft 3, S. 4

Polizeiliche Kriminalstatistik (2000): http://www.bka.de/pks/pks2000/index.html

Pohl, P./Meier, U. (2000): Klinische Kinder- und Jugendlichenpsychologie in Deutschland. Ergebnisse einer bundesweiten Befragung. In: Report Psychologie, 5/6/00, S. 334–342

Pothmann, J. (1998):Jugendarbeit im Spiegel der Statistik. In: Jugendpolitik, Heft 4, S. 21–26

Pothmann, J. (2002): Unerwartet – Kein Anstieg der Heimerziehung bei den unter 18-Jährigen. In: KOMDAT, 5. Jg., Heft 1, S. 1–2

Raab, E./Rademacher, H. (1996): Schulsozialarbeit – Die Entwicklung eines Forschungsfeldes mit Impulsen für Schule und Jugendhilfe. In: Diskurs, Heft 1/96, S. 28–37

Rauschenbach, Th./Schilling, M. (1997): Das Ende der Fachlichkeit? Soziale Berufe und die Personalstruktur der Kinder- und Jugendhilfe im vereinten Deutschland. In: neue praxis, 27. Jg., Heft 1, S. 22–54

Rauschenbach, Th./Schilling, M. (2001): Wachstum ohne Ende – Ende des Wachstums? Die Personalstruktur der Kinder- und Jugendhilfe am Beginn des neuen Jahrhunderts. In: Rauschenbach, Th./Schilling, M. (Hrsg.): Kinder- und Jugendhilfereport 1. Analysen, Befunde und Perspektiven. Münster, S. 15–31

Rauschenbach, Th./Schilling, M. (2001): Jugendhilfe und Demographie. Über Risiken der Zukunft und Chancen der Prognose. In: Rauschenbach, Th./Schilling, M. (Hrsg.): Kinder- und Jugendhilfereport. 1. Analysen, Befunde und Perspektiven. Münster, 221–236

Remschmidt, H/Mattejat, F. (1994): Kinder psychotischer Eltern – eine vernachlässigte Risikogruppe. In: Praxis der Kinderpsychologie und Kinderpsychiatrie, 43, S. 295–299

Reuband, K.-H. (1999): Postalische Befragung in den neuen Bundesländern. Durchführungsbedingungen, Ausschöpfungsquoten und soziale Zusammensetzung. In: ZA-Information 45, S. 71–99

Römisch, K./Schorr, K.-W. (1998): Familienstabilisierungsprogramm – FSP. In: Jugendwohl. Zeitschrift für Kinder- und Jugendhilfe. 79. Jg., Heft 7/8, S. 322–325

Rosendorfer, T. (2000): Kinder und Geld. Gelderziehung in der Familie. Frankfurt/New York: Campus

Sächsisches Landesamt für Familie und Soziales, Landesjugendamt (1998): Rundschreiben des Landesjugendamtes zum Haushaltsvollzug 1998 für den Bereich Jugendhilfe. Chemnitz

van Santen, E. (1998): Fremdfinanzierung in der Jugendhilfe – Empirische Befunde zum Ausmaß der Unterstützung durch die Jugendämter. In: Jugendhilfe, 36. Jg., Heft 2, S. 66–74.

van Santen, E. (2000): Rauf oder runter, mehr oder weniger? – Ergebnisse und methodische Anmerkungen zu regionalen und zeitlichen Vergleichen der Fremdunterbringung. In: NDV, 80, Heft 7, S. 201–206

van Santen, E. (2002): Regionale Disparitäten in der Kinder- und Jugendhilfe – Angebote, Inanspruchname, Konzepte. In: Forum Erziehungshilfe, 8. Jg., Heft 4, 214–222

van Santen, E./Seckinger, M. (1999): Freien Trägern auf der Spur – ein Fazit. In: Weigel, N./Seckinger, M./van Santen, E./Markert, A. (Hrsg.): Freien Trägern auf der Spur. München, S. 177–187

van Santen, E/Seckinger, M. (2001): Neue Trägervielfalt in Ostdeutschland und ihre Folgen für das (neo)korporatistische System. In: Zeitschrift für Sozialreform, 47. Jg., Heft 1, S. 55–74

van Santen, E./Seckinger, M. (2002): Kinder und außerschulische Institutionen – Anmerkungen zu einem wenig erforschten Verhältnis. In: Leu, H.-R. (Hrsg.): Sozialberichterstattung zu Lebenslagen von Kindern. Opladen DJI-Reihe Bd. 11

van Santen, E./Seckinger, M. (2003): Kooperation: Mythos und Realität einer Praxis. Eine empirische Studie zur interinstitutionellen Zusammenarbeit am Beispiel der Kinder- und Jugendhilfe. München

van Santen, E./Seckinger, M/Pluto, L. (2001): Kooperation zwischen Mythos und Praxis. Kooperationsbeziehungen in der Kinder- und Jugendhilfe. Deutsches Jugendinstitut, München

van Santen, E./Seckinger, M./Pluto, L./Pothmann, J. (2000): Sozialindikatoren, Fremdunterbringung und Sozialraumorientierung – ein Bermudadreieck für Fachlichkeit? In: Archiv für Wissenschaft und Praxis der sozialen Arbeit, Heft 2, S. 101–134

Schäfer, H. (2000): Zum Umgang mit delinquenten Kindern – Eine Einführung. In: Arbeitsstelle Kinder- und Jugendkriminalitätsprävention, Deutsches Jugendinstitut e.V. (Hrsg.): Wider die Ratlosigkeit im Umgang mit Kinderdelinquenz. Präventive Ansätze und Konzepte. München

Schefold, W. (2002): Hilfeprozesse und Hilfeverfahren. In: Schröer, W./Struck, N./ Wolff, M.: Handbuch Kinder- und Jugendhilfe. Weinheim und München, S. 1085–1111

Schefold, W./Glinka, H.-J./Neuberger, C./Tilemann, F. (1998): Hilfeplanverfahren und Elternbeteiligung. Evaluationsstudie eines Modellprojektes über Hilfeerfahrungen von Eltern im Rahmen des KJHG (Arbeitshilfen, Bd. 50). Frankfurt/Main, Deutscher Vereins für öffentliche und private Fürsorge

Schellhorn, W. (2000): SGB VIII/KJHG Sozialgesetzbuch, Achtes Buch Kinder- und Jugendhilfe. 2. Auflage. Neuwied

Schiersmann, Ch./Thiel, H.-U./Fuchs, K./Pfizenmaier, E. (1998): Innovationen in Einrichtungen der Familienbildung. Eine bundesweite empirische Institutionenanalyse. Opladen

Schilling, M. (2000): Auswirkungen des Bevölkerungsrückgangs auf die Kinder- und Jugendhilfe bis zum Jahr 2010 in Westfalen-Lippe (NRW). Münster:, Landschaftsverband Westfalen-Lippe, Landesjugendamt

Schilling, M. (2001): Ausbau und Flexibilisierung des Angebotes in Kindertageseinrichtungen. In: Forum der Jugendhilfe, Heft 1, S. 53–55

Schilling, M./Rauschenbach, Th. (2001): Jugendsozialarbeit im Spiegel der Statistik. Münster, S. 1049–1069

Schilling, M./Pothmann, J. (2001): Landesweites Berichtswesen zu den Hilfen zur Erziehung (HzE-Bericht). Ein Instrument zur Entwicklung von Fragestellungen an die kommunale Jugendhilfeplanung. In: Jugendhilfe Report Heft 2/01, Informationen aus dem Landesjugendamt Rheinland, S. 4–8

Schoetzau, A./Irl, C./van Santen, F./Grosche, B./Müller, U. (1997): Geburtsprävalenz ausgewählter Fehlbildungen bei Lebendgeborenen in Bayern von 1984–1991. Monatsschrift für Kinderheilkunde Heft 145, S. 838–844

Schrapper, Ch./Spies, A. (2002): Jugend auf dem Land: „Jung sein im Westerwald" In: unsere jugend, Heft 4/02, S. 163–170

Schule für Circuskinder in Nordrheinwestfalen 2002, Broschüre, www.schulefuercircuskinder-nrw.de

Schulangebote in den verschiedenen Bundesländern, für Kinder, deren Eltern berufsbedingt reisen: vgl.: www.schule-unterwegs.de.

Schumann, M. (1998a): Förderung von Kindern in Tagespflege. In Deutsches Jugendinstitut (Hrsg.): Tageseinrichtungen für Kinder. Pluralisierung von Angeboten. Zahlenspiegel. München

Schumann, M. (1998b): Qualität in der Tagespflege – alte Fragen neu gestellt. In: Merchel, J. (Hrsg.): Qualität in der Jugendhilfe. Kriterien und Bewertungsmöglichkeiten. Münster, S. 202–220

Schwabe, M. (1999): „Fremd und unverständlich" Heimkarrieren von Migrantenkindern. In: iza – Zeitschrift für Migration und soziale Arbeit, Heft 2/99, S. 43–49

Schwabe, M. (2002): Das Hilfeplangespräch als Planungsinstrument. In: Forum Erziehungshilfen 8. Jg., Heft 1, S. 4–12

Seckinger, M. (2001): Kooperation eine voraussetzungsvolle Strategie in der psychosozialen Arbeit. In: Praxis der Kinderpsychologie und Kinderpsychiatrie, 50. Jg., Heft 4, S. 279–292

Seckinger, M. (2002): Jugendhilfeeinrichtungen als kommunale Unternehmen – ein Risiko. Zeitschriftenaufsatz. In: Zeitschrift für Jugendrecht (im Erscheinen).

Seckinger, M./Weigel, N./van Santen, E./Markert, A. (1998): Situation und Perspektiven der Jugendhilfe. Eine empirische Zwischenbilanz. München

Seckinger, M./van Santen, E./Pluto, L. (2000): „Regionalisierte Jugendämter" – Jugendämter kreisangehöriger Gemeinden. Zentralblatt für Jugendrecht, 87. Jg., Heft 3, S. 99–105

Seckinger, M./van Santen, E. (2000): „Tagesmütter" Empirische Daten zur Verbreitung der Tagespflege in Deutschland. In: Soziale Arbeit, Heft 4, S. 144–149

Seckinger, M./van Santen, E. (2002): Entwicklungen in der Tagespflege. In: Deutsches Jugendinstitut (Hrsg.): Zahlenspiegel Kindertagesbetreuung. München

Seidenstücker, B./Münder, J. (1990): Jugendhilfe in der DDR. Perspektiven einer Jugendhilfe in Deutschland. Münster

Seithe, M. (2001): Praxisfeld: Hilfe zur Erziehung. Fachlichkeit zwischen Lebensweltorientierung und Kindeswohl. Opladen

Sennet, R. (1998): Der flexible Mensch. Die Kultur des neuen Kapitalismus. Berlin

Simon, T. (Hrsg.) (1997): Jugendhilfeplanung. Ergebnisse einer bundesweiten Untersuchung. Baltmannsweiler und Hohengehren

Sozialdienst katholischer Frauen (2001): Zuflucht vor Misshandlung. Auswertung der Statistik für den Zeitraum vom 1.1. bis 31.12.2000. Dortmund

Sozialpädagogisches Institut Berlin (Hrsg.) (1999): Neue Maßstäbe. Mädchen in der Jugendhilfeplanung. Berlin

Sozialpädagogisches Institut im SOS-Kinderdorf e.V. (2000): Die Rückkehr des Lebens in die Öffentlichkeit. Zur Aktualität von Mütterzentren. Neuwied

Sozialpädagogisches Institut im SOS-Kinderdorf (Hrsg.) (2001): Sozialraumorientierung auf dem Prüfstand. Rechtliche und sozialpädagogische Bewertungen zu einem Reformprojekt in der Jugendhilfe. München

Späth, K. (1998): Braucht die Jugendhilfe neue Finanzierungsregelungen? In: Jugendhilfe, 36. Jg., Heft 2, S. 66–92

Späth, K. (1999): Inanspruchnahme von Erziehungshilfen durch Ausländer. In: iza – Zeitschrift für Migration und soziale Arbeit, Heft 2/99, S. 16–22

Späth, K. (2001): Tagesgruppen. In: Birtsch, V./Münstermann, K./Trede, W.: Handbuch Erziehungshilfen. Leitfaden für Ausbildung, Praxis und Forschung. Münster, S. 572–597

Stadelmann, L./Marquard, P. (2000): Neuorganisation der Sozialpädagogischen Familienhilfe. Konzeption und Organisation von SPFH im Lichte der neuen Steuerung und rechtlicher Aspekte. In: Nachrichtendienst des Deutschen Vereins (NDV), 60. Jg., Heft 8, S. 234–244

Stadt Frankfurt (Hrsg.) (2001): Statistisches Jahrbuch Frankfurt am Main 2001. (Als PDF-Datei unter www.frankfurt.de/sis/Frankfurt_A-z.html)

Statistisches Bundesamt (1996a): Einrichtungen und tätige Personen in der Jugendhilfe 1994 Fachserie 13, Reihe 6.3. Stuttgart

Statistisches Bundesamt (1996b): Maßnahmen der Jugendarbeit im Rahmen der Jugendhilfe, Fachserie 13, Reihe 6.2. Stuttgart

Statistisches Bundesamt (1996c): Statistik der Jugendhilfe Teil IV. Ausgaben und Einnahmen 1994. Wiesbaden

Statistisches Bundesamt (1998): Statistik der Kinder- und Jugendhilfe, Teil I 4.5. Hilfen zur Erziehung außerhalb des Elternhauses. Junge Menschen am 31.12.1996, Arbeitsunterlage. Wiesbaden

Statistisches Bundesamt (2000): Bevölkerungsentwicklung Deutschlands bis 2050. Ergebnisse der 9. Koordinierten Bevölkerungsvorausberechnung. Wiesbaden

Statistisches Bundesamt (2001a): Statistik der Kinder- und Jugendhilfe Teil III. Einrichtungen und tätigen Personen 1998. Arbeitsunterlage. Wiesbaden

Statistisches Bundesamt (2001b): Statistik der Kinder- und Jugendhilfe Teil I, 7. Vorläufige Schutzmaßnahmen. Arbeitsunterlage. Wiesbaden

Statistisches Bundesamt (2001c): Statistik der Kinder- und Jugendhilfe, Teil IV Ausgaben und Einnahmen 2000, Arbeitsunterlage. Wiesbaden

Statistisches Bundesamt (2001d): Statistisches Jahrbuch für die Bundesrepublik Deutschland 2001. Wiesbaden

Statistisches Bundesamt (2001e): Bundesanstalt für Arbeit: Angaben zu Arbeitslosen unter 25 Jahren, Männer und Frauen (von 1991 bis 2001).

Statistisches Bundesamt (2001f): Statistik der Kinder- und Jugendhilfe, Teil I, 5 Adoptionen 2000, Arbeitsunterlage. Wiesbaden

Steege, G./Szylowicki, A. (1996): Bereitschaftspflege – Zur historischen und fachlichen Entwicklung und zur aktuellen Situation einer besonderen Form der Vollzeitpflege. In: Gintzel, U. (Hrsg.): Erziehung in Pflegefamilien. Auf der Suche nach einer Zukunft. Münster, S. 180–196

Stickdorn, J. (2001): HzE-Prophylaxe als Struktureffekt. Münster, Landschaftsverband Westfalen-Lippe

Storck, R. (1995): Jugendhilfeplanung ohne Jugend? Chancen der Partizipation am Beispiel der Jugendarbeit. Münster

Struck, N. (2001): Kinder und Jugendhilfe und das SGB IX. In: Jugendhilfe, 39. Jg., Heft 6, S. 330–332

Strzoda, C./Zinnecker, J. (1996): Interessen, Hobbies und deren institutioneller Kontext. In: Zinnecker, J./Silbereisen R. (Hrsg.): Kindheit in Deutschland. Aktueller Survey über Kinder und ihre Eltern. Weinheim und München, S. 23–49

Tatschmurat, C. (1996): Soziale Probleme. Vom Definieren und Analysieren zum Lösen und Aushalten. In: DISKURS Heft 1/96, S. 6–13

Tietze, W./Roßbach, H. G./Roitsch, K. (1993): Betreuungsangebote für Kinder im vorschulischen Alter. Ergebnisse einer Befragung von Jugendämtern in den alten Bundesländern. Stuttgart, Berlin und Köln

Thole, W./Pothmann, J. (2001): Der Krisenmythos und seine empirische Wirklichkeit. Stand der Kinder- und Jugendarbeit zu Beginn ihres zweiten Jahrhunderts. In: deutsche jugend, 49. Jg, Heft 4, S. 153–164

Tully, C. J. (1998): Rot, cool und was unter der Haube Jugendliche und ihr Verhältnis zu Auto und Umwelt. Eine Jugendstudie. München

Tümmler, C./Tümmler, S. (1994): Vom Kollektiv zum Verein. Förderverein zur Jugendsozialarbeit (fjs), Arbeitsheft. Berlin

Tuschinsky, Ch. (2001): Interkulturelle Fortbildung in der Jugendhilfe: Bedingungen, Hindernisse, Ressourcen. In: Forum Erziehungshilfen, 2/2001, 7. Jg., S. 111–117

Tzscheetzsch, P. (1998): Jugendhilfestationen als Beispiel flexibler Hilfen – Wie sind dort Tagesgruppen realisiert? In: Peters, F./Trede, W./Winkler, M. (Hrsg.): Integrierte Erziehungshilfen, Frankfurt, S. 164–173

Uhlendorff, U. (2002) Hilfeplanung. In: Handbuch Kinder- und Jugendhilfe, Weinheim und München, S. 847–868

Ullrich, H. (1982): Der Sozialarbeiter in der Jugendgerichtshilfe. Arbeitsanleitung für Jugendgerichtshelfer. Frankfurt am Main, Berlin und München

Unabhängige Komission „Zuwanderung" (2001): Zuwanderung gestalten – Integration fördern. Berlin, www.bmi.bund.de

Urban, U. (2001): Individuelle Hilfeplanung im strukturellen Widerspruch Sozialer Arbeit. In: neue praxis Heft 4/01, 31. Jg., S. 388–400

Vock, R. (1998): Qualitätssicherung im Rahmen der Fort- und Weiterbildung von MitarbeiterInnen in sozialen Diensten – Das Beispiel der hiba-Fortbildung des Ausbildungspersonals in der Jugendberufshilfe. In: Merchel, J. (Hrsg.): Qualität in der Jugendhilfe. Kriterien und Bewertungsmöglichkeiten. Münster, S. 326–350

Vossler, A. (2002): „... und auf einmal ist der Gegenstand auch zum Mensch geworden ..." – Partizipation von Kindern und Jugendlichen in Beratungsprozessen. In Rundbrief Gemeindepsychologie Heft 1/02, Bd. 8, S. 23–39

Wegehaupt-Schlund, H. (2001): Soziale Gruppenarbeit. In: Birtsch, V./Münstermann, K./Trede, W.: Handbuch Erziehungshilfen. Leitfaden für Ausbildung, Praxis und Forschung. Münster, S. 534–540

Wehner, K. (2002): Kinder- und Jugendhilfe und Psychiatrie. In: Schröer, W./Struck, N./Wolff, M. (Hrsg.): Handbuch Kinder- und Jugendhilfe. Weinheim und München, S. 815–830

Wehrmann, I./Abel R. D. (2000): Von der Kindertagesstättenverwaltung zum Kindertagesstättenmanagement. Landesverband Evangelischer Tageseinrichtungen für Kinder. Bremen

Weiss, K./Enderlein, O./Rieker, P. (2001): Junge Flüchtlinge in multikultureller Gesellschaft. Opladen

Wiesner, R. (2001): Die Bedeutung des Neunten Buches Sozialgesetzbuch – Rehabilitation und Teilhabe behinderter Menschen – für die Kinder- und Jugendhilfe. In: Zentralblatt für Jugendrecht, 88. Jg., Heft 8, S. 281–316

Wiesner, R./Mörsberger, T./Oberloskamp, H./Struck, J. (2000): SGB VIII Kinder und Jugendhilfe, 2. Auflage. München

Winkler, M. (2001): Gibt es eine einheitliche Kinder- und Jugendhilfe? Notizen zu Entwicklungen in Ost- und Westdeutschland. In: Rauschenbach, Th./Schilling, M.: Kinder- und Jugendhilfereport 1. Analysen, Befunde und Perspektiven. Münster, S. 163–189

Wittmann, S. (1996): Mädchen und junge Frauen: Berufsorientierung, Berufsfindung, Berufswahl. Eine annotierte Auswahlbibliographie. Deutsches Jugendinstitut, München

Wittland-Mittag, A. (1992): Adoption und Adoptionsvermittlung – Selbstverständnis von Adoptionsvermittlern und -vermittlerinnen. Essen

Wolf, K. (1998): Jugendhilfestationen in Mecklenburg-Vorpommern. In: Peters, F./Trede, W./Winkler, M.: Integrierte Erziehungshilfen. Frankfurt am Main, S. 225–249

Wolf, K. (2000): Heimerziehung aus Kindersicht als Evaluationsstrategie. In: Sozialpädagogisches Institut im SOS-Kinderdorf (Hrsg.): Heimerziehung aus Kindersicht. München, S. 6–39

Wolff, M. (2000): Integrierte Erziehungshilfen. Weinheim und München

Wolff, M. (2002): Lebenswelt, Sozialraum und Region. In: Schröer, W./Struck, N./ Wolff, M. (Hrsg.): Handbuch Kinder- und Jugendhilfe. Weinheim und München, S. 1071–1084

Zahn, R. (1999): Die Erwerbsbeteiligung im Familienzusammenhang und ausgewählte Einflußfaktoren. Ergebnisse des Mikrozensus 1997. In: Wirtschaft und Gesellschaft, Heft 1, S. 28–38

Ziepert, M. (2000): Angehörige zwischen Liebe und Abgrenzung. In: Psychosoziale Umschau Heft 2/00 (als pdf-Datei unter www.psychiatrie.de/verlag).

Zink, G./Pluto, L. (2002): Braucht Partizipation eine institutionelle Absicherung? In: Gemeindepsychologischer Rundbrief Heft 1/02, Bd. 8, S. 49–61

Zinnecker, J. (1995): The Cultural Modernisation of Childhood. In: Chrisholm L./Büchner P./Krüger H.-H./Bois-Reymond M. (Hrsg.): Growing up in Europe. Contemporary Horizons in Childhood and Youth Studies, S. 85–94. Berlin und New York.

15 Glossar

Bruttostichprobe: Die Gesamtzahl der Jugendämter bzw. freien Träger, die einen Fragebogen erhalten haben.

Bereinigte Bruttostichprobe: Bruttostichprobe, ohne diejenigen Träger, bei denen entweder der Fragebogen wegen fehlerhafter Adresse nicht zustellbar war oder die nicht (mehr) in der Jugendhilfe aktiv sind.

Design: Methodische Anlage der Erhebung.

Empirisch: auf Erfahrung beruhend, aus der Beobachtung gewonnen, dem Experiment entnommen, auf einer Erhebung basierend.

Faktorenanalyse: statistisches Verfahren, das aus einer Menge von Variablen die Variablen bündelt (Faktoren), die in einem engen Zusammenhang miteinander stehen bzw. auf einen gleichen Sachverhalt verweisen.

Feldphase: Phase einer empirischen Studie, in der die Daten oder Informationen gesammelt werden.

Grundgesamtheit: Die Menge aller Einheiten, dies können Personen, aber z. B. auch Haushalte oder Organisationen sein, über die man mittels einer Untersuchung eine Aussage machen will.

Itembatterien: Inhaltlich zusammengehörende Fragen bzw. Statements mit Antwort- bzw. Bewertungsvorgabe.

korrelieren: Statistisches Verfahren, bei dem zwei oder mehrere Variablen miteinander in Beziehung gesetzt werden.

Längsschnittdesign/Längsschnittuntersuchung: Erhebung, bei der zu verschiedenen Zeitpunkten dieselben Fragen gestellt werden und/oder dieselben Personen bzw. Institutionen befragt werden.

Median: Statistische Maßzahl, die eine Häufigkeitsverteilung in ihre Hälften teilt.

Mehrfachnennungen: Wenn bei einer Frage mehrere vorgegebene Antwortkategorien zutreffen können, spricht man von Mehrfachnennungen oder auch Mehrfachantworten.

Mittelwert: Statistische Maßzahl, berechnet sich aus der Summe aller Messwerte geteilt durch die Anzahl der Messwerte (auch Mean oder arithmetisches Mittel).

Multivariate Analyse: Statistisches Verfahren, bei dem gleichzeitig der Einfluss von verschiedenen unabhängigen Variablen auf eine abhängige Variable kontrolliert wird.

Nettostichprobe: Gesamtzahl der ausgefüllten Fragebögen.

Operationalisierung: Verfahren, um empirisch nicht beobachtbare Begriffe oder Sachverhalte mithilfe von empirisch beobachtbaren Indikatoren zu erfassen und damit einer Analyse zugänglich zu machen.

p: Wahrscheinlichkeit dafür, dass ein Zusammenhang nicht gegeben ist. Im Text wird mit $p < 0{,}01$ bzw. $p < 0{,}05$ angegeben, dass ein Signifikanzniveau von 1 % bzw. 5 % unterschritten wird.

Panelerhebung: Erhebung, bei der zu verschiedenen Zeitpunkten die gleiche Population befragt wird.

Postalische Befragung: Eine Befragung, bei der die Fragebögen per Post versandt werden. Beim Ausfüllen ist keine InterviewerIn anwesend.

Pretest: Bezieht sich hier auf eine Überprüfung des Erhebungsinstruments (Fragebogen). Von einigen Jugendämtern und Einrichtungen wurde in unserem Beisein der Fragebogen ausgefüllt und kommentiert, mit dem Ziel, eine inhaltliche und formale Optimierung zu erreichen.

Prozentpunkte: Die Differenz zwischen zwei Prozentzahlen. Beispiel: Der Wert A beträgt 20%, B 50%, dann beträgt die Differenz zwischen A und B 30 Prozentpunkte.

Perzentil: Statistische Maßzahl, die den Wert eines bestimmten Punktes einer Häufigkeitsverteilung angibt. Der Wert des 10er-Perzentils z.B. gibt an, dass 10% der Fälle diesen bestimmten Wert unterschreiten und 90% diesen Wert überschreiten. Das 50er-Perzentil wird als Median bezeichnet.

Postalische Befragung: Eine Befragung, bei der die Fragebögen per Post versandt werden. Bei Ausfüllen ist kein(e) InterviewerIn anwesend.

Quartil: Statistische Maßzahl, die eine Häufigkeitsverteilung in vier gleich große Teile teilt. Das zweite Quartil ist mit dem Median identisch.

Quote: Anteil einer bestimmten Menge einer Grundgesamtheit bezogen auf die Grundgesamtheit.

Range: Differenz zwischen dem kleinsten und dem größten Wert einer Verteilung.

Reliabilität: Verlässlichkeit des verwendeten Erhebungsinstrumentes. Die Reliabilität gibt an, wie stark Messwerte durch Fehler oder Störeinflüsse belastet sind.

Rücklaufquote: Die Rücklaufquote gibt den Prozentanteil der Nettostichprobe an der bereinigten Bruttostichprobe an.

Signifikanz/signifikant: Das Ergebnis einer statistischen Auswertung ist dann signifikant, wenn eine bestimmte, akzeptierte Irrtumswahrscheinlichkeit (Signifikanzniveau) nicht überschritten wird. Die Irrtumswahrscheinlichkeit wird mit $p < 0{,}01$ für kleiner als 1% und $p < 0{,}05$ für kleiner als 5% angegeben.

Signifikanzniveau: Irrtumswahrscheinlichkeit eines statistischen Tests; maximal akzeptierter Wert der Wahrscheinlichkeit dafür, dass bei einem statistischen Test eine wahre Hypothese irrtümlicherweise abgelehnt wird.

Standardisieren: Vorgehen, bei dem Zahlen zu einem Sachverhalt, aus unterschiedlichen Kontexten und mit unterschiedlichen Maßeinheiten, vergleichbar gemacht werden.

Standardabweichung: Statistisches Maß zur Beschreibung der Variabilität einer Verteilung. Eine hohe Standardabweichung deutet auf eine breite Streuung der Messwerte.

Stichprobe: Teilmenge der Grundgesamtheit, die in einer Untersuchung analysiert wird.

Trendstudie: Form der Längsschnittuntersuchung, bei der zu verschiedenen Zeitpunkten unterschiedliche Stichproben aus derselben Population gezogen und analysiert werden.

Validität: Gültigkeit des verwendeten Erhebungsinstrumentes. Die Validität gibt an, inwieweit das verwendete Erhebungsinstrument das misst, was mit ihm gemessen werden soll.

Variable: Bezeichnung für einen gemessenen Sachverhalt oder eine gemessene Größe.

Varianz: Die Varianz ist eine Maßzahl, die angibt, wie weit die einzelnen Werte um den Mittelwert streuen. Je kleiner die Varianz ist, desto homogener sind die Werte, desto besser spiegelt der Mittelwert die einzelnen Werte wider.

Vollerhebung: Alle Mitglieder einer Population werden befragt. Beispiel: Die Befragung aller zum Erhebungszeitpunkt existierenden Jugendämter in der Bundesrepublik 2000 durch das Projekt „Jugendhilfe und sozialer Wandel – Leistungen und Strukturen" (vgl. Mamier, J./Seckinger, M./Pluto, L./van Santen, E./Zink, G. (2002): Organisatorische Einbettung von Jugendhilfeaufgaben in der Kommunalverwaltung. In: Sachverständigenkommission 11. Kinder- und Jugendbericht (Hrsg.). Bd. 1, Materialien zum 11. Kinder- und Jugendbericht).

16 Abkürzungsverzeichnis

ABM	Arbeitsbeschaffungsmaßnahme
Abs.	Absatz
AFET	Arbeitsgemeinschaft für Erziehungshilfe e. V.
AFG	Arbeitsförderungsgesetz
AFT	Sonderprogramm der Bundesregierung zum Aufbau freier Träger
AgAG	Aktionsprogramm gegen Aggression und Gewalt
AGKJHG	Ausführungsgesetz zum KJHG
AiB	Ambulante intensive Begleitung
ASD	Allgemeiner Sozialdienst
Art.	Artikel
BA	Bundesanstalt für Arbeit
BAFöG	Bundesausbildungsförderungsgesetz
BAG JAW	Bundesarbeitsgemeinschaft Jugendsozialarbeit
BAG LJÄ	Bundesarbeitsgemeinschaft der Landesjugendämter
BAT	Bundesangestellten Tarif
BBiG	Berufsbildungsgesetz
BBJ	Verein zur Förderung kultureller und beruflicher Bildung von Jugendlichen und jungen Erwachsenen e. V.
BMFSFJ	Bundesministerium für Familien, Senioren, Frauen und Jugend
BMI	Bundesministerium des Inneren
BMJ	Bundesministerium der Justiz
BRg	Bundesregierung
BSHG	Bundessozialhilfegesetz
BT-Dr.	Bundestagsdrucksache
BzgA	Bundeszentrale für gesundheitliche Aufklärung
DPWV	Der Paritätische Wohlfahrtsverband
DVJJ	Deutsche Vereinigung für Jugendgerichte und Jugendgerichtshilfen e. V.
eev	Evangelischer Erziehungsverband in Bayern
EREV	Evangelischer Erziehungsverband e. V.
FAM	Familienaktivierende Maßnahmen
FIM	Familie im Mittelpunkt
FH	Fachhochschule
FSP	families first program
FT	Freie Träger
GG	Grundgesetz der Bundesrepublik Deutschland
GMBl	Gemeinsames Ministerialblatt
HZE	Hilfe zur Erziehung
ICD	International Classification of Disease
IFP	Staatsinstitut für Frühpädagogik München
IGFH	Internationale Gesellschaft für Heimerziehung
IKIP	Intensives Kriseninterventionsprogramm
IKO	Interkommunaler Vergleichsring
ISE	Intensive sozialpädagogische Einzelbetreuung
ISKA	Institut für Soziale und Kulturelle Arbeit Nürnberg

JGG	Jugendgerichtsgesetz
JHP	Jugendhilfeplanung
JR	Jugendring
JV	Jugendverband
JWG	Jugendwohlfahrtsgesetz
KGSt	Kommunale Gemeinschaftsstelle für Verwaltungsvereinfachung
KJA	Kreisjugendamt
KJHA	Kinder- und Jugendhilfeausschuss
KJHAG	Kinder- und Jugendhilfeausführungsgesetz
KJHG	Kinder- und Jugendhilfegesetz
ÖT	Öffentlicher Träger
PDV	Polizeidienstvorschrift
PKS	Polizeiliche KriminalStatistik
RJA	Regionalisiertes
SAM	Strukturanpassungsmaßnahmen
SGB	Sozialgesetzbuch
SKF	Sozialdienst Katholischer Frauen
SPFH	Sozialpädagogische Familienhilfe
VM	Verwaltungsmodernisierung
WV	Wohlfahrtsverband